# 복합의사소통장애와 보완대체의사소통 중재

한경임 저

Individuals with Complex Communication Needs &
Augmentative and Alternative Communication Intervention

학지사

※ 이 저서는 2020년 대한민국 교육부와 한국연구재단의 저술출판지원사업의 지원을 받아 수행된 연구임(NRF-2020S1A6A4041476)

# 추천사

## 복합의사소통장애와 보완대체의사소통 중재에 대한 추천의 글

한경임 박사의『복합의사소통장애와 보완대체의사소통 중재』에 대해 추천의 글을 쓰게 되어 영광입니다. 한국에서 AAC 분야의 리더로서 한 박사는 수년간 국내에서뿐만 아니라 국제적으로 다양한 맥락에서 AAC의 실제를 공부하고, 연구하고, 관찰하였습니다. 이 책은 그녀의 광범위한 전문지식을 특별히 한국의 교육자, 임상가, 가족들을 위한 맞춤형 자료로 통합한 것입니다. 이 책은 복합의사소통장애를 지닌 사람들의 의사소통 권리와 교육 기회를 진전시키려는 그녀의 확고한 헌신을 보여 줍니다.

이 책은 심사숙고하고 철저하게 분석한 여정의 결과물입니다. 샌프란시스코 베이 지역에서 연구년을 보내는 동안 한 박사는 브릿지스쿨, 아발론 아카데미, 오클랜드의 태클 프로그램과 같은 유명한 AAC 프로그램에 깊이 빠져 몰두하였습니다. 이러한 경험을 통해 그녀는 전문지식을 모으고, 효과적인 중재 방법을 관찰하고, 가족 및 교육자들과 매우 친밀한 관계를 형성하게 되었습니다. 그런데 이 책은 다른 맥락에서 사용되는 전략을 단순히 적응시키려고 하는 것이 아닙니다. 이 책은 그녀가 경험한 이러한 실제들을 한국의 독특한 교육적, 문화적 배경에 맞게 세심하게 공들여 맞추어 작업한 자료입니다. 맥락적 민감성을 갖고 증거기반의 접근을 혼합한 그녀의 능력은 그녀가 제시하는 전략들이 실제성과 연관성을 모두 보장하고 있다는 점에서 명백히 드러납니다.

이 책은 의사소통의 본질과 의사소통 발달단계를 탐구하는 의사소통과 언어발달에 대한 기본적인 내용으로 시작합니다. 한국에서 AAC에 대한 태도와 관련된 한 박사의 연구는 이러한 논의를 풍부하게 하며, 장애인의 의사소통 권리를 우선시하고 사회적 관점의 변화가 필요함을 강조합니다. 이 책에 의사소통권리헌장을 포함하고 있는 것은 모든 개인의 목소리가 들려져야 함을 확고히 하려는 그녀의 헌신을 분명히 보여 줍니다.

2장에서 한 박사는 발달장애와 후천적 의학적 손상으로 범주화하여 복합의사소통장애를 지닌 사람들의 다양한 요구를 분석합니다. 그녀는 한국의 교육적, 의료적 시스템 안에서 이러한 요구들을 연관지어 설명하고, AAC 툴에 대한 제한된 인식과 교육자들에 대한 충분하지 못한 훈련과 같은 장벽들에 대해 소개합니다. 강점 기반의 인식을 적용하는 것에 대해 강조하는 것은 독자로 하여금 복합의사소통장애를 지닌 사람들의 잠재력과 능력을 보게 하고, 완전통합과 역량 강화의 사고방식을 갖도록 조성해 줍니다.

3장에서는 AAC 체계에 대해 소개하는데 한 박사가 경험한 AAC 사용자와 촉진자들과의 직접적인 사례들로 풍부하게 구성되어 있습니다. 그녀는 AAC 체계의 네 가지 구성요소를 상세히 설명하고, 한국에서 가능한 AAC 옵션들에 대해 논의하며, 이러한 툴을 다양한 학습자에게 맞춤화하는 실제적인 통찰을 독자들에게 제공합니다. 이 장에서는 복합의사소통장애를 지닌 사람들이 그들의 지역사회에서 살아가도록 도와주는 것으로서, 그리고 매일의 삶 속에 유의미하게 참여하기 위한 수단으로서 AAC를 강조합니다.

4장에서는 AAC 사정에 초점을 두고, 참여모델과 관찰에 의한 사정과 같은 증거기반의 실제에 중점을 둔 실질적인 가이드를 제공합니다. 한 박사는 체계적으로 장벽을 설명하고, 가족, 교육자, 다른 이해 당사자들을 포함하는 협력적 접근법을 강조함으로써 이러한 전략들을 한국적 맥락에 적응시키려 합니다. 이 장에서는 또한 복합의사소통장애를 지닌 사람들에게 공평한 기회를 주기 위한 체계적인 변화에 대한 요구와 실제적인 양식을 제공합니다.

5장에서는 AAC 중재에서 어휘 선정과 배열의 중요성에 대해 강조합니다. 한 박사는 문화적·언어학적 배경에 적합한 지침을 제공하기 위해 한국어 핵심어휘에 대한 조사 연구를 수행하였으며, AAC 체계가 효과적일 뿐만 아니라 개별성과 지역성을 반영하는 것임을 확고히 합니다.

6장에서 한 박사는 AAC 사용자를 초보 의사소통자, 맥락의존 의사소통자, 독립적 의사소통자로 분류하는 Pat Dowden의 범주를 사용합니다. 그녀는 각 의사소통자 유형을 지원하기 위해 실행 가능한 전략을 제공하고, 의사소통 능력의 발전에 촉진자의 역할이 중요함을 강조합니다. 이러한 요구들을 한국의 교육적 맥락에서 설명함으로써 그녀는 개별화되고, 유의미한 지원 방법을 개발하기 위한 실제적인 해결책을 제공합니다.

7장에서는 직접교수, 강화된 환경교수, 체계적 교수를 포함하여 증거기반의 중재 전략을 제시합니다. 한 박사는 한국의 교실에서 이러한 접근법들을 적용할 수 있도록 함으로써 문화적으로 반응적인 실제를 제공합니다. 그녀는 또한 자료 중심의 의사결정과 협력의 중요성을 강조하고, 지속가능하고 효과적인 중재를 위한 툴과 기술을 제공합니다.

이 책은 학교에서의 AAC 통합에 중점을 두는 8장으로 끝을 맺습니다. 한 박사는 복합의사소통장애 학생들의 일반 교육과정에 대한 접근뿐만 아니라 그들의 언어와 문해력 발달에서의 어려움과 기회에 대해 설명합니다. 그녀는 협력적 계획과 통합적 교수 전략에 대해 강조하면서 교육자들에게 복합의사소통장애 학생들이 학업적 성공의 역량을 키울 수 있도록 의사소통이 풍부한 환경을 조성하기 위한 로드맵을 제공합니다.

이 책은 복합의사소통장애를 지닌 사람들의 의사소통과 사회 통합, 학업적 성공을 촉진하기 위해 헌신하는 한국의 교육자, 임상가, 가족들에게 진수가 되는 매우 중요한 자료입니다. 한 박사의 저서는 학생들이 교육과정에 접근하고, 그들의 잠재력을 충분히 발휘하도록 하는 실제적이며, 증거기반의 문화적으로 반응적인 전략을 제공함으로써 한국적 맥락의 특별한 요구에 세계적으로 사용되는 최상의 실제를 연결하는 가교 역할을 합니다.

*Gloria Soto*

Professor in the Department of Special Education, and

Department of Speech, Language and Hearing Sciences

San Francisco State University

## Endorsement for: Individuals with Complex Communication Needs & Augmentative and Alternative Communication Intervention

It is a privilege to endorse Individuals with Complex Communication Needs & Augmentative and Alternative Communication Intervention by Dr. Kyung-Im Han. As a leading researcher in augmentative and alternative communication (AAC) in Korea, Dr. Han has dedicated years to studying, researching, and observing AAC practices in diverse contexts, both domestically and internationally. This book synthesizes her extensive expertise into a resource tailored specifically for South Korean educators, therapists, and families. It represents her unwavering commitment to advancing the communication rights and educational opportunities of individuals with complex communication needs (CCN).

This book is the product of a thoughtful and rigorous journey. During her sabbaticals in the San Francisco Bay Area, Dr. Han immersed herself in renowned AAC programs such as the Bridge School, the Avalon Academy, and the TACLE program in Oakland Unified. These experiences allowed her to collaborate with experts, observe effective interventions, and engage deeply with families and educators. Yet, this book is not simply an adaptation of strategies from other contexts; it is a meticulously crafted resource that aligns these practices with Korea's unique educational and cultural landscape. Her ability to blend evidence-based approaches with contextual sensitivity is evident throughout, ensuring the strategies she presents are both practical and relevant.

The book begins with a foundational chapter on communication and language development, exploring the essence of communication and its developmental phases. Dr. Han's research on attitudes toward AAC in Korea enriches this discussion, highlighting the need to shift societal perspectives and prioritize the communicative rights of individuals with disabilities. Her inclusion of the Communication Bill of Rights underscores her dedication to ensuring every individual's voice is heard.

In Chapter 2, Dr. Han examines the diverse needs of individuals with CCN, categorized by developmental disabilities and acquired medical conditions. She contextualizes these needs within the Korean educational and healthcare systems, addressing barriers such as limited awareness of AAC tools and insufficient training for educators. Her emphasis on adopting a strengths-based perspective encourages readers to see individuals with CCN through their potential and abilities, fostering a mindset of inclusion and empowerment.

Chapter 3 provides an introduction to AAC systems, enriched by Dr. Han's firsthand experience with AAC users and facilitators. She details the four components of AAC systems and discusses the AAC options available in Korea, providing readers with practical insights into tailoring these tools for diverse learners. This chapter emphasizes AAC as a means of enabling meaningful participation in daily life, helping individuals with CCN thrive in their communities.

Chapter 4 focuses on AAC assessment, offering a practical guide based on evidence-based practices such as participation models and observational assessments. Dr. Han adapts these strategies to the Korean context, addressing systemic barriers and emphasizing collaborative approaches that involve families, educators, and other stakeholders. This chapter serves as both a practical toolkit and a call for systemic change to create equitable opportunities for individuals with CCN.

Chapter 5 highlights the importance of vocabulary selection and display in AAC interventions. Dr. Han draws on her research into Korean core vocabulary to provide culturally and linguistically relevant guidance, ensuring that AAC systems are not only effective but also reflective of the individuals and communities they serve.

In Chapter 6, Dr. Han uses Pat Dowden's categorization to classify AAC users into emergent, context-dependent, and independent communicators. She provides actionable strategies for supporting each type of communicator, emphasizing the facilitator's role in fostering communication competence. By addressing these needs within the Korean educational context, she offers practical solutions for creating individualized, meaningful support.

Chapter 7 outlines evidence-based intervention strategies, including direct instruction, enhanced milieu teaching, and systematic instruction. Dr. Han integrates these approaches with culturally responsive practices, making them adaptable to Korean classrooms. She also emphasizes the importance of data-driven decision-making and collaboration, offering tools and techniques for sustainable and effective interventions.

The book concludes with Chapter 8, which focuses on integrating AAC into schools. Dr. Han addresses the challenges and opportunities in providing students with CCN access to the general curriculum, as well as supporting their language and literacy development. Her emphasis on collaborative planning and inclusive teaching strategies provides educators with a roadmap for fostering communication-rich environments that empower students with CCN to achieve academic success.

This book is an essential resource for Korean educators, therapists, and families committed to promoting communication, inclusion, and academic success for individuals with CCN. Dr. Han's work bridges global best practices with the specific needs of the Korean context, offering practical, evidence-based, and culturally responsive strategies that support students in accessing the curriculum and reaching their full potential.

*Gloria Soto*

Professor in the Department of Special Education, and
Department of Speech, Language and Hearing Sciences
San Francisco State University

## 복합의사소통장애와 보완대체의사소통 중재에 대한 추천의 글

보완대체의사소통에 대한 한 박사의 저서는 매우 중대합니다. 이 책은 구어와 언어 손상을 가진 아동과 성인의 삶을 개선하려는 한국의 학생, 가족, 전문가들에게 도움이 되는 자료를 제공합니다. 한 박사는 언어와 의사소통의 기본 이론을 바탕으로 일상생활 속에서 요구를 사정하고, AAC를 사용하도록 안내합니다. 이 책은 의사소통에 어려움이 있는 사람들의 삶을 유의미하게 향상시킬 수 있습니다.

*Vicki R. Casella*
Executive Director, The Bridge School

## Endorsement for: Individuals with Complex Communication Needs & Augmentative and Alternative Communication Intervention

Dr. Han's work on augmentative and alternative communication is crucial. This book offers resources to help students, families, and professionals in South Korea improve the lives of children and adults with speech and language impairments. Dr. Han covers the basics of language and communication and guides users through assessing needs and using augmentative and alternative communication in daily life. This book can significantly enhance the lives of those who have difficulty communicating.

*Vicki R. Casella*
Executive Director, The Bridge School

# 머리말

오랜 기간의 치료와 교육에도 말로 의사소통하기 어려운 뇌성마비 아동에 대한 언어 중재 방법이 막막하였던 1990년대 초 당시 석사 지도교수님이었던 안병즙 교수님께서 말이 아닌 수단으로 의사소통하는 방법에 대해 연구해 보는 것이 어떤지 제안하셨다. 당시에는 요즘처럼 인터넷을 통해 자유롭게 논문을 검색하던 시기가 아니라 국회도서관이며 전국의 대학 도서관을 기차 타고, 버스 타고 돌아다니며 논문을 구하고 읽으면서 우여곡절 끝에 Augmentative communication이라는 용어에 접근하게 되었다.

국내에는 연구가 전무한 데다 이 용어에 대해 통일된 해석도 이루어지지 않아 어떻게 해석하는 것이 좋을지 고민의 밤을 지새우는 날이 많았다. 블리스상징을 주제로 석사논문을 쓰고, 박사논문을 쓰면서는 국내에서 외국 논문을 구하는 데 한계가 많아 미국의 대학에서 공부하던 사촌에게 필요한 논문 목록을 보내면 사촌이 대학 도서관에서 논문을 복사하여 국제우편으로 보내 주는 방식으로 수백 편의 참고문헌과 자료를 구하였다. 먼 길 오느라 일부 뜯겨진 상자 속 우편물을 열 때마다 이 수많은 논문을 복사하느라 힘들었을 사촌에게 그저 감사한 마음뿐이었다. 인쇄의 질이 지금과 같지 않아 안경을 바꿔 가며 밤을 지새워 논문을 해석하고 우리나라 현실에 적용하는 방안을 고민하고 또 고민하였다.

이러한 과정을 거쳐 박사논문을 쓰면서 국내에서는 일관된 용어로 사용되지 않았던 Augmentative and Alternative Communication(AAC)을 '보완대체의사소통'으로 해석하고 의미를 명확히 하여 정착시킴으로써 국내에서 보편적인 용어로 널리 사용되고 있어 자부심을 느낀다.

박사논문까지 AAC에 대해 쓰고 대학의 강단에 서게 되었지만 늘 외국의 문서로만 접하는 AAC 분야는 너무 광범위하고, 우리나라 교육 현장에 실제 적용하기에는 어려움이 많아 새로운 고민에 빠지게 되었다. 이러던 차에 AAC에 대해 실질적으로 배워 보자는 생각에 미국의 대학에서 AAC 관련 연구를 하는 20여 명의 교수들에게 거의 일 년 동안 이메일을 보냈다. 답변을 받지 못하거나 거절당하는 과정을 거치다 마침내 미국 샌프란시스코 주립대학교 Gloria Soto 교수의 허락으로 2011년 첫 연구년 기회를 갖게 되었다. 대학에서 AAC에 대한 이론 연구뿐만 아니라 실제 교육 현장에서 AAC 교육이 어떻게 이루어지고 있는지 경험하고 싶다는 필자의 부탁에 Gloria Soto 교수는 브릿지스쿨의 Vicki Casella 교장 선생님을 소개해 주었다.

브릿지스쿨은 AAC를 중점적으로 적용하고 연구와 연계하여 미국뿐만 아니라 전 세계에 AAC 분야의 확산을 주도하는 사립 특수학교이다. 브릿지스쿨에서는 외국의 전문가에게 학교의 보조교사로 활동하면서 AAC 중재 방법에 대해 실질적으로 배울 수 있는 기회를 제공하는 Teacher-in Residence 프로그램을 운영하고 있다. Vicki Casella 교장 선생님을 만나면서 이 프로그램에 지원할 수 있는 기회가 주어졌고, 여러 가지 절차를 거쳐 2011년 브릿지스쿨의 Teacher-in Residence가 되었다. 이를 계기로 2017년, 2023년 연구년에도 같은 프로그램에 참여하게 되었다. 매 연구년마다 주 3회는 브릿지스쿨에서 보조교사 활동을 하고, 주 2회는 대학에서 대학원생들, 학부생들과 함께 AAC 관련 과목을 수강하고 Gloria Soto 교수의 연구에도 참여하였다. 대학에서 배운 것을 브릿지스쿨의 사례에 적용하며 AAC 이론을 실제 교육 현장에 적용하는 기회도 갖게 되었다. AAC를 사용해 언어와 문해력을 익혀 중증 장애가 있음에도 불구하고 대학에 진학하는 브릿지스쿨 졸업생의 모습은 필자로 하여금 우리나라 특수교육 현장을 변화시키고 싶은 간절함을 갖게 하였다.

세 번의 연구년 기회를 통해 브릿지스쿨뿐만 아니라 AAC를 적용하는 초등학교(T.A.C.L.E. 특수학급, I-TALK 특수학급, Concord 특수학급), 중학교(Oak Grove Middle School), 고등학교(T.R.A.I.L. High School, Misson High School)의 특수학급, 자폐성장애 특수학교(Morgan Autism Center), 아발론아카데미(Avalon Academy) 특수학교, 필라델피아의 뇌성마비 특수학교인 HMS School, 전환교육 프로그램(Bay Academy)에 참여 관찰하는 기회를 가짐으로써 다양한 장애 유형과 연령에 적용되는 AAC 중재의 실제를 경험하였다. 이러한 경험들은 국내 교육 현장에 적합한 AAC 중재 방법을 개발하고 적용하는 연구의 기반이 되었다.

이 책은 이렇게 13년간 세 번의 연구년을 거치며 쌓아 온 이론과 실제의 경험을 바탕으로 집필된 것이다. 여러 학교에서의 활동 과정에서 허락을 받고 직접 찍은 사진들은 이 책을 집필할 때 요긴하게 사용되었다. 교육 현장에서 AAC를 적용하는 실제 모습을 보여 주는 사진들은 독자들의 이해도를 높여 줄 것으로 사료된다. 또한, 각 장의 도비라에 넣은 사진들도 필자가 직접 찍은 사진들로 각 장의 특성을 나름대로 보여 주리라 본다.

이 책은 독자로 하여금 복합의사소통장애와 AAC의 개념을 바르게 알고 언어와 문해력 발달의 관점에서 중재하는 방법을 우리나라 교육 현장에서 직접 사용할 수 있도록 사례와 함께 상세히 기술한 것이 특징이다. 이 책에 쓰인 사례들은 모두 필자가 국내뿐만 아니라 미국의 교육 현장에서 직접 관찰하거나 경험한 사례를 바탕으로 제시한 것이다.

먼저, 1장에서는 AAC 중재가 의사소통에만 중점을 두는 것이 아니라 언어발달의 전반적인 측면에서 이루어져야 한다는 점을 알기 위하여 의사소통과 언어발달의 이론적인 측면에 대해 구성하였다.

AAC 중재는 뇌성마비 장애인의 의사소통 대체 수단으로 시작되었지만 점차 자폐성장애, 지적장애 심지어 치매나 뇌졸중 환자에게도 효과적임이 입증되었다. 이러한 경향성에 따라 최근 학계에서는 말로 자신의 의도를 전달하지 못하는 사람을 복합의사소통장애(complex communication needs)를 지닌 사람으로 지칭하고 AAC 중재의 대상으로 한다. 2장에서 이에 속하는 다양한 장애 특성에 대해 소개하였다.

3장에서는 AAC의 개념을 제시하면서 국제보완대체의사소통학회(ISAAC)에서 널리 적용하고 있는 AAC 사용자의 유형과 AAC 사용자의 의사소통 능력의 개념에 대해 소개하였다. AAC 사용자의 유형과 의사소통 능력은 사정과 중재 과정에도 계속 연결되는 매우 중요한 개념이다.

4장에서는 AAC 중재를 위한 사정 방법으로 참여모델뿐만 아니라 미국의 교육 현장에서 사용되는 관찰과 면담에 의한 다양한 사정 방법을 소개하고, 양식을 부록에 첨가하여 독자들이 쉽게 사용할 수 있도록 하였다.

5장은 AAC 중재에서 첫 단계라고 할 수 있는 어휘의 중요성과 선정 방법에 대해 다루었다. AAC 도구를 학생에게 준다고 해서 그냥 사용할 수 있는 것이 아니다. 특히, 수많은 어휘를 저장할 수 없는 로우테크 도구부터 사용하게 되는 우리나라의 현실에서 볼 때 어휘 선택과 배열은 매우 중요하다. 6장에서는 학계와 교육 현장에서 사용되는 다양한 AAC 중재 모델을 소개하고, AAC 사용자의 유형에 따른 중재 방법을 상세히 기술함으로써 교육 현장에서 만나는 다양한 유형의 사례에 적용할 수 있도록 하였다.

7장에서는 AAC 중재에 사용되는 다양한 전략을 소개하고, 사례 및 사진과 함께 실제 적용 방법을 제시하였다. 마지막으로 8장에서는 학교에서 교과 수업과 문해력 수업, 개별화교육계획(IEP)과 교육과정 재구성에서 AAC 중재가 적용되는 방법에 대해 상세히 기술하였으므로 특수교육 현장의 교사들에게 매우 유용한 이론과 실제의 자료가 될 것이다.

처음 AAC 관련 논문을 쓰고도 25년의 세월이 흘렀다. 연구를 하면 할수록 독자들에게 쉽게 읽히면서 교육 현장에 적용할 수 있는 책을 집필해야겠다는 다짐을 이루기가 어려움을 많이 느낀다. 누구에게도 부끄럽지 않고, 누구에게나 도움이 되고, 이로움이 되는 책을 집필하고 싶었다. 이를 위해 가장 도움이 된 분이 Gloria Soto 교수와 Vicki Casella 교장 선생님이다. 두 분과의 만남은 필자의 AAC 분야에서의 학문적 업적뿐만 아니라 인생에서도 가장 큰 전환점을 만들었다. 두 분은 나의 지식과 삶의 멘토로서 연구년을 모두 끝낸 지금도, 그리고 앞으로도 계속 나의 학문과 삶에 영향을 미칠 것이다. 두 분은 내 책의 출판을 기뻐하며 기꺼이 추천의 글을 영어로 보내 주셨으니 이 감사함을 어찌 다 표현할 수 있으랴!

첫 연구년 때 3일 동안 집으로 초청하여 나에게 밥을 해 주면서 AAC 중재에 대해 설명해 준

ISAAC의 초대 회장이었던 Sahara Blackstone과 남편 Harvey에게도 감사드린다. 몬트레이 해변가 Sahara의 집에 걸려 있던 바늘이 거꾸로 돌아가던 벽시계는 지금도 기억에 남는다. 브릿지스쿨에서 세 번에 걸쳐 Teacher-in Residence로 활동하는 동안 보조교사로서 실질적인 현장 경험을 할 수 있도록 지도해 준 Aileen과 Tikê와 교사들, 그리고 매 연구년 기간마다 낯선 미국 생활에 적응할 수 있도록 도와준 Mary Frances Allen에게도 특별한 감사함을 전하고 싶다. T.A.C.L.E. 프로그램 특수학급의 Stephanie Taymuree와 Michele Boruta, Avalon Academy의 Sara Hawkinson과 Lizzie Schoelend의 도움도 잊을 수 없다.

미국에서 보고 배운 것들을 국내 교육 현장에 적용하고자 아이디어를 주면 지도교수를 믿고 묵묵히 함께 연구에 참여하였던 한경화, 정명철, 신수정, 조연오, 강명숙, 정예설, 최다영, 권상희, 박미승 박사과정 졸업생들과 새풀잎어린이집의 김경미 선생님을 비롯한 많은 석사과정 졸업생들에게도 감사의 말을 전한다.

연구년 다녀와서 바쁘다는 이유로 찾아뵙지 못하던 차에 급작스레 돌아가신 아버지를 떠올릴 때마다 회한과 죄송스러움만이 남아 가슴이 먹먹하지만 이 책을 보시면 무척 기뻐하셨으리라. 학창 시절 밤늦게 공부하고 있으면 옆에서 뜨개질을 하며 동무가 되어 주시던 어머니는 예전에도 지금도 내 삶의 후원자이시니 이 감사함을 두고두고 갚으리라 다짐한다. 어린 시절 숲속 동물에게 말을 걸려고 나란히 서 있는 모습으로 표지 사진의 모델이 되어 준 이제는 어엿한 대학생과 고등학생이 된 나의 조카들, 그리고 나의 형제들에게도 내 평생의 든든한 힘이 되어 주는 것에 감사의 말을 전한다.

이 책이 나오기까지 편집과 교정을 꼼꼼히 보며 애써 주신 학지사의 박나리 님, 기꺼이 출판을 허락해 주신 김진환 사장님, 출판을 지원해 준 한국연구재단에도 진심으로 감사드린다.

이 책을 출판하면서 다시금 새기는 것은 장애가 있고 어려움이 있는 사람 모두 제각각의 특성이 있으니 이에 맞게 갖가지로 방법을 고민하고 적용해야 하며, 정성으로 대하여 변화를 이끌어 내야 한다는 것이다. 타인의 아픔을 나의 아픔으로 느끼고 타인의 불편함을 도와주고 서로가 서로에게 의지처가 될 때 개인은 물론 사회의 행복지수가 높아질 것이다. 서로가 서로를 연민하고 도와주고자 할 때 구체적으로 어떻게 해야 하는지에 대해 불교경전 중 하나인 화엄경에 두드러지게 나타난다.

> 선남자여, 항상 중생들의 뜻에 수순한다는 것은
> 온 법계 허공계 시방세계의 중생들이 여러 가지 차별이 있으니
> 이와 같이 갖가지 종류의 중생들을, 내가 모두 그들에게 갖가지로 섬기고
> 갖가지로 공양하기를 부모와 같이 공경하고 스승과 아라한과 내지

부처님이나 다름이 없이 받들어 수순하는 것이니라.
병든 이에게는 어진 의원이 되고 길을 잃은 이에게는 바른길을 보여 주고,
캄캄한 밤에는 빛이 되어 주고, 가난한 이에게는 묻혀 있는 보배를 얻게 하면서,
이렇게 보살이 일체중생을 평등하고 이롭게 함을 말하는 것이니라.

이러한 상호이타행이야말로 특수교육의 근본일 것이다. 상호이타행은 상호이해를 기반으로 하고, 상호이해는 의사소통을 기반으로 한다. 이런 의미에서 AAC는 상호이해를 가져오게 되는 것이고, 상호이해는 상호이타행을 증장시킬 수밖에 없다. 상호이타행의 증진은 우리 삶에 더욱 큰 행복을 가져올 것이고 이때에 비로소 우리 사회는 모두가 서로에게 이로움을 주는 진정한 문화복지 사회로 발돋움할 것이다.

2025년
저자 한경임

# 차례

## 제 6 장 보완대체의사소통 사용자 유형과 중재 방법 255



## 제 7 장 보완대체의사소통 중재 전략 363



## 제 8 장 학교에서 보완대체의사소통 중재 447

CCN & AAC Intervention

제 1 장

# 의사소통과 언어발달

1. 의사소통의 의미 | 2. 의사소통에 대한 관점의 변화 | 3. 의사소통의 이유 |
4. 의사소통 능력 발달 단계 | 5. 구어 산출의 의미 | 6. 언어의 의미 | 7. 언어발달 단계 |
8. 의사소통과 언어발달의 6단계 | 9. Brown의 화용론과 언어발달 단계 | 10. 의사소통 권리 |

### 개요

이 장에서는 의사소통과 언어가 의미하는 것이 무엇인지 살펴보고, 복합의사소통장애를 이해하기 위해 의사소통에 대한 관점의 변화, 의사소통의 이유에 대해 알아볼 것이다. 또한, 복합의사소통장애 중재를 위한 기본적인 지식을 갖기 위해 의사소통과 언어발달 단계에 대해 구체적으로 살펴볼 것이다.

## 1 의사소통의 의미

우리의 일상은 의사소통의 일상이다. 일과 속에서 엄마는 아이에게, 아이는 엄마에게 말을 하기도 하고, 웃음을 짓기도 하고, 울기도 하며 무엇인가를 소통하려 한다. 학교에서도 학생들끼리, 교사와 학생 사이, 교사들 사이에 구어로, 몸짓으로, 소리로 끊임없이 의사소통이 이루어진다. 의사소통은 아이와 강아지 사이에서도, 아이와 나뭇잎 사이에서도 이루어진다. 이렇게 우리는 평생 의사소통하며 산다. 의사소통의 과정은 그야말로 삶의 본질인 것이다.

의사소통이란 의도가 있건 없건 상관없이 나타나는 관습적이거나 비관습적인 모든 행동이며, 이 행동의 신호는 무엇인가를 요구하거나, 거부하거나, 설명하거나 등의 메시지를 전달하려는 시도임을 상대에게 알리는 것이다. 의사소통은 사람들과의 관계에서만 이루어지는 것이 아니며, 인간과 동물, 그 외 다른 모든 것 사이에서도 이루어지는 행동이다. 예를 들어, 공공장소에서의 화장실 표시나 교통 표지판 등은 관습적인 의사소통 표현 행위에 해당되며, 한 아이가 엄마를 부를 때 "음, 음"이라고 부른다면 그 행동은 그 아이만의 독특한 비관습적인 의사소통 신호이다. 또한, 서쪽 하늘 멀리에서 비구름이 몰려오는 것은 이제 곧 폭풍우가 올 것임을 나타내는 의사소통의 신호가 된다.

의사소통을 이렇게 광범위하게 정의할 수 있지만 우리 인간에게 의사소통이 중요한 이유는 사람들의 사회적 욕구를 충족시키기 위해서이다. 우리는 어제 TV에서 본 한일전 축구 경기의 흥분을 동료와 이야기하며 함께 공유하고, 시험에 떨어져 낙담할 때 누군가에게 이야기하며 위로받고, 아이가 첫걸음을 떼었을 때 그 기쁨을 다른 친구에게 이야기하며 내적으로 엄청난 만족감을 경험한다.

이와 같이 의사소통은 다른 사람과 관계를 맺기 위한 인간의 기본 욕구이며, 생각이나 감정, 아이디어를 자유롭게 표현할 기본 권리로 정의된다(Light, Beukelman, & Reichle, 2003). 브리태니커 사전에서는 의사소통을 공유된 상징체계를 통한 개인들 상호 간의 의미 교환이라고 정의

한다. 의사소통은 참여자들이 서로 정보와 사상, 필요와 욕구들을 교환하는 과정으로 정의(김화수, 2010)되기도 하며, 화자와 청자가 음성 기호나 문자 기호를 사용하여 정보와 생각을 교환하는 과정(주영희, 2010)이라고 정의되기도 한다.

이때 정보와 생각의 교환은 장애와 연령에 상관없이 모든 사람에게서 이루어지는 과정이다. 이제 갓 태어난 영아는 배고프면 울음으로, 기저귀가 젖어 불편해도 울음으로 보호자에게 자신의 정보를 전달한다. 말을 할 수 없는 장애인도 울음으로, 표정으로, 또는 무엇인가 다른 수단으로 자신의 정보와 생각을 전달한다. 이상에서 볼 때 의사소통은 장애 유무와 연령을 불문하고 모든 사람에게서 이루어지는 정보와 생각의 교환 과정이며 의사소통이 이루어지기 위해서는 울음이든, 표정이든, 말이든, 글자이든 무엇인가 수단이 있어야 함을 알 수 있다.

한 아이가 접시에 놓인 완두콩을 보고 "콩"이라고 말하거나 손가락으로 콩을 가리키는 것은 "와! 콩이다!"라는 의미일 수도 있고, "나도 콩 주세요."일 수도 있고, "콩 싫어요."를 표현하기 위해서일 수도 있다. 이렇게 의사소통에는 많은 이유가 있고 이러한 의미를 전달하기 위해 몸짓*을 사용하기도 하고, 말로 전달하기도 하고, 다른 수단을 사용할 수도 있다는 것을 사람은 세상에 태어나면서부터 배우게 된다.

언어(language)는 이러한 의사소통 과정에서 우리의 생각과 의도를 다른 사람에게 전달하고 공유하는 가장 강력한 수단이다. 20년 지기 내 친구를 생각해 보자. 어떻게 우리는 친구가 되었는가? 한국어라는 언어를 통해 사건을 전달하고, 알고 있는 정보를 전달하고, 감정을 전달하고, 경험을 함께 공유하면서 친구가 되었다. 이때 언어는 그 패턴이 무엇인지 이미 알고 있는 한 문화 속에서 구성원에 의해 서로 동의된 관습적이면서 임의적인 하나의 체계이다. 언어는 우리가 의사소통하는 수단인 것만은 아니다. 때로 우리는 단어를 말하지 않고도 의도를 전달하고 공유한다. 단순히 의도를 전달하려는 의사소통만을 위해서라면 언어가 필요 없을 수도 있다. 의사소통이 삶의 본질이고 의사소통의 수단이 언어이기는 하지만 언어가 의사소통 수단인 것만은 아닌 것이다. 왜냐하면 언어는 사고하고 학습하고, 문제를 해결하는 수단으로서의 중요한 기능 또한 가지고 있기 때문이다. 사람들은 언어를 통해 이유를 생각하고, 상상하고, 계획하고, 예측하고, 대안을 찾고, 문제의 해결책을 찾는다. 매일 우리는 머릿속에서 언어를 이용하여 수백 가지의 작은 결정을 내리고, 수백 가지의 일상적인 문제들을 해결한다.

---

* 이 책에서 몸짓은 언어를 사용하지 않고 손, 발, 몸 등 신체의 동작으로 의사나 감정을 전달하는 것으로서 보디랭귀지(body language)를 의미한다. 제스처(gesture)도 몸짓의 한 종류로 볼 수 있으나, 이 책에서 제스처는 손짓이나 머리의 움직임을 사용한 표현을 나타내고자 몸짓과 구분하여 사용하였다. 얼굴 표정도 몸짓에 포함되지만 얼굴 표정의 세밀한 느낌이 드러나도록 하기 위해 이 또한 구분하여 사용하였다.

이 의미는 의사소통에 어려움이 있어 삶의 본질을 향유하지 못하는 장애인에게 의사소통에만 중점을 두고 중재하려 한다면 의사소통 수단으로서만 언어를 사용하는 한계점을 가질 수 있으며, 언어능력의 발달을 간과하는 오류를 가져오게 된다는 것이다. 이러한 점에서 의사소통과 언어에 대한 의미를 명확히 하고, 장애인이 갖는 의사소통 문제를 바라보는 새로운 관점에 대해 생각해 볼 필요가 있다.

## 2 의사소통에 대한 관점의 변화

의사소통 과정을 전달자(sender)-받는자(receiver) 모델로 보는 오래된 관점에서는 상호작용에 대해 한 사람은 화자(speaker), 다른 한 사람은 청자(listener)인 이분법적 과정으로 간주한다. 이 화자-청자 모델은 두 사람이 서로를 이해하려는 목적으로 상호작용에 참여할 때 실제로 발생하는 상황에 대해 정확하게 묘사해 주지 못한다. 단순한 화자-청자 관계는 상호작용하는 사람들 간에 공유하고 있는 배경적 맥락, 서로 간에 인식하고 있는 관계의 영향, 말로만 이루어지지 않는 상호작용의 다중양식적 특성, 말로 표현하지 않아도 추론할 수 있는 상황 등에 대해 설명해 주지 못한다. 즉, 의사소통과 상호작용이 말을 전달하고 듣는 과정으로만 이루어지지 않는다는 것이다.

따라서 의사소통은 참여와 상호작용의 공유를 통해 이루어지는 의미 있는 과정이며, 의사소통의 문제는 개인의 문제가 아니라 상호작용이 손상된 것이다(Blackstone, Williams, & Wilkins, 2007). 이것은 의사소통에 문제가 있다고 생각되는 학생의 특정 장애에 초점을 두는 것이 아니라 이 학생이 다양한 맥락에서 상대자와 의사소통하는 능력, 상호작용 속에서 의사소통을 위해 필요로 하는 도구와 지원, 훈련과 전략들에 중점을 둘 필요가 있음을 의미하는 것이다.

의사소통에 대한 이러한 관점을 받아들이게 되면 대화는 수행되는 것이고, 메시지는 함께 만드는 것이며, 의사소통은 다중양식(multi-modal)적이며, 개인의 특성에 따라 다르게 이루어지는 것임(Light & McNaughton, 2014)을 알게 된다.

### 1) 수행되는 것의 의미

대화는 각 의사소통 상대자 간에 이루어지는 대화 교환의 상호작용 속에서 두 사람(또는 그 이상) 간에 '수행되는 것'이지 화자가 일방적으로 전달하기만 하는 과정이 아니다. 이는 의사소통 상호작용의 책임을 장애가 있는 한 사람에게만 지울 수 없다는 것이다. 의사소통에 어려움이 있다면 상대자가 장애 학생의 표현을 촉진하기도 하고, 말이 아닌 대체 수단을 제공하여 의사소통이 잘 수행되도록 해야 한다.

### 2) 함께 만드는 것의 의미

의사소통을 통해 사람들이 서로를 이해하는 방향으로 상호작용을 '만들어 갈 때' 편안한 말 차례 주고받기가 이루어진다. 대화와 상호작용은 리듬과 흐름을 따르고 그 과정에서 공유하는 의미가 형성된다. 상호작용에 참여하는 사람들은 대화하는 동안 그들이 사용하는 신호들[단어, 몸짓, 제스처, 음성산출 기기(Speech Generating Device: 이하 SGD)]을 통해 지식, 개인적인 경험, 기억, 편견/태도, 감각적 특성(보고 듣고 인지하는 능력)과 현재의 상태(감정/주의를 기울이는/신체적인)를 공유하면서 함께 공동의 의미를 구축해 가는 것이다. 따라서 의사소통 좌절이 예견되는 장애 학생을 도와 함께 만들어 가는 상호작용이 유지되도록 하려면 학생들이 어떻게 의사소통 좌절을 회복하고 개선할 수 있는지 가르쳐 주어야 한다.

### 3) 다중양식의 의미

모든 사람은 맥락에 따라 다양한 의사소통 채널을 사용하여 자신을 표현하는 여러 가지 방법을 가지고 있다. 사람은 언제나, 어디에서나, 누구든 함께 자신의 생각을 공유하기 위해 선호하는 표현 채널을 선택할 수 있어야 한다. 몇 개의 낱말들로 자신을 모두 표현할 수는 없다. 사람들은 효율적인 의사소통 성취를 위해 다중양식을 사용한다. 그래서 얼굴을 마주 보고 대화하는 상호작용에서 우리는 구어뿐만 아니라 얼굴 표정, 의도적인 침묵, 눈 맞춤, 몸짓, 팔과 손을 이용한 제스처, 발성이나 소리 또는 어떤 물건 등을 모두 의사소통의 수단으로 사용한다. 따라서 의사소통 좌절이 예견되는 장애 학생에게 '말'로만 또는 특정 수단으로만 표현하도록 강요하는 것은 의사소통의 다중양식적 본질을 간과하는 것이다.

### 4) 개인적인 것의 의미

상호작용 과정에서 각 개인의 의사소통 의도는 시간이 지나면서 드러난다. 우리 각 개인은 독특한 존재로서 상호작용의 특성에 영향을 미친다. 이 상호관계에 대해서 어떻게 인식하는지, 상호작용하는 당시의 상태가 어떠한지, 그 당시의 감정이 어떠한지 등 많은 다른 요인들이 상호작용에 영향을 미친다. 상호작용에 참여하는 사람들의 성격도 중요하다.

## 3 의사소통의 이유

일단 아동이 어떻게, 그리고 왜 의사소통하는지 알게 되면 부모로서 또는 교사로서 각 아동에게 무엇을 가르쳐 주어야 할지 알 수 있다. 예를 들어, 음식을 요구하기 위해서만 엄마의 손을 끄는 자폐성장애 아동에게는 또 다른 이유로도 의사소통할 수 있다는 것과 그 이유를 충족하기 위해 적합한 다른 의사소통 방법이 있음을 알려 주어야 한다. 따라서 의사소통을 생각할 때 우리는 아동이 표현하는 제스처, 울음, 소리, 말하는 단어들이 '어떻게' 사용되는지의 이면에 그것이 사용되는 '이유'를 분석할 필요가 있다. 이렇게 의사소통하는 이유를 의사소통 기능(communicative function)이라고 한다. 사람들이 의사소통하는 이유를 Weitzman과 Greenberg(2002)를 참고하여 [그림 1-1]과 같이 제시하였다.

아이들이 생후 1년 동안 전상징적(presymbolic) 또는 비상징적(nonsymbolic)인 의사소통 단계에서 나타내는 의사소통 기능을 Snell과 Brown(2006)은 다음 세 가지로 제시하였다(박은혜, 한경근, 2008). 특수학교의 초등학교나 중학교에도 전상징적 단계에 머물러 있는 중도중복장애 학생을 많이 만날 수 있는 현실에서 전상징적 단계의 의사소통 기능을 이해하는 것은 매우 중

〈표 1-1〉 전상징적 단계 아동의 의사소통 기능

| 분류 | 의미 | 형태 | 예시 |
|---|---|---|---|
| 행동조절<br>(behavior regulation) | 상대자가 무엇인가를 하게 하거나, 멈추게 하려는 것 | • 물건이나 행동 요구하기<br>• 물건이나 행동 거부하기 | • 물건을 열거나 작동하도록 도와달라고 해당 물건을 건네준다.<br>• 원하지 않는 물건을 던진다. |
| 사회적 상호작용<br>(social interaction) | 상대자로 하여금 자신을 바라보게 관심을 끄는 것 | • 사회적인 일과 요구하기<br>• 편안함 요구하기<br>• 인사하기<br>• 부르기<br>• 보여 주기<br>• 허락 구하기 | • 까꿍 놀이를 더 하고 싶어서 상대를 바라보거나 웃는다.<br>• 자신의 자세를 바꿔 달라는 의미로 의자에서 몸을 약간씩 흔든다.<br>• '안녕' 하며 손을 흔든다.<br>• 상대를 자기 쪽으로 오게 하려고 소리를 낸다.<br>• 입안에서 '푸르르' 소리를 내고 다른 사람의 반응을 얻기 위해 웃는다.<br>• 과자 먹어도 된다는 허락을 얻기 위해 과자를 들고 서 있는다. |
| 공동관심<br>(joint attention) | 사물이나 활동에 상대자의 주의를 끄는 것 | • 물건이나 행동에 대해 설명하기<br>• 정보 요구하기 | • 장난감을 보여 주며 상대자가 같이 보도록 한다.<br>• 책의 그림을 지적하고 무엇인지 묻기 위해 억양을 올린다. |

**[그림 1-1]** 의사소통하는 이유

요하다.

의사소통 기능은 언어의 구성 요소 중 하나인 화용론(pragmatics)과 관련이 있다. 화용론은 언어 사용의 이유를 의미하므로 언어의 다른 모든 측면, 즉 형식(form)과 내용(content)을 이끄는 기본이 된다. 우리가 말하려는 이유가 말의 형식과 내용을 결정하기 때문이다(Owens, Evanmetz, & Haas, 2000). 예를 들어, 배가 고픈 상황에서 만약 친구와 함께 있으면 "밥 먹으러 가자."라고 말하겠지만 직장에서 점심시간이 가까워지고 배고픈 상황이라면 동료에게 "점심 먹으러 갈까요?"라고 말할 것이다. 따라서 아동이 현재 어떠한 이유를 갖고 의사소통하려는지 분석하는 것은 이유에 적합한 형식과 내용을 갖추도록 지도하기 위해 매우 중요하다.

김영태(2014)는 의사소통 의도가 제한적인 아동과 다양한 의사소통 의도를 보이는 아동의 의사소통 기능을 분석하기 위해 초기 구어 기능과 대화 구어 기능 분석표를 각각 〈표 1-2〉, 〈표 1-3〉과 같이 제시하였다.

이러한 기능 분석은 말이 아닌 다른 대체 수단인 보완대체의사소통(Augmentative and Alternative Communication: 이하 AAC) 체계를 사용하는 중도중복장애 학생의 의사소통 분석에도 활용할 수 있다. 대화 기능 분석에서 의사소통은 상호작용에서 나타난 행동만을 의미한다. 이때 상호작용이란 신체적으로 근접한 상황에서 나타나는 행동, 몸짓이나 발성 또는 말로 접근이 일어난 경우, 상대자의 의사소통 시도가 있은 후 학생이 3초 이내에 응시 또는 반응한 경우를 의미한다(김영태, 2014).

〈표 1-2〉 초기 구어 기능

| 형태 | 의미 | 예시 |
|---|---|---|
| 명명<br>(labeling) | 현재 조작하거나 감지하고 있는 사물의 이름을 말하는 것 | • 자동차를 가리키며 "자동차"라고 말한다. |
| 반복<br>(repeating) | 상대자 말의 일부 또는 전부를 따라 말하는 것 | • 상대자가 "빨간 모자"라고 말하면 그대로 따라서 "빨간 모자"라고 말한다. |
| 대답<br>(answering) | 상대자의 질문에 대답하는 것 | • 상대자가 "몇 살이야?"라고 물었을 때 "세 살"이라고 대답한다. |
| 행동 요구<br>(requesting action) | 상대자가 어떤 행동을 취하도록 하는 것 | • 과자 달라고 "과자 주세요."라고 말한다. |
| 대답 요구<br>(requesting answer) | 상대자의 대답을 유도하는 것 | • 공을 들어 올리며 "공?"이라고 말한다. |
| 부르기<br>(calling) | 상대자의 주의를 끌기 위한 말이나 음운 패턴의 소리를 내는 것 | • 장난감을 가리키며 "엄마" 하고 불러 엄마가 다가오게 한다. |
| 인사<br>(greeting) | 상대자에게 자신의 도착이나 떠남을 알리는 것 | • "안녕", 손을 흔들며 "빠이빠이" |
| 저항<br>(protesting) | 어떤 것을 싫어하거나 불허한다는 것을 표현하는 것 | • 고개를 저으며 "싫어.", "안 돼."라고 말한다. |
| 연습<br>(practicing) | 앞 문장과 연결되지 않는 말을 독백처럼 말하는 것 | • 상대자가 "아유, 추워! 그렇지?"라고 말했을 때 "아기, 아기" 하며 중얼거린다. 아빠가 없는데도 "아빠 아빠" 하며 중얼거린다. |

〈표 1-3〉 대화 기능

<table>
<tr><th>상위 기능</th><th colspan="2">하위 기능</th><th>의미</th></tr>
<tr><td rowspan="7">요구하기<br>(request)</td><td rowspan="4">정보 요구하기</td><td>예/아니요 질문</td><td rowspan="7">상대에게 정보, 행위, 사물 또는 허락을 요구하는 기능</td></tr>
<tr><td>의문사 질문</td></tr>
<tr><td>명료화 질문</td></tr>
<tr><td>확인 질문</td></tr>
<tr><td colspan="2">행위 요구하기</td></tr>
<tr><td colspan="2">사물 요구하기</td></tr>
<tr><td colspan="2">허락 요구하기</td></tr>
<tr><td rowspan="8">반응하기<br>(response)</td><td rowspan="3">질문에 대한 반응하기</td><td>예/수용</td><td rowspan="8">상대의 요구에 답하고 대응하는 기능</td></tr>
<tr><td>아니요/저항(부정)</td></tr>
<tr><td>의문사 대답</td></tr>
<tr><td rowspan="3">요구에 대한 반응하기</td><td>명료화</td></tr>
<tr><td>순응</td></tr>
<tr><td>거부/저항</td></tr>
<tr><td colspan="2">반복</td></tr>
<tr><td colspan="2">의례적 반응</td></tr>
<tr><td rowspan="7">객관적 언급<br>(comments)</td><td colspan="2">사물 주의집중</td><td rowspan="7">객관적 사실에 대한 언급이나 현재 관찰 가능한 사물 또는 사건에 대한 인지/묘사, 또는 아동이 의도적으로 사물이나 행위에서 상대의 주의를 요구하는 행동</td></tr>
<tr><td colspan="2">이름 대기</td></tr>
<tr><td colspan="2">사건 · 상태</td></tr>
<tr><td colspan="2">고유의 특성</td></tr>
<tr><td colspan="2">기능</td></tr>
<tr><td colspan="2">위치</td></tr>
<tr><td colspan="2">시간</td></tr>
<tr><td rowspan="6">주관적 진술<br>(statements)</td><td colspan="2">규칙</td><td rowspan="6">직접적으로 관찰이 가능하지 않은 사실, 규칙, 태도, 느낌 또는 믿음에 대해 행동하거나 진술을 하는 기능</td></tr>
<tr><td colspan="2">평가</td></tr>
<tr><td colspan="2">내적 상태</td></tr>
<tr><td colspan="2">속성</td></tr>
<tr><td colspan="2">주장</td></tr>
<tr><td colspan="2">설명</td></tr>
<tr><td rowspan="3">대화내용 수신표현<br>(acknowledge)</td><td colspan="2">수용</td><td rowspan="3">상대의 말을 들었다는 것을 나타내는 반응. 단순히 메시지 수신의 표현을 의미하므로 질문이나 요구하는 반응은 해당되지 않음</td></tr>
<tr><td colspan="2">승인/동의</td></tr>
<tr><td colspan="2">부인/반대</td></tr>
<tr><td rowspan="5">대화내용 구성 요소<br>(organization device)</td><td colspan="2">의례적 인사</td><td rowspan="5">개별적 접촉과 대화 흐름을 조절하는 기능</td></tr>
<tr><td colspan="2">부르기</td></tr>
<tr><td colspan="2">화자 선택</td></tr>
<tr><td colspan="2">동반</td></tr>
<tr><td colspan="2">감탄</td></tr>
<tr><td rowspan="3">발전된 표현<br>(advanced speech act)</td><td colspan="2">농담</td><td rowspan="3">남을 웃기려고 우스갯소리를 하거나 남을 흉보는 등 말 산출만으로 성취되는 기능</td></tr>
<tr><td colspan="2">경고</td></tr>
<tr><td colspan="2">놀림</td></tr>
<tr><td>기타(others)</td><td colspan="2"></td><td>앞의 기능으로 분류되지 않는 표현</td></tr>
</table>

출처: 김영태(2014).

## 4 의사소통 능력 발달 단계

일반적으로 생후 24개월 사이에 발달하는 의사소통 능력의 초기 형태는 이후 의사소통과 언어 발달에 중요한 역할을 한다. 태어나면서부터 시작되는 의사소통은 비의사소통적 행동(전의도적 행동과 의도적 행동), 비상징적 의사소통(비관습적 의사소통과 관습적 의사소통), 그리고 상징적 의사소통(구체적 상징, 추상적 상징, 언어)의 형태로 발달해 간다(Best, Heller, & Bigge, 2010). Rowland(2004)를 참고하여 이러한 의사소통 능력을 일곱 가지로 구분해 〈표 1-4〉와 같이 제시하였다. 이 분류는 학령기에도 여전히 전의도적 행동을 보이는 중도중복장애 학생의 의사소통 능력을 이해하고 중재 목표를 설정하는 데 매우 유용하다.

장애 학생이 여전히 비의사소통적 행동을 보이고 있다면 비상징적 의사소통 단계로 발달할 수 있도록 중재 목표를 설정하고, 비상징적 의사소통 단계에 있다면 상징을 이용한 의사소통 단계로 전환될 수 있도록 중재 목표를 설정해야 한다. 전형적인 발달을 보이는 아동의 경우 5단계인 구체적 상징 단계를 건너뛰고 4단계에서 6단계로 바로 이동하지만 말을 하지 못하는 장애 아동의 경우 별도의 발달 단계로서 5단계의 구성이 필요하다(Rowland, 2004). 따라서 〈표 1-4〉에서 구체적 상징과 추상적 상징의 발달연령이 생후 12~24개월로 똑같이 표기되어 있다.

〈표 1-4〉 의사소통 능력의 단계와 중재 목표

| 단계 | | 나타나는 행동 | 중재 목표 |
|---|---|---|---|
| 비의사소통적 행동 | Level Ⅰ<br>**전의도적 행동**<br>(Preintentional behavior)<br>생후 0~3개월 | • 아동이 자발적으로 통제하지 못하는 반사적 또는 반응적 행동<br>• 행동에 의도를 포함하고 있지 않음<br>• 특정한 신체적 욕구(예: 배고픔, 편안함, 고통)와 연관되어 있음<br>• 보호자가 아동의 신체 움직임, 소리, 얼굴 표정 등을 보고 아동의 상태를 해석하여 의사소통이 이루어짐 | • 보호자가 민감하게 반응해 줌으로써 아동이 목적을 갖고 행동할 수 있도록 환경 구성하기 |
| | Level Ⅱ<br>**의도적 행동**<br>(Intentional behavior)<br>생후 3~8개월 | • 아동이 자신의 행동을 자발적으로 통제하지만 의도적인 의사소통은 아님<br>• 자신의 행동이 다른 사람에게 미치는 영향력을 인식하지 못함<br>• 보호자가 아동의 행동(몸짓, 얼굴 표정, 발성, 눈 맞춤)을 보고 아동의 필요와 욕구를 해석하고 반응함<br>• 보호자의 반응에 따라 아동의 행동은 의사소통 기능을 가짐 | • 아동이 자신의 행동과 의사소통 의도를 연결하여 인식할 수 있도록 아동의 잠재적 의사소통 행동에 반응해 주기 |

| | 단계 | 나타나는 행동 | 중재 목표 |
|---|---|---|---|
| 비상징적 의사소통 | Level Ⅲ<br>**비관습적 의사소통**<br>(Unconventional communication)<br>생후 6~12개월 | • 의도적인 의사소통을 하기 위해 비관습적인 전상징적 행동을 보임<br>• 관습적이지 않은 몸동작, 발성, 표정, 간단한 제스처(예: 사람을 잡아당기는 것 같은)로 자신의 의도를 나타냄 | • 비관습적인 행동을 관습적인 행동과 상징을 이용하여 표현하도록 중재하기 |
| | Level Ⅳ<br>**관습적 의사소통**<br>(Conventional communication)<br>생후 12~18개월 | • 의도적으로 의사소통하기 위해 관습적인 전상징적 행동을 보임<br>• 가리키기, 끄덕이기, 손 흔들기, 포옹하기, 일부 억양이 보이는 발성 등 관습적인 행동을 나타냄<br>• 몸짓의 조합(예: 엄마를 보며 무언가를 가리키기)을 통해 사물과 의사소통 상대자를 동시에 향하는 이중지향(dual orientation)을 보임 | • 지시대상물과 구체적/추상적 상징들 간의 1:1 대응관계 가르치기 |
| 상징적 의사소통 | Level Ⅴ<br>**구체적 상징**<br>(Concrete symbols)<br>생후 12~24개월 | • 실제 사물을 나타내는 구체적인 상징에 대한 1:1 대응의 개념 습득<br>• 구체적인 상징에는 그림, 실제 사물(예: 신발을 나타내는 신발 끈), 상징적인 제스처, 특정 소리(예: "앉아"라는 말 대신 의자 두드리기)가 포함됨 | • 지시대상물과 추상적 상징 간의 1:1 대응관계 가르치기 |
| | Level Ⅵ<br>**추상적 상징**<br>(Abstract symbols)<br>생후 12~24개월 | • 상징과 지시대상물 사이의 1:1 대응관계 이해<br>• 추상적 상징을 사용하여 의사소통하기 시작함<br>• 한 번에 하나씩 사용되는 구어체의 형태를 가짐<br>• 대안적인 추상적 상징: 인쇄된 단어, 점자, 블리스상징(Blissymbol)과 같은 추상적 그림 체계 | • 상징을 조합하여 2~3개 상징의 발화로 가르치기 |
| | Level Ⅶ<br>**언어**<br>(Language)<br>생후 24개월~ | • 초기 문법 규칙에 따라 상징(구체적 상징 또는 추상적 상징)을 2개 또는 3개의 상징 조합으로 결합하기 시작<br>• 상징 조합의 의미가 상징의 순서에 따라 달라질 수 있다는 것을 이해하기 시작함 | • 의미론과 구문론 능력 확장시키기 |

## 1) 전의도적 행동에서 의도적 행동으로

비의사소통적 행동은 전의도적(pre-intentional) 행동과 의도적(intentional) 행동으로 분류된다. 전의도적 행동에서 의도적 행동으로의 변환을 보여 주는 의사소통 기능은 공동관심, 행동조절, 사회적 상호작용 기능이다. 공동관심은 한 사물에 서로의 관심을 끌어 주의를 기울이고, 개념을 갖도록 하는 것으로 전의도적 단계에서 의도적 단계로의 전환을 보여 주는 표식이다. 아동이 사물과 사람 간에 눈 맞춤을 번갈아 할 때, 그리고 의사소통 목적을 위해 계속 어떤 신호를 보낼 때 의도성이 입증된다. 공동관심은 다른 사람의 주의를 끌기 위해 사물을 바라보며 언급하는 듯 소리를 내거나, 무엇인가를 원하는 듯 주의를 끌고 바라보는 행동으로 나타나며, 보통 생후 15개월경에 시작된다.

행동조절은 다른 사람의 행동을 조절하기 위한 행위이며, 행동조절의 목적은 사물이나 행동을 요구하거나 거부하는 것으로 나타난다. 사회적 상호작용은 사회적 목적을 위해 자신에게 다른 사람의 관심을 끄는 행위를 하는 것이다. 예를 들어, 편안함을 요구하기 위해, 또는 인사하기나 허락을 요구하기 위해 보이는 행동들이 이에 해당된다.

이러한 기능들을 달성하기 위해 사용하는 의사소통 방식은 접촉하는 제스처, 멀리서 지적하는 제스처, 발성으로 나타나며, 보통 생후 9개월경에 보인다. 접촉하는 제스처란 가까이에 있는 물건을 계속 집어서 주거나, 성인의 손을 잡거나 미는 형식으로 나타난다. 멀리서 지적하는 제스처란 물건에 손을 대지 않고 멀리 있는 것을 손으로 지적하거나 손을 뻗쳐 잡으려 하는 행동으로 나타난다. 보통 생후 11개월경에 보인다. 발성은 웃음소리, 울음소리, 노래 흥얼거림과 같은 비구어적인 소리를 계속 내어 무엇인가를 요구하기도 하고, 다른 사람의 주의를 끌기도 하는 것이다.

만약 장애가 심하여 학령기에도 여전히 전의도적 행동 단계에 머물러 있는 학생이라면 전의도적 행동 단계에서 의도적 행동 단계로의 전환이 필요하다. 이를 위해서는 아동의 행동이 공동관심, 사회적 상호작용, 행동조절의 기능을 가질 수 있도록 중재가 필요하다. 전의도적 행동에서 의도적 행동으로의 변환은, 곧 비의사소통적 행동에서 비상징적 의사소통으로의 전환을 이끌어 내는 것이기도 하다.

### 2) 비의사소통적 행동에서 비상징적 의사소통으로

비의사소통적 행동에서 비상징적 의사소통 단계로의 변화를 위해 교사는 학생의 행동에 의미를 부여해 주고, 마치 그것이 의사소통인 것처럼 일관적으로 반응해 주어야 한다(박재국 외, 2018). 아동이 아직 의도를 갖지 않고 보이는 행동에 의미를 부여하고, 자신의 행동이 의사소통 의도를 표현한 것임을 알게 해 주는 것이다. 예를 들어, 아이가 자신의 행동이 어떤 의미를 가지고 있는지 인식하지 못하지만 계속 "암, 암"이라고 소리를 낸다. 이때 엄마가 '물'이라 알아듣고 물을 주며 "물, 물"이라고 일관된 소리로 말해 주는 과정을 거치면서 점점 아이는 물을 마시고 싶을 때 "암, 암"이라고 말하게 되고, 자신의 표현에 의미를 가지고 있음을 인식하게 되는 것이다.

### 3) 비상징적 의사소통에서 상징적 의사소통으로

비상징적 의사소통은 다른 사람과 의도적으로 의사소통하기 위해 사용되는 행동, 몸짓, 표정, 사물 조작 등으로 나타난다. 비상징적 의사소통은 비관습적 의사소통과 관습적 의사소통으로 구별된다. 비상징적 의사소통은 소리 지르기나 웅얼거리는 음성이 될 수도 있고, 팔을 움직이거나 기대는 동작, 근긴장도나 각성도의 변화, 화를 내거나 자해행동으로 나타날 수도 있다. 비관습적 의사소통 행동이 의미를 가지고 있음을 인식하는 과정에서 점차 행동이 제스처로 전환되고, 관습적 의사소통으로 발전하게 된다. 비상징적 의사소통 형태에서 상징적인 의사소통 형태로 변화가 보이면 교사는 비상징적 형태를 점차 줄여 가면서 비상징적 의사소통과 상징적 형태의 의사소통을 짝지어 준다(박재국 외, 2018).

## 5 구어 산출의 의미

우리가 말(speech)을 하는 것은 단순히 말 그 자체에 의미가 있는 것이 아니라 메시지를 전달하면서 나의 의도를 알리고자 함이다. 따라서 말은 조음만이 아니라 개념적 준비와 언어학적 부호화 과정이 필요하다. 이는 말하는 것을 조음에만 중점을 두어서는 안 됨을 의미하는 것이다. 구어 산출은 개념적 부호화(conceptual encoding), 언어학적 부호화(language encoding), 조음(articulation)의 세 가지 요소가 서로 동등하게 병립해서 작용하는 것으로서(Levelt, 1993) 구어 산출 구조의 개념은 [그림 1-2]와 같다.

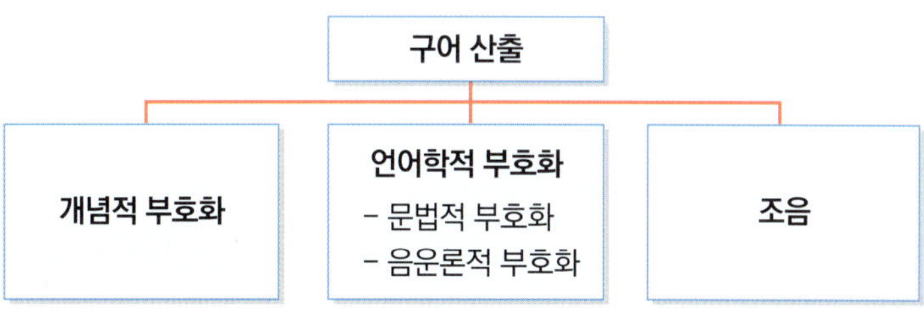


[그림 1-2] 구어 산출의 구조

### 1) 개념적 부호화

말은 의사소통 의도를 상대자가 이해하도록 하는 목적을 갖는다. 의도를 상대자가 인식하도록 하기 위해서 화자는 자신의 의도를 '효과적으로' 나타내는 메시지를 만들어야 한다. 이때 메시지는 말 그 자체가 아니라 언어로 형성된 어떤 개념적 표현이다. 이 메시지의 의도와 형식의 관계는 맥락에 따라 달라진다. 같은 의도여도 다른 상황에서 더 효과적으로 전달될 수 있다. 모든 경우에 화자는 의사소통 상대자에게 주의를 기울일 필요가 있다. 이것이 전달하려는 메시지의 언어적인 형태를 결정하게 된다.

말을 통해 전달하려는 메시지는 사전적인 어휘 개념(lexical concepts)의 형식을 갖추어야 한다. 하지만 우리는 모든 가능한 개념에 해당하는 단어들을 다 갖고 있지는 않다. 즉, 단어로 표현할 수 없는 것도 너무나 많다. 그리고 어떤 메시지는 하나의 사전적 의미의 개념만 가질 수 있지만 다른 것은 그렇지 않을 수도 있다. 예를 들어, 이중언어 사용자의 경우 어떤 개념은 자신의 모국어 어휘에는 있지만 현재 사용하는 언어의 어휘에는 없을 수도 있다. 그렇다고 언어로 표현하지 않는 것이 아니다. 표현할 수 있는 단어가 없더라도 그것을 표현하기 위해 사전적인 설명식 개념을 사용하면서 말해야 한다.

개념적 부호화의 궁극적인 결과는 어휘적 개념으로 구성된 메시지이다. 따라서 개념적 부호화가 되지 않으면 언어 사용이 불가능하게 된다. 언어가 없어도 의사소통은 가능하다. 예를 들어, 언어 사용 이전의 아동들은 전상징적인 제스처나 울음소리 등으로 의사소통은 가능하지만 언어 사용이 이루어지고 있지는 않다. 자폐성장애나 외상성 뇌손상, 알츠하이머 환자는 의사소통은 하지만 언어 사용에는 어려움을 갖는다.

## 2) 언어학적 부호화

언어학적 부호화는 단순히 어휘만을 의미하는 것이 아니다. 언어학적 부호화는 문법적 부호화(grammatical encoding)와 음운론적 부호화(phonological encoding)로 구성된다. 문법적 부호화는 전달하려는 메시지에 어휘적 개념을 포함하기 위해 적절한 단어들을 상기하는 것이다. 이 단어들은 정신적으로 형성되어 있는 어휘목록에서 재생되어야 한다. 일반적인 성인의 경우 수천, 수만 개의 어휘목록을 갖고 있다. 이들 어휘목록에서 적절한 단어를 선택한다. 적절한 단어를 선택한다는 것은 단어들의 구문론적 속성, 즉 명사인지, 동사인지 등을 이해한다는 것이다. 각 단어들은 자신만의 독특한 환경인 형태론적-구문론적 순서를 요구한다. 예를 들어, 주어 다음에 목적어와 서술어가 필요하며, 단어가 주어로 사용되는지 목적어로 사용되는지에 따라 조사도 달라진다.

음운론적 부호화는 소리의 형태, 즉 소리의 구조 체계를 인식하는 것이다. 여기에는 음운론적 분절과 말의 악센트 구조, 음성과 억양을 의미하는 음성학적인 부호화가 포함된다. 음운론적인 인식이 가능하다고 해서 말을 잘하는 것은 아니다. 말에는 메시지, 즉 내용이 있어야 하기 때문이다.

### 3) 조음

구어 생성을 위한 마지막 단계가 조음이다. 조음은 수많은 뇌신경의 작용에 의한 것으로 여러 가지 근육의 협응이 요구된다. 조음 체계는 인간의 가장 완성된 운동 체계로서 광범위한 뇌 조직이 필요하다. 뇌성마비는 조음 조절에 심각한 손상을 가지고 있으며, 뇌손상에 의한 마비성조음장애(dysarthria), 유창성 장애, 말 실행증 등은 언어이해 기술은 좋으나 조음에만 문제를 갖는다.

이상의 세 가지 요소는 서로 병립하여 작동하며, 우리는 주로 말하는 내용에 대부분 집중하며 생활하고, 말하는 방법은 매우 자동적으로 이루어진다. 장애의 유형은 이들 구성 요소의 어느 것에 영향을 받았는지에 따라 달라진다. 손상의 수준에 따라 가능한 많이 보상해 줄 수 있어야 한다.

## 6 언어의 의미

언어는 한 문화에서 관습적으로 사용하는 임의적인 상징체계로 이루어지며 이 체계는 상징을 생성하고, 표현하고, 조합하는 일련의 규칙을 갖고 있다. 언어는 구어(spoken language)일 수도 있고, 문어(written language)나 수어(sign language), 촉각적 언어(Braile: 점자)일 수도 있다. 언어는 〈표 1-5〉에서와 같이 언어의 형식과 내용, 그리고 언어의 사용으로 설명될 수 있다. 언어를 이해하려면 이 세 가지 구성 요소에 대해 알아야 한다.

〈표 1-5〉 언어의 구성 요소

| 분류 | 세부 요소 |
|---|---|
| 형식 | • 형태론(morphology): 언어의 최소 의미 단위(예: 시제 어미, 복수형 어미 등) |
| | • 구문론(syntax): 언어의 단어 순서 규칙[예: 주어(명사)-서술어(동사) 순서] |
| | • 음운론(phonology): 단어의 소리 패턴(예: 겹받침 소리 패턴) |
| 내용 | • 의미론(semantics): 단어의 의미(예: 어휘) |
| 사용 | • 화용론(pragmatics): 언어의 기능적인 사용(예: 대화 시작하기, 말차례 주고받기) |

언어가 의사소통 수단이라는 측면에서 언어의 이해보다 표현, 즉 언어의 산출(output)에 초점이 맞추어지는 경우가 많다. 그러나 의사소통이 이루어지려면 투입(input)에 대한 이해가 더

필요하다. 상대의 표현에 대한 이해 또는 어떤 정보에 대한 이해가 되어야 의사소통이 가능해진다. 그래서 아동은 언어를 사용할 수 있기 전에 언어를 이해할 수 있어야 한다. 이해 능력은 의사소통과 언어발달의 중요한 파트너이다. 따라서 의사소통과 언어발달 중재는 언어표현에만 중점을 두어서는 안 되며, 언어이해부터 언어표현에 이르는 장기적인 계획을 세워야 한다.

보통 장애 아동에게 언어 지도를 할 때 '예/아니요'를 표현하는 것을 최우선 목표로 설정하는 경우가 많다. 그것은 전적으로 의사소통 상대자인 교사나 부모를 위한 목표이다. 사실 아동이 '예/아니요' 개념을 알고 표현하기 위해서는 그 이전에 언어이해 능력이 어느 정도 발달되어야 가능하다.

Brown stage(Bowen, 1998)에 의하면 언어발달 과정에서 한 낱말 단계(single word stage)는 비교적 짧게 지나가는데 이 단계에서는 명사와 동사 위주의 단어를 많이 익힌다. 보통 45~50개 단어를 사용하게 되면 두 단어를 조합하여 표현하기 시작하는 두 낱말 단계(two word stage)에 이른다. 한 낱말 단계까지는 보통 우뇌가 작용하다가 두 낱말 표현 단계가 되면서 좌뇌로 작용 기제가 변화되고 이때 해독(decode)이 시작된다. 한 낱말과 두 낱말 단계에서는 다중양식으로 의사소통하고 구문은 내용에 따라 결정된다. 여러 낱말 단계에서는 적어도 300개 이상의 단어를 사용하게 되며, 간단한 문장을 표현하면서 형태소를 사용하는 문법이 나타난다. 이후 복잡한 문장을 표현하게 되면서 담화(discourse) 기능이 발달한다.

### 1) 언어이해에서 고려할 점

언어이해란 언어의 형식과 내용(예: 형태소, 구문, 음운인식, 내용)을 이해하는 것이다. 언어이해 발달 단계를 Hirsh-Pasek과 Golinkoff(1997)를 참고하여 제시하면 〈표 1-6〉과 같다.

〈표 1-6〉 언어이해 단계

| 단계 | 내용 |
|---|---|
| 1단계 이해 | • 억양, 큰 소리, 작은 소리와 같은 운율적 사용에 초점을 둠<br>• 언어의 청각적 특성을 사용하여 사건을 내면화함<br>예) '엄마'라는 같은 단어도 억양에 따라 다른 뜻을 가질 수 있음 |
| 2단계 이해 | • 언어학적 단위를 분석하기 시작함<br>• 언어를 사물, 사건, 행동에 적용하기 시작함<br>• 사건을 해석하기 위해 단어를 사용하기 시작함<br>• 한 사물이 이름을 가지고 있음을 빨리 인식시키는 것이 중요함 |
| 3단계 이해 | • 구문 발달이 눈에 띄게 나타남<br>• 의미를 전달하기 위해 단어 순서가 중요함을 이해하게 됨 |

### 2) 초기 언어이해 전략

아동의 언어이해 능력 발달을 중재하는 방법으로 ① 비구어 단서(non-verbal cues) 이해, ② 현재 상황 단서 이해, ③ 준언어학적(paralinguistic) 단서 이해의 세 가지 전략을 생각해 볼 수 있다.

첫째, 비구어 단서의 이해란 다른 사람의 제스처, 표정, 반응을 위해 유도된 눈 맞춤을 사용하는 것으로, 예를 들어 한 사물을 주기 전에 그것을 지적하거나, 바라보거나, 그 사물에 주의를 기울이도록 하는 것이다.

둘째, 현재 상황 단서의 이해란 현재 있는 사물을 가지고 무엇을 할지 직접적인 환경과 지식을 사용하여 반응하도록 하는 것이다. 예를 들어, 다른 사람이 하는 것을 관찰하기, 컵으로 마시기, 상자에 물건 넣어 두기와 같은 것으로 그 행위들이 무엇을 의미하는지 알도록 하는 것이다.

셋째, 준언어학적 단서의 이해란 억양을 사용하여 어떻게 반응할지 배우는 것이다. 예를 들어, 화가 났음을 의미하기 위해 큰 목소리를 사용하는 것이다.

## 7 언어발달 단계

언어발달 단계는 전언어학적(prelinguistic) 단계와 언어학적(linguistic) 단계로 분류할 수 있다(Brown, 1973; Paul, 2007). 이를 세분화하여 언향적(perlocutionary), 언표내적(illocutionary), 언표적(locutionary)의 세 단계(Snell & Brown, 2006)로 분류하기도 한다.

Wilcox, Bacon과 Shannon(1995)은 언향적 단계를 상대자에 의해 지각된 의사소통(partner-perceived communication) 단계, 언표내적 단계를 의도적 또는 유목적적 의사소통(intentional or purposeful communication) 단계, 언표적 단계를 상징적 의사소통(symbolic communication) 단계로 분류하였다.

### 1) 전언어학적 발달 단계

전언어학적 발달 단계에서 아동은 자신이 산출하는 소리를 조절하는 것을 배우고, 음성 놀이를 통해 소리들을 서로 엮는 것을 배운다. 이 단계에서 아동은 아직 소리들을 조정하여 적절한 단어를 만들어 내지는 못한다. 전언어학적 단계에서 아동이 생성하는 대부분의 소리는 단어를 만드는 데 필요한 운동 기술을 습득하기 위한 소리 조작과 소리 배열 연습 과정이라 할 수 있다.

언향적 단계와 언표내적 단계 또는 상대자에 의해 지각된 의사소통 단계와 의도적 행동 단계가 전언어학적 발달 단계에 해당한다. 언향적 단계는 출생 후 약 9개월까지 해당되는데 아직 다른 사람에게 자신의 의도를 전달하지 못하기 때문에 영아의 행동을 보고 상대자가 영아의 의도를 이해해야 한다. 언표내적 단계로 들어서면 영아는 자신의 행동이 다른 사람에게 영향을 미칠 수 있음을 인식하고 의도를 나타내기 시작하지만 몸짓이나 발성과 같은 비상징적, 비언어적 수단을 사용한다.

언향적 단계에 해당하는 상대자에 의해 지각된 의사소통 단계는 반사적 행동(spontaneous behaviors)과 의도적 행동(intentional behaviors) 단계로 분류된다. 반사적 행동은 생리학적 또는 환경적 사건에 대해 반응하기 위해 자연스럽게 발생하는 행동이다. 이러한 행동들은 기본적으로 좋아하거나 싫어하는 활동이나 내적인 상태(예: 배고픔, 불편함) 또는 상대자가 관심을 끄는 자극에 단순히 즉각적으로 반응하는 행동들이다. 의도적 행동은 메시지 전달을 위해 상대자 쪽으로 직접 가지는 않지만 사물이나 사건에 대해 관심을 보이는 행동을 하는 것이다. 아직은 비의사소통적인 의도적 행동으로서 장난감을 향해 손을 뻗거나 가까이에 있는 성인 쪽으로 몸을 돌리는 행동을 보이는 정도이다(Reichle, Beukelman, & Light, 2002).

전언어학적 발달 단계를 초보적 의사소통 행동 단계, 목표지향적인 의사소통 행동 단계, 도구적인 전환기 행동 단계, 언어 이전의 의도적 의사소통 행동 단계로 구분하기도 한다(김영태, 2014). 초보적 의사소통 행동 단계는 반사적 행동으로 의도를 갖고 있지 않으며 아직 수단-목적, 인과성 개념을 형성하지 못하고 있어 자신의 행동이 상대에게 어떤 영향을 미치는지 알지 못한다.

목표지향적인 의사소통 행동 단계는 의도를 인식하고 의사소통을 시작하지만 아직은 즉각적인 목표 성취에 한정되어 있다. 도구적인 전환기 행동 단계에서 수단-목적 관계를 점차 인식하지만 아직 확실하게 인식하지는 못한다. 따라서 미리 계획된 의도적 행동을 보이지만 의사소통하지는 못한다.

언어 이전의 의도적 의사소통 행동 단계에 이르러 인과관계와 수단-목적 관계를 인식하고, 자신의 특정 행동이 상대자와 환경을 조절할 수 있음을 인식하게 된다. 이 시기의 아동은 관습적인 제스처나 억양 변화, 발성 패턴의 변화 등을 통해 의도적인 의사소통을 하기 시작하지만 아직 말이 주요한 의사소통 수단이 되지는 못한다. 전언어학적 단계를 〈표 1-7〉과 같이 분류할 수 있다.

〈표 1-7〉 전언어학적 단계

<table>
<tr><th colspan="2">단계</th><th>시기</th><th>특성</th></tr>
<tr><td rowspan="3">언향적 단계<br>(상대자에 의해 지각된 의사소통 단계)</td><td>초보적 의사소통 행동<br>(반사적 행동)</td><td>0~2개월</td><td>• 트림, 울음과 같은 자연스러운 소리, 반사적인 소리 표현<br>• 자신의 행동이 어떤 영향을 미치는지 알지 못함</td></tr>
<tr><td rowspan="2">목표지향적 의사소통 행동<br>(의도된 행동)</td><td>2~5개월</td><td>• 쿠잉(cooing), 웃음<br>• 기쁠 때나 만족할 때 모음이나 자음으로 구성된 소리 표현</td></tr>
<tr><td>4~8개월</td><td>• 더 긴 모음이나 자음을 함께 엮어서 소리를 내는 등 성대 놀이(vocal play)<br>• 의도를 인식하기 시작하나 즉각적인 목표성취에 한정됨</td></tr>
<tr><td rowspan="2">언표내적 단계<br>(의도적 또는 유목적적 의사소통 단계)</td><td>도구적인 전환기 행동</td><td>6~13개월</td><td>• 옹알이<br>• 일련의 자음-모음 음절을 생성하기 시작<br>• 마-마, 다-다와 같은 소리로 표현 시작<br>• 수단-목적 관계 점차 인식<br>• 아직은 미리 계획된 의도적 행동을 하지 못함</td></tr>
<tr><td>언어 이전의 의도적 의사소통 행동</td><td>10~14개월</td><td>• 인과관계/수단-목적 관계 인식<br>• 관습적 제스처가 나타나기 시작함<br>• 억양 변화, 발성 패턴 변화<br>• 비상징적 수단 사용</td></tr>
</table>

## 2) 언어학적 발달 단계

언어학적 단계는 단어와 상징적 의사소통의 출현으로 시작된다. 이 단계를 언표적 단계 또는 상징적 의사소통 단계라고도 한다. 언표적 단계에 이르러서야 영아는 상징적, 언어적 수단을 사용하여 의도를 표현하기 시작하는데 보통 13개월 전후에 시작된다. 우리나라 아동의 경우(이윤경, 이효주, 2016) 언어가 주된 의사소통 수단이 되는 언표적 단계는 19개월 이후로 보인다.

Paul(2007)은 전언어학적 단계에서 언어학적 단계에 이르는 과정에서 아동들이 보이는 화용론, 의미론, 구문론 발달과 음운인식 발달 특성을 〈표 1-8〉, 〈표 1-9〉와 같이 제시하였다. 이러한 언어발달 이정표는 말로 의사소통하는 데 어려움을 갖는 복합의사소통장애 학생의 언어발달 수준을 파악하고 진단하는 데 도움을 준다.

〈표 1-8〉 언어발달 이정표(화용론, 의미론)

| 시기 | 화용론 | 의미론 |
|---|---|---|
| 0~8 개월 | • 언향적<br>• 보호자가 아동의 행동을 보고 의도를 예측 | - |
| 8~12 개월 | • 언표내적<br>• 제스처와 발성으로 의도 표현<br>‣ 사물과 행동 요구하기<br>‣ 거부하기<br>‣ 코멘트하기<br>‣ 의사소통적 게임하기<br>• 의사소통 행동의 빈도: 자유놀이 중 분당 2.5회 | • 30~50개 단어 이해<br>• 첫 단어:<br>‣ 친숙한 사람의 이름이나 익숙한 사물의 명칭을 말함<br>‣ 의사소통적 게임과 루틴 표현<br>‣ 나타나는 것, 사라지는 것, 반복되는 것에 대해 말하기 위해 단어 사용 |
| 12~18 개월 | • 언표적<br>• 말하기 전 수단으로 표현했던 것과 같은 의사소통 기능을 표현하기 위해 말을 사용함<br>• 의사소통 행동의 빈도: 자유놀이 중 분당 5회 | • 평균 표현어휘 크기: 18개월에 50~100단어<br>• 다음을 포함하는 한 단어 말로 의미론 표현<br>‣ 행위자(agent)<br>‣ 거부(rejection)<br>‣ 행위(action)<br>‣ 부정(denial)<br>‣ 사라짐(disappearance)<br>‣ 대상(object)<br>‣ 부재(nonexistence)<br>‣ 장소(location)<br>‣ 소유(possession)<br>• 단어에 내포된 의미 이해를 위해 맥락적 지원이 필요함 |
| 18~24 개월 | • 단어 사용의 빈도가 증가함<br>• 다음을 포함하는 새로운 의도 출현<br>‣ 정보 요구하기<br>‣ 질문에 대답하기<br>‣ 대화 내용 수신 표현하기<br>• 의사소통 행동의 빈도: 자유놀이 중 분당 7.5회 | • 평균 표현어휘 크기: 24개월에 200~300단어<br>• 시야에 없는 사물에 대한 한 낱말 단어(single word) 이해함<br>• 2어문 의미관계 이해<br>• 다음의 일반적인 의미관계 표현<br>‣ 행위자-행위 ‣ 행위-대상<br>‣ 실체-장소 ‣ 배경-실체<br>‣ 행위자-대상 ‣ 행위-장소<br>‣ 소유자-소유 ‣ 수식-실체 |

| 시기 | 화용론 | 의미론 |
|---|---|---|
| 24~30 개월 | • 반복하기를 통해 화제 지속의 빈도가 증가함<br>• 공손한 표현 사용<br>• 다음을 포함하는 새로운 의도가 나타남<br>▸상징 놀이<br>▸사라진 사물에 대해 말하기<br>▸사실에 대해 잘못 전하기(거짓말, 놀리기)<br>• 내러티브는 '아무렇게나 쌓아 올린 이야기들'일 뿐, 주로 명명하기와 묘사하기에 중점을 둠 | • 사물(무엇?), 사람(누구?), 기본적인 사건(무엇을 하고 있지? 어디로 가고 있지?)의 질문을 이해하고 사용함 |
| 30~36 개월 | • 50% 가까이 화제 유지<br>• 새로운 정보를 첨가하면서 화제 유지<br>• 놀이를 확대하기 위해 언어 사용<br>• 내러티브는 주제가 있고 '순차적으로 배열'되어 있지만 플롯은 없음 | • '왜?' 질문을 이해하고 사용함<br>• 공간을 표현하는 기본적인 용어(안, 위, 아래 등)를 이해하고 사용함 |
| 36~42 개월 | • 다음과 같은 것을 포함하며 요구하기에 보다 많은 유연성을 가짐<br>▸지시 사항 승인(너 ~할 수 있어?)<br>▸간접적인 요구(~해 줄래요?)<br>• 직접적인 질문 감소, 간접 질문의 빈도 증가<br>• 내러티브는 주제가 있고 일부 시간적인 순서의 구성을 갖고 있는 '원시적'인 형태 | • 다음을 포함하여 이웃 문장, 접속 문장 간 의미론적 관계 형성<br>▸덧붙이는 형식으로<br>▸시간적으로<br>▸인과관계로<br>▸대조적으로<br>• 기본적인 색깔 단어의 이해<br>• 기본적인 친족관계의 용어를 이해하고 사용함 |
| 42~48 개월 | • 다음을 포함하는 새로운 기능 출현<br>▸과거 사건에 대해 보고하기<br>▸추론하기<br>▸예측하기<br>▸공감하기<br>▸상상 속의 역할과 소품 창조하기<br>▸상호작용 유지하기 | • '언제?', '어떻게?' 질문을 이해하고 사용함<br>• 기본적인 형태(동그라미, 네모, 세모) 표현 단어를 이해함<br>• 기본적인 크기 어휘(큰, 작은) 이해하고 사용함<br>• '그리고', '왜냐하면' 접속사 사용하여 문장 접속 |
| 48~60 개월 | • 요구에서 의도를 언급하지 않으면서 단서(예: '좋은 냄새 나는 것!')를 표현하기 시작함<br>• 명확성을 높이기 위해 특정한 요구를 첨가하여 표현함<br>• 내러티브는 몇 개의 플롯으로 '연쇄적으로 연결'되지만 극적인 부분이나 해결을 제시하지는 못함 | • 글자의 이름과 소리에 대한 지식이 나타남<br>• 숫자와 수 세기에 대한 지식이 나타남<br>• ~때, ~때문에, 만약에, 그래서 접속사 사용 |

출처: Paul (2007).

〈표 1-9〉 언어발달 이정표(구문론, 음운인식)

| 시기 | 구문론 | 음운론 |
|---|---|---|
| 0~8 개월 | - | • 0~2개월: 반사적, 생리적인 소리<br>• 2~4개월: 쿠잉, 웃음소리<br>• 4~6개월: 성대 놀이<br>• 6~10개월: 기본형의 반복되는 옹알이: 자음-모음(CV) 음절(예: 바, 가 등) |
| 8~12 개월 | - | • 모국어의 어조 윤곽을 가진 자곤(jargon), 옹알이 |
| 12~18 개월 | - | • 다음을 포함하는 첫 50개 단어<br>‣ 대부분 자음-모음(CV) 형태<br>‣ 초기 옹알이에 사용되는 것과 같은 자음 사용<br>‣ 반복, 음절 생략, 동화의 사용, 종성 생략이 보편적으로 나타남<br>‣ 선호하는 소리와 회피하는 소리를 기반으로 단어가 선택되거나 회피됨 |
| 18~24 개월 | • Brown stage I: 기초적인 의미론적 역할과 관계<br>• 두 단어 말(utterance)이 나타남<br>• 단어 순서가 일관됨<br>• 문법적 요소가 거의 없는 '전보문식'의 말을 함 | • 24개월까지 9~10개의 초성 자음과 5~6개의 종성 자음 사용<br>• 구어가 50% 명료함<br>• 자음의 70%가 정확함<br>• 자음-모음-자음(CVC)과 이음절 단어 나타남 |
| 24~30 개월 | • Brown stage II: 문법적 형태소<br>• -하는 중, -안에, 복수형 습득<br>• 주어와 동사 사이에 부정어로 아니, 안-, -할 수 없어, 하지 못해 사용<br>• 억양을 올리는 것으로만 질문 형식 표현<br>• 조동사 줄임 문장 표현(영어: gonna, wanna, gotta, hafta) | • 라임(rhyme)을 맞춘 답변 |
| 30~36 개월 | • Brown stage III: 단순한 문장 변조<br>• 현재 시제 조동사 출현(-할 수 있어, -할 거야)<br>• be 동사가 불규칙적으로 나타남<br>• 과거 시제의 과잉 일반화 | • 36개월에 말의 70%가 명료함<br>• 운을 맞추어 표현하는 능력 |
| 36~42 개월 | • Brown stage IV: 내포 문장의 출현<br>• 초기 복문의 형태가 나타남<br>• 질문과 부정문에 조동사가 정확하게 배치됨<br>• 불규칙적인 과거 시제, 관사(영어: a, the), 소유격(-의) 습득 | • 반복, 음절 생략, 동화와 종성 생략의 출현이 적어짐<br>• 파열음화, 전설음화, 축약, 유성음의 대치나 왜곡이 지속됨 |

| 시기 | 구문론 | 음운론 |
|---|---|---|
| 42~48 개월 | • Brown stage Ⅳ 후기~Ⅴ 초기:<br>• 다음을 포함하는 초기 복문이 나타남<br>▸완벽한 전치사구<br>▸의문사 질문<br>▸간단한 부정사구<br>▸접속문 | • 축약의 감소 |
| 48~60 개월 | • Brown stage Ⅴ:<br>• 다음을 포함하는 형태소 습득이 후기에 발달<br>▸be 동사<br>▸규칙적인 과거 동사<br>▸3인칭 표현<br>• 과거 시제 조동사 사용<br>• 다음을 포함하는 복문이 후기에 발달<br>▸관계절(오른쪽 방향으로)<br>▸주어가 같은 부정사구<br>▸동명사 절<br>▸의문사 절<br>• 기본적인 문장 형식 습득 | • 말의 100%가 명료함<br>• 단어를 음절로 분절하는 능력이 나타남<br>• /s/, /l/, /r/, /th/ 오류 지속 |

출처: Paul (2007).

Sutton(1996)은 AAC를 사용하는 지체장애 아동이 비록 그 발달 속도가 느리기는 하지만 일반 아동과 유사한 절차와 전략을 사용하여 문법적 지식을 습득하고 있음을 보고하였다. 문법적 지식을 표현하는 능력이 제한되기는 하지만 AAC 도구로 인해 문법적 지식의 발달이 불리하게 영향받지는 않는다는 것이다. Martinsen과 von Tetzchner(1996) 역시 AAC 사용자의 언어습득은 모국어를 말하는 사람이 외국어를 배우는 것과 같이 자신이 살아가는 환경에서 사용하는 말의 문법적 지식을 기반으로 AAC로 말하는 형식을 습득하게 되는 것이라고 하였다. 따라서 AAC 중재를 결정하기 전에 현재 언어발달 수준이 어느 정도인지 파악하는 것이 중요하다.

## 8 의사소통과 언어발달의 6단계

앞 절에서 제시한 Paul(2007)의 언어학적 발달 단계는 표준화된 검사 도구 없이 간단하게 복합의사소통장애 학생의 발달 수준을 파악하는 데 도움이 되는 이정표라고 할 수 있다. Weitzman과 Greenberg(2002)는 〈표 1-10〉과 같이 아동의 언어와 의사소통 발달을 6단계로 제시하고, 각 단계에 해당하는 아동이 어떻게 의사소통하고 상호작용하는지, 각 단계에서 언어발달 지연이 나타날 때 어떠한 특성을 갖는지 설명해 주고 있어 복합의사소통장애 학생의 언어발달을 이해하고, 의사소통 특성을 관찰하여 개별화된 중재 목표를 계획하는 데 도움을 준다.

〈표 1-10〉 의사소통과 언어발달 6단계

| 단계(시기) | 명칭 | 특성 |
|---|---|---|
| 1단계<br>(출생~8개월) | 탐색자<br>(discoverer) | • 아동은 반사적으로 의사소통하는 것에서부터 점차 다른 사람에게 관심을 기울이고, 주의를 끌려고 함<br>• 아동은 아직 자신이 원하는 것을 얻기 위해 메시지를 직접적으로 어떻게 전달해야 하는지 알지 못함<br>- **나는 울고, 웃고, 소리를 만들고, 바라봐요.**<br>- **수단 방법을 가리지 않고 내가 의미하는 것을 파악해야 해요.** |
| 2단계<br>(8~13개월) | 의사소통자<br>(communicator) | • 아동은 눈 맞춤, 얼굴 표정, 소리, 제스처로 다른 사람에게 유목적적인 메시지를 직접 전달함<br>• 아동은 매우 사회적이 됨<br>- **소리로, 바라보는 것으로, 제스처로 나는 엄마에게 "말해요."**<br>- **이제 내가 한 단어, 두 단어 배울 수 있도록 도와주세요.** |
| 3단계<br>(12~18개월) | 첫 단어 사용자<br>(first words user) | • 아동은 언어 부호를 깨고 한 낱말 단어를 사용하기 시작함<br>- **내 입에서 단어들이 쏟아져 나와요.**<br>- **나에게 더 많은 단어들을 알려 주세요.** |
| 4단계<br>(18~24개월) | 단어 결합 사용자<br>(combiner) | • 아동은 단어의 폭발을 보여 주고, 단어를 결합하기 시작함<br>• 아동은 대화에서 더 많은 말차례 교환을 가지기 시작함<br>- **나는 단어를 합치고 대화하기 시작해요.**<br>- **나와의 대화, 그것은 아주 단순해요.** |
| 5단계<br>(2~3세) | 초기 문장 사용자<br>(early sentence user) | • 아동은 2어문에서 5어문의 문장으로 발전하고 간단한 대화를 유지할 수 있음<br>- **나의 단어와 문장이 이제 성장하고 있어요.**<br>- **나는 나 혼자서 짧은 이야기도 말해요.** |
| 6단계<br>(3~5세) | 후기 문장 사용자<br>(later sentence user) | • 아동은 길고 복잡한 문장을 사용하고, 대화를 유지할 수 있음<br>- **나는 말하고 말차례 주고받기하는 것을 배웠어요.**<br>- **나의 일은 이제 배우기 위해 말하는 것이에요.** |

## 1) 탐색자

탐색자는 다른 사람에게 관심이 있지만 아직 자신의 메시지를 직접적으로 전달하는 방법을 알지 못한다. 이것은 아직 자신의 행동이 다른 사람에게 영향을 미칠 수 있고, 자신이 특정 방식으로 행동할 수 있음을 인식하지 못하기 때문이다. 이때 보호자나 교사는 아동이 특정 이유를 가지고 의사소통하는 것처럼 아동의 행동을 해석하고 의미를 부여해 준다. 예를 들어, 아동이 모빌을 보고 있으면 보호자나 교사는 "모빌 돌려 주세요."라고 말하며 모빌을 돌려 준다. 이처럼 교사와 학생 간의 상호작용이 일관되게 이루어지면 학생은 '내가 이렇게 소리 내니, 내가 원하는 대로 해 주네.'와 같이 자신의 행동이 다른 사람의 행동에 영향을 미치게 됨을 점차 인식한다.

탐색자가 표현하는 의사소통 기능과 의사소통 양식, 그리고 상호작용하는 방법을 〈표 1-11〉에 제시하였다. 자신이 지도하는 학생이 탐색자 단계에 머물러 있다면 다음 단계인 의사소통자로 나아갈 수 있도록 촉진해 주어야 한다.

〈표 1-11〉 탐색자의 의사소통 기능, 양식, 상호작용 방법

| 의사소통 기능 | 의사소통 양식 | 상호작용 방법 |
|---|---|---|
| • 저항하기, 거부하기: 괴로움과 불쾌감의 신호<br>• 행동이나 사물의 요구<br>• 다른 사람에 대한 관심이나 인식<br>• 후반기 나타나는 기능<br>- 사회적 루틴의 놀이(예: 까꿍 놀이) 요구<br>- 관심 요구 | • 초기 양식:<br>- 울음, 웃음, 이상한 소리<br>- 바라보기, 몸 움직임<br>- 다양한 얼굴 표정<br>- 모음 비슷한 소리<br>- 목소리 변화(소리 크기와 높낮이 변화)<br>• 후반기 양식:<br>- 자신이 원하는 물건이나 사람 바라보기<br>- 원하는 사물에 손 뻗기<br>- 원하는 사물을 향하여 움직이기<br>- 보호자가 더 이해하기 쉽도록 다양한 소리 표출하기<br>• 옹알이<br>- 자음과 모음이 끊임없이 반복되는 소리(예: 다다다다다다다다)가 6~7개월간 반복됨 | • 초기 방법:<br>- 웃는 표정과 쿠잉 소리를 반복하며 상호작용<br>• 4개월경:<br>- 바라보기, 웃기, 보호자의 지시에 소리 내기 등으로 관심을 끌고 유지<br>• 까꿍 놀이와 같은 사회적 차례 주고받기 게임에 관심을 갖고, 자신이 원하는 게임을 지속하기 위해 미소 짓기, 웃기, 소리 내기, 몸 움직임 등으로 차례 주고받기<br>• 점차 사람에게 관심을 두지 않고 장난감에 관심 두기<br>• 6개월경:<br>- 점차 어른과의 눈 맞춤이 감소되면서 어른과 놀잇감 간에 왔다 갔다 하며 바라보는 협응 능력을 배우기 시작함 |

이 시기에 아동은 제스처나 억양 등의 비구어적인 단서를 이해한다. 예를 들어, 아동을 안아 올리며 유모차를 보면서 "우리 산책 갈까?"라고 말하면 아동이 몸을 들썩이며 흥분함을 보여준다. 그러나 아직 단어의 의미를 이해하지는 못한다. 학생이 너무 오랜 기간 탐색자의 상태에 머물러 있으면 인지 발달과 운동 발달의 지연을 가져오게 된다.

## 2) 의사소통자

보통 8~13개월경 아동은 의사소통자로 발달하여 목표를 정하고 다른 사람에게 메시지를 전달한다. 아동은 자신이 원하는 것이 무엇인지, 다른 사람에게 직접적으로 메시지를 전달해서 무엇을 얻을 수 있는지에 대해 인식이 가능하다. 이 시기에 아동은 단순히 무엇인가를 얻기 위

〈표 1-12〉 의사소통자의 의사소통 기능, 양식, 상호작용 방법

| 의사소통 기능 | 의사소통 양식 | 상호작용 방법 |
|---|---|---|
| • 행동조절하기<br>- 행동이나 사물을 요구하거나 주장하기<br>• 사회적 상호작용하기<br>- 사회적 루틴(예: 까꿍 놀이) 요구하기<br>- 주의 끌기<br>- 편안함 요구하기<br>- 자신이 성취한 것 보여주기<br>- 인사하기<br>• 공동관심 확립하기<br>- 사물, 사람, 사건에 주의 끌기<br>- 명명하기<br>- 소리나 지적하기를 통해 정보 요구하기 | • 관습적인 제스처 사용<br>- 손 흔들기(예: 안녕!)<br>- 고개 흔들기(예: 싫어!)<br>- 손으로 가리키기<br>• 9개월경:<br>- 소리와 눈 맞춤을 결합하여 자신이 원하는 것을 상대가 더 쉽게 이해하도록 함<br>• 11~12개월경:<br>- 다양한 비구어적 의사소통 양식을 결합하기 시작함<br>- 원하는 사물과 상대를 번갈아 바라보며, 소리를 내고, 손가락으로 가리키기<br>• 상대가 반응할 때까지 비구어적으로 의사소통을 계속함<br>- 상대의 반응이 없으면 다양한 소리를 내거나 큰 소리로 반복하기 또는 성질부리기로 의사소통을 지속함<br>• 단어인 것 같은 소리를 내기 시작함(예: "거흐" → "저것 봐!")<br>• 몇 개의 한 단어 사용을 시작함<br>• 자신이 이해할 수는 없지만 성인과 비슷한 억양의 긴 소리를 표현함 | • 자신이 하는 것에 관심을 끌려는 사회적 이유로 주로 상호작용함<br>• 성인이 관심을 두고 집중하는 것을 함께 공유할 수 있음<br>• 성인이 집중하고 있는지 알기 위해 바라보기, 소리 내기, 지적하기 등으로 자신의 관심사에 성인을 이끌 수 있음<br>• 소리를 모방하고 사물을 이리저리 갖고 놀며 놀이를 즐길 수 있음<br>• 장난감을 가지고 놀거나 '눈은 어디 있나, 요기! 코는 어디 있나, 요기!'와 같은 노래를 부르며 놀이하는 동안 눈맞춤, 움직임, 소리 내기, 제스처로 차례 교환하기 |

해서만이 아니라 즐기기 위해 의사소통하기 때문에 매우 사회적이 된다. 그리고 자신의 감정과 의도, 외부 세계에 대한 관심을 성인과 공유하고자 하는 수단으로 공동관심을 발전시킨다. 공동관심의 발전은 무한한 언어 학습의 기회를 여는 이정표가 된다.

의사소통자의 단계에 너무 오래 머물러 있게 되면 단어 사용의 학습에 어려움을 겪어, 말로 표현하는 능력보다는 이해력이 더 좋은 것처럼 보인다. 그러나 이해를 위해서도 다른 사람의 행동이나 제스처, 억양, 상황 맥락 등의 단서에 의지하게 되어 실질적인 단어 이해 능력을 발달시키지 못한다. 따라서 이 시기에 발달시켜야 하는 의사소통 기능과 상호작용 방법을 촉진하고 다음 단계로 넘어갈 수 있도록 해 주어야 한다. 〈표 1-12〉에 의사소통자의 의사소통 기능과 양식, 상호작용 방법을 제시하였다.

### 3) 첫 단어 사용자

생후 12~18개월이 되면 첫 단어 사용자가 된다. 첫 단어 사용자는 처음에는 제스처를 함께 수반하면서 한두 개의 단어만을 사용하다 점차 50개 단어를 사용하는 것으로 발전한다. 첫 단어 사용자는 어른의 도움을 받아 간단한 대화 능력을 발달시키기 시작한다. 그래서 성인은 아기 말처럼 표현을 단순화하고, 아이가 대화 차례를 가질 수 있도록 대답하기 쉬운 질문을 한다. 언어에 대한 이해(수용언어)가 이 단계에서 실제로 시작된다고 할 수 있다.

첫 단어 사용자들이 언어발달 지체를 갖게 되면 또래에 적합한 수용언어능력은 갖고 있을지 모르지만 자신을 표현하는 방식에서 발달이 느리거나, 수용언어와 표현언어 모든 면에서 발달이 늦어질 수 있다. 언어발달이 지체된 첫 단어 사용자들은 어휘 확장에 어려움이 있고, 한 단어에서 두 단어 결합으로의 표현 발달에 어려움을 갖는다.

첫 단어 사용자들은 어떠한 단서가 없어도(사물을 손으로 가리키는 것과 같은) 친숙한 사람과 물건의 이름을 이해하기 시작한다. 첫 단어 사용자는 짧은 기간에 수많은 단어의 발달을 보이며, 약 50개의 한 낱말 단어를 사용하면서부터는 이미 알고 있는 한 단어 표현에서 두 단어를 연결하여 표현하면서(예: "주스 더", "큰 멍멍이") 단어 결합 사용자로 발달하게 된다. 〈표 1-13〉은 첫 단어 사용자가 나타내는 의사소통 기능과 양식, 그리고 상호작용 방법이다.

〈표 1-13〉 첫 단어 사용자의 의사소통 기능, 양식, 상호작용 방법

| 의사소통 기능 | 의사소통 양식 | 상호작용 방법 |
|---|---|---|
| • 의사소통자와 같은 다양한 기능 표현<br>• 지금-여기(here-and-now)의 사건에 대해서만 주로 말함 | • 사람, 사물, 관심사를 언급하는 10~50개 한 낱말 단어를 사용함<br>• 어떤 단어는 성인이 말하는 단어의 단순화된 버전임(예: '젖병'을 의미하는 '버버')<br>• 특정 단어는 다양한 맥락에서 다양한 의미로 사용되기도 함<br>예) "맘마"<br>- 질문하기(이거 엄마 거예요?)<br>- 코멘트하기(엄마, 여기 있어요.)<br>- 요구하기(엄마, 안아 줘요.)<br>• 과잉 일반화하여 단어를 사용함<br>- "멍멍이": 모든 동물 의미<br>• 과잉 축소하여 단어를 사용함<br>- "바바": 자신의 젖병만을 의미<br>• 말로 표현하는 데 어려움이 있으면 손짓이나 그림으로 의사소통하기 시작함 | • 의사소통자와 같이 주로 사회적 이유로 상호작용하지만 소리와 제스처가 아닌 단어를 사용하여 상호작용함<br>• 상대자가 자신의 말에 반응이 없으면 자신의 말을 반복하거나, 메시지를 바꾸거나, 메시지를 전달하려는 다른 방식을 찾으려고 시도함<br>- 회복(repair) 전략 사용 |

## 4) 단어 결합 사용자

생후 18~24개월이 되면 단어 결합 사용자로 발달한다. 약 50개의 한 낱말 단어를 알게 되면 단어가 약 200개로 확장되는 갑작스러운 단어 폭발의 시기를 거친다. 아직 많은 시간을 여전히 한 낱말 단어를 사용하기는 하지만 한 단어를 두 단어 문장으로 결합하기 시작한다. 언어발달 지연을 보이는 아동들이 단어 결합 사용자일 수도 있는데 아직은 한 낱말 단어를 주로 사용하고 아주 간단한 두 단어 결합이 나타나며, 보다 길고 복잡한 문장 표출은 어렵다. 언어이해 능력이 얼마나 좋은가, 대화 상대자인 성인의 기술이 어떠한가에 따라 이 시기 아동은 간단한 대화에 참여할 수 있다. 그러나 아직은 한정된 구어 능력으로 질문하거나, 성인의 코멘트에 반응하는 데 어려움이 있어 자주 대화가 단절되기도 한다.

손짓이나 그림 상징을 사용하여 의사소통하는 아동은 두 개의 상징을 연속하여 지적하여 단어 결합 사용자의 모습을 보여 주기도 한다(예: '강아지 + 먹다'). 단어 결합 사용자는 맥락을 벗어난 상황에서도 많은 단어를 이해한다. 예를 들어, 세면대가 없는 상황에서도 "가서 손 씻자."라고 말하면 의미를 이해한다. 그리고 간단한 지시 사항을 이해할 수 있으며, 책에서 그림을 지적하거나(예: "새 짚어 볼까?") 간단한 질문(예: "너 바지 어디 있어?")에 답을 할 수 있다.

한 번에 두 단어 이상 결합하기 시작하면 문법적으로 보다 복잡한 문장을 점차 표현하면서 초기 문장 사용자로 넘어간다. 말로 의사소통하지 못하는 경우에도 상징이나 손짓 또는 수어로 두 단어 이상 결합하게 되면 초기 문장 사용자로 넘어간다. 이 경우 점차 대화에서 더 많은 말차례를 가지게 된다. 〈표 1-14〉는 단어 결합 사용자가 사용하는 의사소통 기능과 양식, 그리고 상호작용 방법이다.

〈표 1-14〉 단어 결합 사용자의 의사소통 기능, 양식, 상호작용 방법

| 의사소통 기능 | 의사소통 양식 | 상호작용 방법 |
|---|---|---|
| • 다양한 의사소통 기능 표현<br>• 지금-여기의 사건에 대해서만 주로 말함 | • 50개 단어에서 약 200개 단어로 폭발적인 어휘 증가를 보임<br>• 한 낱말 단어 어휘를 50개 익히면 점차 두 단어 결합을 사용하지만 아직은 한 낱말 단어 표현에 주로 의존함<br>• 한 개의 구 또는 문장이 여러 상황에서 다양한 의미를 가질 수 있음<br>예) 엄마 차<br>- 저것은 엄마 차야.<br>- 엄마 차 타고 싶어.<br>• 부정을 표현하고 싶을 때 문장의 시작에 '아니', '안'이라는 단어를 사용하여 표현(예: "안 빠이빠이")<br>• 평서문에 질문 억양을 넣어 예/아니요 질문하기 (예: 빠이빠이?) | • 간단하지만 실제 대화에 참여할 수 있음<br>• 성인이 시작한 화제에 새로운 정보를 제공할 수도 있고, 질문을 하기도 하지만 대화 상대자의 질문과 코멘트에 일관되게 반응하지는 않음 |

## 5) 초기 문장 사용자

보통 2~3세경 초기 문장 사용자로 발달하게 되는데 2~5개 단어가 결합된 문장을 사용하고 짧은 대화를 유지할 수 있다. 초기 문장 사용자는 책에서 간단한 이야기를 이해할 수 있고, 두 가지 단계의 지시문과 다양한 개념을 이해할 수 있다.

언어발달 지연을 보이는 경우 긴 문장 표현에 필요한 문법적 규칙을 배우기 어려워 초기 문장 사용자에 머물러 있을 수 있다. 정확한 동사도 사용하지 못하고, 발음도 틀리며, 문장은 짧고 단순하며 심지어 문법도 틀릴 수 있다. 초기 문장 사용자에 계속 머물러 있게 되면 보다 복잡한 메시지 전달이 어렵고, 과거나 미래 시제의 사건에 대해 묘사하기가 어렵다. 〈표 1-15〉는 초기 문장 사용자가 사용하는 의사소통 기능과 양식, 그리고 상호작용 방법이다.

〈표 1-15〉 초기 문장 사용자의 의사소통 기능, 양식, 상호작용 방법

| 의사소통 기능 | 의사소통 양식 | 상호작용 방법 |
|---|---|---|
| • 의미와 목적을 찾기 위해 언어를 사용하기 시작함<br>- '왜?' 질문을 하기 시작함<br>• 이야기가 연결되지는 않지만 이야기를 말하기 위해 언어 사용을 시작함<br>• 상상의 이야기를 위해 언어를 사용하기 시작함<br>• 감정 표현을 위해 언어를 사용하기 시작함 | • 5개 단어 이상으로 문장의 길이가 계속 증가함<br>• 문장이 문법적으로 점점 정확해짐<br>- 전치사 사용(예: -안에, -위에)<br>- 대명사 사용(예: 나, 그, 우리)<br>- 동사(진행형 동사, 조동사, 다양한 형태의 동사)<br>- 복수형<br>- 관사<br>- 부정 부사(아니, -할 수 없어, -하지 못해)<br>- 접속사(그리고)<br>- 의문사(누가, 무엇을, 언제, 어디, 왜, 어떻게) 질문 | • 3세경, 대화에서 많은 말차례를 가지며, 대화도 더 길어짐<br>• 대화에서 '쉼'이 말차례를 의미하는 신호임을 알게 됨<br>• 대화 상대자가 시작한 화제보다 자신이 시작한 화제를 가지고 토론하는 것이 더 쉬움 |

## 6) 후기 문장 사용자

문법적으로 복잡한 문장을 더 많이 사용하게 되면서 초기 문장 사용자는 후기 문장 사용자로 발달한다. 후기 문장 사용자에 이르면 자신이 시작한 화제나 대화 상대자가 시작한 화제 모두에서 말차례가 많아진다. 보통 3~5세 사이에 후기 문장 사용자로 발달하며, 길고 복잡한 문장으로 오랜 시간 대화에 참여할 수 있다. 후기 문장 사용자는 모든 것을 이해하는 것 같아 보인다. 5세경, 후기 문장 사용자는 이야기를 따라가고, "비가 오지 않았다면 어떤 일이 일어났을까?", "얼마나 많은 방법으로 단추를 식별할 수 있을까?"와 같은 복잡한 질문을 이해할 수 있다. 〈표 1-16〉은 후기 문장 사용자의 의사소통 기능과 양식, 그리고 상호작용 방법이다.

후기 문장 사용자에 이르면 복잡한 문장이 점차 더 증가하며, 이제 언어를 말하기 위해서만 사용하는 것이 아니라 생각하고, 상상하고, 학습하는 수단으로 언어를 보다 능숙하게 사용하게 된다. 그리고 보다 정교하게 이야기를 말할 수 있다.

〈표 1-16〉 후기 문장 사용자의 의사소통 기능, 양식, 상호작용 방법

| 의사소통 기능 | 의사소통 양식 | 상호작용 방법 |
|---|---|---|
| • 자신이 앞으로 하려는 것을 계획하기 위해 언어를 사용함<br>• 다음에 일어날 일이 무엇인지 예측하기 위해 언어를 사용함<br>• 과거에 경험했던 것을 말하기 위해 언어를 사용함<br>• 상상의 상황을 창작하기 위해 언어를 사용함<br>• 이야기(내러티브)가 대화의 주요 부분이 됨<br>▸ 자신의 경험 말하기<br>▸ 상상의 이야기 말하기<br>• 3세경: 이야기가 매우 짧음(1~2문장), 가장 최근의 사건에 대해서만 이야기함<br>▸ 누가, 무엇을 했는지 정확한 정보를 얻기 위해 상대자가 질문할 필요가 있음<br>• 4세경: 이야기가 좀 더 길어짐(4~5개 복잡한 문장). 과거의 사건에 대해서도 말하기 시작함<br>▸ 이야기를 재미있게 하는 방법 인식<br>▸ 이야기의 시작, 배경 정보(어디에서 일어났는지, 누가 나오는지 등), 무슨 일이 일어났는지 세밀한 묘사, 이야기가 어떻게 끝이 나는지 묘사<br>• 5세경: 장면에 대해 더 세밀한 묘사, 마지막 결과를 포함하여 이야기 끝내기, 상황에 대해 설명하거나 평가하기 포함 | • 4어문 이상의 문장을 사용함<br>• 구문이 보다 복잡하고 정확해짐<br>• 일부 문법적 오류를 계속 보이다가 특정 구문 맥락에 모든 단어를 적용할 수 있는 보편적 규칙을 발견하려고 시도함<br>• 2개 또는 그 이상의 아이디어가 결합된 복잡한 문장을 사용함<br>▸ 처음에는 '그리고'로 문장 연결<br>▸ 점차 '그러고 나서', '왜냐하면', '-때', '그러나', '만약', '그래서' 등 사용<br>• '생각하다', '궁금하다', '바라다', '기억하다', '-인 척하다' 단어를 사용함<br>• 대명사를 명확하게 사용함<br>• 초기에는 명사와 동사의 순서를 바꾸어 의문문을 표현함(예: 너 할 거야 무엇?)<br>• 3세경: 질문의 형태가 성인 질문과 유사해짐(예: 너 무엇 할 거야?)<br>• 질문에 적합한 동사 어미를 사용하기 시작함<br>▸ 너 도와줘 나 → 너 나 도와줄래?<br>• 보다 진전된 부정문을 사용함<br>▸ 3세경: -하지 못해, -할 수 없다, -아니다<br>▸ 4세경: 아무도 아니다, 조금도 아니다, 전혀 아니다, -아니었다, -하지 않았다, -할 수 없었다<br>• 5,000개 단어 이상 어휘가 증가함 | • 대화에서 더 많은 말차례 교환을 보임. 상대자가 시작한 화제에서도 대화가 길어짐<br>• 화자(speaker)의 변화를 나타내는 신호로 말하는 중간 '쉼'의 중요성을 인식함<br>• 상대자가 말한 것을 인식했음을 알리기 위해 고개 끄덕이거나 '예'라고 말함<br>• 자신이 매우 관심 있는 것에 대해 이야기할 때는 말차례를 주지 않을 수도 있음<br>• 때때로 성인이 시작한 화제에 반응하지 않을 수 있고, 자신이 관심 있는 것으로 화제를 바꾸어 버릴 수도 있음<br>• 집요하게 대화에 들어가려고 시도할 수 있음<br>• 말을 시작하기 전에 상대자의 주의를 끌기 위해 소리를 지르기도 함<br>• 자신의 관심을 유지하기 위해 청자에게 가까이 다가가거나, 눈 맞춤을 계속 유지할 수 있음 |

### 7) 언어발달 단계와 대화 방식

같은 언어 단계에 있는 아동이라도 대화 방식에서는 전혀 다른 모습을 보일 수도 있다. 예를 들어, 사회적인 대화 방식을 가진 의사소통자인 아동은 자주 소리와 제스처로 대화를 시작하고 사회적 상호작용에 쉽게 참여하게 된다. 그러나 머뭇거리는 태도를 보이는 의사소통자인 아동은 대화를 많이 시작하지 않고, 상대자의 질문이나 설명에 주로 반응한다. 같은 의사소통자 단계에 있어도 대화 방식이 다르기 때문에 보호자나 교사는 이를 고려한 다양한 방법으로 아동과 상호작용해 주어야 한다.

## 9 Brown의 화용론과 언어발달 단계

Robinson과 Soto(2013)는 Brown(1973)의 언어발달과 화용론 발달 단계에 대해 〈표 1-17〉과 같이 제시하였다. 〈표 1-17〉은 연령대가 아닌 평균발화길이(Mean Length of Utterance: MLU)의 수준에 따라 언어와 화용론 발달 단계를 구분하고 있어, 생활연령과 상관없이 복합의사소통장애를 가지고 있는 사람의 발달 수준을 파악하고 중재 계획을 세우는 데 유용하게 사용할 수 있다.

〈표 1-17〉 Brown의 언어발달과 화용론 발달 단계

| | 의사소통 내용 | 담화 규칙 |
|---|---|---|
| 단계 Ⅰ<br>MLU 1: 한 단어 말<br>(최대 75개 단어) | • 명명하기<br>• 인사하기<br>• 사물 요구하기<br>• 정보 요구하기<br>• 반응하기<br>• 코멘트하기<br>• 주장하기 또는 거부하기 | • 공동관심 활동/참조물 기반 차례 주고받기<br>• 관심을 끄는 것과 같은 '자기중심적' 기반으로 화제 시작하기<br>• 루틴 상황에서는 하나의 화제를 유지하기 |
| 단계 Ⅱ<br>MLU 1.5~2.5:<br>두세 단어 구<br>(75~200개 이상 단어) | • 행동 요구하기<br>• 요구에 대해 반응하기<br>• 설명하기<br>• 대화 행동을 조절하기 | • 잠시 멈춘 뒤 차례 주고받기<br>• 두 개의 차례 이상 주고받기<br>• 성인에게 먼저, 그다음 또래에게 화제 시작하기<br>• 요구될 때 다시 말하기 |

| | 의사소통 내용 | 담화 규칙 |
|---|---|---|
| 단계 Ⅲ<br>MLU 2.5~3.0:<br>초기 문장 형식<br>(200~1,000개 단어) | | • 요구될 때 다시 말하기, 그다음 성인이 "너의 말을 듣지 못했어."라는 간접적 단서를 주면 다시 말하기 |
| 단계 Ⅳ<br>MLU 3.0~3.75:<br>문법 형식을 포함한 문장<br>(1,000~2,000개 단어) | • 놀리기와 같은 다른 형식 | • 요구될 때 구를 바꾸어 다시 말하기<br>• 감탄사를 사용하여 화제 유지하기<br>• 질문을 사용하여 화제 유지하기<br>• '지금 현재'에 있는 것과 관련된 화제 시작하기 |
| 단계 Ⅴ<br>MLU 3.75~4.0:<br>더 많은 문법 형식을 갖춘 문장<br>(2,000~3,000개 단어) | • 놀리기, 경고하기, 빈정대기, 유머, 은유와 같은 다른 화제 | • 요구될 때 구를 바꾸어 다시 말하기, 그다음 성인이 '너의 말을 듣지 못했어.'라는 간접적 단서를 주면 다시 말하기 |
| 단계 Ⅵ<br>MLU 4.0 이상:<br>정확한 구문과 문법<br>(3,000개 단어 이상) | | • '지금 현재'에 있는 것과 관련된 화제를 시작하고, 그다음 과거와 미래에 대한 화제 시작하기 |

## 10 의사소통 권리

의사소통은 정보를 주고받는 행위로서 삶의 모든 측면의 기반이 되며, 삶의 질에 중요하고, 학습의 기초이자, 인간의 권리이다. 효과적인 의사소통을 통해 사람들은 자신의 생각, 의견, 성격을 표현할 수 있으며, 정보를 요구하거나 받을 수 있고, 관계를 형성할 수 있다. 또한, 의사결정을 하게 되며, 기본적인 욕구를 충족 · 표현할 수 있고, 거부하거나 저항할 수 있다. 그리고 다른 사람에게 이해받고, 사회적 활동과 지역사회에 참여하게 된다. 모든 사람이 이러한 의사소통 권리를 가지고 있음을 명확히 하기 위하여 미국 중도장애인의 의사소통 요구를 위한 국가 연합회(National Joint Committee for the Communication Needs of Persons with Severe Disabilities: NJC, 1992)에서 〈표 1-18〉과 같이 의사소통 권리 헌장(Communication Bill of Rights)을 제정하였다.

의사소통 권리 헌장은 장애 유무 또는 장애 정도의 경중을 떠나 모든 사람이 적절한 의사소통 수단을 가질 권리가 있으며, 누구나 서로 존중하며 의사소통을 즐길 권리가 있음을 제시하고 있다.

〈표 1-18〉 의사소통 권리 헌장

모든 사람은 일상생활에서 다음과 같은 의사소통 권리를 가지고 있다.

- 원하는 사물, 행동, 사건과 사람을 요구할 권리
- 원하지 않는 사물, 행동이나 사건을 거부할 권리
- 개인적으로 선호하는 것과 감정을 표현할 권리
- 선택과 대안책을 제공받을 권리
- 제공된 선택지를 거부할 권리
- 다른 사람의 관심과 상호작용을 요구하고 받을 권리
- 루틴과 환경에서의 변화에 대해 정보를 요구하고 제공받을 권리
- 의사소통 기술을 개선하기 위해 중재를 제공받을 권리
- 응답자가 요구를 충족시킬 수 있든 없든 모든 의사소통에 대해 반응을 받을 권리
- 모든 상황에서 AAC와 다른 보조공학(AT) 서비스 및 도구에 접근할 수 있는 권리
- 모든 상황에서 기능적으로 적절한 AAC와 AT 도구를 가질 권리
- 또래를 포함한 다른 사람의 대화 상대자로서 자신의 의사소통을 증진시키는 환경에 있을 권리
- 예의 바르고 존중하는 말을 들을 권리
- 제3자를 통해 말을 하거나 듣는 것이 아니라 직접 말할 권리
- 명확하고, 의미 있고, 문화적으로 그리고 언어학적으로 적절하게 의사소통할 권리

## 요약

의사소통은 태어날 때부터 시작되어 아동기와 청소년기에 걸쳐 지속적으로 발달하는 것이다. 영아기에 아동은 자신의 행동이 다른 사람에게 영향을 미칠 수 있음을 배우며, 점차 의도적인 의사소통이 무엇인지 인식하고 향후 의사소통 방식의 기반을 마련하게 된다.

영아기 때조차도 사회적 의사소통이 얼마나 즐거운지, 얼마나 힘이 있는지 알게 되며, 보호자와 매일매일의 의사소통 상호작용 속에서 언어가 발달한다. 생후 12개월~5세경 구어 언어가 발달하면서 대화가 길어지고, 정보를 얻고, 생각하고, 상상하기 위해 언어를 사용하게 된다.

언어발달이 지연된 아동은 언어발달 단계를 거치는 데 오랜 시간이 걸릴 수 있으며, 중도중복장애가 있는 아동은 의사소통의 초기 단계 중 어느 한 단계에 머물러 더 이상이 진전이 이루어지지 않고 있을 수도 있다. 구어 발달이 진행되지 못하는 경우에는 수어나 그림 상징 등 다른 대체 수단, 즉 보완대체의사소통(AAC) 체계를 필요로 한다. 또한, 구어 발달을 조금씩 보이는 경우에도 여전히 의사소통의 초기 단계에 머물러 있거나 자신의 요구를 모두 충족시키지 못하고 있다면 의사소통과 언어발달을 촉진하기 위해 AAC 체계를 필요로 할 수 있다.

의사소통을 위한 말의 산출은 조음기관의 조절 능력만이 아닌 개념적 부호화, 언어학적 부호화의 과정이 병행하여 이루어지는 것이므로 이 모든 면에서 또는 각각의 면에서 어려움이 있다면 이를 보완하고 지원하는 방법을 통하여 누구나 의사소통 권리를 누릴 수 있도록 해야 한다.

CCN & AAC Intervention

제 2 장

# 복합의사소통장애의 개념

1. 복합의사소통 요구의 의미 | 2. 발달장애로 인한 복합의사소통장애 |
3. 인지적, 언어학적 손상과 후천적, 의학적 손상에 의한 복합의사소통장애 |

**개요**

이 장에서는 복합의사소통 요구의 의미를 통해 복합의사소통장애를 어떻게 분류할 수 있는지 알아보고, 복합의사소통장애에 속하는 사람들의 의사소통과 언어 특성에 대해 구체적으로 살펴볼 것이다.

## 1 복합의사소통 요구의 의미

일반적인 가정의 아침 시간을 상상해 보자. 학교에 지각하지 않으려고 바쁘게 뛰쳐나가는 아이는 "다녀오겠습니다."라는 짧은 한마디를 외치고 나간 후 금세 휴대폰 문자 메시지로 '체육복!'이라고 보내 온다. 엄마는 동생에게 내려가면서 형의 체육복을 가져가라고 말한다. 동생은 입을 삐죽이고 중얼중얼 투덜대며 자신의 가방과 형의 체육복 가방을 들고 나간다. 아빠는 노트북으로 오늘의 증시 현황을 보느라 바쁘다. 할아버지는 아침 신문을 뒤적이신다.

여기에서 우리는 일상생활에서 너무나 다양한 의사소통 수단을 사용하고 있음을 볼 수 있다. 말을 사용하기도 하고, 스마트폰으로 문자를 보내기도 하고, 노트북의 모니터와 키보드를 사용해서, 얼굴 표정으로 또는 신문과 같은 문자 매체로 의사소통한다. 이렇게 일상적으로 사용하는 다양한 의사소통 수단 중 어느 한 가지 방법으로도 자신의 일상적인 의사소통 요구를 거의 만족시킬 수 없는 사람을 복합의사소통 요구(Complex Communication Needs: CCN)를 가진 사람이라고 한다. 복합의사소통 요구를 지닌 학생들은 자연스러운 구어로는 자신의 일상적인 의사소통 요구를 거의 만족시킬 수 없으므로 의사소통 상대자와 맥락에 따라, 그리고 의사소통 목적에 따라 어떻게 효과적으로 의사소통해야 하는지 특별한 교수법이 필요하다.

앞의 예에서도 보듯이 사람의 의사소통은 말뿐만 아니라 쓰기, 얼굴 표정, 제스처 등 다양한 수단으로 매일 이루어지고 있으며, 여기에는 감정의 소통, 정보의 소통 등 복잡한 현상이 있다. 이와 같이 사람의 의사소통 과정은 생리학적이며 심리학적인 환경과 의사가 전달되는 환경인 물리학적인 공간 내에서 발생하는 사회학적인 현상에까지 아우르는 일련의 스펙트럼적 과정이다(Alant & Lloyd, 2005). 그것은 두 사람 또는 더 많은 사람 사이에 메시지를 동시에 주고받는 비선형적인 과정이다. 특히, 의도된 메시지는 정보 전달의 목적을 위해 상징적인 형태로 부호화되어야 하니 인지적 정보처리 과정과 조음기관의 움직임이나 몸의 움직임이 사람들의 의사소통에 포함된다. 따라서 복합의사소통 요구를 가진 사람은 일상적인 의사소통 요구를 충족시키기에 필요한 인지능력, 운동능력이나 의사소통 기술을 갖고 있지 못한 경우를 의미한다. 중증 뇌성마비와 같이 말과 움직임으로 의사소통을 하지 못하는 경우만이 아니라 지적장애나 자폐성장애, 더 넓게는 뇌졸중, 외상성 뇌손상 등으로 인해 의사소통하는 데 어려움이 있는 모든 경우를 의미한다고 할 수 있다.

복합의사소통 요구 용어는 오랫동안 사용되어 온 '중증 의사소통 손상'을 대신하는 용어로 현재 가지고 있는 의사소통 수단으로는 자신의 일상적인 요구를 혼자서 충족시키지 못하는 경우를 의미한다(Beukelman & Mirenda, 2013; 박현주, 2021). 복합의사소통 요구를 지닌 사람들에게는 일반적으로 사람들이 일상에서 사용하는 말이나 글로는 의사소통이 어렵기 때문에 대체 수단으로서 보완대체의사소통(Augmentative and Alternative Communication: 이하 AAC) 중재가 가능한 빨리 이루어지는 것이 중요하다. 왜냐하면 효과적인 의사소통 수단의 부족은 사회적으로 바람직하지 않은 것으로 생각되는 일련의 도전행동들과 연관되기 때문이다(Reichle & Wacker, 2017). 만약 이러한 상태에 대해 어떠한 조처도 없이 그대로 둔다면, 의사소통과 연관된 도전행동은 사회적 참여와 고용에서 고립과 배척, 기회의 감소를 야기할 것이다(Konst, Matson, & Turygin, 2013).

복합의사소통 요구를 지닌 사람의 수는 급속도로 증가하고 있으며 가능한 일찍부터 지속적인 의사소통 중재와 지원을 요구한다(Light & McNaughton, 2012). 한 연구(Drager, Light, & McNaughton, 2010)에 의하면 미국 펜실베이니아주의 3~5세 특수교육 대상 유아들 중 11.5% 이상이 복합의사소통 요구를 가지고 있으며, 뉴질랜드의 경우 전체 학령기 학생의 0.15%, 이스라엘의 경우 전체 특수교육 대상 학생의 30%, 남아프리카 공화국의 경우 지적장애 학생의 39%가 복합의사소통 요구를 가지고 있는 것으로 보고되었다. 2018년 연구(American Speech-Language-Hearing Association, 2018)에서는 조사에 참여한 언어병리사의 90%가 자신이 중재하고 있는 자폐스펙트럼 장애 학생들 중 60%에게 AAC 중재를 시행하고 있다고 보고되었다. McNaugthton과 Light(2015)의 연구에서는 중복장애(25%), 뇌성마비(22%), 기타 발달장애(20%), 후천적 장애(17%), 자폐성장애(9%), 지적장애(7%)가 복합의사소통 요구로 AAC 중재를 필요로 한다고 하였다. 이를 볼 때, 복합의사소통 요구를 지니는 대표적인 장애가 중복장애와 뇌성마비이지만, 자폐성장애와 지적장애도 포함되어 있는 것을 알 수 있다.

우리나라의 경우 복합의사소통 요구를 가진 사람에 대한 조사가 이루어지고 있지는 않지만 2021년 통계조사(국립특수교육원, 2021)에 의하면 지적장애 학생 51,785명 중 13,948명이 장애의 정도가 심한 장애인으로 등록되어 있어 이들의 상당수가 말로는 의사소통이 어려울 것이라 예측만 할 뿐이다. 국내 41개 특수학교 700여 명의 특수교사를 대상으로 조사한 연구(한현진, 한경임, 2013)에 의하면 일반적인 의사소통 수단으로는 일상적인 요구를 전달하기 어려워 AAC 중재가 필요한 학생은 특수학교 재학생의 85.86%였으며, 이들은 지체장애 학생(36.6%), 지적장애 학생(23.9%), 자폐성장애 학생(23.0%), 청각장애 학생(16.5%)의 비율을 보였다. 이를 볼 때 복합의사소통 요구를 가진 학생은 특정 장애 영역으로 분류된다기보다 다양한 장애로 인해 일상적인 의사소통 수단으로는 자신의 요구를 충분히 전달하기 어려운 경우를 종합하여 의미한다고 할 수 있다.

미국 중증장애인의 의사소통 요구를 위한 국가 연합회(NJC, 1992)에서 의사소통 권리헌장을 제정한 것은 장애 정도가 어떠하든 사람은 의사소통을 통해 자신의 존재에 영향을 미칠 수 있는 권리가 있음을 천명한 것이다. 이것은 사람이 가지고 있는 손상이나 결함에 강조를 두는 것이 아니라 사람중심(person-centered) 사정과 중재를 통해 그 사람의 잠재적 기능을 이끌어 내는 데 중점을 두는 것이다. 이러한 의사소통의 중요성을 기반으로 복합의사소통 요구에 대하여 다음과 같이 정의할 수 있다(Reichle, Simacek, Wattanawongwan, & Ganz, 2019).

> 복합의사소통 요구란 자신의 주요 의사소통 수단으로 구어를 사용할 수 없고, 의사소통의 많은 영역(즉, 화용론, 음운론, 의미론, 구문론)에서 의사소통 이해와 산출이 유의미하게 지연된 중도(severe) 장애를 가진 사람의 의사소통 요구를 의미한다.

복합의사소통 요구를 지닌 사람으로는 뇌성마비나 지적장애뿐만 아니라, 만성적인 중증 실어증(Beukelman, Hux, Dietz, McKelvey, & Weissling, 2015), 중대한 질병이나 손상을 가진 사람(Happ et al., 2014), 기타 신경발달장애를 가진 사람(Ganz et al., 2012)이 포함될 수 있다. Sigafoos와 Gevarter(2019)는 복합의사소통 요구를 지닌 사람에는 자폐스펙트럼장애, 지적장애, 뇌성마비, 발달성 말실행증, 근위축성측색경화증(루게릭병), 다발성경화증, 외상성 뇌손상, 뇌졸중, 척수 손상이 포함된다고 하였다. 중요한 것은 복합의사소통 요구를 지닌 사람들은 자신이 원하는 것을 표현하고, 친구 관계 확립, 가족과의 생활과 지역사회 참여를 위해 AAC 체계를 필요로 한다는 것이다.

이 책에서는 복합의사소통 요구를 복합의사소통장애로 명명하고자 한다. 이는 「장애인 등에 대한 특수교육법」에서 특수교육대상에 대해 모두 장애라는 명칭을 사용하고 있어 장애 명칭의 일관성을 갖기 위함이다. 〈표 2-1〉에 복합의사소통장애의 특징을 제시하였다.

〈표 2-1〉 복합의사소통장애의 특징

| 분류 | 특징 |
|---|---|
| 발달장애를 가지고 있는 사람 | • 뇌성마비, 자폐성장애, 지적장애를 포함하는 발달장애<br>• 대부분의 특수교육 대상 학생<br>• 구어로는 사회적 의사소통이 어렵고, 기능적인 구어 능력이 적절하게 발달하지 못한 자폐스펙트럼장애 |
| 인지적, 언어학적 손상을 가진 사람 | • 실어증, 치매와 같은 인지적, 언어학적 손상을 가진 경우 |
| 후천적인 의학적 손상을 가진 사람 | • 척수 손상, 근위축성측색경화증(루게릭병), 두경부암, 외상성 뇌손상 등으로 인해 심각한 구어와 언어 장애를 가진 경우 |

# 2 발달장애로 인한 복합의사소통장애

## 1) 뇌성마비로 인한 복합의사소통장애

### (1) 뇌성마비의 정의

뇌성마비(cerebral palsy)는 사전적으로는 '뇌의 마비'이므로 뇌의 손상에 의한 마비 증상을 통칭하는 것이 되어 정의에 오랫동안 많은 혼란이 있었다. 따라서 보다 간결한 정의를 위해 Dormans와 Pellegrino(2000)는 여러 가지 뇌성마비에 대한 정의에서 발견할 수 있는 기본적인 요소 세 가지를 제시하였다. 첫째, 뇌성마비는 운동기능에 중요한 문제가 있다. 둘째, 이러한 운동기능의 문제는 초기 뇌 발달기에 잘못된 어떤 원인에 의한 것이다. 셋째, 뇌 발달의 장애는 특정 시기에 한 번 발생한 것이지 반복되거나 지속적으로 진행되는 것이 아니다. 이를 바탕으로 '고착된 뇌의 질병'으로서 뇌성마비를 보는 일차원적인 관점이 아니라 신경학적 원인에 의한 운동 손상 증후군을 가진 개인들의 실질적인 경험을 정확하게 반영하기 위해 보다 역동적인 진단이 필요함을 제안하였다. 즉, 뇌성마비는 신경학적 원인 그 자체로서의 용어보다는 그것으로 인한 기능적인 결과를 지칭하는 용어로서 발달장애에 해당한다는 것이다. Best, Heller와 Bigge(2010)도 뇌성마비는 출생 전이나 영아기의 뇌의 발달이 완성되기 전에 발생한 뇌손상으로 발달장애에 속한다고 하였다.

이를 종합해 볼 때 뇌성마비는 출생 전, 출생 중, 출생 후 어떤 원인에 의해 발생한 비진행성의 뇌손상으로 인해 운동 및 자세에 이상을 가져오는 것이며, 뇌가 미숙한 상태에서 발생한 손상이 이후 발달에 영향을 미치기 때문에 발달장애라 할 수 있다. [그림 2-1]에 뇌성마비가 발달장애와 연관된 기능적인 도메인을 제시하였다.

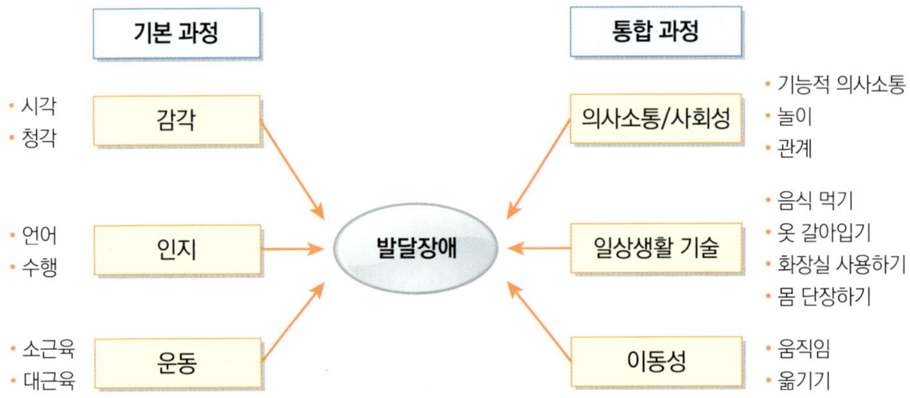


**[그림 2-1]** 발달장애를 특징짓는 기능적인 도메인

출처: Dormans & Pellegrion (2000).

뇌성마비는 뇌손상에 의한 것이므로 움직임의 문제뿐만 아니라 언어, 인지 및 학습과 관련된 정보처리, 시각과 청각 정보의 해석 등에도 문제를 가질 수 있으며, 이러한 문제들이 성장하면서 지속적으로 심각해지고 중도중복장애를 갖게 된다.

뇌성마비의 출현율에 대하여 미국에서는 매년 1,000명의 출생당 1.5~2.5명이 뇌성마비로 태어난다고 하며, 약 500,000~700,000명의 뇌성마비를 가진 사람들이 있음이 보고된다(Mooney, Koman, & Smith, 2003). 정동훈, 채희태, 김희규(2016)도 국제적으로 뇌성마비의 발생률이 1,000명 출생당 2~2.5명으로 보고된다고 하였다. 인공수정에 의한 쌍둥이 출산(Blickstein, 2002)과 미숙아 또는 저출생체중(Low Birth Weight)아의 증가(Sutcliffe & Derom, 2006)도 뇌성마비의 출현율 증가와 연관된다.

조산에 의한 미숙아는 수태 후 37주 이전에 태어난 아기이며, 저출생체중아는 출생 체중이 2,500g 미만인 경우로 지각 및 시-운동 통합에서 문제를 보이고, 신생아집중실의 환경에 따라 머리 조절이나 전정감각의 발달에 장애를 가져오고, 미숙아망막증으로 인한 시각장애도 수반할 수 있다(한경임, 서경희, 1999, 2000). 일반적으로 미숙아에서 뇌성마비의 발생빈도는 6~10%로 보고되며(신영희, 2003), 1,500g 미만의 초극소 저출생체중아의 10~20%에서 뇌성마비가 진단된다는 보고(이연경, 2009)도 있다. 구영아 등(2006)의 연구에서도 임신 37주 이전에 조산한 경우 3/4이 뇌성마비였고, 출생 시 재태 연령이 작을수록 뇌성마비의 빈도가 증가하여 미숙아와 저출생체중은 뇌성마비 발생의 주요 위험인자를 나타내고 있다.

### (2) 뇌성마비의 의사소통과 언어 특성

뇌성마비를 지닌 사람이 의사소통과 언어발달에 장애를 가질 수밖에 없는 이유는 이 모든 기능이 관련된 중추신경계 손상에 의해 뇌성마비가 발생하기 때문이다. 말을 하려면 호흡의 조절이 필요하고, 입, 혀, 입술 근육 조절의 협응이 필요하다. 이를 위해서는 대뇌피질 운동 영역의 작용과 말초신경계의 작용에 문제가 없어야 하는데 뇌성마비는 손상의 정도에 차이가 있을 뿐이지 의사소통과 언어에 관련된 뇌의 손상을 기본적으로 가지고 있다.

의사소통은 전적으로 구어에만 의존하는 것이 아니다. 제스처를 이용한 의사소통이 훨씬 더 일찍 발달하는데 아이가 "안녕"을 표현하기 위해 손을 흔드는 모양을 떠올리면 이해가 될 것이다. 아이는 "빠이빠이"라는 말에 해당하는 일정 형태의 손 흔들기를 배우기 훨씬 전에 다양한 감정과 욕구 표현을 위해 얼굴 표정을 사용한다. '울기'를 가장 많이 사용하며, 호흡 상태도 자신을 표현하는 데 이용된다. 그리고 여러 가지 만족도를 표현하기 위해 피부색이 바뀌기도 한다. 울기나 호흡과 피부색의 변화와 같은 생리적 반응은 보호자가 여러 가지 전략(우유를 주거나, 기저귀를 살펴보거나, 아기를 흔들어 주거나, 달래는 말을 하는 등)으로 반응하도록 하는 신호가 된다. 이러한 행동들은 너무나 빨리 자연스럽게 교류가 되어서 아기와 보호자는 곧 서로의 신호에 익숙해지고 자신의 반응을 수정해 나간다.

그런데 뇌성마비 아동의 경우 이러한 정상적인 의사소통 경로가 왜곡되거나 전혀 나타나지 않기도 한다. 웃으려고 짓는 표정이 오히려 얼굴을 찡그리게 되고, 그것은 곧 보호자에게 거부의 신호로 받아들여진다. 저긴장형이든 과긴장형이든 두 유형 모두 보호자의 팔에 안겨 있을 수가 없다. 섭식 문제도 갖고 있어서 음식을 내뱉어 버리거나, 구토를 일으키기도 하고, 혀를 자꾸 밀어내는 행동은 보호자로 하여금 아기가 음식을 먹기 싫어하는 것으로 해석하게끔 한다(박재국 외, 2018). 이러한 문제들은 뇌성마비 아동이 보이는 중요한 의사소통 단서들을 잘못 해석하게 한다. 이로 인하여 보호자는 부적절하게(예: "아기가 나를 싫어하나 봐.") 반응하거나, 위축된 반응(예: "나는 아기를 돌보기에 부족한가 봐.")을 보인다.

이러한 경향성은 뇌성마비 아동과 어머니와의 상호작용 과정에 관한 연구를 보면 잘 알 수 있다. 뇌성마비 아동과 어머니 10쌍, 그리고 일반 아동과 어머니 10쌍 간의 상호작용을 비교한 연구(Hanzlik, 1990)에서 뇌성마비 아동들은 일반 아동보다 순응적이며, 비자발적인 반응을 보이고, 어머니의 신체적인 지시와 안내에 과도하게 의존하는 경향을 보였으며, 사회-정서적 발달에 중요한 영향을 끼치는 얼굴 마주보기 또는 눈 맞춤도 일반 아동보다 50% 정도 덜 빈번하게 나타났다. 이러한 상호작용 특성과 의사소통 문제는 뇌성마비 아동의 이후 발달기에도 계속 영향을 미치게 되어 지적 발달, 사회성 발달에도 문제를 가져온다.

보통 뇌성마비 아동의 대부분이 의사소통장애를 갖고 있는데 병형과 무관하게 중증 뇌성마비 아동에게 수반되는 언어발달 지체, 음성 장애, 조음장애, 운율 장애 등은 당연히 상호 의사 전달 능력 발달과 말하는 태도에 장애를 가져와 결국 학습활동 전반에 지체가 나타난다. 이러한 중증 뇌성마비 아동 중에는 각각의 언어발달 단계 사이에 불균형이 일어나서 언어 수용 기능에서는 거의 연령에 맞는 발달을 하는데도 유아기의 구강 반사가 잔존하고, 조음 발달을 방해하여 비구어(non-speech) 상태로 남게 되는 경우도 많다. 뇌성마비 아동 4명 중 1명은 말을 할 수 없다는 보고도 있다(Cerebral palsy guide, 2022). 이와 같이 뇌성마비를 가진 사람이 말을 할 수 없는 경우뿐만 아니라 언어발달 지연과 의사소통의 어려움을 해결하기 위한 방법으로 AAC 중재가 필요하다.

뇌성마비 아동에게서 보편적으로 나타나는 언어발달 지연은 여러 가지 이유 때문이다. 우선 뇌성마비는 언어이해와 표현에 관여하는 뇌의 영역에 손상을 가질 수 있으며 이것이 언어발달 지연의 주요 원인이 된다. 그러나 더 중요한 것은 뇌손상으로 인한 운동장애로 어린 시기에 양육자와의 상호작용이 원활하지 않고, 의사소통 시도와 언어학습 기회가 뇌성마비 아동에게 주어지지 않기 때문이다(Workinger, 2005). 예를 들어, 뇌성마비 아동은 고개 조절과 눈 응시가 힘들어 양육자나 사물에 눈을 맞추기가 어렵다. 이것은 의사소통 의도의 발달을 방해한다. 뇌성마비 아동의 언어 학습 환경을 방해하는 또 다른 요인은 언어 학습 과정에서 이루어지는 성인의 피드백을 따라 모방하는 능력이 운동장애로 인해 제한되기 때문이다.

뇌성마비 아동의 언어 특성은 의미론, 형태론, 구문론, 화용론, 음운론의 모든 측면에서 기능적 제한을 갖는다. 뇌손상으로 인하여 뇌성마비 아동은 8개월령에도 여전히 옹알이, 쿠잉, 혀 내밀어 소리 내기 등이 부족하고, 15개월령이 되어도 명확한 단어를 말하지 못하며, 2세가 되어도 두 단어를 조합하여 말하지 못할 수 있다(Miller & Bachrach, 2017). 또한, 뇌성마비 아동은 구문론 측면에서도 문법적으로 정확한 순서로 단어를 배열하는 것이 어렵고, 과거나 미래를 나타내기 위한 형태소, 조사 등의 표현을 생략하여 문법적 형태론에 문제를 가질 수 있다(박은혜, 김정연, 표윤희, 2018). 그런데 Sandberg와 Hjelmquist(1997)의 연구에 의하면 비구어 또는 거의 말을 하지 못하는 뇌성마비 아동이 또래보다 낮은 수준의 읽기와 철자 쓰기 과제 성취를 보였지만 음운인식과 구어적 기억 과제에서는 또래들과 유의미한 차이가 없었다. 이는 뇌성마비 아동도 일반적인 문해력 기술을 발달시킬 수 있음(Bishop, 1993)을 의미한다.

어휘 능력과 관련하여 뇌성마비 아동이 사물 명칭에 대한 수용어휘의 발달이 지연되는 것은 운동장애로 인한 경험 부족의 영향이 크다. 그리고 공간 위치에 대한 개념 표현이 문장에서 부적절하게 사용되는 것을 볼 수 있는데 이 역시 운동장애로 인해 위치 개념과 공간 관계를 표현할 경험이 부족하기 때문이다. 예를 들어, 다른 또래들처럼 “밖에 나가 놀아.”, “상자 안에 장난감을 넣어.”, “책상 위에 책을 올려 둬.”라는 말을 듣고 행동할 기회가 없기 때문에 위, 아래, 안과 밖 등의 위치나 공간 개념을 익히기 어려울 수 있다. 이와 마찬가지로 운동장애로 인해 어떤 행동을 스스로 하기 어려워 동사의 개념도 발달시키기 어렵다. 이처럼 표현어휘 기술이 제한된 뇌성마비 아동의 어휘 능력을 높여 주기 위해서는 가능한 환경과 상호작용할 기회를 많이 주고, 자신의 관심과 하고 싶은 것을 표현할 기회를 많이 주는 것이 중요하다.

중증 뇌성마비 아동은 일반 아동이 보이는 언어발달의 이정표대로 발달하지 못하여 성인이 되어도 전언어학적 단계에 머물러 있을 수도 있다. 뇌성마비 청년이 여전히 전언어학적 단계에 있다 하여도 언어능력을 더 이상 발달시키지 못하는 것은 아니다. 비상징적 의사소통 단계에서 상징을 사용하는 언어적 의사소통 단계로의 전환을 돕기 위해 AAC 체계의 적절한 활용이 도움이 될 수 있다(ASHA, 2005).

한 종단연구(Letto, Bedrosian, & Skarakis-Doyle, 1994)에서 심한 구어장애로 옹알이가 불가능한 2세 6개월령의 뇌성마비 유아가 비언어적 양식을 통해 의사소통 기능(관심 요구, 사물 요구, 행동 요구)을 자발적으로 표현하게 되고, 18개월간의 지도 후에는 비언어적 양식과 언어적 그림 상징의 결합으로 의사소통 기능을 표현하다가 이후에는 언어적 양식으로 의사소통 기능을 표현하게 됨을 보여 줌으로써 중증 뇌성마비 유아의 언어 학습 가능성이 보고된 바 있다. 이 연구를 통해 알 수 있는 것은 비구어 뇌성마비 유아가 그림 상징을 이용해 의사소통 기능의 결합(예: 행동 요구+사물 요구)을 표현함으로써 일반 유아들이 보이는 대상+행위의 초기 의미론적 표현이 가능함을 보여 주는 것(한경임, 2007)이다.

### (3) 뇌성마비의 대뇌피질성 시각장애

#### ① 대뇌피질성 시각장애의 개념

대뇌피질성 시각장애(Cortical Visual Impairment: 이하 CVI)는 오늘날 뇌성마비 아동에게서 보이는 시각 손상의 주요 원인 중 하나이다(Good et al., 2001). CVI는 뇌손상으로 인한 시각장애를 의미하는 것으로 눈이나 시신경의 구조가 아닌 뇌의 시각정보 처리 센터 및 시각정보처리 경로의 손상이나 비정상적인 구조에 의한 시각적 기능의 문제라는 점에서 일반적인 시각장애와 다르다(Huo, Burden, Hoyt, & Good, 1999). 그리고 CVI는 "보이는 것을 이해하는 사람의 능력에 영향을 미치는 독특한 시각적, 행동적 특성"과 연관되어 있다(Roman-Lantzy, 2019). CVI는 심지어 일반적인 시각 검사로는 판별이 어렵고, MRI나 CAT(컴퓨터 단층 촬영) 스캔에서는 시각 피질이나 시각부챗살(optic radiations)과 같은 뇌의 일부 손상으로만 보인다(Jan & Groenveld, 1993). 따라서 심각한 수준의 시각적 기능 손상을 설명하지 못하는 정상적인 눈과 시각적 조건으로 인해 많은 안과 의사와 임상가들이 CVI의 존재를 판별하지 못할 수도 있다.

CVI는 소아과와 신생아 집중치료를 통해 영아의 생존율이 높아지면서 발생한 저시력의 주요 원인이기도 하다. Als(1999)에 의하면 재태 기간 8~12주 미숙아의 생존율이 신생아 집중치료를 통해 95% 이상이며, 생존율이 높아질수록 중증 장애의 총 인원수와 CVI 출현율이 증가하였다. CVI는 또한 뇌성마비, 지적장애, 뇌전증(발작 장애), 소두증, 감각 자극에 대해 지나치게 민감하거나 둔감한 것과 같은 뇌손상과 주로 연관된다(Dennison, 2003). 이는 미숙아나 조산으로 태어난 뇌성마비의 경우 CVI를 가질 확률이 높다는 것이다. 미국의 브릿지스쿨(https://bridgeschool.org)에서는 재학하고 있는 중도중복장애 아동이 모두 뇌성마비이면서 CVI를 갖고 있음을 보고하고 CVI의 특성을 고려한 교육의 중요성을 제안하고 있다.

CVI의 출현율에 대해서는 명확히 알려진 바가 없지만 발달장애 아동의 적어도 10.5%가 CVI를 가지고 있다(Nielson, Skov, & Jensen, 2007)고 한다. 미국의 국립 교육통계 센터(National Center for Education Statistics, 2020)에 의하면 2018~2019년 미국에서 특수교육 서비스를 받은 학령기 학생이 7천백만 명이었고, 이들 중에 학습장애가 포함되어 있는 점을 감안하더라도 진단받거나 진단받지 않은 CVI를 가진 학령기 아동이 700,000명 이상으로 추정된다. 북부 캘리포니아 지역에서는 시각손상으로 서비스를 받는 아동 중 60%가 CVI를 가지고 있는 것으로 추정된다(Hoyt, 2019). 우리나라에는 CVI가 거의 알려져 있지 않아 특수교육 현장에서는 뇌성마비 아동이 자료를 잘 보지 못해서 표현을 못하는 것인지, 의사소통장애로 인해 표현을 못하는 것인지에 대한 파악조차 되어 있지 않은 실정이다.

### ② 대뇌피질성 시각장애의 특성

AAC를 필요로 하는 학생이 CVI를 가지고 있다면 학생의 개별적인 CVI의 특성을 이해해야 한다. 왜냐하면 AAC 체계는 제스처, 얼굴 표정, 손짓기호와 같은 비도구 체계(unaided AAC)뿐만 아니라 사진, 그림, 상징, 단어, 문자 등 도구체계(aided AAC)에 기반하여 의사소통하기 때문이다. 이러한 언어적 상징들은 의사소통판이나 의사소통책, 키보드, 녹음형과 음성합성 기술을 탑재한 SGD, 태블릿이나 스마트폰, 컴퓨터에 배열되어 보이는 것으로 거의 대부분이 실질적으로 시각에 의존하기 때문에 시각적 정보처리 과정이 필요하다. 특히, AAC 체계를 이용하여 사회적 의사소통이 이루어지는 동안 신체의 일부(손가락으로 지적하거나 눈 응시 등)를 이용하거나 운동 또는 감각장애를 수용하는 인터페이스나 스위치를 사용하기 때문에 이 또한 시각적 정보처리가 필요하다(Beukelman & Light, 2020).

Blackstone, Luo, Canchola, Wilkinson과 Roman-Lantzy(2020)의 연구에 의하면 미국 35개 주 209명의 학교 기반 전문가들(특수교사, 언어병리사, 시각전문가, 보조공학사, 작업치료사, 오리엔테이션과 이동 전문가 등)이 지도하고 있는 아동의 89%가 지적장애, 87%가 복합의사소통장애, 84%가 운동장애를 갖고 있었다. 그리고 조사에 참여한 CVI를 지닌 자녀의 부모 68명의 답변에 의하면 복합의사소통장애로 인해 아동들이 사용하는 AAC 체계의 형태는 주로 신체적인 움직임(자세 조정 64%, 발성 96%)이 많고, 비전자식 도구를 47%, 전자식 도구를 46% 사용하였으며, 그림 상징이나 문자와 같은 상징적인 언어체계를 사용하는 것으로 조사되었다. 그러나 부모들은 주로 자세 조정이나 발성으로 의사소통하는 자녀와의 상호작용에 어려움이 있으며 자녀들이 상징적 언어 사용에 한계가 많음을 호소하여 CVI를 고려한 AAC 체계의 적용이 필요함을 요구하였다. 이를 볼 때 복합의사소통장애를 지닌 학생에 대한 적절한 AAC 중재를 위해서는 CVI의 특성을 이해하는 것이 매우 중요함을 알 수 있다.

CVI 학생은 불빛이나 천장에서 돌아가는 팬에 주의가 고정되어 있거나, 특정 환경 조건에서는 사물 지각이 어려울 수 있다. Roman-Lantzy(2018)와 Restak(2003), Dutton(2001)을 참고하여 〈표 2-2〉에 CVI의 특성을 제시하였다. CVI의 심각성이 클수록 특성도 크게 나타나지만 이러한 특성은 변화되거나 개선될 수 있다. 그러나 이러한 개선이 정상적인 시각 능력으로의 개선을 의미하지는 않으며, 이 개선도 몇 개월에서 몇 년에 걸쳐 심각성의 정도에 따라 다르게 나타난다(Hoyt, 2003; Swaminathan, 2011).

〈표 2-2〉 대뇌피질성 시각장애의 특성

| 특성 | 구체적인 특성과 중재 방법 |
|---|---|
| 강렬한 색의 선호 | • 특히 붉은색이나 노란색을 선호함<br>• CVI의 55%는 붉은색을 선호하고, 34%는 노란색, 11%는 초록, 분홍, 파란색이나 무색 중 어느 하나를 선호함<br>• 학습이나 루틴으로 사용하는 사물에 선호하는 색을 적용하여 제시할 필요가 있음 |
| 움직임의 필요성 | • 시각적 주의를 이끌거나 유지하기 위해 움직임을 필요로 함<br>• 대상을 보는 능력을 최대화하기 위해 보는 사람이 움직이거나 보이는 대상을 움직여 줄 필요가 있음<br>• 대상을 볼 때 주변시가 먼저 작용하기 때문에 대상의 움직임에 집중함 |
| 시각적 지연 | • 바라본 대상에 대해 지연된 반응이 나타남<br>• 물건을 보여 주면 고개를 바로 돌려 바라보는 것이 아니라 어느 정도 있다가 고개를 돌려 바라봄<br>• 대상을 보고도 마치 아무것도 존재하지 않는 것처럼 행동하고, 시간이 지난 뒤 반응함<br>• 심지어 친숙한 대상이거나 선호하는 색에서도 시각적 지연이 나타남 |

| 특성 | 구체적인 특성과 중재 방법 |
|---|---|
| 가시 영역의 선호성 | • 시야 손실과 함께 특이한 가시 영역을 가짐<br>• 특정 가시 영역의 대상은 무시하고 다른 특정 영역의 대상을 보기 위해 고개를 돌림<br>• 어두운 곳에서 볼 때, 움직이는 대상을 볼 때, 공간 속에서 형태를 인식할 때 주변시가 작용함<br>• 낮은 시야에 있는 물건을 보기 어려움<br>- 자극을 제시할 때는 학생의 눈높이에서 제시해야 함 |
| 시각적으로 복잡한 자극에 대한 정보처리의 어려움 | • 다음과 같은 경우 사물을 인식하기 어려움<br>- 복잡한 배경을 두고 사물을 제시할 때<br>- 복잡한 배경의 환경 안에서 사물을 제시할 때<br>- 다른 감각 투입(예: 소리 정보)과 동시에 사물을 제시하여 보는 사람의 주의와 감각 자극을 통제하는 능력을 방해할 때<br>• 여러 감각을 동시에 투입하기보다 연속해서 차례로 제시하면 시각적 기능을 더 잘 유지할 수 있음 |
| 빛을 향한 응시와 목적 없는 응시 | • 빛이 시작된 곳을 오래 계속 바라보고 있음<br>- 빛은 자연적인 빛이나 인공적인 빛 어느 것에든 반응함<br>• 목적 없이 응시하는 경우는 특정 목표에 시각적으로 집중하지 못하는 것을 의미함<br>- 무엇인가 특정 목표에 분명히 시각적 고정을 하고 있는 것처럼 보이지만 사실상 어떠한 목표도 보고 있지 않는 것<br>- 대상 자체를 보는 것이 아니라 대상을 통과하여 그 너머 무엇인가 보는 것 같은 느낌이 듦 |
| 가시거리 조절의 어려움 | • 가시거리 조절에 어려움이 있는 경우 고도 근시가 있는 사람처럼 행동함<br>• 얼굴 앞에 아주 가까이 사물이 있으면 아무리 친숙한 대상이나 크기가 큰 사물이라 해도 인식하는 데 어려움이 있음<br>• 사물이 얼굴 앞에서 움직이는 거리가 가까우면 가까울수록 배경이 더 흐리게 보임 |
| 시각 반사가 없거나 비정상적임 | • 가까이 오는 대상에 대한 반응인 눈 깜빡임 반사가 손상됨<br>- 일반 학생의 경우 콧날을 건드림과 동시에 눈 깜빡임이 나타남<br>- CVI 학생은 눈 깜빡임이 나타나지 않거나 지연된 반응으로 나타남<br>• 시각적 위협 반응<br>- 신체 중앙의 얼굴 앞에서 상대의 손이 재빨리 움직이면 일반 학생은 본능적으로 시각적 위협에 반응하여 눈을 깜빡임<br>- CVI 학생은 이러한 반응이 나타나지 않거나 지연된 반응으로 나타남 |
| 낯선 것에 대한 시각 정보처리의 어려움 | • 친숙한 대상을 보는 것을 선호함<br>• 반복해서 보아 왔던 목표 대상을 시각적으로 선호하고, 반면에 새로운 다른 목표나 대상은 무시함<br>예) 다감각을 이용하는 새로운 장난감보다 늘 보아 온 장난감을 계속 바라봄 |
| 시각-운동 행동의 비전형적인 패턴 | • 한 대상을 바라보면서 동시에 손을 뻗어 터치하는 것이 어려움<br>- 두 행동을 분리해서 수행함<br>• 사물에 먼저 손을 대고 잠시 뒤에 사물을 바라봄 |

### ③ 대뇌피질성 시각장애 학생에게 자료를 제시할 때 유의점

의사소통장애가 있으면서 CVI를 가지고 있는 학생에게 AAC 의사소통판을 만들어 주거나, 학습 자료를 제시할 때 유의할 점을 Roman-Lantzy(2018)를 참고하여 제시하면 [그림 2-2]와 같다.

강렬한 색이면서 단색의 사물에 잘 반응하므로 이를 이용하여 학습 자료를 만들거나 선택한다.

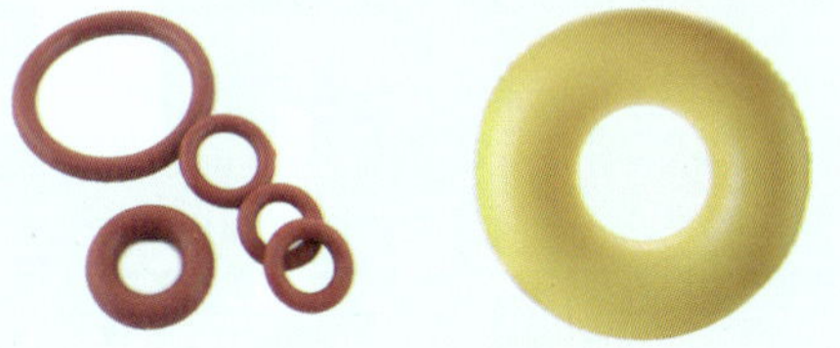

CVI를 가진 학생의 주의를 끌기 위해 반짝거리는 면이 있는 물체나 움직이는 듯한 환상을 주는 물건을 제시하거나 움직임을 만들어 주는 사물을 이용한다.

다음과 같이 시각적으로 복잡한 사물이나 고도로 패턴화된 사물을 인지하는 데 어려움이 있으므로 학습 자료를 구성할 때 단순하게 구성한다.

사진 출처: https://www.google.com/search?q=%EB%8F%84%ED%98%95+%ED%8D%BC%EC%A6%90

사물과 이미지에 대한 주의를 지속시키기 위해 라이트박스가 필요할 수도 있다.

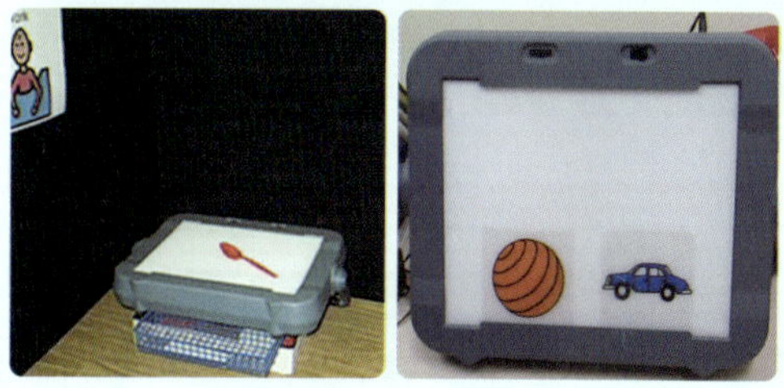

책에 있는 중요한 캐릭터를 지도할 때 다음 예시와 같이 먼저 통통한 실제 공룡 인형이나 형상을 단순화한 3차원적인 형상을 이용하여 만져 보면서 CVI 학생이 공룡을 인식하도록 한다. 그다음, 움직임이 삽입된 팝업북에서 공룡 캐릭터를 소개하고, 마지막으로 보다 복잡한 그림 속에서 2차원적인 이미지로 독립된 형태의 공룡 캐릭터를 보여 주고 인식할 수 있도록 지도한다. 이때, CVI 학생이 잘 반응하는 색상을 반영한다.

(1) (2) (3)

출처: https://www.google.com/search?q=%EA%B3%B5%EB%A3%A1+%EA%B7%B8%EB%A6%BC%EC%B1%85&tbm=isch&ved=2ahUKEwjmp

[그림 2-2] CVI를 가지고 있는 학생의 특성을 고려한 자료 제시 예

한경임(2014, 2018a, 2018b, 2024a, b)의 연구에서도 미국의 특수학교와 특수학급에서 최근에 CVI를 지닌 학생을 고려한 교실 환경의 구성과 학습 자료의 사용에 대해 소개하였다. 재학생의 대부분이 CVI를 지니고 있는 브릿지스쿨의 경우 수업을 할 때는 교실을 어둡게 하여 라이트박스를 사용하거나, 검은색 배경이나 노란색 배경에 자료를 제시한 모습들을 볼 수 있다. CVI 학생을 위한 교실 환경의 모습을 [그림 2-3]에, 수업자료의 예시를 [그림 2-4]에 제시하였다.

미국 브릿지스쿨 교실

미국 T.A.C.L.E. 프로그램 운영 특수학급 교실

[그림 2-3] CVI를 지닌 학생의 특성을 고려한 교실 환경 예

**[그림 2-4]** CVI를 지닌 학생의 특성을 고려한 수업자료 예시(브릿지스쿨)

## 2) 자폐스펙트럼장애로 인한 복합의사소통장애

자폐스펙트럼장애(Autism Spectrum Disorder: ASD)는 DSM-5-TR(Diagonostic and Statistical Manual of Mental Disorder, Fifth Edition-Text Revision)(American Psychiatric Association, 2022)에서 정의하는 전반적 발달장애를 의미한다. 자폐스펙트럼장애는 여자보다 남자에게서 4배 이상의 출현율을 보이며, 인종, 민족, 사회경제적 지위를 불문하고 모든 사람에게서 발생할 수 있다(Mirenda & Iacono, 2009). 한 보고(Centers for Disease Control and Prevention, 2007)에 의하면 150명의 아동 중 1명이 자폐스펙트럼장애를 갖고 있으며, 이들 중 50%가 기능적으로 구어를 발달시키지 못하고 적절한 의사소통 수단을 갖고 있지 않다. 모든 자폐스펙트럼장애는 각 유형에 따라 증상이 매우 다양함에도 불구하고 여러 가지 형태의 의사소통 손상을 특징으로 갖고 있다.

지난 수십년 간의 조기 진단과 중재의 가용성이 증가하면서 자폐스펙트럼장애를 지닌 사람의 구어 발달 예후에 대해 많은 변화가 있었다(Tager-Flusberg, Paul, & Lord, 2005). 그럼에도 ASHA(2005)의 발표에 의하면 모든 연령대의 자폐스펙트럼장애를 지닌 사람의 상당수가 표현 의사소통을 위해 일시적으로 또는 영속적으로 AAC를 필요로 한다. 심지어 어느 정도 구어와 언어표현이 가능한 자폐스펙트럼장애를 지닌 사람도 이해 능력을 높이는 데 AAC 지원이 도움이 된다.

### (1) 자폐스펙트럼장애의 유형과 특성

자폐스펙트럼장애는 뇌의 한 부분이 문제가 되어 생기는 것이 아니라 하나 혹은 복합적 신경체계 내의 비정상 때문에 발생한다. 그리고 해부학적인 측면에서는 소뇌, 뇌간, 측두엽, 특히 편도체에서 비정상이 있음이 보고되었다(곽승철 외, 2009). 자폐스펙트럼장애의 유형과 특성을 Mirenda와 Iacono(2009), 이소현(2007), 곽승철 외(2009)를 참고하여 〈표 2-3〉에 제시하였다.

〈표 2-3〉 자폐스펙트럼장애의 유형과 특성

| 유형 | 특성 |
|---|---|
| 자폐성장애<br>(Autism) | • 36개월 이내 사회적 상호작용의 결함이 나타남<br>• 구어적, 비구어적 의사소통에서 지연되거나 비정상적인 기능<br>• 사회적 상호작용의 상당한 어려움<br>• 특이한 행동 패턴(반복적인 행동, 상동적 행동, 감각 자극에 대한 특이한 반응) |
| 비전형성 전반적<br>발달장애(PDD-NOS) | • 자폐성장애와 특성이 유사하나 장애 정도가 심각하거나 광범위함<br>• 징후가 나타난 연령이 늦거나 다른 영역의 진단 기준에 부합하지 못하는 경우 |
| 아스퍼거 증후군<br>(Asperger syndrome) | • 사회적 상호작용에서 자폐성장애와 유사한 특성을 보이지만 언어와 지적 능력에서 손상이 없음<br>• 눈 맞춤, 얼굴 표정, 자세, 사회적 상호작용 몸짓을 표현하는 비구어적 행동의 사용 면에서 손상이 있을 수 있음<br>• 손이나 손가락을 흔들고 상체를 비트는 등 상동적이고 반복적인 신체의 움직임이 나타날 수 있음 |
| 레트 증후군<br>(Rett syndrome) | • 여아에게서만 나타남<br>• 퇴행성 유전성 질환으로 비교적 희귀한 장애<br>• 1~2세 사이에 나타남<br>• 손을 꼬거나 씻는 모양의 상동적 움직임<br>• 다양한 운동 기능 손상과 사회성 및 의사소통 결함 |
| 소아기붕괴성장애<br>(Childhood disintegrative disorder) | • 자폐성장애와 유사한 행동 특성<br>• 10세 이전에 적어도 2년 이상의 분명한 정상적 발달을 보인 후 증세가 나타남<br>• 의사소통 능력의 손실과 이전에 습득한 다른 사회적 기술이나 적응행동, 운동 기술, 일상생활 기능의 심각한 상실 |

### (2) 자폐성장애 아동에 대해 알아야 할 10가지

자폐성장애 아동은 학령기 특수교육 현장에서 가장 많이 만나게 되는 아동들 중 한 명이다. 자폐성장애 아동은 일반 아동과 다른 독특한 특징을 가지고 있으며, 같은 자폐성장애 아동이라도 모두 개별적으로 다양한 특성을 보인다. 따라서 자폐성장애 아동의 특성을 이해하면 학교나 가정에서 아동을 지도하고, 아동의 행동에 대처하는 데 훨씬 도움이 될 것이다. Notbohm(2005)은 자폐성장애 아동에 대해 알아야 할 특징을 다음 10가지로 안내하였다.

#### ① 자폐는 아동이 가지는 한 가지 특성일 뿐

자폐는 아동이 가지고 있는 전체 특성 중 하나일 뿐 '자폐'라는 단어로 아동을 규정해서는 안 된다. 사람은 어느 한 가지 특성만으로 설명할 수 없다. 예를 들어, 엄마이면서 교사이고, 며느리이고, 딸이고, 성격이 급하지만 합리적이고, 운동은 못하지만 음악을 좋아하고 등등. 이렇게 한 사람은 본래 다양한 특성으로 조화를 이루어 한 개체를 형성하고 있는 독특한 개인일 뿐이다. 내 아이가 자폐라고 진단을 받았지만 한 번 본 것은 기억을 잘하고, 그림을 잘 그리고, 가끔 뜬금없이 울기도 하지만 엄마에게 안겨서 행복감을 주는 아이가 아닌가? 아동의 다른 특성들을 보고 그것을 더 발전시켜 나갈 수 있도록 도와주어야 하지 않을까.

#### ② 너무나 예민한 감각 지각

일반 사람에게는 그다지 신경 쓰지 않아도 되는 시각, 청각, 촉각, 미각, 후각 등의 감각이 자폐성장애 아동에게는 고통일 수도 있다. 청각이 너무 예민하여 일시에 수많은 소리가 한꺼번에 들려올 때 아동은 도전행동으로 보이는 특이한 행동을 할 수도 있다. 이것은 아동의 뇌가 복잡한 소리들을 정리하지 못하여 소리 정보에 과부하 상태가 되기 때문이다. 후각에도 민감할 수 있는데 이것 역시 수많은 후각 자극을 정리하고 중요한 자극을 걸러내지 못하기 때문으로 일반인들은 무시하거나 무감각한 냄새에 대해 구역질을 하거나 몹시 싫어하는 반응을 보이기도 한다.

특히, 자폐성장애 아동은 시각적인 자극에 쉽게 반응하는 특성이 있기 때문에 수많은 시각적 정보가 있을 때 과잉자극이 되어 어디에 초점을 두어야 할지 모르고 당황하게 된다. 선명한 불빛은 너무 밝은 것만이 아니라 윙윙거리는 이상한 소리가 나는 것처럼 느껴진다. 반짝거리는 불빛은 모든 것을 착란 상태로 만들어 아동이 보는 것을 왜곡시킨다. 아동 앞에 너무 많은 자료를 제시하는 것은 이러한 상태를 더 유발할 수 있다. 이러한 특성은 아동의 전정감각, 고유수용감각 발달에 영향을 미치고, 아동은 공간 속에서 자신의 신체가 어디에 있는지조차 말할 수가 없다.

#### ③ 지시를 듣지 못하는 것이 아니라 이해하지 못하는 것

자폐성장애 아동은 어른의 지시를 들을 수 없는 것이 아니라 지시를 이해하지 못하는 것이다. 교실 저편에서 자폐성장애 아동을 부르면 그 소리는 무의미한 이상한 소리처럼 들릴 뿐이다. 아이에게 가까이 가서 정확하게 눈을 맞추며 말해야 한다. 또한, 청각 정보가 아닌 시각 정보를 이용해 이해를 도와야 한다.

#### ④ 언어를 문자 그대로 해석하는 경향

자폐성장애 아동은 속담, 비유하는 말, 장난치는 말, 농담, 빗대어 하는 말을 이해할 수가 없다. "아, 그것 식은 죽 먹기지."라고 말하면 아동은 죽이 어디 있는지 찾으려 할 것이다. 그래서 아동에게 말을 할 때는 직접적인 말로 해 주어야 한다. 예를 들어, '개와 고양이가 싸우는 것처럼 비가 억수같이 온다.'보다는 '비가 많이 온다.'고 말을 해 주어야 이해한다.

### ⑤ 한정된 어휘력에 대한 인내의 필요성

자폐성장애 아동은 자신의 감정이나 느낌을 표현할 단어를 알지 못해 필요한 것을 말할 때 어려워할 수 있다. 배가 고프고, 불만스럽고, 겁이 나고 혼란스러운데 이런 단어가 떠오르지 않아 몸짓으로 표현하려 하거나 흥분하거나 위축된 모습을 보이기도 한다. 책이나 TV에 나오는 특정 대사나 광고, 다른 사람이 한 말의 일부를 그대로 따라 말하는 반향어를 할 수도 있다. 반향어는 맥락이나 용어의 의미를 알고 사용하는 것이 아니다. 단지 이 반향어가 사람들의 반응을 이끄는 연결고리가 됨을 아는 것뿐이다.

### ⑥ 시각적인 자료 이해에 강점

자폐성장애 아동은 시각적인 정보처리가 강하기 때문에 언어이해가 너무 어렵다. 말로만 요구하기보다 여러 번 반복해서 어떻게 하는지 보여 주는 것이 중요하다. 자폐성장애 아동은 다음에 무슨 일이 일어날지 기억하고 다음 활동으로 자연스럽게 넘어가는 것이 쉽지 않다. 따라서 시각 일정표가 매우 유용하다. 시각 일정표는 나이가 들어서도 계속 사용하는 것이 좋다.

### ⑦ 아동이 '할 수 없는 것'보다 '할 수 있는 것'에 중점 두기

다른 사람과 마찬가지로 고칠 수 없는 것을 고치려고 하거나 기분이 편안하지 않은 환경에서 무엇인가 배우도록 하는 것은 자폐성장애 아동에게도 매우 고통스러운 일이다. 아동의 강점을 찾고 그 강점을 발휘하도록 교육하는 것이 중요하다.

### ⑧ 사회적 상호작용 도와주기

자폐성장애 아동이 다른 아이들과 함께 놀이터에서 놀고 싶어 하지 않는 것처럼 보이지만 아동은 어떻게 대화를 시작해야 할지, 어떻게 놀이 상황에 들어가야 할지 모르는 것뿐이다. 다른 아동이 자폐성장애 아동을 자신의 놀이에 합류하도록 독려해 주는 것이 중요하다. 자폐성장애 아동은 시작과 끝이 명확한 구조화된 놀이 활동을 잘 수행한다. 자폐성장애 아동은 다른 사람의 얼굴 표정, 감정이나 몸짓 표현을 이해하지 못하기 때문에 지속적으로 적절한 사회적 반응을 할 수 있도록 지도해야 한다.

### ⑨ 감정 폭발을 유발하는 것이 무엇인지 파악하기

자폐성장애 아동이 폭발적인 감정을 표출한다면 그러한 감정 표출을 유발하는 것이 무엇인지 파악해야 한다. 보통 감정 폭발은 하나 이상의 감각이 과잉 작용해서 발생한다. 자신을 통제하지 못하는 행동을 하는 이유를 파악하게 되면 그 행동을 예방할 수 있다. 그러한 행동이 일어났을 때 시간, 상황, 사람, 활동에 대해 기록하는 것이다. 자폐성장애 아동의 모든 행동은 의사소통 표현임을 명심해야 한다. 도전행동이라 생각되는 계속적인 행동은 의료적 원인 때문일 수도 있다. 음식 알러지, 수면 장애, 위장 장애, 예민한 감각은 자폐성장애 아동의 행동에 심각한 영향을 미칠 수 있다.

#### ⑩ 많이 사랑해 주기

아동이 '자폐증'을 선택한 것이 아니다. 자폐성장애 아동은 교사, 부모, 친구, 지역사회 등 우리의 도움 없이는 독립적인 성인 생활의 기회를 거의 가질 수 없다. 우리의 지원과 가이드가 있으면 자폐성장애 아동의 발달 가능성은 우리가 생각하는 것보다 훨씬 크다. 아동의 '자폐' 특성을 장애라 생각하기보다 다른 능력이라 생각하고 기다리고, 기다리고, 또 기다리는 인내가 필요하다.

### (3) 자폐스펙트럼장애의 의사소통과 언어적 특성

자폐스펙트럼장애 아동의 약 40%는 말을 발달시키지 못하며, 말이 발달할 경우에도 반향어, 상투어, 문자적 의미 해석, 단조로운 억양, 특이한 낱말이나 구절 사용 등의 문제를 가지고, 수용과 표현 언어장애를 갖는다(박현주, 2017). 자폐스펙트럼장애로 진단된 아동의 약 14~25%가 기능적인 구어를 전혀 또는 거의 나타내지 못한다(Lord & Bailey, 2002; Lord, Risi, & Pickles, 2004). 자폐스펙트럼장애의 의사소통 및 언어 특성을 이소현(2007), 곽승철 외(2009), 김영태(2014)를 참고하여 <표 2-4>에 제시하였다.

<표 2-4> 자폐스펙트럼장애의 의사소통 및 언어 특성

| 구분 | 세부 특성 |
|---|---|
| 반향어 | • 전에 들은 낱말이나 문장을 의도나 의미 없이 반복하는 현상<br>• 언어이해력의 결함에 의한 현상 또는 자폐증의 강박적이고 반복적인 행동 특성의 형태<br>• 즉각 반향어: 대뇌의 언어정보처리 과정을 거치지 않고 바로 반복<br>• 지연 반향어: 대뇌에 저장해 두었다가 몇 분에서 며칠까지 어느 정도 시간이 경과한 후 표현<br>• 반향어는 의사소통 기능(비목적적 기능, 연습 기능, 자기 지시적 기능, 정보 제공하기 기능, 부르기 기능, 요구하기 기능, 저항하기 기능 등)의 표현 |
| 함묵증 | • 평생 함묵증을 보이는 경우도 있지만 일부는 언어를 습득하기도 함<br>• 5~6세까지 함묵증이 사라지지 않으면 언어습득의 예후가 좋지 않음<br>• 지능지수가 50~70 이상 되어야 언어습득의 예후가 좋음 |

| 구분 | 세부 특성 |
|---|---|
| 조음 능력 | • 다른 언어능력에 비해 우수한 편임<br>• 반향어는 자발어에 비해 조음 명료도가 훨씬 좋음 |
| 음성 | • 대체로 음도가 높고 음도의 범위가 좁아 단조로움<br>• 속삭임에서 큰 소리까지 넓은 범위의 음성 강도가 나타남<br>• 목쉰 소리, 거친 소리, 과대비음화의 음질 문제가 있을 수도 있지만 음도 결함만큼 자주 나타나지는 않음 |
| 운율 | • 일반 아동이 언어 이전기에 보이는 다양한 운율 패턴을 잘 나타내지 않음<br>• 억양, 모음의 길이 조절, 강세 면에서 결함을 보임<br>• 운율 결함으로 인해 단조롭고 부자연스러운 구어 특성을 보임 |
| 구문론 | • 일반 아동 및 지적장애 아동에 비해 고정적이고 상투적인 형태의 언어를 사용함<br>• 구문론적 구조의 발달은 일반 아동과 같은 발달 단계를 거치지만 문법 구조가 다양하지 못함<br>• 형태론 및 구문론적 능력은 다소 지체되어 있을 뿐 비정상적인 패턴을 보이지는 않음<br>• 시제 형태소의 사용에 결함을 보임 |
| 의미론 | • 형태론 및 구문론 측면과 대조적으로 의미론적 발달은 특이한 이상 형태를 나타냄<br>• 사물의 기능에 근거한 범주의 어휘 습득에 제한된 능력을 보임<br>• 관계어(예: 방향, 위치, 시간, 상대적 개념)의 습득에 어려움을 보임<br>▸ 방향: 오다-가다, 주다-받다<br>▸ 위치: 안-밖, 위-아래, 로-에서<br>▸ 지시: 이-저, 여기-저기<br>▸ 시간: 전-후<br>▸ 상대적 개념: 많다-적다, 큰-작은, 빨리-늦게<br>• 감정과 관련된 동사 사용에 제한된 능력을 보임<br>• 외적 행동을 나타내는 동사보다 내적 상태(예: -하고 싶다)나 상태의 변화를 나타내는 동사(예: 바꾸다, 만들다) 습득에 어려움을 보임<br>• 문장을 표현할 때 낱말들 간의 의미론적 결함보다 낱말의 순서에 따라 처리하는 특성을 보임 |
| 화용론 | • 다른 사람과 의사소통하려는 의도가 부족함<br>• 의사소통의 기본적인 규칙을 잘 이해하지 못하는 경향이 있음<br>• 대화 시 화자와 청자가 교대로 말을 한다는 것을 이해하지 못함<br>• 저기능 자폐의 경우 의사소통 차례를 인식하기도 어려움<br>• 대화 시 상대자와 시선을 맞추지 않고 피하는 경향을 보임<br>• 물건 및 행동 요구하기, 저항하기와 같은 초기 의사소통 기능은 자주 사용하지만 정보 제공하기, 자랑하기, 평가하기, 명명하기 등의 의사소통 기능을 잘 사용하지 않음<br>• 비언어적 단서(얼굴 표정, 자세, 시선 등)에 대한 이해나 사용이 부족함<br>• 공손한 표현, 간접적 표현, 은유적 표현들에 대한 이해나 표현에 결함을 보임 |

### (4) 자폐스펙트럼장애 학생을 위한 시각적 지원

#### ① 시각적 지원의 효과성

자신이 자폐스펙트럼장애를 지닌 Grandin(1995)은 대부분의 자폐스펙트럼장애를 지닌 사람들이 시각적인 자료에 매우 강하게 반응하는 학습자임을 언급하였다. Kamio와 Toichi(2000)는 자폐스펙트럼장애 학생에게 단어 위에 그림을 함께 제시했을 때 단어의 의미를 훨씬 더 잘 이해하였음을 보고하였고, Quill(1995)도 생활 속에서, 직장에서, 학교에서, 놀이 상황에서 지시 따르기를 위해 시각적 자료를 이용할 때 자폐스펙트럼장애를 지닌 사람의 능력을 촉진할 수 있다고 하였다.

시각적 지원은 사진이나 상징, 선화(line drawings)와 같은 시각적 자료를 제시하여 학생의 이해와 학습을 촉진하려고 고안된 교수 자료(Mirenda & Iacono, 2009)로서 자신이 예상하지 못했던 상황에 부딪혔을 때 자폐스펙트럼장애를 지닌 사람이 보이는 혼란스러운 모습, 불안과 위축 증상을 감소시킬 수 있다. 그리고 시각적 지원을 제시하면 사회적 상황과 인과관계에 대한 이해 능력을 촉진하고, 도전행동에 대한 새로운 대체 기술을 배우게 하여, 혼란과 낯선 상황에서 회피하기 위해 사용되는 도전행동이 감소되는 것이다. 따라서 자폐스펙트럼장애를 지닌 사람에게는 말로만 지시하기보다 말과 함께 시각적 자료를 제시하는 것이 더 효과적이다(Brown & Mirenda, 2006). Vaughn과 Horner(1995)는 자폐스펙트럼장애를 지닌 청년에게 점심시간에 말로 음식을 선택하도록 하는 것과 사진 자료를 함께 사용했을 때를 비교하여 시각적 자료를 함께 제시했을 때 분열적이고 공격적인 행동이 감소했음을 보고하였다.

자폐스펙트럼장애를 지닌 사람은 청각적 정보를 이해하고 조절하는 데 어려움이 있다(Hodgdon, 1995). 이 어려움은 소리에 대한 민감성 때문이거나 선택적으로 듣는 것이 어렵기 때문이다. 그래서 배경의 시끄러운 소리들 속에서 대화에 참여하는 것이 매우 어렵다. 이것은 일반인도 마찬가지이다. 예를 들어, 어떤 사물이 있는 장소에서 그 사물에 대해 대화하는 것보다 전화로 눈에 보이지 않는 그 사물에 대해 대화하는 것이 훨씬 더 어렵다는 것을 우리는 모두 경험한다. 이러한 어려움이 자폐스펙트럼장애를 지닌 사람에게는 일반인보다 훨씬 더 크게 지각된다는 것이다. 따라서 눈에 보이는 것이 있으면 훨씬 더 대화에 참여하기가 쉽다.

사실상 많은 자폐스펙트럼장애를 지닌 사람들이 청각적 정보처리보다 시각적 기억이나 시각적 해독 기술이 뛰어나기 때문에 자폐스펙트럼장애를 지닌 사람들을 위한 의사소통 중재와 학습에 이러한 특징을 반영할 필요가 있다. 자폐스펙트럼장애를 지닌 사람이 시각적 정보처리에 더 강점을 지니는 이유는 다음과 같다.

첫째, 자폐스펙트럼장애를 지닌 사람은 자연스럽게, 정확하게 주의를 전환하고 재확립하는 데 어려움을 겪는다. Hodgdon(1995)에 의하면 소뇌의 결함이 자폐스펙트럼장애를 지닌 사람의 감각 투입 조정 능력에 영향을 미친다고 한다. 일반적인 사회적 상호작용에서는 선택과 우선순위 결정, 그리고 정보처리를 빨리 해야 한다. 그런데 자폐스펙트럼장애를 지닌 사람들의 신경 체계는 이러한 기능을 적절하게 할 만한 능력을 갖고 있지 못하여 보다 영속적이고 예측 가능한 것을 더 선호한다.

둘째, 자폐스펙트럼장애를 지닌 사람은 배경이 되는 시끄러운 소리를 무시하고, 전경이 되는 소리에 집중하는 것이 어렵다. 일상은 너무나 많은 자극이 되는 소리들로 이루어져 있다. 의도적으로 전달하려고 하는 메시지는 문 여닫는 소리, 창밖의 자동차 소리, 복도를 지나는 신발 끄는 소리 등과 뒤섞여 있다. 이러한 소리들 속에서도 의사소통 메시지에 선택적으로 주의집중할 수 있어야 하지만 자폐스펙트럼장애를 지닌 사람에게는 모든 소리가 동등한 강도로 들리는 것이다.

말이나 수어 또는 손짓기호(manual sign), 제스처와 같은 의사소통 양식을 통해서는 우리가 생각해야 하는 것이 너무나 일시적으로 아주 짧은 기간만 제시되고 사라져 버린다는 점도 정보처리에 영향을 미친다. 자폐스펙트럼장애를 지닌 사람뿐만 아니라 지적장애나 다른 의사소통장애를 지닌 사람들도 일시적으로 제시되는 정보들을 계속 들으면서 연속적으로 처리하는 것에 어려움을 가진다. 이러한 사람들은 시각적으로 항상 눈앞에 제시되는 자극을 해석하는 데 더 강점을 보인다. 왜냐하면 시각적 메시지의 안정성은 이러한 사람들이 주의를 벗어나고, 이동하고 다시 주의를 기울이는 데 필요한 시간을 충분히 허용하기 때문이다.

따라서 시각적 자료를 이용하여 의사소통하는 것은 비단 자폐스펙트럼장애를 지닌 사람뿐만 아니라 중등도와 중도 의사소통장애를 지닌 사람에게 단지 말로만 의사소통하는 것보다 훨씬 더 효과적임을 알 수 있다. 이때 시각적 의사소통 자료의 사용이 자폐스펙트럼장애나 말로 의사소통하기 어려운 사람들의 말하는 능력을 결정하는 것은 아니다. 시각적 의사소통 자료의 사용은 의사소통 과정의 효율성을 높여 주는 것이다.

### ② 시각적 지원으로서 손짓기호의 사용

말로 의사소통하기 어려운 자폐스펙트럼장애 학생의 의사소통을 위해 수어나 손짓기호의 사용이 효과적임을 몇몇 연구(문현미 외, 2007; Schlosser & Wendt, 2008)에서 보고하였다. 손짓기호는 자연스러운 수어(예: 한국수어, 미국수어 등)를 의미하거나 구어 표현을 대신하여 보내는 손짓신호를 의미한다(Blischak, Lloyd, & Fuller, 1997).

이현주 등(2019)은 손짓기호 대신에 몸짓 상징체계라는 용어를 사용하고 몸짓 상징체계를 “의미 표현의 명확함과 간결한 표현에 중점을 두고 간단하게 나타내는 ‘손 표현’을 기본으로 하되 '몸동작'을 이용한 표현을 함께 사용하는 방법"이라고 정의하였다. 이 책에서는 손짓기호와 몸짓 상징체계를 분리하여 진술하고자 한다. 문헌에서 분명하게 손짓기호 용어를 사용하고 있는 경우 그것은 몸동작을 포함하는 것이 아니기 때문이다.

손짓기호의 사용이 자폐스펙트럼장애 학생의 발성적 구어 행동과 기능적 의사소통에 효과적이기는 하지만 이것은 적어도 약간의 음성적 레퍼토리를 이미 발달시킨 아동에게만 제한된 것으로 다양한 발성적 모방 레퍼토리를 보이지 않는 아동에게는 같은 효과가 나타나지 않는다는 보고(Schlosse & Wendt, 2008)가 있다. 그러나 Carbone, Sweeney-Kerwin, Attanasio와 Kasper(2010)의 연구에서는 손짓기호와 함께 자폐스펙트럼장애 학생의 발성적 반응이 증가하고, 의사소통 상대자도 그 발성에 효과적으로 반응했음을 보고하였다.

손짓기호가 자폐스펙트럼장애 학생의 의사소통 수단으로 효과적이라는 보고가 있는 이유는 손짓기호가 시각적 속성을 가지고 있기 때문이다. 소리를 모방하는 과제 수행에는 어려움을 보이지만 의사소통 상대자가 보여 주는 소근육이나 상지의 움직임을 약간이라도 모방할 수 있는 자폐스펙트럼장애 학생에게 손짓기호는 구어 학습 이상의 효과가 있다(Sundberg & Partington, 1998). 지도하는 입장에서도 발성이나 말을 따라 하도록 촉진하는 것보다 손의 움직임을 신체적으로 촉진하는 것이 훨씬 더 쉽다. Mirenda와 Iacono(2009)에 의하면 손짓기호는 말보다는 덜 일시적이며, 발성적 기억이나 추상적 이해를 덜 요구한다. 또한, 많은 자폐스펙트럼장애 학생이 오랜 시간 교육을 받아도 구어 표현에 진전이 없어 경험하게 되는 부정적인 정서적 감정을 극복하는 데도 도움이 된다. 특히, 수용언어를 지도할 때 손짓기호를 함께 이용하면 자폐스펙트럼장애 학생들의 주의를 집중시키고 의미를 이해시키는 데 도움이 된다. 그리고 가장 큰 장점은 비용이 들지 않으며 잃어버릴 염려도 없다는 것이다.

손짓기호가 말보다는 덜 일시적이며 시각적 속성을 가지고 있다는 장점에도 불구하고 그림이나 다른 시각적 자료에 비해서는 눈앞에서 일시적으로 사라지는 정보이며, 무엇보다도 의사소통 상대자가 이 손짓기호를 이해하고 반응해 줄 수 있는 능력이 있어야 한다는 점이 말을 대신할 의사소통 수단으로 자폐스펙트럼장애 학생에게 대중적으로 사용되지 못하는 이유이다.

Hodgdon(1995)은 손짓기호의 한계점을 다음과 같이 지적하고, 자폐스펙트럼장애 학생의 원활한 의사소통을 위하여 시각적 지원과의 균형을 맞추는 것이 중요하다고 제안하였다.

1. 운동장애가 있는 학생의 경우 손짓기호의 많은 신호를 보내는 데 필요한 소근육 움직임을 되풀이하기가 어렵다.
2. 학생의 운동장애나 인지적 장애로 인해 다양한 자신만의 신호를 만들어 내기 어려울 수 있다.

③ 한 번에 너무 많이 제시되는 손짓기호들의 미묘한 차이를 효과적으로 해석하지 못할 수도 있다.
④ 많은 손짓기호의 어휘를 알고 있는 학생도 그것으로 의사소통할 수 있는 상대자는 몇 되지 않는다. 왜냐하면 그 많은 손짓기호를 알고 의사소통할 수 있는 의사소통 상대자가 거의 없기 때문이다.
⑤ 수어는 일반적으로 널리 이해되는 체계가 아니다. 학교 환경 밖의 지역사회에서 모든 사람이 수어나 손짓기호에 대해 특별히 알고 있지는 못하다.

### ③ 시각적 지원 방법

일반적으로 학교나 가정에서 학생에게 제공하는 대부분의 정보는 말로 전달하는 것이다. 그리고 교사들은 대부분의 학생이 특정 정보에 대해 이미 알고 있거나 기억하고 있을 것이라는 가정을 갖고 학생들을 대한다. 예를 들어, 통합학급에서 체육 교사의 출장으로 오늘 체육 수업은 없고 자습으로 대체할 것이라는 정보를 담임교사는 아침 조회 시간에 한 번 말하면 끝이다. 교사 자신은 말을 했기 때문에 학생들이 기억하거나 이미 알고 있을 것이라 생각한다. 또는 담임교사는 체육 교사가 말을 했을 것이라 추측하고 아침 조회 시간에도 말하는 것을 잊고 체육 시간이 되어서야 그 사실을 알리고 자습으로 바뀌었다고 이야기할 수도 있다.

학급에 자폐성장애 학생이 있는 경우 조회 시간에 교사가 말했다 해도 그 짧은 시간에 말한 정보, 그리고 수많은 다른 안내 사항 중에서 교사가 한 말을 기억하거나 정보처리를 하기는 어렵다. 조회 시간에 언급도 없었는데 체육 시간에 체육 수업을 하지 않는다고 말하면 체육 수업을 기다리고 있던 자폐성장애 학생에게는 매우 황당하고 이해하지 못할 일이 된다. 정해진 대로 일이 진행되지 않아 자폐성장애 학생이 불안해하거나 이로 인해 도전행동을 보일 때 시각적 지원 방법을 사용한다. 시각적 형태로 정보를 제공하면 자폐성장애 학생에게 다음과 같은 도움이 된다.

① 학생이 주의를 확립하고 유지하는 데 도움을 준다.
② 학생이 빠르고 쉽게 해석할 수 있는 방법으로 정보를 제공한다.
③ 말로 제공되었던 정보를 더 명확히 할 수 있다.
④ 시간, 순서성, 인과관계와 같은 개념을 지도하는 구체적인 방법을 제공한다.
⑤ 학생이 변화를 이해하고 수용할 수 있도록 도와준다.
⑥ 활동이나 장소 간의 전환을 학생이 쉽게 할 수 있도록 도와준다.

자폐성장애 학생에게 주로 사용되는 시각적 지원 방법으로 시각 일정표(visual schedule), 캘린더 활용, 일의 순서 안내, 학급 규칙 안내, 비디오모델링, 파워 카드, 상황예측 맵(contingency map) 등을 예로 들 수 있다. 이러한 시각적 지원 방법으로 사진, 그림을 글자와 병행하여 사용하거나 또는 AAC 상징체계를 활용할 수 있다.

### 시각 일정표

이미 학생이 하루의 일과를 알고 있다 하더라도 시각 일정표의 활용은 학생들과 교사 사이의 의사소통을 명확히 하는 데 도움이 된다. 시각 일정표는 주의집중과 기억력, 시간과 조직력, 수용 및 표현언어, 촉진 의존성, 내적 동기에 결함을 보이는 자폐스펙트럼장애 학생에게 유용하다(이소현, 2007). 한 연구(박철현, 최진혁, 2019)에 의하면 시각 일정표의 사용은 자폐성장애 초등학생의 통합교육 환경에서 수업참여 행동 변화에 효과적이었다. 이 연구에서 시각 일정표의 효과로 언급된 것은 수업 활동의 시각화를 통한 예측 가능성의 제공이었다. 시각 일정표는 학생에게 다음과 같은 정보를 제공해야 한다(Hodgdon, 1995).

- 오늘 일어날 일(정규 활동)
- 오늘 일어날 일이지만 정규적이지 않은 새로운, 다른 일
- 오늘 수행되지 않을 일
- 오늘의 일이 진행되는 순서
- 정규적으로 예상되는 일이 어떻게 바뀌는지
- 한 활동을 멈추고 또 다른 활동으로 전환하는 시간

시각 일정표를 이용해 시간 개념을 알고 일의 시작과 마침, 그리고 그다음 활동으로의 전환을 인식하도록 하기 위해 한 가지 활동이 끝나면 그 활동을 나타내는 그림이나 사진과 같은 시각적 자료를 떼어 내어 보관함이나 상자 등에 보관해 둔다. 하나의 활동이 끝나면 그다음 활동이 얼마나 남았는지 예측 가능하고 마지막 활동까지 끝나 일정표의 모든 시각 자료가 제거되면 집에 갈 시간임을 알게 된다.

[그림 2-5]에서 보는 바와 같이 활동이 끝나면 그림을 떼어 내어 보관해 두는 곳을 일정표 옆이나 아래에 두면 쉽게 그림 자료를 찾거나 되돌려 놓을 때 도움이 된다. [그림 2-5]에서 마지막에 제시된 일정표는 실제 사물을 활용하여 하루 일정을 더 쉽게 알 수 있으며, 아동 개인별 일정표를 다르게 제시한 특징이 있다. CVI나 맹농 중복장애 학생, 비상징적 의사소통 단계 학생의 경우 실제 사물만을 이용한 사물 일정표(object schedule)를 사용할 수도 있다.

T.A.C.L.E. 프로그램 특수학급

미국 Concord 특수학급

미국 I-TALK 프로그램 특수학급

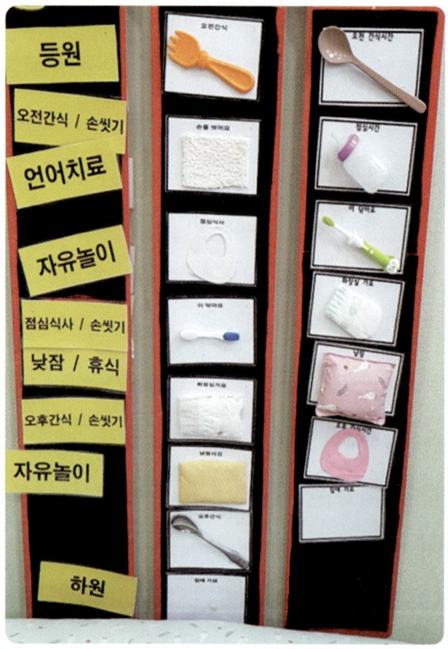


새풀잎어린이집

[그림 2-5] 시각 일정표 예시

### 캘린더 활용

일반적으로 유치원이나 초등학교에서 캘린더는 날짜와 요일을 익히고 기념일, 일주일, 월, 년의 개념을 지도할 때 사용한다. 장애 학생의 경우 캘린더는 자신의 생활을 조직화하고, 시간과 연속성의 개념을 익히는 데 도움이 된다. 캘린더는 가정에서, 학급에서 다르게 만들어 사용할 수 있으며 개인별 캘린더를 만들어 활용하는 방법도 있다. 캘린더 활용은 유치원이나 초등학교만이 아니라 시간 개념과 연속성 개념, 시제 개념이 확립되지 않은 청소년기 장애 학생에게도 매우 유용하다.

자폐스펙트럼장애 학생들은 미래 사건을 정확하게 예측 가능한 활동이나 환경을 선호(Flannery & O'Neill, 1995)한다. 그리고 캘린더의 활용은 하루의 일정을 보여 주는 시각 일정표와 함께 다음 날, 또는 며칠 뒤, 몇 개월 뒤 등의 미래에 대한 예측 가능성을 높여 주므로 자폐스펙트럼장애 학생뿐만 아니라 시간 개념과 연속성 개념, 시제 개념의 지도를 위해 모든 발달장애 학생에게 적용할 수 있다. 장애 학생에게 캘린더를 활용하는 방법(Hodgdon, 1995)은 다음과 같고, 사용 예시를 [그림 2-6]에 제시하였다.

- 학교에 오는 날, 오지 않는 날 캘린더에 표시하고 이야기 나누기
- 정규적으로 예정되어 있는 특별한 날이나 활동에 대해 캘린더에 표시하고 이야기 나누기
  (예: 학교 개교기념일, 어린이날, 어버이날, 현충일, 추석 등)
- 비정규적으로 예정된 특별한 행사나 활동을 캘린더에 표시하고 이야기 나누기
  (예: 학교 프리마켓 행사, 학급 발표회 행사, 친구 생일 등)
- 현장학습 날짜 표시하고 이야기 나누기
- 누군가(친구, 교사 등) 얼마나 오랫동안 학교에 있을 것인지, 학교에 오지 않는지 또는 학생이 얼마나 오랫동안 결석했는지 등 캘린더 보며 이야기 나누기
- 어느 요일에 학생이 지각했는지, 일찍 등교했는지 등 이야기 나누기
- 병원 진료, 치료실 예약 날짜, 요일 등을 개인 캘린더에 표시하고 이야기 나누기
- 가정에서 캘린더를 이용하여 가족의 생일, 가족 행사 등에 대해 이야기 나누기
  - 모든 것을 캘린더에 표시하기보다는 학생 개인에게 중요한 것에 대해 표시하고 정보를 제공하는 것이 적절함

[그림 2-6] 캘린더 사용의 예시

### 규칙과 활동 순서 안내

특수학교의 한 교실을 상상해 보자. 지적장애 학생 한 명은 계속 선생님을 불러 대고, 자폐성장애 학생은 잠시 자료를 보는 듯하다가 벌떡 일어나서는 교실을 나가려 하여 실무원이 붙잡으러 가고, 또 다른 한 명의 자폐성장애 학생은 교실을 돌아다니기 시작한다. 이럴 때 교사가 나가려는 학생의 이름을 부르며 "나가면 안 돼요.", 실무원에게 "빨리 붙잡으세요.", 돌아다니는 학생에게는 "○○아, 책상 앞에 앉아야지.", 그 와중에 선생님을 불러 대는 학생에게는 "조금 기다려 주세요." 계속 말한다. 이렇게 소음이 많은 환경에서 교실을 나가려는 학생, 돌아다니는 자폐성장애 학생에게 들리는 소리는 그저 스쳐 지나가는 정보일 뿐이다. 이러한 환경에서 적절하게 사용할 수 있는 것이 시각 정보를 활용하여 학급 규칙을 안내하는 것이다. 규칙 안내는 수업에의 주의집중이나 착석 지도에만 한정되지 않는다. 책 읽기 활동이나 또래들과의 놀이에서 차례 지키기 등 다양한 규칙 지키기에 활용할 수 있다. 즉, 학급 규칙이나 수업 활동에서 학생에게 규칙을 안내할 때도 교사가 단순히 청각적 정보로 계속 말하기보다 시각적 정보를 활용하면 규칙에 대한 기억의 부담을 경감시키고, 시각적 자료를 보며 규칙에 대한 이해를 쉽게 할 수 있다.

한 연구(Mirenda, MacGregor, & Kelly-Keough, 2002)에 의하면 전반적 발달장애와 청각장애를 중복으로 가지고 있는 쌍둥이 소녀들에게 가정에서 TV 보는 것에 대한 규칙(학교 가는 날 아침에는 TV를 볼 수 없고, 주말 아침에만 볼 수 있다는 규칙)을 간단한 그림을 활용하여 지도한 결과 2주 후 소녀들의 성질부리는 행동이 감소하였다. Hodgdon(1999)의 연구에서도 시각적 자료를 활용한 규칙 안내는 교사나 부모가 학생에게 기대하는 행동을 명확히 해 주기 때문에 자폐성장애 학생의 행동 변화에 효과적임이 보고되었다. 특히, 매우 시끄러운 교실 환경에서 친숙한 시각적 자료를 활용하여 규칙을 안내하면 자폐성장애를 비롯한 발달장애 학생이 더 빨

T.A.C.L.E. 프로그램 특수학급　　Morgan Autism Center　　TRAIL 고등학교 특수학급

**[그림 2-7]** 규칙 안내를 위한 시각적 지원 예시

리 주의집중을 다시 확립할 수 있고, 교사가 말하는 것이 무엇인지 이해하기 쉽다(Hodgdon, 1995). [그림 2-7]에 시각 자료를 활용한 규칙 안내의 예를 제시하였다.

수업 중 또는 가정에서 규칙에 대해 시각적인 안내뿐만 아니라 활동 순서를 시각적 자료를 활용하여 안내하면 발달장애 학생들이 활동을 익히기 쉽다. 활동 순서 안내를 위한 시각적 자료를 활동 내 일정표(within-activity schedules)라 명명하고 자폐성장애, 약체X 증후군, 과잉행동장애 아동 세 명에게 적용하여 효과를 보고한 연구(McClannahan & Krantz, 1999)에 의하면 교사나 보조원 등 성인의 도움에 전적으로 의존했던 세 명의 아동은 사진을 활용하여 순서대로 활동을 수행하면서 독립적이고 자발적인 활동 수행자가 되었다.

Mirenda와 Iacono(2009)도 일련의 순서가 요구되는 별개의 기술이나 단계를 시각적으로 제시해 주는 활동 순서 안내를 통해 자폐성장애나 발달장애 학생들이 성인의 도움 없이 단일 활동을 수행하는 능력을 증가시킬 수 있다고 하였다. Brown(2004)의 연구에서는 샤워 순서를 제시하는 활동 안내 시각적 지원을 통해 자폐성장애 학생이 스스로 샤워할 수 있게 되었음을 보고하였고, 식사 준비 기능의 증진(Arntzen, Gilde, & Pedersen, 1998), 작업 과제 수행의 증진(Copeland & Hughes, 2000)에 대한 효과도 보고되었다.

새풀잎어린이집 T.A.C.L.E. 프로그램 특수학급 Morgan Autism Center

[그림 2-8] 활동 순서 안내를 위한 시각적 지원 예시

### 상황예측 맵

상황예측 맵(contingency map)은 상황-행동-결과의 관계를 시각적으로 제시하여 자폐성장애 학생의 상황 대처 능력을 기르고자 하는 것이다. 상황예측 맵을 분할지도(박현주, 2013), 행동유관도식(이미란, 문현미, 2022), 행동도표(송유하, 박지연, 2008)라는 용어로 사용하는데 이 책에서는 활동의 의미가 자신의 행동에 대해 일어날 결과로서의 상황을 예측하는 것에 중점을 둔다는 점에서 상황예측 맵이라는 용어로 사용하고자 한다. 활동의 목적은 교사가 학생에게 부적절한 행동(즉, 도전행동)과 적절한 행동(즉, 대체행동) 두 가지에 대해 선행사건-행동-결과를 그래픽으로 묘사하여 학습자에게 이 관계를 명확히 보여 줌으로써 각 행동에 대한 상황을 예측할 수 있도록 하는 것이다(Brown & Mirenda, 2006).

상황예측 맵 활동은 다음 네 가지 요소로 구성된다(Mirenda & Iacono, 2009). ① 도전행동과 대체행동 모두에 앞서 일어나는 선행사건, ② 도전행동과 대체행동에 대한 명확한 묘사, ③ 대체행동을 하는 경우 제공될 것으로 예측되는 기능적인 강화, ④ 도전행동으로 인해 발생할 것으로 예측되는 결과 등이다.

Brown(2004)은 상황예측 맵 활동을 통해 5세의 자폐스펙트럼장애 아동이 학교에서 보이던 도전행동을 거의 보이지 않게 되었음을 보고하였다. 이 아동은 소음이 들릴 때 울거나 소리 지르거나 교실을 뛰쳐나가는 도전행동을 보였지만 상황예측 맵 활동을 통해 대체행동을 익힘으로써 도전행동을 더 이상 보이지 않게 되었다. 이 연구를 참고하여 상황예측 맵의 예를 제시하면 [그림 2-9]와 같다.

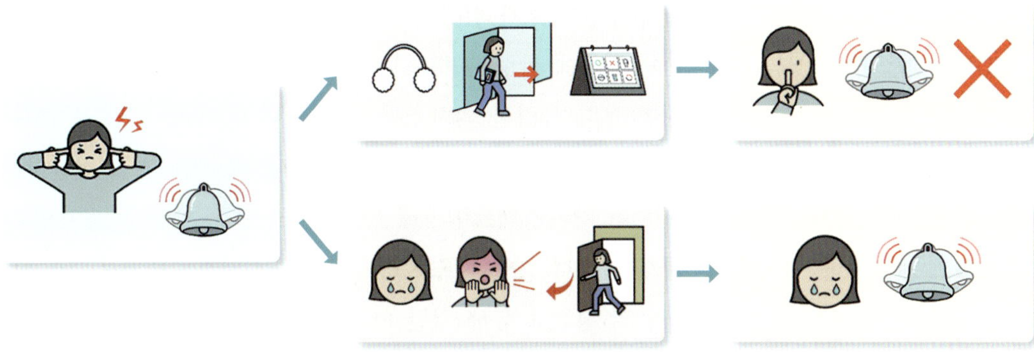

[그림 2-9] 상황예측 맵 예시

상징 출처: 한스피크 상징(https://aacexchange.net/).

[그림 2-9]에서 선행사건은 소음으로 시끄러운 상황이다. 그에 대해 현재 행동은 울고, 소리 지르고, 밖으로 나가는 것이다. 그에 따른 결과는 여전히 울고 있고, 시끄러운 소리도 그대로 있다는 것을 보여 준다. 대체행동으로 귀마개를 하고 밖으로 나가도 되는지 의사소통책으로 요청하면 그에 따른 결과는 조용해지고, 더 이상 시끄러운 소리도 들리지 않는다는 것을 시각적 자료를 이용해 명확히 알려 주는 것이다.

### 그림 교환 의사소통 체계

그림 교환 의사소통 체계(Picture Exchange Communication System: 이하 PECS)는 미국 델라웨어 자폐 프로그램에서 시작한 것으로 자폐성장애 아동이 원하는 사물이나 활동을 얻기 위해 그림이나 사진을 사물과 교환하도록 하는 방법이다(Bondy & Frost, 1994). PECS의 지도 단계는 〈표 2-5〉에 제시한 바와 같이 6단계로 이루어진다(Mirenda & Iacono, 2009; Liddle, 2001). 모든 학생이 1단계부터 시작하며, 1단계 지도 전에 학생에게 강화가 되는 선호도 측정에 의한 어휘 선택을 우선해야 한다(Frost & Bondy, 2002). PECS의 사용 예시를 [그림 2-10]에 제시하였다.

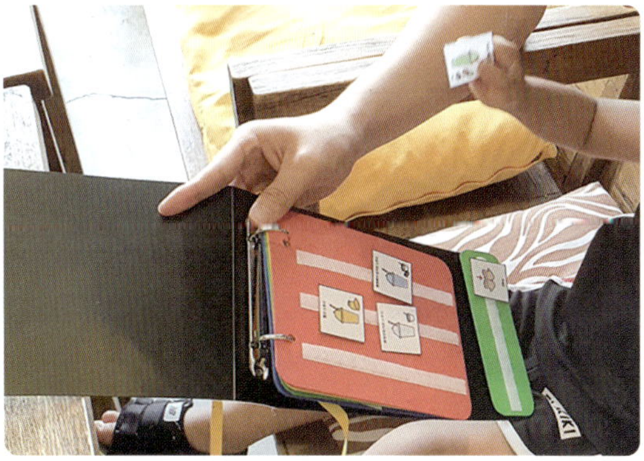

[그림 2-10] PECS 사용 예시(새풀잎어린이집)

19개의 국내외 PECS 관련 연구를 분석한 결과(송재남, 2008)에 의하면 대부분의 연구에서 PECS의 사용이 자폐성장애 학생의 구어습득과 발달에 영향을 미치고 발화수를 증가시켰으며, 요구하기 의사소통 기능의 표현 증가에 영향을 미친 것으로 보고되었다. 또한, PECS의 사용은 도전행동 감소와 사회적 상호작용의 증진에 효과적이라는 연구 보고가 많았다.

그런데 말을 하지 않는 자폐스펙트럼장애 학생이 PECS나 손짓기호를 사용하여 의사소통하는 방법을 배우도록 할 수는 있지만 보다 복잡한 의사소통 기술과 언어능력을 가르치기에는 한계가 있다. 의사소통적인 행동이 이루어지려면 두 사람이 필요하다. 즉, 메시지를 전달하는 사람과 받는 사람이다. 말을 할 수 있는 자폐스펙트럼장애 학생조차도 듣는 사람, 반응자의 역할에는 매우 능숙하지만 먼저 질문을 하거나, 자발적으로 상호작용을 시작하지는 못한다.

Mirenda와 Iacono(2009)는 자신들의 경험을 통해 일단 PECS를 이용해 자발적인 시도가 아니어도 말을 하기 시작한 자폐스펙트럼장애 학생은 점차 그림 카드의 사용이 줄어들고, 발성으로 상호작용을 시작하려는 경향이 있음을 언급하였다. 그렇다고 해서 언어능력이나 복잡한 의사소통 기능을 표현할 수 있는 것은 아니었다. 따라서 자폐스펙트럼장애를 지닌 사람들의 언어능력과 보다 복잡한 의사소통 능력을 높여 주기 위해서는 PECS를 넘어 다양한 AAC 중재 전략이 필요하다.

〈표 2-5〉 그림 교환 의사소통 체계 활동 단계

| 단계 | 활동 | 세부 내용 |
|---|---|---|
| 사전 준비 | 선호도 측정에 의한 어휘 선택 | • 아동이 선호하는 장난감, 과자 등을 조사하여 아동의 선호 어휘 목록 만들기<br>• 두 가지 사물을 보여 주고 손을 뻗어 가지려 하면 선호하는 것으로 평가<br>• 학생이 일관되게 손을 뻗어 원하는 항목을 가지려 한다면 바로 PECS 지도 시작 |
| 1 | 그림 교환 개념 익히기 | • 자신의 요구 전달을 위해서는 상대자에게 그림을 주어야 한다는 것 인식 지도<br>• 교사 1인(주교사)이 아동과 마주 앉아 의사소통 상대자 역할<br>• 다른 교사 1인(보조교사)이 아동의 뒤에 앉아 신체적 촉진 제공 역할<br>• 주교사가 아동이 선호하는 물건을 들고 아동 앞에 그림 카드를 둠<br>• 아동이 물건에 손을 뻗치려 하면 보조교사가 아동의 손을 잡고 그림을 집어 주교사에게 건네주기<br>• 주교사는 그림을 받고 즉시 아동이 좋아하는 물건 주기<br>• 보조교사의 신체적 촉진 줄여 나가기 |
| 2 | 훈련 지속하기 | • 주교사와 보조교사가 아동과 일정한 거리를 두고 떨어져 있기<br>• 그림 카드를 아동과 거리를 둔 위치에 게시해 두기<br>• 주교사가 아동이 좋아하는 물건을 들고 기다리기<br>• 아동이 물건을 가지러 오려고 하면 보조교사가 아동의 몸을 그림이 있는 쪽으로 돌려주고 그림 카드를 떼어 주교사에게 주도록 하기<br>• 아동이나 의사소통 상대자 가까이에 없는 사물에 대해서도 그림을 이용하여 표현하도록 하기<br>• 의사소통책에서 그림 카드 1개를 찾아 상대자에게 건네주면 원하는 사물을 얻을 수 있는 것으로 전환하기 |

| 단계 | 활동 | 세부 내용 |
|---|---|---|
| 3 | 분별력 훈련 | • 1, 2단계에서는 각 상황에서 한 개의 그림만을 교환하는 것이었으나 3단계에서는 그림을 분별하도록 훈련하기<br>• 처음에는 특정 맥락 상황에서 아동이 아주 선호하는 물건(활동)과 전혀 선호하지 않는 물건(활동)을 제시하여 분별하도록 훈련하기<br>• 아동이 선호하는 물건을 교사가 들고 있고, 제시한 두 가지 그림 중 아동이 선택하여 교사에게 주도록 하기<br>• 그림의 명칭을 명명하게 하거나, 그림들 간의 관계를 이해하도록 해서는 안 됨<br>• 아동이 해당 그림 카드를 가지고 원하는 사물에 손을 뻗으면 교사는 아동이 건넨 그림에 해당하는 물건을 즉시 주기<br>• 그림에 일치하지 않는 사물이나 항목을 가지려 하면 즉시 교정적 피드백 제공 |
| 4 | 문장으로 표현하기 지도 | • "(원하는 활동) 하고 싶어요." 또는 "(원하는 항목) 주세요."를 표현할 수 있도록 '주세요' 그림 카드를 함께 사용하여 문장 표현 지도<br>• 문장 스트랩에 원하는 사물의 그림과 '주세요' 카드를 붙여서 교사에게 건네주면 아동이 원하는 사물을 주기 |
| 5 | "무엇을 원하니?"에 반응하도록 지도 | • 의사소통 상대자의 간단한 질문에 그림 카드를 이용하여 반응하도록 지도<br>• "무엇 하고 싶니?"라는 질문에 "하고 싶어요." 그림 카드와 원하는 사물 그림 카드를 문장 표현 스트랩에 붙여 교사에게 건네고 원하는 사물과 교환하도록 지도<br>• 4단계에서 아동이 이미 보여 주었던 레퍼토리를 이용하여 지도하기 |
| 6 | 다양한 문장 시작 표현 사용하기 훈련 | • "무엇을 보니(하니)?"라는 질문에 "나는 ~보다(봐요)", "나는 ~들어요"라고 답하도록 '나'와 '보다(듣다)' 단어를 이용해서 계속 문장을 표현하도록 지도<br>• 문장 스트랩에 '나는 ~보다' 문장을 만들어 교사에게 주면 교사는 아동의 문장을 다시 읽어 주기. 이때는 바로 아동이 원하는 물건을 주는 것이 아니라, 또 다른 어휘로 '나는 ~보다'를 표현하도록 지도하면서 점차 자발적 표현을 하도록 유도 |

## 3) 지적장애로 인한 복합의사소통장애

### (1) 지적장애의 정의와 특성

지적장애란 개념적 · 사회적 · 실제적 적응기술로 표현되는 적응행동과 지적 기능성 양 영역에서 심각한 제한성을 보이는 것이다. 이 장애는 발달기 동안에 발생하며, 발달기는 한 개인이 22세가 되기 전이라고 조작적으로 정의된다(AAIDD, 2021; 송준만 외, 2022).

지적장애의 주요 특성은 지적 기능성이 평균보다 심각하게 낮다는 것이다. 지능지수가 평균보다 심각하게 낮다는 것은 표준화된 지능검사를 통해 산출된 지능지수가 평균으로부터 2 표준편차 이하인 것을 의미한다. 보통 표준화된 지능검사에서는 평균 100, 표준편차 15인 척도를 사용하기 때문에 평균에서 2 표준편차 이하인 지능지수 70 이하이면 지적장애라고 할 수 있다. 과거에는 지능지수 55~70인 경우 경도지적장애, 지능지수 40~55인 경우 중등도 지적장애, 지능지수 40 이하는 중도 지적장애로 분류하였지만 이러한 분류 체계에 대해 많은 논쟁이 있었다. 1992년 이후 미국지적장애 및 발달장애학회(AAIDD)에서는 지적 수준이 아니라 자신의 환경에서 성공적으로 기능하는 데 필요한 지원의 강도에 따라 지적장애를 간헐적, 제한적, 확장적, 전반적 지원 수준으로 분류한다.

지적장애로 진단되기 위해 지능지수 이외에 필요한 요소가 적응행동 기술이다. 적응행동은 일상생활 능력뿐만 아니라 삶의 변화 및 환경적 요구에 반응하는 능력에 영향을 미치는 것으로서 AAIDD(2021)에서는 적응행동 기술을 개념적 기술, 사회적 기술, 실제적 기술로 분류하였다. 송준만 등(2022)을 참고하여 적응행동 기술을 제시하면 〈표 2-6〉과 같다.

〈표 2-6〉 적응행동 기술의 분류

| 분류 | 내용 |
|---|---|
| 개념적 기술 | • 인지적인 문제 해결, 의사소통, 학업에 사용될 수 있는 기술<br>• 언어와 문해 기술, 금전 · 시간 · 수 개념, 자기 지시 |
| 사회적 기술 | • 사회적 기대와 다른 사람의 행동을 이해하고, 사회적 상황에서 적절하게 행동하는 데 필요한 기술<br>• 대인관계 기술, 책임감, 자기 존중, 규칙 준수, 법률 준수, 희생되는 것 피하기 |
| 실제적 기술 | • 평범한 일상생활에서 독립된 인간으로서 자신을 유지하고 보호하며, 도구를 활용하는 기술<br>• 일상생활 기능(식사, 신변처리, 옷 입기, 이동 등), 작업기술, 금전 사용, 건강과 안전, 여행/대중교통 이용, 일과 계획, 전화 사용 등에 사용되는 기술 |

지적장애 학생은 선택적 주의집중과 주의 유지에 어려움이 있다. 이러한 주의 문제는 단기기억의 어려움에 영향을 미치고, 작동 기억과 정보처리 과정, 장기기억에서도 어려움을 갖게 된다. 기억력 문제는 문제 해결을 위해 어떠한 전략을 사용할지 생각하고 적용하고 평가하는 초인지능력과 자기 조절 능력에도 영향을 준다. 주의력과 기억력의 문제는 모방과 일반화, 학습의 속도와 양에도 영향을 미치고, 이것은 또한 학업기술 문제로 이어져 교과에서 낮은 성취 수준을 보이게 된다.

지적장애 학생의 주요 특징 중 하나는 학습된 무기력으로 학습 동기가 높지 않고, 자신에 대해서 매우 낮은 기대를 하는 것이다. 잦은 실패는 자신감 결여와 함께 부정적인 자아 인식을 가져온다. 이러한 낮은 자아존중감은 불안과 우울로 이어지고 다른 사람들과 상호작용을 시작하고 유지하는 데 어려움을 초래한다. 지적장애 학생 중에는 파괴적인 행동, 과잉행동, 산만함, 상동행동 등을 갖는 경우도 있다. 몇몇 유전적 증후군을 가진 지적장애 학생 중 윌리엄스 증후군은 약 1/3이 공격성을 지니고 있으며, 약체X 증후군은 자해하거나 다른 사람 혹은 주위 환경을 공격하기도 한다(송준만 외, 2022).

### (2) 지적장애의 의사소통과 언어적 특성

지적장애 학생은 초기 언어발달 단계에서 전형적인 발달을 보이는 아동들과 유사하지만 속도가 느리며 10세 이후 후기 언어발달 과정에서는 보다 질적인 차이가 나타나기 시작하여 모든 언어 영역에서 지연과 장애를 수반한다(Kim, Kim, Kim, & Song, 2018). 지적장애 아동은 또래 비장애 아동보다 의사소통 몸짓 출현이 늦고(김화수, 엄윤지, 이근용, 2017), 지적 능력의 정도나 유형, 환경에 따라 차이가 있지만 지적 연령이 동일한 일반 아동에 비해 낮은 수용언어능력을 보이며 낱말의 의미를 고정적으로 사용하는 문제가 있다. 그러나 문장 형태, 형태론적인 표시, 음운론적 과정의 발달에서 일반 아동과 질적, 양적 차이를 보이기는 하지만 여러 가지 일반화된 규칙적인 구문론적 기술을 발달시킨다(Owens, 2002).

비장애 아동의 경우 표현 낱말이 50개 정도 되면 낱말을 연결하여 말하지만, 지적장애 아동은 그보다 많은 낱말을 습득한 후에야 낱말을 연결할 수 있게 된다(조혁진, 이숙정, 2015). 지적장애 아동은 동음이의어나 추상적, 비유적인 언어를 이해하거나 표현하는 데 어려움을 보이며, 이것은 타인과의 의사소통 상황에서 간접화행의 의미 이해와도 연결된다(박지혜, 김화수, 이근용, 2014). 경도 지적장애 학생의 경우에는 높은 수준의 언어발달을 보여도 비유 언어의 이해에 많은 어려움을 보일 수 있다. 이유는 눈에 보이지 않는 추상적인 개념을 설정하고, 가설을 수립하여 문제를 해결하는 언어에 어려움을 갖기 때문이다(김화수, 이수, 이연경, 박아름, 2017).

이 외에도 경도 지적장애 학생은 일반 학생에 비해 전체 담화(내러티브)의 질, 설명의 적합성 및 구체성 등에서 높은 오류율을 보였으며, 문장의 시작, 전경과 배경, 맥락에 적합한 단어의 사용, 전체적인 흐름, 전반적인 인상, 독립적인 인물의 행동, 호칭 및 명칭, 표정과 기분 및 감정, 핵심 및 시작 사건과 결과에 대한 설명, 원인 및 이유를 통한 설명 등에서 높은 오류율을 나타내었다(이수진, 김화수, 2016). 경도지적장애 청소년은 의사소통에서 주제를 적극적으로 제시하는 대화자의 모습을 나타내기는 하였으나 이미 언급된 한 가지 주제를 반복적으로 재소개하고, 개시된 주제와 관련하여 모호한 내용으로 부적절하게 주제를 유지하는 모습을 보였다(김화수, 최예슬, 이근용, 2015). 이상에서 볼 때 다른 장애를 지닌 사람들에 비해 경도 지적장애를 지닌 사람들이 장애 정도가 약하다 하더라도 형태론, 음운론, 의미론, 담화 능력의 질적인 측면에서 높은 오류율이 있음을 알 수 있다.

말을 하는 지적장애 학생 중에도 단어 인식 기능은 탁월하지만 인식한 단어들에 대한 이해가 부족하여 과잉 언어증이나 반복 언어증이 나타나기도 하고(Craig & Telfer, 2005), 언어의 이해와 표현에 미숙하다 보니 경험하고 느낀 바를 전달할 때 이야기의 완성도가 떨어지고 다른 사람과 의사소통에 어려움을 갖는 경우가 많다(김은숙, 황보명, 2011). 또한, 중도 지적장애로 인해 말로 의사소통이 거의 어렵고, 비형식적 또는 비상징적 의사소통 단계에 머물러 있는 경우도 있다. 〈표 2-7〉에 김영태(2014), 송준만 외(2022), 이수진과 김화수(2016), 하다은과 한경임(2019)을 참고하여 지적장애를 지닌 사람의 의사소통 및 언어 특성을 제시하였다.

〈표 2-7〉 지적장애의 의사소통 및 언어 특성

| 구분 | 세부 특성 |
|---|---|
| 구문, 형태론 및 음운론적 특징 | • 경도 지적장애 학생의 경우 전반적인 구문 구조의 발달 순서는 일반 학생과 유사하지만 발달 속도는 느림<br>• 문장의 길이가 짧고 단순한 문장을 사용하는 경향이 있음<br>• 문법적 규칙보다는 낱말들의 배열에 의존하는 경향이 있음<br>• 복잡한 구문 형태의 학습은 가능하나, 자발적 사용은 제한적임<br>• 중도 지적장애 학생은 일반 학생에 비해 발성이 적고, 자음 산출도 적은 경향을 보임<br>• 또래보다 주제의 정교함이 떨어지거나 원인과 결과의 관련성이 적으면서 보다 덜 복잡한 문장을 사용함<br>• 일반 학생과 유사한 음운변동을 나타내지만 오류 빈도가 훨씬 높음<br>• 일반 학생에 비해 유의하게 낮은 음운인식 능력을 보임 |
| 의미론 | • 동일 정신연령의 일반 학생에 비해 낮은 수용언어능력을 보임<br>• 관용어, 숙어, 비유적 언어 사용 및 이해가 어려움<br>• 어휘 발달이 느리고 의미론적 단위의 다양성이 제한됨<br>• 또래와 같이 다양한 어미와 접사를 습득하지만 이러한 자질을 적게 사용하는 경향이 있음 |
| 화용론 | • 사물이나 행동을 요구하는 몸짓, 상대의 주의를 끌기 위한 서술적 몸짓 등 의사소통적 몸짓의 산출이 지체되어 나타남<br>• 중도 지적장애 학생의 경우 몸짓 산출이 오랫동안 나타나지 않고 몸짓의 유형도 매우 제한적임<br>• 낱말 산출 이후 경도 지적장애 학생은 자발적으로 질문에 대답하고, 주장이나 요구를 표현하며 자발적인 모방과 연습을 함<br>• 참조적 의사소통 능력이 지체되어 있음<br>• 상대자의 정서 상태 판단 능력이 부족하여 대화 시 상대에게 부적절한 반응을 하기 쉬움 |
| 담화 능력 | • 한 가지 주제로 일관성 있게 이야기를 이끌어 나가며 대화를 하지 못함<br>• 문장을 연결하여 표현하는 접속사, 지시대명사의 사용이 부적절하거나 거의 사용하지 못함<br>• 사람과 사물에 대한 속성 묘사, 자신의 내적 상태나 감정 표현에 어려움이 있음 |

지적장애를 지닌 사람 중에는 말로 의사소통이 가능한 것으로 보여 AAC 중재가 필요 없다고 생각하는 경우가 있다. 그러나 앞에서 제시한 것과 같이 지적장애 학생이 단어 인식은 가능하지만 적절하게 사용하지 못해 이야기의 완성도가 떨어지거나 주제를 유지하며 말하는 등의 내러티브 기술에 어려움이 있는 경우 AAC를 대체 수단이 아닌 보완 수단으로 활용할 수 있다(하다은, 한경임, 2019). 즉, 말을 할 수 있으나 상황에 맞게 적절하게 이야기나 설명을 할 수 없는 경우, 또는 의미론이나 구문론적인 측면에서 언어능력이 약한 경우 AAC 체계를 보완 수단으로 활용하도록 중재하는 것이다.

## 3 인지적, 언어학적 손상과 후천적, 의학적 손상에 의한 복합의사소통장애

### 1) 인지적, 언어학적 손상에 의한 복합의사소통장애

인지적, 언어학적 손상에 의한 복합의사소통장애의 예로는 실어증과 치매로 인한 의사소통장애를 들 수 있다. 실어증은 뇌손상에 의한 언어의 해석 및 구성능력의 장애로서 사고나 종양에 의한 뇌손상 또는 뇌막염이나 뇌전증 등의 신경학적 질환 등이 그 원인이 된다. 치료를 통해 의사소통이나 언어능력이 회복되기도 하지만 실어증 발생 전만큼 효과적으로 의사소통하기 어려우며, 실어증 환자의 40%는 만성적이며 심한 언어장애를 갖기도 한다(박현주, 2017). 실어증 회복 초기에 의미 있는 의사소통을 가능한 빨리 재확립하도록 하기 위해 AAC 지원이 유익하게 적용된다.

치매는 진행성 질환으로서 시간이 지날수록 여러 가지 기능, 특히 구어 및 언어 기능이 황폐화되고, 만성적 인지 장애를 갖게 되어 단기기억에서 장기기억으로 정보를 전환하는 능력에 어려움이 있다. 이로 인해 기억에 장애를 가지게 되어 대화의 흐름을 유지하고, 적절한 낱말을 찾아 대화하기가 어렵다. 이런 경우 기억의 요구가 많지 않은 AAC 상징을 사용하여 기억의 요구량을 줄이면서 대화에 참여하도록 한다(Binger & Kent-Walsh, 2010).

### 2) 후천적, 의학적 손상에 의한 복합의사소통장애

후천적, 의학적 손상에 의한 복합의사소통장애의 예로는 루게릭병으로 알려진 근위축성측색경화증(Amyotrophic Lateral Sclerosis: ALS), 외상성 뇌손상에 의한 복합의사소통장애를 들 수 있다. ALS는 원인 불명의 진행성이면서 퇴행성 질환으로 뇌와 척수의 운동신경에 문제를 일으켜 움직이거나 말을 하는 데 어려움을 갖게 되는 것이다. ALS를 지닌 사람 중 95%가 사망 시까지 말을 할 수 없기 때문에(Beukelman & Pattee, 2003; 박현주, 2017 재인용) AAC 중재가 필요하다.

외상성 뇌손상은 개방성 뇌손상(open-head injury)과 폐쇄성 뇌손상(closed-head injury)으로 나뉜다. 개방성 뇌손상은 뇌의 특정 부위에 가해진 충격의 결과 두개골이 부서지거나 관통된 경우로 뇌의 어느 부위에 손상을 입었는가에 따라 손상된 뇌 부위가 관장하는 특정 기능이 문제가 된다. 폐쇄성 뇌손상은 두개골은 아무 이상이 없으나 두개골 안에서 뇌가 찢기어 피가 나거나 타박상을 입어서 손상당하는 경우이다. 폐쇄성 뇌손상은 뇌와 척수를 연결하는 뇌간에 상당한 스트레스를 가하여 신체, 인지, 정서에 심각한 변화를 초래할 수 있다(서경희, 김중선, 1997). Doelling과 Bryde(1995)에 의하면 외상성 뇌손상 아동은 단어 재생의 문제, 이해의 문제, 화용론적 언어의 결함과 구어의 결함으로 의사소통에서 많은 어려움을 갖는다.

보통 외상성 뇌손상 학생의 경우 학생에게 수반되는 의사소통과 언어장애가 회복되고 안정될 때까지 AAC 중재를 적용하지 않는데 이로 인해 많은 외상성 뇌손상 학생들이 사고 이후 수개월에서 심지어 수년 동안 기능적으로 말을 할 수 없게 된다. 따라서 외상성 뇌손상 학생의 의사소통 능력이 더 나아지도록 도와주기 위해 AAC 중재가 필요하다. 외상성 뇌손상 학생에게 AAC 체계를 적용하는 것은 단순히 구어 기능을 대신하기 위한 것이 아니라 학생의 의사소통 요구를 지속적으로 충족시켜 주면서 의사소통 능력을 회복하기 위한 재활 프로그램에 효과적으로 참여하도록 하기 위한 것이다(한경임, 2000).

## 요약


복합의사소통 요구를 지닌 사람은 자신의 주요 의사소통 수단으로 구어를 사용할 수 없고, 의사소통 영역인 화용론, 음운론, 구문론에서 의사소통 이해와 산출이 유의미하게 지연된 중도 장애를 가진 사람이다.

복합의사소통 요구, 즉 복합의사소통장애를 지닌 사람은 발달장애를 가지고 있는 사람, 인지적, 언어학적 손상을 가진 사람, 후천적인 의학적 손상을 가진 사람으로 분류할 수 있다.

발달장애로 인해 복합의사소통장애를 가진 사람은 대부분의 특수교육 대상 학생으로서 뇌성마비, 자폐스펙트럼장애, 지적장애 학생들이 이에 포함된다. 인지적, 언어학적 손상을 가진 사람은 뇌졸중, 실어증, 치매와 같은 질환으로 인해 의사소통에 어려움을 갖는 경우이다. 후천적인 의학적 손상으로 인한 복합의사소통장애에는 척수 손상, 근위축성측색경화증, 외상성 뇌손상 등으로 인해 심각한 구어와 언어장애를 갖는 경우가 포함된다.

이러한 복합의사소통장애를 지닌 사람들의 의사소통과 언어능력을 높여 주기 위해 보완대체의사소통 중재가 필요하다.

CCN & AAC
Intervention

제 3 장

# 보완대체의사소통의 개념

1. 보완대체의사소통 체계가 필요한 사람들 | 2. 보완대체의사소통 체계의 개념 |
3. 보완대체의사소통 체계의 구성 요소 | 4. 보완대체의사소통 사용자의 의사소통 상호작용의 목적 |
5. 보완대체의사소통 사용자의 유형 | 6. 보완대체의사소통 사용자의 의사소통 능력 |

## 개요

이 장에서는 보완대체의사소통 체계란 무엇인지 알아보고, 보완대체의사소통 체계의 구성 요소 각각에 대해 구체적으로 살펴볼 것이다. 또한, 보완대체의사소통에 대해 갖는 오해와 보완대체의사소통 사용자의 유형과 능력에 대해 알아볼 것이다.

# 1 보완대체의사소통 체계가 필요한 사람들

다음 사례에 제시하는 사람들을 보고 누가 AAC 체계를 이용하면 도움이 될 것인지, 또는 누구에게는 AAC 체계가 필요 없을지 생각해 보자.

민수는 GMFCS 5단계의 뇌성마비로 경직형 사지마비이며 초등학교 4학년생이다. 이동하려면 휠체어를 사용하고, 부드러운 음식만 겨우 삼키며, 역호흡을 이용해 말을 하려 하지만 상대자가 거의 알아들을 수 없다. 그런데 학교에서 교사의 지시나 통합학급 반 또래들의 말을 거의 이해한다. 아직 명확하게 모든 자음과 모음에 대해 음운인식이 가능한 것은 아니지만 글자의 개념을 알고 있어 책을 보여 주면 글자에 관심을 가진다.

지호는 자폐스펙트럼장애로 진단받은 6세 아동으로 통합 유치원에 다니고 있다. 몇 개의 단어를 말하지만 그 단어가 상황 맥락상 항상 적합하게 표현되는 것은 아니다. 예를 들어, 오이를 먹고 있지 않을 때도, 오이와 관련된 상황이 전혀 아닌데도 "오이, 오이"라고 말을 한다. 원하는 것이 있을 때는 교사의 소매를 잡아끌어 물건이 있는 쪽으로 가고, 교사가 실제 사물을 보여 주며 "이것 가질 거야?"라고 말했을 때만 그 물건을 가지고 가 버린다. 싫어하는 것에 대해서는 물건을 멀리 밀어 버리거나 그렇지 않으면 물건을 던지기도 한다. 하기 싫은 상황이면 일어서서 돌아다니거나 밖으로 나가 버린다.

은정이는 중학생으로 다운증후군이다. 말을 하기는 하지만 발음이 불명확하여 가족이나 가까운 친구만이 특정 맥락 속에서 은정이의 말을 알아들을 수 있다. 예를 들어, 제주도로 놀러 갔을 때 바닷가에 간 것, 말을 탄 것에 대해 서로 알고 있을 때만 은정이가 제주도에 대해 말하는 것을 알아듣는 정도이다. 그래서 낯선 사람을 만났을 때는 자신이 하는 말을 이해시키려고 계속 같은 말을 반복해서 한다.

영훈 씨는 23세 청년으로 교통사고로 인해 외상성 뇌손상을 갖고 있다. 사고 후 발음이 너무나 불분명하여 상대자가 알아듣기 힘들게 말을 하지만 완전한 문장으로 말할 수 있다. 구체적이고 명확한 내용을 잘 이해하지만, 미래에 대한 예측, 사회 변화 등 추상적이고 복잡한 주제에 대해 대화를 하게 되면 내용을 거의 이해하지 못한다.

영주의 할아버지는 최근 뇌졸중으로 쓰러지셨다. 그로 인해 걷는 것, 말하는 것, 그리고 언어에 문제를 갖게 되었다. 손자를 '보고싶다'는 말을 하려는 자신의 의도는 잘 알지만 '보고싶다'는 단어를 떠올리지 못하고, '영주, 학교, 먹어'와 같이 전보문 식으로 단어만 띄엄띄엄 말씀하신다. 단어가 떠오르지 않아 제스처나 손가락으로 물건이나 사람을 가리키는 것으로 표현하기도 한다. 그러나 다른 사람들이 말하는 것은 거의 모두 이해할 수 있다.

루게릭병으로 진단받은 45세 민호 씨는 팔과 다리의 근육이 약화되는 것부터 증상이 시작되었고, 지금은 말하는 것이나 언어능력이 괜찮은 편이다. 그러나 점차 시간이 지날수록 걷고 이동하는 것뿐만 아니라 말하기가 힘들어질 것이다.

민재의 할머니는 치매로 인해 요양병원에 계신다. 기억력이 거의 쇠퇴하였지만 즐거웠던 과거의 일들에 대해서는 앨범의 사진을 보여 주면 기억할 수 있다. 사진을 보며 옛날 이야기를 하면 매우 즐거워하신다.

> 지아는 고기능 자폐스펙트럼장애로 진단받았다. 여러 가지 상황에서 적절하게, 심지어 완전한 문장으로 말하고, 어휘 표현도 적절하다. 상대가 말하는 내용이 명확하고 구체적이면 더욱 잘 이해한다. 장소에 대한 기억력이 좋아 그 장소에 대해 매우 상세하게 그림으로 그릴 수도 있다. 그런데 새로운 장소에 들어설 때, 백화점이나 마트에서 낯선 물건을 볼 때, 몸을 심하게 흔들고 상대방을 보지 않고 계속 혼자서 중얼거린다.

앞에 제시한 사례들의 내용에서 누가 AAC 체계를 필요로 하고, 누가 AAC 체계를 필요로 하지 않는지 생각해 보자. 말을 할 수 없는 민수에게는 AAC가 필요하고, 발음이 불분명하지만 어눌하게라도 말을 하는 은정이와 영훈 씨에게는 AAC 체계가 필요 없는가? 요양병원에 계신 민재의 할머니는 어떤가? 병원에서 어차피 별로 할 이야기도 없는 것 같으니 AAC 체계가 필요 없는 것인가? 지아는 새로운 물건을 보여 주지 않고, 새로운 장소에 가지 않기만 하면 되니 AAC 체계가 필요 없는 것일까?

이 사례들은 모두 제2장에서 언급한 복합의사소통장애를 지닌 사람들이다. Beukelman과 Light(2020)에 의하면 미국에서는 500만 명이, 전 세계에서는 9,700만 명이 AAC 체계를 통해 도움을 받는다. 호주의 자폐아동 25~30%가 AAC 체계를 사용하는 것으로 조사(Iacono, Trembath, & Erickson, 2016)되었고, 스웨덴의 뇌성마비 아동 44.4%가 AAC 체계를 사용하는 것으로 보고(Kristoffersson, Sandberg, & Holck, 2020)되기도 하였다. 우리가 AAC 체계가 무엇을 의미하는지 알게 되면 이렇게 너무나도 다양한 특성을 가진 복합의사소통장애를 지닌 사람들이 어떻게 AAC 체계를 이용하도록 할지 알게 될 것이다.

## 2 보완대체의사소통 체계의 개념

### 1) 보완대체의사소통의 정의

#### (1) 사전적 의미에 의한 정의

보완대체의사소통(Augmentative and Alternative Communication)이라는 용어에서 '보완(Augmentative)'은 '보충하다'는 뜻으로서 자연스럽게 구어로 말하는 것이나 손으로 글을 써서 표현하는 것을 보충해 준다는 의미이다. 예를 들어, 말하는 의미를 보충하기 위해 제스처를 사용하거나 불완전하게 손으로 쓴 단어를 보충하기 위해 단어의 첫 글자를 지적하기와 같은 것이다. 즉, 말이나 손으로 글쓰기 등이 명료하지 않을 때 이를 보완해 준다는 의미이다. 앞의 사례에서 치매로 요양병원에 있는 민재의 할머니가 자신의 옛 모습에 대해 대화하고 싶을 때 사진에 있는 인물을 지적하며 자신의 표현을 보완할 수 있다.

'대체(Alternative)'는 '대신한다'는 뜻으로서 자연스럽게 구어로 말하는 것이나 손으로 글을 써서 의사소통하지 못하므로 이를 다른 양식으로 대신한다는 의미이다. 예를 들어, 손짓기호, 그림 상징이 배열된 의사소통판, 음성산출 의사소통 도구(Speech Generating Device: SGD) 등 의사소통을 위해 다른 수단을 대신 제공하는 것이다. 앞의 사례에서 지호가 엄마에게 간식으로 새우깡을 달라고 하거나 아빠에게 새우깡을 먹었다는 것을 알리기 위해 말 대신에 사진이나 그림이 배열된 의사소통판을 사용하도록 하는 것이 이에 해당된다. 뇌졸중으로 말하기가 어려워진 영주의 할아버지는 어떤가? 자신의 말을 보충하기 위해 때로는 말 대신에 제스처나 그림 등의 다른 의사소통 양식을 사용할 수 있다.

이와 같이 '보완'과 '대체'의 의미를 이해하게 되면, AAC 체계란 말을 하지 못하는 사람뿐만 아니라 말로는 자신의 의사소통 요구를 모두 충족시키기 어려운 사람이 언제, 어디서나 누구와도 효과적으로 의사소통하도록 다양한 의사소통 양식을 지원하는 것임을 알게 된다.

### (2) 미국언어청각협회의 학문적 정의

미국언어청각협회(ASHA, 2005)에서는 다음과 같이 AAC에 대해 학문적으로 정의하였다.

> AAC는 연구, 임상, 교육적 실제의 한 영역이다. 말 또는 문어적인 의사소통 양식과 말-언어 산출이나 이해의 측면에서 심각한 장애가 있는 사람들의 일시적이거나 영구적인 손상, 활동과 참여의 제한에 대해 연구하고, 필요한 경우 이를 보완하려는 시도를 의미한다.

이 정의에서 언급된 각 요소에 대해 보완 설명하면 다음과 같다.

#### ① 연구, 임상, 교육적 실제

AAC가 연구, 임상, 교육적 실제의 한 영역이라는 의미는 다양한 환경에서 AAC가 사용될 수 있다는 것을 의미한다. 대학과 같은 연구 환경, 병원이나 치료실과 같은 임상 환경, 모든 학교 환경을 포함하는 교육적 실제 환경이 여기에 포함된다. 그래서 AAC는 매우 광범위한 환경에서 적용되는 것이라고 할 수 있다.

### ② 일시적이거나 영구적인 손상

AAC는 일시적이거나 영구적인 손상을 가진 사람들 누구에게나 적용할 수 있다. 일시적인 손상의 예시는 수술 후 일시적으로 인공호흡기를 사용하는 환자가 이에 해당되며, 영구적인 손상의 예시는 뇌성마비, 자폐스펙트럼장애, 지적장애, 치매, 외상성 뇌손상, 뇌졸중 등으로 영구적으로 의사소통에 어려움을 가지게 되는 경우를 의미한다.

### ③ 활동과 참여의 제한

일시적이거나 영구적인 손상으로 인하여 의사소통장애를 지닌 사람들은 활동의 한계나 참여의 제한을 경험하게 된다. 예를 들어, 유치원에서 다른 모든 아이는 날씨의 종류에 대해 돌아가며 말하는데, 명료하게 말하지 못하는 뇌성마비 아동은 말하는 데 제한을 갖는다. 뇌졸중으로 의사소통장애를 갖게 된 사람도 주말마다 하던 친구들과의 포커 게임에 더 이상 참여하기가 어렵다. 두 가지 경우 모두 의사소통장애로 인해 일상의 활동에 충분히 참여하지 못하고 있다. AAC는 이러한 사람들이 매일의 일상 활동에 현재보다 충분히 참여하도록 중요한 역할을 할 수 있다.

### ④ 말과 언어 손상

AAC는 말(구어) 손상뿐만 아니라 언어 손상을 가진 사람에게도 유용하게 사용될 수 있다. 예를 들어, 외상성 뇌손상으로 발음이 불분명하게 되어 말은 어렵지만 완전한 문장으로 표현하는 경우, 기능적인 어휘를 거의 사용하지 못하고 문장으로 전혀 표현하지 못하는 자폐성장애 아동의 경우 구어 손상과 함께 매우 중요한 언어 손상이 수반되어 있는 것이다. 따라서 AAC는 말을 대신하는 의사소통 수단의 의미를 넘어서 보완 수단으로서 언어장애가 있는 사람에게도 적절한 해결책이 될 수 있다.

### ⑤ 표현 의사소통과 수용 의사소통 증진

AAC는 표현 의사소통(즉, 산출)뿐만 아니라 수용 의사소통(즉, 이해) 증진을 위해 사용될 수 있다. 예를 들어, 말을 하지 않는 자폐성장애 아동이 간식으로 꼬깔콘을 달라고 요구하기 위해 사진이나 그림을 사용하면 그것은 산출의 의미로 AAC가 사용된 것이다. 만약 교사가 교실에 붙여 둔 시각 일정표의 그림을 지적하고 다음 시간은 체육 시간이니 '체육실+가다'라는 상징을 의사소통판에서 짚으면서 이야기하면 그것은 아동이 교사의 말을 이해하도록 AAC를 사용하는 것이다. 특히, 자폐성장애 아동은 시각적 정보처리에 강한 특성을 보이기 때문에 수용 의사소통을 위해 AAC를 사용하면 효과적이다.

### ⑥ 말과 문어적 의사소통 양식

AAC는 구어적(spoken)인 말과 문어적(written) 의사소통 양식 모두를 포함한다. 사람들은 얼굴을 마주 보고 이야기하거나 전화로 구어적인 의사소통을 하기도 하지만, 문자 메시지나 이메일을 보내는 것과 같이 문어적인 양식을 사용해서도 의사소통한다. 이때 나에게 온 문자나 이메일을 읽어야 하니 수용 의사소통도 이루어진다.

이상에서 AAC는 단순히 '말을 하지 못하거나 말로는 의사소통에 어려움이 있는 사람들에게 보완적인 또는 대체 수단을 제공하는 것'만으로 정의할 수 없으며, 다양한 맥락에서 다양한 장애를 지닌 사람들에게 AAC가 사용됨을 알 수 있다.

AAC는 보조공학(Assistive Technology)과 관련된다. 이유는 음성을 산출하는 많은 도구가 보조공학 기기의 일부이기도 하기 때문이다. 보조공학은 "장애가 있는 사람들의 기능적인 능력을 증진, 유지 또는 개선하기 위해 사용되는 물품이나 설비 또는 생산 체계로서 기성품 그 자체일 수도 있고, 변형된 것 또는 맞춤형으로 주문 제작된 것이거나 상업적으로 구비한 것"이다(Minnesota guide to assistive technology, 2022). 이때 보조공학은 단순히 휠체어와 같은 이동을 위한 보장구, 자세 보조도구나 맞춤형 의자, 의사소통 도구 등에 한정되는 것이 아니라 장애 학생들의 인지 및 언어발달, 대근육과 소근육 운동 발달, 사회정서 발달과 자조기술의 발달을 위한 로우테크(Low-Tech)에서 하이테크(High-Tech)에 이르는 모든 공학적 서비스 체제를 의미한다(한경임, 2020). 이와 달리 AAC는 의사소통 기술 개선에 초점을 두는 해결 방법을 의미한다. 이 해결 방법에는 보조공학 도구의 형태가 아닌 제스처나 손짓기호 등도 포함된다. 따라서 AAC는 보조공학의 하위 범주라고 볼 수 없으며, 보조공학이 AAC를 포함한 포괄적인 의미라고 볼 수도 없다. AAC와 보조공학은 어느 정도 오버랩되는 용어(예: 컴퓨터 음성산출 도구는 AAC이기도 하고 보조공학이기도 하다)이기는 하지만 오버랩되지 않는 요소들을 더 많이 포함하고 있다.

## 2) 보완대체의사소통에 대한 오해

1980년대 후반 지체장애 특수학교 현장에서 블리스상징(박숙자, 1992; 한경임, 1993)의 사용을 시작으로 우리나라에 도입된 AAC 분야는 급속도로 발전해 왔지만 여전히 학부모들이나 많은 사람이 AAC에 대해 근거 없는 오해를 갖고 있는 경우가 많다. 구미에서도 AAC 사용에 대한 근거 없는 오해로 장애를 가진 많은 사람이 AAC의 지원과 서비스에서 제외되기도 하였다(Romski & Sevcik, 2005). 우리나라에서도 여전히 많은 사람이 갖고 있는 AAC에 대한 오해를 제시하자면 다음과 같다.

### (1) AAC는 구어-언어 중재의 마지막 귀착지이다

AAC 분야 발달 초기에 Miller와 Chapman(1980)은 8세까지 구어 발달이 이루어지지 않으면 그때 AAC를 고려해 보아야 한다고 제안한 적이 있다. 교사나 부모도 시간이 지남에 따라 아동이 구어 의사소통에 대해 일관된 지체가 보일 때까지 AAC를 고려하지 않는 것이 당연시되어 왔다. 그것은 어떻게든 아동이 말로 의사소통할 수 있기를 바라는 기대심리를 근거로 한 것이며, AAC를 구어의 성공적인 발달을 위한 모든 다른 중재가 아무런 효과가 없을 때 도입하는 '마지막 결정'으로 간주하는 것이다(한경임, 2007). 우리나라에서도 많은 학부모와 교사, 치료사들이 여전히 이렇게 생각하고 있지 않은지 돌아볼 일이다.

AAC는 언어발달에 필수적인 언어 사용 이전 단계의 기술과 인지 기능 습득을 위한 수단으로 활용할 수 있다(Brady, 2000). 이를 반영하듯 Romski 등(2001)의 연구에서 3~8세 유아에게 AAC의 적용이 성공적이었음이 보고되었고, 국내에서도 비상징적 수단으로 의사소통하는 3~6세의 중도중복장애 유아에게 AAC를 적용하였을 때 요구하기와 거부하기의 의사소통 기능이 일관되게 향상되고, 일과 예측 기능도 상승하였음을 보고한 연구(김별님, 한경임, 2019)가 있다. 이 외에도 AAC는 복합의사소통장애를 가지고 있는 어린 유아의 어휘발달(Wright, Kaiser, Reikowsky, & Roberts, 2013)과 문법 발달(Binger & Light, 2007), 구어 발달(Miller, Light, & Schlosser, 2006)에 효과적임이 보고되었으며, 심지어 표현이 많아지면서 움직임도 많아져 운동발달(Whitmore, Romski, & Sevcik, 2014)에도 효과적임이 보고되었다. 이뿐만 아니라 어린 장애 유아가 갖는 의사소통의 어려움과 위축 또는 저항의 수단으로 보이는 도전행동을 대체하는 수단으로 AAC가 효과적임(Mirenda, 1997)이 이미 오래 전에 보고된 바 있다.

이를 볼 때, AAC 중재는 복합의사소통장애를 가진 유아의 초기 언어 기술의 발달을 촉진하고 이후 어휘 발달과 언어 기술의 조합을 정착시키는 데 중요한 역할을 한다는 것을 알 수 있다. 일반 유아의 경우에도 언어발달 초기에 언어 기초를 확고히 다질 기회가 풍부히 제공되어야 한다. 여기에는 구어, 수어, 상징과 같은 전통적인 양식을 사용하기 전에 발성, 제스처, 또는 다른 수단을 이용해 의사소통하고 이해 능력을 발달시킬 기회가 포함된다. 이것은 의사소통, 언어, 구어 세 영역의 발달은 서로 분리되어 있는 것이 아니라 연관된 과정임(Brady & McLean, 2000; Hollich, Hirsh-Pasek, & Golinkoff, 2000)을 보여 준다. 따라서 AAC는 구어 발달이 더 이상 불가능하다고 인정되는 사람을 위해서만이 아니라 표현 의사소통과 수용 의사소통장애의 위험을 가지고 있는 모든 사람의 언어발달 실패를 막기 위해 적용되어야 한다.

### (2) AAC는 구어 발달을 방해하거나 멈추게 한다

아동이 말을 하지 않고 또는 언어발달이 늦은데도 불구하고 AAC 중재를 꺼리는 주요 이유는

AAC 체계가 주요 의사소통 양식이 되면 아동이 구어적으로 말을 하려는 동기를 잃게 되고 말을 하지 않게 될 것이라고 생각하기 때문이다. 부모나 임상가들이 갖는 이러한 생각은 실제 증거를 기반으로 한 생각이 아니다. 막연히 만들어 낸 두려움이 어두운 안개와 구름이 서서히 내려앉듯 그렇게 사람들의 인식을 가리는 것이다.

지금까지 수행되어 온 많은 연구에 의하면 AAC는 상호작용과 언어 기술의 증가와 함께 실제로 음성 의사소통을 촉진하는 것으로 밝혀졌다. 손짓기호를 배운 다운증후군 아동 46명(평균 연령 3세 11개월) 중 80%가 손짓기호로 의사소통을 배우면서 구어로 말하기 시작했으며, 아동의 말이 좀 더 이해하기 쉬워지면서는 아동이 점차 손짓기호를 사용하지 않았음을 보고한 연구(Sedey, Rosin, & Miller, 1991)가 있다. 또한, 1975~1998년까지 수행된 25개 연구에 대한 메타 분석을 통해 69명의 연구 대상 중 50명이 AAC 중재 이후 구어 산출(단어와 발성 횟수)이 증가하였음을 보고한 연구(Miller, Light & Schlosser, 2000)도 있다. Reichle, York와 Sigafoos(1991)도 AAC 중재 전략에는 AAC의 사용과 함께 구어 모델이 포함되기 때문에 아동의 구어 산출에 도움을 준다고 하였다. 그리고 SGD의 경우 도구에서 표현되는 말이 아동이 모방할 수 있는 구어 모델이 되어 주기도 한다(Cress & Ball, 1998).

국내 연구에서도 AAC 앱을 사용하여 발성모방이 전혀 없던 중도중복장애 아동이 발성모방 횟수가 많아지고, 교사나 또래의 말, 심지어 지역사회 주민의 말도 따라 하려고 시도하는 모습을 보였음이 보고되었고(백경란, 한경임, 2016), 로우테크 SGD의 사용으로 헌터증후군 학생의 자발적 발성이 증가하였음이 보고되기도(최다영, 한경임, 2021) 하였다. 또한, 비상징적 의사소통 단계의 중도 뇌성마비 청년이 SGD를 사용하면서 자발적 발성이 많아진 연구가 보고된(고찬영, 한경임, 2017) 것을 볼 때 AAC의 사용은 구어 발달을 방해하는 것이 아니라 구어 의사소통 발달에 도움이 된다는 것을 알 수 있다.

구어나 호흡과 관련된 근육 조절이 어렵거나 구어 발달에 영향을 미치는 신경학적 문제를 가지고 있는 중도중복장애 아동의 경우 모든 상대자가 명료하게 이해할 수 있는 구어를 발달시키기는 어렵다. 하지만 이러한 경우에도 아동의 운동 체계는 예견할 수 없지만 어떠한 형태로든 발달하고 있으며, 조기 AAC 중재는 아동의 제한된 음성 레퍼토리를 최대화하여 결국 구어를 발달시키는 데 도움이 된다(Romski & Sevcik, 2005).

AAC 중재는 아동이 메시지 전달을 위해 소리를 의도적으로 사용하고, 의도적인 의사소통을 위해 사용할 수 있는 음성 신호의 범위를 늘려 나가는 것과 관련된다. Cumley(1997)의 연구에서도 밝혀졌듯이 AAC 중재를 통해 음성 신호의 레퍼토리가 넓어지면서 아동은 자신의 구어를 보충하기 위해 AAC를 사용하고, 상대자가 자신의 말을 이해할 수 있을 때는 굳이 AAC를 사용하지 않았다. 이것은 자신의 바람이나 욕구 전달을 위해서 아동은 가장 빠르고, 효과적이며 접근성이 높은 수단을 자동적으로 활용하는 경향(Mirenda, 1998)이 있기 때문에 AAC를 사용할지 구어를 사용할지는 아동 스스로 결정함을 의미한다. 즉, 구어가 자신의 의사소통 목적을 전달하기에 부적절한 경우 아동은 AAC에 의존할 것이다. 따라서 구어는 다중양식(multi-modal) 체계를 의미하는 AAC의 일부 구성요소로서 유아의 효율적인 의사소통을 위해 중재자는 AAC의 사용과 함께 발성과 구어 기술의 사용을 최적화할 수 있도록 도와줄 필요가 있다(Mar & Sall, 1999). 매우 어린 아동에게 AAC를 사용하는 것은 아동의 구어 의사소통 발달을 증진시키므로 구어 의사소통은 AAC 중재의 동시 목표가 된다(Cress & Marvin, 2003).

### (3) AAC의 효과를 얻으려면 아동이 일정 수준의 기술을 가지고 있어야 한다

과거에 Shane과 Bashir(1980), Russel(1984)은 AAC의 성공적인 사용을 위해 피아제의 감각운동기 5단계 또는 6단계의 기능 또는 정신연령 18개월 이상을 인지적인 선행 요건으로 제시하였다. 즉, 인지능력에 장애가 있으면 AAC 중재를 받을 수 없다고 생각한 것이다. 이는 수단/목적 행동(5단계)만으로는 의도적 의사소통을 위해 충분하지 않으며, 표상행동(6단계)이 상징적인 의사소통을 위해 필수적인 선행 요건이라는 가설에서 비롯되었다. 그러나 인지적인 수행력이나 감각운동 기능을 선행 요건으로 AAC 중재에서 장애 아동을 배제하는 것은 옳지 않다. 이는 인지발달이 언어발달의 필수 조건이긴 하나 선행 요건은 아니며 AAC를 이용한 의사소통 경험이 인지능력을 확장시키는 수단이 되기 때문이다(한경임, 2007).

AAC의 선행 요건과 관련하여 AAC 체계를 의사소통에 사용하기 전에 아동이 의사소통과 관련된 어휘나 개념을 이미 알고 있어야 한다고 생각하기 쉽다. 즉, 반드시 상징의 개념을 이해해야만 그 상징을 의사소통을 위해 사용할 수 있다고 생각하는 것이다. 그러나 일반적으로 아동이 어휘의 의미를 반드시 학습하고 난 뒤에 그 어휘를 의사소통에 사용하는 것이 아니라 사용하면서 어휘의 개념을 습득해 가는 것처럼 AAC 사용 아동도 의사소통판에서 새로운 상징을 탐색해 보고, 상징을 지적하여 음성산출을 작동시켜 보거나 상대자의 반응을 봄으로써 새로운 개념을 이해해 나갈 수 있다. 아동이 상징의 개념을 이해하는지 입증할 때까지 기다리는 것은 아동으로 하여금 수동적인 상호작용을 하도록 조장하게 된다(Cress & Marvin, 2003).

아동의 의사소통 성공이 메시지의 완성도나 정확성을 받아들이는 성인에 따라 좌우된다면 아동은 자신이 표현하고자 하는 의도보다 상대자인 성인의 기대에 부응하여 반응하는 것만을 배우게 될 것이다. 이러한 문제를 보완하기 위해서는 AAC 사용 아동뿐 아니라 의사소통 상대자에 대한 훈련(김정연, 박은혜, 2003; 한경임, 1998; 한경임, 임민숙, 2006)을 통해 대화 속에서 AAC 사용 아동의 시도자 역할을 촉진하는 것이 중요하다.

### (4) 음성산출 도구는 상호작용을 위한 인지기능이 가능한 아동만을 위한 것이다

과거에 컴퓨터를 기반으로 한 SGD가 개발되고 이를 비구어 장애 아동에게 적용하려고 할 때 다음 두 가지 이유로 인지기능에 문제가 없는 아동으로 한정하여 적용하는 경향이 있었다(Turner, 1986). 첫째, 도구가 너무 비싸기 때문에 이 도구를 이용해 실제로 혜택받을 수 있는 사람만 적용해야 한다는 주장과, 둘째, 초기에 개발된 컴퓨터 기반의 SGD는 도구의 작동을 위해 다소 복잡한 인지 기술을 종종 필요로 하였고, 따라서 그러한 수준의 기술을 가진 아동에게만 적용되었다.

이 두 가지 이유는 오늘날에는 전혀 적용되지 않는다. 공학의 발달은 너무나 다양한 AAC 도구 개발을 가져왔고, 최근에는 태블릿PC나 스마트폰을 이용해서 복잡한 인지기능을 요구하지 않고 쉽게 사용할 수 있는 프로그램들이 많이 개발되어 있기 때문이다. 미국의 경우 복잡한 언어와 문해력 기술이 필요한 첨단 기능을 탑재하여 비용이 천만 원을 호가하는 하이테크 도구에서부터 2개, 4개의 간단한 어휘만을 저장하여 표현할 수 있는 로우테크 도구가 매우 다양하게 개발되어 있으며, 최근에는 스마트폰을 이용한 앱 프로그램도 개발되어 있어 AAC를 적용하려는 사람의 수준에 따라 선택하여 적용할 수 있다. 우리나라에도 마이토키, 키즈보이스와 같이 만여 개 이상의 어휘가 탑재된 복잡한 기기도 있지만 최근에는 상징 첨가가 자유로운 앱 프로그램 등이 개발되어 있어 사용자의 수준에 맞게 적용 가능하다.

### (5) AAC의 효과를 얻으려면 아동은 일정 연령이 되어야 한다

AAC 중재를 통해 효과를 얻으려면 일정한 생활연령이 되어야 한다는 어떠한 증거자료도 없다(Romski & Sevcik, 2005). 앞에서도 언급하였듯이 일부 부모와 임상가들은 어린 나이에 AAC를 도입하면 말을 못하게 되고 구어 발달을 방해하게 될 것이라고 생각한다. 그러나 비상징적 또는 비관습적 의사소통 단계의 어린아이에서부터(김별님, 한경임, 2019) 비상징적 의사소통 단계의 청년(고찬영, 한경임, 2017), 발달장애 성인(김경양, 김성현, 2020; 채수정, 박경옥, 2019), 말실행증을 동반한 실어증 환자로 40세 이상의 성인(임성희, 박은혜, 김영태, 편성범, 2013)에 이르기까지 AAC 중재의 효과가 보고되고 있으므로 어떠한 연령대의 사람에게도 AAC는 효과적으로 적용될 수 있다.

### (6) 실제 사물에서부터 글자 사용까지 AAC 상징에는 일련의 단계가 있다

AAC에 대해 갖는 여섯 번째 오해는 AAC 상징체계를 배울 때 일련의 계층적 단계를 거쳐 배울 수 있다고 생각하는 것이다. 상징체계의 계층이라면 실제 사물을 시작으로 사진, 선화(line drawing), 보다 추상적인 그래픽 상징 그리고 글자(한글, 영어 등)에 이르는 순서에 따라 상징체계의 지도가 이루어져야 한다고 보는 것이다. 그러나 단어 학습의 초기 발달기로 보는 정신연령 13~18개월령이 상징 인식의 선행 요건은 아니다(Namy, Campbell, & Tomasello, 2004). 왜냐하면 자신에게 익숙한 주위 환경의 표상적인 사물들에 대한 이해 능력은 생활연령에 맞게 발달할 수도 있기 때문이다.

Romski와 Sevcik(2005)에 의하면 도상성(iconicity)도 상징-참조물 간의 관계를 학습하는 데 영향을 미치지 않는다. 상징과 그 상징이 표현하는 참조물 간의 관계에 대한 아동의 기대는 아동이 발달하면서 변화한다. 일반적으로 아동은 4세경이 되면 상징을 더 많이 인식하고, 더 많은 어휘를 알게 되며, 다양한 상징의 형태에 더 많이 개방되어 있다.

보통 실제 사물을 먼저 이용해서 AAC 중재를 시작하지만 이미 상징적 의사소통 단계에 이르러 선화를 이해한다면 굳이 실제 사물이나 사진을 활용할 필요는 없다. 선화 상징을 이해하고 있어도 어휘를 표현할 적절한 상징이 없다면 사진을 활용할 수도 있다. 그리고 시제나 접속사, 또는 사진이나 상징으로 나타내기 어려운 추상적인 어휘(예: -했어요, 그리고, 그러나 등)들은 글자를 그대로 의사소통판에 적어 놓고 다른 상징들과 함께 사용할 수도 있다.

초기 발달 단계 아동에게 추상적인 상징을 제시하든가 실제와 비슷한 형상의 상징을 제시하든가는 문제가 되지 않는다(Romski & Sevcik, 2005). 아동에게 그 상징들은 결국 모두 같은 기능을 하기 때문에 어떠한 상징이든 제시하고 계속 일관되게 사용하면서 익히도록 하는 것이 중요하다. 따라서 AAC 상징을 적용할 때 반드시 실제 사물부터 순서대로 상징을 적용해야 한다고 생각하지 않아도 된다.

## 3 보완대체의사소통 체계의 구성 요소

AAC는 네 가지 주요 구성 요소로 이루어진 하나의 체계이다(ASHA, 2025; Beukelman & Mirenda, 2005). 네 가지 구성 요소는 상징(symbols), 양식(forms), 전략(strategies) 및 선택 기법(selection techniques)을 의미한다. 양식은 도구를 이용하지 않는 비도구 양식(unaided forms)과 도구를 이용하는 도구 양식(aided forms)으로 구분된다. 상징은 얼굴 표정, 제스처, 사진, 그림, 청각상징, 글자상징, 촉각상징으로 구분된다. 전략은 메시지를 가장 효율적으로 전달할 수 있는 방식, 즉 메시지 전달의 타이밍, 메시지의 문법적 구성, 의사소통 속도 증진과 관련된 것이다. 선택 기법은 양식들을 이용하여 메시지를 전달하는 방법으로 직접 선택, 간접 선택(스캐닝: scanning)으로 구분된다.

## 1) 상징

상징은 사물이나 행동, 개념, 정서를 나타내기 위해 AAC에 사용되는 것이다. 여기에는 얼굴 표정, 제스처, 실제 사물, 사진, 그림, 청각상징(예: 말), 글자상징, 촉각상징 등이 있다.

### (1) 실제 사물

실제 사물은 영구적으로 제시될 수 있으며, 손으로 만져 보아 촉각을 통해 구분이 가능하다. 도상성이 높아 쉽게 구분할 수도 있다. 예를 들어, '산책 가고 싶어요'를 표현하기 위해 실제 나뭇잎을 그대로 사용하는 것이다. 축소형 사물은 실제 사물을 축소시킨 것으로, 예를 들어 모형 동물을 의사소통 상징으로 사용하거나, 모형 변기를 '화장실'을 표현하기 위해 사용하는 것이다. '우유'를 표현하기 위해 특정 우유병의 뚜껑을 사용하는 등 사물의 일부분을 의사소통을 위해 사용하기도 한다. CVI나 시각장애를 가진 아동에게 촉각상징으로 사용할 수도 있다.

비상징적 의사소통 단계의 학생이 의사소통의 개념을 익히고, 상징적 의사소통 단계로 전환하도록 하기 위해 실제 사물을 사용한 의사소통을 중재할 수 있다. 또한, 실제 사물을 SGD와 함께 사용하여 의사소통하다가 점차 실제 사물을 없애고 SGD로 표현하도록 전환하는 중재를 하기도 한다. 고찬영과 한경임(2017)의 연구에서 비상징적 의사소통 단계의 중도 뇌성마비 청소년들에게 우유팩, 나뭇잎, 핸드벨, TV 리모콘 등 실제 사물과 SGD를 사용하여 요구하기 기능 표현을 중재한 결과, 중재 초반기와 중반기에는 실제 사물로 요구하기 기능을 표현했지만, 중재 후반기로 갈수록 SGD를 이용하여 요구하기 기능을 많이 표현하였다. 비관습적, 비상징적 의사소통 단계 아동이나 시각중복장애를 가진 복합의사소통장애 학생을 위해 실제 사물 시각 일정표를 사용하기도 한다.

[그림 3-1]에 실제 사물을 AAC 체계로 사용하는 예시, [그림 3-2]에 실제 사물 시각 일정표 예시를 제시하였다.

[그림 3-1] 실제 사물 활용 의사소통 도구 예시

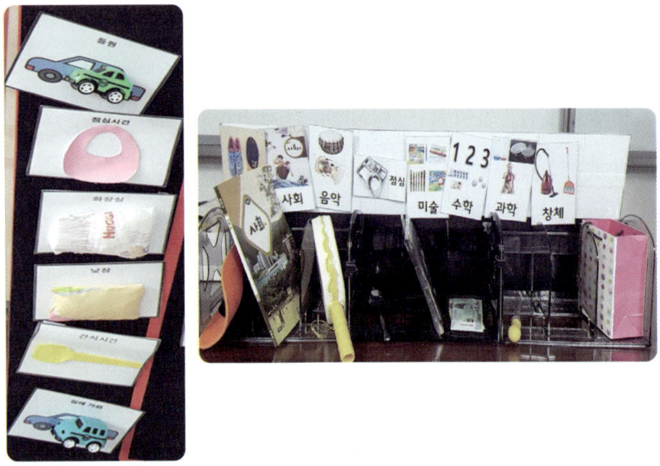


[그림 3-2] 실제 사물 활용 시각 일정표 예시

출처: 새풀잎어린이집, 최다영, 한경임(2021).

### (2) 추상 상징

추상 상징은 의미를 제시하지 않는 형태의 상징으로 대표적인 것이 침팬지에게 사용된 여키시 렉시그램(Yerkish Lexigrams)(Rumbaugh, 1977)이다. 이것은 기하학적으로 도안된 9개의 요소들을 단독으로 또는 2~4개 결합하여 상징으로 구성하며, 의미를 나타내기 위해 요소들이 포개어지고 무작위로 배열된다. 렉시그램은 중증 지적장애 아동의 의사소통에 성공적으로 사용할 수 있었다(Romski & Sevickh, 1996). [그림 3-3]은 Lexigram의 9개 기본 요소와 요소의 결합에 의한 어휘 예시이다.

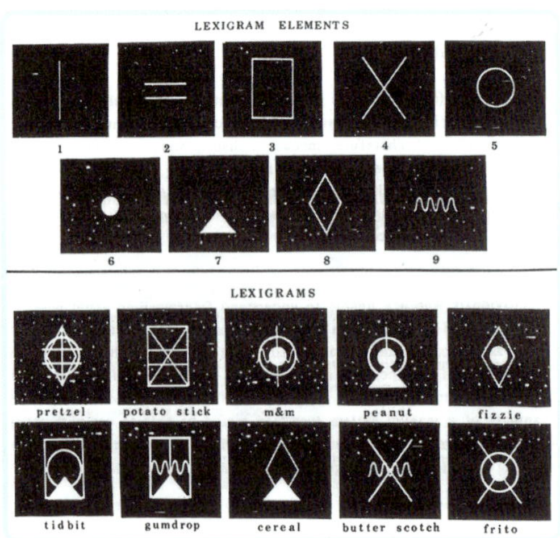


[그림 3-3] Lexigram

### (3) 그래픽 상징

그래픽 상징에는 사진이나 그림, 선화 상징이 포함된다. 손으로 직접 그린 그림이나 사진이 어떤 물건이나 개념을 나타내기 위하여 사용되기도 한다. 그림이나 사진은 어리거나 지적장애가 심한 아동에게는 실제 사물과 매우 다르게 보이는 경우가 있으며, 그림이나 사진을 제공하는 사람의 창의적인 능력 한도 내에서 어휘와 개념을 확대할 수 있다는 제한점이 있다. 또한, 시간이 소요되고 특별한 디자인이나 구성 기술을 요구하며 독특한 그림이나 추상적 개념을 묘사할 때는 어려움을 초래하기도 한다. 사진과 그림의 이와 같은 단점을 보완하고 보다 다양한 어휘를 표현하기 위하여 최근에는 여러 가지 다양한 그래픽 상징이 개발되고 상품화되었다. [그림 3-4]는 우리나라와 구미에서 사용되는 그래픽 상징의 예시이다.

블리스상징(한경임, 1993)은 약 100개의 기본적인 의미를 가지는 상징들로 구성되어 있으며, 각 상징은 소리나 단어에 관계없이 관련된 의미를 나타낸다(예: '집'을 나타내는 상징은 '건물'과 '거주'의 의미를 나타내기도 한다). 이 상징은 명사 어휘뿐 아니라 동작과 감정을 표현하는 서술어휘, 전치사, 접속사, 감탄사 등을 나타낼 수 있으며, 기본적인 상징의 논리적 결합을 통해 시제 변화와 복수 표현도 가능한 하나의 완전한 언어체계라 할 수 있다.

보드메이커(Board Maker) 상징은 그림의사소통상징(Picture Communication Symbols: PCS)으로도 불리며 소프트웨어 프로그램을 이용해 흑백이나 컬러로 크기를 조절하여 출력이 가능하다. 우리나라에서 개발된 한스피크 상징, KAAC 상징은 웹사이트에서 쉽게 다운로드받아 사용할 수 있으며, 마이토키 상징은 소프트웨어 프로그램을 이용해 다운받아 사용할 수 있다.

Prologuo2Go는 미국에서 개발되었으며, 영어나 스페인어권 나라에서 스마트폰이나 태블릿 PC로 널리 사용되는 앱 프로그램 중 하나이다. Minspeak(Unity system) 상징은 의미론적 압축이라고 불리는 상징 부호화 전략이 적용된 상징이다. 이 상징체계는 도상성이 높지 않아 처음에는 사용자에게 상징의 의미가 무엇인지 가르쳐 주어야 한다.

한스피크 상징
(https://aacexchange.net/)

KAAC 상징
(KAAC Symbols Search; ksaac.or.kr)

마이토키 상징
(http://mytalkie.co.kr/product/product02.php)

나의 AAC 상징
(https://www.myaac.co.kr/web/software/apps)

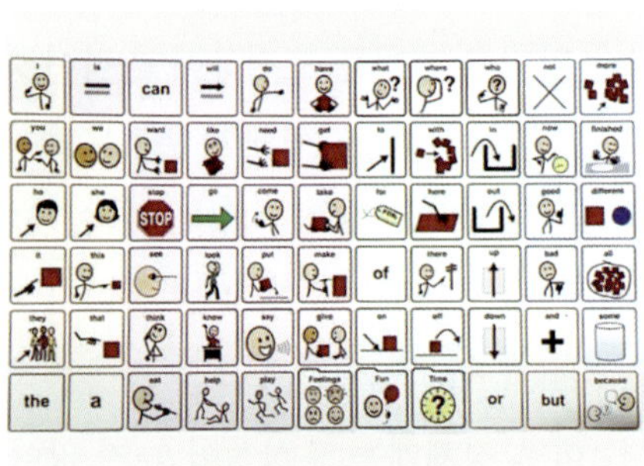

Prologuo2Go 상징
(https://www.assistiveware.com/learn-aac)

Minspeak 상징
(https://lampwflapp.com)

PCS(보드메이커) 상징
(https://www.myboardmaker.com)

블리스상징
(https://omniglot.com/writing/blissymbolics.htm)

[그림 3-4] 그래픽 상징의 예시

### (4) 글자 상징

글자는 전통적으로 특정 언어체계를 표현하기 위해 사용하는 문자(예: 영문자, 한글)를 의미하며, 글자 상징이란 점자나 지문자와 같이 전통적인 글자를 표현하는 도구적 기법을 의미한다. 지문자는 손가락의 다양한 형태로 문자를 나타내 의사를 표현하는 것으로 문자의 기억과 표현을 위한 지적 능력이 높고 손의 기능이 좋아야 하므로 운동 기능 장애가 심한 뇌성마비 아동이 사용하기에는 어려움이 따른다. [그림 3-5]에 AAC 체계로 사용되는 글자의 예를 제시하였다.

창원대학교 의사소통도움 그림 · 글자판(편의점)

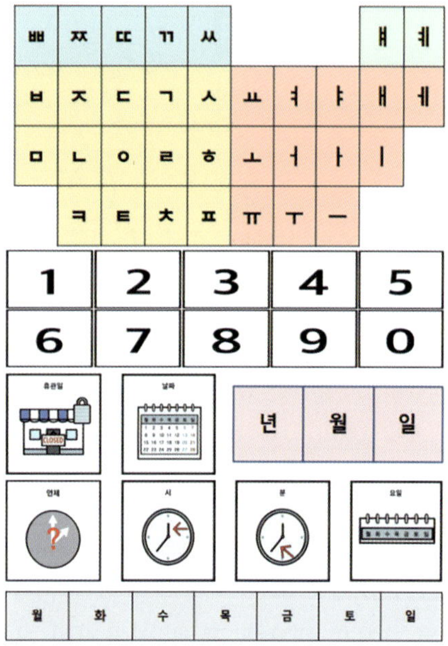


창원대학교 의사소통도움 그림 · 글자판(도서관)

Dynabox의 글자 배열 화면

브릿지스쿨의 글자 의사소통판

[그림 3-5] AAC 상징으로서 글자 사용 예시

### (5) 혼합 상징

혼합 상징의 대표적인 것이 마카톤 어휘(Makaton Vocabulary)이다. 마카톤 어휘는 말과 수신호, 문자 상징이 결합되어 약 470개의 개념들로 구성된 9단계의 핵심어휘들로 이루어져 있으며 영국을 중심으로 널리 사용되고 있다. 마카톤 어휘의 예시를 [그림 3-6]에 제시하였다.

[그림 3-6] 마카톤 어휘 예시

출처: https://www.keenoxford.org/the-keen-blog/all-about-makaton

그림이나 사진 또는 그래픽 상징을 이용한 의사소통은 시각적 지원에 기초한 의사소통 방법이라는 장점을 가진다. 특히, 청각적인 정보보다는 시각적 정보에 의존해 더 잘 학습하는 복합 의사소통장애 학생에게 적합하다(Mirenda & Iacono, 2009). 또한, 구어나 손짓기호의 경우 일반적으로 의사소통 상대자와 눈 맞춤을 하고 모방해야 하는 선행기술을 먼저 학습해야 하는 반면, 그림이나 사진, 그래픽 상징을 이용한 의사소통은 모방의 선행기술이 필요하지 않으며, 이 체계를 이용한 의사소통을 이해하고 습득하기까지 걸리는 시간이 짧다. 선행기술의 훈련이 필요하지 않을 뿐 아니라 훈련 절차가 쉬워 교사나 부모를 위한 훈련은 물론 학생에 대한 적용 역시 비교적 단기간에 이루어질 수 있다는 이점을 갖고 있다. 마지막으로 누구나 보고 이해할 수 있는 그림이나 사진을 이용하기 때문에 훈련에 참여하지 않은 교사나 가족, 지역사회로의 일반화가 용이하다.

그러나 의사소통판에서 그래픽 상징을 찾는 데 시간이 걸리기 때문에 대화의 흐름이 끊기거나 속도가 늦어질 수밖에 없으며, 사진이나 그래픽 상징의 수가 많아질수록 의사소통 도구에 휴대해야 하는 상징의 양이 많아져 범주나 스케줄에 따라 정리하고 찾을 수 있어야 하는 능력이 필요하다(Anderson, 2001).

### (6) 상징의 도상성

복합의사소통장애 학생을 위한 AAC 중재 과정에서 진단 초기에 이루어져야 할 중요한 결정 중 하나가 의사소통 도구에 사용할 상징체계의 선택이다. 적절한 상징체계의 선택을 위해서는 사용하려는 학생의 지적 수준, 시력, 시지각 능력, 선호도 등이 고려되어야 하지만 상징 선택 기준으로 많은 학자가 공통적으로 제안하는 것이 상징의 도상성이다. 도상성은 '상징이 표현하고자 하는 지시 대상물이나 그 지시 대상물의 어떤 측면과 시각적으로 비슷한 정도'(Lloyd, Fuller, & Arvidson, 1990) 또는 '상징체계가 얼마나 사물을 실제적으로 묘사하느냐 하는 정도인 실제성'(Johnson, Pavio, & Clark, 1996)으로 정의되기도 한다. 도상성은 인식하기 쉬운 정도에 따라 투명(transparent), 반투명(translucent), 불투명(opaque)에 이르는 연속체로 나타내기도 하는데(Reichle et al., 1991) 가장 도상성이 높은 상징은 투명 상징, 가장 도상성이 낮은 상징은 불투명 상징이 된다.

상징의 투명성 정도, 즉 도상성이 높을수록 추상적 상징보다 쉽게 인식할 수 있으며(Loncke, Campbell, England, & Haley, 2006), 상징을 학습하는 데 많은 시간이 소요되지 않는다(한경임, 전지형, 2005). 도상성이 높은 상징은 더 쉽게 인식되고, 학습되기 때문에 AAC 체계에서 상징 개발에 중요한 고려 사항이 된다(나지영, 이수향, 오경아, 박형용, 2019). 그래픽 상징체계의 도상성은 형상 중심의 그림으로 묘사된 체계일수록 상징을 처음 보았을 때 그 의미를 쉽게 인식할 수 있다. 따라서 몇몇 연구(Fuller, Lloyd, & Stratton, 1997; von Tetzchner & Jensen, 1996)에서 의미중심적인 블리스상징보다 형상으로 표현된 PCS(보드메이커 상징)가 더 도상성이 높다고 하였다.

그래픽 상징체계라고 해서 모든 상징의 도상성이 높은 것은 아니다. Visser, Alant와 Harty(2008)의 연구에 의하면 대표적인 그래픽 상징체계인 PCS 상징에서 감정 관련 어휘의 상징을 인식할 때 '행복'과 '슬픔'의 감정인식에서는 얼굴의 아랫부분 묘사가 중요한 반면, '두려움', '화남'의 인식에서는 눈, 눈썹의 묘사가 중요한 역할을 하는 것으로 나타났다. 동사 어휘의 경우 동작을 묘사해 주는 애니메이션 효과가 들어갔을 때 상징을 더 인식하기가 쉽다는 연구(Schlosser et al., 2011)가 있다. 한국에서도 마이토키 상징에서 애니메이션 효과가 있을 때 지적장애 아동들이 상징을 보다 쉽게 인식하였다(이희연, 홍기형, 2013).

28가지 감정 상징에 대해 마이토키 상징과 PCS(보드메이커 상징)의 도상성을 20대 일반 성인을 대상으로 비교한 결과(나지영 외, 2019), 마이토키 상징보다 PCS 감정 상징 이해를 더 어려워하였다. 이에 대한 이유로 연구자들은 문화적 차이를 제시하였다. Huer(2000)의 연구에서도 PCS 상징 도상성에 대해 동양계 연구참여자의 점수가 낮게 나타나 도상성 인식이 문화권에 따라 차이가 있음을 보고한 바 있다. 도상성이 높으면 상징이 나타내는 상징성을 보다 수월하게 인식하고 이해하지만 무조건적으로 해당되는 것은 아니다(채수정, 2014). 같은 상징이라 하더라도 나이, 경험, 시간, 문화에 영향을 받을 수 있어 이해하는 정도가 같지 않으며, 개인의 동기, 신경학적 상태, 연령, 감각 능력, 인지 기술, 의사소통 및 언어능력, 낱말에 대한 경험 등 다양한 요소에 의해 이해되고 해석될 수 있기 때문이다.

이상의 연구 결과들을 볼 때 그래픽 상징체계를 선택하는 과정에서 도상성은 사용자의 개인적인 특성이 반영되어야 하며, 특정적으로 어느 상징체계가 더 도상성이 높다고 규정되어 있는 것은 아님을 알 수 있다.

우리나라에서 사용되는 네 가지 그래픽 상징체계에 대해 일반 유아를 대상으로 도상성의 인식 정도를 연구한 결과(최정은, 한경임, 2015), 각 품사의 어휘나 기타 표현별로 도상성이 높다고 인식하는 그래픽 상징체계가 다른 것으로 조사되었다. 따라서 어느 특정 상징체계가 도상성이 높다고 규정하기 어렵지만 이 연구를 통해 유아들이 그림 상징체계의 도상성을 인식하는 요소가 무엇인지 도출할 수 있었다. 〈표 3-1〉에 유아들이 상징체계의 도상성을 높게 인식하는 다섯 가지 요소를 제시하였다.

〈표 3-1〉에서 유아들이 가장 많이 응답했던 도상성 인식 요소는 상징에서 보이는 그림 그 자체에 대한 사실적인 표현인 '세부적 외형 묘사'였다. 이는 그래픽 상징의 그림 자체를 있는 그대로 말하거나 겉모습에 대해 사실적으로 말하는 것으로, 유아들이 눈에 보이는 현상에 근거하여 내용을 이해한다는 특성을 반영한다(신혜선, 2007). 실제 사물과의 유사성, 비슷한 모양을 연상시키는 것, 실제 경험이라는 개념이 포함된 '실제와의 유사성'은 유아들이 주위에서 늘 접하게 되는 환경을 더 친숙하게 여기고, 실제와 비슷하게 묘사한 그림을 더 선호한다는 것을 보여 준다. 이는 유아들이 배경지식이나 사전 경험을 토대로 자신만의 기준과 나름의 관점을 가지고 인물을 이해한다는(이조은, 2012) 특성과 그림에 대한 경험이 많을수록 그래픽 상징체계에 대한 도상성을 높게 인식함을(Troseth, 2003) 반영하는 것이다. 이는 그래픽 상징체계의 도상성이 개인적인 경험에 따라 다를 수 있음을 의미한다. 한 연구(Light et al., 2003)에서도 4~7세 아동이 상징을 인식할 때 맥락이 풍부하고 개인적인 경험과 친숙한 사람이 묘사되었을 때 상징을 더 잘 인식하는 것으로 보고되었다.

〈표 3-1〉 그래픽 상징체계 도상성 인식 요소

| 인식 요소 | 하위 개념 | 유아들의 표현 예(상징 어휘) |
|---|---|---|
| 실제와의 유사성 | • 실제 사물 모습과의 유사성 | - 진짜 강아지 같아요(개).<br>- 우리 집 냉장고와 똑같이 생겼어요(냉장고).<br>- 오늘 먹은 사과랑 똑같아요(사과). |
| | • 비슷한 모습을 연상시키는 것 | - 엄마, 아빠 결혼사진이랑 비슷해요(결혼).<br>- 내가 가는 병원 같아요(병원).<br>- 유치원에 있는 빗자루랑 비슷해요(빗자루). |
| | • 실제 경험했던 것과의 유사점 | - 생일 할 때 이렇게 하니까(생일).<br>- 이 케이크 먹었어요(케이크).<br>- 이거 타 봤어요(버스). |
| 세부적 외형 묘사 | • 상징 그 자체에 대한 외형적 표현 | - 기찻길이 있어서(기차).<br>- 지느러미가 있잖아요(물고기).<br>- 책과 분필이 있어서(선생님). |
| | • 겉모습에 대한 사실적 묘사 | - 빗자루 머리가 진짜처럼 삐죽삐죽해서(빗자루).<br>- 제일 길어서/기니까(기차).<br>- 바퀴에 줄이 많아서(자전거). |
| 행동 묘사 | • 행위에 중점 두어 동작하는 상태 묘사 | - 계단을 올라가고 있으니까(올라가다).<br>- 엄마랑 뽀뽀하니까(사랑하다).<br>- 아기를 안고 있어서(엄마). |
| | • 사물의 움직임 표현 | - 움직이는 것 같아요(물고기).<br>- 날고 있잖아요(비행기). |
| 기능성/ 본질적 의미 | • 활용적 측면 강조 | - 선물하는 것이에요(꽃).<br>- 인터넷 할 수 있을 것 같아서(컴퓨터). |
| | • 사물의 기능이나 용도 설명 | - 국을 떠 주니까(국자).<br>- 머리에 쓰니까(모자).<br>- 손 씻으니까(비누). |
| | • 본래의 목적에 맞게 묘사 | - 진짜 사람을 데리고 가니까(버스).<br>- 도둑을 수갑 채우니까(경찰서). |
| 감성적 판단 | • 즉흥적 느낌이나 감정 | - 색깔이 멋지니까(모자).<br>- 맛있게 보여서(사과).<br>- 줄무늬가 제일 멋있어요(수박). |
| | • 선호도 | - 내가 좋아하는 색깔이에요(꽃).<br>- 이게 제일 마음에 드니까(연필).<br>- 내가 앉고 싶은 의자예요(의자). |
| | • 개인적 추측 | - 튼튼해 보이는 칫솔이라서(칫솔).<br>- 제일 착한 경찰관 아저씨 같아요(경찰관). |

'행동 묘사' 인식 요소는 사람이 동작하고 있는 상태나 사물의 움직임을 표현하고 행동과 행위에 중점을 둔 상징에 대해 도상성을 높게 인식한다는 것이다. 특히, 동사 어휘를 '행동 묘사'로 인식한 경우가 많아 동사 어휘는 사물의 움직임을 표현하는 상징일수록 도상성을 높게 인식한다는 것을 알 수 있다.

'기능성/본질적 의미'는 활용적인 측면을 강조하고 사물의 기능이나 용도에 대해 말하거나, 본래의 목적을 강조한 인식 요소이다. 이는 그림이 가진 고유의 가치와 본질을 인지하는 것이다. 즉흥적인 느낌이나 감정, 개인적인 선호도와 추측 등의 개념을 포함하는 '감성적 판단'은 그림에 대하여 주관적으로 반응하고 해석하며 느낌을 중요하게 생각하는 것이다. 이는 사물을 있는 그대로 보는 것이 아니라 자신의 느낌과 추측을 바탕으로 판단하는 것이다.

〈표 3-1〉에 제시한 그래픽 상징체계의 도상성 인식 요소는 3세와 5세의 연령에 따라 차이가 있었다(한경임, 최정은, 2016). 형용사 상징에 대해 3세 유아들은 '세부적 외형 묘사'와 '감성적 판단'으로 상징의 도상성을 인식하는 경향이 높은 반면, 5세 유아들은 '행동묘사'가 잘된 상징을 도상성이 높은 것으로 인식하는 경향이 있었다. 이러한 경향성은 3세경에는 상징에서 표현되는 동작의 인식이 약하지만 40개월령 이후 더 나이 든 유아에게서는 상징에서의 동작 인식이 거의 확립된다는 것(Namy et al., 2001; Tolar, Lederberg, Gokhale, & Tomoasello, 2008)과 관련이 있다. Light 등(2003)도 움직임을 표시하는 선과 같은 시각적 단서가 있는 선화 그림 상징이 3세 아동에게는 영향이 없었지만 4세와 5세 아동에게는 이러한 시각적 단서가 상징의 의미 판별에 더 많은 영향을 미치는 것으로 보고하였다.

명사 상징에 대해서 3세 유아들은 대부분 '실제와의 유사성'을 도상성 인식 요소로 사용한 반면, 5세 유아들은 '실제와의 유사성'과 함께 '세부적 외형 묘사'를 도상성 인식 요소로 사용하는 등 연령이 증가하면서 점차 상징 인식에서 다양한 요소를 사용하였다. 이것은 연령이 발달하면서 유아들의 그림이나 실제 생활에 대한 경험과 어휘 능력 등이 증가하기 때문이다. 이러한 결과는 상징으로서 그림의 사용은 일반적인, 특히 언어적인 상황에서 상징에 대한 경험을 많이 할수록 발달한다는 것과 관련이 있다(Stephenson, 2009). 이것은 연령에 따라 상징의 묘사를 다르게 할 필요성을 제기할 뿐만 아니라 장애 아동의 경우 상징 인식의 능력을 높이기 위해 그림과 함께 언어적인 경험을 많이 할 필요성을 제기하는 것이기도 하다.

동사 어휘와 기타표현 어휘의 상징을 인식할 때는 3세와 5세 유아 대부분이 주로 '행동묘사'를 도상성 인식 요소로 사용하였다. 이것은 동사를 표현하는 상징은 정적인 상징보다는 다양한 움직임을 표현하는 동적인 상징이 효과적이라는 것(Jagaroo & Wilkinson, 2008; Schlosser et al., 2011)을 반영하는 것이다. 그러나 AAC 상징체계 개발에 이러한 도상성만을 반영할 수는 없다. Von Tetzchner와 Oxley(2013)는 SGD에서 동작을 표현하기 위해 애니메이션을 사용하는 것은 상징을 더욱더 있는 그대로의 뜻으로만 해석하게 함으로써 다른 의미의 표현을 제한하기 때문에 단순히 상징의 형태에 중점을 두기보다 한 상징이 가지는 다양한 의미 해석의 관점에서 상징 개발이 이루어져야 한다고 제안하였다.

AAC 상징은 한 개의 상징이 단순히 그 상징이 나타내는 의미만을 표현하기 위해 사용되지 않는다. 일반적으로 자연스럽게 말하는 아동들은 유아기에서 청년기를 거치며 하루 5~9개 단어를 배우는 데 비해(Anglin, 1993), AAC를 사용하는 복합의사소통장애 아동은 의사소통 도구에 총 200~300개 어휘, 더 나이 든 아동은 400~1,000개 단어나 구 또는 문장을 보유하고 있는 데 불과하다(Soto & Hartmann, 2006; Von Tetzchner, 1997). 그래서 한 개의 상징은 관련된 범위의 광범위한 범주를 의사소통하기 위해 사용되며, 때로는 자신의 의사소통 도구에 표현하고자 하는 개념을 묘사하는 상징이 없을 때 관련 없는 의미를 표현하기 위해서도 사용된다. 예를 들어, 자신의 의사소통 도구에 '버스' 상징이 없으면 이를 표현하기 위해 '자동차' 상징을 사용하기도 하고, '요리'를 표현하기 위해 '뜨거운' 상징을 사용하기도 한다(Sutton, Soto, & Blockberger, 2002). 이러한 관점에서 그래픽 상징의 상형문자적 성분은 AAC 사용자를 위해서가 아니라 의사소통 상대자의 인식을 쉽게 하여 그 표현의 해석에 영향을 미치는 것 같다(Graumann & Kallmeyer, 2002; Markova & Collins, 2002).

이상에서 AAC 상징은 어느 한 체계가 유일하게 도상성이 높다고 하기 어렵고, 연령에 따라 인식하는 도상성에도 차이가 있으며, 개인적인 경험도 상징의 도상성 인식에 중요하게 작용함을 알 수 있다.

## 2) 양식

### (1) 비도구 양식

비도구 양식은 의사소통을 위해 어떠한 종류의 물리적인 기구 없이 오로지 몸을 사용하는 것을 의미한다. 비도구 양식에는 몸짓, 얼굴 표정, 제스처, 손짓기호, 팬터마임, 눈응시, 발성, 웃음, 울음, 고개 끄덕이기, 고개 젓기, 의사소통 표현을 위한 자세 조정 등이 포함된다.

비도구 양식은 의사소통을 위해 서로에게 시각적 주의를 돌려야 하며, 손이나 발성, 표정 등을 사용하여 표현하는 것이므로 일시적으로 만들어 내고 사라진다는 속성을 갖는다. 그러나 신체적 움직임 외에 어떠한 도구도 필요로 하지 않으므로 간편하다는 이점이 있고, 일반적으로 전달 속도가 빠르기 때문에 많은 어휘를 제공할 수 있으며, 상대와 많은 눈 접촉의 기회를 가질 수 있다.

이러한 장점에도 불구하고 비도구 양식이 언어 수단으로서 한계를 갖는 것은 무엇보다 그 양식을 알고 있는 사람과만 의사소통이 가능하다는 점 때문에 활동 범위에서 제한을 받는다는 것이다. 또한, 비도구 양식을 사용하기 위해서는 그 양식을 표현해 낼 수 있는 신체적 능력과 그 양식들을 부호화하고 해독할 수 있는 인지능력이 있어야 하며, 표현을 위해 기억으로부터 재생시켜야 한다는 어려움이 있다. 따라서 자신의 신체를 수의적으로 움직일 수 없는 뇌성마비 아동이나 지체장애 학생, 루게릭병을 지닌 환자에게는 적용하기 어려운 한계가 있다.

비도구 양식에서 언어 중재를 위한 AAC로서 복합의사소통장애를 지닌 사람들에게 주로 사용되는 것이 손짓기호이다. 우리는 일상생활에서 자연스럽게 손짓을 사용하며 생활한다. 많다는 것을 표현하려고 손을 크게 벌리기도 하고, 공간적 느낌을 표현할 때도 자연스럽게 손짓을 사용한다. 따라서 손짓기호는 복합의사소통장애를 지닌 사람들이 자연스럽게 익힐 수 있는 체계 중 하나이다. 김정연과 박은혜(2006)는 손짓기호 체계는 청각장애인들이 사용하는 수어와 달리 최소한의 필요한 표현을 하게 하므로 중도장애 아동들의 의사소통 상황에 효율적으로 사용할 수 있다고 하였다.

손짓기호에 대한 장점을 제시하면 다음과 같다(Hourcade, Pilotte, West, & Parette, 2004). 첫째, 구어와 같이 매 단어나 표현에 따른 고유의 손동작이 존재하며, 단어와 손동작의 연관성이 높을수록 구어 발달에 보다 긍정적인 영향을 미친다. 둘째, 손짓기호를 이용한 의사소통은 다른 양식들을 이용하는 의사소통에 비해 구어 대화의 형태, 흐름, 속도와 유사하다. 셋째, 다른 AAC 체계와 달리 휴대해야 할 외부 장치가 필요 없고 자신의 신체 기능을 이용할 수 있다는 장점이 있다.

이러한 손짓기호 사용에 대해 많은 연구에서 AAC 체계로서 효과가 있음이 보고되었다. 손짓기호는 언어발달지체 유아의 시작발화, 반응발화, 명료한 발화 향상에 효과적이라는 연구(양혜란, 문현미, 2016)와 말이 늦은 유아에게 제스처와 함께 단어를 가르쳤을 때 유의하게 높은 이해 점수를 얻었다는 보고(지정희, 2013)를 볼 때 언어발달지체 유아의 구어 발달 촉진에도 손짓기호가 도움이 됨을 알 수 있다.

자폐성장애 유아 3명에 대해 PECS와 손짓기호를 비교한 연구(문현미 외, 2007)에 의하면 PECS 중재에서는 자발적 발화가 거의 나타나지 않았지만 손짓기호 중재에서 자발적 구어 사용률이 높은 수준으로 급격하게 증가하였다. 손짓기호 사용이 어려울 것이라 예상했던 뇌성마비 유아도 손짓기호 사용을 통해 자발적 요구하기와 자발화 비율이 증가하였다(문현미, 한경임, 2009). 11~15세 중도뇌성마비 학생 3명이 손짓기호와 그림 의사소통판 사용을 통해 다양한 의사소통 기능의 향상에 효과적이었음이 보고되기도 하였다(김정연, 박은혜, 2006).

이와 같이 손짓기호가 AAC 체계로서 효과적인 이유는 언어학적 특성을 가진 손짓기호가 발화를 자극하는 촉구 역할을 하기 때문이다(Tincani, 2004). 또한, 손짓기호와 어휘가 일단 장기기억 속에 저장되고 나면 인출 시 작업기억의 사용 없이 회상만 하면 되고, 손짓기호가 말의 인출을 용이하게 해 주는 단서 역할까지 해 주어 빠른 반응이 가능하게 되는 것으로 보인다(양혜란, 문현미, 2016). 한 연구(문현미 외, 2006)에 의하면 손짓기호의 사용은 손동작 모방 능력 수준과 밀접한 관련이 있다. 이 연구에서 손동작 모방 기술이 아직 출현하지 않은 유아는 수어 중재에서 유의미한 효과를 얻을 수 없었으나, 30% 정도의 손동작 모방 기술을 가진 유아는 수어 중재 효과를 기대할 수 있었다. 이것은 운동장애로 인해 손동작 모방 능력을 갖추기 어려운 경우에는 손짓기호 적용에 제한이 있음을 의미한다. 문현미와 한경임(2009)의 연구에서는 두 명의 뇌성마비 유아가 손짓기호와 사진의사소통 체계를 사용하였을 때 사용하는 체계의 선호도가 다른 것으로 나타났다. 따라서 복합의사소통장애 학생에게 손짓기호와 도구 양식 중 어느 것을 사용할지 결정하는 데 학생의 손동작 모방 능력과 학생의 선호도 등이 고려되어야 한다.

최근 우리나라에서 중도중복장애 학생을 위해 몸짓 양식인 '손담'이 개발되었다(이현주 외, 2019). '손담'은 중도중복장애 학생들의 특성과 요구를 고려하여 쉽게 사용하고 학습할 수 있도록 의미표현의 명확함과 간결한 표현에 중점을 두고 간단하게 나타내는 '손 표현'을 기본으로 하되, '몸동작'을 이용한 표현을 함께 사용하는 방법을 말한다. 박은혜 등(2017, 2018)은 손담의 장점을 다음과 같이 제안하였다.

첫째, 도구를 사용한 의사소통 방법에 비해 의사소통에 필요한 인지능력의 요구수준이 낮다. 간단한 손 표현이기 때문에 이해와 표현이 쉽고, 대화 상대가 의미를 쉽게 유추할 수 있다.

둘째, 빠르고 간편하게 의사를 전달할 수 있다. 소통이 필요한 상황에서 즉각적으로 표현함으로써 시간이 지연되거나 대화의 흐름이 끊기는 문제를 예방할 수 있다.

셋째, 구어를 병행하여 사용함으로써 구어로 전달하기 어려운 내용을 보완할 수 있으며, 중요한 낱말을 강조하여 의사를 더 잘 전달할 수 있다.

넷째, 모든 연령과 다양한 환경에서 사용할 수 있다. 움직임이 많거나 역동적인 활동이 이루어지는 상황, 시끄러운 곳, 먼 거리에서도 의견을 전달할 수 있다.

다섯째, 비용 면에서 경제적이며, 한 번 학습되면 일반화와 유지 효과가 크다.

몸짓 양식의 단점으로는, 첫째, 몸짓 양식으로 표현할 수 있는 내용의 범위가 매우 제한적이다. 둘째, 학생에 따라서는 의사소통에 활용할 정도로 친숙해질 때까지 오랜 시간이 소요될 수 있다. 셋째, 초기 단계에서 몸짓 양식의 표현이 부정확하여 의미 파악이 어려운 경우 불필요한 의사소통 단절을 가져올 수 있으며, 몸짓 상징만으로는 어휘의 지속적인 확장이 어려울 수 있다. 이러한 단점을 보완하기 위한 방법(이현주 외, 2019)으로 몸짓 양식을 적용하기 위해서는 실생활 장면에서 자연스럽게 반복 노출하여 학습할 수 있도록 해야 한다. 또한, 학생의 의사소통 능력 발달 수준에 따라 그림이나 상징 등을 포함한 다른 의사소통 방법을 함께 적용하여 의사소통 범위가 확장될 수 있도록 지원해 주어야 한다.

몸짓 양식인 '손담'의 효과성이 몇몇 연구에서 보고되고 있다. 초등학교 2학년 비구어 자폐성 장애 학생이 손담을 이용하여 창의적 체험활동, 점심 자율활동, 가정 식사활동에서 요구하기, 대답하기, 거부하기, 사회적 기능의 의사소통 기능이 향상되었음이 보고되었다(윤형준, 2022). 최재연과 박은혜(2021)의 연구에서는 2개 특수학교에 재학 중인 12명의 발달장애 청소년을 대상으로 실험집단과 통제집단으로 나누고 창의적 체험활동 시간과 직업 시간에 손담 교수 전후 비교를 실시하였다. 연구 결과 손담을 사용한 실험집단의 의사소통 행동 빈도가 향상되고, 구어와 제스처의 발생 빈도가 증가하였다.

'손담'의 범주별 예시(이현주 외, 2019)를 발췌하여 〈표 3-2〉에 제시하였다. 손담은 국립특수교육원(https://www.nise.go.kr) 장애 자녀 부모지원 종합시스템에서 다운받아 활용할 수 있다.

〈표 3-2〉 손담의 범주별 예시

| 범주 | 어휘 | 표현 설명 | 표현 방법 |
|---|---|---|---|
| 사람 및 호칭 | 나<br>(저요, 제가 할래요) | 나 자신을 나타낸다. 한 손을 펴서 손바닥을 가슴 한가운데에 댄다. |  |
| 기분 및 감정 | 좋다/잘하다 | 칭찬하는 모습을 표현한다. 한 손을 주먹 쥔 상태에서 엄지를 치켜세운다. 아주 좋거나 아주 잘했을 때는 양손으로 표현한다. |  |
| 건강 및 상태 | 자다/졸리다/눕다 | 잠잘 때 베개를 베는 모습을 표현한다. 한 손을 펴서 손바닥을 머리 옆에 대며 고개를 옆으로 기울인다. |  |
| 음식 및 식사 | 마시다/목마르다/물 | 컵으로 물을 마시는 모습을 표현한다. 한 손을 컵 모양으로 오므려서 입 주변에 가져간다. |  |

출처: 이현주 외(2019).

### (2) 도구 양식

도구를 이용하는 양식이란 의사소통을 위해 어떠한 형태의 물리적 도구를 요구하는 것이다. 상징이 영속적으로 제시된다는 특징을 가지는 것으로 그 의미를 전달하기 위해 의사소통판, SGD와 같은 도구에 배열되어 이용된다. 도구 양식은 시각적인 것을 기초로 하므로 움직임에 어려움을 가진 복합의사소통장애 학생이 자세의 변화나 이동의 어려움 없이 판에 배열되어 있는 상징을 선택함으로써 쉽게 사용할 수 있다. 또한, 기억의 요구 면에서도 그 상징이 어디에 배열되어 있는가에 대한 인지 기억 과제를 거치고 나면 기억으로부터 회생시킬 필요가 없다.

도구 양식은 상징의 위나 아래에 상징이 의미하는 단어가 쓰여 있어 상징에 익숙하지 않은 사람도 쉽게 의미를 이해할 수 있다는 장점이 있다. 그러나 배열에서 원하는 상징을 찾아야 하는 것 때문에 의사전달 속도가 느리다는 단점이 있으며, 이것은 특히 상징의 수가 많아지면 쉬운 일이 아니다. 그리고 의사소통을 위해 의사소통판을 보아야 하기 때문에 상대와의 눈 접촉 기회가 적고, 휴대하기가 불편한 어려움이 있다.

#### ① 공학 수준에 따른 분류

AAC 양식은 공학의 수준에 따라 비전자식인 로우테크(Low-Tech)/라이트테크(Light-Tech), 전자식인 하이테크(High-Tech) 양식으로 구분할 수 있다(ASHA, 2025, https://www.asha.org/practice-portal/professional-issues/augmentative-and-alternative-communication/?). 반드시 하이테크 도구만이 유일하게 유용하고 좋은 것은 아니다. 특히, 아직 미국만큼 첨단 기능이 탑재되어 있지 않은 우리나라의 하이테크 AAC 양식 수준에서는 복합의사소통장애를 가진 사람의 너무나 다양한 요구를 충족하기가 어렵기 때문에 각 의사소통 양식의 특성을 고려하여 적용할 필요가 있다.

#### ⓐ 로우테크 의사소통 도구

이전에 노테크 의사소통 도구로 분류하였던 분류체계는 ASHA(2025)를 반영하여 로우테크/라이트테크 의사소통 도구로 분류하였다. 로우테크 의사소통 도구는 의사소통을 위해 충전기나 전기 접촉을 위한 플러그가 필요 없는 비전자식 도구를 의미한다. 의사소통판, 의사소통책, 의사소통 수첩, 눈응시판, 시각 일정표와 같이 어떠한 전자 장치도 없이 AAC 도구로 사용되면 로우테크 양식이라고 할 수 있다. ASHA(2025)에서는 시각 일정표를 의사소통에 사용하면 로우테크 AAC 양식으로 분류한다.

### ▸ 의사소통판/책/앨범/수첩

사진이나 그림, 그래픽 상징을 배열하여 의사소통판이나 의사소통책을 만들어 사용하고 간단하게는 상징으로 예/아니요 카드를 만들어 사용하는 것은 모두 로우테크 AAC 양식에 해당한다. 의사소통판/책을 만들 때는 AAC 사용자의 특성을 고려하여 상징의 크기와 배치 공간, 전체 의사소통판/책의 크기 등을 정해야 한다. 예를 들어, CVI를 지닌 뇌성마비 학생이면 학생의 시각 능력을 고려해야 한다. 손으로 직접 상징을 지적할 수 있는 학생의 경우 손가락으로 지적하는지 주먹으로 지적할 수 있는지, 상징의 개수는 몇 개나 할지 등도 고려해야 한다.

[그림 3-7]에 AAC 상징을 카드로 만들어 의사소통하는 예와 의사소통판, 그리고 의사소통 수첩의 예를 제시하였다.

상징 카드

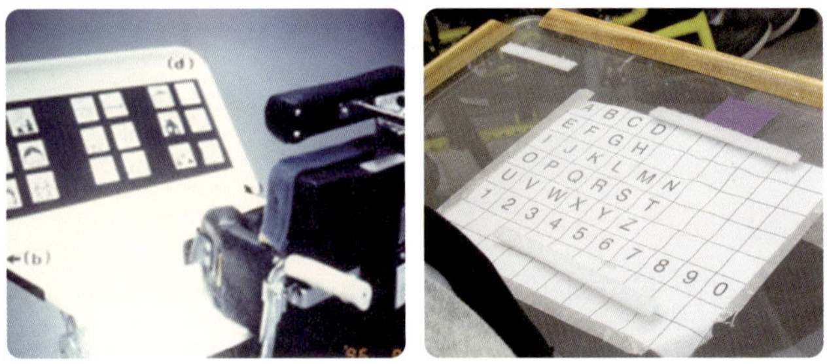

의사소통판

의사소통 수첩

[그림 3-7] 의사소통 상징 카드와 의사소통판/수첩 예시

학생이 표현하는 어휘가 많아지면 의사소통책으로 만들어 사용하게 된다. 어휘를 범주별로 나누어 의사소통책을 구성하거나 교과나 수업 활동에 따라 상징을 구성할 수도 있다. 의사소통책에 상징을 구성할 때 반드시 특정 그래픽 상징만을 사용할 필요는 없으며, 실제 사진이나 글자 상징을 활용하여 구성하는 것도 가능하다. 한 페이지에 상징을 배치할 때는 AAC 사용자의 손 기능에 따라 공간을 비워 두는 방법도 있다. [그림 3-8]에 다양한 AAC 의사소통책의 예시를 제시하였다.

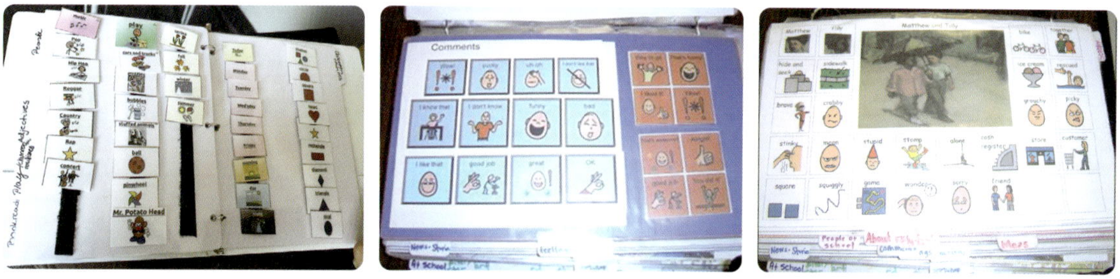

아발론 아카데미 특수학교　　　　브릿지스쿨

T.A.C.L.E. 프로그램 특수학급

[그림 3-8] AAC 의사소통책 예시

의사소통책의 한 형태로 플립북을 활용한 AAC 의사소통판이 매우 효과적으로 사용되기도 한다. 보통 학생이 사용하는 어휘가 늘어나면 의사소통판 하나로는 소통에 한계를 느끼게 된다. 의사소통책을 만들 만큼 아직은 어휘 수가 많지 않지만 의사소통책과 유사하게 표현을 다양하게 할 수 있는 방법으로 플립북이 유용하다. [그림 3-9]에 플립북 AAC 의사소통책의 예시를 제시하였다. 권상희와 한경임(2023)의 연구에서 플립북을 이용한 의사소통판은 자폐성장애 학생의 형태소 습득과 평균발화길이, 어휘다양도 변화에 효과적인 것으로 보고되었다.

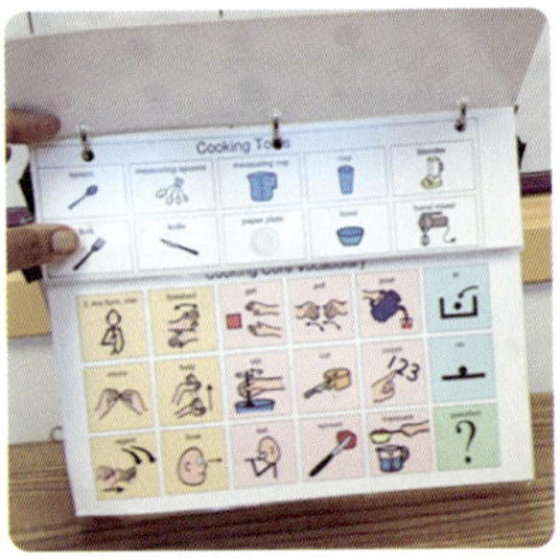

T.A.C.L.E 프로그램 특수학급 권상희, 한경임(2023)

[그림 3-9] 플립북 AAC 의사소통책 예시

지적장애, 의사소통장애, 시각장애를 중복으로 지닌 중도중복장애 학생의 경우 [그림 3-10]의 예시와 같이 실제 사물이나 또는 입체적인 촉각 상징을 사용하여 의사소통책을 만들 수 있다. 그리고 CVI를 지닌 학생의 경우 학생이 반응하는 색을 반영하여 검은색 배경에 사진이나 상징 아래에 붉은색으로 테두리를 그려 글자를 표시한 의사소통책을 만들어 사용하기도 한다.

I-Talk 프로그램 특수학급 브릿지스쿨

[그림 3-10] 시각장애와 CVI를 지닌 학생의 의사소통책 예시

로우테크 의사소통 도구의 또 다른 예는 눈응시판(eye-gaze board/E-tran)이다. 눈응시판은 손으로 의사소통판이나 의사소통책을 지적할 수 없는 중증의 복합의사소통장애 학생이 눈동자로 상징을 보고 표현하도록 하는 것이다. 상징은 학생의 장애 정도나 특성에 따라 실제 사물을 사용할 수도 있고, 그래픽 상징이나 글자를 사용할 수도 있다. 한글 자모음으로 눈응시판을 제작할 때 고려할 사항은 이중모음 단독 선택 조건으로 제작된 눈응시판이 단모음 복수 선택

조건으로 제작된 것보다 더 정확하게 단모음 또는 이중모음으로 구성된 목표 자극어를 산출할 수 있었다는(고정은, 신상은, 2020) 점이다. [그림 3-11]은 눈응시판의 예시이다.

T.A.C.L.E. 프로그램 특수학급

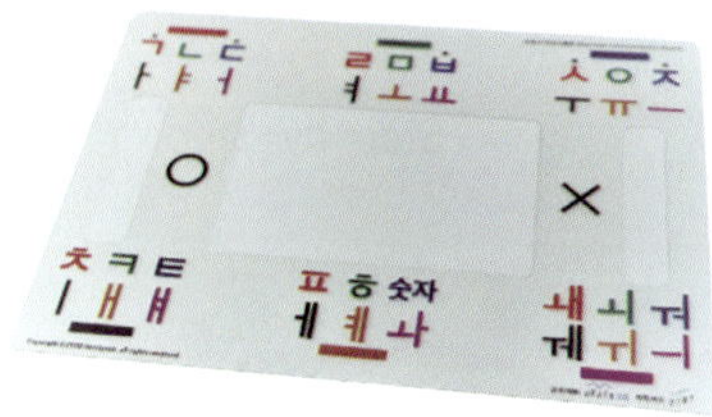

https://smartstore.naver.com

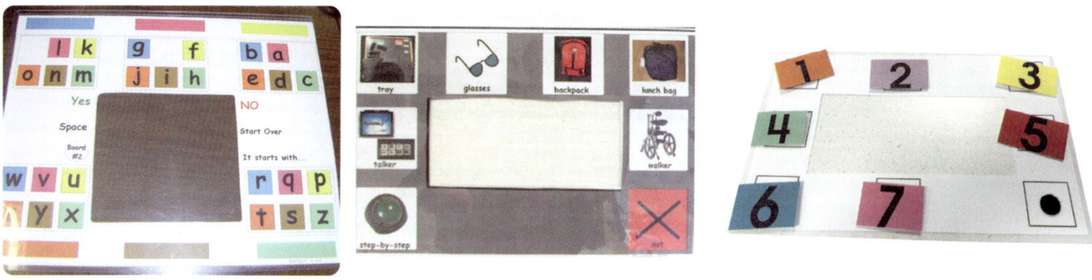

브릿지스쿨

[그림 3-11] 눈응시판의 예시

### ⓑ 하이테크 의사소통 도구

하이테크 AAC 도구는 전자식 의사소통 도구로서 음성을 녹음하여 사용하는 전자식 도구에서부터 첨단 기능이 내재되어 있는 고가의 의사소통 도구에 이르기까지 다양하게 개발되어 있다.

간단한 전자식 도구는 보통 음성을 녹음하여 사용하며, 재충전할 수 있는 배터리가 내장되어 있지 않아 건전지를 자주 바꾸어 주어야 한다. 제한된 수의 메시지를 녹음하거나 재생할 수 있다. 하이테크 의사소통 도구에는 음성녹음형(digitized speech), 음성합성형(synthesized speech) 도구가 있다. [그림 3-12]에 음성 녹음형 전자식 도구인 SGD의 예를 제시하였다.

[그림 3-12]에서 Step-by-Step과 Multi-com은 한 번에 한 개의 메시지만 저장할 수 있어 단일 메시지(single message) 저장 SGD라고 하며, Cheap Talk, GoTalk 시리즈는 다중 메시지 저장 SGD이다.

Step-by-Step

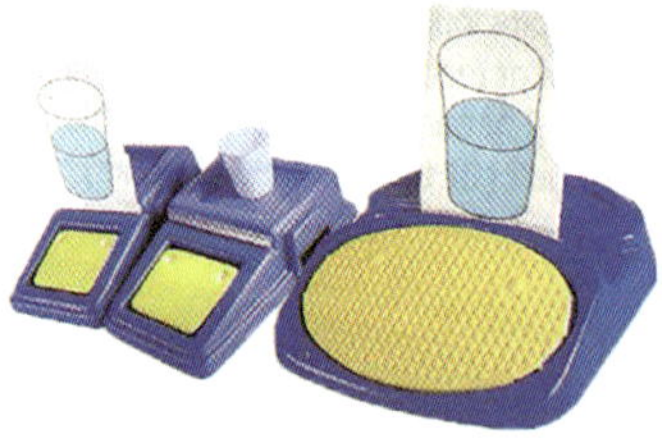
Multi-com

Cheap Talk 8

TalkableⅣ

GoTalk4+

GoTalk20+

[그림 3-12] 음성녹음형 SGD의 예시

[그림 3-13]에 제시한 예와 같이 비교적 고가의 전자식 기기일수록 다양한 첨단 기능들을 이용할 수 있다. 이 도구들은 음성녹음형과 음성합성형을 모두 갖추고 있는 경우가 많고, 수많은 어휘와 메시지를 저장하고 있어 다중 메시지 저장 SGD이다.

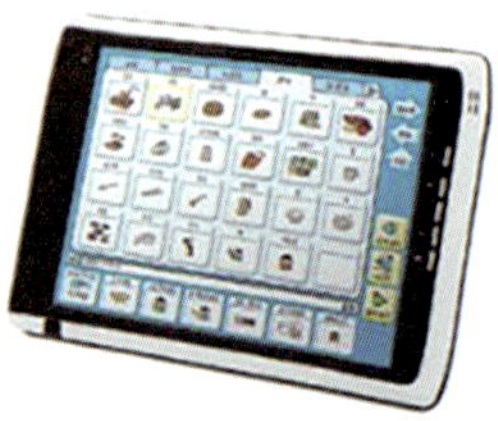
키즈보이스

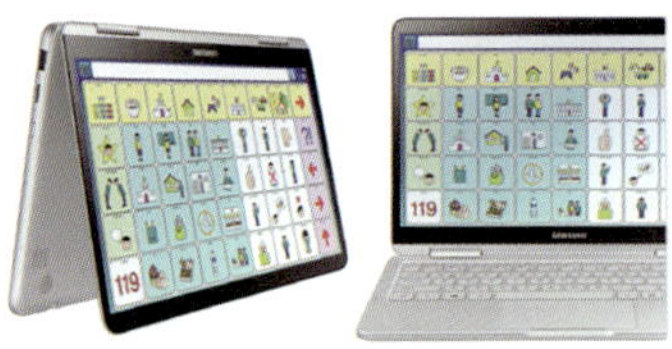
마이토키노트

Tobiidynavox communicator 5

Tobiidynavox I-Series

PRC Accent 1000

PRC Accent 1400

[그림 3-13] 첨단 기능을 갖춘 하이테크 SGD의 예시

[그림 3-13]에서 키즈보이스와 마이토키노트는 우리나라에서 개발되어 사용되고 있는 하이테크 SGD이다. 키즈보이스(http://www.aackorea.com)는 우리나라에서 최초로 개발된 SGD로서 문자를 음성으로 읽어 주는 TTS 기능, 그림 상징 추가 편집 기능이 있으며, 추가 음성녹음도 가능하다. 마이토키노트(http://www.mytalkie.co.kr)는 음성합성 솔루션이 내장되어 있어 자연스러운 음성 출력이 된다는 장점이 있다. 5,000개의 상징이 내장되어 있으며 아동, 성인, 여성, 남성의 한국어 음색으로 자연스러운 음성을 들을 수 있다. 키보드 입력 화면을 제공하여 원하는 글자 입력이 가능하고 무엇보다 스캐닝 기능이 있다는 것을 장점으로 꼽을 수 있다.

Tobiidynavox 제품은 미국에서 영어뿐만 아니라 스페인어, 독일어, 일본어 버전 등으로도 개발되어 널리 사용되는 제품으로 대부분 보드메이커 PCS 상징을 사용한다. communicator 5는 일반적인 스캐닝 방법을 사용하는 것이고 I-Series는 아이트래킹 방법을 적용하는 것이다. 이 외에도 터치스크린 기능의 SGD 등 다양한 제품이 있다(https://www.tobiidynavox.com).

PRC(https://store.prc-saltillo.com)에서 생산되는 하이테크 SGD로 Accent 1400, Accent 1000, Accent 800이 있다. Accent 1400은 아이트래킹과 헤드트래킹 기능이 있으며 상징 배열 화면의 크기가 큰 의사소통 전용 도구이다. Accent 1000과 Accent 800은 모두 일반적인 스캐닝 기능이 있으며 상징 배열 화면 크기에서 차이가 있다. 이 외에 컴퓨터 기능도 함께 사용할 수 있는 의사소통 비전용 프로그램으로 NovaChat 시리즈도 개발되어 있다. PRC 제품은 자체적으로 개발한 Minspeak 언어 시스템에 의한 상징을 사용한다. 하지만 사용자가 원하는 경우 보드메이커 PCS 상징 등 원하는 상징을 추가적으로 탑재하여 사용할 수 있다. Tobiidynavox와 PRC 제품은 의사소통에만 중점을 두는 것이 아니라 언어능력과 문해력을 증진시키기 위해 상징 배열을 학생 개인 맞춤형으로 구성할 수 있다는 장점이 있다.

최근 태블릿 PC와 스마트폰의 개발로 앞에서 제시한 의사소통 전용 하이테크 AAC만큼 첨난 기능을 탑재하지는 않았지만 일상생활에서 편리하게 사용할 수 있도록 [그림 3-14]와 같이 다양한 AAC 앱 프로그램이 개발되어 사용되고 있다. 표윤희, 김정연과 김시원(2017)의 연구에서 My AAC 앱을 이용해 어린이집에서 미술 시간, 간식 시간, 자유 선택 시간에 언어발달지체 유아의 의사소통 행동과 발성모방이 좋아졌음이 보고되었다. 백경란과 한경임(2016)은 똑똑 Talk 앱의 사용으로 중도중복장애 아동이 학교, 가정, 지역사회에서 의사소통 기능이 다양해지고, 의사소통 역할이 주도적으로 변했으며, 의사소통 성과가 높아졌고, 발성모방의 변화에도 효과적임을 보고하였다. 두 연구 모두 발성모방이 증가하여 AAC의 사용이 구어 발달을 방해하는 것이 아님을 보여 준다. 똑똑 Talk 앱은 다른 AAC 앱과 달리 시각장면 디스플레이(Visual Scene Displays: VSD)를 사용한다는 특징이 있다. 정명철과 한경임(2018)은 자폐성장애 학생이 지역사회에서 토크프렌드 앱을 사용하여 자기결정력이 높아졌음을 보고하기도 하였다.

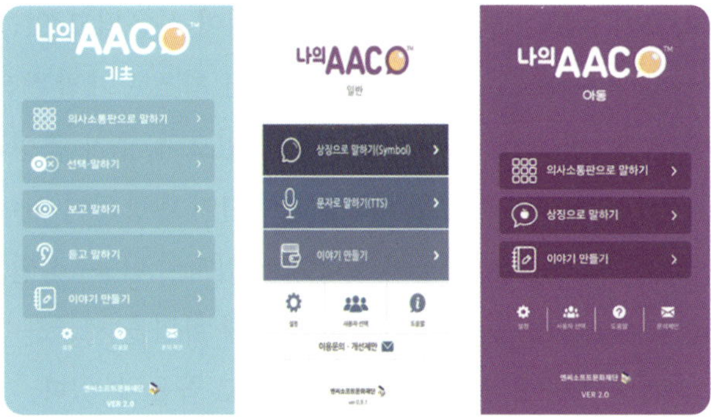

My AAC

마이토키스마트

토크프렌드

똑똑 Talk

TDSnap core

TDSnap PODD

TDSnap PODD

Prologuo2Go

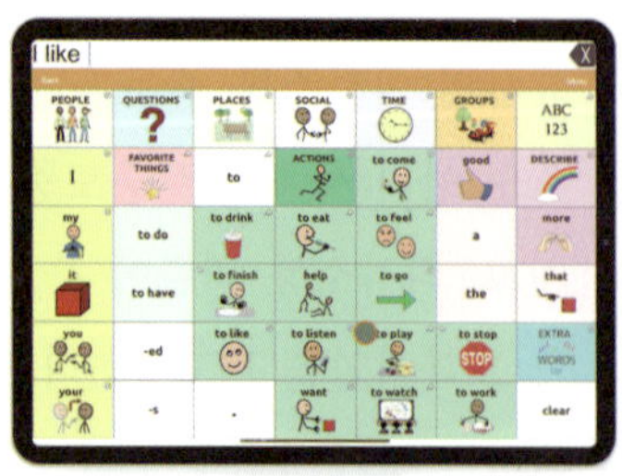

TouchChat

[그림 3-14] AAC 앱 프로그램의 예시

### ② 상징 배열 형식에 따른 도구 분류

의사소통 도구는 상징의 배열 형식에 따라 정적(static) 배열 양식과 역동적(dynamic) 배열 양식으로 분류된다. 정적 상징 배열 양식은 의사소통판이나 의사소통책, 음성녹음형 SGD와 같이 의사소통하는 동안 화면의 상징에 변화가 없는 것이다. 예를 들어, 앞에서 제시하였던 [그림 3-8]의 의사소통판(책)이나 [그림 3-12]의 도구에서 보는 바와 같이 의사소통을 하려면 상징이 배열된 화면이나 해당 페이지를 펼치고 그 화면에서 원하는 상징을 지적하면 된다. 이때 그 화면이나 해당 페이지에서 상징의 위치가 변하지는 않는다.

역동적 상징 배열 양식은 첨단 기능을 갖춘 하이테크 SGD에서처럼 의사소통하는 동안 화면에서 상징의 변화가 나타나는 것이다. 예를 들어, [그림 3-15]와 같이 마이토키스마트로 의사소통하는 과정에서 의사소통 화면에서 먼저 '집'을 선택하여 터치하면 그 화면은 사라지고 다시 집에서 표현되는 범주와 어휘들이 나타난다. 이 화면에서 다시 원하는 상징을 선택하고, 또 다른 화면이 나타나면 그 화면에서 원하는 상징을 선택한다.

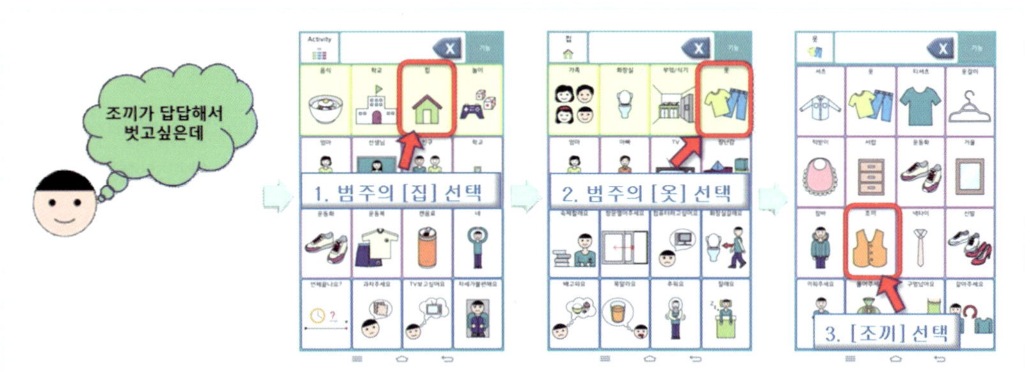


[그림 3-15] 마이토키스마트의 역동적 상징 배열 예시

출처: 마이토키스마트 제품설명서.

이와 같이 원하는 상징을 선택하기 위해 여러 번 찾아가는 과정을 거치면서 화면이 변화하기 때문에 이를 역동적 상징 배열 방식을 적용한 것이라고 할 수 있다. 대부분의 첨단 기능을 갖춘 하이테크 의사소통 도구는 많은 어휘를 저장하고 표현하는 나름의 전략들을 사용하기 때문에 역동적 상징 배열 방식을 적용한다.

### ③ 전용/비전용 AAC 의사소통 도구

음성이 산출되는 하이테크 의사소통 도구인 SGD는 의사소통 전용 음성산출 도구(dedicated SGD)와 의사소통 비전용 음성산출 도구(non-dedicated SGD)로 분류된다. 의사소통 전용 도구는 오로지 AAC 도구로서만 사용할 수 있는 것으로 이 도구의 주요 기능은 면대면 상호작용 동안 의사소통을 증진시키는 것이다. 의사소통 전용 도구에는 음성을 녹음하여 산출하는 음성녹음형 SGD와 음성합성기술을 적용하는 SGD가 모두 포함된다. 반면에 의사소통 비전용 도구는 매우 기능적인 컴퓨터 체제로서 음성산출 그 이상의 소프트웨어 프로그램을 운영할 수 있다. 예를 들어, 의사소통 비전용 도구는 인터넷 접속이 가능하고 워드프로세싱, 이메일, 게임 소프트웨어와 같은 어떠한 소프트웨어도 도구의 하드 드라이버에 저장해서 운영할 수 있다. 그래서 한 사람이 일종의 컴퓨터를 가지고 있는 것이라 생각하면 된다. 다양한 AAC 앱은 태블릿에서 사용하는 것이므로 의사소통 비전용 도구로 분류된다. 미국에서도 이러한 경향성에 따라 Tobiidynavox 제품이나 PRC 제품에서 의사소통 전용 SGD만이 아니라 컴퓨터에 프로그램을 저장하거나 태블릿에서 운영할 수 있는 다양한 의사소통 비전용 프로그램이 개발되어 있다.

많은 의사소통 비전용 AAC 도구는 컴퓨터의 기능을 충분히 갖추고 있어 수업 시간에 의사소통 도구로서만이 아니라, 인터넷 검색을 통한 수업 과제 해결, 페이스북을 통한 정보 공유, 친구나 가족에게 이메일을 보내거나 자신의 인스타그램에 오늘의 학급 활동 사진 올리기도 가능하다. 그런데 이러한 기능을 동시에 많이 사용할 것 같아서 컴퓨터 기반의 의사소통 비전용 도구를 구입하지만 정작 AAC 사용자는 의사소통 도구로서만 사용하는 경향이 많은 것으로 보고되었다(Binger & Kent-Walsh, 2010).

### ④ 상징 형태, 공학 수준, 상징 배열, 전용/비전용에 따른 AAC 도구 분류

지금까지 제시한 AAC 의사소통 양식을 상징의 형태, 공학 수준과 상징 배열, 전용/비전용 여부에 따라 분류하여 〈표 3-3〉에 제시하였다.

〈표 3-3〉 AAC 도구 분류

| 특성 | 상징의 형태 | 공학 수준 | 상징 배열 | 전용/비전용 | 예시 |
|---|---|---|---|---|---|
| 단일 상징 (코팅하여 사용) | 사진, 선화, 그래픽 상징, 글자 | 로우 테크 | 정적 상징 배열 | 비전용 |       |
| 의사소통 판/책/수첩/앨범 | 선화, 사진, 그래픽 상징, 글자 | 로우 테크 | 정적 상징 배열 | 전용 | 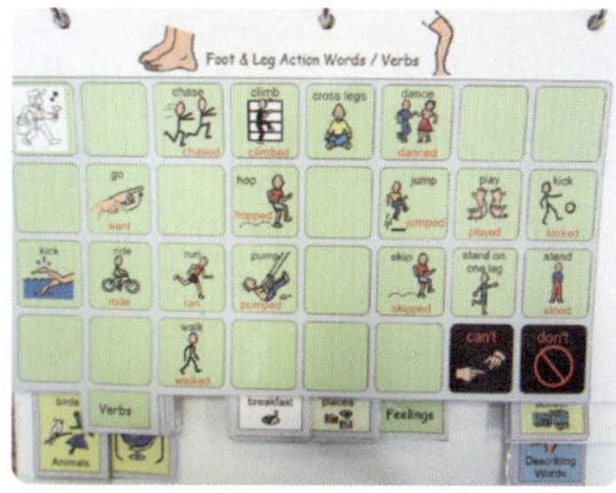  |
| 눈응시판 | 선화, 사진, 그래픽 상징, 글자 | 로우 테크 | 정적 상징 배열 | 전용 |   |
| 단일 메시지 저장 SGD | 선화, 사진, 그래픽 상징, 글자 | 하이 테크 | 정적 상징 배열 | 전용 |  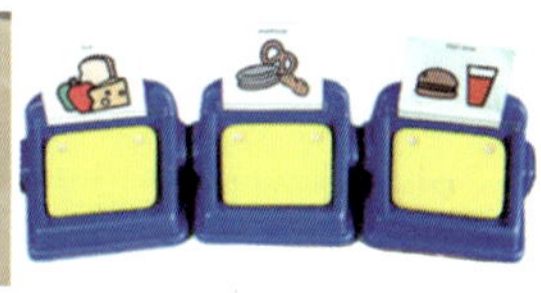 |
| 다중 메시지 저장 SGD | 선화, 사진, 그래픽 상징, 글자 | 하이 테크 | 정적 상징 배열 | 전용 | 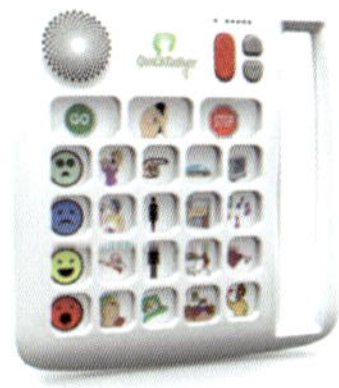 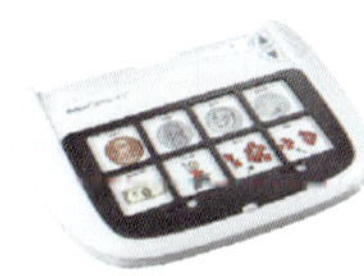 |
| 다중 메시지 저장 SGD | 선화, 사진, 그래픽 상징, 글자 | 하이 테크 | 역동적 상징 배열 | 비전용 | 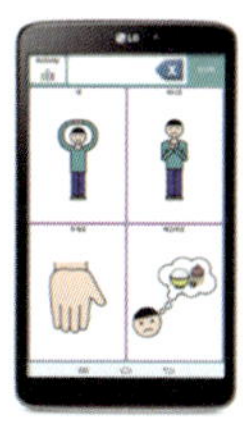 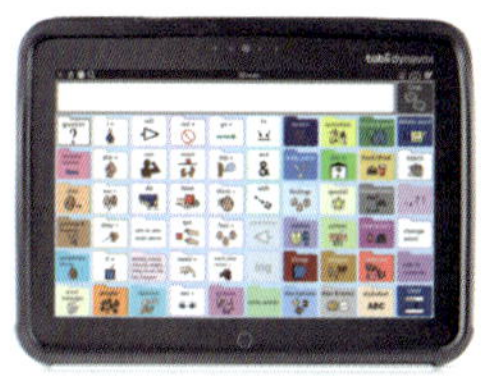 |

* 단일 상징, 의사소통책의 일부: 미국 T.A.C.L.E. 프로그램 특수학급
눈응시판(미국 브릿지스쿨)
Step-by-Step, Mini-com(https://www.ablenetinc.com)
QuickTalker, SuperTalker(https://www.ablenetinc.com)
마이토키스마트(http://www.mytalkie.co.kr)
Dynabox TD Snap(https://www.tobiidynavox.com/pages/tdpilot)

### ⑤ 다중양식 의사소통

저 멀리 숲을 향해 뛰어가는 사람에게 "그리 가면 길이 없어요!"라고 말하려는 상황을 상상해 보자. 이 상황에 어떻게 말하면 위험성을 알고 멈추어 설까? 큰 소리로 "그리 가면 안 돼요!"라고 말하면서 손을 휘젓기도 하고, 양손의 손가락을 가로질러 가위 표시 형태를 보이기도 하고, 발을 동동 구르는 모습도 보여 줄 것이다. 그러면 그 사람은 '어? 저 사람이 왜 저러지? 무엇이라고 하는 것이지?'라며 멈추어 서고 말로 왜 그러는지 물으며 궁금한 얼굴 표정도 짓고, 손가락으로 물음표 표시를 할지도 모른다. 이러한 과정을 거쳐 서로 간에 의미를 공동으로 확고히 하면서 자신의 위험한 상황에 대해 의미를 파악하게 될 것이다.

언제든 일어날 수 있는 이런 사례를 떠올려 볼 때 우리는 다른 사람과의 의사소통에서 말을 유일한 수단으로 사용하는 것이 아니라, 말과 손짓, 표정 등 다양한 양식, 즉 다중양식(multi-modes)을 동시에 사용하고 있다. 제1장에서 언급했듯이 장애가 있건 없건 모든 사람의 의사소통은 역동적이며, 복합적이고, 다중양식적이며, 전달하고자 하는 의미를 공동으로 확립하는 과정이다.

우리가 살아가는 현재 21세기에는 더더욱 다중양식 의사소통의 선택 항목들이 급속도로 발전하고 있다. 이제 사람들의 의사소통은 더 이상 얼굴을 마주 보거나 전화 통화 또는 읽기나 쓰기만으로 이루어지지 않는다. 오늘날 의사소통은 유비쿼터스화되고 있으며, 휴대용 공학을 이용한 새롭고 강력한 플랫폼을 통해 이루어지고 있다. 우리는 약간의 또는 전혀 비용을 들이지 않고 먼 거리의 상대와 실시간 의사소통이 가능하다. 우리는 구어, 제스처, 몸짓, 쓰기, 읽기뿐만 아니라 문자 메시지, 블로그, 트위터, 이모티콘, 비디오, 사진, 이메일 등을 사용해서 비동시적으로 의사소통할 수도 있다. 이러한 새로운 방식을 이용하여 의사소통에 참여할 수 있도록 복합의사소통장애를 지닌 사람들에게도 기회가 주어져야 한다. 즉, 복합의사소통장애를 지닌 사람들이 의사소통 권리를 실현하고 자신의 의도를 표현하기 위해서는 말이나 상징 또는 손짓기호들 중 어느 하나의 양식만을 사용하는 것이 아니라 다중양식 체계를 사용할 수 있도록 해야 한다.

복합의사소통장애를 지닌 사람의 특성은 너무도 다양하기 때문에 어떤 양식을 사용하는 것이 그 개인에게 효율적일지는 각 개인에 따라 다르다. 예를 들어, 어떤 아동은 코팅된 상징 카드만을 선호할 수 있으며, 어떤 학생은 하이테크 의사소통 도구의 사용을 통해 언어능력을 더 확장시킬 수도 있다. 하이테크 의사소통 도구의 외부 케이스 색깔을 누구는 붉은색을, 누구는 검은색을 선호할 수도 있다. 게다가 하이테크 도구만으로 자신의 요구를 모두 전달하지 못해 제스처가 필요할 수도 있다. 이렇게 사용자의 선호도와 기능, 또는 도구의 특성에 따라 사용자의 의사소통 요구를 완벽히 충족시킬 수 있는 단 하나의 도구는 있을 수 없으므로 AAC 중재는 다중양식 체계를 사용한 중재여야 하는 것이다.

복합의사소통장애를 지닌 사람의 의사소통에 다중양식 체계 적용의 중요성이 여러 연구에서 보고되었다. 의사소통책과 손짓기호를 함께 사용하는 다중양식 체계 중재로 뇌성마비 고등학생의 수업 중 의사소통 행동의 빈도가 증가하고, 의사소통 기능도 다양해졌음이 보고되었다(김정연, 박은혜, 2006). 미국 브릿지스쿨에서도 어느 특정 AAC 도구를 사용하도록 강요하지 않고 각 아동마다 가능한 모든 의사소통 양식을 사용하도록 지도하는 사례가 보고되었고(한경임, 2014, 2024b), T.A.C.L.E. 프로그램을 운영하는 특수학급에서도 비도구 양식과 로우테크, 하이테크 도구가 다양하게 적용되고 있는 사례(한경임, 2018a)가 보고된 바 있다.

〈표 3-4〉에 제시한 다중양식 체계를 사용하는 복합의사소통장애 아동 사례(Binger & Kent-Walsh, 2010)에서와 같이 교사들은 자신이 지도하는 학생의 의사소통 행동에 적용할 의사소통 양식을 분류해 볼 필요가 있다.

〈표 3-4〉 다중 의사소통 양식을 사용하는 복합의사소통장애 아동 사례

| 의사소통 행동 | 의사소통 양식 | 비도구(unaided)/도구(aided) |
|---|---|---|
| 아빠의 관심을 얻기 위해 소리 내기 | 말(구어) | 비도구 |
| '마시다' 손짓으로 표현하기 | 손짓기호 | 비도구 |
| 주스 사진 지적하기 | 제스처 | 비도구 |
| 구역질나는 표정을 짓고 혀 내밀기 | 얼굴 표정 | 비도구 |
| SGD에서 '초콜릿 우유'를 선택하여 표현하기 | SGD | 도구 |

다중양식 체계로 사용되는 것 중 하나가 눈응시이다. 효과적인 의사소통 전략으로서 몸짓의 사용은 복잡한 요인들에 따라 달라진다. 가장 중요한 것은 복합의사소통장애를 지닌 사람의 몸짓과 표정, 그리고 눈응시의 사용에 의사소통 상대자가 얼마나 익숙한가 하는 것이다. 환경과 매일의 루틴에 복합의사소통장애를 지닌 사람이 익숙해 있으면 이 또한 의사소통 과정을 촉진하게 된다.

〈표 3-5〉는 미국의 브릿지스쿨에서 눈응시를 사용하여 일관성 있게 아동이 의사소통할 수 있도록 교사가 수행하는 절차이다. 이 예시는 비상징적 의사소통 단계의 아동에게 의사소통 확립을 위해 교사가 어떻게 해야 하는지 잘 보여 준다.

브릿지스쿨에서는 다중양식 체계의 한 구성 요소로서 매일 사용하는 의사소통책도 학생 개인별 맞춤형으로 구성하고 제작하여 사용하고 있다(한경임, 2014, 2020). 의사소통책에 포함되는 개념들의 개수는 학생의 이해와 언어 사용이 확대됨에 따라 기하급수적으로 늘어난다. 교

사와 학생은 원하는 메시지를 찾기 쉽도록 인덱스를 붙이기도 하고, 새로이 필요한 개념과 어휘들을 첨가하기도 한다. 새로운 상징이나 어휘 선정은 항상 학생과 함께 의논하여 결정한다.

브릿지스쿨에서 의사소통책은 개인 맞춤형으로 오랜 시간에 걸쳐 만들어진 것이다. 어휘가 늘어나고 개념이 늘어나면서 의사소통책을 통해 수많은 개념과 아이디어를 전달할 수 있고, 요구와 질문, 관련된 이야기에 반응할 수 있으며, 대화 주제에 대한 지식을 표현하고, 대화를 주도하거나 다시 이끌어 가는 것도 가능하다. 의사소통책의 상징 배열은 아동의 개인 SGD와 유사하게 배치하여 SGD의 사용으로 쉽게 전환될 수 있도록 한다. 따라서 학생이 비도구 양식과 의사소통책, SGD를 상황에 따라 다양하게 사용하는 다중양식 체계를 적극 활용하고 있다.

〈표 3-5〉 눈응시를 사용한 의사소통 확립의 예

| 상황 | 아동이 휴식 시간에 밖으로 가지고 가고 싶은 장난감을 지적하기 위해 눈응시를 사용함 |
|---|---|
| 절차 | • 아동 관찰하기<br>• 아동에게서 관찰된 것이 무엇인지 해석하기<br>• 해석이 정확한지 아동에게 확인하기<br>• 반응해 주기 |
| 상호작용 예시 | • 교사는 아동에게 개방형 질문으로 의사소통을 시작한다. ("오늘 바깥놀이 시간에 무엇을 가지고 가고 싶니?")<br>⬇<br>• 아동은 바깥놀이 활동 장난감이 비치되어 있는 장소를 바라보며, 같은 방향으로 몸을 돌리고, 그 사물이 있는 쪽으로 팔을 움직여 반응한다.<br>⬇<br>• 교사는 아동의 움직임을 관찰하고, 아동의 움직임을 묘사해서 ("네가 팔을 벌리고 몸을 젖혀서 어딘가를 바라보네.") 말하며 아동이 바라보는 장소를 지적한다.<br>⬇<br>• 교사는 아동의 의도를 확인하고, 아동은 교사가 자신이 원하는 것을 정확하게 인지했음을 나타내기 위해 웃음으로 반응한다.<br>⬇<br>• 아동이 의사소통을 지속하지 않을 때 교사는 아동이 전달하고자 하는 '더 확장된' 메시지가 없는지 알려 주는 얼굴 표정을 관찰하고 해석한다(교사는 공들이 있는 방향을 바라보며 미소 짓는 아동의 얼굴 표정을 본다).<br>⬇<br>• 교사는 명확한 질문으로 메시지의 확장을 촉구한다. ("공을 가져가고 싶은 거니?") 아동은 몸짓과 얼굴 표정을 사용하여 확인해 준다(아동은 공을 보고, 다시 교사 얼굴을 보고 활짝 웃는다).<br>⬇<br>• 이러한 과정으로 아동은 장난감 선택을 명확하게 표현하고 교사가 그에 적절하게 반응할 때까지 상호작용이 계속된다. |

## 3) 선택 기법

선택 기법이란 상징을 선택해 메시지를 전달하기 위해 사용하는 방법을 의미한다. 의사소통 도구에서 상징을 선택하고 표현하는 방식은 직접 선택(direct selection)과 간접 선택(스캐닝)으로 분류된다. 박현주(2017), 박재국 외(2018), 브릿지스쿨(https://bridgeschool.org)을 참고하여 〈표 3-6〉에 AAC 도구에서 상징 선택 기법의 종류를 제시하였다.

〈표 3-6〉 AAC 상징 선택 기법의 종류

| 종류 | 하위 분류 | 세부 분류 |
|---|---|---|
| 직접 선택 | • 항목 선택 방법 | • 신체적 접촉<br>• 신체적 압력(누르기)<br>• 지적하기 |
| | • 선택 활성화 전략 | • 시간 설정 활성화<br>• 해제 활성화<br>• 여과/평균화된 활성화 |
| 간접 선택 | • 유형 | • 시각 스캐닝<br>• 청각 스캐닝<br>• 상대자 지원 스캐닝 |
| | • 항목 제시 형태 | • 원형 스캐닝<br>• 선형 스캐닝<br>• 행렬 스캐닝<br>• 집단항목 스캐닝 |
| | • 선택 조절 기법 | • 자동적 스캐닝<br>• 유도적 스캐닝<br>• 단계적 스캐닝 |

### (1) 직접 선택

직접 선택은 사용자가 의사소통 도구에 배열되어 있는 상징들 중에서 자신이 원하는 상징을 손이나 팔꿈치, 머리 등 신체의 일부분으로 터치 또는 압력을 가하여 선택하거나 시선 추적 또는 눈응시와 같이 비접촉 방법(지적하기)으로 상징을 선택하는 것이다. 직접 선택은 반드시 신체의 일부를 사용해야 하는 것은 아니다. 말하기, 쓰기, 타이핑하기로 상징을 직접 선택하거나 헤드 포인터, 턱 포인터, 광선 포인터를 이용한 직접 선택 방법도 있다.

### ① 항목 선택 방법

#### 신체적 접촉

많은 비전자식 도구는 전자적 활성화가 필요하지 않기 때문에 간단하게 신체적인 접촉만으로도 표현이 가능하다. 머리, 손, 주먹, 팔꿈치, 발가락 등 움직임이 가능한 신체를 이용하여 의사소통판의 상징을 선택하는 것이다. 태블릿이나 스마트폰의 화면은 압력을 가할 필요가 없기 때문에 손으로 접촉하는 것만으로 상징 선택이 가능하다.

#### 신체적 압력(누르기)

의사소통 도구의 키나 스위치를 눌러 전자식 도구의 해당 항목이 활성화되도록 신체적 압력을 이용한 누르기를 통해 상징을 직접 선택하는 방법이 많이 사용된다. 신체적 압력을 가하기 위해 손이나 발 등의 신체 일부를 직접 사용하기도 하지만 헤드스틱, 마우스 스틱 등을 사용하기도 한다. 신체적 압력은 한 번 눌렀을 때 한 항목만 활성화되도록 해야 하기 때문에 각 전자식 의사소통 도구마다 상징 선택을 위한 활성화 전략이 적용된다. [그림 3-16]에 신체적 접촉과 신체적 압력에 의한 직접 선택의 예를 제시하였다.

신체적 접촉 신체적 압력

[그림 3-16] 직접 선택의 예시

#### 지적하기(비접촉)

신체적인 접촉이나 누르기가 어려운 심한 지체장애를 가진 경우 시선 추적이나 눈응시를 통해 해당 상징을 지적한다. 머리를 움직여 이마에 붙인 센서 스티커로 상징을 선택하는 것, 눈응시판의 상징을 바라보는 것도 지적하기 방법에 해당한다.

최근 하이테크 SGD에서 사용하는 비접촉 형식의 직접 선택 방법으로 아이트래킹(eye tracking) 방법이 있다. 아이트래킹은 적외선을 사용하여 눈동자의 움직임을 추적하는 기술(나지영 외, 2019)로 사용자의 시선이 머무는 지점 및 움직임과 그 시간을 기록하기 때문에 과제수행에서 대상자의 시선이 얼마만큼 자극에 머무는지 추출할 수 있다(장지혜, 성지은, 2020). 아이트래킹에는 신체적 접촉과 비신체적 접촉 방법이 있다. 신체적 접촉 방법에는 일반적으로 안경을 쓰거나 이마에 센서 스티커를 부착하는 방법이 있고, 비신체적 접촉 방법에는 컴퓨터나 기기에 아이트래커를 부착하여 각 개인의 눈동자 움직임을 저장하여 사용하는 방법이 있다. [그림 3-17]은 아이트래커가 장착된 AAC 도구의 예시이다.

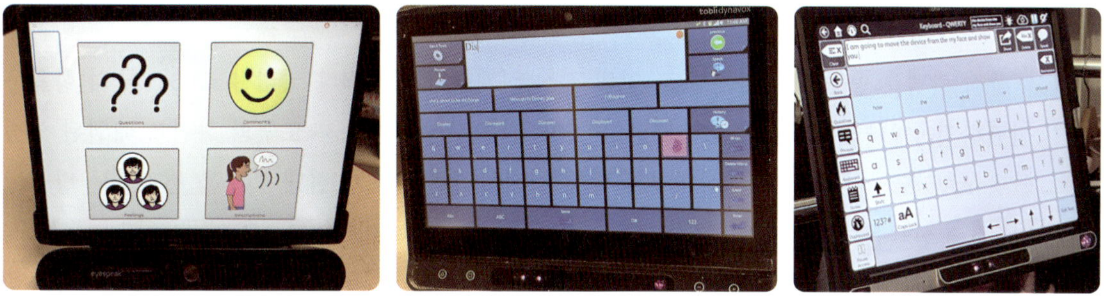

[그림 3-17] 아이트래커 이용 AAC 도구 예시

### ② 직접 선택 활성화 전략

#### 시간 설정 활성화

직접 선택 기법으로 로우테크 또는 하이테크 SGD를 사용하려면 그 도구가 해당 항목을 인식하고 표현이 되도록 활성화되어야 한다. AAC를 사용하는 사람들 중 장애가 심하여 일반적인 활성화 전략만으로는 원하지 않는 항목이 선택될 수도 있어 이를 보완할 다른 방법으로 시간 설정 활성화(timed activation) 전략이 사용되기도 한다. 이것은 AAC 사용자가 선택하려는 항목을 신체적 접촉이나 광선 포인터 등으로 미리 설정된 시간 동안 접촉을 유지하도록 하는 것이다. 이 전략은 부주의로 인해 다른 항목을 선택하게 되는 것을 막아 운동 부담을 줄이는 장점이 있으며, SGD에서 보편적으로 많이 활용된다.

#### 해제 활성화

해제 활성화(release activation) 전략은 AAC 사용자가 로우테크 또는 하이테크 의사소통 도구의 화면에 접촉하고 있는 상태에서는 선택이 이루어지지 않고, 해당 항목에서 접촉을 해제하여야 그 항목이 활성화되고 표현되도록 하는 것이다. 이 전략은 너무 느리게 움직여서 시간 설정 활성화 전략으로는 오류 발생이 많은 경우 적용한다.

#### 여과 또는 평균화된 활성화

여과 또는 평균화된 활성화(filtered or averaged activation) 전략은 머리에 부착된 광선 포인터를 사용할 수 있지만 항목 선택에 필요한 만큼 머리 움직임을 정확히 조절할 수 없는 경우 활용된다. 이 경우 선택하려는 항목이 아닌 다른 항목 부분에서 움직여지는 간단한 머리의 움직임은 무시하면서 광선 포인터가 머문 시간의 양을 감지하고 평균 시간을 계산하여 포인터가 오래 머문 항목을 활성화하는 방법이다.

### (2) 간접 선택

간접 선택은 운동 조절의 문제로 인해 직접 신체를 접촉하거나 눌러서 AAC 도구의 항목을 선택하지 못하는 사람들을 위해 개발된 것이다. 이것은 의사소통 도구의 화면에 배열된 상징들을 AAC 도구나 의사소통 상대자가 먼저 제시하면 사용자가 선택 여부를 결정하는 방식이다. 간접 선택은 유형과 항목 제시 형태, 선택조절 기법에 따라 분류할 수 있다.

#### ① 간접 선택의 유형

간접 선택의 유형은 시각 스캐닝(visual scanning), 청각 스캐닝(auditory scanning), 상대자 지원 스캐닝(partner-assisted scanning)으로 분류된다. 시각 스캐닝은 의사소통 도구의 화면에 배열되어 있는 상징의 항목들을 시각적으로 보여 주는 방법이다. 청각 스캐닝은 전자식 도구에서 산출되는 소리를 듣고 항목을 선택하는 것이다. 의사소통 상대자가 소리를 들려주거나 상징을 보여 주며 스캐닝을 해 주는 것은 상대자 지원 스캐닝으로 분류된다. 시각 스캐닝이든 청각 스캐닝이든 항목을 제시하는 형태와, 원하는 항목을 선택하는 조절 기법에 따라 스캐닝을 분류할 수 있다.

#### 시각 스캐닝

시각 스캐닝은 많은 AAC 도구에서 사용하는 기법이다. 시각적으로 어떻게 항목을 제시하느냐에 따라 원형 스캐닝, 선형 스캐닝, 행렬 스캐닝, 집단항목 스캐닝으로 분류된다.

SGD에서 시각 스캐닝을 사용하게 되면 자동적으로 반짝이는 불빛이 이동하면서 또는 상징 전체를 하이라이트로 강조하면서 상징을 보여 주면 사용자는 스위치나 아이트래커로 원하는 상징을 선택한다. 시각 스캐닝과 SGD를 사용하지 못하는 경우 청각 스캐닝을 사용할 수 있다.

#### 청각 스캐닝

청각 스캐닝은 시각장애나 CVI로 인해 상징의 형태를 인식하기 어려운 경우 전자식 의사소통 도구에서 항목을 차례대로 말해 주면 소리를 듣고 AAC 사용자가 원하는 항목을 선택하는 것이다. 청각 스캐닝은 전자식 AAC 도구에 배열되어 있는 어휘와 메시지 목록을 그 도구에서 말해 주면 그것을 이어폰으로 연결하여 작은 스피커로 사용자에게 들려주고, 사용자 자신이 원하는 항목이면 스위치를 눌러 선택하는 방식이다.

보통 목 뒤에 장착하는 머리 지지대에 벨크로를 이용해 스피커를 붙여 놓아 작은 소리가 귀 가까이에서 들리도록 하는데 이때 소리의 크기는 상대자가 인식하지 못할 정도의 작은 소리이다. 청각 스캐닝만 사용하는 경우 그래픽 상징을 화면에 배치하지 않기도 한다. 시각장애로 인해 그래픽 상징을 필요로 하지 않는 경우 사용하는 TapSpeak Sequence App을 예로 청각 스캐닝 과정을 설명하면 〈표 3-7〉과 같다.

〈표 3-7〉 TapSpeak Sequence App 청각 스캐닝 과정의 예시

| | |
|---|---|
|  | • 교사 또는 의사소통 상대자가 TapSpeak Sequence 앱을 눌러 실행시킨다. |
| 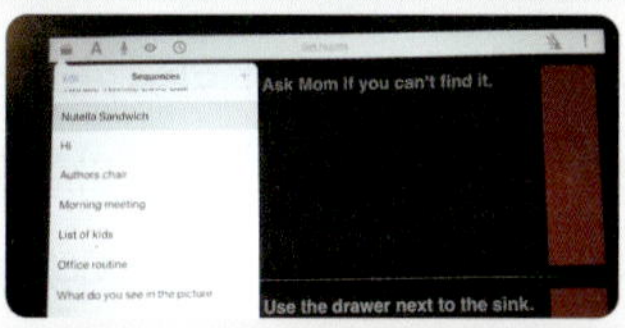  | • 순서대로 미리 저장해 둔 내용을 앱에서 자동적으로 소리를 산출하여 청각 스캐닝을 제공한다.<br>• 교사는 작은 스피커를 사용자의 귀 가까이에 부착하여 작게 소리가 들리도록 조정해 준다. |
| 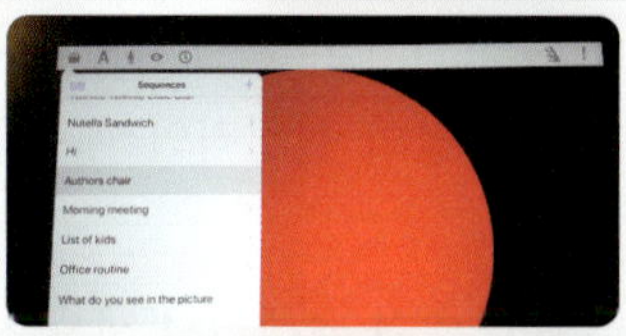 | • 사용자는 차례대로 들려오는 소리를 들으며 기다리다가 자신이 원하는 항목인 'Author's chair'를 듣고 스위치(블루투스 스위치)를 눌러 선택한다. |
| 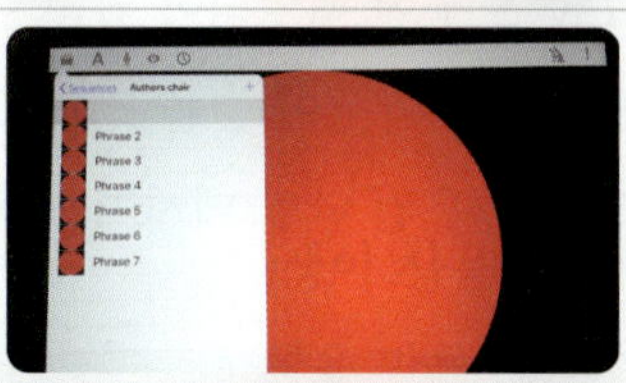 | • 스위치를 누르면 'Author's chair' 화면으로 넘어가고 이 범주에서 표현되는 항목들이 순서대로 제시되고, 다시 차례대로 말해 주는 청각 스캐닝이 제공된다. |
| 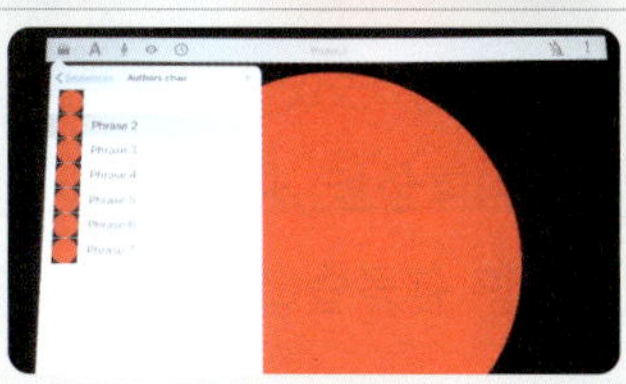 | • 'Phrase2'라는 소리를 앱에서 들려주었을 때 자신이 원하는 표현이라면 사용자는 스위치를 누르게 되며, 앱에서 Phrase2에 저장된 표현이 산출된다. |

### 상대자 지원 스캐닝

상대자 지원 스캐닝은 비전자식 스캐닝 체계로서 메시지를 표현하는 사물이나 그림(또는 상징)을 의사소통 상대자가 제시하거나 말해 주어 학생이 선택하도록 하는 스캐닝 방법이다(Light et al., 2003). 선택 옵션을 제시하는 방법에 따라, 첫째, 의사소통 상대자가 손이나 사물을 시각적으로 제시하면서 말하는 방법과, 둘째, AAC 도구나 상대자 지원 스캐닝을 위해 제작한 목록표를 이용하여 선택 옵션을 말로 제시하는 방법이 있다. 이 경우 상대자 지원 청각 스캐닝이라고도 한다.

선택 옵션을 의사소통 상대자가 손으로 제시하거나 사물을 제시하는 방법의 예시를 [그림 3-18]에 제시하였다. [그림 3-18]의 왼편 사진에서 교사는 학생에게 읽고 싶은 책을 선택하도록 상대자 지원 스캐닝을 사용하고 있다. 왼손을 보여 주며 "신데렐라", 오른손을 보여 주며 "토이 스토리", "어느 것 읽을까?"라고 말하며 상대자 지원 스캐닝을 사용하는 모습이다. 학생은 교사의 왼쪽 손이나 오른쪽 손을 보는 것으로 반응한다. 이와 비슷한 예로 교사가 백화점에 갈 때 누구랑 갈 것인지 질문하면서 왼손을 보여 주며 "엄마", 오른손을 보여 주며 "아빠"라고 말하며 선택하도록 하였을 때 아이가 왼손을 쳐다보면 엄마와 가고 싶다는 것이다.

오른편 사진에서는 CVI를 지닌 학생에게 책을 읽을 것인지 노래를 들을 것인지 선택하도록 할 때 책 모형과 차임벨의 실제 사물을 검은색 배경 판에 붙이고 학생에게 보여 주며 "위쪽은 노래 듣기, 아래쪽은 책 읽기야. 어떤 것 하고 싶어?"라고 말하여 상대자 지원 스캐닝을 사용하는 모습이다. 학생은 교사가 말할 때 자신이 원하는 쪽으로 시선을 위나 아래로 돌려 바라보면서 원하는 것을 표현한다. 브릿지스쿨에서 사용하는 상대자 지원 스캐닝의 실질적인 예시를 한경임(2014)의 연구에 상세히 기술한 바 있다.

의사소통 도구를 이용하여 선택 옵션을 제시하는 방법으로는 AAC 도구에 배열되어 있는 어휘와 메시지 목록을 큰 소리로 하나씩 의사소통 상대자가 말로 들려주면 학생이 눈을 크게 뜨거나 고개를 끄덕이는 등의 방법이 있다. 또는 "맞아요."라는 소리만 녹음된 단일 메시지 녹음

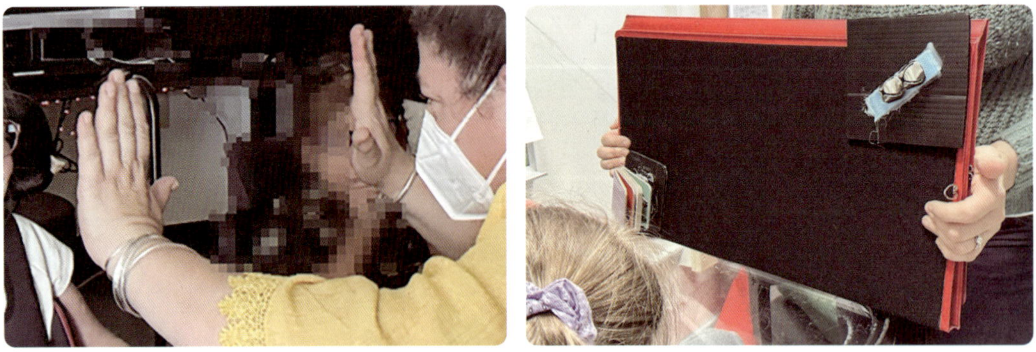

[그림 3-18] 손과 사물을 사용한 상대자 지원 스캐닝의 예시

형 의사소통 도구를 스위치로 눌러서 원하는 항목을 선택하는 것이다.

예를 들어, 상대자 지원 스캐닝을 사용하여 휴식 시간에 무엇을 하고 싶은지 목록에서 선택하도록 할 수 있다. 휴식 시간에 할 수 있는 활동 목록표에서 교사가 하나씩 항목을 들려주고 학생이 선택하도록 기다려 준다. 이때 목록에 학생이 원하는 것이 없을 수도 있으므로 항상 '기타(다른 하고 싶은 것)' 항목을 목록에 포함해야 한다. 목록의 항목들을 들려주고 학생이 원하는 항목을 선택하면 교사는 학생의 의도를 잘 이해했다는 것을 알리기 위해 학생의 선택 사항을 크게 말해 주고(예: "그네 타기를 선택했구나."), 그런 다음 학생의 선택에 대해 자연스럽게 반응해 준다(예: 그네 있는 곳으로 이동하기). [그림 3-19]에 상대자 지원 스캐닝을 적용하는 선택 항목의 예와 [그림 3-20]에 상대자 지원 스캐닝 목록표의 예를 제시하였다.

| 학교 소식 | 무슨 일 있었는지 말하기 | 어디에 갔는지 말하기 |
|---|---|---|
| **무슨** 일이 있었는지 말하기 | **나는** | **나는 갔다** |
| **누구**를 보았는지 말하기 | 글쓰기 했어. | 학교 |
| **어디**에 갔는지 말하기 | 읽기 했어. | 현장실습 |
| **언제** 갔는지 말하기 | 놀이 했어. | 자동차 |
| **어떻게** 느꼈는지 말하기 | 쉬었어. | 책상 |
| | 숙제했어. | 학교 카페 |
| | 이야기했어. | 학교 정원 |
| | 나의 워커로 걸었어. | 기타 |
| | 기타 | |

[그림 3-19] 상대자 지원 스캐닝을 위한 선택 항목 예시

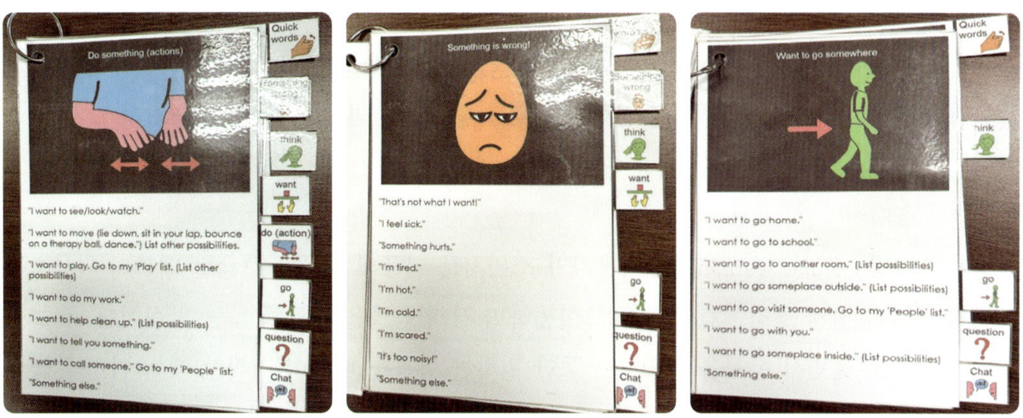


[그림 3-20] 상대자 지원 스캐닝 목록표 예시(T.A.C.L.E 프로그램 특수학급)

상대자 지원 스캐닝은 이미 정해진 목록에서 원하는 항목을 선택하는 것이며, 목록의 내용을 제시하는 순서도 정해져 있다. 그리고 목록에 없는 것을 선택할 수 있는 항목도 포함하고 있으며 그 항목들 중에서 선택하는 것이기 때문에 시각 스캐닝과 유사하다. 상대자 지원 스캐닝의 장점은 다음과 같다.

- 스무고개 질문 대신에 학생에게 예측 가능성을 제공한다. 이것은 사용하는 의사소통 체계 내에서 언어 구조를 배우고, 선택 결정을 위해 필요한 자동적인 움직임(고개 끄덕이기, 몸을 뒤로 젖히며 긍정 표현하기 등)의 확립을 도와준다.
- 뇌병변 장애 학생이 CVI나 다른 시각적 문제로 인하여 자신의 의사를 표현하기에는 시각적 스캐닝의 실행 가능성이 낮을 때 상대자 지원 스캐닝은 선택을 통해 자신의 요구를 표현할 수 있는 좋은 방법이다.
- 의사소통 상대자가 선택 항목을 말하고 학생이 답하는 형식으로 계속 대화를 해야 하기 때문에 상대자 지원 스캐닝을 사용하면 학생과 상대자가 상호작용을 지속해 나갈 수 있다.
- 기분이나 피로감, 흥미 수준 또는 다른 요인들로 인해 학생이 특정한 날 항목을 더 천천히 또는 더 빨리 말해 주길 요구할 때, 상대자는 읽는 속도나 타이밍을 조절할 수 있으며 더 큰 소리로 메시지를 말해 주는 등 변화를 줄 수 있지만 컴퓨터 스캐닝 프로그램은 이러한 융통성을 갖고 있지 않다.
- 학생에게 친숙한 언어 구조를 유지하면서 하이테크 도구에 목록을 저장하여 사용할 수도 있다.

### ② 항목 제시 형태에 따른 간접 선택의 분류

간접 선택 기법은 의사소통 도구의 상징 배열판에서 시각적으로 상징들을 어떤 모양으로 스캐닝하여 제시하느냐에 따라 원형 스캐닝, 선형 스캐닝, 행렬 스캐닝, 집단항목 스캐닝으로 분류한다. 이것은 청각 스캐닝에서도 상징의 어휘를 불러 주는 방식에 따라 적용될 수 있다.

#### 원형 스캐닝

원형 스캐닝(circular scanning)은 사용자가 스위치를 이용해 항목을 선택할 때까지 의사소통 도구의 바늘이 시계 초침처럼 자동으로 이동하며 각 항목들을 지적해 주는 방식이다. 바늘이 시계 방향으로 돌면서 항목을 지적하는 동안 원하는 항목을 바늘이 지적할 때 스위치를 눌러 바늘을 멈추게 하는 것이다. AAC 도구 사용에 아직 익숙하지 않고 스위치 사용에 대한 인과개념을 익히는 학생들에게 사용할 수 있다. 전체 학생을 대상으로 수업을 진행하면서 각 학생에게 선택 기회를 줄 때 사용할 수도 있다. 상징을 지적하는 형태가 반드시 바늘이어야 하는 것은 아니다. 전자식 AAC 도구 내에서 각 상징에 불빛이 켜지면서 자동적으로 이동하는 형태가 원형을 이룰 수도 있다.

### 선형 스캐닝

선형 스캐닝(linear scanning)은 의사소통 도구에서 첫째 행의 각 항목들부터 왼쪽에서 오른쪽으로 순서대로 한 개씩 의사소통 도구의 커서가 움직이면서 몇 초간 멈추어서 반짝이거나 색으로 표시해 준다. 사용자가 원하는 항목이 나올 때까지 의사소통 도구 자체에서 첫째 행의 항목을 하나씩 스캔해 주고 다시 두 번째 행으로 이동하여 하나씩 항목을 스캔해 준다. 원하는 항목이 반짝거릴 때 사용자는 스위치를 눌러 항목을 선택한다. 의사소통 도구에 항목이 많아지면 한 항목씩 차례대로 스캔하는 데 시간이 오래 걸려 의사소통의 효율성이 낮아지기 때문에 수많은 상징이 내장되어 있고, 다양한 표현을 할 수 있는 하이테크 AAC 도구일수록 행렬 스캐닝, 집단항목 스캐닝 등의 방법을 적용한다.

### 행렬 스캐닝

행렬 스캐닝(low-column scanning)은 의사소통 도구의 첫 번째 행 전체를 도구 자체에서 선택하여 몇 초간 반짝거린다. 첫 번째 행에 원하는 항목이 없어서 사용자가 스위치를 누르지 않으면 의사소통 도구 자체에서 두 번째 행으로 커서가 내려가 두 번째 행 전체가 반짝거리면서 몇 초간 멈추어 있는다. 만약 사용자가 두 번째 행에 원하는 항목이 있어 스위치를 눌러 두 번째 행을 선택하면 커서는 두 번째 행에서 차례로 오른쪽으로 움직여 개별 항목을 자동적으로 스캔한다. 의사소통 도구 자체에서 자동적으로 스캔하는 과정에서 원하는 상징이나 항목에 이르러 사용자가 스위치를 눌러 그 항목을 선택하면 컴퓨터 합성에 의한 음성이 산출된다. 행렬 스캐닝을 집단항목 스캐닝의 한 유형으로 보는 견해(박재국 외, 2018; 박현주, 2017)도 있다.

### 집단항목 스캐닝

스캐닝의 효율성을 높이고 의사소통이 원활하게 이루어지도록 하는 방법으로 개발된 것이 집단항목 스캐닝(group-item scanning)이다. 이것은 첨단 기능을 가진 하이테크 AAC 도구에서 주로 사용되는 것이다. 선택할 항목이 많아지면 교사가 의사소통 도구에서 항목들을 집단으로 묶어 설정해 둔다. 사용자가 의사소통 도구 사용을 시작하면 먼저 그룹화로 설정한 첫 번째 집단이 전체적으로 반짝거리거나 첫 번째 집단을 표시하는 테두리 선이 반짝거리면서 잠시 멈추어 있다. 사용자가 이 집단에 원하는 항목이 없어 스위치를 누르지 않으면 커서는 두 번째 집단을 표시하는 그룹의 항목들로 이동한다. 만약 이 집단에서 원하는 항목이 있다면 사용자가 스위치를 누른다. 집단이 선택되면 그때부터 원하는 항목을 선택하는 방법으로 행렬 스캐닝이 적용된다. [그림 3-21]에 스캐닝의 예를 제시하였다.

원형 스캐닝

선형 스캐닝

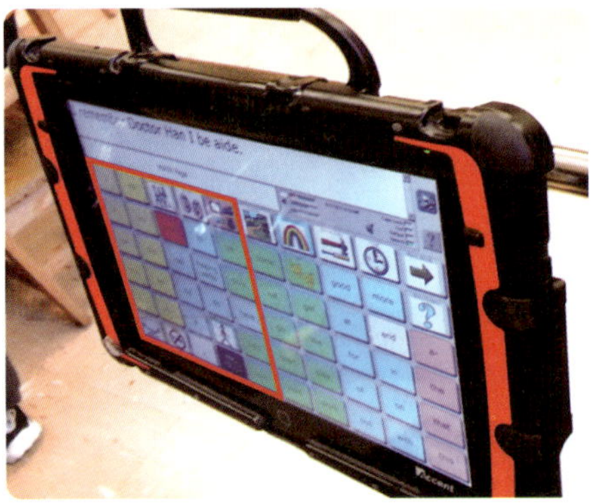

집단항목 스캐닝

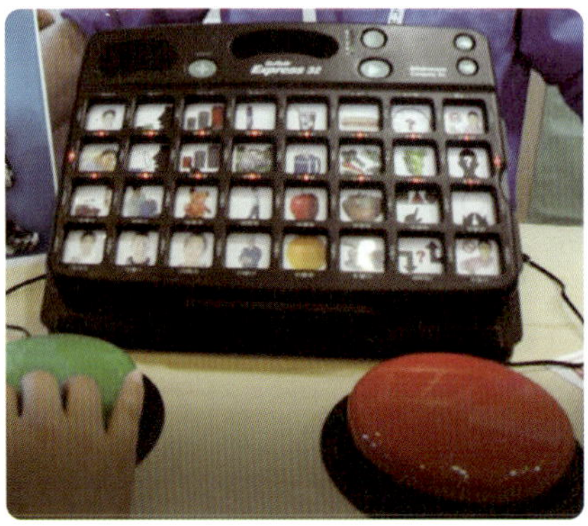

행렬 스캐닝

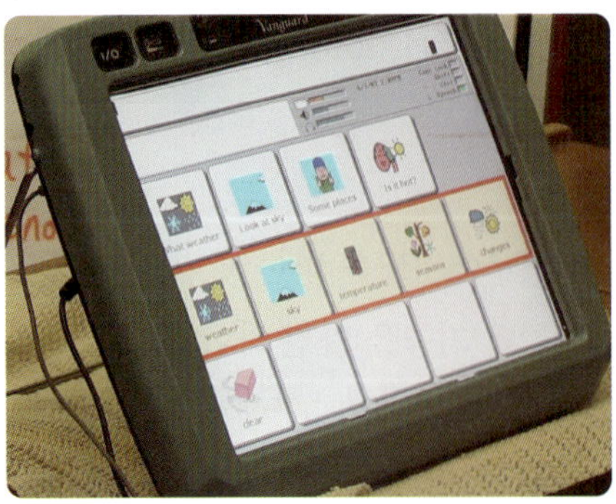

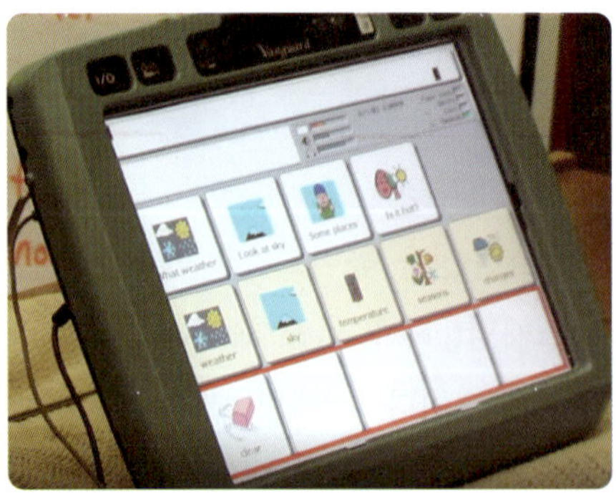

행렬 스캐닝

[그림 3-21] 항목 제시 형태에 따른 스캐닝의 예시

### ③ 항목 선택 조절 기법에 따른 분류

간접 선택은 의사소통 도구의 상징 배열판에서 상징들을 선택하고 조절하는 기법에 따라 자동적 스캐닝, 유도적(역) 스캐닝, 단계적 스캐닝으로 분류된다.

#### ▮자동적 스캐닝

자동적 스캐닝(automatic scanning)은 의사소통 도구의 전원을 켜면 의사소통 도구에 미리 설정된 스캐닝 형태(예: 원형 스캐닝, 행렬 스캐닝 등)에 따라 커서가 자동적으로 이동하면서 항목을 제시하는 방식이다. 의사소통 도구에서 계속 이동하는 커서의 움직임을 보다가 AAC 사용자가 자신이 원하는 항목에 커서가 도달하였을 때 스위치를 눌러 선택하는 것이다. 청각 스캐닝에서도 자동적 스캐닝이 적용된다. 전자식 의사소통 도구에서 자동적으로 각 항목의 소리를 차례로 들려주도록 설정하면 의사소통 도구에서 차례대로 나오는 소리를 하나씩 듣고 원하는 항목에서 사용자가 스위치를 눌러 선택하는 것이다.

상대자 지원 스캐닝에서도 자동적 스캐닝이 적용된다. 의사소통 상대자가 AAC 도구에 배열되어 있는 상징 목록을 하나씩 차례로 들려주고 원하는 항목이 들리면 사용자가 고개를 끄덕이거나 발성으로 상징을 선택하게 된다.

#### ▮유도적 스캐닝

유도적 스캐닝(directed or reverse scanning)은 전자식 의사소통 도구의 전원을 켰을 때 의사소통 도구에 어떠한 작동도 나타나지 않고 있다가 사용자가 스위치를 누르면 의사소통 도구의 커서가 이동하면서 의사소통 도구에 미리 설정된 스캐닝 형태에 따라 움직인다. 사용자가 스위치를 누르고 있는 상태에서 커서가 움직이는 것을 보고 있다가 원하는 항목에 이르면 스위치 누르던 것을 놓아 그 항목을 선택하는 방식이다.

자동적 스캐닝이 의사소통 도구에서 자동적으로 항목을 스캔해 주다가 원하는 항목이 있을 때 스위치를 누르는 것이라면 유도적 스캐닝은 반대로 사용자가 스위치를 눌러서 항목을 스캔하고 원하는 항목이 있을 때 스위치에서 손을 놓는 것이기 때문에 역스캐닝이라고도 한다. 유도적 스캐닝은 직접 선택 활성화 전략의 해제 활성화 전략과는 또 다른 개념이다.

#### ▮단계적 스캐닝

단계적 스캐닝(step scanning)은 의사소통 도구에 미리 설정된 집단항목 또는 행을 표시하기 위해 커서가 이동하면 한 개의 스위치로 이들 집단항목 중 원하는 집단을 먼저 선택한다. 그 다음 선택된 집단에서 커서가 이동하며 항목을 표시하면 다른 스위치로 원하는 항목을 선택하여 음성이 산출되도록 하는 방식이다.

예를 들어, 왼손과 오른손으로 사용하는 스위치를 각각 가지고 있는 중증의 뇌성마비 학생을 연상해 보자. 의사소통 도구에 행렬 스캐닝이 설정되어 있어서 커서가 첫 번째 행을 표시하여 반짝거리는데 그 행에 원하는 항목이 없을 때 이 학생은 스위치를 누르지 않고 기다린다. 두 번째 행에 원하는 항목이 있을 때 이 학생은 왼손 위치의 스위치를 눌러 행을 선택한다. 선택된 행에서 하나씩 차례로 항목이 이동하는 것을 보다가 원하는 항목에 이르면 오른손 위치의 스위치를 눌러 항목을 선택하고 SGD에서 음성이 산출된다.

손을 원활하게 사용하지 못하는 경우에는 목 뒤에 설치하는 머리 지지대의 왼쪽과 오른쪽에 스위치를 부착한다. 왼쪽으로 머리를 기울여 스위치를 눌러 원하는 행을 선택한 뒤 다음 단계로 오른쪽으로 머리를 기울여 스위치를 누름으로써 그 행에서 원하는 항목을 선택하여 소리를 산출시키기도 한다. 단계적 스캐닝으로 사용하는 스위치의 예를 [그림 3-22]에 제시하였다.

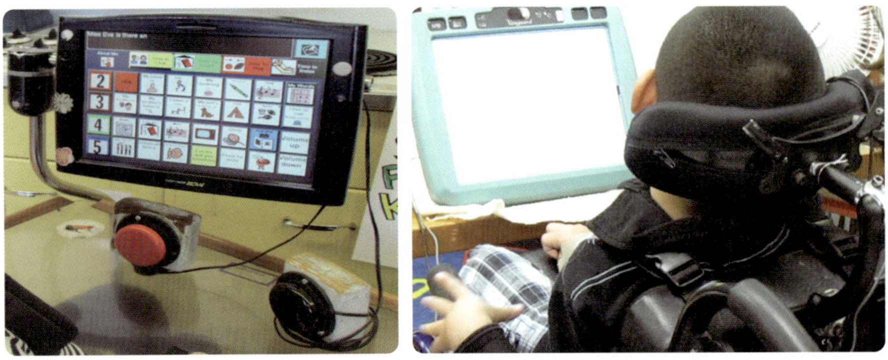

[그림 3-22] 단계적 스캐닝의 스위치 예시

### (3) 스위치의 활용

AAC 사용자가 스캐닝을 통해 원하는 항목을 선택하고자 할 때 가장 많이 사용되는 부가적인 도구가 스위치이다. 지체장애가 심하여 손이나 신체의 일부를 이용하여 의사소통 도구의 항목을 직접 선택하기 어려운 경우 하이테크 의사소통 도구에 스위치를 연결하여 원하는 것을 선택하도록 할 수 있다.

스위치는 on/off 기능으로 작동되는 모든 기기에 연결하여 사용할 수 있어 장애인들의 환경제어시스템에도 적용된다. 스위치는 신체의 어느 부분이든 스스로 조금이라도 자의적으로 움직일 수 있는 부분이 있다면 그 부분을 찾아 배치해 준다. 예를 들어, 손으로 스위치를 누를 수 있지만 크기가 작아서 누르는 데 어려움이 있다면 큰 스위치를 사용하고, 손의 휘어짐 정도에 따라 손목을 세워서 누르거나 손가락을 이용해 가볍게 눌러 사용하는 스위치도 있으며, 최근에는 블루투스를 이용해 무선 작동하는 스위치도 개발되었다. 발등을 올려 스위치에 닿을 수 있도록 발등 위에 배치하기도 하고, 목 보조대에 크기가 작은 스위치를 장착하기도 한다. 팔꿈치로 누를 수 있도록 휠체어에 스위치를 장착하기도 하며, 손을 올려 손등으로 스위치를 누를 수 있도록 휠체어에 마운트를 세워 장착하기도 한다.

이와 같이 사용자의 운동 특성, 신체적 특성 등을 고려하여 적절한 스위치를 선택하는 것이 매우 중요하다. 스위치는 하이테크 의사소통 도구나 환경제어시스템에 연결하는 기기일 뿐 스위치 자체에 음성 녹음 기능이 있는 것이 아니므로 AAC 도구라고 할 수는 없다. 스위치는 AbleNet(https://www.ablenetinc.com)에서 구입 가능하며 국내에서는 에이블라이프(https://www.ablelife.co.kr), 아이소리몰(https://isorimall.com/main)에서 구입 가능하다. [그림 3-23]에 다양한 스위치의 형태와 휠체어와 학생의 가슴 부분에 스위치를 장착한 모습의 예를 제시하였다.

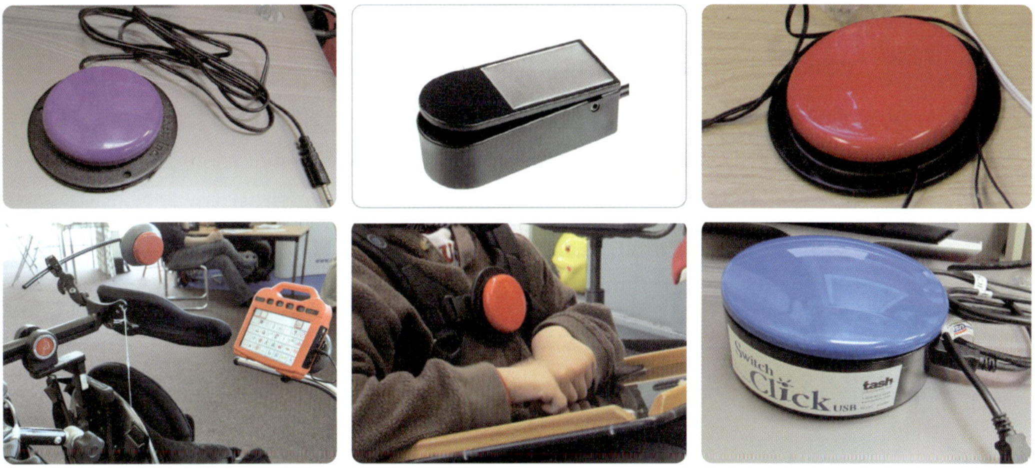


[그림 3-23] 다양한 스위치 예시

## 4) 전략

AAC 체계의 구성 요소로서 전략이란 의사소통의 속도를 높이기 위해 의사소통 도구에서 사용하는 다양한 테크닉을 의미한다. AAC 사용자는 의사소통을 하기 위해 의사소통 배열판에 있는 상징을 찾아야 하고, 상징을 선택해서 조합해야 하는데 그 시간이 많이 걸린다. 사실상 메시지 구성 시간의 제한과 의사소통의 비효율성이 많은 AAC 사용자의 의사소통 상호작용을 방해한다(Beukelman & Mirenda, 2005). 대부분의 AAC 사용자는 분당 2단어~최고 8단어 정도 표현하는데 이러한 속도는 훨씬 빠른 속도로 정보를 교환하는 데 익숙한 사람들과의 상호작용에 어려움을 초래한다.

AAC 체계에서 의사소통 속도를 높이기 위해 주로 사용되는 전략 중 하나는 의사소통 도구에 미리 완전한 문장이나 구를 녹음하여 저장하거나, 저장된 메시지를 코드화하여 배열해 두는 것이다. 이 경우 메시지 구성을 위해 상징을 하나하나 일일이 선택하는 것이 아니라 한 개의 코드를 사용하여 문장 전체를 전달할 수 있다.

의사소통 속도를 높이기 위한 다양한 전략을 〈표 3-8〉에 박현주(2017)와 Beukelman과 Mirenda(2005)를 참조하여 제시하였다. 〈표 3-8〉에서 AAC 체계의 의사소통 속도 향상을 위한 부호화 전략 중 도상적 부호화는 미국의 Prentke Romich Company(https://store.prc-saltillo.

〈표 3-8〉 AAC 체계의 의사소통 속도 향상을 위한 부호화 전략

| 종류 | 세부 분류 | 예시 |
|---|---|---|
| 낱말 부호화 | 문자 낱말 부호화 | • 절단형 부호: 처음 몇 문자만 남겨 놓고 낱말 축약<br>(예: COMM=communication)<br>• 단축형 부호: 가장 두드러진 문자만으로 낱말 전체를 나타내는 방식<br>(예: HAMBGR=hamburger) |
| | 수문자 낱말 부호화 | • 숫자와 문자를 모두 이용해서 낱말을 표현하는 방식<br>(예: COMM 1= communicate, COMM2=communication) |
| | 문자-범주 낱말 부호화 | • 첫 문자는 상위범주, 두 번째 문자는 특정 단어의 첫 문자를 나타내는 형식<br>(예: F-fruit, D-drink 의미 ⇒ FA: apple, FB: banana) |
| | 숫자 부호화 | • 숫자만으로 낱말이나 메시지를 전달하는 방식<br>(예: 13-어제, 24-안녕하세요?) |
| | 모스 부호 | • 점과 대시(dash)를 사용하여 메시지를 표현하는 국제적인 체계 |
| 메시지 부호화 | 문자 부호화 | • 메시지에 포함된 두드러진 내용어의 첫 글자를 부호화하는 것<br>[예: 문 좀 열어 주세요(please, open the door for me)-OD<br>문 열다(open door)의 첫 글자로 부호화] |
| | 수문자 부호화 | • 숫자와 문자를 모두 이용해서 낱말을 표현하는 방식<br>(예: G: 인사말 부호, G1: 안녕하세요, G2: 만나서 반갑습니다) |
| | 도상적 부호화 | • 의미적 압축, Minspeak(Unity system)<br>• 일련의 아이콘에 낱말, 구절 또는 문장 메시지를 저장해 놓고 사용하는 것 |
| 색깔 부호화 | 색깔 부호화 | • 눈응시 사용자의 의사소통 속도를 높이고 다양한 어휘 표현이 가능하도록 하는 것 |
| 메시지 예측 | 문자, 낱말 및 메시지 예측 | • 단일문자 예측: 한 문자를 선택하면 단어를 형성하기 위해 그 뒤에 나올 가능성이 높은 문자들을 제시하여 이들 중 선택하도록 설정하는 전략<br>• 낱말 예측: 사용자가 한 문자를 선택하면 이 문자를 포함한 가장 자주 쓰이는 낱말 목록을 제시하여 선택하도록 하는 전략<br>• 구, 문장 예측: 단일 낱말보다 더 긴 구나 문장을 예측하여 제시하는 전략 |

com)에서 생산되는 하이테크 SGD인 Accent 시리즈, Vantage 시리즈, Vanguard 시리즈 등의 도구에서 사용하는 언어체계로서 Minspeak(Unity system)라 한다.

Minspeak 체계에서 각 상징은 하나 이상의 의미를 갖고 여러 가지 방법으로 결합해서 사용 가능하여 상징 배치 화면이 자주 바뀌지 않아도 된다. 그래서 정적 상징 배열 특성을 갖고 있기도 하지만 범주별 배치된 상징을 찾아 하위 범주로 찾아 들어가야 하는 경우도 있으므로 역동적 상징 배열의 특성도 갖는다. 이 체계는 단어와 구로 구성되어 있고, 표현들이 2~3개의 상징들로 부호화된다. Minspeak 상징은 다소 추상적이라 의사소통 상대자도 상징의 의미를 익혀야 한다.

[그림 3-24]에 제시한 Minspeak 상징체계의 도상적 부호화를 적용한 PRC의 하이테크 SGD의 화면을 보면 사과 아이콘과 해 아이콘을 볼 수 있다. 이때 사과 아이콘과 해 아이콘은 다른 SGD 제품(예: Tobiidynavox)에서 상징을 사용하는 것과 같이 '사과'와 '해'의 의미로만 사용되지 않는다. 사과와 해의 아이콘은 각각 여러 의미를 갖고 있으며, 표현을 위해 서로 결합되는 순

| 아이콘 | 개별 의미 | 아이콘의 결합 | 의미 |
|---|---|---|---|
|  | 음식, 과일, 빨간색, 둥글다 등 |  | 바비큐 먹자. (여름에 먹는 음식) |
|  | 날씨, 노란색, 뜨겁다, 여름, 정오 등 |  | 이 음식 좀 데워 주세요. (뜨거운 음식) |

[그림 3-24] PRC 제품 SGD의 도상적 부호화의 예시

서에 따라 전혀 다른 의미를 나타내기도 한다. 이와 같은 방식으로 다른 아이콘들도 의미를 갖고 서로 결합하여 다양한 표현을 산출하도록 Minspeak 체계가 개발되었다.

〈표 3-8〉에 제시한 색깔 부호화는 스위치를 사용하거나 직접 선택이 어려운 AAC 사용자가 눈응시판을 사용할 때 적용한다. 표현어휘가 점점 늘어나게 되면 한정된 상징을 배열할 수밖에 없는 눈응시판에서 의사소통 속도를 높이고 다양한 어휘를 표현하기 위해 사용할 수 있는 전략이 색깔 부호화 전략이다. [그림 3-25]는 색깔 부호화 전략을 사용하는 눈응시판의 예시이다. 사용자에게 눈응시판을 보여 주고 먼저 표현하고자 하는 위치를 나타내는 숫자를 선택하도록 한 다음, 선택된 숫자에서 어느 색깔의 상징인지 선택하도록 한다.

5장에 제시한 피츠제럴드키(Fitzgerald Key) 형식의 상징 배열 방법도 색깔 부호화 전략의 일종이다.

[그림 3-25] 색깔 부호화 전략을 적용한 눈응시판의 예시

지금까지 설명한 AAC 체계의 구성 요소를 하나의 의사소통 도구를 중심으로 설명하면 [그림 3-26]과 같다.

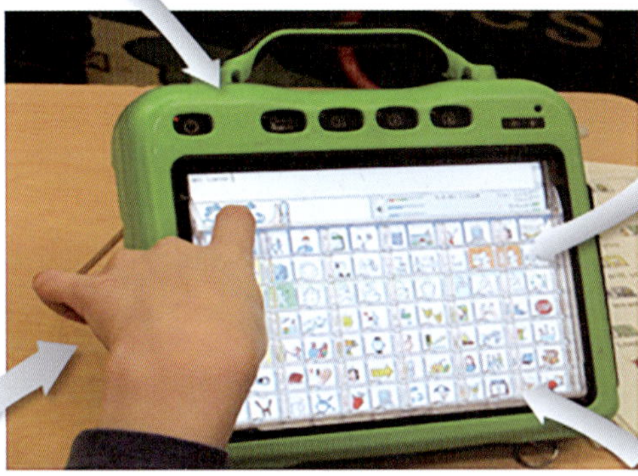


[그림 3-26] AAC 체계의 구성 요소

## 4 보완대체의사소통 사용자의 의사소통 상호작용의 목적

지금까지 다양한 AAC 체계의 네 가지 구성 요소를 살펴보았다. 복합의사소통장애를 지닌 사람들에게 의사소통 중재를 고려할 때 이러한 다양한 의사소통 양식들과 더불어 중요하게 생각해야 할 것이 의사소통의 목적이다. 즉, AAC 중재의 궁극적인 목적은 의사소통 문제에 대한 공학적 해결 방법을 찾는 것이 아니라 복합의사소통장애를 지닌 사람으로 하여금 다양한 상호작용과 자신이 선택한 활동에 효과적 · 효율적으로 참여하도록 하는 것이다. 이러한 의사소통의 궁극적인 목적을 다음 다섯 가지로 제시할 수 있다(Beukelman & Mirenda, 2005; Binger & Kent-Walsh, 2010; Light, 1989).

- 사회적 예의를 지키는 루틴에 참여하는 것이다. 예를 들어, 교실이나 직장에 들어오면 친구나 동료들에게 '안녕'이라고 인사하는 것이다. AAC를 이용해 성공적으로 사회적 예의를 표현하려면 메시지의 전달 속도와 정확성, 의사소통적 독립성이 매우 중요하다. 보호자가 AAC 사용자에게 "선생님에게 인사해야지. 인사하려면 이 상징을 눌러야지."라는

말을 하고서야 겨우 AAC 도구를 누른다면 아직은 진정한 사회적 예의를 표현하는 것이라 볼 수 없기에 의사소통적 독립성이 중요한 요인이 된다.

- 사회적 친밀감을 확립하고 유지하기 위한 것이다. 이를 위해 우리는 친구나 가족과 이야기를 나누며, 페이스북과 같은 SNS에 정보를 게시하거나 읽기도 하고, SNS 채팅, 댓글 달기 등에 참여하기도 한다. 사회적 친밀감을 보이기 위한 의사소통에서 중요한 것은 메시지의 속도나 정확성, 의사소통자의 독립성보다 상호작용 그 자체이다. 메시지를 천천히 전달하고 정확하지 않더라도 상호작용 과정에서 결속감과 친밀감을 느꼈다면 그것이 더 중요하다는 것이다.
- 요구와 바람을 표현하기 위한 것이다. 이것은 상대자의 행동을 조절하려는 것으로, 예를 들어 아이가 엄마에게 가게에서 사탕을 사도 되는지 물어볼 때가 여기에 해당한다. 의사소통의 목적을 달성하고자 할 때는 메시지의 정확성과 속도가 중요하다. 그렇다 보니 AAC 중재의 초기 목표는 대부분 요구와 바람을 표현하는 것이며, 그에 따라 AAC 의사소통판의 상징 대부분이 요구와 바람을 표현하는 어휘들로 배열되어 있다. 의사소통의 주요 목적이 요구와 바람을 표현하기 위한 것이지만 그 표현에는 언어적 요소도 포함되어야 하며, 요구와 바람을 표현하는 것만이 의사소통의 전부는 아님을 염두에 두는 것도 중요하다.
- 정보를 얻고 전달하는 것이다. 이것은 상대자의 행동조절보다는 정보 공유에 목적이 있기 때문에 메시지가 훨씬 더 복잡하고 전달하기 어려워진다. 예를 들어, 주말에 있었던 일을 교사에게 말하는 것이나, 다가오는 졸업식 학예회에 대해 친구와 이야기하는 것 같은 것이다. 요구와 바람을 표현하는 것만큼 전달하려는 메시지의 내용이 중요하다. 메시지의 산출 속도와 정확성이 또 다시 중요한 요소가 된다.
- 자신 스스로와 소통하거나 내적인 대화를 하는 것이다. 말은 외부 대상자와만 하는 것이 아니다. 일기장을 보며 관련 내용을 떠올리거나 준비물 목록에 대해 혼자 생각하기도 한다. 이러한 내적인 대화에서는 메시지의 산출 속도보다는 메시지의 정확성이 중요한 요소가 된다.

앞의 다섯 가지 의사소통의 목적은 일반적으로 사람들이 일상 속에서 늘 경험하는 것이다. AAC 사용자들도 똑같은 의사소통 요구와 목적을 가진다. 우리가 서로 의사소통하는 방식은 시대에 따라 다르게 진화해 왔다. 예를 들어, 손 편지를 써서 정보를 알리던 시대에서 지금은 SNS나 이메일을 통해서 의사를 전달한다. 이렇게 방식은 달라졌지만 의사소통 목적은 옛날이나 지금이나 다르지 않다. AAC를 사용하는 사람도 우리와 같은 의사소통 요구와 다양한 의사소통 목적을 가지고 있지만 단지 이 목적을 달성하기 위해 일반적인 의사소통 수단을 사용하는 데 어려움이 있는 사람들일 뿐이다.

따라서 교육자로서 우리는 의사소통이 발생하는 어느 시간, 어느 장소, 어떤 상황에서도 복합의사소통장애를 지닌 사람들이 의사소통 목적을 달성할 수 있도록 효과적인 의사소통 수단을 제공하는 역할을 해야 한다. 특히, 의사소통 목적에 따라 요구되는 메시지 산출 속도와 정확성, 그리고 의사소통의 독립성이 다르기 때문에 AAC 사용자가 의사소통 목적에 따라 이를 확보할 수 있도록 해 주어야 한다. [그림 3-27]에 AAC 사용자의 의사소통 상호작용 목적을 제시하였다.

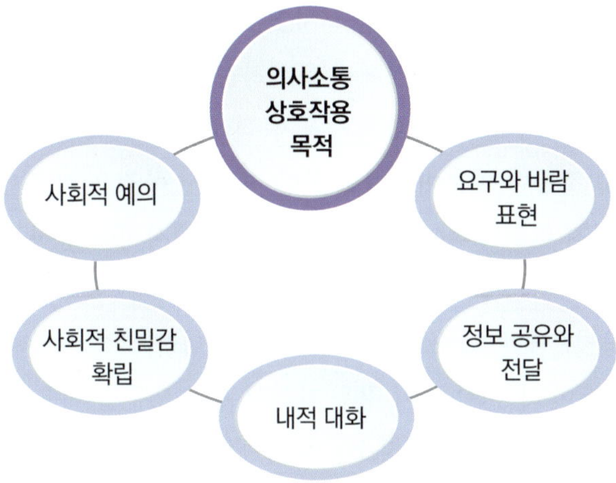


[그림 3-27] AAC 사용자의 의사소통 상호작용 목적

## 5 보완대체의사소통 사용자의 유형

AAC를 사용하는 복합의사소통장애를 지닌 사람은 너무나 다양하기 때문에 의사소통 문제 외에 자신의 주 장애영역별로 AAC 적용을 위한 사정(assessment)이나 중재 방법을 분류하기는 어렵다. 그리고 AAC를 필요로 하는 복합의사소통장애를 지닌 사람들은 비상징적 의사소통 수단을 사용하는 사람부터 하이테크 의사소통 도구를 이용하여 자유롭게 자신의 의도를 표현하는 사람까지 너무나 다양하다.

따라서 몇몇 연구자들(Beukelman & Garrett, 1998; Beukelman & Mirenda, 2005; Blackstone & Dowden, 1999; Dowden, 1999a, b; Dowden & Cook, 2002; Soto & Zangari, 2009)은 의사소통을 얼마나 자유롭게 할 수 있느냐에 따라 AAC 사용자를 분류하였다. 이 분류에 의하면 AAC 사용자는 초보 의사소통자(emerging communicator), 맥락의존 의사소통자(context dependent communicator), 독립적 의사소통자(independent communicator)로 분류된다.

초보 의사소통자는 아직은 신뢰할 만한 상징적 의사소통 수단을 갖고 있지 않은 경우이다. 그래서 제스처나 발성, 몸짓 등으로 의사소통하는 사람들로 아주 어린 영아이거나 나이가 들어도 비상징적 의사소통 단계에 머물러 있는 경우, AAC로 의사소통을 시작하였지만 아직은 적절한 의사소통 전략과 기법을 갖고 있지 못한 경우도 이에 해당한다. 따라서 초보 의사소통자는 아직은 제한된 맥락과 사람하고만 의사소통하게 된다.

맥락의존 의사소통자는 상징적 의사소통 수단을 사용하기는 하지만 여전히 친숙한 의사소통 상대자나 제한된 맥락이나 활동에서만 의사소통이 성공한다. 이 경우 다른 사람들이 맥락의존 의사소통자가 사용하는 AAC 양식에서 표현하는 것을 쉽게 이해하지 못할 수도 있다. 그래서 낯선 사람과 의사소통할 때는 AAC 사용자 옆에 있는 친숙한 상대자가 통역하듯 대신 말해 주는 어휘를 듣고 소통이 이루어지기도 한다. 따라서 아직은 사용자의 AAC 도구에 적절한 어휘가 배열되어 있지 않거나 AAC 사용자가 새로운 메시지를 형성하는 방법을 모를 수도 있다.

독립적 의사소통자는 친숙한 의사소통 상대자뿐만 아니라 낯선 사람과도 어떤 주제든 AAC 도구를 이용해 의사소통이 가능하다. 이 경우 자신의 AAC 도구를 이용하여 배운 적이 없는 새로운 메시지를 구성함으로써 스스로 의사소통이 가능하다. 우리가 흔히 알고 있는 루게릭병으로 하이테크 AAC 도구를 사용하였던 호킹 박사가 독립적 의사소통자에 해당한다.

이와 같이 의사소통의 수준에 따라 복합의사소통장애를 지닌 사람을 분류하면 뇌성마비, 자폐성장애, 지적장애, 외상성 뇌손상 등 기존의 장애 영역 분류와 상관없이 이 사람들이 어떤 의사소통 수준에 있는가에 따라 AAC 적용을 위한 사정과 중재 방법이 달라진다. 이 분류에서 초보 의사소통자는 영원히 초보 의사소통자가 되는 것이 아니다. 중재를 받기 전에는 초보 의사소통자일 수 있지만 중재를 통해 궁극적으로는 독립적 의사소통자가 되도록 하는 것이다. 예를 들어, 태어나자마자 장애 진단을 받은 어린 영아는 초보 의사소통자로서 거의 대부분 AAC 중재 서비스의 주요 대상이 된다. 이 영아에 대한 의사소통 교육은 초보 의사소통자에서 맥락의존 의사소통자를 거쳐 독립적 의사소통자로 성장하도록 하는 것이다.

〈표 3-9〉에 브릿지스쿨, Blackstone과 Dowden(1999), Blackstone(2011)을 참고하여 AAC 체계 사용 의사소통자 유형의 특성에 대해 제시하였다.

〈표 3-9〉 AAC 사용 의사소통자의 유형

| 유형 | 초보 의사소통자 | 맥락의존 의사소통자 | 독립적 의사소통자 |
|---|---|---|---|
| 특성 | • 신뢰할 만한 상징적 의사소통수단을 갖고 있지 않음<br>• 매우 어린 영아<br>• 중증 발달장애 학생이나 성인<br>• 후천적 손상(뇌졸중, 치매 등)에 의해 심한 장애를 가진 성인 | • 상징적, 비상징적 양식을 사용하지만 아직은 제한된 맥락과 제한된 상대자와만 의사소통을 성공적으로 수행함<br>• 다른 사람들이 아직은 이 사람이 사용하는 AAC 양식을 이해하지 못할 수 있음 | • 모든 맥락에서 모든 주제에 맞게 친숙한 상대자뿐 아니라 낯선 상대자와도 의사소통이 가능함<br>• 자신의 연령에 적합한 인지 기술과 수용언어 기술을 가지거나 또는 그렇지 않을 수 있음 |
| 의사소통 방법 | • 적절한 의사소통 전략과 기법을 갖고 있지 못함<br>• 제스처, 발성, 몸짓 등 | • AAC 체계에 비효율적이고 적합하지 않은 어휘들이 있을 수 있음<br>• 미리 저장된 어휘 이외에 자신이 스스로 새로운 메시지를 만들어 내는 것은 어려움<br>• 친숙한 상대자만이 표현을 이해할 수 있기 때문에 다른 사람이 제공하는 어휘에 의존할 수밖에 없음 | • 도구를 사용할 수도 있고 사용하지 않을 수도 있음<br>• 새로운 메시지를 스스로 만들어 의사소통할 수 있음<br>• 친숙한 의사소통 상대자에게 의존할 수도 있고 그렇지 않을 수도 있음 |
| 의사소통 상호작용 | • 제한된 의사소통 상대자와 상호작용함<br>• 제한된 맥락에서 의사소통 상호작용을 함 | • 제한된 맥락, 제한된 의사소통 상대자에서부터 다양한 맥락과 다양한 의사소통 상대자로 전환됨 | • 항상 독립적인 의사소통만 하는 것은 아님 |
| 사정 방법 | • 맥아더-베이츠 검사<br>• 의사소통 발달검사<br>• 언어능력 검사<br>• 커뮤니케이션 매트릭스 검사<br>• 선호항목 검사<br>• 주의집중 수준 검사<br>• 대화 방식 검사<br>• 소셜 네트워크 검사 | • 언어능력 검사<br>• 수용언어, 표현언어 검사<br>• 선호 항목 검사<br>• 주의집중 수준 검사<br>• 의사소통 양식과 기능 워크시트<br>• 대화 방식 검사<br>• 소셜 네트워크 검사<br>• 상징놀이 검사<br>• 문해력 검사 | • 의사소통 양식과 기능 워크시트<br>• 대화 방식 검사<br>• 수정에 의한 표준화된 언어진단 도구 사용<br>• 소셜 네트워크 검사<br>• 문해력 검사 |
| 중재 목표 | • 신뢰할 만한 명료한 의사소통 방법을 판별하고 적용하기 | • 어휘 증가<br>• 문해력 기술 발달<br>• 의존성 감소<br>• 의사소통 상대자 확대<br>• 대화 주제 증가 | • 의사소통 속도 증가<br>• 사회적 상호작용 기술 개선 |

# 6 보완대체의사소통 사용자의 의사소통 능력

AAC 사용자를 위한 중재의 우선적인 방향은 의사소통 능력을 향상시키고자 하는 것이다. 어떤 한 사람이 의사소통 능력을 가지고 있다는 것은 기능적으로 의사소통할 수 있는 기술을 가지고 있다는 것, 그리고 일상적인 의사소통 요구를 적절하게 충족시킬 수 있다는 것을 의미한다. 그런데 AAC 사용자는 말이나 글로 의사소통하는 사람들과 달리 의사소통 도구를 사용해야 하고, 상징을 알아야 하고, 도구에 내재된 의사소통 속도 향상 전략도 알아야 하기 때문에 일반적인 의사소통과는 다른 능력을 필요로 한다.

Light(1989)는 AAC 사용자의 의사소통 능력을 다음 네 가지로 제안하였고, 이를 토대로 Light 등(2003)은 의사소통 능력 모델을 개발하고 AAC 사용자의 중재 목표로 설정할 것을 제안하였다. 이러한 능력에 대해 Beukelman과 Mirenda(2005), Binger와 Kent-Walsh(2010)도 그 중요성을 강조하였다.

## 1) 언어적 능력

언어를 성공적으로 습득하고 사용하는 능력을 포함하는 의사소통 능력에는 장애의 정도나 유형과 같은 여러 가지 변인이 작용한다. 그런데 AAC를 필요로 하건 그렇지 않건 모든 사람이 언어를 통해 자신의 의사를 전달하고, 내적인 자신의 생각도 표현하며, 교과 학습도 수행한다. 따라서 의사소통에 어려움을 가지고 있는 사람 누구나 의사소통 중재의 주요 목적은 언어적 능력(linguistic competence)을 갖추도록 하는 것이다.

AAC 사용 유무와 상관없이 모든 사람이 가져야 하는 언어적 능력이란 자신이 사용하는 언어에 대해 수용 능력과 표현 능력을 모두 갖고 있어야 함을 의미한다. AAC 사용자도 마찬가지로 우선 자신이 속해 있는 사회가 사용하는 주요 언어를 수용하고 표현하는 능력이 있어야 사회 속에서 살아갈 수 있다. 그렇기 때문에 AAC 사용자는 지역사회에서 사용하는 자신의 모국어도 숙달해야 하면서 자신이 사용하는 AAC 체계에서 요구하는 '언어학적' 부호화의 개념도 숙달해야 한다. 즉, 자신의 AAC 체계가 그래픽 상징을 사용한다면 그래픽 상징의 부호에도 숙달해야 하고, 손짓기호를 사용한다면 각각의 손짓기호가 무엇을 의미하는지 부호화되는 것에 대해 숙달해야 한다는 것이다. AAC 사용자에게 요구되는 언어적 능력은 다음과 같이 정의된다(Light et al., 2003).

- 개인의 가족과 지역사회에서 통용되는 모국어에 대한 기술의 발달
  - 주위의 다른 사람들이 통상적으로 사용하는 언어의 구문, 의미, 화용에 대한 이해 능력을 발달시키는 것
  - 구어 언어(spoken language)에서 사람들이 적절하게 사용하는 많은 표현 기술(구문, 의미, 화용)을 발달시키는 것
  - 자신이 사용하는 언어적 부호와 문화적 가치의 차이 간 전환을 위한 코드 사용을 발달시키는 것

이러한 것의 예로는 자신이 사용하는 AAC 체계에 기본형의 어휘만 배열되어 있고, 높임말 사용 표현이 없다면 기본형의 어휘를 누른 뒤 높임말 사용으로 전환되는 또 다른 기능 항목이나 버튼을 눌러야 하는 것이다.

- AAC 체계의 언어적 부호화에 대한 기술의 발달
  - AAC를 통해 개념을 표현하는 AAC 상징에 대한 어휘적 의미의 지식을 발달시키는 것
  - 더 복잡한 메시지를 표현하기 위해 AAC 상징들을 결합하여 의미론적-구문론적 기술을 발달시키는 것

## 2) 사회적 능력

사회적 능력(social competence)은 언어의 두 가지 중요한 측면과 관련된다. 첫째는 사회언어학적(sociolinguistic) 측면으로서 화용론과 관련된다. 이것은 대화를 시작하고, 유지하고, 끝내는 것과 연관된 담화 전략 그리고 요구와 바람을 표현하는 것과 같은 상호작용 기능, 요청하기나 주장하기와 같은 특정 의사소통 기능을 포함한다. 두 번째는 사회관계학적(sociorelational) 측면으로 긍정적인 자기 이미지를 갖는 것, 의사소통과 다른 사람에게 관심을 표현하는 것, 의사소통 상대자를 편안하게 하는 것과 같은 관계적 기술을 의미한다.

AAC 사용자는 이러한 부분들에 약점을 보이며 중재를 필요로 한다. 특히, 자폐스펙트럼을 가진 복합의사소통장애 아동에게 사회적 능력은 주요한 중재의 초점이 된다. AAC 사용자 중에는 다른 사람은 필요 없는 사회적 능력이 필요할 수도 있다. 예를 들어, AAC 사용자는 의사소통 상대자를 편안하게 해 주는 것이 중요하다. 왜냐하면 많은 사람이 처음 AAC 사용자와 상호작용할 때 불편함을 느끼기 때문이다(Light & Binger, 1998). Light 등(2003)은 다음과 같이 AAC 사용자에게 요구되는 사회적 능력을 정의하였다.

- 적절한 사회언어학적 기술의 발달
  - 의무적 말차례 주고받기와 비의무적 말차례 주고받기
  - 화제를 적절히 시작하기
  - 대화를 유지하기 위해 유관 반응 보이기
  - 충분한 의사소통 기능을 표현하기(예: 주장하기, 정보 요구하기, 정보 제공하기, 주의 요구하기 등)

- 적절한 사회관계학적 기술의 발달
  - 상호작용에 적극적으로 참여하기
  - 상대자에게 반응적인 태도 보이기
  - 상대자에게 관심 보이기
  - 상대자를 편안하게 해 주기
  - 긍정적인 자기 이미지 갖기
  - 상호작용에서 상대자와 관계 맺기
  - 상대자와 긍정적인 라포(rapport) 유지하기

### 3) 조작적 능력

조작적 능력(operational competence)은 AAC 사용자에게만 필요한 독특한 능력이다. 자신이 사용하는 AAC 체계 상징의 언어학적 부호를 숙달하는 것만으로는 AAC 체계를 능숙하게 사용하지 못한다. AAC 체계를 조작하기 위한 기술적 능력이 필요하다. 예를 들어, 하이테크 의사소통 도구의 볼륨을 조절하거나, 스위치를 켜고 끄거나, 산출되는 소리의 옵션을 선택하는 것과 같은 능력이다. 이것은 청각장애인이 보청기 사용법을 익혀야 하는 것처럼 AAC 사용자라면 반드시 익혀야 하는 기술적 능력이라 할 수 있다.

비도구 양식을 사용하는 AAC 사용자는 손짓기호를 표현하기 위해 정확한 손 모양을 만들어야 하고, 도구를 사용하는 경우 SGD 조작 능력을 익혀야 한다. 도구 AAC에서는 다양한 기술이 필요한데 의사소통책이나 SGD에서 상징의 위치를 찾아야 하고, 스캐닝하는 방법을 배워야 한다. 중요한 것은 많은 조작적 능력이 단순히 운동 기술만이 아니라 인지적 기술도 필요로 한다는 것이다. 예를 들어, 의사소통책을 사용하든 SGD를 사용하든 복잡한 개념을 표현하고자 할 때 각 상징의 위치를 찾아 지적하려면 지적하는 움직임만이 아니라 어느 위치에 있는지 기억해야 한다. 특히, 역동적 디스플레이를 사용하는 SGD의 경우 어느 범주에 원하는 상징이 있는지 기억하고 찾아야 한다. Light 등(2003)은 다음과 같이 AAC 사용자에게 요구되는 조작적 능력을 정의하였다.

- 비도구 양식(관습적 제스처, 손짓기호 등)을 사용하기 위해 필요한 능력
  - 손짓기호나 제스처 산출을 위해 필요한 손의 모양, 위치, 방향을 나타내는 것
  - 팬터마임을 통해 메시지를 표현하기 위해 순서를 계획하고, 순서에 맞게 몸의 움직임을 표현하기(예: 수영하고 나서 식사했어.)
  - '예'를 표현하기 위해 고개를 들고 바라보기

- 도구 양식의 AAC 체계를 조작하기 위해 필요한 능력
  - 의사소통책을 열고, 페이지를 넘기고, 원하는 상징 찾기
  - SGD에서 원하는 AAC 상징을 선택하기 위해 행렬 스캐닝 사용하기

### 4) 전략적 능력

얼마 전에 한 지인이 자신의 어머니가 뇌졸중으로 쓰러져 병원에 입원했을 때 계속 웅얼웅얼 소리를 내어 표현하는데 의사도 간호사도 옆에 있던 자식도 이해하지 못했다는 말을 하였다. 손도 움직일 수 없어 글을 쓰지 못하고 있다고 하여 스마트폰에 즉각 설치할 수 있는 AAC 앱을 소개하였다. 어머니께 앱의 그림을 보여 주었더니 '배고프다'는 그림을 지적했다고 하였다. 그 뒤로 의사소통 단절이 생길 때마다 '앱앱'이라고 웅얼거리듯 말씀하셨다고 한다. 복합의사소통장애를 지닌 사람이 자신의 의사소통 단절을 보완하기 위한 전략으로 AAC 앱을 요구하는 것이다. 의사소통 단절을 보완하기 위한 전략적 메시지로 AAC 도구에 '할 말 있어요', '내가 말한 단어를 다시 말해 주세요', '무엇일까 추측해 보세요', '다시 시작할래요' 등을 배치해 두면 대화 단절을 예방하고 대화의 흐름을 유지할 수 있다.

전략적 능력(strategic competence)이란 의사소통 단절이 발생하였을 때 이를 보완하기 위해 다양한 전략을 사용하여 보완하는 능력을 의미한다. 의사소통장애를 가진 사람들은 자신의 장애를 보완하기 위한 여러 가지 보상 전략을 사용한다. 예를 들어, '다섯 개'라는 단어를 명확하게 발음하는 것이 어려운 조음장애가 있으면 '다섯 개'라고 말하며 손가락을 하나씩 구부리면서 표현한다. AAC 사용자가 사용하는 전략적 능력으로는 의사소통 단절에 대처하기, 메시지를 명확히 하기, 의사소통의 효율성을 최대화하기 등이 있다. 앞에서 제시하였던 예처럼 뇌졸중으로 마비성조음장애를 가진 사람이 처음에는 말로 의사소통을 시도하지만 잘 전달되지 않

으면 자신의 의사소통 단절을 보완하기 위해 로우테크 의사소통판을 사용하여 원하는 것을 지적하는 것이다. AAC 사용자에게 요구되는 전략적 능력을 정의하면 다음과 같다(Light et al., 2003).

- 언어적 능력의 제한점을 보완하기 위해 적절한 전략을 사용하는 것
  - 상대자가 AAC 사용자의 표현을 이해하지 못하면 그것을 보완하기 위해 상대자에게 글로 쓰거나 AAC 도구에서 상징을 지적하도록 요청하기
  - 상호작용에서 화제를 확립하고 어휘의 제한을 보완하기 위해 굿즈(기념품)를 사용하기
  - 제한된 어휘를 상대자가 추측하도록 단서를 제공하거나 '추측해 봐요' 상징 누르기

- 조작적 능력의 제한점을 보완하기 위해 적절한 전략을 사용하는 것
  - 글자판으로 의사소통할 때 속도를 높이기 위해 상대자로 하여금 추측하게 하는 전략을 사용하는 것(예: 'ㄱ', 'ㅗ', 'ㄹ'만 지적하고 상대자를 보면 상대자가 '고래'를 유추하는 것)
  - 상대자의 간섭을 피하기 위해 메시지 구성이 이루어지고 있음을 표시하는 '삐' 소리를 활성화시키는 것

- 사회적 능력의 제한점을 보완하기 위해 적절한 전략을 사용하는 것
  - 상대자를 편안하게 하기 위해 자신을 소개하는 전략 사용하기
  - 대화가 지속되도록 상대자에게 주의를 집중하는 방법 가르치기

이상에서 AAC 사용자가 의사소통 능력을 성취하기 위해서는 이 네 가지 능력이 서로 연관되어 작용함을 알 수 있다. AAC 사용자 중에 이 네 가지 능력을 모두 갖추고 있지 못한 경우도 있다. 예를 들어, AAC 체계로 언어적 능력은 어느 정도 발달되었으나 사회언어학적이나 사회관계학적 능력은 발달시키지 못했을 수도 있다.

## 요약

보완대체의사소통(AAC) 체계는 일상적으로 사용하는 말이나 글로 의사소통하는 데 어려움이 있는 복합의사소통장애를 지닌 사람들의 의사소통 능력과 언어능력 향상을 위한 의사소통 체계로서 상징, 양식, 전략, 선택 기법의 네 가지 구성 요소로 이루어진다. 상징은 얼굴 표정, 제스처, 그림, 글자 등을 의미하며, 양식은 로우테크와 하이테크 도구로 분류된다. 양식은 의사소통 전용기로 사용되는지의 여부에 따라 의사소통 전용 도구와 의사소통 비전용 도구로 분류된다. 상징의 배열 형식에 따라 역동적 배열 방식과 정적 배열 방식에 의한 의사소통 도구로 분류되기도 한다.

너무나 많은 의사소통 도구가 있지만 어느 특정 의사소통 도구만을 사용하게 하는 것이 아니라 복합의사소통장애를 지닌 사람이 다중양식 체계를 사용할 수 있도록 해야 한다. 전략은 의사소통 속도 향상을 위해 AAC 도구에 사용되는 낱말 부호화, 메시지 부호화, 색깔 부호화, 메시지 예측의 전략을 의미한다. 선택 기법은 상징을 선택하는 방법으로 직접 선택과 간접 선택으로 구분할 수 있다. 간접 선택의 유형은 시각 스캐닝, 청각 스캐닝, 상대자 지원 스캐닝으로 구분된다. 항목 제시 형태에 따라 원형 스캐닝, 선형 스캐닝, 행렬 스캐닝, 집단항목 스캐닝으로 분류되며, 선택조절 기법에 따라 자동적 스캐닝, 유도적 스캐닝, 단계적 스캐닝으로 구분된다.

AAC 사용자의 의사소통 상호작용 목적은 사회적 예의 지키기, 요구와 바람 표현하기, 정보를 공유하고 전달하기, 사회적 친밀감 확립하기, 그리고 내적 대화를 위한 것이다. AAC 사용자의 의사소통 능력은 언어적 능력, 전략적 능력, 조작적 능력, 사회적 능력으로 분류할 수 있으며, 의사소통 촉진자로서 교사는 AAC 사용자가 이러한 능력을 갖출 수 있도록 지원해 주어야 한다.

CCN & AAC Intervention

제 4 장

# 보완대체의사소통 사정

## 개요

이 장에서는 보완대체의사소통 사정 방법에 대해서 알아본다. 먼저, 보완대체의사소통 사정의 개념을 알아보고, 참여모델에 의한 보완대체의사소통 사정, 관찰과 면담에 의한 사정, 보완대체의사소통 사용자의 의사소통 수준에 따른 사정 방법을 알아볼 것이다.

# 1 보완대체의사소통 사정의 개념

## 1) 보완대체의사소통 사정과 중재의 주요 이슈

복합의사소통장애 학생을 위해 AAC 중재를 실시하기 전에 학생의 현재 수준에 대한 자료 수집이 필요하다. 교육적 의사결정에 필요한 자료를 수집하는 과정을 사정(assessment, 査定)이라고 한다(이승희, 2015). AAC 사정은 AAC 사용자에만 국한하여 실시하는 것이 아니며, 중재와 함께 연계하여 이루어져야 한다. 또한, 제3장에서 언급한 AAC 사용자의 의사소통 능력인 언어적 능력, 조작적 능력, 사회적 능력, 전략적 능력(Beukelman & Mirenda, 2005; Binger & Kent-Walsh, 2010; Light, 1989)을 고려하여 사정이 이루어져야 한다. AAC 사정 및 중재와 연관된 주요 이슈(Blackstone, 2011; Soto, 2011; Soto & Zangari, 2009)를 [그림 4-1]에 제시하였다.

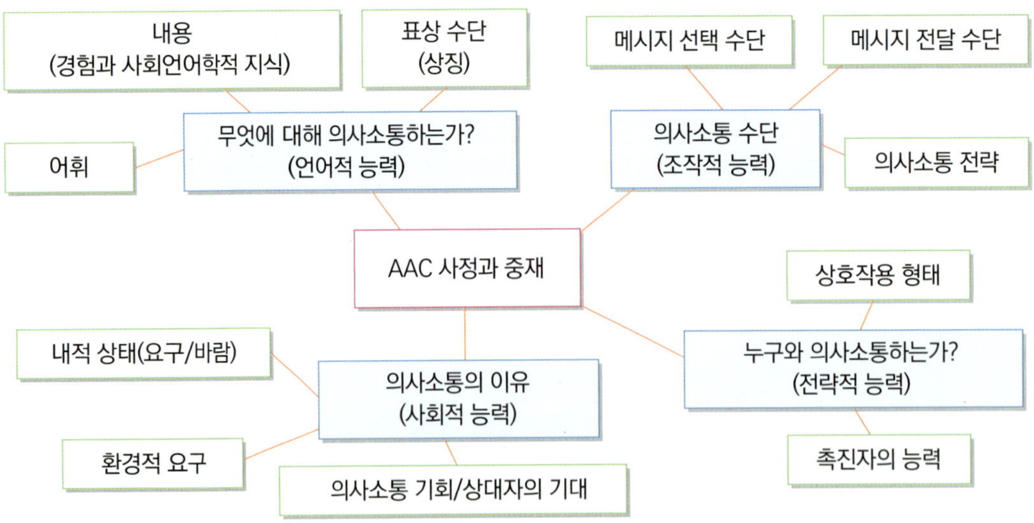


[그림 4-1] AAC 사정과 중재의 주요 이슈

### (1) 무엇에 대해 의사소통하는가

[그림 4-1]에서 AAC 사정과 중재에서 고려하여야 할 주요 이슈 중 하나는 무엇에 대해 의사소통하고자 하는지 사정해야 한다는 것이다. 이것은 AAC 사용자의 의사소통 능력 중 언어적 능력을 사정하는 것과 연관된다. 여기에는 의사소통하고자 하는 내용, 어휘, 표상 수단에 대한 사정이 포함된다.

첫째, 의사소통하려는 개인이 경험이 많고, 사회언어학적 지식이 많으면 의사소통하고자 하는 내용이 풍부해질 것이다. 사회언어학적 지식의 정도를 사정하기 위해 표준화검사를 사용할 수도 있다. 의사소통 내용을 알기 위해 AAC 사용자의 상호작용을 관찰하거나 부모, 교사 등 AAC 사용자와 상호작용을 많이 하는 대상과 면담을 할 수도 있다.

둘째, 어휘에 대한 사정은 AAC 사용자가 현재 알고 있는 어휘 능력을 조사하거나 검사할 수 있다. 표준화검사를 사용하거나, AAC 사용자가 표현해야 할 어휘가 무엇이라 생각하는지 부모나 보호자, 교사와 면담할 수 있다. 또한, 관찰을 통해 상황 맥락에 따라 AAC 사용자에게 필요한 어휘가 무엇인지 조사할 수 있다. 예를 들어, 또래와의 놀이 상황에서 또래를 쳐다보며 '응응' 소리를 내면 그 소리 대신 '같이 놀자'라는 표현을 하도록 필요한 어휘 목록에 첨가하는 것이다.

셋째, 표상 수단이란 AAC 사용자가 표현할 내용이나 어휘를 나타내 주는 수단으로 손짓기호가 될 수도 있고, 제스처, 구어, 그래픽 상징 등이 될 수도 있다. 예를 들어, 비관습적 의사소통 단계에 머물러 있는 복합의사소통장애 아동이라면 표상 수단으로 그래픽 상징이나 구어를 표현하도록 당장 지도할 수는 없기 때문에 먼저 제스처나 몸짓으로 자신의 요구를 일관성 있게 표현하도록 중재를 계획하고, 이를 위해 아동이 표현할 수 있는 몸짓이나 제스처 목록을 조사할 필요가 있다.

### (2) 의사소통 수단

의사소통 수단 사정은 AAC 사용자의 조작적 능력 사정과 연관된다. 의사소통 수단 사정에는 메시지 선택 수단, 메시지 전달 수단, 효과적인 의사소통 전략에 대한 사정이 포함된다. 첫째, 메시지 선택 수단에 대한 사정이란 상징이나 자신이 원하는 것을 선택하는 수단이 무엇인지 관찰하고 중재 계획을 세우는 것이다. 이것은 AAC 구성 요소 중 기법과 관련하여 관찰하고, 적용해 보고 적절한 기법을 찾아가는 것이다. 예를 들어, AAC 사용 아동이 SGD에서 상징을 찾아 손가락으로 누르는 직접 선택 기법을 사용하지만 도구에서 손이 자꾸 미끄러져 상징을 정확히 누르지 못한다면 스위치를 활용한 스캐닝이나 눈응시 또는 아이트래킹을 적용하는 기법이나 AAC 도구 화면 위에 격자판을 끼워 직접 선택하게 하는 방법에 대해서 고려하고 다시 사정을 계획해 볼 수 있다.

둘째, 메시지 전달 수단에 대한 사정이란 현재 AAC 사용자가 무엇을 이용해서 메시지를 전달하는가 관찰하고 조사하는 것이다. 이것은 의사소통 도구와 관련된 것으로 로우테크, 하이테크 도구 중 어떠한 수단이 메시지 전달에 유용한지 관찰하고 적용해 보는 과정에서 적절한 수단을 결정하는 것을 의미한다. 메시지 전달 수단의 사정은 AAC 중재 과정에서 지속적으로 이루어지는 과정이다. 예를 들어, 아직 상징에 대한 개념이 부족한 경우에는 단일 메시지 녹음형 의사소통 도구를 사용하다가 점차 상징을 인식하기 시작하면 다중메시지 녹음형 도구를 사용하고 동시에 의사소통판과 같은 로우테크 도구도 적용할 수 있다. AAC를 이용해 의사소통하는 동안 끊임없이 관찰하고 효율적인 의사소통 도구를 선정하여 적용하는 과정 그 자체라고 할 수 있다.

셋째, 효과적인 의사소통 전략에 대한 사정이다. 이것은 AAC 사용자가 의사소통 속도를 높이거나 의사소통 단절을 최소화하기 위한 다양한 전략을 찾는 것이다. 예를 들어, 눈응시판을 사용하는 중도 뇌성마비 아동의 표현어휘가 점점 늘어나면 색깔 부호화 전략을 사용하여 눈응시 방법으로도 많은 어휘를 표현하도록 계획해 볼 수 있다.

### (3) 의사소통의 이유

의사소통의 이유 사정은 AAC 사용자의 사회적 능력을 평가하는 것과 연관된다. 여기에는 AAC 사용자의 내적 상태에 대한 사정, 환경적 요구에 대한 사정, 의사소통 기회와 상대자의 기대에 대한 사정이 포함된다.

첫째, AAC 사용자의 내적 상태란 어떠한 의사소통 요구와 바람을 가지고 있는지 파악하는 것을 의미한다. 이를 위해서는 AAC 사용자의 상호작용을 관찰하고 무엇을 원하는지 조사하거나, 평소 무엇을 원할 때 의사소통적 행동을 하는지 보호자나 교사와 면담할 수도 있다. 예를 들어, 식사 시간에 아동이 몸을 뒤로 젖히며 뻗치는 것은 "다 먹었어요. 그만 먹을래요."의 요구를 표현하는 것일 수 있다. 비상징적 의사소통 단계 아동의 행동이 어떠한 의사소통 기능을 하는지 관찰하기 위해 Snell과 Brown(2006)이 제시한 〈표 4-1〉과 같은 의사소통 기능과 비상징적 의사소통 표현양식 체크리스트를 사용할 수 있다. 초기 구어 기능과 대화가 가능한 상태에서의 의사소통 기능에 대하여서는 제1장에서 제시한 바 있으므로 이를 이용하여 의사소통 샘플 수집 자료를 분석함으로써 학생의 의사소통 이유에 대해 사정한다.

둘째, 환경적 요구에 대한 사정이란 다양한 장면에서 AAC 사용자가 왜 의사소통하려고 하는지 관찰하고 사정하는 것이다. 예를 들어, 맥도날드에서 AAC 사용자가 의사소통하려는 이유와 도서관에서 AAC 사용자가 의사소통하려는 이유는 다를 것이다. 그리고 가정이나 학교에서, 학교 안에서도 급식실과 교실에서 의사소통하는 이유가 다를 것이기 때문에 환경에 따라 다양한 의사소통 이유에 대해 사정하고 그에 적합한 의사소통 상징을 배치하는 등의 중재가 필요한 것이다.

셋째, 의사소통 기회와 상대자의 기대에 대한 사정이란 어떤 환경에서 AAC 사용자와 대화 상대자의 의사소통 상호작용이 이루어질 때 AAC 사용자에게 의사소통 기회가 얼마나 주어지는지 사정하는 것이다.

〈표 4-1〉 의사소통 기능과 비상징적 의사소통 표현양식 체크리스트

| 학생: | 비상징적 표현 양식 | | | | | | | | | | | | | | | | |
|---|---|---|---|---|---|---|---|---|---|---|---|---|---|---|---|---|---|
| 일시: | 물건으로 행동/물건 사용 | 자세 취하기 | 특정 위치로 이동 | 관습적인 제스처 | 행동 묘사하기 | 얼굴 표정으로 표현 | 근긴장도 변화 | 방향성/눈응시 | 물체 조작/접촉 | 발성하기 | 중단하기 | 기타 | 도전행동 | | | | |
| 장소:<br>맥락:<br>관찰자:<br>의사소통 기능 | | | | | | | | | | | | | 짜증내기 | 공격 행동 | 자해 행동 | 자기 자극적 행동 | 기타 |
| **행동조절** | | | | | | | | | | | | | | | | | |
| 행위 또는 도움 요구하기 | | | | | | | | | | | | | | | | | |
| 물건 거부하기 | | | | | | | | | | | | | | | | | |
| 사물에 접근 요구하기 | | | | | | | | | | | | | | | | | |
| 활동, 사람 거부하기 | | | | | | | | | | | | | | | | | |
| **사회적 상호작용** | | | | | | | | | | | | | | | | | |
| 사회적 루틴 요구하기 | | | | | | | | | | | | | | | | | |
| 편안함 요구하기 | | | | | | | | | | | | | | | | | |
| 인사하기 | | | | | | | | | | | | | | | | | |
| 부르기 | | | | | | | | | | | | | | | | | |
| 보여 주기 | | | | | | | | | | | | | | | | | |
| 허락 구하기 | | | | | | | | | | | | | | | | | |
| 주의 끌기 | | | | | | | | | | | | | | | | | |
| **공동관심** | | | | | | | | | | | | | | | | | |
| 물체/행동 설명하기 | | | | | | | | | | | | | | | | | |
| 정보 요구하기 | | | | | | | | | | | | | | | | | |

많은 연구에서 AAC 사용자는 다른 사람과의 상호작용에서 수동적인 역할을 하며(백경란, 한경임, 2016; Reichle et al., 1991), 의사소통 상대자가 대화를 주도하고, AAC 사용자에게는 말 차례의 기회가 거의 주어지지 않는다(김종연, 한경임, 2014; 한경임, 1998; Light, Dattilo, English, Gutierrez, & Hartz, 1992)는 점이 지적된 바 있다. 따라서 의사소통 상호작용을 관찰하고 AAC 사용자에게 의사소통 기회가 얼마나 주어지는지, 의사소통 상대자는 AAC 사용자의 의사소통에 대해 얼마나 기대를 갖고 있는지 사정해야 한다.

#### (4) 누구와 의사소통하는가

의사소통 상대자에 대한 사정은 AAC 사용자의 전략적 능력을 사정하는 것과 연관되며, 상호작용의 형태와 촉진자의 능력에 대한 사정을 포함한다. 상호작용 형태는 상호작용 상황에서 AAC 사용자의 의사소통 역할을 의미하는 것으로 의사소통 기회와 의사소통 상대자의 기대와도 연관된다. AAC 사용자와 말을 할 수 있는 성인과의 대화를 분석한 결과(Smith, 1994), 성인이 AAC 사용 아동보다 더 많은 의사소통 차례를 갖고, 그러한 차례의 대부분이 아동의 반응을 강요하는 것이었다. 또한, 아동보다 두 배나 많은 담화 주제를 꺼내어 시도자의 역할을 점유하는 반면 AAC 사용 아동에게는 의사소통을 시도할 기회를 거의 주지 않는 경향을 보였다. 의사소통 상대자는 AAC 사용 아동에게 피상적인 질문에 단지 '예/아니요'로 반응할 시간만 주고 대화를 급하게 이끌어 의사소통 상대자 자신이 질문하고 답하는 양상을 만들어 냄으로써 AAC 사용자에게 좌절감을 느끼게 하는 경향이 있다(Bigg, Best, & Heller, 2001). 이러한 의사소통 상호작용의 형태는 그 상대자가 누구냐에 따라서 달라질 수 있으며, AAC 사용자가 주도적인 의사소통 역할을 할 수 있도록 해 주면 그 형태는 바뀔 수 있다.

따라서 의사소통 상호작용의 형태에는 의사소통 상대자의 촉진자로서의 능력이 중요하게 연관된다. AAC 중재는 일상적으로 말로 하는 의사소통 상호작용과 달리 AAC 체계에 대한 의사소통 상대자의 인식과 역할도 중요하므로 의사소통 상대자를 교육하는 것 또한 AAC 중재의 한 영역이다(한경임, 1998; 김정연, 박은혜, 2003; 한경임, 임민숙, 2006).

### 2) 보완대체의사소통 사용자의 의사소통 능력 사정

AAC 사용자의 의사소통 능력인 언어적 능력, 조작적 능력, 사회적 능력, 전략적 능력을 사정하는 도구로 Augmentative & Alternative Communication Profile-A Continuum of Learning(Kovach, 2009)을 소개한다. 이 도구는 AAC 사용자의 수준을 다섯 가지로 구분하고 각 수준마다 사정해야 할 의사소통 능력의 항목을 제시하여 3점 평정척도로 평가하는 것이다.

2세 이상의 복합의사소통장애를 지닌 사람을 대상으로 실시할 수 있으며, 시간을 두고 계속 평가할 수 있어 AAC 사용자의 의사소통 능력 변화를 알아볼 수 있도록 구성되어 있다. 또한, 각 수준마다 의사소통 상대자의 능력도 평가함으로써 AAC 사용자의 의사소통 능력 변화에 의사소통 상대자의 역할이 중요함을 제시하고 있다. 〈표 4-2〉에 Kovach(2009)가 제안한 5단계의 능력 수준을 제시하였고, 〈표 4-3〉에 각 수준에 따른 사정 내용을 제시하였다.

〈표 4-2〉 AAC 프로파일에 의한 AAC 사용자의 수준

| 수준 | 특성 |
|---|---|
| 수준 1 | • 의도적으로 의사소통하지 못함<br>• 제스처, 얼굴 표정 등의 비상징적 의사소통 수단을 사용함<br>• 편안함이나 사람에 대한 관심을 행동으로 표현함<br>• 표현적인 의사소통 행동이 특이하고 개별적임 |
| 수준 2 | • 선택을 요구할 때 원하는 것을 선택함<br>• 학습된 관습적 제스처, 시각적 표상, 비관습적 제스처를 이해하고 사용함<br>• 다른 사람에게 의존하여 어휘를 선택함<br>• 맥락, 상황, 의사소통 상대자에 따라 다중양식 의사소통을 사용함<br>• 의사소통 상대자를 보고, 원하는 사물을 보는 쌍방향 정위가 가능함<br>• 의도적으로 거부하기를 표현하고, 무엇인가를 '더' 요구하기가 가능함 |
| 수준 3 | • 관습적이고, 명확하고, 추상적인 제스처뿐만 아니라 그래픽 상징을 사용하여 의사소통함<br>• 증진된 의사소통을 위하여 AAC 체계, SGD를 사용함<br>• 사전에 저장된 어휘를 더 많이 사용하여 의사소통함<br>• 의사소통 상대자의 증가와 함께 다양한 어휘를 사용하여 의사소통함<br>• 다양하고 많은 활동과 환경에서 광범위한 화제에 대해 의사소통함<br>• AAC 체계, 발성, 손짓기호, 제스처 등 의사소통 양식을 통합하여 사용함<br>• 공손한 표현, 의사소통 상대자의 관심 유도, 정보 제공, 명명하기, 인사하기, 설명하기, 질문하기 등을 사용하여 모든 의도를 의사소통함<br>• 문법적 의사소통 양식이 나타나기 시작함<br>• 하이테크 AAC 도구를 조작하고, 원하는 상징을 찾는 능력이 개선됨 |
| 수준 4 | • AAC 체계를 효과적으로 사용하여 여러 환경에서 다양한 상대자와 의사소통함<br>• 점점 더 복잡한 내용으로 의사소통에 참여함<br>• 적절한 구문과 문법에 맞는 의사소통이 증가하면서 보다 많은 상징을 결합하여 사용함<br>• 의사소통 속도가 증가함<br>• 문해력 수준이 증가함 |

| 수준 | 특성 |
|---|---|
| 수준 5 | • 효과적으로 AAC 체계를 사용하여 의사소통함<br>• 기능적으로 문어체 의사소통을 사용함<br>• AAC 체계를 사용하여 세련된 대화에 참여함<br>• 대화 차례를 유지하기 위해 의사소통 속도가 효과적임<br>• AAC 체계에 대한 지식과 사용이 발전됨(도구 자체의 프로그램 옵션 선택, SGD에서 소리 옵션 선택 등)<br>• 사회적 의사소통을 위해 문법적으로 복잡한 언어와 다양한 어휘를 사용함<br>• 특정 상황과 의사소통 상대자에 따라 적절한 의사소통 양식을 이해하고 선택함<br>• AAC 체계의 내용과 기능을 독립적으로 프로그램하는 것이 가능함 |

〈표 4-3〉 AAC 사용자의 수준에 따른 사정 내용

| 수준 | 조작적 능력 | 언어적 능력 | 사회적 능력 | 전략적 능력 |
|---|---|---|---|---|
| 수준 1 | 방향 정위와 인식 | 의사소통 인식 | 자연스러운 행동 | 전의도적/반사적 |
| | • 운동<br>-AAC 체계 접근을 위한 자세<br>• 인지<br>-AAC 체계에 관심을 가지고 목적을 위한 수단으로 인식함<br>• 스캐닝<br>-스위치의 위치 적절성<br>• 상대자<br>-AAC 체계 사용과 자세의 중요성을 인식함 | • 수용<br>-'안 돼!'에 반응<br>-자신의 이름에 반응<br>-친숙한 소리에 반응<br>• 표현<br>-자연스러운 행동으로 감정을 표현함<br>-요구하기, 저항하기, 인사하기, 기타 상호작용 기능을 행동으로 전달함 | • AAC 사용자<br>-사회적 상호작용을 위해 자연스러운 행동을 사용함<br>-자연스러운 행동이 독특할 수 있음<br>• 의사소통 상대자<br>-사회적 상호작용을 위해 원하는 방향으로 자연스러운 행동을 해석함<br>-상호작용을 위한 사회적 맥락을 제공함 | • AAC 사용자<br>-의사소통 행동이 현재 개인의 상태와 현재의 즉각적인 환경과 관련됨<br>-의사소통 행동이 유목적적이지만 계획적이지는 않음<br>-의사소통 행동이 독특하고 특정적이며, 의사소통 상대자의 존재에 의존하지 않음<br>• 의사소통 상대자<br>-AAC 사용자의 행동을 통해 의미를 유추함 |
| 수준 2 | 조작 능력 | 특별한 의미를 가지고 의사소통 | 효과적인 행동조절 | 의도적 |
| | • 운동<br>-AAC 체계에 접근하기 위해 자발적으로 움직일 수 있음<br>• 인지<br>-AAC 체계가 다른 사람의 행동에 영향을 미치는 인과관계를 인식함 | • 수용<br>-간단한 지시 이해<br>-선택권 이해<br>-명칭을 말하면 친숙한 사물을 인식하고 판별함 | • AAC 사용자<br>-감정과 의도를 표현하기 위해 적절한 수준의 행동을 보임<br>-의사소통하기 위해 자연스러운 행동과 AAC 체계를 사용함 | • AAC 사용자<br>-공동관심과 쌍방향 상호작용에 참여함<br>-의도를 표현하기 위해 AAC 체계를 포함하여 보다 관습적이고 일반적으로 인식하기 쉬운 행동을 사용함 |

| 수준 | 조작적 능력 | 언어적 능력 | 사회적 능력 | 전략적 능력 |
|---|---|---|---|---|
| 수준 2 | • 스캐닝<br>- 물리적으로 스위치에 접근하고 조작함<br>- 스캐닝하는 동안 물리적으로 스위치에 접근하고 조작함<br>- 원하는 선택지에 효과적으로 접근하기 위해 스캐닝 패턴을 이해함<br>• 상대자<br>- AAC 체계 접근 방법과 장면을 이해함 | - 명칭을 말하면 책에서 신체의 부분과 친숙한 사물을 판별함<br>- 맥락에서 약 50개 단어 이해함<br>- 연관된 단어들을 이해함<br>• 표현<br>- 자연스러운 상호작용 기능(행동)과 함께 AAC 체계를 사용함<br>- 의사소통은 주로 한 낱말 단어들로 구성됨<br>- 맥락 속에서 의사소통함<br>- AAC 체계에서 10~20개 핵심어휘 사용하여 표현함<br>- 복잡한 상호작용 기능을 위해 핵심어휘를 사용하고 주로 요구하기와 주장하기를 표현하며, 종종 의사소통 상대자의 해석을 요구함 | - 유목적적으로 의사소통함<br>- 사회적 조절 행동을 표현하는 언어를 이해함<br>• 의사소통 상대자<br>- 행동조절에 능숙해지도록 AAC 사용자에게 맥락과 기회를 제공함<br>- 사회적 의사소통 증진을 위해 환경을 구조화함<br>- 사람, 사물, 사건에 접근하고 자연스러운 상호작용을 할 수 있도록 기회를 제공함 | - 승인이나 거부의 신호를 보고 주의를 집중하는 유의미한 행동을 보임<br>- 특정 환경이나 상황, 의사소통 상대자를 위해 AAC를 포함한 다중양식 체계를 사용하여 의사소통함<br>• 의사소통 상대자<br>- AAC 사용자의 의도적인 행동을 인식함<br>- 부적절한 행동을 일으키는 요인을 인식하고, AAC 체계 사용과 같은 보다 적절한 행동을 강화함<br>- 의사소통 의도의 일반화를 이끄는 특정 상황에서 특정 행동에 반응함<br>- 의사소통 효과성을 높이기 위해 스캐폴딩을 제공하고 실행을 안내함<br>- AAC 체계를 포함하여 적절한 행동에 대해 모델을 제공하고 의사소통 양식을 확대함 |
|  | 사용의 중점 | 단어 조합에 의한 의사소통 | 숙련된 상호작용 | 프로그램된 메시지 사용 |
| 수준 3 | • 운동<br>- 상징을 선택하기 위해 유목적적으로 움직임을 실행함<br>- 동시적이고 보다 자동적으로 접근하기 위해 움직임을 실행함 | • 수용<br>- 맥락 속과 맥락 밖에서 표현되는 더 많은 단어를 이해함<br>- 맥락 밖에서 표현되는 2~3단어 구(phrases)를 이해함 | • AAC 사용자<br>- AAC 체계 사용과 능숙도가 증가함<br>- 사회적 의사소통에 보다 충분히 참여하기 위해 AAC 체계와 의사소통 기능을 유목적적으로 사용함 | • AAC 사용자<br>- 의사소통 효과성 개선을 위해 다중의사소통 양식을 사용함<br>- 프로그램된 어휘와 메시지를 검색할 수 있음 |

| 수준 | 조작적 능력 | 언어적 능력 | 사회적 능력 | 전략적 능력 |
|---|---|---|---|---|
| 수준 3 | • 인지<br>- 의사소통 상대자와 메시지에 방향 정위를 보임<br>- 메시지를 재생하기 위해 상징과 상징의 위치를 회상함<br>- 메시지를 형성하기 위해 이전의 선택을 기억하여 연속적으로 상징을 선택함<br>- 더 많은 단어를 검색하기 위해 단순한 명명보다 내용이나 의미에 기반을 두고 상징을 선택함<br>• 스캐닝<br>- 효율성을 높이기 위해 다양한 스캐닝 패턴을 이해함<br>• 상대자<br>- AAC 체계 사용에 대해 기대를 가짐<br>- 지식을 가진 의사소통 상대자 수가 증가함<br>- 다양한 환경의 의사소통 상대자가 최적의 자세와 접근방법에 대해 지식을 갖게 됨 | - 맥락 밖에서 여러 단계의 지시 사항과 설명을 이해함<br>- 간단한 의문사 질문을 이해함<br>- 기본적인 언어 개념을 이해함<br>- 몇 개의 형용사와 인과관계를 이해함<br>- 사물과 그림을 범주화함<br>• 표현<br>- AAC 체계로 2~3단어를 결합하여 사용함<br>- 담화에 참여하기 위해 AAC 체계 사용을 시작함<br>- AAC 체계로 상호작용 기능이 증가함<br>- AAC 체계로 사회적 기술 관련 의문사 질문을 함 | - 의사소통 교환에 보다 충분히 참여하기 위해 AAC 체계를 유목적적으로 사용하고 담화 전략을 연습함<br>• 의사소통 상대자<br>- 효과적인 상호작용의 모델을 제공함<br>- AAC 사용자가 자신의 체계를 사용하여 상호작용 기능을 숙달시킬 수 있도록 맥락과 환경을 제공함<br>- 요구와 그러한 요구 표현의 기대를 삼감 | - 의사소통 능력을 확립하기 위해 필요한 정확한 어휘를 학습하고 있음<br>- 적절한 타이밍에 정확한 어휘, 메시지, 다중 의사소통 양식을 선택할 수 있음<br>• 의사소통 상대자<br>- AAC 사용자가 표현한 의도와 메시지를 일반화시켜 줌<br>- 다양한 환경에서 낯선 의사소통 상대자에게 메시지 해석에 도움을 제공함<br>- 의사소통 시도를 확대하기 위한 전략을 배우고 있거나 배울 필요가 있음 |
| | AAC 체계 검색 | 구문과 형태소 사용 의사소통 | 사회적 인식과 능력 | 적절한 메시지 선택과 사용 |
| 수준 4 | • 운동<br>- AAC 체계 접근 속도가 증가함<br>- 유창성 개선을 위해 AAC 체계의 '조작'과 '명령' 기능을 사용함 | • 수용<br>- 단어들 간의 개념적 차이를 이해함<br>- 질문하는 단어들 간의 차이점을 이해함 | • AAC 사용자<br>- 자신의 선택과 의도를 적절하게 판별하고 다른 사람에게 표현함 | • AAC 사용자<br>- 맥락이나 상황적 요구에 맞는 적절한 메시지를 생성함<br>- 속도가 필요한 빠른 정보교환에 참여함 |

| 수준 | 조작적 능력 | 언어적 능력 | 사회적 능력 | 전략적 능력 |
|---|---|---|---|---|
| 수준 4 | - 메시지 구성을 위해 상징 선택의 복잡성이 증가함<br>- AAC 체계 사용과 움직임의 협응이 나타남<br>• 인지<br>- 의사소통 속도와 유창성 증가, 점차 더 많은 상징의 위치를 기억함<br>- 더 많은 환경에서 AAC 체계로 의사소통함<br>• 스캐닝<br>- 스캐닝 과정에 협응성과 자동성이 증가<br>- 개인 맞춤형 스캐닝 패턴과 어휘조직 전략을 사용함<br>• 상대자<br>- 메시지 완성과 반응을 위해 적절하게 기다리기<br>- 더 빠른 접근을 위해 AAC 체계를 개인 맞춤화하기<br>- 메시지 내용과 접근 방법에 집중하기 | - 단어 순서가 언어이해에 중요하다는 것을 이해함<br>- 수동형 문장과 능동형 문장을 이해함<br>- 반의어, 동의어, 다중의미 단어를 이해함<br>- 문장 내에서 명사구와 절의 관계를 이해함<br>• 표현<br>- 3~4단어 구로 복잡한 언어표현이 증가함<br>- 보다 정확한 구문 표현이 증가함<br>- 반의어, 동의어, 다중의미 단어 사용을 표현함<br>- 현재 존재하지 않는 활동, 사물, 사람, 사건에 대해 코멘트함<br>- 더 많은 질문을 지속적으로 사용하고 표현함<br>- 접속사를 사용하여 절을 연결하여 표현함<br>- 부사를 사용함<br>- 문어체 언어(written language) 사용이 증가함 | - 사회적 의사소통을 위해 AAC 체계를 사용하는 것에 자신감이 증가됨<br>- 담화 전략과 상호작용 기능을 효과적으로 사용함<br>- 대화에서 적절한 타이밍에 상호작용 기능을 표현함<br>• 의사소통 상대자<br>- 사회적 의사소통 발달을 위한 다양한 기회를 제공함<br>- AAC 사용자가 긍정적인 자기 이미지와 효과적인 의사소통자로서의 기술을 발달시키도록 지원함<br>- AAC 사용자와 대화에 편안하게 참여함 | - 보다 대화적일 필요가 있음을 인식하고, 보다 효과적인 의사소통자가 되기 위해 보다 복잡한 언어를 사용함<br>- 적절한 의사소통 양식 사용이 기대됨<br>- 가장 효과적으로 AAC 체계를 사용하기 위해 조작적 능력, 언어적 능력을 활용함<br>• 의사소통 상대자<br>- 적절한 메시지 생성을 지원하는 기술을 발달시키기 위해 노력을 지속함<br>- 메시지가 부정확할 때 재구성을 위한 피드백을 제공하고, 메시지를 수정하거나 명확히 하도록 도와줌<br>- 의사소통 좌절을 회복하기 위해 촉진을 제공함 |
| 수준 5 | AAC 체계 프로그래밍과 사용 | 세련된 언어를 사용한 의사소통 | 사회적 숙달 | 전략적 능숙 |
| | • 운동<br>- 독립적으로 AAC 체계 오류 문제를 해결함<br>- 독립적으로 AAC 체계를 프로그래밍하거나 프로그래밍을 도와줌<br>• 인지<br>- 접근 오류의 방해가 거의 없이 의사소통이 '물 흐르 듯'함 | • 수용<br>- 내러티브의 형식과 의미를 이해함<br>- 더 복잡한 문장 구조를 이해함<br>- 의미 추론이 가능함<br>- 관용구와 같은 문자 그대로가 아닌 표현을 이해함 | • AAC 사용자<br>- 사회적 의사소통 역할과 루틴에 적절하게 참여함<br>- 의사소통이 자발적이며 물 흐르듯 흘러감<br>- 사회적 상호작용을 위해 다른 의사소통 양식에 비해 AAC 체계의 사용을 개선하려고 지속적으로 노력함 | • AAC 사용자<br>- 의사소통 회복 전략을 사용함<br>- 적절한 어휘를 사용하여 의사소통함. 특정 어휘를 표현할 수 없을 때 의사소통 상대자가 그 메시지를 이해할 수 있도록 도와주는 단서를 제공함 |

| 수준 | 조작적 능력 | 언어적 능력 | 사회적 능력 | 전략적 능력 |
|---|---|---|---|---|
| 수준 5 | - 사회적, 신체적 과제에 대해 AAC 체계 접근과 사용이 숙달됨<br>- 의사소통이 물 흐르듯 이루어짐<br>• 스캐닝<br>- 접근 속도와 능숙한 사용이 증가함<br>• 상대자<br>- 주요 의사소통 양식으로 AAC 체계를 인정하고 받아들임 | - 언어에 대해 메타언어학적 인식이 나타남<br>- 자신의 언어 산출에 대해 모니터가 가능함<br>• 표현<br>- 의미론적, 구문론적 능력을 지속적으로 사용하고 발달시킴<br>- AAC 체계를 이용하여 또래와, 낯선 환경이나 낯선 사람과도 보다 완전하고 복잡한 언어를 사용하여 의사소통함<br>- 표현어휘가 지속적으로 증가함<br>- 언어를 분석하고 이해하기 위해 언어를 사용함<br>- 문어체 언어의 중요성을 이해하고 문어체 언어를 사용하여 의사소통함<br>- 내러티브 요약이 가능함 | - 다중양식 의사소통을 언제, 어떻게 사용할지 이해함<br>• 의사소통 상대자<br>- 의사소통 상대자로서의 자신의 역할을 인식하고, 편안해함<br>- 다중양식 의사소통의 가치를 인식하고 수용함 | - AAC 체계를 사용하여 낯선 사람과 의사소통이 가능하며 자신의 의사소통을 가능하게 하는 방법에 대한 정보를 제공함<br>- 필요한 경우 효과적으로 의사소통하기 위해 양식을 바꾸기도 함<br>- 사회적 맥락에 관련된 메시지의 형식을 적용하여 말함<br>• 의사소통 상대자<br>- 다중의사소통 양식의 가치를 인정하고 해석함<br>- AAC 체계나 다른 자료가 아닌 사람에게 집중함<br>- 효과적인 의사소통을 지원하기 위해 청자로서의 역할을 이해함 |

## 3) 역동적 사정과 협력적 팀 접근에 의한 보완대체의사소통 사정

### (1) 역동적 사정

AAC 사정은 복합의사소통장애를 지닌 사람의 개인적인 능력만이 아닌 의사소통 상대자, 가족, 교사와의 활동 등 전반적인 것에 대해 평가하고 자료를 수집하는 것이다. 이것을 역동적 사정(dynamic assessment)이라고 한다. 즉, 역동적 사정이란 복합의사소통장애를 지닌 학생과 교육팀, 학부모가 능동적 참여자로서 사정 과정에 참여하는 것을 의미한다. 교육팀에는 특수교사, 언어재활사, 재활공학사, 작업치료사, 학교 관리자 등이 모두 포함된다. 역동적 사정에는 복합의사소통장애를 지닌 학생의 운동능력, 착석과 자세, 선호하는 것과 선호하지 않는 것, 의사소통 행동, 의사소통을 위한 공학적 지원, 사회적 네트워크 및 기타 관련 영역과 발달영역 등에 대해 사정하는 것이 포함된다. 역동적 사정은 또한 반복적으로 이루어지는 과정으로서 사정을 통해 유의미한 목적을 설정하고, 적절한 중재를 개발하며, 중재의 성과를 주기적으로 다시 사정하여 새로운 목적과 중재를 개발하는 연속적인 과정이다.

역동적 사정은 오늘을 위한 초기 사정(initial assessment for today), 내일을 위한 상세한 사정(detailed assessment for tomorrow), 후속 조치 사정(follow-up assessment)의 세 가지 단계로 이루어진다(Beukelman & Mirenda, 2005). 초기 사정의 목적은 오늘의 요구와 능력에 맞는 초기 중재를 설계하기 위해 정보를 모으는 것으로 AAC 사정을 통해 학생의 현재 의사소통 방식을 알아보는 것이다(Binger & Kent-Walsh, 2010). 이러한 사정을 통해 AAC 팀은 가족, 친구, 다른 친숙한 사람과의 상호작용을 촉진하기 위한 기본적인 의사소통 체계를 개발할 수 있다.

내일을 위한 사정의 목적은 다양한 환경과 사람, 그리고 맥락에서 AAC 사용자를 지원해 줄 수 있는 의사소통 체계를 개발하는 것이다. 이 단계에서는 AAC 사용자에게 향후 기대되는 참여 형태에 대한 세밀한 사정뿐만 아니라 추후의 참여를 위해 현재 기본적인 의사소통 체계를 개선하기 위한 사정도 요구된다.

후속 조치 사정은 의사소통 설비의 개선 요구 사항을 찾는 것이고, 의사소통 상대자와 촉진자의 요구와 능력을 사정하는 것이며, AAC 사용자의 능력에 변화가 있다면 능력을 재사정하는 것도 포함된다. 후속 조치 사정은 불규칙적이고 드물게 이루어질 수 있다.

### (2) 협력적 팀 접근

협력적 팀 접근에 의한 사정은 다학문적(multidiciplinary) 팀 접근과 간학문적(interdiciplinary) 팀 접근, 초학문적(transdisciplinary) 팀 접근으로 분류된다. 전문가 팀에는 특수교사, 일반 교사, 부모, 보호자, 언어재활사, 물리치료사, 작업치료사, 재활공학사 등이 포함된다. 다학문적 팀 접근은 한 사례에 대해 각 전문가 팀이 각자 자신의 영역에서 사정한다. 하지만 각 영역의 전문가는 다른 영역 전문가의 의견을 이해하고 존중한다. 그러나 전문가 간 의사 교환이 이루어지지는 않는다. 팀으로서가 아닌 전문가가 단순히 컨설팅을 해 주는 것은 다학문적 팀 접근이라고 할 수 없다.

간학문적 팀 접근은 각 전문가가 자신의 영역에서 사정하지만 특정 사례에 대해 정기적인 팀 모임을 갖고 전문가들 간에 서로 정보를 교환한다. 초학문적 팀 접근은 한 학생의 행동이나 기술은 독립적으로 치료되거나 습득될 수 있는 것이 아니라고 보고 전통적인 학문 영역의 전문가들이 사정에서부터 중재 목표를 설정하고 실행하는 것까지 팀 접근을 통해 수행하는 것이다.

# 2 참여모델에 의한 보완대체의사소통 사정

## 1) 보완대체의사소통 사정 모델

AAC 중재를 위한 사정 모델은 적정후보자 모델에서 의사소통 요구 모델에 이어 현재 참여모델을 적용하는 것으로 발전해 왔다. 적정후보자 모델은 1970년대와 1980년대에 성행한 것으로 AAC 중재를 받기 위해서는 선행 기술이 필요하다고 규정하는 것이다. 이것은 8세까지 구어 발달이 이루어지지 않으면 그때 가서 AAC를 고려(Miller & Chapman, 1980)해 보자거나, 정신연령 18개월 이상을 AAC 적용의 인지적 선행 요건(Russel, 1984)으로 간주하거나, 또는 지체장애가 너무 심하면 AAC를 적용할 수 없다는 등 AAC 적용에는 적정후보자가 있다고 규정하는 것이었다.

이러한 생각은 이제 더 이상 최선의 실제로 여겨지지 않으며 사용되어서도 안 된다. 왜냐하면 여러 연구(Brady, McLean, McLean, & Johnston, 1995; Romski & Sevcik, 1996; Cress & Marvin, 2003)에서 인지능력이 매우 낮거나 비구어의 위험성이 있는 3세 이하의 유아에게도 AAC가 효과적으로 적용될 수 있음이 입증되었으며, AAC가 언어발달에 필수적인 언어 이전기(prelinguistic) 기술과 인지기능 습득을 위한 수단으로 작용되기 때문이다(Brady, 2000). 따라서 AAC는 구어 발달이 더 이상 불가능하다고 여겨지는 아동을 위해서만이 아니라 표현 의사소통장애의 위험을 가지고 있는 어린 유아의 언어발달 촉진을 위한 수단으로 적용되어야 한다(한경임, 2007).

적정후보자 모델은 1980년대 중반 이후 점차 의사소통 요구 모델로 대체된다. 의사소통 요구 모델은 아동 개인의 충족되지 않은 의사소통 요구를 바탕으로 그에 맞는 중재를 적용해야 한다는 관점을 가지는 것이다. 이러한 관점에 따라 현재 사용하고 있는 의사소통 수단이 무엇인지, 그것이 무엇을 만족시키고 있지 못한지 등 현재 개인의 의사소통 요구를 기록하고 찾아내는 데 초점을 둔다. 그렇다 보니 AAC 서비스에서 배제되는 사람은 부적절한 능력을 가지고 있기 때문이라는 적정후보자 모델과 같은 오류를 갖게 되었다. 이러한 의사소통 요구 모델을 보완하고 미래에 대한 관점을 가지면서 개인 차원을 넘어 정책과 주위 환경에까지 적용하여 사정하는 것이 참여모델이다.

## 2) 참여모델에 의한 보완대체의사소통 사정

AAC 사정을 위한 참여모델은 Beukelman과 Mirenda(1988)에 의해 처음 제안되었다. 이를 보완한 최종 모델(Beukelman & Mirenda, 2013)에 대해 박현주(2017)를 참고하여 [그림 4-2]에 제시하였다.

참여모델에서는 AAC 사용자가 가정, 학교, 직장 및 기타 사회 환경에 참여하고자 할 때 이러한 참여를 방해하는 장벽으로 크게 두 가지, 기회 장벽(opportunity barriers)과 접근 장벽(access barriers)이 있음을 제시한다. 기회 장벽이란 AAC 도구를 제공하는 것만으로는 단순히 해결할 수 없는 외부적인 부분의 장벽으로 정책이나 법률 또는 주변인의 태도 등이 관련된다. 접근 장벽은 AAC를 사용하려는 사람의 능력이나 의사소통 체계의 제한에 의한 것(Beukelman & Mirenda, 2005)으로 AAC 사용자의 장애 정도나 AAC 도구에 저장된 어휘가 충분하지 않은 경우 등이 장벽으로 작용하는 것이다. AAC 사용이 효과적으로 이루어지기 위해서는 어떤 부분에서 장벽이 있는가를 판별하고 그 장벽을 낮추려는 노력이 필요하다.

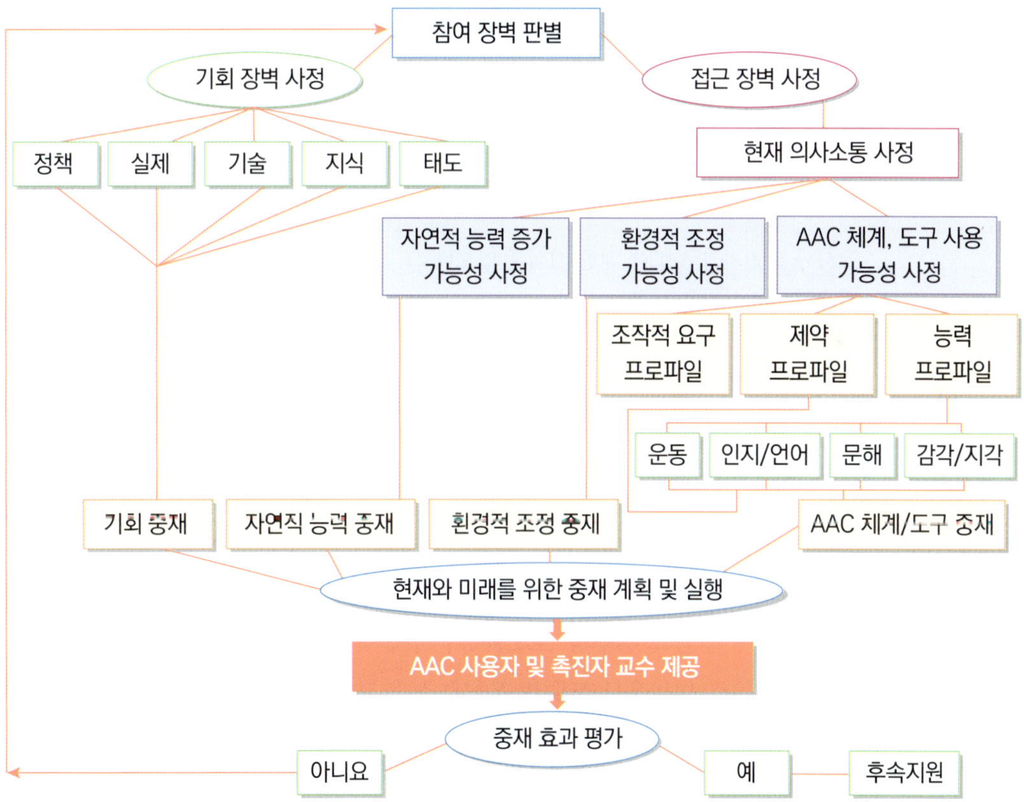

[그림 4-2] 참여모델에 의한 AAC 사정

### (1) 기회 장벽의 사정

기회 장벽은 정책 장벽, 실제 장벽, 지식 장벽, 기술 장벽, 태도 장벽으로 분류된다. 기회 장벽에 대하여 박현주(2017), Beukelman과 Mirenda(2005, 2013)를 참고하여 〈표 4-4〉에 제시하였다.

〈표 4-4〉 기회 장벽의 유형과 내용

| 유형 | 내용 |
|---|---|
| 정책 장벽 | • 정부나 기관의 법률이나 규정으로 인해 AAC 사용에 영향을 미치는 것<br>• 학교나 교육청의 정책에 의해 AAC 사용 학생이 일반 학생과 분리되어 배치되는 경우 또래와의 의사소통 기회가 줄어듦<br>• 졸업 후 장애인들만 생활하는 보호작업장이나 그룹홈에 배치되는 경우 일반 이웃과 접촉할 기회가 없어 AAC를 사용한 의사소통 기회가 줄어듦 |
| 실제 장벽 | • 법률이나 규정과 상관없이 가정이나 학교, 직장에서 실제 적용되고 있는 관습이나 절차로 인해 AAC 사용에 영향을 미치는 것<br>• 법으로는 통합교육을 규정하고 있으나 일반 학급에서 실질적인 통합이 이루어지지 않아 AAC 사용 학생이 또래와의 상호작용 기회가 거의 없는 것<br>• AAC 도구를 학교 안에서만 사용하도록 제한하는 규정이 없는데도 불구하고 실제는 외부에 도구를 가지고 나가 사용하는 것을 제한하고 있는 것 |
| 지식 장벽 | • AAC 사용자가 아닌 다른 주변인의 AAC에 대한 지식이나 정보 부족으로 AAC 사용자의 상호작용 참여 기회가 제한되는 것<br>• AAC 중재 전략이나 도구 사용법에 대한 지식이 없어 AAC 체계를 적절하게 제공해 주지 못하는 것 |
| 기술 장벽 | • 교사나 촉진자가 AAC에 대한 지식은 있으나 그 지식을 실제 현장에서 적용하고자 할 때 기술적으로 어려움을 겪는 것<br>• 교사나 주변인의 공학 관련 기술이나 상호작용 기술의 부족으로 AAC 체계 사용이 효과적으로 이루어지지 않는 것 |
| 태도 장벽 | • 교사나 또래, 주변인들의 개인적인 태도와 신념이 AAC 사용에 영향을 미치는 것<br>• 부모, 친척, 또래, 일반 교사 등이 AAC에 대해 부정적인 태도를 갖는 경우 AAC 사용 기회가 제한되는 것 |

정책 장벽은 법률이나 규정으로 인해 복합의사소통장애를 지닌 사람들의 AAC 체계 사용에 어려움이 있는지 사정하는 것이다. 현재 우리나라 「장애인 등에 대한 특수교육법」 제27조 '특수학교의 학급 및 각급학교의 특수학급 설치 기준'에 의하면 초등학교, 중학교 과정의 경우 특수교육 대상자가 1인 이상 6인 이하인 경우 1학급을 설치하고, 6인을 초과하는 경우 2개 이상의 학급을 설치한다(법제처, 2023). 이 법령에 따라 학급에 6명의 학생이 있으며, AAC가 필요한 학생이 4명이 있고, 이 중 2명은 도전행동이 아주 심하다면 교사 혼자서 이 학생들에게 AAC 중재는 거의 불가능하다. 따라서 우리나라 특수학급에서 AAC 중재를 적용하기에는 이미 정책 장벽이 있는 것으로 사정할 수 있다.

실제 장벽은 가정이나 학교 등에서 이루어지는 일반적인 관습으로 인해 AAC 사용에 문제가 있는지 사정하는 것이다. 예를 들어, AAC 도구를 학교 안에서만 사용하게 하고, 기기 파손 등을 이유로 외부 현장학습을 갈 때는 휴대하지 못하도록 제한하는 것과 같은 것이다. 지식 장벽은 AAC 중재의 옵션이나 교수 전략 등에 대한 지식 부족으로 가족이나 교사가 적절한 AAC 체계를 제공하지 못하고 있는지 사정하는 것이다. 기술 장벽은 교사나 가족 등 촉진자가 AAC에 대한 지식은 있으나 정작 AAC 도구를 적용할 때 공학적 또는 기술적 지식이 부족하여 AAC 체계의 사용에 영향을 미치는 것이다. 태도 장벽은 부모, 친척, 또래, 교사, 일반 사람들이 AAC 사용에 대해 보이는 태도를 사정하는 것이다.

### (2) 접근 장벽의 사정

접근 장벽의 사정에는 AAC 사용자의 현재 의사소통과 관련하여 자연스러운 구어 사용 가능성의 사정, 환경조정에 의한 접근 장벽 해결 가능성에 대한 사정과 AAC 체계나 도구 사용 가능성 사정 등이 포함된다. AAC 체계가 널리 사용되는 구미에서는 현재 의사소통과 관련된 다양한 평가도구(Sigafoos et al., 1998; Gillette, 2003; Rowland, 2004)가 개발되어 있으며, 국내에서도 최근에 AAC 사용자 개인의 능력평가도구(박은혜, 김영태, 김정연, 2008)가 개발되어 사용되고 있다. 접근 장벽의 영역과 사정 내용에 대해 〈표 4-5〉에 제시하였다.

#### ① 자연스러운 구어 능력의 가능성 사정

부모들이 아동에게 AAC 중재를 꺼리는 이유 중 하나는 AAC가 주요 의사소통 양식이 되면 아동이 말을 하려는 동기를 잃어버리고, 결국 구어 발달을 방해하게 될 것이라는 생각이다. 그러나 지금까지 수행되어 온 많은 연구에 의하면 AAC는 상호작용과 언어 기술의 증가와 함께 실제로 음성 의사소통을 촉진하는 것으로 밝혀졌다.

조음명료도와 보완명료도(주제, 낱말의 첫 글자, 몸짓 등 상황적 정보가 주어질 때 복합의사소통장애 학생의 말을 상대자가 이해할 수 있는 정도) 평가를 통한 자연스러운 구어 능력의 가능성을 평가한다는 것은 AAC 적용 여부 판정을 위한다기보다 복합의사소통장애 학생의 효율적인 의사소통을 위해 AAC 체계의 사용과 함께 발성과 구어 기술의 사용을 최적화하기 위한 과정의 일부로 생각할 수 있다.

#### ② 환경적 조정 가능성 사정

환경적 조정이란 물리적인 공간이나 위치, 구조 변경과 관련하여 사정하는 것이다. 이것은 복합의사소통장애 학생의 특성에 따라 학교에서 책상이나 탁자의 높낮이를 조절하거나 가정에서는 가구 재배치나 문틀을 넓히는 등의 개조를 통해 AAC 체계를 사용할 수 있도록 하고자 사정하는 것이다.

〈표 4-5〉 접근 장벽의 영역과 내용

<table>
<tr><th>영역</th><th colspan="4">내용</th></tr>
<tr><td>자연스러운 구어 능력의 가능성</td><td colspan="4">• 말로 의사소통할 가능성 파악<br>• AAC 사용이 구어 발달을 저해할 것이라는 우려에 대한 고려<br>• 현재 말로 의사소통하는 수준에 대한 조음 명료도, 보완 명료도 파악</td></tr>
<tr><td>환경적 조정 가능성</td><td colspan="4">• AAC 사용 가능성을 높이기 위해 물리적인 공간이나 위치, 물리적인 구조 변경 가능성 파악<br>• 책상의 높낮이 조절, 경사판 설치, 휠체어 사용이 용이하도록 공간 확보</td></tr>
<tr><td rowspan="9">AAC 체계, 도구 사용 가능성</td><td>조작적 요구 프로파일</td><td colspan="3">• AAC 도구를 정확하고 효율적으로 조작할 수 있는지 파악<br>• 수많은 AAC 옵션들 중 어떤 것이 적절한지 파악</td></tr>
<tr><td rowspan="3">제약 프로파일</td><td>AAC 사용자와 가족의 선호도와 태도</td><td>• AAC 체계의 휴대 용이성, 내구성<br>• AAC 체계 학습에 필요한 시간과 능력<br>• 음성산출 도구의 음성의 질과 명료도<br>• AAC를 통한 의사소통의 자연스러움</td><td>에 대한 선호도와 태도</td></tr>
<tr><td>다른 의사소통 상대자의 태도</td><td colspan="2">• AAC 사용자에게 긍정적인 태도를 가지고 있는지 여부<br>• AAC에 대한 기본적인 오리엔테이션 제공 여부<br>• 의사소통 속도의 효율성을 높일 수 있는 방안</td></tr>
<tr><td>의사소통 상대자/촉진자의 기술과 능력</td><td colspan="2">• AAC 사용자가 메시지 구성할 시간을 기다려 주는가<br>• 전자식 AAC 도구의 조작에 유능한가<br>• AAC 체계 사용을 촉진하기 위해 모델을 제공하는가</td></tr>
<tr><td rowspan="5">AAC 사용자 개인의 능력 프로파일</td><td>자세 및 앉기 능력</td><td colspan="2">• 바른 자세를 취할 수 있는가<br>• 안정적이고 바른 자세를 취하기 위해 어떠한 보장구가 필요한지 여부</td></tr>
<tr><td>운동능력</td><td colspan="2">• AAC 도구를 사용하기 위해 사용자 개인별로 일관성 있고 정확하게 사용할 수 있는 신체 부위와 운동능력 파악</td></tr>
<tr><td>인지 및 언어능력</td><td colspan="2">• AAC 사용자의 언어발달 수준과 기본적인 인지능력 사정<br>• AAC 사용자의 수준에 따른 상징 선택과 지도 방법 결정</td></tr>
<tr><td>문해 능력</td><td colspan="2">• 문자의 이름과 소리에 대한 인식 능력 파악<br>• 음운처리, 낱말 재인, 읽기 이해, 철자 능력 파악</td></tr>
<tr><td>감각 및 지각 능력</td><td colspan="2">• 시각과 청각 평가를 통해 사용자에게 적합한 상징의 크기, 간격, 도구 배치 결정</td></tr>
</table>

### ③ AAC 체계, 도구 사용 가능성 사정

AAC 사용자의 AAC 체계와 도구 사용 가능성을 사정하는 것에는 조작적 요구 프로파일, 제약 프로파일, 능력 프로파일이 포함된다.

#### 조작적 요구 프로파일

조작적 요구 프로파일에는 AAC 사용자가 AAC 도구를 정확하고 효율적으로 조작할 수 있는지 파악하고, 수많은 AAC 옵션 중 어떤 것이 적절할지 파악하는 것이 포함된다. 조작적 요구 프로파일 사정을 위해서는 먼저 사정하는 팀에서 AAC 기법의 조작적 요구를 잘 알고 있어야 한다.

#### 제약 프로파일

AAC 사용자나 가족의 AAC 체계에 대한 선호도나 태도가 AAC 중재의 제약이 되기도 한다. 예를 들어, SGD에서 산출되는 소리의 질이나 무게, 휴대성 등에 대한 선호도나 태도가 AAC 체계를 선택하는 주요 요인이 된다. AAC 사용자뿐만 아니라 가족도 AAC 체계의 상징이나 도구 조작 방법을 학습해야 하기 때문에 상징이 명료하지 않거나 도구 조작 방법이 복잡하면 AAC 도구를 사용하려 하지 않을 것이다.

또 다른 제약 프로파일 중 하나는 가족이 아닌 또래나 일반 교사 등 다른 의사소통 상대자의 선호도와 태도이다. AAC 사용 학생은 통합된 교실 환경 내 상호작용에서 전형적으로 대답하는 역할에 한정되어 있고, 또래들보다 교사나 성인이 이끄는 상호작용에만 겨우 참여하는 경향이 있어(Light, 1997), 또래들이 AAC 사용 학생을 특이하게 바라보는 인식 때문에 전반적으로 부정적인 태도를 가질 수 있다(한경임, 이주미, 2012).

일부 연구에 의하면 장애 학생과의 통합 경험이나 장애인에 대한 봉사 경험이 있는 경우 AAC 사용 학생에 대해 더 긍정적인 태도를 갖는 것으로 조사되었다. 장애인에 대한 봉사 경험이 있는 일반 고등학생들은 봉사 경험이 없는 사람들보다 AAC 사용자에 대해 더 긍정적인 태도를 가지고 있었으며(고윤혜, 한경임, 2019), 장애 친구나 장애 가족에 대한 경험이 있는 초등학생의 경우 AAC 사용 또래에 대한 의사소통적 태도에서 더 긍정적인 태도를 보였다(Jang, Han, & Soto, 2024). Beck, Kingsbury, Neff와 Dennis(2000)의 연구에서도 장애 친구를 경험한 아동이 그렇지 않은 아동보다 AAC에 대해 더 긍정적인 태도를 보이는 것으로 나타났다.

연령과 학년별 AAC 사용자에 대한 태도 연구에서 외국의 경우 학년별 차이가 없거나(Beck, Bock, Thompson, & Kosuwan, 2002), 고학년보다 저학년일수록 더 긍정적인 태도(Beck, Fritz, Keller, & Dennis, 2000)를 보였다. 그러나 우리나라 학생들의 AAC 사용자에 대한 연령과 학년별 태도를 볼 때 유아와 초등학생의 경우 나이가 어린 유아가 초등 저학년 학생보다(한경임, 이주미, 2012), 그리고 초등 저학년 학생이 초등 고학년 학생보다(Jang et al., 2024) 더 긍정적인 태도를 보였다. 그런데 중학생(조희수, 한경임, 2015)과 고등학생(고윤혜, 한경임, 2019)의 경우 1학년보다 3학년이 더 긍정적인 태도를 보였다. 이를 볼 때, 유・초등학생은 장애인에 대한 편견이 형성되지 않은 저학년의 태도가 더 긍정적인 경향이 높고, 중학생을 거쳐 고등학생들은 점차 장애에 대한 간접 경험이나 인지적 이해 수준이 발달하여 학년이 높을수록 장애에 대해 긍정적인 태도를 가지는 것으로 추정된다.

AAC 사용자에 대한 일반 학생의 성별에서의 전반적인 태도는 유치원과 초등학생(한경임, 이주미, 2012; Jang et al., 2024), 중학생(조희수, 한경임, 2015), 고등학생(고윤혜, 한경임, 2019) 연구 모두에서 여학생이 남학생보다 더 긍정적인 것으로 나타났다. 외국의 연구들(Beck & Dennis, 1996; Beck, Fritz et al., 2000; Lilienfeld & Alant, 2002)에서도 AAC 사용자에 대해 여자가 남자보다 더 긍정적인 태도를 보이는 결과를 보고하였다.

AAC 도구의 종류에 따른 또래들의 태도를 볼 때 유치원과 초등 저학년 학생들은 복합의사소통장애 아동이 비도구 양식을 사용할 때보다 SGD를 사용하는 모습에 전반적인 태도가 더 긍정적이었다(한경임, 이주미, 2012). 중학생과 고등학생(고윤혜, 한경임, 2019; 조희수, 한경임, 2015) 연구에서는 여학생과 남학생 모두 SGD 사용 모습에 가장 긍정적이었고, 그다음 의사소통판 사용 모습에 긍정적이었으며, 도구를 사용하지 않고 눈짓, 발성, 제스처 등의 비도구 양식을 사용하여 의사소통하는 모습에는 부정적인 태도를 보였다. Gorenflo와 Gorenflo(1991)의 연구에서도 SGD, 의사소통판, 비도구 양식을 이용한 표현의 순으로 긍정적인 태도를 나타내었다. Gorenflo와 Gorenflo(1997)의 이후 연구에서는 SGD에서 산출되는 소리의 질(quality)이 일반인의 AAC 사용자에 대한 태도에 차이를 가져왔다. 이는 의사소통 도구의 선정에서 도구의 성능, 소리의 질 등을 고려해야 함을 의미한다.

SGD의 장점은 이해할 수 있는 음성 출력을 사용하여 의사소통할 때, 상대자에게 익숙한 말이나 대화로 제시되어 메시지의 이해를 용이하게 한다는 것이다. Lilienfeld와 Alant(2002)도 음성 출력을 사용하는 것은 AAC 사용자의 인격 및 유머 감각을 보다 완전하게 표현할 수 있게 하고, 새로운 사람들에게 접근하는 것을 가능하게 해 준다는 점에서 매우 유용하며, AAC 사용자의 자신감과 자아상을 모두 향상시킨다고 하였다.

우리나라 연구에서 고등학생의 경우 저학년일수록 비도구 양식보다는 SGD나 의사소통판과 같은 도구 양식에 더 긍정적이었으며, 특히 스마트폰 앱을 활용한 SGD 사용에 긍정적인 반응을 보였다(고윤혜, 한경임, 2019). 스마트폰용 AAC 앱을 이용한 중재 효과를 밝히는 연구(김정연, 표윤희, 김시원, 2018; 정명철, 한경임, 2016)에서도 제시하였듯이 일반 학생이나 장애 학생 모두 스마트폰에 대한 거부감이 없어 긍정적인 태도를 가지는 것으로 사료된다.

고등학생 대상 연구(고윤혜, 한경임, 2019)에서 학년과 AAC 종류에서는 1학년이 비도구 양식에 대한 태도가 더 부정적인 것을 볼 때 저학년일수록 비도구 양식보다는 도구 양식이 장애인에 대한 태도 형성에 긍정적임을 알 수 있다. 그리고 3학년 여학생의 SGD 사용에 대한 전반적인 태도가 가장 높으며, 반면 1학년 남학생은 비도구 양식 사용에 대해 태도가 매우 부정적이었다. 이러한 결과는 어떠한 도구를 장애인이 사용하느냐에 따라 의사소통 상대자의 태도가 크게 달라질 수 있음을 의미한다. 따라서 효과적인 의사소통을 위하여 복합의사소통장애를 지닌 사람들이 다양한 AAC 도구를 사용할 수 있도록 적극적으로 지원하는 것이 중요할 것이다.

중학생과 고등학생의 경우 AAC 도구의 종류에서 SGD 사용에 대한 전반적인 태도와 정서/행동적 태도가 더 긍정적이었던 데 반해(고윤혜, 한경임, 2019; 조희수, 한경임, 2015) AAC 종류가 유치원과 초등학생(한경임, 이주미, 2012; Jang et al., 2024)의 정서/행동적 태도에 영향을 미치지는 않았다. 이는 유·초등학생의 경우 몸짓이나 표정으로 대화를 시도하는 것이 일반적이기 때문에 장애인의 이러한 모습도 부정적으로 느껴지지 않지만, 중·고등학생의 경우 제스처보다는 명확한 의사소통 방식을 선호하기 때문에 SGD 사용 모습에 긍정적인 것으로 생각해 볼 수 있다. 이러한 점을 고려할 때 통합교육을 받는 복합의사소통장애 학생의 연령을 고려한 AAC 도구의 제공과 지원이 중요할 것이다.

## AAC 사용자 개인의 능력 프로파일 사정

### ▸ 자세 및 앉기 능력

뇌성마비이면서 복합의사소통장애를 지닌 사람들은 운동장애로 인해 자세 조절이 원활하지 못해 장시간 부적절한 자세로 앉아 있게 되어 쉽게 피로해지고, 집중 시간을 유지할 수 없어 AAC 체계를 사용하는 데 어려움을 겪을 수 있다. 그러므로 부적절한 자세를 유발하는 요인과 앉기 능력을 평가하고 적절한 자세 유지를 위한 물리적 환경 조정 등의 노력이 필요하다. 예를 들어, 뇌성마비 학생의 부적절한 자세에 영향을 미치는 요인으로 원시반사가 작용하고 있다면 이러한 원시반사를 유발하지 않도록 AAC 도구를 배치할 수 있다. [그림 4-3]에 뇌성마비 학생이 주로 보이는 원시반사 중 비대칭성긴장성경반사(Asymmetrical Tonic Neck Reflex: ATNR)와 대칭성긴장성경반사(Symmetrical Tonic Neck Reflex: STNR)를 제시하였다.

만약 뇌성마비를 지닌 학생이 [그림 4-3]에서와 같이 ATNR를 갖고 있다면 ATNR을 유발하지 않도록 AAC 도구는 아동의 정중앙에 배치하고, 스위치도 어느 한쪽에 배치되지 않도록 하여야 한다. STNR를 갖는 경우에는 AAC 도구는 눈높이에, 스위치는 수직 형태로 배치하며, 상대자도 학생의 눈높이에서 접근하도록 해야 한다. 뇌성마비를 지닌 학생이 의자에 앉는 자세는 등이 의자에 잘 닿아 있고, 고관절에서 45° 각도로 좌석벨트가 안전하게 착용된 자세를 유지하도록 하며, 어깨와 체간의 안정성 유지를 위해 어깨 당김 벨트를 이용한다(박현주, 2008).

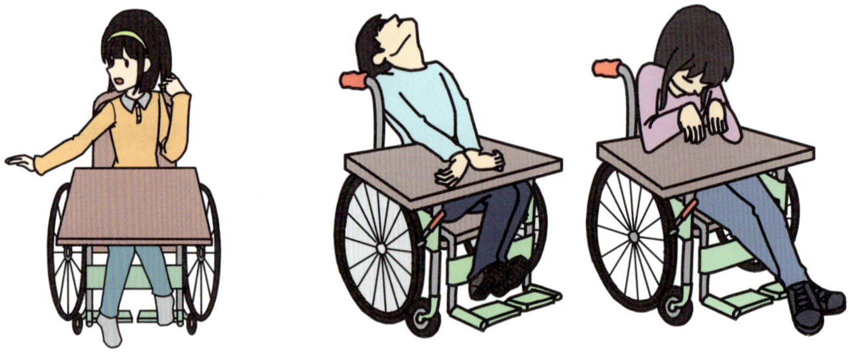

비대칭성긴장성경반사(ATNR) 대칭성긴장성경반사(STNR)

**[그림 4-3]** 뇌성마비의 원시반사

자세와 앉기 능력 사정에서 고려해야 할 원리는 다음과 같다. 첫째, 사정 과정에서 안정된 지지 기반을 확실히 한다. 둘째, 비정상적인 근 긴장도의 영향을 최소화한다. 셋째, 고착된 기형을 예방한다. 넷째, 최상의 기능을 성취하기 위해 적정 양의 중재를 제공한다. 다섯째, 휴식을 위한 지지 방법을 제공한다(Beukelman & Mirenda, 2005).

#### ▸ 운동능력

운동능력의 평가는 AAC 도구를 사용하기 위해 신체의 어느 부분이든 수의적으로 일관성 있게 움직일 수 있는 부분이 있는지 찾아내는 과정이다. 직접 선택 기법을 사용하고자 하는 경우에는 '예/아니요' 질문을 통해 손가락, 눈 깜빡임, 얼굴 표정, 발성 등에서 정확하고 일관성 있게 표현할 수 있는 형태가 무엇인지 판별한다. 또는 탁자 위에 놓인 다양한 음식이나 장난감을 집거나 지적하기 위해 손이나 팔을 어느 정도 정확하게 어떠한 범위에서 사용하는지 알아본다. 이뿐만 아니라 직접 선택을 위해 사용하는 헤드스틱이나 포인터, 스위치, 발 마우스 등 보조공학적 장비에 대해서도 사정(박은혜 외, 2008)한다. 직접 선택 기법을 적용하기 위한 신체 부위의 움직임이 부정확하거나 너무 느리다면 스캐닝을 위한 스위치 사용에 대해 사정한다. 이것은 스위치를 활성화하기 위해 신체의 어느 부위를 사용할 수 있을지 찾아내는 것이다.

### ▸ 인지 및 언어능력

AAC 발달의 초창기에는 인지 기능에 장애가 있는 아동은 AAC 중재에서 제외되는 경우가 많았다. 이는 수단-목적관계와 모방, 사물영속성 개념 등의 인지 기능이 초기 언어발달에 필요한 선행 요건(Russsel, 1984; Reichle et al., 1991)이라는 생각 때문이었다. 그러나 여러 연구(Kangas & Lloyd, 1988; Romski & Sevcik, 1989)에서 의사소통 경험이 인지능력을 확장시키는 수단이 되기 때문에 인지기능이 AAC 중재의 선행 요건으로 볼 수는 없다고 주장하였다. 따라서 AAC의 조기 사용에 의한 의사소통 경험을 통해 인지능력 발달을 촉진시키는 것이 복합의사소통장애 아동의 발달에 도움이 될 것이다(한경임, 2007).

AAC와 관련된 인지기능 평가에 포함될 항목으로 Rowland와 Schweigert(2003), Wilkinson과 Jagaroo(2004)는 인식 능력, 의사소통 의도, 세상 지식, 기억, 상징적 표상, 상위 인지 기술과 시지각 기술을 제안하였다.

#### ○ 인식 능력

인식 능력은 다음 세 가지에 대한 인식능력을 갖추고 있는지 사정하는 것이다. 첫째, '나'는 내 주변의 사람들이나 상황과 다르며 분리되어 있는 독립적인 사람이라는 인식이다. 둘째, 내가 취하는 특정 행동은 특정 결과를 가져온다는 것(인과개념)을 아는 것이다. 셋째, 다른 사람들은 나와 다른 생각과 요구를 가지고 있다는 것을 인식하는 것이다.

#### ○ 의사소통 의도

의사소통 의도는 의도된 의미를 가지고 유목적적으로 다른 사람에게 향하는 것을 의미한다. 의사소통 의도를 보이려면 의사소통 상대자와 화제 또는 그래픽 상징에 대해 쌍방향의 집중이 요구된다.

#### ○ 세상 지식

세상 지식은 세상에 대한 일반적인 경험을 의미하는 것이다. 이 경험을 통해 사람과 사물 간에 어떻게 작용이 일어나는지 예측하는 결과를 가져오고, 자신이 즐겁고 선호하는 경험은 반복하려 하고, 선호하지 않는 것은 회피하게 한다. 관습적인 방법으로 의사소통하려는 시도에 반복적으로 실패하다 보니 학습된 무기력에 빠지게 되고 의사소통하려는 동기를 잃게 되는 것이다. 따라서 AAC를 적용하기 전에 어떠한 개인적 경험들을 갖고 있었는지 그것이 의사소통에 대한 동기에 어떠한 영향을 주었는지 사정할 필요가 있다.

### 기억

기억 능력은 많은 전자식 의사소통 도구를 이용해 의사결정을 해야 할 때 고려해야 할 중요한 요인이다. 예를 들어, 역동적 상징 배열의 도구에서 원하는 상징이 어느 범주에 있는지 기억해야 하며, 청각 스캐닝의 경우 의사소통 상대자나 전자식 의사소통 도구에서 상징을 불러줄 때 그것을 듣고 기억해야 원하는 상징을 선택할 수 있다.

### 상징적 표상

상징적 표상은 상징과 그것을 표현하는 참조물 간의 관계를 이해하는 능력을 의미한다. 이것은 상징의 도상성과 연관된 것으로 제3장에서 상징의 도상성에 대해 상세히 언급하였다.

### 상위 인지 기술

상위 인지 기술은 자신의 경험을 바탕으로 언어 사용 전략과 학습 전략, 기억 전략을 사용하고, 자기 조절력을 발휘하는 능력을 의미한다. 상위 인지 전략의 사용은 수많은 어휘를 저장하고 있는 하이테크 AAC 도구를 사용할 때 특히 필요한 능력이다.

### 시지각 기술

시지각 기술은 다양한 크기의 상징들 사이에서 표현하고자 하는 상징을 찾아내고, 수많은 격자의 화면에서 원하는 상징의 위치를 찾아내기 위해 필요한 기술이다. 원하는 상징을 쉽게 찾을 수 있도록 하기 위해 색깔을 이용해서 상징을 배치하는 피츠제럴드키를 사용하기도 하고, 사용자가 선호하는 색을 이용하여 상징의 위치를 표시하기도 한다.

앞에서 제시한 7가지 영역을 종합적으로 하나의 도구로 사정하기는 어렵다. 인지능력은 일반적으로 사용되는 표준화 지능검사 결과를 통해 아동의 능력을 추론한다. 박은혜 등(2008)의 평가도구에서는 사물영속성의 개념과 사물의 기능과 상징 이해 능력에 대한 항목을 통해 인지능력을 평가한다. 인지능력의 평가는 장애 진단에서 사용하는 K-ABC-2 검사나 K-WISC 시리즈와 같은 표준화 지능검사를 사용하여 사정할 수 있으며, 이때 지능검사의 사용은 AAC 중재 가능성 평가를 위한 것이 아니라 학생의 현재 수행 수준에 대한 이해를 얻기 위함이다. 상징적 의사소통 능력이 아직 발달되지 않은 복합의사소통장애 학생의 인지능력평가는 현재 국내에서 사용되고 있는 표준화 지능 검사로는 불가능하다.

상징 사용 능력의 평가는 아동의 현재 의사소통 요구와 능력에 맞는 상징의 유형을 선택하고 미래에 사용될 상징의 유형을 예견하고자 하는 것인데 박은혜(2003)는 상징 사용 능력에 대한 평가 내용을 〈표 4-6〉과 같이 단계별로 제시하였다.

〈표 4-6〉 상징 사용 능력에 대한 사정

| 평가 단계 | | 평가 내용 |
|---|---|---|
| 1 | 평가 실시 전 | • 아동에게 익숙한 컵, 칫솔 등 기능적인 사물 10가지 정도 선정<br>• 선택한 사물을 사진, 선화, 글씨 등 다양한 상징들로 제작 |
| 2 | 기능적인 사용에 대한 이해 평가 | • 아동에게 사물을 직접 조작하도록 하여 사물의 기능을 이해하고 있는지 평가 |
| 3 | 명칭에 대한 이해 평가 | • 2~3개의 상징 중 평가자가 지칭하는 사물이 무엇인지 지적하기 |
| 4 | 시각적 매칭 능력에 대한 평가 | • 한 가지 사물을 제시하고 두 개의 상징 중 그에 해당하는 것 찾기<br>• 같은 방식으로 한 가지 상징을 제시하고 두 개의 사물 중 그에 해당하는 것을 찾기 |

AAC 사용자의 중재 계획에 필요한 정보를 얻기 위해 언어능력을 평가할 때는 전반적인 언어발달 검사나 어휘 검사, 형태 구문 및 문법 지식에 대한 검사를 수행한다. 국내에서 사용할 수 있는 검사 도구로는 수용표현어휘력 검사(김영태, 홍경훈, 김경희, 장혜성, 이주연, 2012), 취학전 아동의 수용언어 및 표현언어발달척도(김영태, 성태제, 이윤경, 2003) 등을 활용할 수 있다. 의사소통 기능, 즉 화용론적인 측면에서 표현언어와 수용언어능력을 알아보기 위해서는 파라다이스 보완대체의사소통 기초능력평가(박은혜 외, 2008)를 사용할 수 있다. AAC 사용자의 언어능력평가에서 활용할 수 있는 또 다른 방법이 언어샘플 수집에 의한 화용론, 의미론, 구문론 분석과 내러티브 기술 분석이다.

#### ▸ 감각/지각 능력

AAC 사용자는 대체로 중도중복장애로 인해 감각 손상을 수반하는 경우가 많기 때문에 상징의 유형, 크기, 배치, 음성합성의 크기 등을 결정하기 위해 아동의 감각/지각 능력을 사정할 필요가 있다. 시각 평가에서는 시력, 시야 범위, 안구운동 기능, 색지각 등에 대한 사정을 통해 AAC 도구의 화면이나 상징의 크기, 위치 등을 결정하는 데 활용한다.

상징이나 글자에 대한 인식을 방해하는 이유로 시지각 능력이 관련될 수 있으므로 AAC 사용자의 시지각 능력을 알아보기 위해 국내에서는 아동용으로 K-DTVP-3(문수백, 2021), 청소년용으로 K-DTVP-A(조용태, 2011) 표준화 검사를 사용할 수 있다.

AAC 도구의 화면이나 상징의 크기, 위치 등을 결정하기 위해서는 AAC Evaluation Genie 앱(https://apps.apple.com/us/app/aac-evaluation-genie/id541418407)을 활용할 수 있다. 이것은

사용 언어와 상관없이 AAC 사용자에게 적합한 상징의 크기, 상징 배열 크기의 적절성을 사정하는 데 활용할 수 있다. [그림 4-4]에 AAC Evaluation Genie 앱 화면의 일부를 제시하였다.

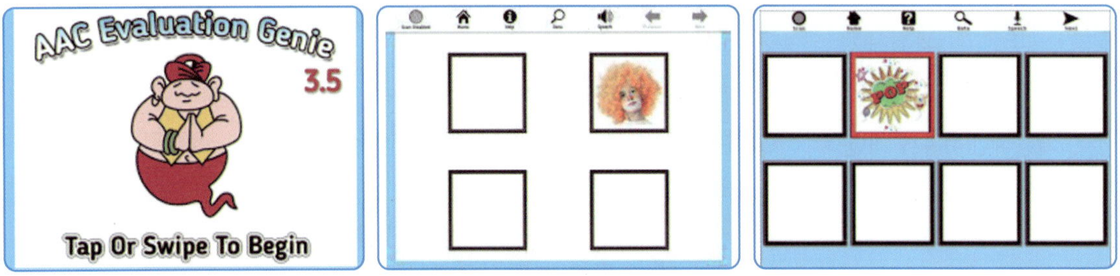


[그림 4-4] AAC Evaluation Genie 앱(상징 크기 평가)

▸ 문해 능력 사정

일반적으로 사용되는 말을 하거나 글을 쓸 기회가 거의 없는 복합의사소통장애를 지닌 사람에게 AAC 사용은 문해력 학습을 지원하는 방안으로 제안된다(김정연, 박은혜, 표윤희, 2008). 이것은 AAC 사용자가 그래픽 상징을 이용하여 의사표현을 하는 경우 전통적인 쓰기와 유사한 활동이 되므로 그래픽 상징을 이용하여 의미를 연결하여 표현하는 AAC 지도가 문해력 신장에 도움이 되기 때문이다(박은혜, 김정연, 김은숙, 표윤희, 2007). Beukelman과 Mirenda(2005)에서는 AAC 사용자의 문해력과 관련된 사정 요소로 음소인식, 음운처리, 낱말 재인과 읽기 이해 능력, 철자하기 능력에 대해 사정하도록 제안하고 있으나 국내에서는 아직 이러한 사정에 대한 연구가 거의 없는 실정이다.

문해력은 자신이 속한 나라와 문화 속에서 전통적이고 관습적으로 사용하는 글자를 이용하여 독립적으로 읽고, 쓰는 능력을 의미한다(Koppenhaver, Foley, & Williams, 2009). 문해력 사정은 AAC를 필요로 하는 학생들의 관습적 문해력 기술의 발달을 저해하는 내적 요인과 외적 요인들을 파악하는 것이다(Robinson & Soto, 2013).

**○ 내적 요인 사정**

문해력 기술의 발달을 저해할 수 있는 내적 요인은 신체적 요인, 감각·지각적 요인, 인지적 요인, 언어학적 요인이다(Smith, 2005). 이러한 요인들에 문제를 갖는 경우 관습적 문해력의 사용을 견인하는 초기 문해력의 발달과 아동이 문해력 자료를 가지고 유의미하게 상호작용하는 기회를 제한하게 된다.

### 외적 요인 사정

AAC를 필요로 하는 학생들은 문해력 발달의 기본이 되는 언어와 문해력 경험이 제한되어 있다. 보통 뇌성마비나 자폐성장애를 가진 복합의사소통장애 학생의 경우 부모나 임상가들이 물리치료나 행동문제 등 다른 측면에 더 관심을 가지고 어린 시기를 보내는 경우가 많아 문해력 지도의 기회가 매우 제한되어 있는 결과를 초래하게 된다. 심지어 복합의사소통장애 학생들에게 문해력 중재를 제공할 때도 책 페이지를 넘기거나, 글자 인식, 또는 텍스트와 그림 간의 차이를 이해하는 발생적 문해력(emergent literacy)에 초점을 두어 질적으로 더 높은 체계적인 문해력 교육이 이루어지고 있지 못한 실정이다(Koppenhaver, Foley, & Williams, 2009).

2000년에 미국의 국립읽기위원회(National Reading Panel: NRP)는 과학적 기반의 읽기 교수 프로그램의 필수 구성 요소 다섯 가지를 다음과 같이 제시하고 각각을 사정할 필요가 있다고 하였다.

- 음소인식(phonemic awareness)
- 철자 이해(파닉스)[alphabetic understanding(phonics)]
- 어휘(vocabulary)
- 독해(comprehension)
- 텍스트 연결의 정확성과 유창성

문해능력 사정에는 음소인식, 음운처리과정(phnological processing) 사정과, 단어 인지/읽기 이해 사정, 그리고 철자 사정이 포함된다(Beukelman & Mirenda, 2005). 음소인식의 사정은 글자의 명칭과 소리에 대한 인식, 그리고 글자-소리 대응에 대한 인식을 조사하는 것이다. 음운처리과정의 사정은 음운인식과 음운기억 능력으로 구분된다. 음운인식은 불러 준 단어의 음소를 인식하고 각 음소를 조작할 수 있는 능력이고, 음운기억은 음소와 문자소(인쇄된 글자의 소리) 간의 관계를 이해하고 사용하는 능력으로 보통 무의미 유사 단어를 사용하여 측정한다. 단어 인지와 읽기 이해 사정은 읽기 자료를 통해 단어를 알고 있는지, 내용을 이해하는지 질문에 '예/아니요'로 반응하게 하거나 손으로 또는 헤드스틱 등으로 상징이나 글자를 지적하도록 하여 사정한다. 철자 사정은 단어의 첫 글자 쓰기, 받아쓰기나 글자를 보고 아는지 평가하는 것이다.

한글 음소인식과 읽기 이해력을 사정하는 표준화검사 도구로 기초학습기능수행평가체제 초기문해(김동일, 2011) 도구를 활용할 수 있다. 이 검사 도구에서는 음운처리과정 능력을 음운인식 능력, 음운적 작업기억 능력, 음운적 정보회상 능력 검사로 나누어 평가하고 초기 읽기 검사로 단어인지 검사와 읽기유창성 검사를 하도록 구성되어 있다. 독해력 검사로는 수준별 교육을 위한 RDA 읽기진단평가(김윤옥, 2017), BASA: R 기초학습기능 수행평가체제: 읽기(김동일, 2008) 도구를 활용할 수 있다. 그러나 이들 도구는 대부분 학습장애 판별을 위해 개발된 검사 도구로 아직 글자에 대한 이해가 없는 학생을 대상으로 한글에 대한 초기 문해력을 사정하는 검사 도구로는 사용이 어렵다.

## 3 관찰과 면담에 의한 보완대체의사소통 사정

사정은 장애가 없는 또래와 비교하여 발달 수준이 어느 정도인지, 결함 영역은 무엇인지 알아보기 위한 것이기도 하지만 학생이 주로 생활하는 환경에서 기대할 수 있는 것, 수행할 수 있는 것이 무엇인지 알아보고 그것을 발전시켜 나가도록 하기 위한 것이기도 하다. 그러나 표준화된 규준참조 검사는 복합의사소통장애 학생의 능력을 과소평가할 수 있으며, 자연스러운 일상 환경에서 의사소통을 위해 무엇을 지원해 주어야 하는지 결정하는 데 한계를 갖기도 한다. 예를 들어, 병원에 장기간 입원해 있어서 다른 어휘는 많이 알고 있는데 검사 도구에서 검사하는 어휘들은 모를 수도 있다.

AAC 사정 과정에서 표준화 검사를 이용하여 사정하기 어렵기 때문에 학생에 대한 관찰뿐만 아니라 학부모나 보호자와의 면담 등 비공식적인 사정이 필요하다.

### 1) 한국에서 사용되는 관찰과 면담에 의한 보완대체의사소통 사정 도구

현재 우리나라에서 개발된 AAC 사정 도구는 관찰과 면담을 적용하여 평가하는 것으로서 참여모델을 기반으로 개발한 파라다이스 보완대체의사소통 기초능력평가(박은혜, 김영태, 김정연, 2008)와 AAC 사용자의 능력을 면담과 관찰을 통해 평가하는 한국 보완대체의사소통평가 매뉴얼(김영태, 박은혜, 한선경, 구정아, 2016)이 있다.

#### (1) 파라다이스 보완대체의사소통 기초능력평가

파라다이스 보완대체의사소통 기초능력평가는 AAC 사용을 위한 기초능력인 운동능력, 감각능력, 인지능력, 언어능력을 평가하여 사용자에게 맞는 AAC 중재를 돕고자 하는 것이다.

운동능력평가는 자세 및 이동 능력, 신체 기능을 평가하고, 감각능력평가는 시각 및 청각 기술을 평가하도록 되어 있다. 인지능력평가는 기초 인지와 사물 기능과 상징 이해 능력평가, 언어능력평가는 표현언어와 수용언어 평가로 구성되어 있다. 〈표 4-7〉에 파라다이스 보완대체의사소통 기초능력평가 결과 예를 제시하였다.

〈표 4-7〉 파라다이스 보완대체의사소통 기초능력평가 결과 예시

| 평가 영역 | 하위 영역 | 항목 | 결과 |
|---|---|---|---|
| 운동능력 평가 | 자세 및 이동 능력 | 가장 편한 자세 | 앉기 |
| | | 앉기 능력 | 일반 의자를 이용하여 앉을 수 있음 |
| | | 이동 능력 | 독립보행 |
| | 신체 기능 | 손(팔)의 기능 | 손을 뻗고, 손으로 쥐고, 사물을 잡고 놓을 수 있음<br>지적하기(또는 누르기)를 할 수 있음(오른손) |
| | | 사물 선택 기능 | 실물 9개 이상이 있을 때, 고를 수 있음 |
| | | 그림 선택 기능 | 그림카드 9개 이상이 있을 때, 고를 수 있음 |
| | | 그림의사소통판 크기 | 16절 크기 |
| | | 그림(사진)의 크기 | 3cm×3cm |
| | | 기타 배려 사항 | 사물을 가까이에서 제시하기 |
| | | 필요한 보조공학적 장비 및 스캐닝 관련 배려 사항 없음 | |
| 감각 능력 평가 | 시각 기술 | 시력 | 정상 범위임 |
| | | 잘 볼 수 있는 위치 | 책상 위에 놓아 줌 |
| | | 시선 고정 능력 | 60cm 이상 거리의 대상에 고정함 |
| | 청각 기술 | 청력 | 정상 범위임 |
| | | 집중(선호)하는 소리 | 노래 소리, 동요 플래시 |
| 인지능력 평가 | 기초 인지 | 사물이 현재 눈앞에 잠시 보이지 않아도 완전히 사라진 것이 아니라는 것 인식 | |
| | | 전체 사물에서 분리된 한 부분을 보고 원래의 사물이 무엇인지 찾을 수 없음 | |
| | | 사물이 속해 있는 집합의 특성을 파악할 수 없음 | |
| | 사물 기능/ 상징 이해 능력 | 일상생활에 사용하는 사물 세 가지(빗, 시계, 숟가락) 제시<br>- 한 가지(숟가락) 이해할 수 있음 | |
| | | 실제 사물과 실물 상징 및 그림, 사진을 연결할 수 있음<br>- 컵, 신발, 요구르트 | |
| 언어능력 평가 | 표현 언어 | 수긍하기 | 이해할 수 없는 소리를 냄, 고개 끄덕임 |
| | | 부정/거부하기 | 이해할 수 없는 소리를 냄, 손 좌우로 흔듦, 물건 치움 |
| | | 물건 요구하기 | 물건을 향해 손 뻗음, 이해할 수 없는 소리를 냄, 지적 |

| | | | |
|---|---|---|---|
| 언어능력 평가 | 표현 언어 | 행동 요구하기 | 몸을 그 방향으로 움직임, 이해할 수 없는 소리를 냄, 따라오라는 신호를 보냄 |
| | | 기분/감정 표현하기 | 소리를 지르거나 욺, 표정 찡그림, 불편한 부위 가리킴 |
| | | 고르기 | 선택한 물건 쪽으로 몸 움직임, 선택하려는 물건 지적 |
| | | 부르기, 주의 끌기 | 상대자를 치거나 건드리거나 접촉, 소리 냄, 상대자를 지적 |
| | | 인사하기 | 상대자를 치거나 건드리거나 접촉, 소리를 냄, 고개나 머리 숙임 |
| | | 설명하기 | 몸짓이나 손짓 |
| | | 질문하기 | 없음 |
| | 수용 언어 | 일상어휘의 이해 | 일상생활에서 자주 쓰는 어휘를 이해할 수 있음 |
| | | 지시어의 이해 | 신변처리와 관련된 기초 어휘를 이해할 수 있음 |
| | | 상태 묘사/수식어 이해 | 기초적인 수식어나 상태 묘사 어휘를 이해할 수 있음 |
| | | 학습활동 관련 어휘 | 이해할 수 있는 어휘가 없음 |

출처: 백경란(2012).

〈표 4-7〉에서 보는 바와 같이 운동능력평가를 통해 아동의 자세 및 이동 능력에는 문제가 없고 손 기능에도 어려움이 없으므로 의사소통판에서 상징을 지적하거나 하이테크 도구에서 상징을 표현하는 버튼이나 항목을 눌러서 소리를 산출하는 AAC 도구를 선정할 수 있다. 또한, 시력과 청력이 정상 범위이긴 하지만 그림의 크기가 3×3cm인 경우 판별을 잘한다는 것을 알 수 있으므로 AAC 도구의 화면에 배열하는 상징의 크기를 결정하는 근거가 될 수 있다.

인지능력평가를 통해 일상생활에서 사용하는 사물 세 가지 중 한 가지를 이해하고, 실제 사물과 그래픽 상징을 연결할 수 있음이 관찰되었으므로 일상생활에서 사용하는 사물을 그래픽 상징으로 연결하여 표현하면서 어휘를 늘려 나가도록 AAC 중재를 계획할 수 있다. 언어능력평가를 통해 일상생활에서 자주 사용하는 어휘에 대한 수용 능력은 있으나 학습활동 관련 어휘의 이해가 부족하며, 표현언어와 관련된 대부분의 의사소통 기능을 소리 지르기, 몸짓, 손짓으로 표현하는 것을 알 수 있다. 이러한 사정 결과는 이 학생에게 AAC 중재가 필요함을 보여주며, 중재의 방향성을 제공한다.

### (2) 한국 보완대체의사소통 평가

한국 보완대체의사소통 평가(Korean AAC Assessment: KAA) 매뉴얼은 초기면담, 언어 및 의사소통 능력평가, 의사소통 단계 설정 및 단계에 따른 세부 평가로 구성되어 있다. 이 매뉴얼에서는 면담과 관찰에 사용되는 모든 양식을 제공하고 있어서 양식을 복사해서 활용 가능하며, 작성 방법이나 예시를 제공하고 있어 AAC 사정에 쉽게 활용할 수 있다.

초기 면담은 대화 상대자(부모, 양육자, 교사 등)와 면담을 하여 AAC 사용자의 배경 정보, 감각 운동능력, 의사소통 기능과 형태, AAC 경험 여부 등을 파악하기 위함이다. 언어 및 의사소통 능력평가에서는 자연스러운 환경 및 맥락에서의 관찰, 의사소통 기능 표본 수집, 언어 평가를 수행한다. 자연스러운 환경 및 맥락에서의 관찰은 자연스러운 상황에서 AAC 사용자와 의사소통 행동을 관찰하여 의사소통 기능 및 형태를 알아보는 것이다. 의사소통 기능 표본 수집은 짧은 시간 동안 의사소통 행동에 대한 대표적 표본을 수집하는 것이다. 언어 평가는 현재 AAC 사용자가 가지고 있는 수용 및 표현 어휘, 표현 형태, 구문능력을 파악하여 적절한 상징 및 어휘 항목을 선택하기 위해 실시한다.

의사소통 단계 설정 및 단계에 따른 세부 평가에서는 AAC 사용자의 의사소통 단계를 1단계 의사소통자(전의도적 의사소통자), 2단계 의사소통자(목표지향적/비도구적 상징 의사소통자), 3단계 의사소통자(도구적 상징 의사소통자)로 분류하고 각 단계별 기초운동능력 및 감각운동능력 평가, AAC 상징유형 평가, AAC 도구 평가를 시행하도록 사정 방법을 제시하고 있다.

### 2) 면담에 의한 보완대체의사소통 사정

AAC 사용자의 주 양육자나 부모, 친숙한 사람과의 면담을 통해 AAC 사용자의 여러 가지 능력에 대해 사정할 때는 다음과 같은 몇 가지 사항을 지키는 것이 중요하다.

- 면담 대상자와 친화를 형성하고 면담자에 대해 신뢰감을 주는 것이 중요하다.
- 말하는 속도를 천천히 하고, 친근하게 접근하며, 처음에는 일반적인 대화로 시작하여 편안함을 느끼도록 하는 것이 좋다.
- 면담 초기에는 직접적인 질문, 예를 들어 자녀의 장애에 대한 직접적인 질문 등은 피하는 것이 좋다.
- 면담자가 너무 많은 이야기를 하지 않도록 주의해야 하며, 별로 관계없는 이슈여도 기꺼이 들어 주는 태도가 중요하다. 따라서 면담자는 면담하면서 무엇인가를 계속 쓰기보다는 대상자의 얼굴을 보고 동조의 표정을 지어 주고, 관심을 계속 기울여 주는 것이 매우 중요하다.
- '예/아니요' 질문이 아닌 개방형 질문을 사용하는 것이 면담에 중요하다.
- 이중언어 사용자라면 가족 구성원 중 누군가 통역하도록 하지 말고 이중 언어 전문 통역사가 참여하도록 해야 한다(Soto, 2011).

### (1) 한국판 맥아더-베이츠 의사소통 발달 평가 기록지

AAC 체계가 필요할 것으로 생각되는 복합의사소통장애 학생의 의사소통 발달 정도를 평가하기 위해 보호자나 양육자 또는 교사와 면담을 통해 알아보는 도구 중 하나가 한국판 맥아더-베이츠 의사소통 발달 평가 기록지(Korean MacArthur-Bates Communication Development Inventory)(배소영, 곽금주, 2011)이다. 이것은 Fenson 등(2006)이 개발한 The MacArthur-Bates Communicative Development Inventories의 한국판으로 개발된 것이다.

이 기록지는 8~36개월 사이 영유아를 대상으로 어휘 사용력과 제스처와 놀이 및 문법 수준을 사정하는 것이다. 기록지의 구성은 8~17개월 수준의 영아용과 18~36개월 수준의 유아용 도구로 구성되어 있으며 부모나 주 양육자와의 면담을 통해 사정이 이루어진다.

영아용에서는 284개의 낱말과 60항목의 제스처와 놀이(의사소통을 위한 제스처 사용 12개, 게임과 일상생활 6개, 사물 가지고 놀기 17개, 어른의 행동 모방하기 12개, 인형놀이 13개) 관련 문항이 포함되어 있다. 어휘는 개월별로, 제스처와 놀이는 3개월 집단별로 정보가 제공된다. 유아용에는 641개의 낱말과 5개의 문법 사용 정도를 보는 항목과 32쌍의 문장쌍 항목으로 구성된 문법 부분이 포함되어 있다. 영아용에서는 이해 측면도를 검사하도록 되어 있지만 유아용에서는 표현 낱말 위주의 정보를 제공한다.

이 검사 도구의 사정 결과는 영아용과 유아용별 백분위 수를 산출하도록 되어 있다. 그러나 AAC 사정에서는 백분위 수보다 이 검사 도구에서 제시하고 있는 각 연령별 어휘들을 얼마나 알고 있는지 사정하고 의사소통 중재를 위한 어휘 선정에 활용할 수 있다. 영아용의 경우 제스처와 놀이 형태를 보고 상징 기능에 대한 정보를 얻을 수도 있다. 또한, 유아용의 문법과 문장 표현 검사를 통해 AAC 사용자의 문장 표현 수준을 파악하고 중재 목표를 설정하는 데 활용할 수 있다.

### (2) 의사소통 형식과 기능 워크시트

브릿지스쿨(https://bridgeschool.org)에서는 AAC 사정을 위한 면담 양식으로 '의사소통 형식과 기능 워크시트(Communication forms and functions worksheet)'를 사용한다. 형식과 기능은 복합의사소통장애 학생이 사용하는 광범위한 의사소통 양식에 대한 정보를 제공해 준다. 이 워크시트는 다음과 같은 다양한 목적으로 개별 학생에게 맞춤형으로 사용할 수 있다.

- 신입생의 경우 학생이 가지고 있는 미묘한 의사소통 신호를 교사가 파악하기 위해 부모와의 면담을 통해 '형식과 기능 워크시트'를 작성한다.
- 친숙한 의사소통 상대자와 친숙하지 않은 의사소통 상대자 간에 사용하는 의사소통 형식

용과 훈련에 대해 결정하기 전에 개인의 선호도에 대해 사정한다.

5. 소셜네트워크는 Light(1989)의 의사소통 능력 모델을 반영하여 언어적, 사회적, 전략적, 조작적 능력에 중점을 두어 AAC 사용자의 능력을 사정한다. 즉, 각 의사소통 상대자와의 영역에서 발달시켜야 할 의사소통 능력을 판별하고 중재 계획을 세우는 것이다.
6. 소셜네트워크는 각 영역에서 특정 상대자를 판별하고 사회-언어학적이며 문화적 가치를 반영하는 목표를 설정하려고 사정 절차를 거친다. 예를 들어, 한 의사소통 상대자의 영역에서 주로 사용되는 언어는 다른 의사소통 상대자의 영역에서 주로 사용되는 언어와 다를 수 있으며 선호하는 AAC 양식에 대해서도 다를 수 있기 때문에 이를 사정할 필요가 있다는 것이다.
7. 소셜네트워크는 사람중심 계획(person-centered planning)을 따른다. 사람중심 계획(O'Brien & Mount, 1991; Mount, 1992)은, 첫째, 개인이 참여하는 매일의 활동과 사건에 계획의 중점을 둔다. 둘째, 가족과 지역사회 내 관계가 현재 활용할 수 있는 임상 서비스보다 더 중요하게 생각된다. 셋째, 장애를 가진 사람과 그 사람의 목표를 성취하도록 도와주는 사람들과 협력하여 계획이 항상 수행되어야 한다는 것을 강조한다. 이에 따라 소셜네트워크는 개인의 일상생활에서 만나는 의사소통 상대자, 의사소통 기술과 양식에 대해 공식적, 비공식적 정보를 교환하는 방식을 제공하고, 다양한 상대자의 관점을 모으고 비교해서 개인이 여러 사람과 다양한 환경에서 어떻게 상호작용해야 하는지 방법을 광범위하게 제공한다.

소셜네트워크에서는 AAC 사용자 개인을 중심으로 한 동심원에서 만나는 의사소통 상대자를 먼저 주 양육자, 교사 등과 면담을 통해 결정하고 각 상대자와 의사소통하는 양식을 조사한다. 이러한 면담 조사 과정에서 그려지는 다이어그램을 실어증 환자를 예로 제시하면 [그림 4-5]와 같다.

[그림 4-5]에서 첫 번째 동심원에는 함께 생활하는 가장 가까운 사람으로서 부모나 형제가 위치한다. 두 번째 동심원에는 가까운 친구, 세 번째 동심원에는 이웃과 아는 사람, 네 번째 동심원에는 상호작용을 위해 돈을 지불하는 사람, 즉 치료센터의 언어재활사나 물리치료사, 의사 등이 속한다. 다섯 번째 동심원에는 지역사회에서 만나는 낯선 사람들로 가게 점원 등이 속한다. 이렇게 AAC 사용자를 중심으로 각 동심원에 속하는 사람이 누구인지, 몇 명이나 되는지 먼저 조사한다. 예를 들어, [그림 4-5]에서 M.U.라는 사람의 첫 번째 동심원에 속하는 의사소통 상대자는 아내와 아들, 2명이며, 두 번째 동심원에 속하는 상대자는 한 명의 친구가 있다. 세 번째 동심원에는 실어증 환자 모임과 사진 동호회 사람들로 15명이 있으며, 네 번째 동심원에

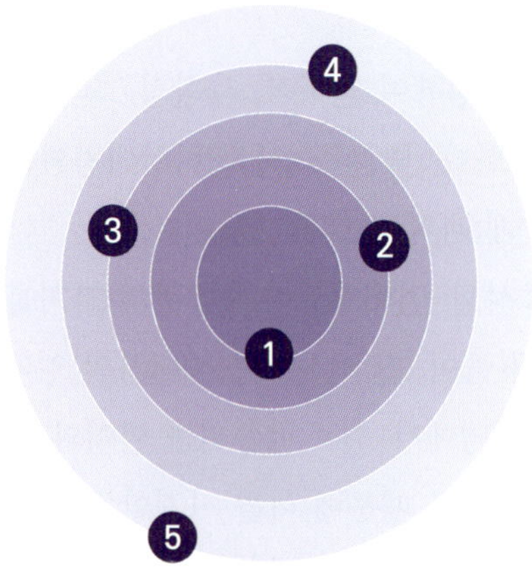


**범례**
**동심원 1**: 일상생활의 상대자
**동심원 2**: 가까운 친구
**동심원 3**: 이웃, 아는 사람
**동심원 4**: 관계에 비용을 지불해야 하는 사람
**동심원 5**: 낯선 상대자와의 세계

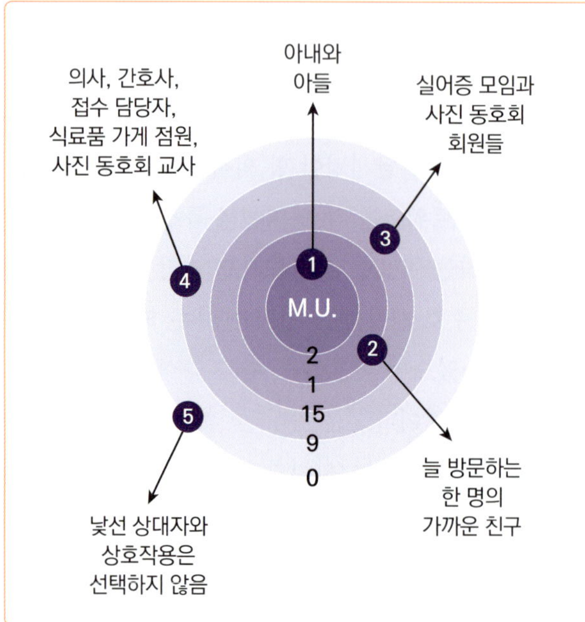


[그림 4-5] 소셜네트워크 사정 다이어그램(의사소통 상대자 조사)

출처: Blackstone & Hunt-Berg (2003).

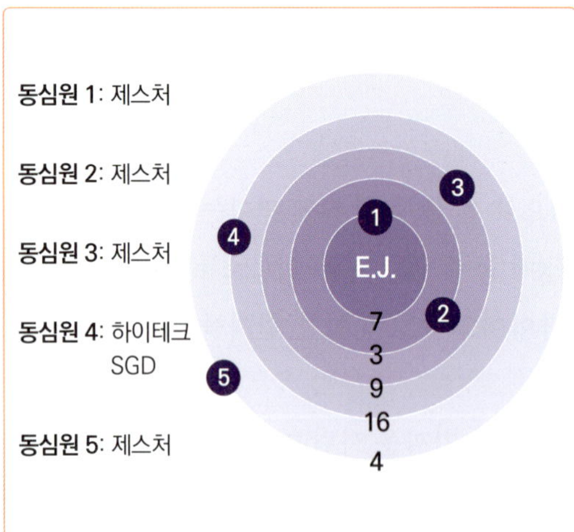


초보 의사소통자 예시

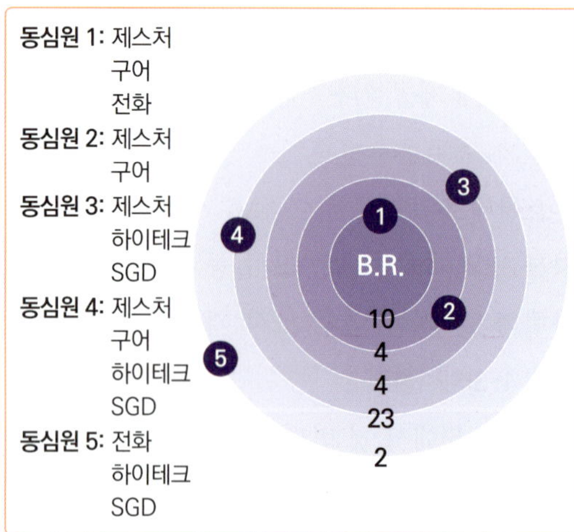


맥락의존 의사소통자 예시

[그림 4-6] 소셜네트워크 사정 다이어그램(의사소통 양식)

출처: Blackstone & Hunt-Berg (2003).

속하는 의사소통 상대자는 의사, 간호사, 병원 접수 담당자, 식료품 가게 점원, 사진 동호회 교사로 9명이 있다. 다섯 번째 동심원에 속하는 사람은 없는 것으로 조사되었다.

다음으로 [그림 4-6]과 같이 AAC 사용자가 동심원의 각 상대자와 어떠한 의사소통 양식을 사용하며 그 양식을 통해 의사소통이 어떻게 이루어지고 있는지 면담을 통해 조사하고 그에 따른 중재 계획을 세우게 된다. [그림 4-6]에 초보 의사소통자, 맥락의존 의사소통자의 각 의사소통 상대자와 사용하는 의사소통 양식을 조사하여 다이어그램으로 나타낸 예를 제시하였다.

[그림 4-6]에서 초보 의사소통자인 E.J.는 네 번째 동심원에 속하는 의사나 치료사와만 하이테크 SGD를 사용할 뿐 다른 동심원에 속한 사람들과는 주로 제스처로 의사소통하고 있음을 알 수 있다. 이와 달리 맥락의존 의사소통자인 B.R.은 첫 번째와 두 번째 동심원에 속하는 상대자들과는 구어와 제스처를 주로 사용하며, 세 번째, 네 번째, 다섯 번째 동심원에 속하는 의사소통 상대자들과는 제스처 이외에 SGD를 사용하는 것으로 조사되었다.

### (4) 나에 대한 모든 것 조사 목록

AAC를 필요로 하는 학생에게 AAC 중재를 계획하고 적절한 AAC 도구를 선정하기 위해서는 학생이 선호하고 재미있어하며, 친숙한 아이템이나 화제를 이용하는 것이 도움이 된다. 학생에게 친숙하고 의미 있는 활동과 어휘를 조사하여 AAC 도구에 상징을 배열하면 활동에 참여하려는 관심과 동기를 유발할 수 있으며, AAC 도구를 사용하려고 시도할 수 있다. 브릿지스쿨(https://bridgeschool.org)에서는 이와 관련하여 주 양육자나 교사와의 면담을 통해 '나에 대한 모든 것 조사 목록(All About Me Inventory)'을 작성하고 이를 AAC 중재 계획에 반영한다. '나에 대한 모든 것 조사 목록'의 조사 항목에는 복합의사소통장애 학생의 선호하는 것과 선호하지 않는 것에 대한 조사, 학생의 강점 등에 대한 조사를 포함한다. 〈표 4-9〉에 '나에 대한 모든 것 조사 목록'의 면담 예를 제시하였고 양식은 [부록 2]에 제시하였다.

〈표 4-9〉 나에 대한 모든 것 조사 목록 예시

| 나에 대한 모든 것 조사 목록(All about me inventory) | |
|---|---|
| 학생 이름: ______________ | 날짜: ______________ |
| 작성자: ______________ | |
| 참고: 자녀에 대해 많은 것을 알 수 있도록 가능한 모든 질문에 답해 주세요. | |
| **나를 특별하게 만드는 것(Things that make me special)** | |
| 특별한 재능 | 예 노래 부르기, 사람들을 웃게 하는 것 등 |
| 가족의 전통 | 예 가족만의 행사 등 |

<table>
<tr><td>나에게 재미있는 것 or<br>사람들을 웃게 하는 방법</td><td colspan="3"></td></tr>
<tr><td>내가 잘하는 것</td><td colspan="3">예 춤추기, 그림 그리기 등</td></tr>
<tr><td>나에게 중요한 것</td><td colspan="3"></td></tr>
<tr><td>나의 집/내 방</td><td colspan="3">예 내 방에 있는 것. 그림, 장난감, 책 등</td></tr>
<tr><td>내 이웃</td><td colspan="3">예 이웃 사람, 집 근처 공원 등</td></tr>
<tr><td>내 가족들이 좋아하는 것</td><td colspan="3"></td></tr>
<tr><td>방학/공휴일에 하는 것</td><td colspan="3">예 여름 가족 여행, 주말 활동 등</td></tr>
<tr><td>내가 원하는 것/되고 싶은 것</td><td colspan="3">예 인어가 되고 싶다, 로봇을 갖고 싶다</td></tr>
<tr><td>내가 말하고 싶은 것</td><td colspan="3">예 이야기, 사건, 기억, 중요한 화제, 재미있었던 가족 이야기, 친구 등</td></tr>
<tr><td></td><td>선호하는 것</td><td>싫어하는 것</td><td>매우 좋아하는 것</td></tr>
<tr><td>사람</td><td>예 소방관, 우체부, 경찰관 등</td><td></td><td></td></tr>
<tr><td>장소</td><td></td><td></td><td></td></tr>
<tr><td>음식/맛</td><td></td><td>예 입에 닿는 모든 것, 쓴맛 등</td><td></td></tr>
<tr><td>소리</td><td></td><td></td><td></td></tr>
<tr><td>냄새</td><td></td><td></td><td></td></tr>
<tr><td>감각/촉각</td><td>예 감촉이 느껴지는 것</td><td></td><td></td></tr>
<tr><td>내가 좋아하는 체육 활동</td><td>예 워커로 움직이는 것, 수영 등</td><td></td><td></td></tr>
<tr><td>책</td><td>예 캐릭터, 페이지, 그림 등</td><td></td><td></td></tr>
<tr><td>게임(바깥/실내)</td><td>예 숨바꼭질, 피터팬 놀이, 가위바위보 등</td><td></td><td></td></tr>
<tr><td>음악</td><td>예 노래, 가수, 노래 장르(동요, 트롯) 등</td><td></td><td></td></tr>
<tr><td>영화/TV 쇼</td><td>예 캐릭터, 노래, 특별한 장면 등</td><td></td><td></td></tr>
<tr><td>장난감</td><td></td><td></td><td></td></tr>
<tr><td>동물</td><td></td><td></td><td></td></tr>
<tr><td>색깔/패턴</td><td></td><td></td><td></td></tr>
<tr><td>의류</td><td>예 셔츠, 신발, 액세서리 등</td><td></td><td></td></tr>
<tr><td colspan="4">학교 바깥 활동</td></tr>
<tr><td>내가 보는 사람</td><td colspan="3"></td></tr>
<tr><td>내가 가는 장소</td><td colspan="3"></td></tr>
<tr><td>내가 하는 것</td><td colspan="3"></td></tr>
<tr><td>학교에 오지 않을 때 내가 하는 것</td><td colspan="3">예 주말, 지속적으로 하는 활동, 볼링 등</td></tr>
</table>

| 나에 대한 추가 정보 | |
|---|---|
| 내가 노력하고 있는 것 | 예 쓰기, 스스로 음식 먹기, 농담하기 등 |
| 나를 괴롭히는 것 | 예 큰 소리, 기다리는 것 등 |
| 도움을 필요로 하는 것 | 예 머리 정돈, 컵으로 음료 마시기, 공 던지기 등 |
| 내가 하기 어려운 것 | 예 계단 오르기, 새로운 친구 만들기 등 |
| 내가 화났을 때 어떻게 하는지/나를 안정시키기 위해 어떻게 하는지 | 예 제스처, 몸짓, 얼굴 표정, 발성 등 |
| 내가 불편할 때 어떻게 해 주는지/아플 때 어떻게 도와줄 수 있는지 | 예 제스처, 몸짓, 얼굴 표정, 발성 등 |
| 나를 웃게 만드는 것 | 예 트림 시켜 주기, 끼익하는 소리 내기, 웃긴 얼굴 모습, 농담 등 |

## 3) 관찰에 의한 보완대체의사소통 사정

### (1) 어휘 샘플 기록

어휘 샘플(Sample Vocabulary Log) 기록은 AAC를 필요로 하는 학생을 관찰하거나 주 양육자나 교사와의 면담을 통해 학생이 현재 알고 표현하는 어휘, 향후 의사소통 상호작용을 위해 필요한 어휘를 조사하여 AAC 중재에 반영하는 것이다. 〈표 4-10〉은 필자가 미국의 특수학교에서 한 학생에 대해 수행하였던 어휘 샘플 기록의 예시이고, [부록 3]에 양식을 제시하였다.

〈표 4-10〉 어휘 샘플 기록 예시

어휘 샘플 기록

학생: ____________ 작성자: ____________

| 날짜 | 표현 도구 | 단어 | 정의 그리고/또는 단어를 사용한 문장 |
|---|---|---|---|
| 3/1 | 의사소통판 | 예 | |
| | 의사소통판 | 아니요 | |
| | SGD | 날씨 | 교사가 "오늘의 주제가 무엇이지?"라고 질문하자 ○○이 스캐닝으로 SGD에서 '날씨' 단어 지적함 |
| | SGD | 덥다 | |
| | SGD | 춥다 | |

| 날짜 | 표현 도구 | 단어 | 정의 그리고/또는 단어를 사용한 문장 |
|---|---|---|---|
| 3/1 | 유튜브 음운인식 프로그램 | 원숭이 (monkey) | /m/ 소리가 나는 단어 지적<br>스위치를 이용하여 모니터에 보이는 세 개의 단어 중 '원숭이 (monkey)' 단어를 지적함 |
| | SGD | 배달 | 스캐닝을 이용해 SGD에서 '배달' 단어 지적함 |
| | SGD | 우체부 | |
| | SGD | 이 사람은 | 교사의 "이 사람은 누구지?"라는 질문에 SGD와 사진을 함께 사용하여 "이 사람은(SGD) ----(사진 지적)"이라고 표현함 |
| 3/4 | SGD | 가져가다 | 또래에게 인형을 가지고 가면서 '가져가다' 지적함 |
| | SGD | 가다 | |
| | 눈 응시 | 걷다 | 교사가 왼손을 보이며 "걷다"라고 말하고, 오른손을 보이며 "안에서 쉬다"라고 말하며 상대자 지원스캐닝을 사용하여 "어느 것을 선택할 거니?"라고 물으니 교사의 왼손을 바라봄 |
| 3/5 | SGD | 빵 | |
| | SGD | 닭 | |
| | SGD | 책 | |
| | 눈 응시 | 비디오 | "비디오 보고 싶다."를 표현하기 위해 TV 모니터를 계속 응시함 |
| | 발성 유사한 것 | 다시 | |
| | 제스처 | 밀다 | "밀가루 반죽을 밀고 싶다."를 표현하기 위해 양팔을 벌림 |
| | 제스처 | 더 | "더 하고 싶다."를 표현하기 위해 몸을 신전시킴 |
| | 눈 응시 | 다 했어요 | 교사가 왼손을 보이며 "다 했어요."라고 말하고, 오른손을 보이며 "더 하고 싶어요."라고 말한 뒤 선택하도록 하자 오른손을 바라봄 |
| | SGD | 생일 | |

어휘 샘플 기록 절차는 다음과 같다.

1. 관찰하기로 정한 AAC 사용 학생과 의사소통 상대자의 자연스러운 상호작용을 관찰한다.
2. 여러 환경에서 친숙한 의사소통 상대자와 면담을 통해 어휘를 수집한다.
3. AAC 사용 학생이 주로 보이는 의사소통 기능을 판별한다.
4. AAC 사용 학생이 현재 표현한 의사소통 기능을 기록한다.
5. 향후 관찰과 면담을 위해 마지막 칸을 이용하거나 수행해야 할 것이 무엇인지 기록한다.
6. 로우테크, 하이테크 도구의 사용을 비교하여 중재 계획을 세우고, 시간에 따른 변화를 기록한다.

### (2) 현재 의사소통 행동 목록

AAC 사용자의 현재 의사소통 행동과 그 행동을 표현하는 양식을 간단하게 관찰하여 기록하는 양식으로 Helling(2011)이 제안한 양식을 소개하면 〈표 4-11〉과 같다. 이 양식은 의사소통 기능만으로 행동을 분류하지 않고, 의사소통 상호작용도 함께 관찰하여 분석하는 특징이 있다. [부록 4]에 양식을 제시하였다.

〈표 4-11〉 현재 의사소통 행동 목록

**현재 의사소통 행동 목록(Inventory of current communication behavior)**

이름: ____________　　　관찰자: ____________

| 의사소통 행동 | +/- | 의사소통 양식 |
|---|---|---|
| 항목 요구하기 | | |
| 도움 요구하기 | | |
| 기본적인 욕구 의사소통 | | |
| 활동 지속하기 | | |
| 활동 멈추기 | | |
| 활동 주도하기 | | |
| 감정 표현하기 | | |
| 선호도 표현하기 | | |
| 선택하기 | | |
| 사건이나 사물 묘사하기 | | |
| 지식 전달하기 | | |
| 의사소통 상호작용 시작하기 | | |
| 의사소통 상호작용 유지하기 | | |
| 의사소통 상호작용 끝내기 | | |

메모 ____________

### (3) 생태학적 목록 검사

생태학적 목록 검사는 특정 환경에서 장애 학생과 비장애 학생의 행동을 분석하도록 고안된 것으로 특정 활동에서 요구되는 특별한 기술을 판별할 수 있다. 특정 활동에서 성공적으로 활동하는 비장애 학생이 수행하는 단계를 먼저 기술한다. 이 단계는 우리가 흔히 말하는 과제분석(task analysis)을 의미하는 것이며 여기에는 의사소통 행동을 비롯하여 다양한 기술이 포함될 수 있다(Sigafoos & York, 1991).

생태학적 목록 검사는 주어진 활동에서 기대되는 목표 행동에 대한 정보뿐만 아니라 그 환경에서 목표 행동을 촉진하기 위한 자연스러운 단서에 대한 정보도 제공한다. 자연스러운 단서는 바람직한 반응을 이끌어 내기 위해 제공되는 모든 것을 의미하며 내적 단서와 외적 단서로 구분할 수 있다. 내적 단서는 배고픈 느낌, 방광이 꽉 찬 느낌, 뭔가 말하고 싶은 느낌 같은 것이며, 외적 단서에는 줄을 서라는 교사의 지시, 상자 안에 넣으라는 교사의 지시, 정해진 식탁에서 음식을 먹는 친구들 등이 포함된다(Downing, 2003).

생태학적 분석을 하는 주요 목적은 AAC 사용 학생을 위한 다양한 사회적, 물리적 환경에 대한 전체적인 상황을 파악하는 것이다. 그러므로 학생에게 중요하면서도 전형적으로 이루어지는 4~5가지 특정 환경에서 필요로 하는 의사소통 요구, 학생의 강점과 제한점, 다양한 환경적 요구 등에 대한 정보를 수집하는 것이 적절하다. 이러한 환경에서 어느 정도 시간 동안 관찰하고 정보를 얻어야 하는지 규정이 있는 것은 아니지만 다른 사람과 상호작용하는 것을 포함하여 한 활동당 최소 10~15분 정도 관찰이 권고된다(Soto & Zangari, 2009).

생태학적 분석과 관련하여 사용할 수 있는 관찰 양식으로 Sigafoos와 York(1991)가 제시한 우선순위 중재 목표 결정을 위한 생태학적 목록 검사 양식과 Soto(2011)가 제안한 활동 기반 의사소통 목록 검사 양식을 소개한다.

#### ① 우선순위 중재 목표 결정을 위한 생태학적 목록 검사

우선순위 중재 목표 결정을 위한 생태학적 목록 검사를 〈표 4-12〉에 제시하였다. 이 생태학적 목록 검사 양식은 의사소통 표현을 위한 양식이 아니라 일반적인 과제분석 양식을 제시한 것이다. 이 예시를 활용하고 더 확장하여 각 활동 단계에서 학생이 표현해야 할 어휘를 조사하는 방법으로 사용할 수 있다.

〈표 4-12〉 우선순위 중재 목표 결정을 위한 생태학적 목록 검사 예시

**우선순위 중재 목표 결정을 위한 생태학적 목록 검사**

영역: 가정　　환경: 집　　하위 환경: 부엌

| 활동 | 기술 | 독립적 수행 단계 | 구어 촉구 단계 | 제스처/모델 촉구 단계 | 신체적 촉구 후 완성 | 수행할 수 없음 | 기타 |
|---|---|---|---|---|---|---|---|
| 점심 메뉴 선택 | 1. 상대자에게 가까이 가기 | | | | + | | |
| | 2. 선호하는 메뉴 요구하기 | | | | + | | |
| 땅콩 버터 샌드위치 만들기 | 1. 재료 모으기 | | | | | + | |
| | 2. 편평한 바닥에 올려놓은 가방에서 빵 조각 두 개 꺼내기 | | | | + | | |
| | 3. 땅콩버터 병 열기 | | | | + | | |
| | 4. 나이프 사용하여 땅콩 버터 두 번 뜨기 | | | | + | | |
| | 5. 빵 한 조각에 땅콩 버터 펴 바르기 | | | + | | | |
| | 6. 다른 빵 조각에 땅콩 버터 펴 바르기 | | | + | | | |
| | 7. 땅콩 버터 병 닫기 | | | | + | | |
| | 8. 빵 가방 닫기 | | | | | + | |
| | 9. 버터 병과 빵 가방 제자리에 놓기 | | | | + | | |
| | 10. 나이프 닦고 제자리에 넣기 | | | | + | | |
| 점심 먹기 | 1. 접시에 샌드위치 놓기 | | | + | | | |
| | 2. 접시를 테이블에 가져오기 | | | + | | | |
| | 3. 테이블에 앉기 | + | | | | | |
| | 4. 샌드위치 먹기 | + | | | | | |
| | 5. 접시를 싱크대에 갖다 두기 | | + | | | | |
| | 6. 접시 씻기 | | + | | | | |

### ② 활동 기반 의사소통 목록

활동 기반 의사소통 목록(Activity-Based Communication Inventory) 관찰은 다음과 같은 순서로 이루어진다(Soto, 2011).

1. AAC 사용 학생과 의사소통 상대자의 활동을 결정한다.
2. 활동의 단계를 판별한다.
3. 결정된 활동의 각 단계를 관찰한다.
    - AAC 사용 학생의 반응 양식(예: 무반응, 제스처, 손짓기호 등)
    - 의사소통 기능(예: 요구하기, 반응하기 등)
    - 사용된 어휘
    - 필요하지만 사용되지 않거나 활용되고 있지 않은 어휘
    - 효과적인 단서 전략을 제공하기 위한 교수 설계 정보
    - 단서를 제공한 것에 대해 효과적인 결과를 얻기 위한 교수 설계 정보

〈표 4-13〉은 저자가 미국의 한 특수학교 작문 수업 시간에 교사와 학생들의 활동을 관찰하고 활동을 단계로 나누어 기록한 활동 기반 의사소통 목록 조사의 예시이고, 활동 기반 의사소통 목록 조사 양식을 [부록 5]에 제시하였다.

〈표 4-13〉 활동 기반 의사소통 목록 조사 예시

이름: ○○ 상대자: 학급 친구들

날짜/시간: 3/22, 11:00~11:30AM 활동: 작문 시간

활동 기반 의사소통 목록

| 단계 | 반응 양식 (적절한 모든 것 체크) | 의사소통 기능 | 어휘 | | 교수 설계 정보 | |
|---|---|---|---|---|---|---|
| | | | 사용 | 필요 | 단서 | 결과 |
| 교사가 "오늘의 주제는 자서전이에요. 자서전에 대해 들어 본 적 있나요?"라는 질문에 학생들이 코멘트하거나 반응하기 | 무반응 구어<br>제스처 발성<br>수어 그래픽<br>가까이 접근<br>기타: | 반응 | 예 (예/아니요 상징) | 없음 | 선택권 | 눈응시나 제스처로 '예/아니요' 상징을 바라보거나 지적함 |

| 단계 | 반응 양식<br>(적절한 모든 것 체크) | 의사소통 기능 | 어휘 | | 교수 설계 정보 | |
|---|---|---|---|---|---|---|
| | | | 사용 | 필요 | 단서 | 결과 |
| 교사가 "우리는 자서전을 쓸 때 내 이름은 ~, 내 엄마는 ~, 내 나이는 ~이라고 시작할 수 있어요."라고 말하면서 칠판에 쓰고 강조해 주는 것을 주의를 집중하여 듣기 | 무반응 구어<br>제스처 발성<br>수어 그래픽<br>가까이 접근<br>기타: 예시 바라보기 | 공동 관심 | 없음 | 없음 | 실제 예시 보여 주기 | 예시를 바라보고, 교사와 또래에게 주의 집중함 |
| 교사가 교사들과 학생들의 사진을 보여 주면서 "우리, 누구를 위해 자서전을 써 볼까요?"라고 질문하고 학생들이 코멘트하거나 반응하기 | 무반응 구어<br>제스처 발성<br>수어 그래픽<br>가까이 접근<br>기타: 사진 바라보기 | 반응 | 사진에 있는 교사의 이름 | 없음 | 신체적 언어적 | 제스처나 눈 응시로 여러 사진 중 한 교사의 사진을 지적하거나 선택함 |
| 교사가 '이름', '나이', '친구와 가족', '내가 좋아하는 것', '나에게 재미있는 것'이 쓰인 예상 카드를 보여 주며 "이 예상 카드들 중에서 어느 것에 대해 우리 써 볼까요?"라고 묻고 학생들이 코멘트하거나 반응하기 | 무반응 구어<br>제스처 발성<br>수어 그래픽<br>가까이 접근<br>기타: 스캐닝 | 반응 | 가족 | 이름, 나이, 친구, 가족, 좋아하다, 재미있는 것 | 신체적 언어적 | 제스처나 눈 응시 또는 스캐닝을 이용한 SGD를 통해 예상 카드에서 한 단어를 지적함/선택함 |
| 또 다른 학생에게 화제를 선택하도록 요구하고, 그 학생이 '이름'이라는 예상 카드를 선택하자 교사가 "내 이름은 ~이에요."로 시작하는 문장을 쓰고, 모든 학생은 그 문장을 보면서 "내 이름은 ~이에요."라고 큰 소리로 말하기 | 무반응 구어<br>제스처 발성<br>수어 그래픽(사진)<br>가까이 접근<br>기타: | 객관적 언급, 반응, 공동 관심 | 없음 | 내 이름은 교사/친구 이름 | 신체적 언어적 | SGD에 미리 저장된 '내 이름은' 구를 스캐닝을 통해 지적한 후 그 이름을 의미하는 사진을 지적함/선택함 |

| 단계 | 반응 양식<br>(적절한 모든 것 체크) | 의사소통<br>기능 | 어휘 | | 교수 설계 정보 | |
|---|---|---|---|---|---|---|
| | | | 사용 | 필요 | 단서 | 결과 |
| 또 다른 학생에게 화제를 선택하도록 요구하고 그 학생이 '나이'라는 예상 카드를 선택하자 교사가 "내 나이는 ~살이에요."로 시작하는 문장을 쓰고, 모든 학생은 그 문장을 보면서 "내 나이는 ~살이에요."라고 읽기 | 무반응 구어<br>제스처 발성<br>수어 그래픽<br>가까이 접근<br>기타: 스캐닝 | 객관적<br>언급,<br>반응,<br>공동<br>관심 | 숫자 | 내 나이는<br>나이 | 신체적<br>언어적 | SGD에 미리 저장된 '내 나이는' 구를 스캐닝을 통해 지적한 후 SGD나 숫자판에서 숫자 지적함/선택함 |
| 학생 1에게 화제를 선택하도록 요구하고, 그 학생이 '친구와 가족'을 선택하자 교사는 "내 아빠는 연구원이고 알래스카에 살아요."라는 시작 문장을 쓰고, 모든 학생은 그 문장을 보면서 "내 아빠는 ~"이라고 읽음 | 무반응 구어<br>제스처 발성<br>수어 그래픽<br>가까이 접근<br>기타: | 객관적<br>언급,<br>반응,<br>공동<br>관심 | 친구<br>아빠 | 내 아빠는<br>연구원<br>살다<br>알래스카 | 신체적<br>언어적<br>교사 지원 | SGD에 미리 저장된 '내 아빠는' 구를 스캐닝을 통해 지적한 후 SGD/의사소통판에서 직업을 나타내는 상징을 지적함/선택함 |

### ③ 활동 참여 목록

활동 참여 목록(Activity-Participation Inventory) 관찰은 통합학급에서 일반 또래들과 AAC 사용 학생과의 상호작용을 관찰하고 참여 수준과 참여 장벽의 형태를 조사하는 것이다. 이 목록은 Beukelman과 Mirenda(2005, 2013)의 참여모델 진단을 반영하면서 AAC 사용 학생이 또래들과의 활동에 참여하는 수준을 조사하는 것이다. 활동 참여 목록 조사는 다음과 같은 순서로 이루어진다(Soto, 2011).

1. AAC 사용 학생과 같은 연령의 또래가 참여하는 활동을 결정한다.
2. 활동의 단계를 목록화한다.
3. 또래를 관찰하고 또래의 참여 수준(독립적, 언어 촉구 등) 정도를 관찰한다.
4. AAC 사용 학생을 관찰하고 AAC 사용 학생의 참여 수준(독립적, 언어 촉구 등) 정도를 관찰한다.

⑤ 또래와 AAC 사용 학생의 참여 간에 어떤 차이가 있는지 판별한다.

⑥ AAC 사용 학생이 활동에 참여하는 것을 방해하는 장벽이 무엇인지 판별한다.

저자가 미국의 한 일반 초등학교 1학년 반의 캘린더 말하기 활동에서 AAC 사용 학생과 일반 또래들의 활동을 관찰하고 작성한 활동 참여 목록 조사의 예시 일부를 〈표 4-14〉에 제시하였고, 사용할 수 있는 양식을 [부록 6]에 제시하였다. 이 목록 조사를 통해 또래들과의 상호작용에서 참여 수준에 차이가 있는지 그리고 참여의 어려움이 또래의 측면에서 발생하는지 그렇지 않으면 AAC 학생 측면에서 발생하는지 알아볼 수 있다. 또한, 기회 장벽과 접근 장벽의 판별을 통해 어떠한 측면에서 AAC 중재를 계획해야 할지에 대해 정보를 얻을 수 있다.

〈표 4-14〉 활동 참여 목록 조사 예시

**활동 참여 목록(Activity Participation Inventory)**

학생 이름: ○○ 상대자: 학급 친구들

날짜/시간: 3/26, 8:30~9:00AM 활동: 캘린더 수업

| 활동 | | 참여 수준 | | | | | | 차이 | | 기회 장벽 | | | | 접근 장벽 | | | |
|---|---|---|---|---|---|---|---|---|---|---|---|---|---|---|---|---|---|
| | | 독립적 수행 | 언어적 촉진 | 모델링 | 제스처 촉진 | 신체적 도움 | 참여 없음 | 예 | 아니요 | 정책 | 실제 | 태도 | 기술 | 메시지 선택 | 어휘 | 상징 | 기타 |
| **Step 1**<br>교사가 "오늘 캘린더 수업은 옆 짝에게 어제 무슨 요일이었는지 물어보는 것으로 시작할 거예요. 자, 시작해 볼까요?"라고 말한다. | 또래 | ✓ | | | | | | | ✓ | | | | | | | | |
| | AAC 사용자 | | | | | ✓ | | ✓ | | | | | ✓ | ✓ | ✓ | | |
| **Step 2**<br>학생들이 서로 질문자와 응답자의 역할에 따라 묻고 대답한다. "어제 무슨 요일이었어?", "어제 수요일이었어." | 또래 | ✓ | | | | | | | ✓ | | | | | | | | |
| | AAC 사용자 | | | | | ✓ | | ✓ | | | | | ✓ | ✓ | ✓ | | |

| 활동 | | 참여 수준 | | | | | | 차이 | | 기회 장벽 | | | | 접근 장벽 | | | |
|---|---|---|---|---|---|---|---|---|---|---|---|---|---|---|---|---|---|
| | | 독립적 수행 | 언어적 촉진 | 모델링 | 제스처 촉진 | 신체적 도움 | 참여 없음 | 예 | 아니요 | 정책 | 실제 | 태도 | 기술 | 메시지 선택 | 어휘 | 상징 | 기타 |
| **Step 3** 교사가 "여러분 어제 무슨 요일이었나요?"라고 질문하자 학생들이 "수요일"이라고 대답한다. | 또래 | ✓ | | | | | | | ✓ | | | | | | | | |
| | AAC 사용자 | | ✓ | | ✓ | ✓ | | ✓ | | ✓ | | | ✓ | ✓ | | | |
| **Step 4** 교사가 "짝에게 오늘은 무슨 요일인지 알려줄 수 있을까요?"라고 묻고 학생들은 "좋아요."라고 대답한다. | 또래 | ✓ | | | | | | | | ✓ | | | | | | | |
| | AAC 사용자 | | | | | | | | | ✓ | | | | | | | |
| **Step 5** 학생들은 각각 질문자와 응답자로서 자신의 역할에 맞게 서로 "오늘은 무슨 요일이야?", "오늘은 목요일이야."라고 묻고 답한다. | 또래 | ✓ | | | | | | | | ✓ | | | | | | | |
| | AAC 사용자 | | ✓ | | | ✓ | ✓ | | ✓ | | | | | | ✓ | | |
| **Step 6** 교사가 "여러분 오늘은 무슨 요일인가요?"라고 질문하자 학생들은 "목요일"이라고 답한다. | 또래 | ✓ | | | | | | | | | | | | | | | |
| | AAC 사용자 | | ✓ | | ✓ | ✓ | | | | | | | ✓ | ✓ | ✓ | | |

## 4 초보 의사소통자에 대한 보완대체의사소통 사정

구어를 전혀 사용하지 않거나 최소한의 구어만 사용하는 비상징적 의사소통 단계의 복합의사소통장애 학생을 사정하는 방법을 찾기가 쉽지 않다. 일반적으로 사용되는 표준화된 진단 평가도구로는 비상징적 의사소통 단계에 있는 학생의 지능이나 의사소통과 언어능력 정도를 진단하기가 어렵다. 따라서 앞에서 제시한 여러 가지 관찰 방법 이외에 최근 비상징적 의사소통 단계의 복합의사소통장애 학생을 진단하는 방법으로 커뮤니케이션 매트릭스(Communication Matrix)(Rowland, 2004)가 추천된다.

### 1) 커뮤니케이션 매트릭스의 특징

의사소통 기술은 감각, 운동, 인지 및 사회적 능력의 영향을 받는다. 이러한 발달 기술 영역의 장애는 의사소통 발달을 방해할 수 있다. 그런데 많은 연구자(Brady, Marquis, Fleming, & McLean, 2004; Calandrella & Wilcox, 2000; Drew, Baird, Taylor, Milne, & Charman, 2007; Mundy, Kasari, Sigman, & Ruskin, 1995)가 장애 아동들이 사용하는 몸짓 의사소통과 표현언어의 발달 사이에 강한 관계가 있음을 입증함으로써 기능적인 언어를 산출하기 이전의 다양한 의사소통 행동에 대해 사정할 필요가 있음을 제시하였다.

기능적인 언어를 표현하지 못하고 몸짓이나 행동으로 표현하는 사람에 대해 무발화 또는 비구어(nonverbal)라고 포괄적으로 묶어 버리는 것은 한 개인이 자신을 표현할 수 있는 여러 가지 수단을 무시하는 것이다. Rowland(2004)는 이러한 관점에서 구어의 유무에 바탕을 둔 이분법적인 분류를 벗어나 구어를 표현하지 못하는 개인의 의사소통 단계를 이해하고 그에 적합한 표현 전략을 발달시킬 수 있도록 하기 위해 사회 속에서 의사소통의 기능적 사용을 강조하는 초기 의사소통 능력을 평가하는 도구로 커뮤니케이션 매트릭스를 개발하였다.

커뮤니케이션 매트릭스는 웹사이트(https://communicationmatrix.org/)에서 무료로 이용이 가능하며, 초기 의사소통 단계에 있는 모든 연령의 사람에게 적용할 수 있다. 커뮤니케이션 매트릭스에서 평가하는 내용은 전형적인 발달 아동의 경우 0~24개월 동안 나타나는 의사소통 기술들이다. 이 사정 도구는 중도중복장애를 포함하여 어떠한 형태의 장애를 가지고 있든 적용할 수 있다. 그러나 어느 정도의 언어 형식을 사용하고, 의미 있고 유창하게 의사소통하는 사람들에게는 적합하지 않다. 커뮤니케이션 매트릭스는 전상징적 의사소통 양식을 포함한 모든 종류의 AAC 양식을 이용하는 모든 형태의 의사소통 행동을 인정한다.

## 2) 커뮤니케이션 매트릭스의 설계

### (1) 의사소통의 이유

커뮤니케이션 매트릭스에서는 아이들이 의사소통하는 이유를 네 가지로 분류한다. 첫째, 원하지 않는 것을 거부하는 것이다. 둘째, 원하는 것의 획득이다. 셋째, 사회적 상호작용에 참여하는 것이다. 넷째, 정보를 제공하거나 찾는 것이다. 〈표 4-15〉에 네 가지 의사소통 이유로 사람들과 의사소통하는 메시지에 대해 더 세분화하여 제시하였다. 이것은 커뮤니케이션 매트릭스를 사용할 때 답해야 하는 질문 사항들이기도 하다.

〈표 4-15〉 커뮤니케이션 매트릭스에서 제시하는 의사소통 이유

| 거부 | 획득 | 사회적 | 정보 |
|---|---|---|---|
| • 불편함 표현하기 | • 편안함 표현하기 | • 다른 사람에 대해 관심 표현하기 | • 예/아니요로 질문에 답하기 |
| • 항의하기 | • 활동 반복하기 | • 관심을 유도하기 | • 질문하기 |
| • 무엇인가를 거부하거나 거절하기 | • 무엇인가를 더 많이 얻기 | • 관심을 요구하기 | • 물건이나 사람 이름 명명하기 |
| | • 행동을 추가로 요구하기 | • 애정 표현하기 | • 의견을 표현하기 |
| | • 새로운 행동 요구하기 | • 사람들에게 반가움 표현하기 | |
| | • 사물을 추가로 요구하기 | • 물건을 주거나 공유하기 | |
| | • 선택하기 | • 관심을 다른 데 돌리려고 유도하기 | |
| | • 새로운 사물 요구하기 | • 사회에서 통용되는 예법 사용하기 | |
| | • 눈에 보이지 않는 사물 요구하기 | | |

### (2) 의사소통의 7단계

커뮤니케이션 매트릭스는 의사소통 행동의 수준을 7단계로 분류하였다. 1단계와 2단계는 전의도적 행동과 의도적 행동으로 분류되고, 본격적으로 3단계부터 의도적 의사소통이 시작된다. 5단계부터는 상징적 의사소통이 시작된다. 〈표 4-16〉에 Rowland(2004)를 참조하여 의사소통의 단계를 제시하였다.

〈표 4-16〉 의사소통의 7단계

| 단계 | | 의미 |
|---|---|---|
| Ⅰ | 전의도적 (비의도적) 행동 | • 아동의 행동이 자신의 통제 아래 있지 않지만 그것이 아동의 일반적인 상태(배고픔, 기저귀 젖음, 잠과 같은)를 반영함<br>• 부모는 아동의 신체 움직임, 얼굴 표정, 발성, 눈응시와 같은 행동으로 아동의 요구와 원하는 것을 계속 해석해야 함 |
| Ⅱ | 의도적 행동 | • 아동의 행동이 현재 의도적이기는 하나 "내가 이것을 한다면 엄마, 아빠가 나에게 잘 해 줄 거야."를 이해하지 못함. 즉, 의도적 의사소통을 아직 하지 못함<br>• 부모는 아동의 신체 움직임, 얼굴 표정, 발성, 눈응시와 같은 아동의 행동으로부터 아동의 요구와 바람을 지속적으로 해석해야 함 |
| Ⅲ | 비관습적 의사소통 | • 아동은 자신의 요구와 바람을 표현하기 위해 전상징적 행동을 의도적으로 사용함<br>• 의사소통하기 위해 사용되는 행동들은 어떠한 일종의 상징도 포함하고 있지 않기 때문에 전상징적임<br>• 사람들이 더 나이 들어서 사용하는 사회적으로 용인되는 행동이 아닌 신체 움직임, 발성, 얼굴 표정, 간단한 제스처(사람을 잡아당기는 행동 같은)를 사용하므로 '비관습적' 행동임 |
| Ⅳ | 관습적 의사소통 | • 다른 사람에게 자신의 요구와 바람을 표현하기 위해 전상징적 행동을 의도적으로 사용함<br>• 의사소통하기 위해 사용되는 행동들은 어떠한 일종의 상징도 포함하고 있지 않기 때문에 전상징적임<br>• "예"를 표현하기 위해 고개를 끄덕이기, 손으로 지적하기와 같은 사회적으로 용인된 행동을 포함하므로 '관습적' 행동임<br>• 이러한 행동들의 의미는 그것이 사용되는 특정 문화에서 결정되는 것이며 성인이 되어서도 언어와 함께 관습적 제스처를 사용함<br>• 사람과 의사소통 화제를 동시에 바라보며 행동하는 '쌍방향 정위(dual orientation)'를 보임. 쌍방향 정위는 무엇인가를 지적하면서 동시에 사람을 보는 것과 같이 제스처의 조합을 통해 이루어짐. 시각 손상이 있는 경우 이러한 행동을 발달시키지 못할 수 있음 |
| Ⅴ | 구체적 상징 | • 이 단계의 아동은 '자연스러운' 또는 '묘사적인' 제스처('나', '앉아', '이리 와' 같은 제스처), 행동이나 사물을 팬터마임으로 나타내는 것 또는 유형 상징(상징으로 사용되는 그림이나 사물)과 같은 구체적 상징을 사용할 수 있음<br>• 구체적 상징은 두 가지 방식으로 환경적 실체와 관련됨<br>- 특정 참조물과 일대일 관계<br>- 특정 참조물에 명확한 지각적 관계를 내포함. 즉, 모양, 소리, 접촉, 움직임과 물리적으로 닮은 것<br>• 심한 지체장애가 있는 아동은 스위치나 다른 공학적 도구를 사용하거나, 지적하기, 터치하기, 눈응시 등을 통해 유형 상징에 접근함<br>• 대부분의 아동은 발달상 이 단계가 뚜렷하게 구분되어 있다기보다 4단계, 6단계 행동과 산재해서 나타남 |

| 단계 | | 의미 |
|---|---|---|
| V | 구체적 상징 | • 구체적 상징을 유일한 의미 있는 상징으로 사용하는 중증 장애 아동의 경우 5단계가 뚜렷하게 구분되고 중요한 단계로 나타남<br>• 추상적 상징을 습득하는 데 어려움이 있는 경도 장애 아동의 경우 전환기 단계로 나타남 |
| VI | 추상적 상징 | • 이 단계의 아동은 추상적 상징을 통해 환경적 실체를 표현할 수 있음. 추상적 상징에는 구어, 수어, 점자, 글자, 추상적 그래픽 상징, 3차원적 추상적 상징이 포함됨<br>• 이러한 상징들은 참조물과 지각적으로 전혀 닮지 않은 순전히 추상적 관계를 가짐<br>• 이 단계에서 아동은 한 번에 한 개의 추상적 상징만 사용함<br>• 심한 지체장애가 있는 아동은 스위치나 다른 공학적 도구 또는 지적하기, 터치하기, 눈응시 등과 같은 것을 통해 상징에 접근함 |
| VII | 언어 | • 이 단계의 아동은 문법규칙에 따라 2~3개 상징을 조합하여 사용함<br>• 상징의 순서에 따라 말의 의미가 달라짐<br>• 심한 지체장애가 있는 아동은 스위치나 다른 공학적 도구 또는 지적하기, 터치하기, 눈응시 등과 같은 것을 통해 상징에 접근함 |

### (3) 커뮤니케이션 매트릭스 평가 예시

커뮤니케이션 매트릭스의 각 의사소통 단계에서 보여야 하는 세부 행동들을 보이는지 평가하면 [그림 4-7]의 예시와 같이 평가 대상의 의사소통 발달 단계가 어느 정도에 있는지 한눈에 알 수 있는 커뮤니케이션 매트릭스 프로파일을 얻게 된다. [그림 4-7]에 제시된 예시의 학생은 퇴행성 질환을 가지고 있는 중학생이다. 학생은 현재 다른 사람에 대한 관심 표현이 전혀 없으며, 비의도적 행동과 의도적 행동은 거의 숙달된 상태이나 비관습적 의사소통 단계인 3단계에서 행동을 추가로 요구하거나, 선택하기, 새로운 사물을 요구하기의 행동은 나타나지 않는다. 또한, 4단계인 관습적 의사소통 단계에서 사물을 추가로 요구하거나 새로운 사물을 요구하는 행동이 최근에 사용되기 시작한 것임을 알 수 있다.

### (4) 의사소통 단계와 중재 목표

커뮤니케이션 매트릭스의 평가를 통해 교사는 평가 대상 학생의 즉각적인 의사소통 지도 목표와 장기적인 계획을 세울 수 있다. 교사는 학생이 현재 수준의 의사소통 능력에서 다음 단계의 수준으로 나아갈 수 있도록 해 주어야 한다.

먼저, 교사는 현재 학생이 나타내는 의사소통 단계에서 학생의 어떤 능력을 증진시키는 데 중점을 둘 것인지, 또는 다음의 어느 단계를 목표로 중재를 시작할지 결정한다. 다음으로 교사는 목표로 하는 특정 의사소통 행동을 결정한다. 이 결정은 학생의 운동능력, 소근육 능력, 발성 능력뿐만 아니라 특정 행동의 표현을 불가능하게 하는 감각적 제한점을 고려하여 이루어져

| 단계 | | | | | | | | | | | | | | | | | |
|---|---|---|---|---|---|---|---|---|---|---|---|---|---|---|---|---|---|
| 단계 1 비의도적 행동 | A1 불편함 표현 | A2 편안함 표현 | | | | | | A3 다른 사람에 대한 관심 표현 | | | | | | | | | |
| 단계 2 의도적 행동 | B1 항의 | B2 특정 행동 반복 | | B3 어떤 것을 추가로 획득 | | | | B4 관심 유도 | | | | | | | | | |
| 단계 3 비관습적 의사소통 | C1 거부, 거절 | C2 행동을 추가로 요구 | C3 새로운 행동을 요구 | C4 사물을 추가로 요구 | C5 선택 | C6 새로운 사물을 요구 | | C8 관심을 요구 | C9 애정 표현 | | | | | | | | |
| 단계 4 관습적 의사소통 | C1 거부, 거절 | C2 행동을 추가로 요구 | C3 새로운 행동을 요구 | C4 사물을 추가로 요구 | C5 선택 | C6 새로운 사물을 요구 | | C8 관심을 요구 | C9 애정 표현 | C10 사람들에게 반가움 표현 | C11 어떤 것을 주거나 나눠 줌 | C12 관심을 다른 데 돌리려고 유도 | C13 사회에서 통용되는 어법을 사용 | C14 '예' 또는 '아니요' 로 질문에 대답 | C15 궁금한 사항에 대해 질문 | | |
| 단계 5 구체적 상징 | C1 거부, 거절 | C2 행동을 추가로 요구 | C3 새로운 행동을 요구 | C4 사물을 추가로 요구 | C5 선택 | C6 새로운 사물을 요구 | C7 없는 사물을 요구 | C8 관심을 요구 | C9 애정 표현 | C10 사람들에게 반가움 표현 | C11 어떤 것을 주거나 나눠 줌 | C12 관심을 다른 데 돌리려고 유도 | C13 사회에서 통용되는 어법을 사용 | C14 '예' 또는 '아니요' 로 질문에 대답 | C15 궁금한 사항에 대해 질문 | C16 사물/사람에게 명명 | C17 의견을 표함 |
| 단계 6 추상적 상징 | C1 거부, 거절 | C2 행동을 추가로 요구 | C3 새로운 행동을 요구 | C4 사물을 추가로 요구 | C5 선택 | C6 새로운 사물을 요구 | C7 없는 사물을 요구 | C8 관심을 요구 | C9 애정 표현 | C10 사람들에게 반가움 표현 | C11 어떤 것을 주거나 나눠 줌 | C12 관심을 다른 데 돌리려고 유도 | C13 사회에서 통용되는 어법을 사용 | C14 '예' 또는 '아니요' 로 질문에 대답 | C15 궁금한 사항에 대해 질문 | C16 사물/사람에게 명명 | C17 의견을 표함 |
| 단계 7 언어 | C1 거부, 거절 | C2 행동을 추가로 요구 | C3 새로운 행동을 요구 | C4 사물을 추가로 요구 | C5 선택 | C6 새로운 사물을 요구 | C7 없는 사물을 요구 | C8 관심을 요구 | C9 애정 표현 | C10 사람들에게 반가움 표현 | C11 어떤 것을 주거나 나눠 줌 | C12 관심을 다른 데 돌리려고 유도 | C13 사회에서 통용되는 어법을 사용 | C14 '예' 또는 '아니요' 로 질문에 대답 | C15 궁금한 사항에 대해 질문 | C16 사물/사람에게 명명 | C17 의견을 표함 |
| | 거부 | 획득 | | | | | | 사회적 | | | | | | 정보 | | | |

미사용
최근에 사용하기 사용
숙달
이미 경과

**[그림 4-7]** 커뮤니케이션 매트릭스 프로파일 예시

출처: 최다영(2019).

야 한다. 아울러 교사는 학생이 특정 상징의 형태를 이해하지 못할지도 모르는 인지적 제한점도 고려하여야 한다. 마지막으로 교사는 목표로 하는 정확한 메시지(상태, 기능 또는 의도)를 결정해야 한다. 프로파일을 보며 어디에서 학생의 표현 능력에 차이가 있는지 고려하고 학생이 반드시 표현할 수 있어야 하는 새로운 메시지를 목표로 결정해야 한다.

〈표 4-17〉에 각 의사소통 단계별 중재 목표를 Rowland(2004, 2011)를 참고하여 제시하였다.

〈표 4-17〉 커뮤니케이션 매트릭스의 의사소통 단계별 중재 목표

| 단계 | 행동 특징 | 중재 목표 |
|---|---|---|
| Ⅰ. 전의도적<br>(비의도적) 행동 | • 자신의 상태를 표현하는 비의도적 또는 반사적 행동<br>• 그 상태(예: 배고픔, 젖음)는 보호자에 의해 해석됨 | • 매우 반응적인 환경을 조성하여 유목적적인 행동을 확립하도록 하기 |
| Ⅱ. 의도적 행동 | • 행동은 의도적이나 의도를 갖고 의사소통하지는 않음<br>• 보호자가 의도를 추론하기 때문에 행동 기능이 보호자의 행동에 영향을 미침 | • 학생이 자신의 의사소통 목적을 인식하도록 하기 위해 잠재적 의사소통 행동에 반응해 주기 |
| Ⅲ. 비관습적<br>의사소통 | • 보호자의 행동에 영향을 미치려는 의도를 가지고 비관습적 제스처가 사용됨 | • 비관습적 제스처를 관습적 제스처와 목표 상징 사용으로 표현하도록 해 주기 |
| Ⅳ. 관습적<br>의사소통 | • 보호자의 행동에 영향을 미치려는 의도를 가지고 비관습적 제스처가 사용됨<br>• 쌍방향 정위를 보임 | • 상징(구체적 or 추상적)과 참조물 간의 1:1 매칭 관계 지도하기 |
| Ⅴ. 구체적 상징 | • 특정 실체를 표현하기 위해 구체적 상징의 제한된 사용을 보임<br>• 상징과 실체 간 1:1 일치 | • 추상적 상징과 참조물 간의 1:1 매칭 관계 지도하기 |
| Ⅵ. 추상적 상징 | • 실체를 표현하기 위해 추상적 상징의 제한된 사용이 보임<br>• 한 번에 한 개의 상징만 사용함 | • 2~3개 상징을 조합하여 말하도록 지도하기 |
| Ⅶ. 언어 | • 규칙에 맞게 상징체계를 사용함<br>• 구문론적 관습에 따라 2~3개 상징을 순서에 맞게 조합하여 사용함 | • 의미론적, 구문론적 능력 확대하기 |

## 5 언어능력 사정

### 1) 수용언어, 표현언어 사정

AAC 중재에서 언어능력 사정이 중요한 이유는, 먼저 AAC 사용 학생에게 가장 적합한 AAC 도구가 무엇인지 결정하고, 적절한 교육목표를 개발하기 위해서이다. 또한, 언어능력의 사정을 통해 언어 수준을 고려하여 학생과 의사소통하고, 적절한 교수 계획을 할 수 있기 때문이다. 마지막으로, 언어능력 사정을 바탕으로 학생에게 적합한 교수적 실행을 수정하고 지원할 수 있다(Soto & Zangari, 2009).

AAC 체계는 일반적으로 사람들이 말하는 언어 체계와 다르다. 우선 아이콘이나 상징, 사진, 그림, 글자 등의 표상 형식이 다양하고, 그러한 형식으로 어휘를 표현하기 때문에 상징 배열 조직 또한 AAC 체계에서는 매우 중요하다. 따라서 가장 적절한 AAC 체계를 적용하기 위해서는 위 두 가지를 모두 고려해야 한다. 교사들은 어휘가 고정된 형태의 AAC 도구를 원하지 않는다. 학생의 언어발달을 이끌어 내고, 이것을 반영할 수 있도록 변형 가능한 AAC 도구를 원한다. 현재 우리나라에서 개발된 AAC 도구 중에는 자유롭게 상징과 어휘를 변형할 수 있는 도구가 많지 않지만 학생의 언어발달에 따라 어휘의 첨가나 상징 배열에 변화를 주려면 언어능력에 대한 사정이 필요하다. 언어능력은 수용언어와 표현언어 측면 모두 사정하는 것이 중요하다. AAC 사용 학생이 전언어학적 수준에 있다면 제스처, 눈응시, 발성 등 비상징적 양식을 사용하므로 이를 이용해 언어능력을 진단한다. 수용언어와 표현언어 측면에서 사정해야 할 사항(Soto, 2017)을 〈표 4-18〉에 제시하였다.

〈표 4-18〉 언어능력 진단 영역

| 수용언어 | 표현언어 |
|---|---|
| • 한 낱말 단어 어휘 | • 한 낱말 단어 어휘 |
| • 담화에서 사용하는 어휘 | • 빠르게 이름 대기 |
| • 문법적 형태소 | • 정의하기 |
| • 추론 이해 | • 문장 형성 |
| • 비유와 내러티브 언어 | • 담화와 내러티브의 확대 |

## 2) 의미론, 구문론, 내러티브 분석

복합의사소통장애를 지닌 사람의 언어능력을 분석하기 위해 일반적으로 언어장애 분석에서 사용되는 의미론, 구문론, 내러티브 분석 방법을 적용할 수 있다. 의미론, 구문론, 내러티브 분석을 위해서는 언어샘플 수집이 필요하다.

### (1) 의미론 분석

한 낱말 수준의 아동은 표현어휘가 늘어나면서 점차 2~3단어, 3~4단어를 붙여 문장처럼 사용하게 되는데 이렇게 표현하는 문장을 의미론적으로 분석할 때는 의미유형과 의미관계를 사용한다. 김영태(2014)에 의하면 아동의 발화 속에서 의미유형을 분석하는 것은 아동의 전반적인 의미 패턴을 찾기 위해서이다. 의미관계 분석은 각 발화 속에 내포된 개별 의미유형들의 관계를 분석하는 것이다. 아동의 초기 구문은 선천적으로 타고난 구문능력의 표현이라기보다는 인지된 의미관계의 표현으로 보인다. 의미관계는 아동의 환경 속에서 보이는 실체나 사건 속에서의 관계를 아동이 어떻게 지각하고 이해하는지를 반영해 준다(김수미, 한경임, 2022).

개별 의미유형과 의미관계 분석에서 사용하는 의미유형의 정의와 특징을 김영태(2014)를 참고하여 제시하면 〈표 4-19〉와 같다.

의미관계 분석은 두 단어 이상을 조합하여 말하는 아동의 각 발화 속에 내포된 개별 의미유형들의 관계를 분석하는 것이다. 우리나라 2세 아동의 70% 이상이 사용하는 2낱말 의미관계는 대상-행위, 실체-서술, 배경-행위, 배경-서술이며, 2세 아동의 50% 이상이 사용하는 2낱말 의미관계는 행위자-행위, 수식-행위, 경험자-서술로 보고되었다. 2세 아동의 40% 이상이 사용하는 3낱말 의미관계는 실체-배경-서술, 대상-배경-행위, 행위자-대상-행위, 행위자-배경-행위 표현이었다(김영태, 2014).

〈표 4-19〉 개별 의미유형의 정의와 특징

| 문장 요소 | 유형 | 정의와 특징 |
|---|---|---|
| 체언: 문장 속에서 주체나 객체 역할 | 행위자 | • 행동의 수행자 • 주어의 역할을 하는 생물이나 무생물 |
| | 경험자 | • 어떤 경험이나 상태/상황을 겪는 사람이나 의인화된 사물<br>• 주어의 역할 • 행위보다는 서술의 주체 |
| | 소유자 | • 대상을 소유하거나 대상이 소속되어 있는 사람이나 사물<br>• 주어나 목적어 역할 |
| | 공존자 | • 행위자와 함께 행위를 수행하는 사람 또는 상태를 경험하는 사람 |
| | 수혜자 | • 행위의 대상이 되는 사람이나 사물 |
| | 대상 | • 행위의 대상이 되는 사람이나 사물<br>• 목적어 역할 |
| | 실체 | • 행위 없이 명명된 사물이나 소유물, 또는 일부 서술의 대상<br>• 주어, 보어, 상태 서술의 형식적 목적이 될 수 있음 |
| | 인용/창조물 | • 어떤 행동이나 현상에 의해서 만들어진 것<br>• 보어의 역할<br>• 이름, 물리적 상태의 변화 등을 나타냄 |
| 용언: 문장 속에서 행위나 서술 역할 | 행위 | • 행위자에 의해 관찰될 수 있는 움직임이나 활동<br>• 동사의 역할 |
| | 서술 | • 상태 서술: 마음이나 느낌, 상태를 나타내는 동사나 형용사의 역할 |
| | | • 실체 서술: 보어의 역할을 하며 '-이다'를 붙일 수 있는 의미 |
| | | • 부정 서술: 서술어의 역할을 하며 부정이나 부재 등의 뜻을 내포하는 의미 |

<table>
<tr><th>문장 요소</th><th>유형</th><th>정의와 특징</th></tr>
<tr><td rowspan="12">수식언:<br>문장 속에서<br>체언, 용언<br>또는<br>수식언을<br>수식</td><td>체언 수식</td><td>• 사물이나 사람을 지시하거나 그 크기, 모양, 질 등을 내포하는 의미<br>• 관형사의 역할</td></tr>
<tr><td>용언 수식</td><td>• 행위나 서술, 수식(부사)을 수식하는 의미<br>• 부사의 역할(행위 수식, 서술 수식, 부사 수식)</td></tr>
<tr><td rowspan="10">배경</td><td>• 부정: 거부, 거절, 부인, 부재, 중단 등의 의미로 행위나 상태서술에 대한 부정</td></tr>
<tr><td>• 때: 행위나 서술과 관련된 시기를 나타냄</td></tr>
<tr><td>• 장소: 사물이나 사람이 있는 곳</td></tr>
<tr><td>• 도구: 행위자나 경험자가 가지고 특정한 행위나 상태를 보이게 하는 물건의 의미</td></tr>
<tr><td>• 이유: 행위나 서술과 관련된 이유, 의도 또는 원인</td></tr>
<tr><td>• 조건: 행위나 서술과 관련된 조건</td></tr>
<tr><td>• 비교: 체언의 내용 비교</td></tr>
<tr><td>• 재현: 사람, 사물, 사건 등의 반복</td></tr>
<tr><td>• 양보: 행위나 상태를 양보하거나 허락 또는 허용</td></tr>
<tr><td></td></tr>
<tr><td rowspan="9">기능적 구성<br>요소:<br>의미관계<br>형성하지<br>않고<br>독립적인<br>기능</td><td>주의끌기</td><td>• 주의를 끌기 위해 이름이나 다른 표현 사용</td></tr>
<tr><td>되묻기</td><td>• 앞에 말한 것을 되묻는 표현</td></tr>
<tr><td>감탄</td><td>• 감탄할 때 나오는 소리</td></tr>
<tr><td>예/아니요<br>대답</td><td>• 예/아니요 질문에 대하여 대답</td></tr>
<tr><td>강조</td><td>• 본 진술을 강조하는 부분</td></tr>
<tr><td>동반소리</td><td>• 의성어, 의태어의 기능을 가진 소리로 독립적인 부분</td></tr>
<tr><td>인사</td><td>• 자동화된 인사</td></tr>
<tr><td>접속</td><td>• 단문 속의 접속사</td></tr>
<tr><td>자동구</td><td>• 숫자 세기, 철자 외우기, 노래 등 독립적인 의미 없이 외워서 사용하는 상용구</td></tr>
<tr><td>기타</td><td>기타</td><td>• 이상의 유형으로 분류되지 않는 의미들</td></tr>
</table>

만약 복합의사소통장애를 가진 학생이 말이든 AAC 체계든 어느 것을 이용해서도 한 낱말만 사용하고 있다면 의미관계를 넓혀 나가면서 다양한 의미유형을 표현하도록 지도한다. 일반 아동들은 2세, 3세에 이미 2낱말 의미관계를 다양하게 표현하고 점점 3낱말, 4낱말 의미관계의 표현이 많아지는데 복합의사소통장애 학생은 초등학령기와 그 이후에도 한 낱말 표현에 머물러 있거나 이마저도 표현하지 못하는 경우가 많다(김수미, 한경임, 2022). 그러나 한 낱말 표현에 머물러 있거나 아무리 나이가 많아도 두 낱말 이상 조합하여 의미관계를 표현하도록 중재

하면 어휘가 풍부해지고, 보다 복잡한 표현이 가능해지며, 창의적인 조합을 통한 의미관계를 다양하게 표현하는 등 언어능력이 향상될 수 있다. 이때 말로 표현하기 어려운 것을 AAC 체계를 이용하여 지도하는 것이다. Binger, Kent-Walsh, King, Webb과 Buenviaje(2017)는 AAC 체계를 사용하는 5세 유아들이 AAC 중재를 통해 행위자-행위, 대상-행위, 행위자-대상-행위 표현이 가능해졌음을 보고한 바 있다.

의미론적인 특징과 관련하여 복합의사소통장애 학생이 얼마만큼 다양한 낱말을 표현하는지 측정하는 대표적인 방법이 어휘다양도(Type-Token Ratio: 이하 TTR) 분석이다. 어휘다양도란 학생이 사용한 총 낱말 중에서 다른 낱말의 사용 비율이 얼마나 되는가를 산출해 낸 것이다. 그러나 학생의 전체 발화 수가 증가할수록 오히려 어휘다양도가 낮아지는 경향이 있다는 문제점 때문에(김영태, 2014), 어휘를 얼마나 다양하게 사용하고 있는가를 알기 위해서는 전체 낱말 수(Number of Total Words: NTW)와 다른 낱말 수(Number of Different Words: NDW)의 변화를 사용하는 경우가 많다.

복합의사소통장애 학생에게 어휘다양도가 중요한 것은 제한된 어휘지식으로는 추상적인 단어 학습이 어렵고, 단어에 대해 단지 부분적인 이해만을 하게 되어 한 단어를 여러 가지 다양한 상황에 적용하여 사용하지 못하기 때문이다(Shames & Anderson, 2002). 또한, 어휘 부족은 단어 재인 능력에도 영향을 미치므로 대화를 하다가 멈추어 있게 되거나, 명확하게 어떤 사건을 묘사하거나 설명하기도 어렵게 된다(Scott & Windsor, 2000). 어휘를 다양하게 표현하도록 하기 위해서는 단어를 단순히 명명하도록 하는 것이 아니라 대화 속에서 의미관계 표현을 하면서 다양한 낱말을 표현하도록 함께 지도할 필요가 있다. 왜냐하면 이러한 의미론적 능력은 문장이나 문단의 내용 이해와 연결되는 문해력과도 관련이 있기 때문이다. 복합의사소통장애 학생에게 의미관계 지도를 목표로 하고자 하면 일반 아동들이 각 연령대별로 많이 표현하는 의미관계(김영태, 2014)를 고려할 필요가 있다.

### (2) 구문론 분석

복합의사소통장애 학생과 같이 의사소통과 언어에 문제가 있는 학생들은 복잡한 문법적 규칙을 습득하거나 사용하는 데 어려움이 있다. 이러한 구문론적 어려움 때문에 단순한 문장구조만을 사용하다 보니 듣는 상대자로 하여금 미숙하고 어색하게 느껴지게 한다. 구문론적 능력 역시 학교 교육의 기반이 되는 문해력과도 연관된다. Ashcraft(1994)에 의하면 이야기를 읽거나 들으려면 단어와 문장의 의미를 알 수 있어야 할 뿐만 아니라 접속사, 대명사, 동의어를 이용해 문장에서 의도하는 아이디어를 연결할 수 있어야 하고, 이러한 연결을 통해 기억 속에 정보를 저장하고 다시 말할 수 있어야 하기 때문이다.

구문론 분석은 언어의 형식적인 측면을 의미하는 것으로 상대자에게 전달하고자 하는 메시지 내용 자체보다는 그 내용을 어떠한 낱말구조 또는 문장구조 속에 담아서 전달하고 있는가를 분석하는 것이다. 구문론 분석에서는 낱말을 구성하는 형태소 분석이 가능하며, 평균발화길이(Mean Length of Utterance: MLU) 분석이 가능하다. MLU는 평균형태소길이(MLU-m), 평균낱말길이(MLU-w), 평균어절길이(MLU-c) 분석으로 이루어진다. MLU-m은 검사 대상자가 말한 발화에서 각 발화의 형태소 수의 합을 총 발화의 수로 나누어 계산하고, MLU-w는 검사 대상자가 말한 각 발화 낱말 수의 합을 총 발화의 수로 나누어 계산한다. MLU-c는 검사 대상자가 말한 각 발화 어절 수의 합을 총 발화 수로 나누어 계산한다(김영태, 2014).

문법형태소의 발달은 각 언어의 고유한 문법 발달이 시작되는 지표가 된다(이희란, 장유경, 최유리, 이승복, 2008). 문법형태소를 습득하기 시작하면서 비로소 모국어로서 한국어의 고유한 특징들을 습득하는 것이라는 점에서 문법형태소의 습득은 언어습득에서 상당히 중요한 의미를 지닌다. 한국어의 문법형태소 종결어미(-요, -다, -네 등), 조사(-은/는, -이/가, -를 등), 연결어미(-고, -는데, -서 등) 중 18개월에는 종결어미가 다른 두 형태소에 비해 더 나타나기는 하지만 출현율은 매우 미미하다. 아동의 연령이 증가할수록 전체 문법형태소 수가 계속 증가하지만 종결어미, 조사, 연결어미 순으로 점차 많이 나타나는 것을 볼 수 있다.

조사와 관련해서 우리나라 일반 아동은 연령이 증가함에 따라 조사에 대한 이해 능력이 증가하였다. 2, 3세로 나아감에 따라 주격조사 '가, 이'와 구별의 뜻을 더하는 보조조사 '는'에 대한 이해가 활성화되고, 3~4세에 목적격 조사 '를'에 대한 이해가 안정되어 간다. 4~7세에 공존의 뜻을 더하는 '도'에 대한 의미가 습득되어 간다. 격조사 중 주격조사가 목적격조사보다 일찍 습득되고, 보조조사 중 '는'이 '도'보다 더 먼저 습득된다는 것을 알 수 있다. 그리고 주격조사 중에서도 '가'에 대한 반응을 '이'에 대한 반응보다 더 쉽게 하는 경향이 있었다(배소영, 1997).

우리나라 말에서 시제 어미와 관련해서는 과거 시제 어미가 가장 먼저 출현(배소영, 1995)하며, 3~5세 아동 모두 과거 시제 다음으로 현재 진행 시제 어미 '-고 있다', 미래 시제 어미 '-려고 한다', 현재 진행 시제 어미 '-는/는다'의 순서로 정반응률이 높게 보고되었다(원혜미, 황민아, 2005). 이를 볼 때 복합의사소통장애 학생에게 문법형태소를 지도하고자 할 때는 발달 수준을 고려하여 종결어미, 조사, 연결어미 순으로 지도하고, 조사를 지도할 때도 주격조사를 지도한 후 목적격조사를 지도하며, 시제 어미를 지도할 때도 과거 시제 어미를 먼저 지도해야 함을 알 수 있다. 한국어에서 사용되는 문법형태소(김영태, 2014)를 참고하기 바란다.

### (3) 내러티브 분석

내러티브는 사람이 자신의 생각과 감정을 표현하고 개인적인 경험을 공유하는 의사소통의 본질적 양식 중 하나이다. Grove(2003)는 내러티브를 시간에 걸쳐 결과적으로 연결된 일련의 사건들을 인과관계에 따라 전달하는 것이라 하였고, Hoff(2001)는 실제 또는 허구적 사건, 개인의 생활 경험에 의한 또는 상상에 의한 주제, 시간의 연속성, 인과관계성 등의 개념을 포함하는 의사소통의 한 형식이라고 하였다. 내러티브는 간단한 대화 교환에서부터 좀 더 확장된 언어표현, 정해진 주제에 따른 담화나 문화적 장르에 연관되는 넓은 범위의 언어적 상호작용을 함축한 것이라고 볼 수 있으며, 이야기를 포함하는 동시에 담화나 텍스트의 의미를 가진다(박혜경, 조선하, 2003).

내러티브는 아동 구어 발달의 도구가 되며, 개념 발달 및 문해력 발달과 연결된다(이영자, 이지현, 2009). 그리고 내러티브 기술은 학령기에 들어서면서 이전에 비해 보다 높은 언어능력이 요구되는 활동 속에서 더 많이 발달하게 되는데(Owens, 2012) 문해력 습득과 학업성취와도 연관되어 있고(Fey, Catts, Proctor-Williams, Tomblin, & Zhang, 2004; Soto & Hartmann, 2006), 수업 참여와 사회적 상호작용, 우정의 발달에도 중요한 영향을 미친다(Waller, 2006). 따라서 내러티브 기술은 학령기 복합의사소통장애 학생의 진단과 중재 프로그램에 주요한 요소가 된다.

내러티브 기술의 변화를 알아보기 위한 방법으로 내러티브의 의미가 일관성 있게 연결되는 전체적인 수준의 구조인 대형구조를 알아보는 방법(To, Stokes, Cheung, & T'sou, 2010), 접속사나 명사구, 종속절 등과 같이 이야기를 구성하는 데 사용되는 내적 언어학적 구조인 소형구조의 변화(신수진, 박은숙, 이기학, 배소영, 2007)를 알아보는 방법이 있다. 전형적 내러티브는 자신이 무엇을 이야기하려는지를 알리는 개요 또는 배경을 제시함으로써 내러티브를 시작하고, 일련의 사건들은 화자의 평가가 포함되는 정점으로 이루어지며, 사건의 결말이 제시되고, 그것이 현재와 어떻게 연결되는지를 알리는 종결로 끝맺음을 한다(이영자, 이지현, 2009). 따라서 이러한 요소들로 내러티브 기술을 평가할 수 있다. 문법적 복잡성 정도로 내러티브 수준을 결정지을 수도 있다(Curenton & Lucas, 2007). 개인적 내러티브에서의 문법적 복잡성은 내러티브 기술을 어절 단위(C-Unit)로 구분하고, 절 단위에서 사용한 평균 단어 수로 측정할 수 있다. 이와 같이 문법적 지표도 중요하지만 개인적 내러티브에서는 경험의 내용 정보와 더불어 경험에 대한 평가, 즉 경험에 대한 개인의 느낌도 중요한 요소이므로 이 또한 고려해야 한다.

내러티브의 소형구조와 대형구조를 동시에 알아볼 수 있는 방법으로 Bliss, McCabe와 Miranda(1998)가 제시한 내러티브 진단 프로파일(Narrative Assessment Profile: NAP)을 사용할 수 있다. 여기에서 제시하는 내러티브 차원은 주제연계성(topic maintenance), 사건나열성(event sequencing), 명확성(explicitness), 지시성(referencing), 결속성(conjunctive cohesion), 유창성(fluency)이다. 이 여섯 개의 차원은 동시에 평가가 가능하다는 장점이 있다.

### ① 주제연계성

내러티브에서 말(utterance)들은 하나의 중심 주제와 연관되면서 확대되거나 지속되고, 때로는 축소되기도 한다. 주제 유지 능력은 취학 전 시기에 나타나 학령기 동안 숙달된다. 주제가 유지되지 않는 말은 서로 연관 없이 모호하여 내용을 이해하기 어렵다. 따라서 내러티브에서 주제연계성은 스토리 전체 내용이 하나의 중심 주제와 얼마나 잘 연관되어 있는지를 판단하는 기준이 된다(하다은, 한경임, 2019).

### ② 사건나열성

내러티브에서 사건나열성은 사건을 시간적으로 또는 논리적 순서에 따라 표현하는 것을 의미한다. 화자가 묘사하는 사건의 순서와 실제 생활 속 사건의 순서가 일치해야 한다. 사건이 순서대로 나열되지 못하면 말하는 사람이 듣는 사람에게 사건의 순서가 바뀌었음을 알릴 수 있어야 한다. 사건나열성에 문제가 있으면 말하는 내용 중에 중요한 사건이 생략되거나, 사건의 순서가 맞지 않고 뒤죽박죽되어 있을 수도 있으며, 너무 비약적으로 사건 순서를 뛰어넘어 말하는 모습을 보일 수도 있다(McCabe & Rollins, 1994). 보통 5세 정도 되어야 사건을 비약적으로 뛰어넘지 않고, 시간적 순서에 따라 복잡한 사건들을 나열하여 말할 수 있다. 언어장애를 가지고 있으면 5세가 훨씬 지나도 시간 순서상 있을 수 없는 서로 연관되지 않은 사건을 계속 말하고, 중요한 사건을 모두 빠뜨리기도 하며, 연속적으로 일어나는 추가적인 내용을 회피하려는 전략으로 같은 사건을 계속 반복하여 말하기도 한다(Mirenda, 1995).

### ③ 명확성

명확성은 내러티브 내용의 결합력을 유기적으로 만드는 과정과 관련되어 있으며, 정보성, 정교성, 완결성의 세 가지 요소를 포함한다. 이는 이야기에 중요한 사실적 정보가 충분히 포함되어 있는가, 정교하지 않은 이야기로 결속력이 낮아 청자가 자세한 내용을 이해하지 못하는 것은 아닌가, 이야기의 기본 요소인 묘사, 활동, 평가정보가 포함되어 있는가를 의미한다. 여기서 묘사는 사람과 사물의 속성에 대한 정보이며, 활동은 사건의 실제 진행 정보, 평가는 화자가 전체 스토리나 특정 사건의 의미를 직접 또는 간접적으로 나타내는 내적 상태, 반복, 감탄, 부정 등의 방법으로 사건에 대한 화자의 느낌 또는 기분을 청자에게 알려 주는 것이다(McCabe & Rollins, 1994).

### ④ 지시성

지시성은 내용의 흐름 속에서 개인이나 상황을 대명사로 적절하게 사용하여 표현할 수 있는가이다. 지시대명사를 사용하려면 그 전에 사람이나 위치가 먼저 언급되어야 하는데 이러한 언급 없이 사용되면 지시대명사가 사용되어야 할 시점에 명사를 반복 사용하거나 잘못된 지시대명사를 사용하게 된다. 지시대명사의 사용은 듣는 사람으로 하여금 인물이나 위치 또는 사건을 판별하기 쉽게 해 주기 때문에 담화의 일관성 유지에 도움이 된다(Bliss et al., 1998). 언어장애가 있으면 부적절한 지시성의 기술을 가지게 된다. 대체로 대명사 표현의 발달이 지연되어 있고, 내러티브에서 대명사를 사용하여 지시성을 유지하는 능력이 제한되어 있기 때문이다. 지적장애 아동은 지시성을 거의 보여 주지 않는다(Hemphill & Siperstein, 1990).

#### ⑤ 결속성

결속성은 말이나 사건을 결합하기 위해 단어나 구를 포함하여 말하는가와 관련되어 있다. 이때 접속사의 사용이 개념들과 담화의 기능을 연결하여 내러티브의 일관성을 유지하는 데 기여한다. 따라서 결속성은 문장 표현의 대등관계(예: 일련의 사건 묘사), 시간 연결(예: 시간 순서대로 표현), 인과관계, 선후관계(예: 한 사건이 다른 사건에 앞서 일어났다는 것 표현), 분리(예: 두 문장 사이에 의미론적 대조를 포함하는 것)에 대한 접속사의 적절한 사용을 의미한다(Peterson & McCabe, 1991).

언어장애가 있는 경우 문장의 결속을 위해 접속사를 사용하는 데 어려움이 있다. 이러한 결함의 이유는 사건들 사이에 논리적 관련성을 이해하는 능력, 정보를 조직화하고, 말한 텍스트를 구조화하는 능력이 부족하기 때문이다. 그런데 의미론적으로는 오류를 보이는 접속사를 화용론적인 목적을 위해서는 적절하게 사용하기도 한다. 이전의 말과 의미론적으로 전혀 연관이 없는 접속사를 화용론적으로는 사용할 수 있다는 것이다. 예를 들어, 장애 아동이 "내 다리가 부러졌어. 그리고 나는 자전거 위에 넘어졌어. 왜냐하면 나는 다쳤기 때문이야."라고 말했다면 이것은 접속사를 사용하여 말하긴 하였지만 인과관계를 반대로 말한 것이다.

#### ⑥ 유창성

유창성은 비유창성의 정도로 판단할 수 있다. 비유창성은 필요 없는 말을 반복하거나 정보를 빈번하게 수정하고 불필요한 단어나 구를 반복하는 것이다. 유창성은 학령기 초기에 발달하도록 기대되는 것이다(Bliss et al., 1998). 언어장애가 있는 경우 자신의 말에서 비유창함을 보일 수 있는데 이러한 비유창성은 단어 찾기와도 관련이 있고, 말할 것을 계획하고, 검토하고, 다시 고쳐 말하는 능력도 감소시킨다(Biddle et al., 1996).

복합의사소통장애를 가진 사람의 내러티브 능력 사정을 위한 질문 양식을 Bliss 등(1998)을 참고하여 〈표 4-20〉에 제시하였다.

〈표 4-20〉 내러티브 능력 사정을 위한 질문

| 내러티브 평가 요소 | 평가 | 비고 |
|---|---|---|
| 주제 연계성<br>• 하고 있는 말의 대부분이 주제를 바탕으로 하고 있는가? | 아니요 | 어떤 형태로 주제에서 벗어나 말하는가? |
| 사건나열성<br>• 사건의 대분분이 시간 순서대로 조직화되어 있는가? | 아니요 | 어떠한 형태로 입증되는가? |
| 명확성<br>• 듣는 사람이 내러티브를 이해할 수 있도록 충분한 정보가 제공되는가? | 아니요 | 듣는 사람의 내러티브 이해를 보완하기 위한 특정 정보는 무엇인가? |
| • 내러티브가 충분히 정교한가? | 아니요 | 이야기를 더 완벽하게 말하기 위해서 어떤 정보를 더 포함하고 있는가? |
| • 내러티브에 적절한 묘사, 행위, 평가가 있는가? | 아니요 | 정보에 대한 내용이 잘못 묘사되었는가? |
| 지시성<br>• 개인, 특성, 사건을 지시하기 위해 적절한 지시대명사를 사용하는가? | 아니요 | 지시대명사를 부적절하게 사용하는가? |
| 결속성<br>• 의미론적, 화용론적 목적 모두를 위해 접속사를 사용하는가? | 아니요 | 접속사가 생략되거나 부적절한 접속사를 사용하는가? |
| 유창성<br>• 구어 산출이 유창한가? | 아니요 | 잘못된 위치에서 읽기를 시작하거나 스스로 고쳐 읽기, 반복해서 읽기가 자주 나타나는가? |

## 6 의사소통 수준에 따른 보완대체의사소통 사정

AAC 사정은 복합의사소통장애를 지닌 사람이 어떠한 의사소통 수준에 있는가에 따라 사정 내용이 달라진다. 제3장에서 AAC 사용 의사소통자를 초보 의사소통자, 맥락의존 의사소통자, 독립적 의사소통자로 분류하고 사정 방법을 제시한 바 있다. Soto(2011)는 의사소통 수준을 전언어학적 수준(prelinguistic level), 초기/발생적 수준(beginning/emerging level), 상징적 수준(symbolic level)으로 나누어 필요한 사정 방법을 제시하기도 하였다. 이 구분에서 상징적 수준에 맥락의존 의사소통자와 독립적 의사소통자가 포함된다고 할 수 있다.

이 분류에서 초기/발생적 수준의 의사소통자는 50단어 또는 그 이하의 표현어휘를 사용하는 정도로 아직은 한 낱말 단어나 단일 그래픽 상징을 사용하여 표현하고, 상징이나 단어를 조합하여 표현하지는 못하는 수준이다. 4~5개 상징만으로 구성된 음성녹음형 SGD(예: GoTalk,

SuperTalker)를 사용하는 학생의 경우 초기/발생적 의사소통자 수준일 수도 있지만 전언어학적 수준일 수도 있다. 국내에서 각 수준별로 사용할 수 있는 언어 사정 도구를 제시하면 〈표 4-21〉과 같다.

〈표 4-21〉 의사소통 수준에 따른 사정 도구

| 의사소통 수준 | 사정 도구 | |
|---|---|---|
| 전언어학적 의사소통자 | • 커뮤니케이션 매트릭스<br>• 의사소통 형식과 기능 워크시트<br>• 현재 의사소통 행동 목록<br>• 어휘 샘플 기록 | |
| 초기/발생적 의사소통자 | • 맥아더-베이츠<br>• 현재 의사소통 행동 목록<br>• 활동 기반 의사소통 목록 | • 수용표현어휘력 검사(REVT)<br>• 어휘 샘플 기록<br>• 활동 참여 목록 |
| 상징적 의사소통자 | • 수용표현어휘력 검사(REVT)<br>• 취학전 아동의 수용-표현 언어능력 검사(PRES)<br>• 구문론, 의미론, 내러티브 능력 검사<br>• 활동 기반 의사소통 목록<br>• 활동 참여 목록 | |

## 요약

AAC 사정은 참여모델을 적용하여 기회 장벽과 접근 장벽의 측면에서 다방면으로 AAC 사용자가 어떠한 장벽을 갖고 있는지 사정해야 한다. 또한, AAC 사용자의 의사소통 능력인 언어적 능력, 조작적 능력, 사회적 능력, 전략적 능력을 고려하여 사정이 이루어져야 한다.

AAC 사용자의 의사소통 능력을 사정하기 위해 국내에서 사용할 수 있는 표준화 검사로는 수용표현어휘력 검사(REVT), 한국판 맥아더-베이츠 의사소통 발달 평가 기록지 등이 있다. 그러나 실질적인 AAC 중재 목표를 설정하기 위해서는 관찰과 면담에 의한 도구가 보다 유용하다. 국내에서 개발된 관찰과 면담에 의한 AAC 사정 도구는 한국 보완대체의사소통 평가(KAA), 파라다이스 보완대체의사소통 기초능력평가를 사용할 수 있다.

초보 의사소통자의 의사소통 능력 사정을 위해 커뮤니케이션 매트릭스, 의사소통 형식과 기능 워크시트, 현재 의사소통 행동 목록, 어휘 샘플 기록, 활동 기반 의사소통 목록, 활동 참여 목록 등의 관찰 양식을 이용할 수 있다. 또한, 의사소통 샘플 수집과 분석을 통해 화용론, 의미론, 구문론적 특성을 사정할 수도 있다.

AAC 사정은 일회성 진단이 아니다. 지속적으로 변화를 점검하면서 중재를 적용하고, 팀 협력에 의해 이루어지는 역동적 과정으로 이루어져야 한다.

CCN & AAC
Intervention

제 5 장

# 보완대체의사소통 체계 어휘 선택과 배열

1. 보완대체의사소통 중재에서 어휘의 중요성 | 2. 핵심어휘와 부수어휘 |
3. 보완대체의사소통 중재를 위한 어휘 선정 | 4. 보완대체의사소통 중재를 위한 어휘 배열 |

### 개요

이 장에서는 보완대체의사소통 중재에서 어휘 선택의 중요성과 핵심어휘 및 부수어휘의 개념을 알아보고, 영미권과 우리나라에서 사용되는 핵심어휘 목록의 예시와 부수어휘 조사 방법, 그리고 의사소통 도구에 어휘를 배열하는 방식에 대해 알아볼 것이다.

## 1 보완대체의사소통 중재에서 어휘의 중요성

복합의사소통장애를 지닌 사람들이 상호작용에 참여하고 새로운 기술들을 배우기 위해서는 적절하고 의미 있는 어휘들을 선정하여 의사소통 도구에 배치하는 것이 매우 중요하다. 왜냐하면 장애 정도와 유형, 현재 의사소통 수준이 다르고 생활 맥락이 개별적으로 모두 다르기 때문에 한정된 크기의 AAC 도구에 말 대신에 AAC 상징으로 표현되는 모든 어휘를 배열하는 것은 불가능하기 때문이다. 자연스러운 말을 사용하는 일반 학생들에게는 의사소통 상호작용 동안의 어휘 선택과 메시지 형성이 자동적으로 이루어지지만 AAC 중재에서는 AAC 사용자가 표현할 어휘를 선택하는 독특한 과정이 필요하다.

일반적으로 유아들은 3세 전후에 약 1,500개, 6세 전후에 약 13,000개의 표현어휘를 습득하여 의사소통에서 구사할 수 있다(김영태, 2014). 그런데 보통 유아들도 이 어휘들을 한 번에 익히는 것이 아닌 것처럼 AAC 사용자도 의사소통 발달 단계나 수준에 따라 점차 어휘를 발달시켜 나갈 수 있는 과정이 필요하다. 이뿐만 아니라 고가의 첨단 기능을 갖춘 하이테크 SGD가 누구에게나 유용한 것이 아니기 때문에 로우테크나 하이테크 의사소통 도구에 어휘를 배열하는 데는 많은 어려움이 따를 수밖에 없다.

AAC 중재에서 어휘가 중요한 것은 이것이 AAC 사용자들의 언어능력과 연관되기 때문이다. 일반적으로 아동들은 교사의 말을 듣고, 질문하고, 질문에 대답하고, 친구와 협력활동을 하고, 토론에 참여하고, 책을 읽고, 작문 활동을 하는 언어가 풍부한 학교에서 연간 1,000시간 이상을 보낸다(Zangari & Van Tatenhove, 2009). 복합의사소통장애 학생들도 마찬가지로 거의 대부분의 활동이 언어로 이루어지는 학교에서 생활을 해야 한다. 따라서 AAC 중재는 단기적인 의사소통 요구 전달에만 초점을 맞추는 것이 아니라 언어학적 기반을 갖추도록 해 주어야 향후 스스로 단어를 조합하여 새로운 메시지를 형성하는 것이 가능해진다.

AAC 중재에서 어휘의 중요성과 관련하여 고려할 것이 이 어휘들이 그래픽 상징으로 표현된다는 것이다. 따라서 그래픽 상징에 대한 오해와 실제에 대해 한번 생각해 볼 필요가 있다.

## 1) 그래픽 상징에 대한 오해와 실제

### (1) 그래픽 상징에 많이 노출될수록 상징 학습을 촉진한다는 오해

모든 언어 학습자는 그들의 조건에 상관없이 적절한 언어 모델이 필요하다. 말하는 것을 배우는 것과 달리 그래픽 기반의 의사소통 체계 사용에 어느 정도 내재된 측면은 이것이 자연스러운 모습은 결코 아니라는 것이다. 그래픽 상징을 보고 해석(즉, 읽기)하고, 그래픽 상징으로 메시지를 형성하는 능력을 가진 학습자를 시각적 문해력을 갖춘 학습자(Soto & Olmstead, 1993)라 한다. 한 그래픽 상징이 학습자가 포함된 의사소통에서 중요한 정보를 전달하지 못할 때 환경 속에서 그 그래픽 상징의 의미를 찾아내는 부가적인 학습이 있을 것 같지는 않다.

이것은 의미를 알지 못하는 그래픽 상징을 사용하지도 않고 그냥 의사소통판에 나열만 해 둔다고 해서 AAC 사용자가 그 의미를 환경 맥락 속에서 저절로 알게 되는 것은 아니라는 의미이다. 이는 AAC 사용자에게 필요하고 적절한 어휘의 상징을 배열해서 실제 사용을 통해 상징의 의미를 알게 되고, 점차 많이 사용하게 하는 것이 더 중요하다는 의미이기도 하다.

### (2) 표현을 위해 그래픽 상징을 사용하기 전에 이해가 먼저 필요하다는 오해

학습자들은 상징에 대한 수용적 지식을 습득한 후에야 표현을 위해 상징을 사용하게 될 것이라는, 그래서 그래픽 상징을 사용하여 표현을 하기 전에 상징의 의미에 대한 수용적 지식을 훈련해야 한다는 오해가 있다. 이러한 오해로 인해 1980년대~1990년대만 해도 의사소통 기능 중재 이전에 AAC 상징에 대한 학습을 포함하는 것을 많이 볼 수 있었다(한경임, 1993, 1998). 그러나 최근 달라진 관점은 대부분의 AAC 중재에서 기능적인 활동의 맥락 속에서 상징을 이용해 표현하도록 기회를 제공해 주면 그와 동시에 상징 이해 훈련도 이루어지는 것으로 본다(Soto, 2011)는 것이다. 이는 AAC 상징의 사용을 통해 그 상징의 의미를 배우게 된다는 것이다. 미국의 T.A.C.L.E 프로그램을 운영하는 특수학급(한경임, 2018a, b)이나 브릿지스쿨(한경임, 2014)에서는 수업 활동 중에 즉각적으로 필요한 어휘를 학생과 함께 협의하여 상징을 선택하고 AAC 도구에 첨가하는 것을 볼 수 있다. 이것은 상징으로 표현하는 어휘를 다 익히고 난 다음 AAC 상징으로 사용하는 것이 아니라 AAC 상징을 사용하면서 상징의 의미를 배우게 된다는 것이다.

#### (3) 그림으로부터 읽기로 발달하는 가교로 그래픽 상징이 사용된다는 오해

비구어 아동이 그림을 통해 읽기를 발달시킬 수 있는 가교 역할로 그래픽 상징을 사용할 수 있다는 오해를 가지는 경우가 있다. 중증의 복합의사소통장애를 지닌 학생들은 비장애 아동들처럼 인쇄물과 관련된 경험에 노출되기가 어렵기 때문에 다음과 같은 특별한 지도가 필요하다 (Soto, 2011).

1. 교사는 국어교과 수업시간이 아니어도 인쇄물이 포함된 비공식적 상호작용 기회를 매일 일상생활에 포함시키는 것이 중요하다.
2. 문해력 관련 상호작용은 놀이 상황과 같은 자연스러운 맥락 속에서 이루어져야 한다.
3. 운율과 두운을 맞추는 능력은 SGD나 보조공학을 이용한 게임과 같은 놀이 활동에서 증진될 수 있다.
4. 음소 분절에 대해서는 직접교수법이 필요할 수도 있다.

이상에서 알 수 있는 것은 상징으로서 어휘를 이해하는 것과 모국어의 글자와 소리를 이해하고 적용하는 문해력 기술이 같지 않다는 것이다. 즉, 상징의 의미를 이해한다고 글자를 바로 읽을 수 있는 것은 아니다. 글자에 대한 이해와 사용은 지도해야 할 또 다른 영역이다.

#### (4) 단어와 그림을 짝짓는 것이 단어 학습을 촉진할 것이라는 오해

그래픽 상징과 그 뜻을 나타내는 인쇄된 단어를 짝짓는 것만으로 단어 학습을 촉진시킬 것이라 생각하기 쉽다. 예를 들어, 나비를 의미하는 그래픽 상징을 보여 주고 '나비'라는 글자를 찾아 짝지어 보라는 활동 그 자체만으로 학생이 책 속에서 '나비' 글자를 찾아 읽을 수 있다고 생각하는 것은 잘못된 것이다.

AAC 상징 아래 글자를 쓰는 것은 사용자에게 글자 인쇄물에 대한 노출의 의미도 있지만 의사소통 상대자가 이해할 수 있도록 하는 데 의미가 있다. 그래픽 상징을 이해한다는 것 자체가 글자를 읽을 수 있다는 것을 의미하지는 않으므로 글자에 대한 이해와 사용, 즉 문해력 교육은 다른 교수 방법이 필요하다.

### 2) 최선의 AAC 체계 설계를 위한 어휘 선정과 조직

AAC 체계를 적용하고자 할 때 모든 어휘를 AAC 도구에 저장하는 것은 불가능하며, 시대에 따라 새로이 만들어지는 어휘들, 그리고 사용자가 나름 표현하고 싶은 내용을 위해서는 AAC

도구에 사용되는 어휘들을 모든 어휘가 저장되지 않으면서도 AAC 사용자가 생산적으로 표현할 수 있도록 구성할 필요가 있다. 따라서 AAC 사용자에게 꼭 맞는 AAC 체계를 적용하기 위해 최소한 다음 세 가지 영역(Light et al., 2003)에 대한 고려가 필요하다.

### (1) 어휘 선정

AAC 체계를 처음 사용하는 복합의사소통장애 학생을 위한 중재에서 첫 번째 직면하는 어려움은 어휘를 선정하는 것이다. 사람들의 언어 습득은 대부분 비슷한 발달 순서에 따라 이루어지기 때문에 언어 개념, 형식, 구조를 도입하는 지침으로 전형적인 발달 순서를 참고로 하면 된다. 전형적인 발달을 보이는 아동의 초기 어휘는 주로 명사, 특히 사물의 명칭을 표현하는 경우가 많다(Blockberger, 1995).

만약 말로 하는 구어 단어가 이제 막 나타나기 시작하는 단계의 극히 제한된 구어를 가진 학생에게 AAC 체계가 적용된다면 전형적으로 발달하는 아동에게서 처음 나타나는 어휘 목록이 참고로 활용될 수 있다. 점차 AAC 체계에 새로운 어휘를 첨가하거나 이미 저장된 수많은 어휘 중에서 어휘 재생법을 배우게 되는 것으로 AAC 체계의 확대가 이루어질 때는 다음에 도입될 어휘의 형태와 구조에 대한 결정에서 아동들의 전형적인 어휘 발달 순서는 부분적으로 참조해야 한다. 어휘를 선택할 때 다양한 연령대의 아동들로부터 얻은 어휘 목록에서 관련된 어휘들을 참고할 수도 있으며(Fried-Oken & More, 1992), 전형적인 발달 순서가 어휘 선택 기준의 유일한 지침이 되어서는 안 된다(Light et al., 2003).

### (2) 어휘의 표상

AAC 체계의 어휘 문제와 관련하여 고려할 것은 이 어휘들이 그래픽 상징의 형태로 제공된다는 것이다. 사실상 현재 개발되어 사용되는 그래픽 상징들(예: PCS 상징, 블리스상징, 한스피크 상징, KAAC 상징, 마이토키 상징 등)은 모두 성인 학자들이 개발한 것이기 때문에 그래픽적으로 의미가 묘사되는 방법이나 단어의 의미를 보는 것이 성인의 관점이다. 그래픽의 캐릭터가 어린아이 같은 모습이라고 해서 아동의 관점에서 개발된 것이라 보기도 어렵다.

대부분의 그래픽 상징은 말풍선이나 화살표 표시 또는 물음표 등과 같은 관습적 표지나 은유적인 방법을 이용하여 의미를 전달하는 방식을 사용한다. 교사나 부모와 같은 성인들은 때때로 학생이 그래픽 상징의 '언어'와 행동 묘사를 위한 화살표와 같은 관습적 표지자를 배워야만 한다는 착각에 빠지기도 하는데(Light et al., 2003) 이러한 관습적 표지자의 이해는 8세 또는 그 이후에나 충분히 인식될 수 있다(Gross et al., 1991). Mineo Molica, Peischl과 Pennington(1998)의 연구에 의하면 화살표와 같은 시각적 단서를 가진 그래픽 상징은 3세의 아동에게는 영향이 없었으나 4~5세 아동에게는 영향을 미치는 것으로 나타났다.

이상을 볼 때 AAC 상징체계의 어휘는 이 책의 제3장에서 언급한 상징의 도상성과 밀접한 연관성이 있음을 알 수 있다. Lund, Millar, Herman, Hinds와 Light(1998)의 연구에서 4~7세의 아동에게 초기 언어에서 나타나는 개념인 '크다', '먹다', '가 버리다', '저것 뭐야?'에 대해 그려보라고 했을 때 아동들은 맥락이 풍부하고, 개인적 경험과 가족 성원을 포함하여 묘사하는 것으로 조사되었고, 묘사된 개념을 이해하는 방식도 이와 같았다. 아동들이 그린 그림과 상업적으로 판매되는 AAC 상징체계 간에는 차이가 있었다. 이러한 결과는 최정은과 한경임(2015)의 연구에서 우리나라 3~5세 아동들이 실제 경험했던 것과의 유사점이나 세부적 외형 묘사가 풍부한 상징의 의미를 더 잘 인식하는 것과도 연관된다. 추후 연구가 필요하지만 현재 개발되어 있는 AAC 상징체계는 어린 아동들이 그 의미를 이해하기에는 너무 아이콘적(iconic)이지 않은가 생각해 볼 일이다.

그래픽 상징의 어휘 크기는 상징의 의미론적 확대에 영향을 미친다. 한 상징은 관련된 의미를 가지는 넓은 범위의 의사소통에 사용되지만 상징의 의미와 무관한데도 때때로 이전에 사용했던 상징을 이용해 자신의 경험에 대해 전혀 새로운 표현을 하는 데 사용하기도 한다(Sutton et al., 2002).

### (3) 어휘 조직

어휘 조직은 AAC 도구에 상징을 배치하는 것과 관련된다. 의사소통책에 여러 페이지 형식으로 상징을 배치할 수 있고, 역동적 상징 배열 형식의 하이테크 의사소통 도구에서 여러 장면으로 변화시키면서 배치할 수도 있다. AAC 체계 사용의 조작적 요구를 최소화하기 위해서 역동적 상징 배열과 여러 페이지에 걸쳐 상징을 배열하는 방식이 많이 사용된다. 언어 습득의 가장 초기 단계에 있는 AAC 사용자를 위해서는 상황이나 활동에 따라 어휘를 모아 배열하는 것이 도움된다(Blockberger, 1995). 비장애 아동을 대상으로 한 문법적 결합(예: 집-가다)에서부터 범주적 결합(가다-멈추다)에 이르는 단어 조합에 관한 자유회상 과제에서 7세경이 되면 범주적 조직 패턴보다 문법적 조직 패턴에 더 잘 반응한다는 것이 보고된 바(Nelson, 1992) 있다. 이것은 복합의사소통장애 학생이 7세 정도의 기능을 한다면 상징을 이용해 어휘를 더 잘 표현하도록 하기 위해 문법적 조직 패턴을 고려해도 좋다는 것이다.

# 2 핵심어휘와 부수어휘

## 1) 핵심어휘

### (1) 핵심어휘의 개념

핵심어휘(core vocabulary)는 다양한 사람이 일반적으로 빈번하게 사용하는 단어나 구, 문장을 말하며(박은혜, 김영태, 2003), 여러 사람에 의해 자주 사용되는 낱말과 메시지이다(박현주, 2017). 핵심어휘는 대부분 기본적인 필요에 대한 것이나 그 외의 여러 의사소통 상황에서 공통적으로 빈번하게 사용되는 어휘로서 매우 기능적인 단어나 구절들이 포함된다. 그리고 핵심어휘는 주로 대명사, 접속사, 전치사, 조동사 등을 포함하는 구조어(structure word)로 구성되며, 이러한 항목은 기본적인 요구, 간결하게 사회적으로 주고받는 말, 그리고 대부분의 의사소통 상황에서 필요로 하는 정보로 구성된다(Grove & Walker, 1990). 핵심어휘는 사람과 장소에 상관없이 거의 항상 사용하는 어휘들로 결합력과 생성력이 강해서 핵심어휘를 AAC 도구에 일관되고 우세한 위치에 배열하면 AAC 사용자의 언어발달에 도움이 된다. 왜냐하면 AAC 도구에서 일관된 위치에 배열됨으로써 반복되는 운동 연속을 통해 AAC 사용자의 유창성과 자동성을 끌어낼 수 있기 때문이다(Boenisch & Soto, 2015).

Yorkstone, Beukelman, Smith와 Tice(1990)에 의하면 AAC 사용자들은 세 낱말 이상의 표현보다 한 낱말 또는 두 낱말의 짧은 어휘들을 더 자주 사용한다. 이렇게 자주 사용하는 어휘를 핵심어휘라고 할 수 있는데 AAC 사용자들이 가장 빈번하게 사용하는 500개의 핵심어휘는 전체 발화 샘플의 80%를 차지하는 것(Beukelman, Yorkstone, Poblete, & Naranjo, 1984)으로 보고되었다. 핵심어휘를 산출할 때는 모든 어휘를 빈도순으로 배열하고 가장 출현 빈도가 높은 300개 내의 어휘를 핵심어휘로 산출하기도 하고(Beukelman, Jones, & Rowan, 1989), 1,000단어당 0.5~5번 정도의 출현을 근거로 핵심어휘를 산출하기도 한다(Marvin, Beukelman, & Bilyeu, 1994). Boenisch와 Soto(2015)의 연구에 의하면 대부분의 핵심어휘 목록은 아동뿐 아니라 성인이 사용하는 전체 어휘의 75~80%인 200~300개 단어를 포함한다. 특히, 상위 100개 단어 속에 가장 기능적인 단어들이 포함되어 있다.

AAC 사용자는 핵심어휘를 통해 또래들과의 사회적, 학업적 의사소통에 참여하기 위해 일관되고 신뢰할 만한 수단을 확립할 수 있다. 또한, 적절한 핵심어휘의 사용은 더 높은 수준의 언어능력, 문해력, 학업능력 발달의 기초를 제공해 준다.

국내에서는 5명의 초등학교 저학년 뇌성마비 학생과 5명의 부모, 교사에 대한 설문 조사와 동일 연령대 일반 아동의 부모에게 설문 조사로 얻은 어휘와 비교한 결과 전체 36개 목록 중에서 50% 이상의 공통성을 나타내는 어휘는 16개로 나타났다(박은혜, 1996). 그리고 그룹홈에 거주하는 지적장애 성인 22명을 대상으로 한 연구(박혜연, 김영태, 2015)에서는 전체 상황에서 핵심어휘 사용이 84.7%였다. 이정은과 박은혜(2000)의 연구에서는 55명의 특수교사와 장애 아동 학부모를 대상으로 수집한 전체 5,000개의 어휘를 분석하여 각 의사소통 환경(학교, 지역사회)에서 공통으로 사용되는 35개와 장애 특성에 따른 어휘, 각 의사소통 상황에서 가장 많이 요구되는 핵심어휘 400개를 도출하였다. 김종인과 한경임(2016)의 연구에서는 3~5세 비장애 유아 90명과 4~6세의 장애유아 8명을 대상으로 유치원/어린이집, 가정, 지역사회 상황 각각에서 교사, 또래, 부모와 상호작용하는 자연스러운 상황에서 표현하는 발화를 수집하여 출현 빈도가 높은 300개 어휘 중 빈도백분율 0.5% 출현율에 따라 순위별로 최종 핵심어휘를 산출하기도 하였다.

초등학교 3학년 비장애 아동 100명을 대상으로 한 연구(이영미, 김영태, 박은혜, 2005)와 학령기 아동과 성인의 핵심어휘를 조사한 연구(김영태, 박현주, 민홍기, 2003)에서는 상위 고빈도 50개 어휘가 전체 어휘의 58%를 차지하는 것으로 보고하였다. 4~6세 비장애 아동 대상으로 세 가지 내러티브(이야기 다시 말하기, 개인적 경험 말하기, 이야기 구성하기) 과제를 사용해 발화를 수집하고 분석한 연구(송혜정, 송양민, 박현주, 2015)에서는 전체 낱말 수에서 핵심어휘가 차지하는 비율이 72%였으며, 명사, 동사, 부사 범주의 어휘를 높은 빈도로 사용하는 것으로 나타났다.

이와 같이 조사된 핵심어휘 관련 연구를 종합해 보면 30순위까지 핵심어휘 중 50%가 유아와 초등학생 대상 연구에서 일치하는 것으로 나타나 보통 30순위까지 핵심어휘는 연령에 상관없이 가장 많이 사용되는 어휘라고 할 수 있다. 또한, 품사별로 핵심어휘를 분석해 본 결과(김종인, 한경임, 2016; 송혜정 외, 2015; 이영미 외, 2005) 명사, 동사, 부사, 형용사, 대명사, 조사, 감탄사, 관형사, 수사의 순으로 많이 나타났다. 김종인과 한경임(2016)의 연구에서는 다른 선행연구들과 달리 조사를 함께 분석하여 17개의 조사 핵심어휘를 도출함으로써 우리나라 말에서 조사 표현이 중요한 역할을 하는 것임을 제시하기도 하였다.

장애 당사자 대상의 핵심어휘 수집 연구(김종인, 한경임, 2016; 박혜연, 김영태, 2015)에서 전체 어휘의 80% 이상이 핵심어휘로 조사되었지만 장애 아동 당사자를 대상으로 한 연구와 교사나 부모의 입장에서 표현해 주기를 바라는 어휘는 다른 것으로 나타났다. 예를 들어, 장애 아동 대상 연구(김종인, 한경임, 2016)에서 핵심어휘는 '예', '선생님', '가다', '있다', '친구 이름'이었던 반면에 교사나 부모의 입장에서 표현해 주기를 바라는 어휘(이정은, 박은혜, 2000)는 '아파요', '도와주세요', '하고 싶어요' 등이 고빈도 어휘로 조사되었다.

### (2) 핵심어휘 목록

#### ① 미국 네브래스카 대학 핵심어휘 목록

핵심어휘 목록으로 미국에서 유치원과 학령기 학생 대상으로 네브래스카 대학에서 제공하는 목록(https://cehs.unl.edu/documents/secd/aac/vocablists/VLN1.pdf) 일부를 〈표 5-1〉에 제시하였다. 이 표는 표현 빈도순이 아닌 알파벳순으로 제시되었다. 모든 알파벳순의 어휘를 제시하기에는 지면상 어려움이 있으므로 모든 어휘를 살펴보려면 목록을 제시하는 사이트를 참고하기 바란다.

〈표 5-1〉 미국 유치원과 학령기 대상 핵심어휘 목록 일부 예시

| 초등 3학년 쓰기 핵심어휘 | 초등 대화 핵심어휘 | 영아/유아 대화 핵심어휘 | 가장 보편적인 단어 | 취학전/유치원 대화 핵심어휘 |
|---|---|---|---|---|
| a | a | a | a | a |
| about | about | all | about | about |
| after | afraid | baby | all | after |
| all | after | bird | and | afternoon |
| also | afternoon | boat | anything | again |
| am | again | book | are | all |
| an | all | car | at | always |
| and | always | dirty | be | am |
| animals | am | do | but | an |
| around | and | don't | come | animal |
| as | animal | down | didn't | another |
| asked | another | food | do | any |
| at | any | get | don't | are |
| away | are | go | for | around |
| baby | around | going | get | away |
| back | at | gone | go | baby |
| be | away | good | good | back |
| bear | baby | hat | got | bad |
| because | back | he | had | bag |
| bed | bad | hot | have | be |
| before | bag | I | I | because |
| big | be | in | I'm | before |
| birds | beautiful | into | if | behind |
| book | because | it | in | believe |

### ② 영아 수준에서 사용하는 핵심어휘 목록

〈표 5-2〉에는 영미권에서 영아들 수준에서 AAC를 적용하고자 할 때 참고로 하는 어휘로 Banajee, DiCarlo와 Buras-Sticklin(2003)이 조사한 핵심어휘를 제시하였다. 〈표 5-2〉에서 알 수 있듯이 발달 초기 영아들이 표현하는 어휘는 사물의 이름을 명명하는 명사 어휘보다 동사 어휘와 기능적인 어휘가 더 많다는 것을 알 수 있다. Downing, Hanreddy와 Peckham-Hardin(2015)도 교사나 부모들이 처음에 AAC 체계를 적용할 때 명사 어휘 지도에 강조점을 두는 경향을 언급하면서, 전형적인 발달을 보이는 영유아들이 일반적으로 많이 표현하는 어휘들은 명사가 아님을 지적하였다.

〈표 5-2〉 영미권 영아들의 핵심어휘

| | | | | | | | | | |
|---|---|---|---|---|---|---|---|---|---|
| 1 | a | 6 | I | 11 | more | 16 | out | 21 | what |
| 2 | finished | 7 | in | 12 | my | 17 | some | 22 | yes |
| 3 | go | 8 | is | 13 | no | 18 | that | 23 | you |
| 4 | help | 9 | it | 14 | on | 19 | the | | |
| 5 | here | 10 | mine | 15 | off | 20 | want | | |

영미권에서 많이 사용되는 핵심어휘 자료로 LDS Word Frequencies in Pennsylvania and Late Talker sample(Rescorla, 1989; Rescorla, Mirak, & Singh, 2000)(https://cehs.unl.edu/documents/secd/aac/vocablists/2022. 10. 10. 인출)을 〈표 5-3〉에 제시하였다. 이것은 영미권의 만 2~3세 아동들이 표현하는 핵심어휘로 우리의 초기 AAC 중재에서도 핵심어휘를 선정하려고 할 때 참고할 수 있다. 예를 들어, 우리나라 3~5세 유아의 가정상황 핵심어휘 조사(김종인, 2012)에서는 〈표 5-3〉의 가정에서 사용하는 핵심어휘에 제시된 가구나 식기가 거의 없었다. 음식에 대한 어휘도 국내의 3~5세 유아들은 '우유', '밥', '물', '과자', '팝콘' 정도만 표현하는 것으로 조사되었다.

〈표 5-3〉 LDS Word Frequencies in Pennsylvania and Late Talker sample

| Food | | | Action | | | Household | | |
|---|---|---|---|---|---|---|---|---|
| juice | candy | butter | bath | go | come | spoon | bed | bowl |
| banana | bread | coffee | kiss | sit | hit | cup | door | towel |
| cookie | cereal | soup | up | down | Peepee | bottle | TV | plate |
| apple | grapes | cake | hug | peekaboo | ride | blanket | telephone | glass |
| cheese | drink | pretzel | sleep | walk | wash | chair | clock | floor |

| milk | soda | crackers | open | stop | get | potty | soap | room |
|---|---|---|---|---|---|---|---|---|
| pizza | orange | gum | outside | see | love | fork | pillow | window |
| water | raisins | food | jump | nap | dance | light | table | knife |
| ice cream | toast | tea | help | run | dinner | bathtub | crib | sink |
| hamburger | spaghetti | hotdog | read | clap | lunch | trash | stairs | mirror |
| **Animals** | | | look | tickle | shut | radio | | |
| dog | cow | fish | sing | throw | fix | **Body parts** | | |
| cat | pig | bear | push | breakfast | have | eye | belly | face |
| bird | bug | horse | kick | want | close | nose | leg | chin |
| duck | bee | tiger | catch | give | cough | ear | tummy | elbow |
| bunny | puppy | snake | take | Pattycake | cut | hair | knee | bottom |
| turtle | monkey | chicken | feed | knock | bring | teeth | am | neck |
| elephant | frog | | make | finish | doodoo | foot | toe | thumb |
| **Toys** | | | show | eat | | hand | finger | mouth |
| ball | teddy bear | swing | **Outdoors** | | | **Places** | | |
| book | crayons | doll | tree | sun | moon | school | zoo | library |
| balloon | slide | blocks | flower | star | snow | store | church | hospital |
| present | picture | | house | sky | sidewalk | home | park | |
| **People** | | | rain | street | | | | |
| daddy | mommy | man | **Personal** | | | **Other** | | |
| baby | grandma | aunt | key | toothbrush | paper | no | Byebye | Thank you |
| own name | Ernie, etc. | uncle | brush | money | pen | hi/hello | yes | me |
| grandpa | boy | lady | glasses | tissue | watch | out | please | night |
| girl | pet's name | doctor | pencil | pocketbook | comb | Booboo | off | my |
| **Clothes** | | | penny | umbrella | | 123 etc. | meow | what |
| shoes | socks | dress | **Modifiers** | | | on | in | ABC etc. |
| diaper | hat | sweater | hat | all gone | bad | you | there | myself |
| coat | shirt | mittens | cole | mine | good | why | where | here |
| pants | pajamas | jacket | dirty | more | this | under | away | welcome |
| boots | sneakers | slippers | wet | big | pretty | shut up | yumyum | excuse me |
| gloves | belt | | clean | that | broken | Sesame St. | | |
| | | | yucky | happy | tired | **Vehicles** | | |
| | | | dark | blue | nice | car | truck | motorcycle |
| | | | stinky | little | yellow | bike | plane | stroller |
| | | | red | all right | black | train | bus | trolley |
| | | | hungry | dry | white | boat | | |
| | | | heavy | | | | | |

### ③ Minspeak 상징 핵심어휘 목록

〈표 5-4〉는 PRC 제품의 Minspeak 상징에서 사용하는 핵심어휘(Van Tatenhove, https://liberator.net.au/pub/media/wysiwyg/Gail_Van_Tatenhove_300_Word_starter_list 2022. 10. 10. 인출) 중 일부이다. 이 표에서도 눈여겨볼 것은 핵심어휘에 명사가 거의 없다는 것이다. 이는 우리말 핵심어휘를 적용하는 AAC 상징 개발이나 중재에 참고로 활용할 수 있다. Boenisch와 Soto(2015)의 연구에서도 이중언어 사용 아동과 모국어 사용 아동이 사용하는 핵심어휘 간에 차이가 없었으며, 가장 자주 사용되는 100개 어휘는 모두 기능적인 단어들로서 내용 어휘들 간의 언어학적 연결성을 제공하는 것들이었다. 즉, 절이나 문장이 의미를 가지도록 다른 단어들과 결합될 필요가 있는 어휘들이라는 것이다.

〈표 5-4〉 Minspeak 상징에서 사용하는 핵심어휘

| First 8 words | | | | |
|---|---|---|---|---|
| 1. finished | 2. want | 3. more | 4. that | 5. help |
| 6. mine | 7. stop | 8. what | | |
| **First 15 words** | | | | |
| 1. finished | 2. away | 3. go | 4. help | 5. here |
| 6. I | 7. it | 8. like | 9. mine | 10. more |
| 11. stop | 12. that | 13. want | 14. what | 15. you |
| **First 30 words** | | | | |
| 1. again | 2. finished | 3. away | 4. big | 5. do |
| 6. down | 7. get | 8. go | 9. help | 10. here |
| 11. I | 12. in | 13. it | 14. like | 15. little |
| 16. mine | 17. more | 18. my | 19. off | 20. on |
| 21. out | 22. put | 23. some | 24. stop | 25. that |
| 26. there | 27. up | 28. want | 29. what | 30. you |

### ④ Tobiidynavox 핵심어휘 목록

최근 Tobiidynavox(https://us.tobiidynavox.com/pages/td-snap)에서는 의사소통 전용 도구와 태블릿에서 사용할 수 있는 AAC 체계인 TDsnap을 개발하였다. TDsnap에서는 빠르고 쉽게 예측 가능한 의사소통을 위해 사용하는 표현들을 QuickFires로 구분함으로써 핵심어휘와 분리하여 제시하였다. Core words의 어휘 구성에 대해서는 단어를 결합하여 표현하지 못하는 사람들이 효과적으로 의사소통할 수 있도록 구성하였으며, 사용자에 따라 쉽게 변형할 수 있

게 되어 있음을 공지하고 있다.

QuickFires와 Core words의 어휘 목록은 사용자의 수준에 따라 다르게 구성되어 있다. 예를 들어, 16개의 어휘로 구성된 화면을 사용하는 경우와 64개의 어휘로 구성된 화면을 사용하는 경우의 목록은 다르게 구성되어 있는 것이다. Core words의 디스플레이 구성은 피츠제럴드키(fitzgerald key)를 적용하여 범주별로 상징의 바탕색을 다르게 한 것도 특징적이다.

〈표 5-5〉에 TDsnap에서 사용하는 Core words와 QuickFires 어휘 일부를 제시하였다. 그리고 사용자의 특성에 따라 다르게 구성될 수 있는 QuickFires와 Core words의 화면 예시를 [그림 5-1]과 [그림 5-2]에 제시하였다.

〈표 5-5〉 TDsnap 체계에서 사용하는 핵심어휘 예

| QuickFires expression 예 | | | | |
|---|---|---|---|---|
| mom | dad | yes | no | ok |
| right | maybe | sure | no way | don't |
| good | bad | really | I don't know | hey |
| come here | look | wait | here | there |
| please | sorry | thank you | your welcome | excuse me |
| **Core words 예** | | | | |
| me | you | us | my | it |
| our | him | they | her | them |
| us | people | want | is | tell |
| need | like | can | take | know |
| go | stop | think | come | have |
| do | see | let | will | get |
| say | feel | put | help | find |

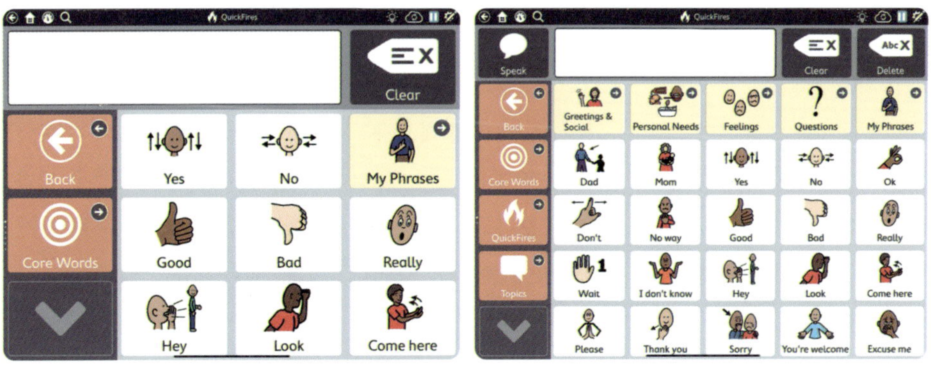


[그림 5-1] QuickFires 화면 예시(www.tobiidynavox.com)

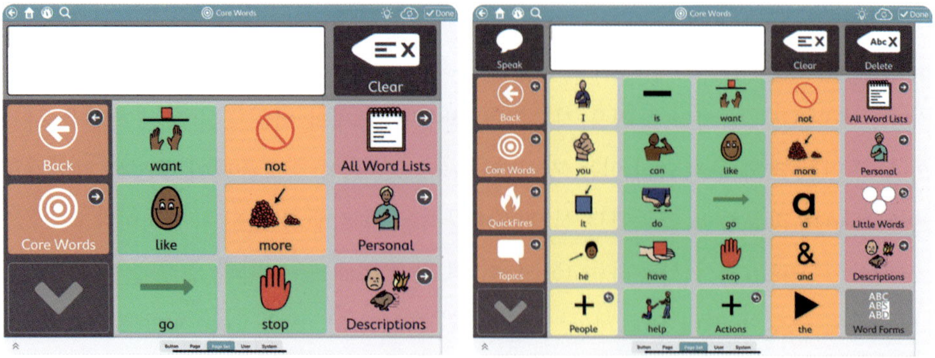


[그림 5-2] Core words 화면 예시(www.tobiidynavox.com)

### ⑤ 우리말 핵심어휘 목록

우리말 핵심어휘는 유아 대상 연구(김종인, 한경임, 2016)와 학령기 대상 연구(김영태, 박현주, 민홍기, 2003)를 참고하여 빈도순으로 핵심어휘 목록 일부를 〈표 5-6〉에 제시하였다.

〈표 5-6〉 한국의 유치원과 학령기 대상 학생 핵심어휘 일부

| 빈도순 | 유치원 | 학령기 | 빈도순 | 유치원 | 학령기 | 빈도순 | 유치원 | 학령기 |
|---|---|---|---|---|---|---|---|---|
| 1 | 하다 | 하다 | 18 | 야 | 이거 | 35 | 아빠 | 그런데 |
| 2 | 나/내 | 나 | 19 | 보다 | 없다 | 36 | 없다 | 너무 |
| 3 | 이거 | 것 | 20 | 너 | 그거 | 37 | -이다 | 더 |
| 4 | 안/아니 | 너 | 21 | 다 | 먹다 | 38 | 알다 | 어떻게 |
| 5 | 가 | 야 | 22 | 그거 | 그러면 | 39 | 만 | 좀 |
| 6 | 은/는 | 있다 | 23 | 주다 | 우리 | 40 | 숫자 | 빨리 |
| 7 | 있다 | 보다 | 24 | 개수 | 잘 | 41 | 을/를 | 싫다 |
| 8 | 엄마 | 안 | 25 | 왜 | 아(감) | 42 | 잘 | 나오다 |
| 9 | 에 | 에 | 26 | 응 | 그렇다 | 43 | 만들다 | 또 |
| 10 | 되다 | 무엇 | 27 | 무엇 | 이렇게 | 44 | 아니다 | 못 |
| 11 | 친구이름 | 되다 | 28 | 근데/그런데 | 응 | 45 | 빨리 | 죽다 |
| 12 | 거/것/꺼 | 아니다 | 29 | 먹다 | 모르다 | 46 | 어 | 많다 |
| 13 | 여기 | 왜 | 30 | 오다 | 말다 | 47 | 그렇다 | |
| 14 | 도 | 주다 | 31 | 이렇다 | 어디 | 48 | 좀 | |
| 15 | 우리 | 다 | 32 | 선생님 | 여기 | 49 | 사다 | |
| 16 | 가다 | 알다 | 33 | 말다 | 좋다 | 50 | 싶다 | |
| 17 | 이 | 오다 | 34 | 예 | 맞다 | 51 | 맞다 | |

〈표 5-6〉을 볼 때 우리나라 유치원 연령과 학령기 아동 모두 '하다'와 '나' 낱말을 가장 많이 사용한다. 이는 영유아기뿐만 아니라 학령기 연령에서조차도 명사 어휘보다 동사 어휘와 기능적인 역할을 할 수 있는 형태소 표현이 많다는 것(Banajee et al., 2003; Downing et al., 2015)을 보여 준다. 이것은 처음 AAC를 사용하는 학생에게 명사 위주의 명명 단어를 익히게 하는 것보다 동사나 기능적인 어휘를 사용하면서 효과적으로 의사소통하는 데 중점을 두는 것이 중요함을 의미한다.

〈표 5-7〉에는 김종인(2012)의 연구를 참고하여 품사별 핵심어휘 일부를 제시하였다. 더 상세한 정보는 김종인(2012)의 연구를 참고하길 바란다. 이영미 등(2005)의 연구에서는 범주별로 학령기 아동의 어휘를 제시하고 있으므로 학령기 아동을 위한 어휘를 선정하고자 할 때 참고할 수 있다.

〈표 5-7〉 유아가 사용하는 품사별 핵심어휘 일부

| 빈도순위 | 명사 | 동사 | 형용사 | 부사 | 대명사 | 조사 | 감탄사 |
|---|---|---|---|---|---|---|---|
| 1 | 엄마 | 하다 | 있다 | 안/아니 | 나/내 | 가 | 야 |
| 2 | 친구 이름 | 되다 | 이렇다 | 다 | 이거 | 은/는 | 응 |
| 3 | 거/것/꺼 | 가다 | 없다 | 왜 | 여기 | 에 | 예 |
| 4 | 선생님 | 보다 | 아니다 | 잘 | 우리 | 도 | 어 |
| 5 | 아빠 | 주다 | 그렇다 | 근데 | 니/너 | 보다 | 우아 |
| 6 | 언니 | 먹다 | 싶다 | 빨리 | 그거 | 이 | 아 |
| 7 | 색깔 | 오다 | 좋다 | 좀 | 무엇 | 이다 | 그래 |
| 8 | 집 | 말다 | 싫다 | 이제 | 저거 | 만 | 자 |
| 9 | 사람 | 알다 | 크다 | 더 | 어디 | 을/를 | 안녕 |
| 10 | 지금 | 만들다 | 어떻다 | 그런데 | 저기 | 로 | 아이고 |
| 11 | 아이 | 사다 | 많다 | 같이 | 이쪽 | 으로 | 이야 |
| 12 | 누나 | 맞다 | 같다 | 그러면 | 누구 | 한테 | |
| 13 | 형 | 놀다 | 맛있다 | 못 | 거기 | 에서 | |
| 14 | 조금 | 모르다 | 아프다 | 진짜 | 너희 | 도 | |
| 15 | 때 | 앉다 | 재미있다 | 그럼 | 언제 | 랑 | |
| 16 | 친구 | 말하다 | 똑같다 | 그냥 | 아무 | 까지 | |
| 17 | 나중 | 찾다 | 작다 | 또 | 저쪽 | 부터 | |
| 18 | 물 | 나오다 | 예쁘다 | 다시 | | 의 | |
| 19 | 말 | 쓰다 | 괜찮다 | 아까 | | | |
| 20 | 마이크 | 잡다 | 다르다 | 계속 | | | |
| 21 | 잠깐 | 가지다 | 무섭다 | 너무 | | | |
| 22 | 손 | 빼다 | 이상하다 | 많이 | | | |

| 빈도순위 | 명사 | 동사 | 형용사 | 부사 | 대명사 | 조사 | 감탄사 |
|---|---|---|---|---|---|---|---|
| 23 | 개 | 들다 | 고맙다 | 이렇게 | | | |
| 24 | 과자 | 죽다 | 재미없다 | 먼저 | | | |
| 25 | 오늘 | 넣다 | | 아직 | | | |
| 26 | 놀이터 | 멈추다 | | 엄청 | | | |
| 27 | 다음 | 들어가다 | | 원래 | | | |
| 28 | 가위바위보 | 타다 | | 그리고 | | | |
| 29 | 배 | 만지다 | | 그래도 | | | |
| 30 | 오빠 | 듣다 | | 그래서 | | | |
| 31 | 밥 | 떨어지다 | | 어서 | | | |
| 32 | 옷 | 나가다 | | 어떻게 | | | |
| 33 | 가방 | 뛰다 | | 그러니까 | | | |
| 34 | 위 | 붙이다 | | 딱 | | | |
| 35 | 장난감 | 기다리다 | | | | | |

## 2) 부수어휘

### (1) 부수어휘의 개념

부수어휘(fringe vocabulary)는 AAC 사용자가 특별히 개인적으로 사용하는 어휘로서 핵심어휘 목록에서 누락된 생각이나 메시지를 표현하기 위해서 사용된다. 이러한 것들에는 특별한 사람이나 장소의 이름, 흥미 있는 활동들이 포함된다(Beukelman & Mirenda, 2005). Boenisch와 Soto(2015)의 연구에서 학생들이 말하는 단어들 중 65%는 10회 이하로 사용하고, 35%는 3회 이하로 사용하였다. 이러한 단어들의 대부분은 주로 명사로 이루어진 내용어들로서 부수어휘에 속한다고 할 수 있다.

움직임을 표현하는 동사 어휘보다 기차, 농구, 우체부와 같은 명사 어휘는 핵심어휘를 보충하기 위해 사용되는 부수어휘로 간주될 수 있다(Downing et al., 2015). 핵심어휘는 학교 교육의 문해력 지도를 넘어 더 폭넓게 적용할 수 있는 것이기 때문에 문해력 교수를 위해 선택하는 어휘들은 특정 이야기나 단원을 넘어 적용할 수 있어야 하며, 수용과 표현 의사소통을 위한 학생의 어휘에 첨가해야 할 중요한 것으로 고려되어야 한다.

### (2) 부수어휘의 조사

AAC 체계를 처음 도입하는 학생에게 핵심어휘만을 위주로 중재하려고 하면 의사소통에 대한 흥미를 잃고, AAC 중재에서 오히려 역효과를 불러올 수도 있어 부수어휘가 AAC 중재에 중요하게 적용된다. 부수어휘의 조사를 위해서는 학생이 선호하는 것과 싫어하는 것이 무엇인지 조사하고 이 결과를 AAC 중재를 위한 어휘 개발에 적용하는 것이 아주 중요하다. 아동 개인에게 주요한 부수어휘 조사를 위해 사용하는 선호-비선호 체크리스트(Likes and Dislikes Checklist)(Dowden, 2002)를 〈표 5-8〉과 [부록 7]에 제시하였다.

〈표 5-8〉 선호-비선호 체크리스트

**선호-비선호 체크리스트**

* 이 체크리스트는 초보 의사소통자의 선호하는 것과 선호하지 않는 것을 찾는 데 도움이 됩니다. 이 체크리스트 작성을 위해서는 가족과 면담하거나 직접 시행해 볼 수도 있습니다. 선호하는 것에는 항목을 쓰고 ○ 표시, 선호하지 않는 것에는 항목을 쓰고 × 표시하고, 발견하지 못한 것은 빈칸으로 두세요.

| 항목 | 내용 | 선호 여부 |
|---|---|---|
| 청각적 | • 책을 읽거나 노래 부르는 소리 또는 애완견 짖는 소리, 환경음 등의 소리<br>• 심한 감각-운동 손상이 있는 학생의 경우 놀람반사에 유의해야 함 | |
| | • 사람 소리: 형제, 부모, 친구; 말하는 것, 이야기 읽어 주는 것, 노래 불러 주는 것 | |
| | • 음악: 좋아하는 노래(CD, 스마트 기기에서 나오는 노래 또는 가족이 불러 주는 노래), 좋아하는 라디오 프로, 좋아하는 악기, 싫어하는 노래와 음악 스타일 | |
| | • 장난감: 좋아하는 장난감이나 싫어하는 장난감에서 나오는 소리 | |
| | • 컴퓨터: 컴퓨터 게임의 효과음, 긍정적인 것과 부정적인 것 | |
| | • 동물 소리: 좋아하는 애완동물, 좋아하는 농장 동물, 사람이 흉내 내는 동물 | |
| | • 환경음: 자동차나 자전거의 경적 소리, 군중 소리, 아기 우는 소리, 문을 쾅 닫는 소리 | |
| 시각적 | • 사물(예: 책, 장난감, TV 등) 바라보기, 재미있거나 특이한 것을 하는 사람을 바라보는 것<br>• 일부 학생에게 놀람반사가 나타날 수 있으니 유의해야 함 | |
| | • 텔레비전: 아주 좋아하는 쇼나 캐릭터, 좋아하는 영화나 영화 캐릭터, 좋아하는 광고 | |
| | • 영화: 아주 좋아하는 쇼나 좋아하는 캐릭터 보기, 영화를 위한 특이한 광고 보기 | |
| | • 컴퓨터 화면: 색깔과 형태의 움직임, 움직이는 캐릭터(소리 유무와 상관없이) | |
| | • 불빛: 불빛을 빙글빙글 돌리거나 깜빡거리기(크리스마스 불빛, 머리 불빛 켰다 끄기) | |
| | • 거울: 기울로 자기 보기, 거울에 반영된 움직임 보기, 왜곡된 거울 보기 | |
| | • 바깥으로 난 창문: 창문으로 바람에 흔들리는 나무, 동물이 움직이는 것 바라보기 | |
| | • 비눗방울: 비눗방울 부는 사람을 보는 것, 비눗방울이 떨어지는 것, 비눗방울을 때리는 것 | |
| | • 움직이는 장난감: 탈것(소리가 있거나 없는 것), 모빌 | |
| | • 어항: 물고기가 있는 어항, 움직이는 기계가 있는 어항 | |
| | • 동물: 애완동물, 농장 동물 | |
| | • 얼굴: 친숙한 얼굴, 낯선 얼굴 | |

| 항목 | 내용 | 선호 여부 |
|---|---|---|
| 접촉 | • 사물, 애완동물, 사람을 만져서 느끼는 것뿐만 아니라 다른 사람으로부터 촉감 자극을 받는 것(예: 머리 쓰다듬기, 발 간질이기, 등 긁어 주기) | |
| | • 온도: 피부가 덥거나 차가운 것 | |
| | • 공기 불어넣기: 팬, 헤어드라이어 | |
| | • 감촉: 액체, 모래, 콩, 마카로니, 건조한 오트밀, 팝콘, 쌀, 메모리 폼, 부드러운 점토, 손가락 페인팅, 기름, 로션, 거품, 젖은 오트밀, 면, 깃털, 면수건, 플란넬 옷, 털, 양가죽, 나일론 패브릭, 울, 카펫, 사포, 페인트 붓 | |
| | • 휴식하는 바닥의 표면: 마루, 카펫, 타일, 침대, 매트 | |
| | • 진동: 진동기, 마사지기 | |
| | • 접촉: 피부를 쓰다듬거나 마사지하기, 머리 빗기, 얼굴 씻기, 간지럼 태우기, 거친 바닥 | |
| 맛 또는 입안의 감각 | • 여러 가지 음식을 먹거나 마시기, 먹지 않고 맛보기(예: 얼음 조각, 음식 묻힌 면봉)<br>• 일부 학생에게 제한된 음식과 금기 음식을 주의해야 함 | |
| | • 온도: 뜨거운 것, 차가운 것 | |
| | • 맛: 달콤한 맛, 쓴맛, 짠맛, 매운맛 | |
| | • 감촉: 딱딱한 것-흐르는 것, 부드러운 것-거친 것 | |
| | • 음식: 다음 카테고리에서 선호하는 것과 선호하지 않는 것<br>과자, 채소, 과일, 육류, 음료수, 유제품 | |
| 냄새 | • 화장실 물건: 향수, 면도 로션, 면도 크림, 구강청결제, 치약 | |
| | • 강한 냄새가 나는 음식: 빵, 생선, 바나나, 딸기, 커피 | |
| | • 환경에서 나는 냄새: 쓰레기 냄새 | |
| | • 양념: 페퍼민트, 마늘, 양파, 바닐라, 칠리, 계피, 생강, 꿀 | |
| 운동감각 | • 스스로 움직이거나 움직여지는 것을 의미함 | |
| | • 춤추기: | |
| | • 그네 타기: | |
| | • 돌리기: | |
| | • 기타: | |

부수어휘 조사 방법으로 브릿지스쿨에서는 Reichle 등(1991)을 참고하여 〈표 5-9〉와 같은 생태학적 목록에 의한 어휘 선정 워크시트를 사용한다. [부록 8]에 양식을 제시하였다.

〈표 5-9〉 생태학적 목록: 어휘 선정 워크시트

<table>
<tr><th colspan="4">생태학적 목록: 어휘 선정 워크시트</th></tr>
<tr><td colspan="4">학생:<br>정보:</td></tr>
<tr><td colspan="4">절차:<br>• 학생이 관심 있는 활동이나 사건에서 비장애 또래가 참여하는 것을 관찰한다.<br>• 활동이 일어나는 동안 의사소통하기 위해 요구되는 언어 목록을 단계별로 제시한다.<br>• 언어 목록에 대해 비장애 또래와 학생과의 차이를 판별하기 위해 목표 학생을 사정한다.<br>• AAC 사용 학생을 위한 메시지를 선택하고, 의사소통을 확립하도록 한다.</td></tr>
<tr><td>환경:<br>구성:<br>활동:<br>날짜:</td><td>사용된 언어<br>(비장애 또래)</td><td>무엇에 대해 말하는가?<br>왜 말하는가?</td><td>• 목표 학생을 위한 가능한 메시지는 무엇인가?<br>• 의사소통 양식은 무엇인가?<br>- 로우테크(의사소통판, 의사소통책 등)<br>- 하이테크 SGD</td></tr>
<tr><td></td><td></td><td></td><td></td></tr>
</table>

## 3) 핵심어휘와 부수어휘 비교

지금까지 알아본 핵심어휘와 부수어휘를 비교하여 〈표 5-10〉에 제시하였다.

〈표 5-10〉 핵심어휘와 부수어휘 비교

| 핵심어휘 | 부수어휘 |
|---|---|
| • 매우 기능적인 단어와 구<br>- 정보는 적게 전달하지만 의미는 훨씬 더 많음 | • 특별한 화제와 관련된 단어들<br>- 예: 공룡, 자유의 여신상 |
| • 대부분의 사람들 사이에서 사용되는 어휘 | • 개인에게 특정적인 어휘<br>- 예: 위루관, 보행훈련 트레이너 |
| • 기본적이고 기능적인 요구와 관련된 어휘 | • 상호작용을 증진시키기 위해 언어적인 풍부함과 다양성을 포함하고 있음<br>- 예: 은어, 적절한 사회적 인사 |
| • 일반적인 핵심어휘 vs 개인적인 핵심어휘<br>- 나이, 라이프 스타일 등 반영 | • 의사소통 담화 확대를 위해 필수적임 |
| • 다양한 의사소통 기능을 포함하고 있음<br>- 요구하기, 언급하기, 질문하기 등 | • 항상 지속적으로 변화함 |
| • 인지능력, 문해력, 상대자에 의해 영향을 받음 | • 상징 선택은 문화적이고 환경적인 영향을 받음 |

# 3 보완대체의사소통 중재를 위한 어휘 선정

## 1) 어휘 선정 원칙

AAC 중재를 위해 어휘를 선정할 때는 AAC 사용자의 의사소통 수준, 즉 초보 의사소통자인가, 맥락의존 의사소통자인가, 독립적 의사소통자인가를 고려해야 한다. 그리고 어휘는 항상 변한다는 것을 잊지 않아야 한다. 누구나 시간에 따라 진화하고, 변화하는 어휘를 사용한다. 말을 하는 아이들은 매일매일 표현하는 어휘가 증가한다. 어린아이들이 생각지도 못한 단어를 말할 때 깜짝깜짝 놀라지 않는가? AAC 사용자도 다르지 않다. AAC 사용자의 어휘도 시간에 따라 변하고, 성장해야 한다. 어휘는 끝이라는 것이 없다. 한경임(2018a)의 연구에서도 미국의 특수학급 현장에서 학생에게 필요한 어휘를 활동하는 순간에 학생의 선호도와 생활연령, 또래 집단의 특성을 고려하여 선정하는 것을 볼 수 있었다.

### (1) AAC 사용자를 고려한 어휘 선정

브릿지스쿨에서는 AAC 중재를 위한 어휘를 선정할 때 고려해야 할 원칙을 다음과 같이 제시하였다.

1. 어휘는 학생 개인의 관심사와 독특한 개성을 반영하여 개별화되어야 한다.
2. 어휘는 학생이 속한 지역사회에서 전형적으로 발달하는 같은 연령의 또래를 반영해야 한다.
3. 학생은 자신에게 효율적이면서 상대자가 쉽게 해석할 수 있는 양식을 사용하여 일련의 의사소통적이고 화용론적인 기능을 표현할 수 있어야 한다.
4. 학생은 가능한 언제든 어휘 선정 과정에 포함되어야 한다.
5. 선정된 어휘는 학생이 상대자를 유도하고, 대화 조절을 유지하고, 메시지를 명확히 하고, 의사소통 좌절을 회복할 수 있는 방법을 포함해야 한다.
6. 교사는 새로운 어휘의 개념을 자주 설명해야 하고, 학생이 새로운 어휘에 접할 수 있는 기회를 계속 확장하고, 복잡한 언어로 표현하는 능력을 확장할 수 있도록 속도를 조절해야 한다.
7. 학생은 추가적인 어휘를 요구하는 방법을 가지고 있어야 한다(예: 나는 새로운 단어가 필요해요, 그 단어는 내가 실제 의미하는 것이 아니에요, 나는 그것에 대해 말할 방법이 없어요 등).

### (2) AAC 상징체계를 고려한 어휘 선정

AAC 체계에서 어휘는 상징을 통해 표현된다는 점에서 어휘 선정 과정에 상징체계에 대해 생각하지 않을 수 없다. 보통 많은 교사나 부모들은 AAC 사용자가 많은 어휘를 알도록 해야 한다는 생각에 새로운 어휘를 계속 추가하는 경향이 있다. 그리고 학생이 상징을 이용해 의사소통하거나 언어능력과 문해력을 증진시키는 데 중점을 두는 것이 아니라 상징이 표현하는 어휘의 의미만을 기억하도록 지도하는 것을 AAC 중재라고 잘못 생각하는 경우도 있다. 이러한 오해나 오류에 대한 우려와 함께 AAC 중재를 위한 어휘 선정 과정에서 상징과 어휘 선택에서 유의하여야 할 사항들(Von Tetzchner & Martinsen, 2000)에 대해 제시하면 다음과 같다.

#### ① 처음 상징을 선택할 때 유의 사항

AAC 체계를 처음 사용해 보는 복합의사소통장애 학생에게 적용할 상징을 선택할 때 다음 사항들에 대해 유의할 필요가 있다.

1. 유용한 상징을 선택해야 한다. 유용한 상징이란 이 상징을 통해 원하는 사물을 얻을 수 있고, 활동에 주도적으로 참여할 수 있도록 하는 것을 의미한다.
2. 현재 의사소통을 위해서 전혀 새로운 상징을 바로 첨가하지 않는 것이다. 이것은 현재 의사소통하려는 데 상징이 없다고 자신의 의견을 표현하지 못하도록 하는 것이 아니라 현재 배열된 어휘의 상징으로 의사소통을 시도하고 차후 적절한 상징을 선택하고 첨가하는 것이다.
3. 사물과 행동의 기본적이고 조금은 협소한 범주와 관련된 특정 상징을 선택한다. 예를 들어, '탈것' 또는 '교통수단'이라는 어휘의 상징보다는 '자동차' 또는 '소방차'와 같은 어휘의 상징으로 먼저 시작하는 것이다.
4. 일반적으로 첫 상징으로 유용한 것은 '오다', '보다', '놀다', '말하다' 어휘의 상징이다.
5. 처음 선택한 상징들은 매우 자주 사용될 수 있는 것이어야 한다.
6. 처음 AAC 중재를 시작하는 복합의사소통장애 학생에게 적용할 상징을 선택할 때는 상징의 도상성을 고려해야 한다.
7. 처음에 AAC 사용자는 상징을 제한적으로 사용하지만 점차 다양한 방법으로 단어를 조합하는 능력을 갖게 될 것임을 잊지 말고, 한 단어를 익히는 데 중점을 두는 것이 아니라 단어의 조합을 통해 언어능력을 기를 수 있는 상징을 선택하는 것이 중요하다.

### ② 첫 단어를 선택할 때 유의 사항

AAC 체계를 처음 적용하게 되면 교사는 어느 단어부터 의사소통 도구에 배열해야 할지 난감하게 느껴진다. 대부분 교사나 부모들은 성인의 질문이나 지시에 학생이 따르길 원하기 때문에 무조건 첫 단어로 '예/아니요' 어휘를 선택해야 한다고 생각하기 쉽다. 그러나 최소한 50개의 수용어휘를 구분할 수 있어야 '예/아니요' 이해가 가능하다(Soto & Zangari, 2009)는 점에서 '예/아니요' 어휘의 선택이 적절한 것은 아님을 알 수 있다. 그리고 첫 단어가 반드시 핵심어휘여야 하는 것도 아니다. 오히려 첫 단어는 학생이 가장 선호하고, 가장 표현하고 싶은 지극히 개인적인 사물과 관련된 부수어휘일 수 있다. 이와 같이 AAC 중재를 위한 첫 단어를 선택할 때 고려해야 할 사항을 제시하면 다음과 같다.

1. 학생이 참여하는 상황에 기반을 둔 구체적인 사물 단어(사물, 사람, 장소, 색깔)를 선정한다.
2. 여러 가지 사물을 사용하기 위해 이와 연관된 단어들(동사, 형용사, 조사)을 선정한다.
3. 개인적인 사건에 대한 기억이 중요하므로 감정을 표현하는 단어를 선정한다.
4. 동의와 거부의 표현으로 '예'와 '아니요' 단어 선정을 피한다.
5. 첫 단어로 대명사는 사용하지 않도록 한다. 왜냐하면 대명사는 발달상 늦은 단계에 이르러서야 이해하는 단어이기 때문이다. 대신에 '엄마', '아빠' 또는 사람들의 이름을 첫 단어로 선정하는 것이 좋다.
6. 반대말의 단어는 피한다. 쌍의 개념에서는 아직 한 가지 요소만을 사용하도록 단어를 선정한다. 왜냐하면 반대말 개념 역시 발달 단계상 늦은 단계에서 배우기 때문이다. 대신에 '안' 단어를 사용하여 '크다', '안 크다'라는 표현을 할 수 있도록 단어를 선정한다.
7. '갔어' 단어가 거부의 표현인 '아니요' 단어보다 더 나은 선택일 수 있다.

### ③ 10~20개 상징을 사용하는 학생의 어휘발달을 위한 단어 선택 유의 사항

AAC 중재를 통해 적어도 10개 이상의 상징을 이용하여 자신의 요구를 표현하게 되면 점차 상징의 개수를 늘려 나가면서 의사소통 도구에 상징을 배열해야 한다. 이러한 단계에 이른 AAC 사용자를 위한 어휘 선택 과정에서 몇 가지 유의 사항을 제시하면 다음과 같다.

1. 새로운 기술과 활동을 지도하면서 새로운 상징도 함께 지도한다. 활동과 무관하게 새로운 어휘를 단순하게 익히는 형태로 AAC 중재가 이루어져서는 안 된다.
2. '뭐야?'라는 단어는 AAC 사용자가 알고 싶어 하는 사물과 활동으로 의사소통 상대자의 관심을 유도하고 일어나는 활동에 대해 언급하는 데 유용하다.

③ 특정적이고 표면적인 어휘보다는 '영역'을 나타내는 어휘를 고려해 본다. 대화를 고무시킬 수 있는 영역을 나타내는 어휘의 예에는 어린 아동들을 위한 어휘로 '가게, 아기, 자동차, 의사, 인형'과 좀 더 나이 든 아동을 위한 어휘로 '스포츠, 팝송 뮤직, 영화 스타, 동물, 컴퓨터, 책, 학교' 등이 있다.

#### ④ 상징 조합을 위한 단어 선택 유의 사항

단일 AAC 상징을 어느 정도 알고 사용하게 되면 상징을 조합하여 문장으로 표현하거나 다양한 표현을 할 수 있도록 하기 위해 중심축이 되는 단어를 선정할 필요가 있다. 중심축이 되는 단어란 자주 사용되면서 다른 단어들과 조합을 이루어 표현하기 쉬운 단어를 의미한다. 중심축 단어의 예로는 '가다, 먹다, 끝내다, 얻다, 가지다, 주다, 더, 도와주다' 등이 있다. 중심축이 되는 단어들이 사용되는 화제에 대해 의사소통하기 위해 필요한 중요한 단어들을 판별하고 선정한다.

## 2) 보완대체의사소통자 유형에 따른 어휘 선정

### (1) 초보 의사소통자를 위한 어휘 선정

초보 의사소통자는 아직은 신뢰할 만한 상징적 의사소통 수단을 갖고 있지 못한 경우를 의미한다. 이들은 제스처, 얼굴 표정, 지적하기 등의 비상징적 수단으로 의사소통하는 단계로 '지금 현재'를 넘어선 개념에 대해 의사소통하지 못한다. 초보 의사소통자의 중재 목적은 먼저 믿을 만한 상징적 의사소통 방법을 찾는 것이다. 이를 위한 가장 쉬운 방법으로 초보 의사소통자 개인에게 강력하고, 표현하고자 하는 동기가 유발되는 어휘를 선택할 필요가 있다.

초보 의사소통자를 위한 어휘 선정 방법으로 권할 만한 것은 〈표 5-8〉에 제시한 선호-비선호 체크리스트이다. 이 외에 맥락 속에서 의사소통을 관찰하는 것도 중요하다. 맥락 속에서 학생의 의사소통을 관찰하는 양식을 〈표 5-11〉과 [부록 9]에 제시하였다. 초보 의사소통자를 위한 어휘 선정에 사용할 수 있는 또 다른 방법은 부적절한 행동에 대한 행동 분석이다. 최근에 많이 사용되는 기능적 행동평가에 의한 긍정적 행동지원 방법은 학생의 도전행동이 의사소통 기능을 나타내는 것으로 분석될 때 대체행동으로서 적절한 의사소통을 위해 필요한 어휘를 선정하여 지도할 수 있다.

〈표 5-11〉 맥락에서 의사소통 관찰하기 양식

| 맥락에서 의사소통 관찰하기 |
|---|
| 이름:<br>함께 이야기하는 또래:<br>관찰자: |
| 나이:<br>또래 나이:<br>날짜: |
| 장소/장면:<br>시작 시간: |
| 활동<br>또래의 자세<br>또래가 무엇을 말하는지 목록으로 쓰기<br>또래가 말하는 것이 무엇인지, 누구에게 말하는지 목록으로 쓰기<br>AAC 사용자의 위치<br>AAC 사용자가 한 것 목록으로 쓰기<br>무슨 AAC 체계를 사용한 것인지 목록으로 쓰기 |
| 사용자의 의사소통 내용과 어떻게 의사소통한 것인지 목록으로 쓰기<br>의사소통의 장애와 문제에 대해 목록으로 쓰기 |

### (2) 맥락의존 의사소통자를 위한 어휘 선정

맥락의존 의사소통자들은 믿을 만한 상징적 의사소통 수단을 갖고 있지만 아직은 모든 사람과 모든 것에 대해 의사소통하지는 못하는 단계이다. 이 단계의 AAC 사용자들에게 필요한 어휘를 선정하기 위해 앞에서 제시한 선호-비선호 체크리스트, 맥락 속에서 AAC 사용자의 의사소통 관찰 양식을 사용할 수 있으며, 제4장에서 제시한 어휘 샘플 기록, 활동 참여 목록 등을 활용할 수 있다.

현재 사용하고 있는 어휘에 대해 조사하는 것도 중요하다. 이 단계의 AAC 사용자는 이미 여러 가지 어휘로 의사소통에 성공을 경험하고 있으므로 다양한 어휘로 의사소통할 수 있도록 어휘를 선정하는 것이 중요하다. 다양한 어휘를 선정하기 위한 방법은 다음과 같다.

1. 친숙한 의사소통 상대자와 사용하는 어휘가 무엇인지 수집하고, 유용한 어휘와 그렇지 않은 어휘가 무엇인지 판별한다.
2. 의사소통책과 의사소통판을 복사하여 몇몇 팀 구성원에게 나누어 주고 각 환경에서 다음과 같은 활동을 하도록 한다.

- 개인적으로 많이 사용하는 항목이 무엇인지 체크한다.
- 개인적으로 학생이 전혀 사용한 적이 없는 어휘는 지워 버린다.

맥락의존 의사소통자에게 필요한 어휘 선정을 위해 또래나 친구를 함께 관찰하는 것도 중요하다. 이상적으로는 맥락의존 의사소통자 중 말을 하는 친구를 선택해야 한다. AAC 사용자를 고려하여 예측 가능한 말과 예측이 불가능한 표현을 수집한다. 이 중에는 비속어가 포함되기도 하고, '나가!', '여기 앉아.'와 같이 사회적 관계를 위한 단어가 포함될 수도 있다. 맥락의존 의사소통자에게 필요한 어휘를 선정하기 위해 일반 학생이나 성인을 관찰하는 것도 중요하다.

AAC 사용자는 표현하지 않지만 교사가 이해하는 단어는 너무나 많을 것이다. 이들 단어들 중 일부는 AAC 사용자의 수용어휘 수준을 넘어서기 때문에 부적절한 단어들일 수 있다. 선정한 어휘들이 AAC 사용자 개인에게 필수적인 어휘가 되도록 해야 한다. 맥락의존 의사소통자의 어휘 선정을 위해 역할 놀이에 사용되는 스크립트 속에서 단어를 선정하고 조직하는 방법도 있다.

### (3) 독립적 의사소통자를 위한 어휘 선정

독립적 의사소통자는 AAC 체계를 이용하여 어느 누구와도, 그리고 모든 것에 대해 의사소통이 가능한 것을 의미하지만 그럼에도 의사소통에 중대한 영향을 미칠 수 있기 때문에 어휘 선정에 도움이 필요하다. 독립적 의사소통자에 대한 중재 목적은 의사소통의 효율성을 개선하기 위해 어휘를 선택하고, 의사소통의 모호성을 감소시키고 의사소통 속도를 증진시키는 것이다.

독립적 의사소통자는 음성합성형 하이테크 SGD를 사용하는 경우가 많기 때문에 의사소통 속도를 높이기 위해 예측 가능한 메시지를 구나 문장으로 저장해 두고 메시지 전달 속도를 높이는 방법이 있다. 그리고 의사소통의 전체적인 속도를 높이도록 연습하는 것도 중요하다. 모호한 의사소통을 감소시키기 위해서는 SGD 도구에서 표현하려고 누르는 입력키의 횟수를 줄이면서 더 많은 표현을 할 수 있도록 개인이 사용하는 SGD를 프로그램하는 것이다.

독립적 의사소통자를 위한 어휘를 선정하기 전에 AAC 사용자도 의사소통 상대자라는 것을 명심해야 한다. 너무나 자주 AAC 사용자는 항상 중재의 대상으로만 생각하여 실제 의사소통 상황에서 주도적인 역할을 하지 못하고 있는 것은 아닌지 생각해야 한다. 그리고 목표가 의사소통 속도를 높이는 것이지만 만약 어휘에 대한 접근이나 어휘 선택 그 자체가 효율적으로 이루어질 수 있다면 의사소통 속도 증진을 너무 강요할 필요는 없다. 즉, 의사소통의 효율성이 먼저라는 것이다. 독립적 의사소통자를 위한 어휘 선정 방법으로 Soto(2011), Beukelman과 Mirenda(2005)를 참고하여 제시하면 다음과 같다.

① 미리 프로그램된 메시지를 저장하고 사용하도록 한다.
예를 들어, "나는 컴퓨터로 말을 해요. 그러니 내가 메시지를 구성하는 동안 기다려 주세요.", "도와주세요! 내 휠체어가 움직이지 않아요. 나를 도로 경계석으로 밀어 주세요." 등의 메시지를 미리 저장해 두어 급박한 상황에 어휘를 찾아 일일이 표현을 구성하느라 의사소통의 효율성과 속도를 떨어뜨리지 않도록 한다.

② 빠르게 재생할 수 있도록 어휘를 배열한다.
긴급 메시지는 신속하게 재생될 수 있는 방식으로 미리 프로그램되어야 한다. 예를 들어, 사용자가 가장 빠르게 선택할 수 있는 위치에 긴급 메시지를 배치해서 직접 선택기법으로 선택하도록 하는 것이다.

③ 빠른 재생을 위한 메시지 부호화 전략을 사용한다.
최소한 2~3개 키를 누르는 것만으로 원하는 문장들이 재생될 수 있도록 메시지가 프로그램되어야 한다. 약어나 알파벳 부호를 사용하는 것으로, 예를 들어 'ㅁㅈ'만 눌러도 "제 말이 끝날 때까지 기다려 주세요."라고 재생되는 것이다. 수문자 부호화 방법으로 'ㄷ1'은 "도와주세요."를 표현하고, 'ㄷ2'는 "제 왼쪽 발을 발판에 올리는 것을 도와주세요."라고 재생되게 하는 것이다.

④ 어휘 선택의 일관성을 유지하도록 한다.
Minspeak 상징을 사용하는 도상적 부호화의 경우 모든 측면에서 가장 빠른 의사소통 속도를 보여 주는데 이것은 항상 같은 위치에 상징이 배치되어 있어서 상징 선택의 '자동성'을 높여 주기 때문이다.

## 4 보완대체의사소통 중재를 위한 어휘 배열

### 1) 활동중심 상징 배열

활동중심 배열은 가장 보편적인 AAC 상징 배열 전략으로서 사건의 도식, 루틴, 또는 활동에 따라 어휘를 배열하는 방식이다(Beukelman & Mirenda, 2005). 활동중심 배열이 효율적으로 이루어지려면 다양한 활동에서 흔히 사용되는 단어나 구로 구성된 핵심어휘를 결정하고 구성해야 하며, 기능적인 단어와 그 활동에서만 필요한 부수적인 단어들이 함께 배열되어야 한다(박재국 외, 2018). 예를 들어, 미술 시간에 사용할 활동중심 배열의 의사소통판에는 '물감, 색연필, 종이, 빨간색, 파란색'과 같은 미술 시간에 필요한 부수적인 특정 단어도 배열되어야 하고, 활동 관련 기능어인 '더, 좋다, 자르다, 붙이다'의 핵심어휘 상징도 필요하다. 각 활동중심 어휘 배열에는 사람, 장소, 사물, 감정, 행동, 서술어 등 핵심어휘와 활동이나 일과와 관련된 부수어휘들이 필요할 수 있다.

활동중심 어휘 배열에서는 핵심어휘가 짧은 구로 구성될 수도 있다. 예를 들어, "저는 모르겠어요.", "다시 말해 주세요." 등을 핵심어휘로 배열하는 것이다. 활동중심 배열의 장점은 활동에 적합한 어휘 항목으로만 배열되어 있어서 의사소통을 상대적으로 쉽고 효율적으로 할 수 있다는 것이다. 보통 활동중심 어휘배열은 의미론적 범주에 따라 배열된다. 예를 들어, 사람 어휘들은 한 영역에 모아서 배열하고, 행위 단어들은 또 다른 영역에 모아서 배열하는 것이다. [그림 5-3]에 활동중심 상징 배열의 예를 제시하였다. 그림에서 도서관 활동중심의 상징 배열은

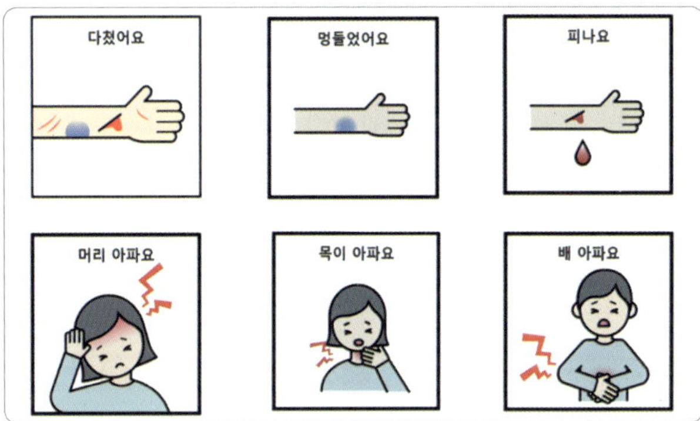


병원용 의사소통판 예시(한스피크 상징 사용)

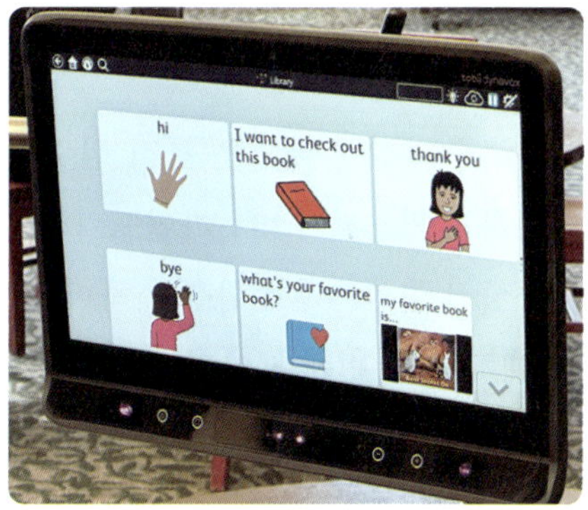


도서관 활동 어휘 배열(브릿지스쿨)

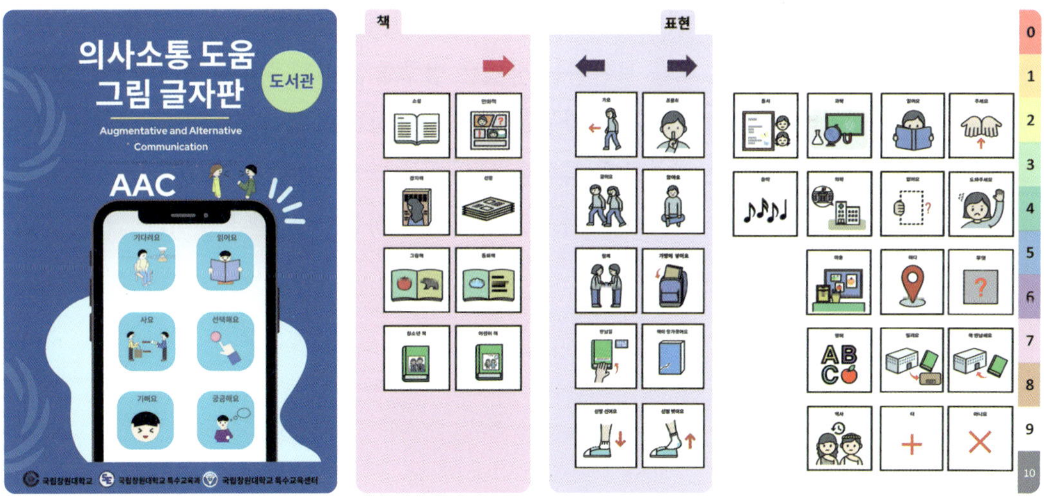


도서관용 의사소통판의 일부(창원대학교)(한스피크 상징 사용)

[그림 5-3] 활동중심 상징 배열 예시

초보 의사소통자의 어휘 배열을 보여 준다. 창원대학교에서 제작한 도서관용 의사소통판은 활동 중심이면서 핵심어휘와 부수어휘를 분류하여 배열하고 있는 특징을 보여 준다.

활동중심 어휘 배열은 의사소통판, 눈응시판과 같은 로우테크 도구 또는 음성이 산출되는 하이테크 도구 어디에서든 폭넓게 사용된다. 역동적 상징 배열 방식을 사용하는 하이테크 도구의 경우 활동마다 레이아웃을 달리해서 활동중심 배열 방식을 적용하고 매 활동 때마다 다른 배열판을 선택하여 사용할 수도 있다.

활동중심 어휘 배열은 지역사회 기관, 학교, 작업장 등의 환경에서 필요한 활동을 위해 제작될 수도 있다. 예를 들어, 병원용, 도서관용, 카페용 AAC 의사소통판 등은 활동중심 상징 배열을 적용하는 것이다. 따라서 활동/환경 중심 배열(박은혜, 김정연, 표윤희, 2018)이라고 칭하기도 한다.

## 2) 범주중심 상징 배열

범주중심 상징 배열은 특정 범주에 포함되는 어휘들을 모아 배열하는 방식이다. 국내에서 사용하는 키즈보이스나 마이토키와 같은 하이테크 도구들이 범주중심 형식을 사용한다. 보통 범주중심 형식은 음성합성형 하이테크 도구에 많이 적용된다. 음성합성형 하이테크 SGD에서는 대체로 첫 번째 페이지에 범주를 나타내는 몇몇 상징이 배열되어 있고, 이들 중 한 범주의 상징을 선택하면 그다음 페이지가 열리면서 그 범주에 해당하는 상징들이 나타나는 역동적 상징 배열 방식을 적용한다. 이러한 범주중심 형식은 하이테크 SGD만이 아니라 여러 페이지로 구성된 로우테크 의사소통판(책)에도 적용이 가능하다.

범주중심 형식은 요구하기를 제외하고는 다른 기능을 선택하고자 하는 개인의 능력을 방해할 수도 있다(박재국 외, 2018). 이를 보완하는 방법은 범주중심 배열을 다른 어휘 배열 형식과 함께 사용하는 것이다. 기본적으로 특정 활동을 위해 사용하려고 활동중심 배열 형식을 가지고 있으면서 각 상징의 배열은 범주중심 형식을 사용할 수도 있다. 예를 들어, [그림 5-4]와 같이 카페용 의사소통판에서 카페 메뉴를 범주별로 모아 배열하는 방식 같은 것이다.

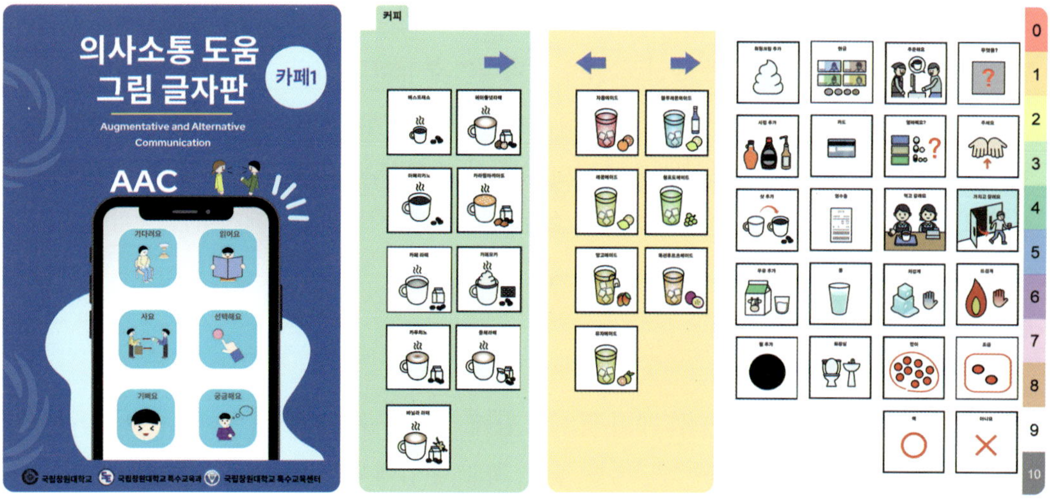


카페용 의사소통판의 일부(창원대학교)(한스피크 상징 사용)

[그림 5-4] 범주중심 상징 배열 예시

## 3) 피츠제럴드키

피츠제럴드키(Fitzgerald key) 형식의 상징 배열은 색깔 부호화로 상징을 모아 배열한다. 이는 문장 구성 능력을 높여 주기 위해 사용하는 방식으로 명사, 동사, 목적어, 수식어에 대해 각각 특정의 색을 지정하여 배정하는 것이다. Robinson과 Soto(2013)는 일반적으로 사용되는 피츠제럴드키의 색깔 부호화 방식을 [그림 5-5]와 같이 제시하였다. 그런데 미국의 특수교육 현장에서 사용하는 것을 볼 때 이 색을 반드시 지켜야 한다고 고정되어 있다기보다 어느 정도 융통성을 가지고 색깔을 달리하여 어휘를 분류하고 배열하였다.

| 노란색 | 초록색 | 보라색 | 주황색 | 푸른색 | 붉은색 | 흰색 |
|---|---|---|---|---|---|---|
| 사람 | 동사 | 장소 | 명사 | 수식어휘<br>(형용사, 부사) | 사회적 어휘 | 기타 |

[그림 5-5] 피츠제럴드키의 색깔 부호화

피츠제럴드키는 의미론적-구문론적 상징 배열 형식(Beukelman & Mirenda, 2005) 또는 언어발달기반 형식(박재국 외, 2018)과 함께 사용된다. [그림 5-6]과 같이 글자 배열방식과 함께 사용되기도 한다. [그림 5-6]은 T.A.C.L.E. 프로그램을 적용하는 특수학급에서 사용하는 의사소통판으로 피츠제럴드키를 적용하여 질문 어휘들은 모두 노란색으로 분류하고, 대명사는 황색 바탕을 사용하며, be 동사와 일반 동사도 색을 달리하여 분류하고 있다.

기존의 형태를 조금 수정한 변형 피츠제럴드키(Goossens', Crain, & Elder, 1994)가 사용되기도 하는데 여기에는 여러 가지 단어(사회적 단어, 의문사, 감탄사, 부정어, 대명사)를 먼저 왼쪽에 제시하고, 동사, 수식어, 전치사, 명사 순서로 상징의 바탕색을 달리하여 제시하는 방식이다.

## 4) 주제중심 상징 배열

주제중심 상징 배열은 활동중심 배열 형식과 함께 사용될 수 있다. 한 주제로 여러 활동에서 다양하게 사용할 수 있기 때문이다. 예를 들어, 학교 수업에서 '로켓'이라는 주제로 수업을 한다고 할 때 사회 수업에서도, 미술 수업에서도, 국어 수업에서도 '로켓'이라는 주제로 미술 활동을 위한 의사소통판, 국어 활동을 위한 의사소통판을 구성할 수 있다. [그림 5-6]에 브릿지스쿨에서 '대통령'이라는 주제로 사회 수업 활동에 함께 적용된 주제중심 상징 배열의 예시를 제시하였다.

[그림 5-6] 피츠제럴드키(T.A.C.L.E. 프로그램 특수학급), 주제중심 상징 배열 예시(브릿지스쿨)

## 5) 의미론-구문론중심 상징 배열

의미론-구문론중심 상징 배열은 구문론적 전략에 따라 상징을 구성하는 것으로 언어발달기반 형식(박재국 외, 2018)이라고도 한다. 모국어의 말하는 단어의 순서에 따라 배열하는 것으로 이 방식은 실질적인 증거는 미약하지만 언어발달 촉진을 위해 적용하는 전략이다(Beukelman & Mirenda, 2005). 보통 의미론-구문론중심 상징 배열은 피츠제럴드키 방식과 함께 사용된다. 상징 배열 순서는 우리말의 경우 왼쪽에서 오른쪽으로 주어, 목적어, 수식어, 서술어 순서로 배열하는 것이다. 이러한 배열은 단어와 단어를 차례로 연결하여 의미관계 구성이나 구문론적 표현을 적절하게 할 수 있도록 AAC 사용자의 언어능력을 높이기 위해 사용된다. 의미론-구문론중심 상징 배열에서는 형태소나 시제, 어미 등의 표현이 가능하도록 상징을 배열하는 것이 중요하다.

[그림 5-7]에 피츠제럴드키를 적용하여 핵심어휘와 문법형태소를 고정 화면에 배열하고 부수어휘는 플립 형태의 소형 화면에 배열한 의미론-구문론중심의 의사소통판(권상희, 한경임, 2023)과 시제 표현이 가능하도록 구성된 PRC 제품의 SGD 예를 제시하였다.

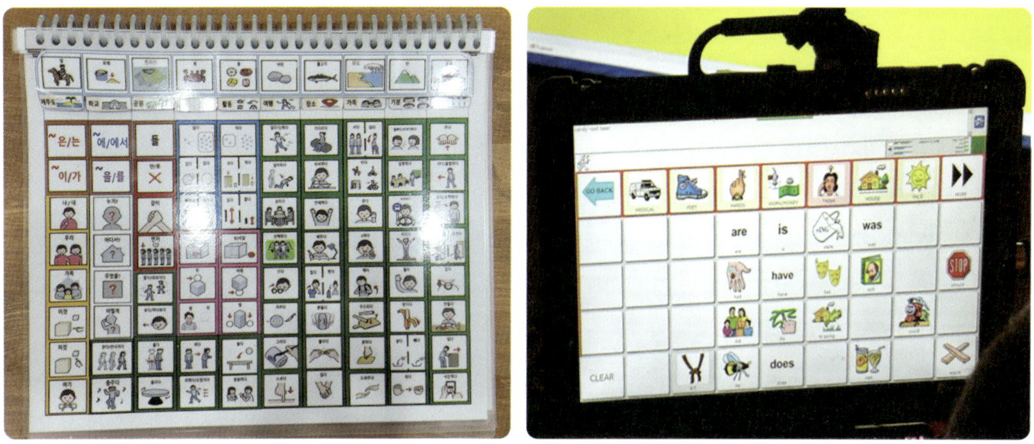


[그림 5-7] 의미론-구문론 중심 배열 예시

## 6) 글자중심 상징 배열

글자중심 상징 배열은 글자판이나 단어 배열판에 글자를 순서대로 배열하는 방식이다. 글자판을 단독으로 사용하기도 하지만 수업 활동과 관련하여 글자중심, 주제중심 배열 방식을 혼합하여 구성하기도 한다. [그림 5-8]은 글자중심의 상징 배열과 주제중심과 글자중심 배열 형식이 혼합되어 있는 예시이다.

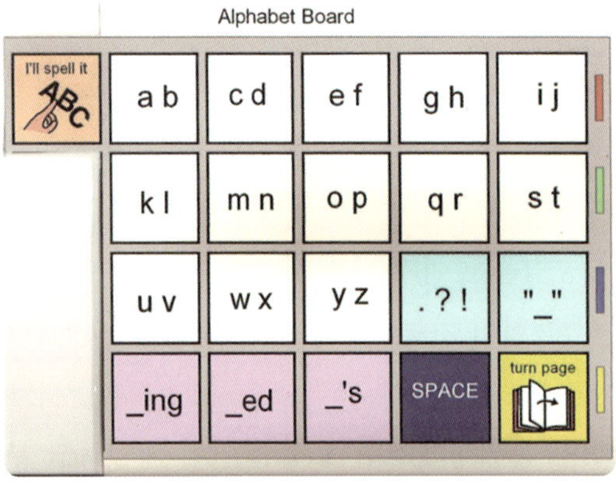


글자중심 배열 예시

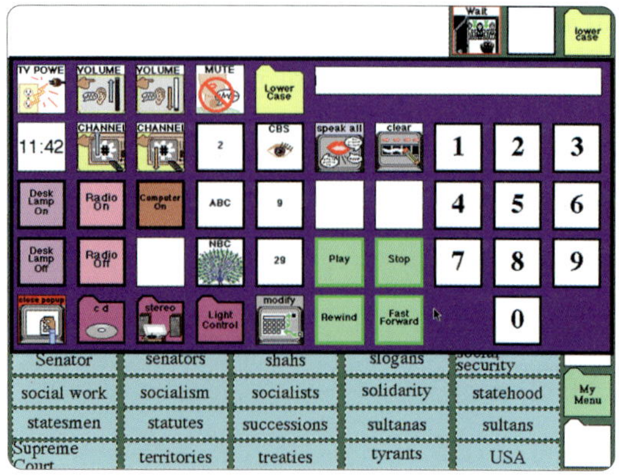


주제중심과 글자중심 혼합 배열 예시

**[그림 5-8]** 글자중심 배열 예시

## 요약

AAC 사용자는 이미 어휘를 머릿속에 저장해 두고 재생하여 표현하는 비장애인들과 달리 의사소통 도구에 어휘를 저장해서 사용해야 하기 때문에 AAC 사용자의 인지 수준, 의사소통 도구의 크기나 용량에 따라 배열하고 저장해 둘 수 있는 어휘의 수가 한정될 수밖에 없다. 따라서 AAC 중재에서는 AAC 사용자가 표현할 어휘를 선정하는 과정이 필요하다. AAC 중재를 위한 어휘를 선택할 때는 다양한 연령의 학생들로부터 얻어진 어휘목록을 참고할 수 있으며, 학생과 의사소통 상대자에 대한 면담과 관찰을 통해 어휘를 조사하고 적용할 수도 있다.

AAC 중재를 위한 어휘 선정에서 중요한 개념이 핵심어휘와 부수어휘의 개념이다. 핵심어휘는 다양한 사람이 일반적으로 빈번하게 사용하는 단어나 구, 문장을 의미하는 것으로 기본적인 요구, 간결하게 사회적으로 주고받는 말로 구성되고, 주로 대명사, 접속사, 전치사, 조동사 등을 포함하는 구조어로 구성된다. 핵심어휘를 AAC 도구에 일관되게 우세한 위치에 배열하면 AAC 사용자의 언어발달에 도움이 된다. 부수어휘는 AAC 사용자가 특별히 개인적으로 사용하는 어휘로서 특별한 사람이나 장소의 이름, 개인적으로 흥미 있는 활동들이 포함된다. 부수어휘를 조사하는 방법으로 선호-비선호 체크리스트, 생태학적 목록: 어휘선정 워크시트 등을 사용할 수 있다.

AAC 사용자의 유형에 따라 어휘 선정에 유념해야 할 사항이 다르며, AAC 중재를 위해 상징을 배열하는 방식도 활동중심, 범주중심, 피츠제럴드키, 의미론-구문론중심, 주제중심, 글자중심 상징 배열로 다양한 방법이 활용된다.

제 6 장

# 보완대체의사소통 사용자 유형과 중재 방법

### 개요

이 장에서는 보완대체의사소통 사용자 유형과 언어 중재 방법에 대해 살펴본다. 또한, 초보 의사소통자, 맥락의존 의사소통자, 독립적 의사소통자의 각 유형에 따른 보완대체의사소통 사정과 중재 모델 및 방법에 대해 알아볼 것이다.

# 1 보완대체의사소통과 언어 중재

## 1) 보완대체의사소통 사용자의 언어 문제

AAC가 말로 의사소통하지 못하는 복합의사소통 요구를 지닌 사람들이 현재 가지고 있는 의사소통 능력을 증진시키기 위한 것이라는 생각에 보통 AAC 중재를 의사소통 중재에 한정해서 생각하기 쉽다. 그러나 의사소통만을 강조하는 중재는 의도를 전달하는 데만 중점을 두게 되어 사회적 친밀성 발달을 도와주지 못하게 된다. 사회적 친밀성을 위해서는 언어 지식이 필요하다. 언어 지식이 없으면 사회적으로 고립되고 이것은 결국 의사소통 발달도 저해한다. 단어를 모르면 단어를 조합할 수 없고, 단어를 조합할 수 없으면 사회적 상호작용에서 원활한 의사소통에 참여하지 못하게 되는 것이다.

아동 발달 초기에는 의사소통에 중점을 두지만 의사소통 과정 속에서 언어를 통해 더 복잡한 언어 기능을 습득하게 되고 그것이 더 향상된 의사소통과 사회적 상호작용을 가능하게 해주는 것이다. 예를 들어, 아이는 아빠가 회사에서 돌아오면 '안녕'이라는 아빠의 말을 반복해서 들으며 '안녕'이라는 말을 배우게 되고, 그것이 '안녕하세요?'를 말하는 것으로 발전하고, 그다음 '선생님 안녕하세요?'를 말하는 것을 배우고 상호작용하는 것으로 이어진다. 즉, 아이는 반복하면서 배워 나가고, 거기에 첨가하면서 배워 나간다. 이러한 과정 속에서 언어적 모델을 제공해 주는 사람이 필요하다. 부모나 교사, 또래, 형제의 역할이 매우 중요하게 작용한다. 이것은 AAC를 사용하는 사람들에게도 마찬가지이다. 말로 의사소통하지 못하는 사람들에게 AAC 체계는 의사소통 체계이면서 동시에 언어 습득을 위한 수단이기도 한 것이다. 따라서 복합의사소통장애를 지닌 사람들에게는 AAC를 이용한 의사소통 중재와 언어 중재가 동시에 이루어져야 한다.

## 2) 보완대체의사소통 사용자의 제한된 언어발달 요인

복합의사소통장애로 인해 AAC가 필요한 사람들은 내적, 외적인 이유로 언어발달에 제한을 받는다. 내적인 요인에는 개인의 의사소통, 언어, 인지와 운동능력이 포함되고, 외적인 요인에는 AAC 도구의 제공, 의사소통 기회의 가능성, 참여 가능한 교육과정 등 환경적인 요인이나 의사소통 상대자 관련 요인이 해당된다.

### (1) 내적 요인

많은 연구에서 AAC 사용 학생은 종종 수동적인 의사소통자이며, 상호작용을 시도하지 않고, 거의 반응이 없거나, 의사소통 기능이 제한되어 있으며, 언어 형식 또한 제한되어 있음이 보고되었다(Kent-Walsh & McNaughton, 2005). 교사는 학생이 어떠한 내적인 문제를 가지고 있는지 파악해야 한다. 이것은 참여모델에서 접근 장벽의 사정과 관련된다. 예를 들어, 뇌성마비 학생은 운동 장애로 인하여 언어적 경험을 할 기회가 제한되어 있으며, 그것은 의사소통 기능과 언어능력 발달의 제한을 가져온다.

### (2) 외적 요인

의사소통자의 언어습득과 관련된 외적 요인에 대해 알아야 하는 것은 교사가 학생의 의사소통 기회를 촉진하는 교육적 맥락을 만들기 위해서이다. AAC를 사용하는 학생과 교육자와 관련된 외적 요인의 범주는 일반적인 실제 장벽, 의사소통 상대자 특성, 교육과정 문제, 환경적 요인의 네 가지로 분류할 수 있다(Soto & Zangari, 2009).

#### ① 일반적인 실제 장벽

AAC 사용자들에게는 수많은 실질적인 장벽이 존재한다. 그 대표적인 것이 AAC 사용자에 대한 오해이다. 이 책의 제3장에서 자세히 다루었던 것처럼 AAC 중재는 구어 발달을 방해할 것이라거나, AAC를 적용하려면 어느 정도 인지 수준이 있어야 한다고 생각하거나, 말을 할 수 있도록 언어치료를 하다가 효과가 없으면 가장 마지막에 해 보는 것이라고 생각하는 부모나 교사들이 여전히 있기 때문에 중재 시기를 놓치거나 또는 지속하지 않는 경우가 많다. 많은 교사가 AAC에 대한 훈련을 받지 않았거나 AAC 중재를 해 본 적이 없는 것도 학생들의 AAC 사용을 어렵게 하는 실제 장벽 중의 하나(Kent-Walsh & Light, 2003)라고 할 수 있다.

### ② 의사소통 상대자 특성

교사나 부모 또는 또래들이 언어발달을 촉진하지 않는 형태로 상호작용하는 것이 AAC 사용자의 언어발달을 저해하는 또 하나의 외적 요인이 된다. 예를 들어, 의사소통 상대자가 AAC 사용자와 상호작용할 때 말차례 교환의 차례를 점유하고, AAC 사용자에게 의사소통 기회를 제공하지 않는 것이다. AAC 사용자의 의사소통 역할이 반응자에 머물러 있는 경우가 많은 것은 여러 연구(강우정, 한경임, 2010; 김종연, 한경임, 2014; 백경란, 한경임, 2016)에서 보고된 바 있다. 이들 연구에서 AAC 중재를 통해 학생의 의사소통 기능이 개선되고 의사소통 역할도 반응자보다는 주도자 역할이 많아지기는 하지만 여전히 반응자의 역할이 우세한 경우가 많았다.

이것은 의사소통 상대자가 '예/아니요' 질문을 너무 많이 하고, 학생의 의사소통 시도를 인식하지 못하며, AAC를 사용하는 것에 간섭하거나, 학생 개인보다는 공학 도구에 관심을 두어 AAC 사용자의 언어발달에 대해서는 신경 쓰지 않는 경향(Soto & Zangari, 2009)과 관련이 있다. 교육적 맥락에서 이러한 의사소통 상대자는 AAC 사용 학생이 수업에 참여하거나 또래와 상호작용하는 방법에 영향을 미칠 수 있다.

### ③ 교육과정 문제

미국의 경우 주마다, 학교 구(school district)마다 다른 교육과정을 적용하면서 AAC 사용 학생을 위한 가이드라인이 부족한 점이 학생의 AAC 사용을 제한하는 요인이 된다(Spooner & Browder, 2006)고 한다. 우리나라의 경우에도 현재 학교에서 적용하는 교육과정의 성취기준과 교과서가 초보 의사소통자인 중도 장애를 가진 학생에게 적합하지 않아 교육과정 재구성의 필요성이 강조되는(한경임, 한경화, 2019; 한경화, 한경임, 2020) 측면에서 학교 교육이 AAC 사용 초보 의사소통 학생들의 언어발달을 이끄는 데 제한이 있을 수 있다.

### ④ 환경적 변수

학교에서 초보 의사소통자의 언어발달을 촉진하기 위해서는 AAC 도구뿐만 아니라 다양한 공학적 접근이 필요하다. 예를 들어, 초보 의사소통자에게 인과관계 개념을 지도하기 위해 보조공학을 활용한 게임(한경임, 2018b)을 할 수 있는 환경인가, 브릿지스쿨이나 T.A.C.L.E. 프로그램을 운영하는 미국의 특수학교나 특수학급(한경임 2014, 2018a, b, 2020)처럼 학생들이 운동장에서 일반 또래들과 함께 놀이하면서 대화할 수 있도록 손 사용이 자유로운 워커를 사용할 수 있는 환경인가 그렇지 않은 환경인가는 AAC 사용 학생의 언어발달에 많은 영향을 미치게 될 것이다. 브릿지스쿨과 T.A.C.L.E. 프로그램 운영 특수학급 모두 학생들이 휴식 시간이면 운동장에 손 사용이 자유로운 워커를 장착하고 나가 또래들과 어울리며 AAC를 이용해 자연스럽게 대화할 수 있다.

AAC가 필요한 대부분의 아동이 취학 전까지 언어 중재를 제대로 받지 못하는 경우가 많다. 보통 장애가 심한 복합의사소통장애 학생들은 제스처, 발성 등으로 중요한 요구 전달만을 위해 최소한으로 의사소통하고, 어휘가 부족하기 때문에 그만큼 다른 사람과의 상호작용 기회가 적을 수밖에 없다. 특히, 학생들이 AAC 체계에 접근하게 되었을 때 자신의 주변에 AAC를 사용하여 의사소통을 잘하는 모습을 보여 주는 능력 있는 모델이 없다는 것도 AAC 사용 학생의 언어발달이 저해되는 요인이 될 수 있다.

T.A.C.L.E. 프로그램을 운영하는 미국의 특수학급 사례(한경임, 2018a, b)를 보면 또래가 AAC 도구로 표현한 것을 따라 자신도 또 다른 표현을 하며 의사소통과 언어능력이 함께 성장해 가는 모습을 볼 수 있다. 브릿지스쿨에서는 AAC를 사용하는 졸업생을 멘토로 참여시켜 학생들과 함께 대화하며 활동하는 자기결정력 프로그램을 운영하기도 한다(한경임, 2024a, b). 이러한 사례는 모두 AAC를 사용하여 의사소통을 잘하는 모델을 보여 줌으로써 AAC 사용 학생이 언어발달을 도모할 수 있도록 하는 것이다.

### 3) 언어 체계로서 보완대체의사소통

일단 복합의사소통장애 학생이 AAC 체계를 가지게 되면 자신이 속한 환경에서 소통해야 할 언어를 배워야 할 뿐만 아니라 일반 학생들과 다르게 AAC 상징, 기능키, 부호 등을 배워야 한다. 그리고 기기의 조작 능력과 대화가 단절될 때 이를 복구하기 위한 전략적 능력(Light et al., 2003)도 배워야 하며, 화용론적으로 빨리 말하는 방법도 배워야 하고, 새로운 상징을 또 배우고, 더 나아가서는 의미 전달을 위해 상징들을 결합하는 방법도 배워야 한다.

우리나라에서 사용되고 있는 상징체계들은 형태론과 구문론적인 표현을 위한 형태소나 어미 등을 사용할 수 있게 개발되어 있지 않은 경우가 많다. 따라서 대부분의 AAC 상징체계의 내적 구조는 말하는 언어와 매우 다른 면을 보여 준다. 이러한 점들은 AAC 체계 자체만으로 언어발달이 이루어지는 것이 아니라 AAC 체계를 사용하여 학생이 언어를 발달시킬 수 있도록 교사의 중재가 필요함을 의미한다.

### 4) 보완대체의사소통 사용자의 언어 중재를 위한 사회적 구성주의

AAC를 적용하려면 최소한 상징 이해 능력이 있어야 한다는 등의 선제 조건이 있는 것이 아님을 이미 제3장에서 언급한 바 있다. 이것은 AAC를 적용하기 위해 특별히 준비된 사람이 있는 것이 아님을 의미한다. 예를 들어, 스위치를 혼자서 작동시키지 못한다거나 아직 의사소통 의도를 보이지 않는다 하더라도 AAC 중재가 가능하다. AAC 중재는 복잡한 의사소통 체계나 도구를 조절하는 것에만 국한된 것이 아니다(Cress & Marvin, 2003). 의사소통 의도조차 보이지 않는 학생에게 처음 AAC 중재를 시작할 때는 학생의 자발적인 행동, 제스처, 발성뿐만 아니라 의사소통 상대자가 의미 있다고 생각하는 학생의 행동에 AAC를 적용해야 한다. 예를 들어, 학생이 계속 우는데 부드러운 감촉의 곰 인형을 안겨 주니 울음을 멈추는 행동을 보인다면 이 행동에 AAC를 적용하여 의사소통 의도를 갖도록 중재하는 것이다.

의도적 의사소통은 전의도적 행동과 환경적인 반응의 경험을 바탕으로 축적된다. 즉, 아이가 보이는 전의도적 행동(예: 배고플 때 계속 우는 것)에 대해 엄마가 "배고프구나. 맘마 먹자. 맘마!"라고 하는 환경적 반응과 같은 경험이 많이 쌓일수록 의도적인 의사소통 행동이 발달한다. 그런데 이러한 행동이나 반응들이 아직 확립되지 않아 이후의 더 나은 발달을 이끌 만큼 충분히 보이지 않으면 어느 연령이건, 어떠한 인지적 수준이건 상관없이 AAC 중재가 적용되어야 한다.

이와 같은 초기 의사소통 수준뿐만 아니라 상징이나 어휘를 이해하기 시작한 수준의 경우에도 AAC 중재를 적용할 때 오류를 범하는 것 중 하나가 어휘들의 개념을 모두 다 이해해야만 AAC 도구를 사용할 수 있다고 생각하는 것이다(Sutton et al., 2002). AAC 중재는 언어이해 능력을 사정하고 난 다음에 하는 것이 아니라, AAC 중재를 하면서 언어이해 사정을 지속적으로 수행해야 하는 것이다(Dowden & Marriner, 1995). 이것은 AAC가 더 많은 언어 자극을 제공하고, 상징에 대한 이해 능력을 도우면서 복잡한 상징 표현을 가능하게 함으로써 언어습득 체계로서 기능하기 때문이다.

AAC를 사용하면서 상징을 인식하기 시작하면 학생은 AAC 도구의 화면에서 새로운 상징을 탐색하고 소리를 산출해 보면서 새로운 개념을 이해하게 된다. 이러한 탐색은 혼자서도 할 수 있지만 다른 사람들과의 상호작용 속에서 의사소통 목적을 위해 상징을 결합하여 표현하기도 하고, 더 적절한 표현을 찾아 새로운 상징을 눌러 보기도 하면서 더 발달하게 된다. AAC 사용이 필요한 복합의사소통장애 학생만이 아니라 이러한 언어발달 특성은 전형적인 발달 양상을 보이는 아동에게도 나타난다. 즉, 단어의 개념을 다 알고 난 다음 말을 하게 되는 것이 아니라, 이것저것 말을 하면서 말을 배우고 언어가 발달하는 것이다.

피아제는 인지발달이 언어발달을 이끄는 것이라고 하였지만, 비고츠키에 의하면 특정 인지 능력이 창의적인 언어 사용을 선행하는 것은 아니다(Cress & Marvin, 2003). 예를 들어, 어린 아동이 매우 초기 의사소통 시기에 사용하는 '더(more)'라는 표현은 반복되는 의사소통 과정을 통해 '더'라는 의미가 단순히 물리적인 형태를 얻는다는 것만이 아니라 사물에 대한 안정적인 소유 개념을 갖는다는 것을 이해하게 한다. 이는 언어와 인지가 서로 맞물리며 함께 발달하는 것임을 보여 준다.

이러한 의미에서 비고츠키의 사회적 구성주의에 의한 근접발달영역(Zone of Proximal Development: 이하 ZPD)은 아동 발달뿐만 아니라 AAC 중재에서도 매우 중요한 개념이다. ZPD는 스스로 할 수 있는 것과 더 능력 있는 또래나 성인의 지원으로 할 수 있는 것 사이의 거리이다. 이 영역에 있으면 학생은 과제의 성질은 이해하지만 그것을 혼자 해결하지는 못한다. 따라서 모든 중재는 학생의 근접발달영역 안에서 이루어져야 한다. AAC 중재는 근접발달영역에서 잠재적 발달 수준으로 넘어가도록 연결해 준다. 따라서 현재 학생이 이해하는 것이 무엇인지, 실제적 발달 수준이 어느 정도인지 사정하는 것이 확실한 중재 계획에 매우 중요하다. [그림 6-1]은 근접발달영역을 나타내는 것이다.

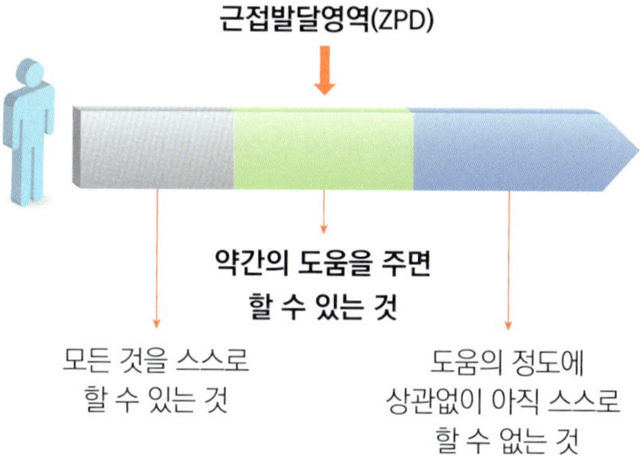


[그림 6-1] 근접발달영역

## 5) 보완대체의사소통 사용자의 언어 중재를 위한 고려 사항

의사소통은 혼자 하는 것이 아니며, 언어능력 또한 혼자서는 발달시킬 수 없다. 다른 사람과의 상호자용 속에서 의사소통과 언어발달이 이루어지는 것이라고 볼 때 AAC 중재가 이루어지는 맥락 또한 상호작용적이고 유목적적이어야 한다. 복합의사소통장애 학생은 단순히 교사나 성인이 시키는 대로만 하는 사람이 아니라 상호작용의 주체로서 자신의 의도를 AAC 체계로 표현할 수 있어야 한다. 목적이 없으면 의사소통이 이루어지지 않는다. 따라서 우선 학생이 의사소통할 목적을 갖도록 하는 것이 중요하다.

복합의사소통장애 학생이 피로의 가능성이 있는 상태, 약물 처리로 인한 부작용 상태, 상호작용에 흥미가 거의 없는 상태일 때, 그리고 성인이 의사소통을 주도하는 상태에서 상호작용을 시작하고 유지하려고 하면 문제가 발생한다. 따라서 중재 상황이 적절한지 파악하는 것도 매우 중요하다.

조건을 바꾸는 것을 기반으로 하는 상호작용은 의사소통 행동과 보상 간의 관계를 확립하는 데 강력하기는 하지만 서술적인 의사소통의 기회는 매우 제한될 수 있다. 예를 들어, PECS는 사진이나 그림을 주어 원하는 것을 바로 얻을 수 있는 교환 개념으로 요구와 보상의 관계를 매우 강하게 확립할 수는 있지만 정보 공유나 설명하기, 주제 이어 이야기하기와 같은 언어적인 의사소통은 어려울 수 있다. AAC 사용자는 그래픽 상징을 사용하면서도 문법적 형태소 표현도 가능해야 하고, 주제에 맞게 일관된 대화를 이어 나가는 것도 가능해야 한다. AAC 체계는 언어학습을 위한 목적이면서 수단인 것이다.

Soto(2017)에 의하면 AAC 체계는 언어학습을 위한 조건, 즉 생산성, 구조화, 되풀이 기능을 갖추어야 한다. 생산성이란 하나의 상징이 여러 가지 의미를 표현하는 것이 가능해야 한다는 것이다. 구조화란 문법 구조의 순서에 맞게 표현이 가능하도록 설계되어야 한다는 것이다. 되풀이 기능이란 표현한 것을 원하면 언제든 반복해서 표현할 수 있도록 설계되어야 하는 것을 의미한다. AAC를 이용한 언어 습득은 아동과 의사소통 상대자가 함께 만들어 가는 과정이다.

## 2 언어발달과 보완대체의사소통 사용자 유형

### 1) 보완대체의사소통 사용자 유형 특성

AAC 체계를 사용한다고 모두 비슷한 능력을 가지고 있는 것은 아니다. 상징에 대한 개념이 없거나 상징에 대한 이해가 있더라도 의사소통하기에는 어휘가 부족한 사람도 있고, AAC 체계를 이용하여 일반인이 말하는 것처럼 다양한 표현을 자유롭게 하는 사람도 있다. 이러한 개인의 AAC 체계 사용 특성을 잘 파악하고 그에 적절한 중재를 하는 것이 매우 중요하다. Dowden(1999a, b)은 의사소통적 독립성 모델(Communicative Independence Model)을 통해 AAC 사용자를 초보 의사소통자, 맥락의존 의사소통자, 독립적 의사소통자로 분류하였으며, 이 책의 제3장에서 언급하였다.

초보 의사소통자는 연령이나 장애 유형에 상관없이 신뢰할 만한 상징적 의사소통 수단을 갖고 있지 못해 전언어학적이고 특이한 형식으로 제한된 범위의 메시지만 친숙한 사람에게 전달할 수 있는 경우이다. 이 경우 아직 AAC 중재 경험이 없거나 부적절한 중재 경험을 가지고 있을 수 있다.

맥락의존 의사소통자는 AAC를 이용해 의사소통하기는 하지만 상대자 지원 스캐닝이나 눈 응시 등의 양식을 사용하고, 표현하는 어휘가 적어서 제한된 의사소통 상대자와 제한된 의사소통 기능만 표현한다. 맥락의존 의사소통자에 대해 체계적이고 적절한 중재가 이루어지지 않으면 독립적인 의사소통자로 발전하는 데 아주 오랜 시간이 걸리거나 맥락의존 상태로 남아 있을 수도 있다(Dowden, 1999a, b). 독립적 의사소통자는 AAC 도구를 사용하거나 또는 사용하지 않고 어떠한 상대자와도 의사소통이 가능하기는 하지만 때때로 친숙한 상대자나 촉진자의 지원에 의존할 수도 있다.

이 책의 제1장에서 언어발달 단계는 전언어학적 단계와 언어학적 단계로 분류되며, 전언어학적 단계는 언향적, 언표내적 단계로 분류되고, 언어학적 단계는 언표적 단계라고도 함에 대해 제시한 바 있다. Wilcox 등(1995)은 언향적 단계를 상대자에 의해 지각된 의사소통 단계, 언표내적 단계를 의도적 또는 유목적적 의사소통 단계, 언표적 단계를 상징적 의사소통 단계로 명명하기도 하였다. 상대자에 의해 지각된 의사소통 단계는 반사적 행동 단계와 의도적 행동 단계로 분류된다.

AAC 사용자의 유형을 언어발달 단계에 따라 적용해 본다면 초보 의사소통자는 전언어학적 단계인 언향적 단계와 언표내적 단계에 있으며, 맥락의존 의사소통자는 언표내적 단계에서 언표적 단계로의 전환기나 언표적 단계에서 제한된 어휘로 제한된 상대자와 의사소통하는 단계에 있다고 할 수 있다. 독립적 의사소통자는 언표적 단계에 속하며, 상징을 이용해 독립적으로 의사소통이 가능하다. Dowden(2004)을 참고하여 의사소통 능력의 연속체로서 AAC 사용자의 유형을 [그림 6-2]와 같이 제시하였다.

의사소통 능력 연속체

| 언향적 단계 | 언표내적 단계 | 언표적 단계 |
|---|---|---|
| **초보 의사소통자** | **맥락의존 의사소통자** | **독립적 의사소통자** |
| 신뢰하지 못하는<br>상징적 의사소통 | 신뢰할 만한<br>상징적 의사소통 | 신뢰할 만한<br>상징적 의사소통 |
| | 제한된 어휘 | 모든 주제 |
| | 제한된 상대자 | 모든 상대자<br>(촉진자의 지원) |

[그림 6-2] 의사소통 능력 연속체와 AAC 의사소통자 유형

### 2) 보완대체의사소통 사용자의 언어발달 단계 간 전환

반사적 행동 단계에 머물러 있는 초보 의사소통자가 의도적 의사소통 단계로의 전환을 거쳐 상징적 의사소통이 가능한 독립적 의사소통자로 발달하는 데는 각 단계마다 여러 가지 요인이 관련된다. Reichle 등(2002)은 각 단계로의 전환에 영향을 미치는 요인을 [그림 6-3]과 같이 제시하였다.

[그림 6-3]에서 반사적 행동단계의 AAC 사용자에게는 인과관계 기술과 사람이나 사물에 대한 관심과 같은 인지적 측면뿐만 아니라 초보 의사소통자로서 AAC 사용자의 모방 능력과 부모의 반응성 또한 중요한 요인으로 작용한다.

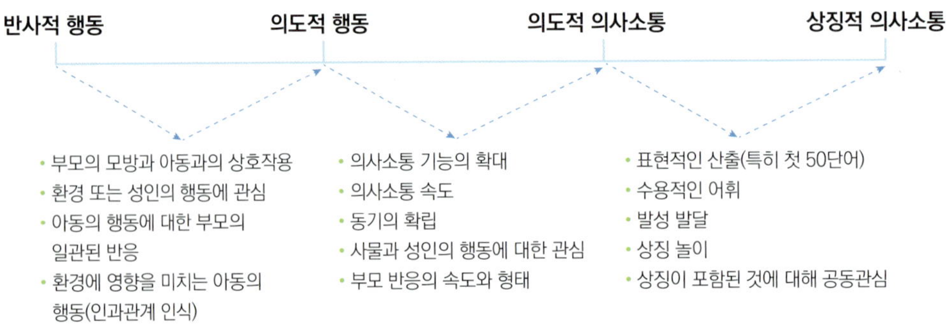


[그림 6-3] 언어발달 단계 전환에 영향을 미치는 요인

## 3 보완대체의사소통 중재 모델

### 1) 최소위험가설

중도중복장애 학생 교육에 적용하는 가장 기본적인 교수원리 중 하나가 최소위험가설(The least dangerous assumption)이다. 최소위험가설의 의미는 절대적인 증거 없이는 개인에게 가장 덜 위험한 성과나 결과를 가져올 결정을 내리는 것이다(곽승철 외, 2019). "이 학생은 아무리 배워도 결코 읽지 못할 거야.", "이 아이는 우리가 말하는 것 전혀 이해 못해.", "이 아이는 말하지 못할 거야."와 같은 가설을 갖고 학생에 대한 교육적 결정을 내려서는 안 된다는 것으로서 모든 학생이 유능하고 배우는 능력이 있음을 전제하는 것이 가장 최소로 위험하다는 것이다(한경임, 2019).

최소위험가설은 중도중복장애를 갖고 있는 대부분의 복합의사소통장애 학생들에게도 적용된다. 지금 말을 하지 못한다고 해서, 지금 상징을 이해하지 못하고 의사소통 의도를 보이지 않는다고 해서 그 학생이, 또는 그 사람이 상징을 학습하고 언어를 발달시킬 잠재력이 없다고 가정해서는 안 된다. 우리는 교사로서, 부모로서, 촉진자로서 우리가 중재를 시도하는 모든 사람이 학습 잠재력을 갖고 있다는 것을 잊어서는 안 된다. 장애가 심하면 심할수록 그 잠재력을 끌어내는 과정이 매우 복잡하고 힘든 것은 사실이다. 그 사람이 지나가는 삶 속에서 이루어지는 이 복잡한 과정의 여행을 우리가 도와주어야 한다.

## 2) 삼각초점 중재 모델

AAC 중재 모델로 [그림 6-4]에 삼각초점 중재 모델(Tri-focus framework)(Moynihan, 2019; Reichle et al., 2002; Siegel-Causey & Bashinski, 1997)을 제시하였다.

삼각초점 중재 모델은 학습자와 상대자뿐만 아니라 의사소통이 일어나는 환경 맥락의 다양한 측면들을 고려하는 것이다. 이 모델에서는 의사소통이 학습자와 상대자가 서로에게 영향을 미치면서 이루어지는 상호작용이며, 상호작용 또한 환경 맥락에 의해 영향을 받는다는 것을 강조한다.

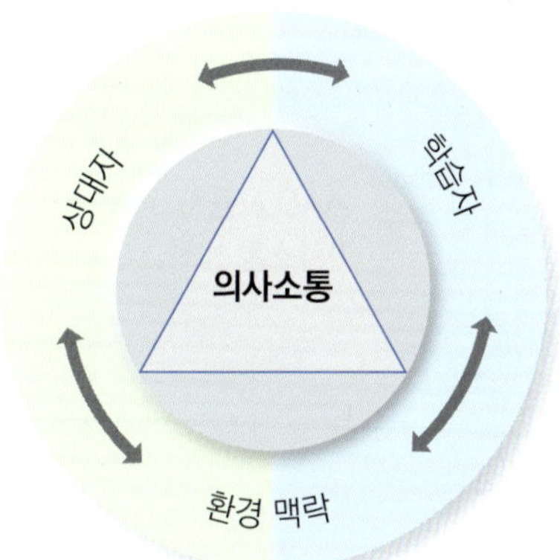


[그림 6-4] 삼각초점 중재 모델

중재 과정에서 이 세 가지 요소 중 어느 하나에만 초점을 두어서는 안 된다. 예를 들어, 학습자에게만 초점을 두어 이것저것 해 보는 것은 너무 협소한 접근이다. 의사소통은 혼자서 하는 것이 아니다. AAC 사용자 당사자만이 아니라 의사소통 상대자의 의사소통 참여 기술을 증진시키는 중재가 필요하며, 물리적, 사회적 측면에서 환경적 맥락에 대한 영향을 조사하고 수정할 필요가 있다. 환경의 물리적 측면이란 상호작용의 특정 환경(예: 가정, 학교), 맥락(예: 미술 시간, 수학 시간, 점심시간), 맥락의 속성(예: 밝은 정도, 시끄러운 정도, 활용 가능한 자료 수준)을 의미한다. 환경의 사회적 측면이란 개인과 가까이 지내는 또래와 성인, 학습자에게 주어진 상호작용의 형태, 가까이에서 할 수 있는 활동 수준을 의미한다.

### 3) 의사소통 능력 모델

이 책의 제3장과 제4장에서 AAC 사용자의 의사소통 능력 모델을 소개한 바 있다. 의사소통 능력 모델은 Light(1989)에 의해 처음 도입된 후 Light 등(2003)을 통해 발전되었다. Kovach(2009)는 의사소통 능력 모델을 적용하여 사정 도구인 Augmentative & Alternative Communication Profile을 개발하였고, 미국에서는 현재 많은 AAC 사정과 중재에 적용되고 있다.

의사소통 능력 모델을 그림으로 나타내면 [그림 6-5]와 같다. 의사소통 능력 모델의 적용은 초보 의사소통자, 맥락의존 의사소통자, 독립적 의사소통자 모두에 걸쳐 적용되는 것이므로 이 장의 마지막 절에 의사소통 능력 모델에 의한 중재에 대하여 기술하였다.

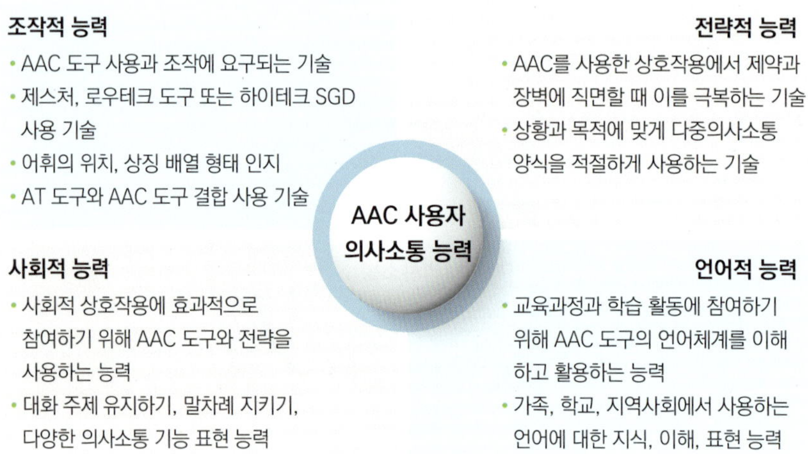


[그림 6-5] 의사소통 능력 모델

### 4) 역동적 AAC 목표 설정 모델

다양한 SGD 제품을 개발하여 전 세계에서 사용되고 있는 토비다이나박스(Tobiidynavox)에서는 Dowden의 의사소통적 독립성 모델과 Light가 제시한 의사소통 능력 모델을 함께 진단하고 목표를 설정할 수 있는 The Dynamic AAC Goals Grid-2(DAGG-2)(www.tobiidynavox.com)를 개발하였다. DAGG-2에서는 AAC 사용자 유형을 초보 의사소통자, 초보 전환기 의사소통자, 맥락의존 의사소통자, 전환기 독립적 의사소통자, 독립적 의사소통자의 다섯 가지 유형으로 구분하여 더 세분화한 특징이 있다. DAGG-2에서는 이해, 표현, 사회적 상호작용, 문해력 기술, 기타 부분에서 평가를 통해 AAC 사용자가 어느 유형에 속하는지 결정하도록 한다. 이후 각 유형에서 달성해야 할 의사소통 능력에 대한 사정을 통해 중재 목표를 설정하도록 하는 것이다.

〈표 6-1〉, 〈표 6-2〉는 이해와 표현 면에서 초보 의사소통자, 초보 전환기 의사소통자, 맥락의존 의사소통자, 전환기 독립적 의사소통자, 독립적 의사소통자를 판별하는 예시이고, 〈표 6-3〉은 언어적 능력 면에서 각 유형의 중재 목표 예시이다. [부록 10]에 전체 내용을 제시하였으니 사정과 중재 목표 설정에 활용할 수 있을 것이다.

〈표 6-1〉 이해 면에서 AAC 사용자 유형 판별

| 유형 | 판별 항목 |
|---|---|
| 초보 의사소통자 | • 아이디어를 표현하는 상징(예: 그림, 단어)을 전혀 이해하지 못하거나 이해가 제한되어 있다.<br>• 그림은 이해와 표현을 증진시키는 데 도움이 될 수 있거나 되지 않을 수도 있다.<br>• 학생이 얼마나 많은 말을 이해하는지 결정하기 어렵다. |
| 초보 전환기 의사소통자 | • 관습적인 제스처(예: 이리 와, 저리 가, 안녕)에 반응한다.<br>• 일반적인 사물의 사용을 이해하고 있음을 보여 준다.<br>• 그림이 이해와 표현 모두의 증진을 도와주는 것 같다.<br>• 익숙한 루틴과 활동 속에서 간단한 지시 사항을 따르기 시작한다. |
| 맥락의존 의사소통자 | • 사물, 일반적인 행동(예: 달리다, 색칠하다, 먹다), 사람 또는 상황을 표현하는 사진이나 그림 상징을 이해한다.<br>• 보다 추상적인 그림 상징(예: 생각하다, 큰, 뜨거운, 거의 없는)을 이해하기 시작한다.<br>• 익숙하거나 익숙하지 않은 루틴에서 간단한 지시 사항을 따른다.<br>• 일반적인 대화를 이해하고 따른다. |
| 전환기 독립적 의사소통자 | • 동일 연령의 또래만큼 대화를 이해한다.<br>• 말로 하는 복잡한 지시 사항을 간단하게 따라 한다. |
| 독립적 의사소통자 | • 동일 연령의 또래와 같은 정도로 의사소통하고 지시 사항을 이해한다. |

〈표 6-2〉 표현 면에서 AAC 사용자 유형 판별

| 유형 | 판별 항목 |
|---|---|
| 초보 의사소통자 | • 얼굴 표정, 몸짓, 제스처 또는 행동(사회적으로 적합하거나 또는 도전적인)으로 대부분 성공적으로 의사소통할 수 있다.<br>• 수용(예: 미소 짓기) 또는 거절(예: 고개 돌리기)을 표현하지만 다른 예/아니요 질문에 대한 반응은 신뢰롭지 못하다.<br>• 친숙하고 동기가 유발되는 활동에서 의사소통하려는 모습을 보일 수도 있다.<br>• 성공적으로 의사소통하기 위해 의사소통 상대자의 도움을 필요로 한다(예: 선택 사항 좁히기, 제스처/몸짓/행동 해석하기).<br>• 감각적 행동(예: 몸 흔들기, 물건 빨기)이 진정과 선호 여부를 결정하기 위해 매우 중요하다. |
| 초보 전환기 의사소통자 | • 기본적이고, 일반적이면서 명확한 항목들에 대한 상징(예: 실제 사물, 그림)을 이해한다.<br>• 좋아하는 활동이나 동기가 유발되는 상황에서 명확하고 단순한 상징(예: 실제 사물, 사진, 그림 상징 포함)을 사용하기 시작한다.<br>• 그림 상징을 사용한다면 메시지를 의사소통하기 위해 한 번에 한 개의 그림을 사용할 것이다.<br>• 의사소통하기 위해 제스처, 얼굴 표정, 의도적인 행동(예: 지적하기, 보여 주기, 주기)을 사용할 수도 있다. 그러나 그에 대한 신뢰성은 매일매일 또는 활동마다 다르다. |
| 맥락의존 의사소통자 | • 메시지를 표현하기 위해 의사소통 방법을 결합하여 사용한다(예: 제스처, 지적하기, 상징, 말/발성, AAC 도구).<br>• 기본적인 요구를 의사소통하고 다양한 요구를 위해 자발적으로 상징과 사물을 사용한다.<br>• 도움을 받아 질문하거나 코멘트(언급)하기 위해 상징을 사용하기 시작한다.<br>• 친숙한 의사소통 상대자와 익숙한 주제에 대해 루틴 활동에서 의사소통을 잘한다.<br>• 더 긴 메시지를 표현하기 위해 2개 또는 그 이상의 상징을 결합하기 시작한다. |
| 전환기 독립적 의사소통자 | • 친숙한 의사소통 상대자, 친숙하지 않은 의사소통 상대자와 광범위한 주제에 대해 의사소통한다.<br>• 더 길고 복잡한 그리고 다양성이 증가된 메시지를 구성하여 다양한 의사소통 기능(예: 코멘트하기, 질문하기, 정보 공유하기)을 표현하기 위해 2개 또는 그 이상의 상징을 일관성 있게 결합한다.<br>• 자신의 의사소통 도구 내에서 광범위한 어휘와 의사소통 툴(tool)을 사용한다. |
| 독립적 의사소통자 | • 동일 연령의 다른 사람들처럼 다양한 주제에 대해 의사소통하기 위해 한 낱말 단어들, 철자 쓰기, 구 표현을 결합하여 사용한다.<br>• 대화에서 생각을 확장할 수 있다. |

〈표 6-3〉 언어적 능력 면에서 AAC 사용자 유형별 중재 목표

| 유형 | 중재 목표 |
|---|---|
| 초보 의사소통자 | • 요구하기/반응하기/코멘트하기와 사회적 상호작용을 위해 행동으로(예: 눈응시, 지적하기, 상대자를 끌어당기기) 의사소통한다. |
| | • 원하지 않는 의제나 항목을 행동으로[예: 간단하게 흘낏 보기, 고개 끄덕이기, 눈 맞춤, 웃기 또는 터치(접촉)하기] 거절한다. |
| | • 의제, 활동, 제공된 항목에 대해 행동으로 수용한다. |
| | • 루틴으로 이루어지는 공동관심 활동에서 단일 메시지 저장 SGD를 사용하는 것(예: 이야기 한 줄 반복하기, 선호하는 활동을 반복해서 요구하기)으로 상대자와 의사소통하려는 의도를 입증한다. |
| | • 원하는 것에 대해 신호를 보낸다(예: 제스처, 도구, 구어). |
| | • 한 번의 의사소통 교환에서 말차례 주고받기에 참여한다(제스처, 지적하기, 얼굴 표정, 눈 움직임). |
| | • 상대자의 사물을 향해 공동관심을 보인다. |
| 초보 전환기 의사소통자 | • 즉각적인 환경 조절을 위해(예: 더, 다 했어요, 그만!) 적어도 3개의 믿을 만한 신호(예: 수어, 손짓기호 비슷한 것, 실제 사물/그림 상징, 구어/구어 비슷한 것)를 사용한다. |
| | • 루틴으로 이루어지는 친숙한 맥락에서 2개 또는 그 이상의 상징을 배열한 화면을 보고 한 낱말 명사 상징으로 유관 사물을 요구하기/코멘트하기/명명하기로 표현한다. |
| | • 루틴으로 이루어지는 친숙한 맥락에서 2개 또는 그 이상의 상징을 배열한 화면을 보고 한 낱말 동사 상징으로 명확한 행동을 요구하기/코멘트하기/명명하기로 표현한다. |
| | • 친숙한 맥락에서 상호작용 참여 또는 지속을 위해 단일 버튼 메시지를 선택한다. |
| 맥락의존 의사소통자 | • 각 범주에 다섯 가지 예시를 가지고 있는 7개 범주에서 다양한 명사를 사용한다. |
| | • 추상적인 묘사 개념: 양적/질적/공간적(최소한 각 범주에서 2개) 개념을 사용한다. |
| | • 구조화된 또는 루틴 활동에서 2개 이상의 단어로 이루어진 구(예: 나는 ______하고 싶어요, 나는 ______를 본다, 나는 ______을 가지고 있다)를 표현하기 위해 학습한 문장 구조(매개구: carrier phrases)를 사용한다. |
| | • 행동 개념(적어도 상황에 걸쳐 10개 동사)을 사용한다. |
| | • 새로운 또는 2개 이상의 단어로 이루어진 문장을 따라 쓰거나 창작한다. |
| | • 하나 이상을 표현하기 위해 복수형을 사용한다. |
| | • 글자/소리 결합을 인지한다. |
| | • 글자 조합(예: 첫소리 인식, 철자 만들어 내기)의 조기 사용을 입증한다. |
| | • 현재와 과거 시제를 사용하여 간단한 문법적 문장을 형성한다. |

| 유형 | 중재 목표 |
|---|---|
| 전환기 독립적 의사소통자 | • 이야기(내러티브)를 말하거나 다시 말하기 위해 논리적 방법으로 정보를 연결한다. |
| | • 미리 저장된 다양한 질문 형식으로 질문하고 답변한다. |
| | • 새로운 활동에서 개별 단어/구/철자를 결합하여 메시지(최소 3개 단어)를 만들어 표현한다. |
| | • 추상적인 묘사 개념을 사용한다: 양적/질적/공간적(최소한 각 범주에서 6개). |
| | • 활용할 수 있는 단어/메시지를 사용하여 새로운 의미를 전달하고, 사용하지 않는 단어/개념을 대체한다(예: 에둘러 말하기). |
| | • 고빈도의 첫소리 같은 글자, 끝소리 같은 글자, 철자가 친숙한 단어를 인식하고 사용한다. |
| 독립적 의사소통자 | • 3개 이상의 개별 단어/구/철자 쓰기로 창의적인 메시지를 형성한다. |
| | • 도구에 없는 새로운 단어/개념을 묘사하기 위해 현재 있는 어휘를 창의적으로 결합하여 표현한다(예: 유연한 어휘 사용). |
| | • 복잡하고 복문인 문장을 구성한다(예: '왜냐하면', '그리고' 또는 관계대명사 사용). |
| | • 일상 대화에서 쓰이는 반전 질문을 사용한다(예: "내가 할까요?", "네가 했어?", "그들이 있었어?"). |
| | • 단어/상징 예측이 있거나 없이 연령 수준에 맞는 독립적인 철자 쓰기를 입증한다. |
| | • 동사를 나타내는 형태소 어미를 이해하고 사용한다(예: -다, -요). |

## 5) 참여-개념 발달-지원적 상대자 모델

참여-개념 발달-지원적 상대자 모델(Engagement, concept development & supportive partners)(Moynihan, 2019)은 브릿지스쿨에서 적용하고 있는 모델로서 [그림 6-6]과 같다.

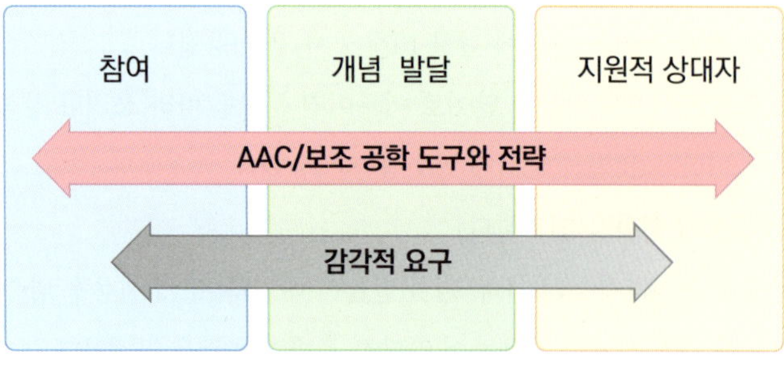


[그림 6-6] 참여-개념 발달-지원적 상대자 모델

Moynihan(2019)에 의하면 초보 의사소통자는 상대자의 강화와 촉진에 많이 의존한다. 얼마나 많이 상호작용하느냐 그리고 얼마나 상대자와 함께 그것을 만들어 가느냐에 따라 상호작용의 질과 특성이 달라진다. 이 모델에서 참여는 왜, 어떻게 사람들이 상호작용하는가, 얼마나 풍부하게, 어느 정도의 강도로 상호작용하는가와 관련된다.

개념 발달은 의사소통 과정 동안 의미를 만들어 가는 것이다. 의사소통을 통해 정보를 공유하고, 세상에 대해 배우고 있는 것이 개념 발달에 영향을 미치게 된다. 이 개념은 학생에게 무엇을 가르칠 것인가, 어떻게 가르칠 것인가, 개념 표현을 위해 어떠한 AAC 상징을 사용하도록 할 것인가를 결정하는 것과 연관된다.

지원적인 상대자는 초보 의사소통자에게 매우 중요하다. 왜냐하면 상대자가 초보 의사소통자인 학생의 의사소통 신호에 얼마나 반응을 잘해 주느냐에 따라 맥락의존 의사소통자로 갈 수 없는 위험성이 생기기 때문이다. 따라서 이 세 가지 요소에 대한 사정과 중재가 필요하다.

## 4 초보 의사소통자를 위한 보완대체의사소통 중재

### 1) 초보 의사소통자의 특성

초보 의사소통자는 비상징적인 수단으로 의사소통하는 아동/성인, 비상징적 의사소통 단계에서 상징적 의사소통 단계로의 전환단계에 있는 발생적(emergent) 의사소통자와 상징적/언어적 의사소통 단계에 들어선 초기(beginning) 의사소통자를 모두 포함하여 지칭하는 것이다. 초보 의사소통자는 표현하는 단어나 상징이 50개 이하인 경우(Reichle et al., 2002)를 지칭하기도 한다. 나이가 많아도 아직 상징적 의사소통 단계에 이르지 못한 경우나 심각한 뇌손상으로 인해 몇 가지 그래픽 상징에 대한 이해만 가능한 경우 초보 의사소통자에 속한다. '초보 의사소통이 인지적 손상을 의미한다.'는 생각은 매우 잘못된 것이다. AAC 중재를 통해 초보 의사소통자에서 맥락의존 의사소통자를 거쳐 독립적 의사소통자로 성공한 사례가 많이 보고되었다.

초보 의사소통자는 일상 사물에 대한 사진이나 선화를 아직 인식하지 못하기 때문에 실제 사물의 상징화, 선택하기 활동을 통해 의사소통 의도를 가지도록 하며 상징에 대한 인식을 점차 늘려 나가야 한다(Beukelman & Mirenda, 2005). 초보 의사소통자의 특성을 제시하면 다음과 같다.

❶ 초보 의사소통자는 자연스러운 행동을 바탕으로 의사소통한다. 즉, 얼굴 표정이나 제스처, 발성 등 지금 이 순간 느껴지는 대로 행동으로 표현하는 것이다. 따라서 의사소통을 위해 얼굴 표정, 몸짓, 제스처, 발성 등 비상징적인 양식을 사용한다. 이러한 의사소통 행동들은 고정적이지도 않고 영속적이지도 않다.

❷ 초보 의사소통자가 사용하는 비상징적인 양식은 관습적인 행동(예: 물건이나 사람에 손을 뻗치는 것으로 관심을 표현하는 행동)인 경우도 있지만 개인마다 다른 독특한 행동(예: 혀를 조금 내밀어 '예' 표시, 혀 차는 소리를 내는 행동)을 보이거나 무계획적인 행동(예: 몸을 긴장하거나 호흡이 가빠지는 행동)을 나타낼 수도 있다.

❸ 지금 현재(here and now)에 대해서만 의사소통한다.

❹ 의사소통 상대자와 환경의 영향을 아주 많이 받는다. 일부 초보 의사소통자는 친숙한 사람과만 의사소통하고, 그 사람이 초보 의사소통자의 행동을 해석해 주어야 할 수도 있다.

❺ 일반적인 수업 활동에 참여하기 어렵다.

❻ 표현언어 기술이 없어 이해하고 있는지 어떤지 추측해야 하기 때문에 수용언어기술을 사정하기가 어렵다.

❼ 의사소통을 위한 행동 표현에 어려움이 있어 좌절하고 위축되기 쉽다.

❽ AAC나 보조공학을 이용한 중재에 일관되지 않은 성취를 보이고, 중재 목적을 향한 진보가 매우 느리다.

## 2) 초보 의사소통자 중재를 위한 사정

### (1) 초보 의사소통자의 참여 수준 사정

#### ① 참여 수준 사정

초보 의사소통자에 대한 중재 목적은 의사소통의 해독성, 관습성, 일관성을 개선하는 것이다. 해독성이란 상대자가 초보 의사소통자가 보이는 행동의 의사소통적 의미를 쉽게 이해하도록 하는 것이다. 관습성이란 일반적으로 통용되는 의사소통 행동으로 표현할 수 있도록 하는 것이다. 그리고 일관성이란 이러한 행동이 특정 의미와 연결하여 일관되게 표현되도록 하는 것을 의미한다. Moynihan(2019)의 모델과 연결하여 생각할 때 해독성은 초보 의사소통자의 참여, 즉 관계 맺기와 연관된다. 왜 개인은 다른 사람과 관계를 맺으려 하는가? 이것은 의사소통 기능을 의미한다. 초기 언어발달에서 보이는 의사소통 기능은 보통 무엇인가 요구하기, 무엇인가 거부하기, 좋아하는 것 표현하기 등 기본적인 욕구를 중심으로 나타난다.

이러한 의사소통 기능을 어떻게 표현하는가? 표현하는 수단, 즉 의사소통 양식을 이용하여 표현한다. 기억해야 할 것은 초보 의사소통자들이 어떤 경우에는 상징을, 어떤 경우에는 신호를, 어떤 경우에는 발성을, 또 어떤 경우에는 다른 상징적인 표현을 사용하는 등 다양하게 사용한다는 것이다. 초보 의사소통자가 보이는 의사소통 신호는 관습적이거나 비관습적이거나 이 연속체의 어딘가에 있는 양식을 이용하는 것이다.

- 비관습적 신호: 발성, 소리, 몸 전체를 움직이기, 긴장하기, 위축된 표정, 얼굴 표정의 변화, 세밀한 얼굴 표정의 변화(예: 눈썹이 떨린다거나)
- 관습적 신호: 상대자가 이해하기 쉬운 관습적인 양식(예: '예'를 표현하기 위해 고개 숙이기, 사물과 상대자를 번갈아 보기 등) 사용

초보 의사소통자가 비관습적인 신호를 사용하여 상호작용에 참여하고 있으면 이 신호를 일관되게 사용하도록 중재하면서 점차 관습적인 신호와 상징으로 표현하도록 중재할 필요가 있다. 이러한 측면들을 고려하여 초보 의사소통자에 대한 사정이 필요하며, 그림으로 나타내면 [그림 6-7]과 같다.

- 어떻게(양식): 의사소통 양식 정하기
- 무엇을(어휘와 선호도): 선호-비선호 체크리스트 작성
- 누구와(선호하는 상대자): 왜 그 상대자를 선호하는가?
- 언제(가장 반응적인 때): 언제 가장 반응적인가?
- 왜(기능): 의사소통 기능 사정

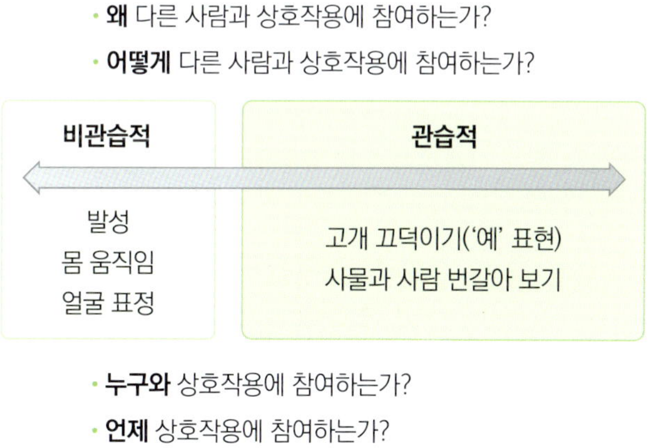


[그림 6-7] 참여를 위한 초보 의사소통자 사정

### ② 의도적인 의사소통 수준 사정

초보 의사소통자의 참여 수준을 알아보기 위해 제4장에서 소개하였던 '커뮤니케이션 매트릭스'를 이용하여 사정한다. 초보 의사소통자는 의도적인 의사소통(예: 상대자와 장난감 사이에 눈 응시를 번갈아 하면서 장난감에 손을 뻗치는 것과 같이 상대자를 향해 직접적으로 취하는 행동) 이전에 의도적인 행동(좋아하는 장난감에 손을 뻗치는 것과 같은 목적 지향적인 행위)을 먼저 발달시킨다. 브릿지스쿨에서는 커뮤니케이션 매트릭스의 Level II와 Level III을 더 세분화하여 '의도적인 의사소통 행동 관찰 기록(Log of Intentional Communication Behaviors Observed)'을 개발하여 사용하고 있다. 〈표 6-4〉에 제시하였으며 양식은 [부록 11]에 첨부하였다.

〈표 6-4〉 의도적인 의사소통 행동 관찰 기록

The Bridge School Log of Intentional Communicative Behaviors Observed

학생 이름: 관찰 기간:

| 지표 | 날짜/맥락/상대자 | 어떻게/양식 | 왜/기능 |
|---|---|---|---|
| 사물과 상대자를 서로 번갈아 보며 눈 맞춤을 하는가? | | | |
| 의사소통 상대자에게 직접 향하는 신호(의사소통 행동)를 나타내는 신체적인 방향 정위가 있는가? | | | |
| 신호(의사소통 행동)를 표출한 뒤 의사소통 상대자로부터 반응을 기다리고 있다는 것을 나타내기 위해 잠시 기다린 후 신호를 반복하는가? | | | |
| 신호(의사소통 행동)를 표출한 후, 상대자가 반응을 하면 신호를 멈추는가? | | | |
| 신호(의사소통 행동)를 표출하고 상대자가 반응을 하면 학생은 신호를 반복하거나 다른 신호로 바꾸는 것을 계속하는가? | | | |
| 신호(의사소통 행동)를 표출하고 상대자가 반응을 하지 않으면 학생은 계속해서 그 신호를 반복하거나 다른 신호로 바꾸는가? | | | |
| 일관된 신호(의례적인 의사소통 행동, 예: 매일 같은 시간 보이는 행동)나 관습적인 양식(지적하기, 고개 흔들기)이 있는가? | | | |

### ③ 의사소통 양식과 기능 및 선호도 사정

의사소통 의도 여부를 알아본 후 의사소통 양식과 기능 수준을 알아보기 위해 제4장과 [부록 1]에 제시한 '의사소통 형식과 기능 워크시트'를 사용해서 사정한다. 그다음 무엇에 대해 의사소통하는지 알아보기 위해 [부록 2]에 제시한 '나에 대한 모든 것 조사 목록'과 제5장 및 [부록 7]에 제시한 '선호-비선호 체크리스트'를 사용할 수 있다. 초보 의사소통자에 대해 선호하는 것을 사정하는 이유는 초보 의사소통자는 과거나 미래에 대한 것보다 지금 현재 정말 원하는 것, 좋아하는 것에 대해 의사소통 동기를 갖기 때문이다. 예를 들어, 막연히 시장놀이를 하면서 AAC를 이용해 무엇인가 표현하게 하기보다는 초보 의사소통자가 집 근처에 자주 들르는 마트나 편의점의 점원이 되어 보는 활동을 하는 것이다.

초보 의사소통자나 맥락의존 의사소통자가 선호하는 것에 대한 조사를 위해 브릿지스쿨에서는 매우 좋아하는 것에서 싫어하는 것까지 조사하는 양식을 개발하여 사용하고 있다. '매우 좋아하는 것-좋아하는 것-싫어하는 것 목록 조사' 양식을 [부록 12]에 첨부하였으며 조사 예시를 <표 6-5>에 제시하였다.

교사: 기침 소리 재미있니? (콜록콜록. 기침 소리 흉내)

아동: (웃음)

교사: (재채기 소리 내며) 이것은?

아동: (무반응. 표정이 없음)

교사: (다시 기침 소리 흉내)

아동: (웃음)

교사: ○○이가 기침 소리를 재미있어하는구나.

- 이후 루틴 속에서 기침 소리를 활용하여 활동을 계획한다.

이 예시는 초보 의사소통자가 무엇을 선호하는지 검사하는 활동을 보여 주는 것이다. 사례와 같이 초보 의사소통자에게 친숙한 것을 의사소통 중재에 적용하는 것이 중요하다.

Clark와 McDonnell(2008)은 시각 중복장애가 있는 복합의사소통장애 학생에게 선호하는 것을 활용했을 때 선택하기 기능이 증가하였음을 입증하였고, Brady와 Bashinski(2008)는 선호하는 것을 사용하였을 때 의사소통 동기가 높아졌음을 보여 주었다.

〈표 6-5〉 가장 좋아하는 것-좋아하는 것-싫어하는 것 목록 예시

| 매우 좋아하는 것-좋아하는 것-싫어하는 것 목록(List of favorites, likes & dislikes) | |
|---|---|
| 학생 이름: △△ | 날짜: 4/6, 2023 |
| * 좋아하는 사람, 활동, 노래, 사물, 시간 등 목록 작성 | |
| 매우 좋아하는 것 | • 매우 익숙한 노래(예: the swing song), 상대자와 함께 부르기<br>• 'wake-up shake up'(상대자가 아동의 팔을 잡고 앞뒤로 빠르게 흔들어 주는 것)<br>• 스쿠터로 주변 돌기<br>• 스쿠터에 누워 있을 때 가슴을 문질러 주기/가슴을 톡톡 두드리기<br>• 방울 단 고양이 놀이<br>• 매우 좋아하는 교사가 흉내 내는 소리를 듣고 상호작용하는 것: 특히 노래하듯 말하는 소리, 동물 소리, 재미있는 소리의 단어를 좋아함<br>• 운동장이나 정원에 나가는 것: 쉬는 시간 운동장 놀이 기구 램프에서 놀기, 쉬는 시간 봉고 드럼 치기, 쉬는 시간 놀이터의 놀이 기구 다리 위에서 깡충깡충 뛰기<br>• 바깥에서 적응 그네(adapted swing) 타기, 해먹 그네(cocoon swing) 타기<br>• 끓는 소리 나는 찻주전자, 압력 솥 |
| 집에서 좋아하는 것 | • 집에서 잔소리하는 소리(형이 문제를 일으켜 엄마가 잔소리하면 △△은 계속 웃음)<br>• 집에서 큰 그릇에 담긴 구슬 만지기, 디스코볼 돌리기, 모래놀이 하기, 스파이더맨 장난감을 좋아하지만 이러한 활동들을 학교에서는 좋아하지 않음<br>• 대체로 △△은 대근육 운동, 큰 움직임의 체육 활동(깡충깡충 뛰기, 흔들기, 그네 타기)을 좋아함. 야외 운동장 모습과 소리, 느낌을 좋아함. 20~30초 활동 후 10초 정도 쉬고 나서 원하는 것(공 차기, 움직이기, 입 벌리기, 눈썹 올리기, 소리 내기)을 계속하는 형식으로 반복하는 루틴의 활동을 좋아함. △△은 약간의 변화를 주면서 친숙한 활동을 계속하는 것을 좋아함 |
| 덜 선호하는 활동 | • 교사나 실무원의 관찰에 의하면 워커 이용을 요즘 덜 선호한다고 함<br>• 주의집중, 참여, 신체적 움직임의 수준이 감소하고 있음을 보임<br>• 현재 워커에 있을 때 웃거나 미소 짓지 않음<br>• △△이 요즘 워커를 이용해 많이 움직이지 않는 것은 대근육 운동을 좋아해서 스쿠터와 흔들의자를 너무 즐거워하여 워커를 이용한 움직임을 덜 선호하는 것으로 추측됨 |

Reichle 등(2002)은 초보 의사소통자의 의사소통 양식과 기능을 동시에 사정하기 위해 초보 의사소통자와 상대자의 상호작용을 관찰하고 '의사소통 신호 목록(Communication Signal Inventory)'을 작성하도록 제안하였다. 〈표 6-6〉은 의사소통 신호 목록 작성 예시이고, [부록 13]에 양식을 첨부하였다.

중요한 것은 이러한 양식을 사용할 때 오랜 시간에 걸쳐 여러 번 부모와 면담, 관찰 등을 통해 작성해야 한다는 것이다. 초보 의사소통자의 행동은 너무나 해석이 열려 있기 때문에 상황

이나 맥락마다 같은 신호여도 다른 기능을 가질 수 있다. 〈표 6-6〉에서 초보 의사소통자의 행동, 즉 신호가 무엇을 의미하는지 제시하는 것은 다른 사람이 초보 의사소통자의 행동에 대해 이해할 수 있도록 해 주므로 의사소통 사전(박은혜, 한경근, 2009)으로 활용할 수 있다. 〈표 6-6〉의 양식에서 '상대자의 반응' 칸은 초보 의사소통자의 행동을 증가시키거나 감소시키기 위해 상대자가 어떻게 하는지, 즉 후속 결과에 대해 작성하는 것이다.

〈표 6-6〉 의사소통 신호 목록 작성 예시

| 의사소통 신호 목록(Communication Signal Inventory) | | |
|---|---|---|
| 학생 이름: | | |
| 날짜/시간: | 작성자: | |
| **신호** | **의미** | **상대자의 반응(말한 것)** |
| 의사소통자는 무엇을 하는가? | 상대자는 그 신호의 의미를 무엇이라 생각하는가? | 상대자는 어떻게 일관성 있게 반응하는가? |
| • 책상 위에 시끄럽게 사물을 쾅 하고 내려친다. | • 소리를 좋아함<br>• 탐색하기<br>• 사물을 잘못 사용한 것 | • 의미를 알고 적절하게 반응해 준다. |
| • 누군가 들어올 때 쳐다보고 눈썹을 치켜올린다. | • 인사하기<br>• 관심 끌기<br>• 호기심 | • "나를 보는구나."라고 말해 주고, "안녕, 나는 ○○야."라며 인사한다. |
| • 물건을 잠시 사용하고 난 뒤 바닥에 던진다. | • 다 갖고 놀았음<br>• 지루함<br>• 좌절감 | • "다 가지고 놀았구나."라며 다른 물건이나 활동을 제안한다. |
| • 음료가 채워진 컵이나 빈 컵에 스스로 손을 뻗는다. | • 목이 마름<br>• 채워져 있는지 궁금함<br>• 더 원함 | • "더 주세요."라고 의미를 확인해 주고 음료를 더 준다. |

#### ④ 주의집중 수준 사정

초보 의사소통자의 참여 수준을 알아보기 위해 관찰해야 할 것 중 하나가 학생의 주의집중 정도이다. 초보 의사소통자들은 거의 대부분 중도의 장애를 가지고 있어서 병, 약물, 환경 요인 등 영향을 미치는 요인들이 너무나 많고 그에 따라 주의집중 정도가 달라진다. 주의집중 정도가 약하면 중재 과정에 어려움이 따르게 된다. 초보 의사소통자와 맥락의존 의사소통자에 대해 매일 주의집중 정도를 사정할 필요가 있다. 주의집중은 인식과 학습을 연결해 주는 가교 역할을 한다. 따라서 하루 중 학생의 주의집중에 영향을 미치는 것을 판별하고 모니터링하는 것은 교수 활동을 유의미하게 만드는 중요한 요소이다. 주의집중은 5단계로 이루어지는 연속체이다.

〈표 6-7〉에 주의집중 단계에 대해 제시하고 [부록 14]에 기록 양식을 첨부하였다. 부록의 양식을 사용하여 각 수업 시간 학생의 주의집중 단계가 어느 수준인지 파악하고 그를 반영하여 교수 활동을 운영한다.

하루 중 학생의 주의집중은 〈표 6-7〉에 제시한 단계들 사이에서 유동적으로 변화한다. 주의집중은 여러 가지 요인에 의해 영향을 받는다. 그러한 요인들에는 학생에게 내재되어 있는 특성(예: 건강, 약물, 기분 등), 교사(친숙한 정도, 가까이 있는 정도, 상호작용 스타일 등), 환경(소음 수준, 기온, 지도 그룹 크기 등), AAC/AT 도구의 요구(예: 익숙한 정도, 맞춤형의 정도, 사용의 용이성 등)가 포함된다. 따라서 [부록 14]의 양식을 통해 이러한 요인들을 함께 사정할 필요가 있다.

〈표 6-7〉 주의집중 단계

| 단계 | | 학생의 반응 |
|---|---|---|
| 1 | 각성 | 학생은 깨어 있고, 생리적인 감각 활동이 시작된다. |
| 2 | 방향 정위 | 학생은 자극에 초점을 맞추고 반사적인 방식(예: 자동적으로 불빛이나 소리 나는 쪽을 바라봄)으로 반응한다. |
| 3 | 선택적 주의집중 | 학생은 배경 자극에 대해 제시된 하나의 자극에 일정 시간 초점을 맞출 수 있다. 학생은 한 자극에서 또 다른 자극으로 주의를 이동할 수 있다(예: 교사가 지적하는 방향을 따라 응시하고 바라본다). |
| 4 | 목적 지향의 지속적 주의집중 | 학생은 스스로 목적을 정하고, 목적을 성취하기 위해 한 자극에 집중할 수 있다(예: 흥미로운 사물을 바라보고, 그 사물에 접촉하여 움직이려는 시도를 보인다). 학생은 즉각적인 사건에 대해 단기 기억을 사용하고, 그 자극을 해석한다. |
| 5 | 공동의 목적 또는 다른 것과 관련된 사회적 주의집중 | 학생은 상대자의 정서와 의도를 해석하고, 공동의 목적을 향해 상호작용한다(예: 교사의 시간 지연과 반응을 기대하는 제스처가 참여를 요구하는 단서임을 인식하고 점차 참여를 시도한다). |

### (2) 초보 의사소통자의 개념 발달 사정

초보 의사소통자의 개념 발달이 어느 정도인지 사정하는 것은 초보 의사소통자가 현재 알고 있는 것이 무엇인지, 좋아하는 것, 싫어하는 것이 무엇인지, 매일의 루틴이 어떠한지, 생활 경험이나 가족의 전통적인 활동은 무엇인지 등에 대해 알아보는 것과 관련된다. 먼저, 제4장에서 소개한 한국판 맥아더-베이츠 검사(배소영, 곽금주, 2011)를 사용해서 초보 의사소통자의 개념 발달 수준을 알아본다. 참여 수준 검사에서도 활용하는 '선호-비선호 체크리스트'나 '매우 좋아하는 것-좋아하는 것-싫어하는 것 목록 조사', '나에 대한 모든 것 조사 목록'을 사용하면 좋아하는 것과 싫어하는 것에 대한 개념을 갖고 있는지 알 수 있다. 이 외에 가정 소식, 가정에서의 경험이 무엇인지 알기 위해 브릿지스쿨에서 개발한 '최근 경험 기록'(https://communication.bridgeschool.org) 양식을 사용하는 것도 도움이 된다. [부록 15]에 양식을 첨부하였다.

#### (3) 초보 의사소통자의 지원적인 상대자 사정

삼각초점 중재 모델에서는 초보 의사소통자일수록 상대자의 역할이 중요함을 주장한다. 이유는 초보 의사소통자의 표현에 의미를 부여하고 해석하는 역할을 상대자가 해 주어야 하기 때문이다(Reichle et al., 2002). 초보 의사소통자가 맥락의존 의사소통자로 발전하기 위해서는 상대자가 얼마나 지원적인가가 매우 중요하다. 이를 위해서 누가 현재 학생의 의사소통 상대자인가뿐만 아니라 앞으로 누가 의사소통 상대자가 될 것인가도 조사한다. 즉, 현재 부모가 주로 의사소통 상대자라면 향후에는 형제나 친척, 이웃, 또래 등이 상대자가 될 수 있다. 상대자 조사를 통해 누구와 의사소통할 것인지가 정해지면 그에 따라 의사소통 중재 목적을 정할 수 있다.

의사소통은 상황에서 발생하는 것이다. 따라서 상대자와 어떤 상황에서 주로 의사소통이 일어나는지, 현재 의사소통 상대자가 어떠한 전략을 사용하는지에 대한 조사도 필요하다. 이를 위해서 가정 방문 관찰이나 비디오 촬영을 통한 사정이 필요할 수 있다. 관찰이나 비디오 촬영 이외에 제4장에서 소개한 소셜네트워크를 활용할 수 있다.

### 3) 참여-개념 발달-지원적 상대자 모델에 의한 초보 의사소통자 중재

#### (1) 참여를 위한 중재

초보 의사소통자에 대한 중재 목적은 의사소통의 독립성, 관습적 표현의 증가와 참여 맥락을 넓혀 나가는 것이다. 다양한 목적을 위해 여러 도구가 사용될 수 있다. 어느 한 도구나 전략이 하나의 목적에만 적용되는 것은 아니다. 중요한 것은 초보 의사소통자의 요구가 무엇인가이며, 그것이 테크놀로지의 제공만으로 해결되는 것이 아님을 알아야 한다. AAC는 의사소통 도구만을 의미하지 않는다. 제스처, 발성 모두 AAC이다.

초보 의사소통자에게 한 가지 이상의 AAC를 가르치면 좀 더 많은 사람과 환경에 영향을 미칠 수 있게 된다. 사정을 통해 초보 의사소통자들이 제한된 의사소통 양식으로, 약간의 의사소통 신호만으로 너무나 다양한 의사소통 기능을 표현하고 있음을 알게 된다. 하나의 양식이 하나의 독립된 기능을 표현하지 않고, 하나의 양식으로 여러 사람과 환경에 영향을 미치고 있음을 알 수 있다. 초보 의사소통자들이 다양한 양식과 기능으로 다양한 사람과 환경에 영향을 미칠 수 있도록 해야 한다. 초보 의사소통자에 대한 중재는 의도적이고 계획적이면서 동시에 일과 속에서 삽입하여 계속 연습, 연습, 연습하는 것이 중요하다. 그리고 근접발달영역을 이용해야 한다. 아동이 현재 도움을 받아 할 수 있는 것을 파악하고, 중재를 통해 그다음 할 수 있는 것으로 나아가도록 가르쳐야 한다. 그리고 중요한 것은 학생의 주도성을 키우는 것이다.

참여는 결국 관계 맺기이다. 참여를 위한 중재 목적은 관계 맺기를 넓혀 나가는 것이다. 이를 위해서는 의사소통 신호를 다양화하고, 관계 맺는 범위를 더 넓히면서 자신의 표현에 의도성을 확립하도록 하고 관습적인 형태로 변환시켜 나가야 한다. 또한, 현재의 의사소통 기능을 보다 맥락적으로 만들고, 보다 다양한 기능을 표현하도록 해 주어야 한다. 초보 의사소통자의 참여를 위한 중재 목표를 [그림 6-8]에 제시하였다.

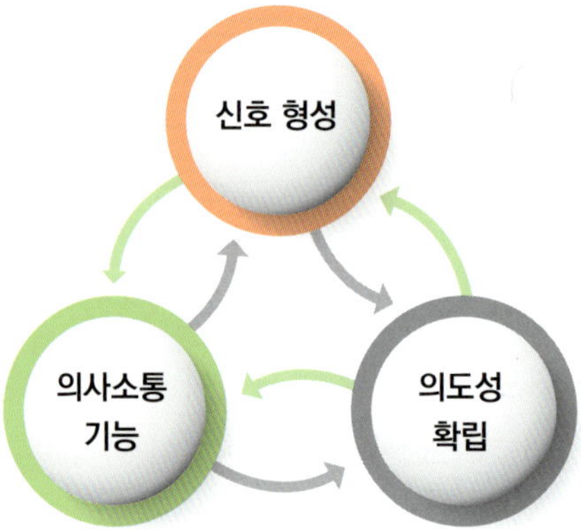


[그림 6-8] 초보 의사소통자의 참여를 위한 AAC 중재 목표

[그림 6-8]에서 보는 바와 같이 초보 의사소통자의 참여를 위한 중재 목표는 먼저 신호를 형성하고 그 신호에 의도성을 확립하도록 하는 것이다. 그런 다음 AAC를 적용하여 관습적이고 언어학적인 형식으로 표현하도록 하면서 동시에 의사소통 기능을 갖도록 중재하는 것이다. 중재를 통해 의도성이 확립된 신호가 많아질수록 의사소통 기능도 다양해질 것이고, 맥락에 참여하면서 다양한 기능을 표현하려고 하니 신호, 즉 양식도 점차 많아지게 될 것이다.

#### ① 비상징적 의사소통 단계에서 신호 형성, 의도성, 의사소통 기능 중재

비상징적 의사소통 단계에서 상징적 의사소통으로 전환하려면 전언어학적 의사소통 기술인 눈 맞춤, 공동관심, 모방 능력을 확립해야 한다. 이를 위해서는 의사소통 신호 형성이 필요하다. 아직 신뢰할 만한 의사소통 신호를 갖고 있지 않은 비상징적 의사소통 단계에 있는 초보 의사소통자가 의사소통 신호를 형성하도록 하기 위해서는 몸의 움직임에 대해 면밀하게 관찰할 필요가 있다. 움직임에 의도를 갖도록 움직임에 대해 강화해 주면서 그 움직임이 요구하기 기능을 갖는 의사소통 신호가 되도록 지도한다.

예를 들어, 식사 시간에 엄마에게 음식을 '더 먹고 싶다'는 표현으로 양팔을 뻗치는 뇌성마비 아동을 가정해 보자. 양팔을 뻗치는 몸의 움직임에 대해 "더 먹고 싶구나. 더 주세요."라고 하며 그 움직임에 의미를 부여하고 강화해 준다. 그렇게 해서 음식에 대해 더 먹고 싶을 때마다 양팔을 뻗치는 행동을 자발적으로 나타내기 시작하면 의사소통 상대자를 넓혀 교사와도 식사 시간 더 먹고 싶을 때 양팔을 뻗치는 행동을 하도록 강화해 주는 것이다.

이와 같이 의사소통 의도조차 확립되지 않아 비의사소통적 단계에 있는 경우 자신의 행동에 의도를 부여하며 비상징적 수단으로 의사소통하도록 먼저 중재한다. 이러한 중재 과정을 [그림 6-9]와 같이 나타낼 수 있다.

| 1단계 | 2단계 | 3단계 | 4단계 |
|---|---|---|---|
| 1. 학생이 좋아하는 활동 선택<br>2. 움직임을 증가 시킬 활동 선택<br>3. 발화, 웃음 유발 하는 활동 선택 | 1. 좋아하는 활동 후 간헐적 멈춤<br>2. 활동을 더 원하는지 관찰 (발성, 몸짓 등)<br>3. 원하는 행동 없음 – "더 하고 싶으면 (발성/몸짓/웃음 등) 해 볼까?" 라고 의미를 부여해서 말해 주며 놀아 주기 | 1. 원하는 행동 보임 – '더 하고 싶구나. 더 해 주세요.'라고 말해 의미를 부여하고 놀아 주기<br>2. 다시 멈춤<br>3. 학생이 교사/성인과 눈 맞추기, 발성, 몸짓 보임 – '더 해 주세요.'라고 말해 주며 놀아 주기 | 1. '더(또)'라는 말과 웃음/발성/몸짓/눈 맞춤 등 비상징적 행동을 함께 짝지어 활동 계속하기 |

[그림 6-9] 비의사소통적 행동에서 비상징적 행동으로 의도성 확립 중재

- 아동을 무릎에 앉혀 안고 있으면서 아동의 얼굴을 보며 눈을 맞추고 있음 -

**교사:** (아동의 몸을 흔들고, 아동의 한 손을 들어 자신의 팔에 올려놓은 뒤)
"노래 불러요."
(아동이 좋아하는 노래 한 마디 불러 준 후 아동의 눈을 보며 멈추고 기다림)

**아동:** (가만히 있음)

**교사:** (아동의 한 손을 들어 교사의 팔에 올려놓으며)
"노래 불러요." (노래 한 마디 불러 준 후 아동의 눈을 보며 멈추고 기다림)

아동: (손을 들어 천천히 교사의 팔에 올려놓음)

교사: "노래 불러요." (노래 한 마디 불러 준 후 아동의 눈을 보며 멈추고 기다림)

아동: (미소 지으며 손을 들어 천천히 교사의 팔에 올려놓음)

교사: "아- 노래 더 불러요."

(노래를 이전보다 짧게 불러 준 후 아동의 눈을 보며 멈추고 기다림)

아동: (미소 지으며 손을 들어 계속 교사의 팔에 올려놓음)

이와 같은 방식으로 점차 요구하는 사물이나 활동을 늘려 의도성을 확립하고, 의사소통 상대자도 확대하며, 요구하기뿐만 아니라 다른 의사소통 기능으로 점차 늘려 나간다. 이때 유의미한 맥락에서 지도하는 것이 중요하다. 실제 음식 먹는 시간이나 놀이 시간에 자연스럽게 지도해야 한다는 것이다. 또한, 반드시 요구하기 기능을 먼저 중재해야 하는 것도 아니다. 거부하기 기능에 대해 좀 더 명확하게 신호 형성이 이루어지는 경우 거부하기 기능에서 점차 다른 의사소통 기능으로 확대하고, 의사소통 상대자도 친숙한 사람에서 점차 다른 사람으로 확대해 나간다. 거부하기와 동시에 긍정의 신호도 함께 지도해 나가야 한다. 이것을 [그림 6-10]과 같이 나타낼 수 있다.

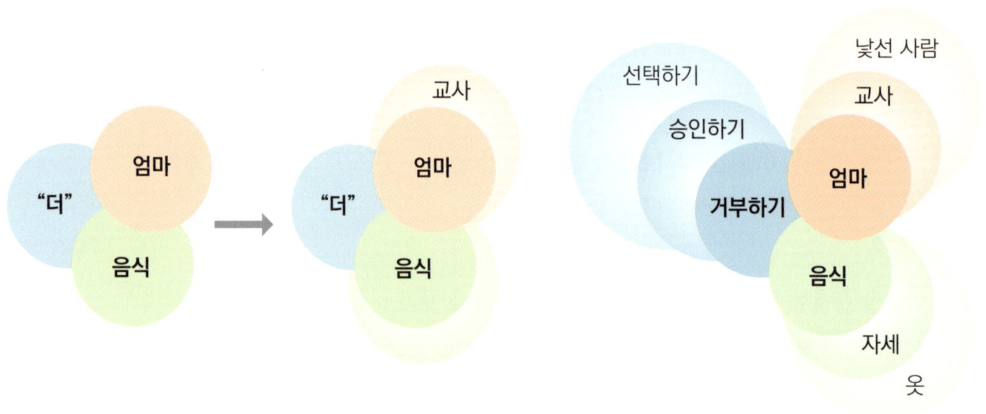


[그림 6-10] 신호 형성, 의사소통 기능 확대 중재

- 간식 시간 -

교사: 치즈 먹을까? (치즈와 샌드위치가 있는 도시락을 보여 주며)

아동: (입을 다물고) 으으음.

교사: 으으음. 치즈를 먹고 싶지 않구나. 치즈 싫어요. 샌드위치 먹을까?

아동: (입을 벌린다.)

- 수업 시작 시간 -

교사: 이야기 읽기 시간이에요. 모두 선생님 앞으로 모일까요?

아동: (손 사용이 자유로운 워커를 이용해 서 있다.)(입을 다물고) 으으음. 으으음.

교사: 으으음. 지금은 워커 싫어요. 읽기 시간에 워커 불편하구나. 휠체어에 옮겨 앉을까?

아동: (입을 벌린다.)

이러한 중재에서 중요한 것은 학생이 천천히 움직임을 계획할 시간을 허용해 주어야 한다는 것이다. 점차 움직임이나 얼굴 표정 등 비상징적 표현을 AAC 도구를 이용하여 표현할 수 있도록 전환시켜 주어야 한다. 중요한 것은 이러한 행동을 형성하기 위해 매일 다양한 일과에서 의사소통 의도를 갖는 행동을 표현할 기회를 주어야 한다는 것이다. 그리고 학생이 의사소통 의도를 갖는 행동을 보일 때 그 행동에 대해 의미를 부여하고 피드백과 강화를 제공해 주고, 모델을 보여 주면서 의사소통 기능을 확대해 나가야 한다.

다음 사례에서 교사는 모델링을 해 주고, 아동의 반응에 피드백과 다시 말하기, 확장하기를 통해 아동이 워커에 대해 '아-아!'라는 표현을 하도록 연결해 주고 있다.

교사: 쉬는 시간이야, (워커를 보며) 워커를 이용해서 나갈까? (아동이 앉은 휠체어를 보며)
그냥 휠체어에 앉아서 나갈까?

아동: (모호한 발성과 함께 워커를 바라봄)

교사: 아-아! 아-아!

아동: 아-아!

교사: 워커라고 말했구나. 아-아! 워커.

아동: (웃으며) 아-아! 아-아!

교사: 아-아! 워커. 워커 사용할래요. 잘 말했어. (워커로 아동을 이동시켜 준다.)

- 이후 AAC 도구로 표현하는 활동을 계획한다.

### ② 보완대체의사소통 도구를 도입하여 신호 형성, 의도성 확립, 의사소통 기능 중재

#### AAC 도구 도입

의사소통 신호 형성이 나타나면서는 몸을 움직여 표현하던 것에서 AAC를 적용하여 관습적이고 언어적인 형식으로 신호를 전환해 주어야 한다. 앞의 사례에서도 볼 수 있듯이 아동은 자신의 몸을 이용해 다른 사람에게 표현하고, 그것이 그 사람의 행동에 영향을 미친다는 것을 알았다. 이제 자기 몸이 아닌 외부의 다른 기기를 통해 의도를 전달해야 한다는 것을 배워야 한다. 이를 위해서는 의도성 확립이 필요하다. 매일 여러 사람과 다양한 환경에서 상호작용의 기회를 많이 주어야 한다. 처음 시도하는 AAC 도구는 신체적 요구를 많이 하지 않고 쉽게 사용할 수 있는 도구를 도입하는 것이 좋다. Step-by-Step(스텝바이스텝), Multi-com 같은 단일 메시지 녹음형 SGD의 사용이 유용하다.

#### 인과개념 인식 활동

다른 사람의 행동을 조절하는 것은 의사소통 개념을 익히는 아동에게 매우 중요하다. 이를 위해 자신이 아닌 외부의 물건을 스스로 조정할 수 있다는 개념을 배우는 것이 도움이 된다. 특히, 몸을 자유롭게 움직이지 못하는 지체장애와 복합의사소통장애를 함께 갖고 있는 아동은 자신의 몸을 수의적으로 조절하는 것뿐만 아니라 외부의 사물을 조정하는 것에 어려움이 있으며 이로 인해 외부의 사물을 조정할 기회조차 주어지지 않는 경우가 있다. 이것은 이후 또래와의 사회성 발달에도 영향을 미칠 수 있다.

자신의 의도대로 외부 상황을 조정하는 개념과 능력을 초보 의사소통 시기에 배울 수 있는 가장 좋은 방법이 인과개념 인식 활동이다(Reichle et al., 2002). 인과개념 인식 활동은 원하는 것을 표현하려면 AAC 도구를 사용해야 함을 익히는 데도 중요하다.

인과개념 인식 활동을 위해 스위치를 이용한 장난감이나 컴퓨터 보조학습 프로그램을 제공한다. 스위치를 이용한 장난감 조작은 인과개념 인식 발달뿐만 아니라 AAC 도구에 대한 조작적 능력을 길러 주기 위해서도 도움이 된다. 중요한 것은 인과개념 인식을 위한 스위치 장난감 연습이 직접적으로 의사소통적으로 전환되는 것은 아니기 때문에(Cress & Marvin, 2003) 이러한 장난감의 사용은 보조수단으로 활용해야 한다.

미국의 브릿지스쿨과 T.A.C.L.E 프로그램 운영 초등학교 특수학급(한경임, 2018b, 2020)에서 인과개념 인식과 자립성을 위해 스위치를 활용한 환경제어에 대해 소개된 바 있다. [그림 6-11]에 인과개념 인식 지도를 위한 스위치 장난감 예시와 [그림 6-12]에 브릿지스쿨에서 스위치를 이용한 환경제어 예를 제시하였다. 최근에는 블루투스 무선 스위치를 이용한 장난감이 사용되

[그림 6-11] 스위치를 이용한 장난감

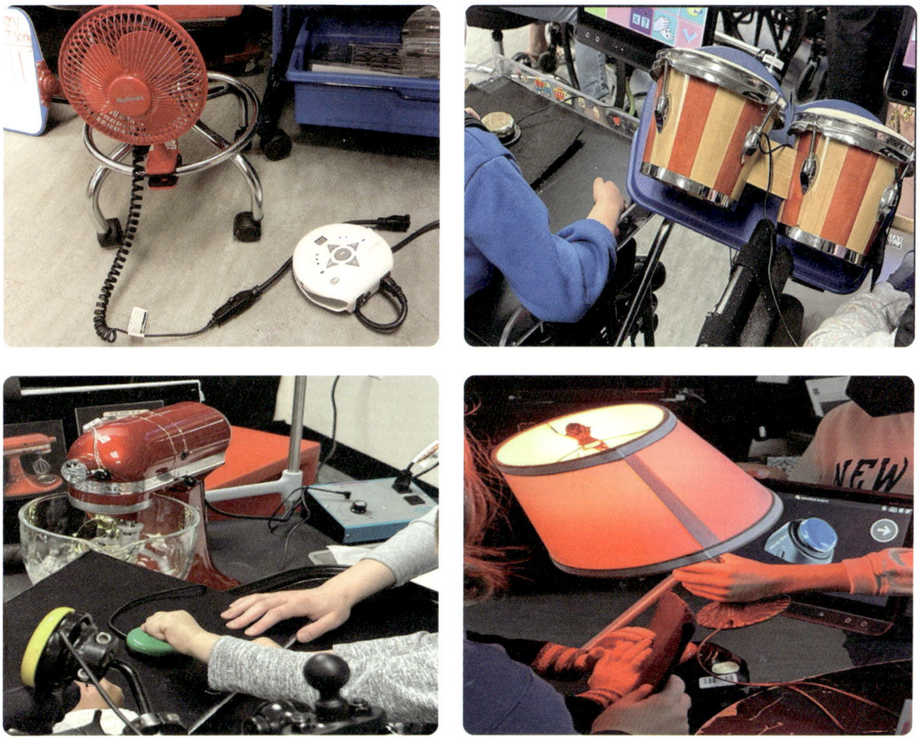

[그림 6-12] 스위치를 이용한 환경 제어(브릿지스쿨)

기도 한다.

인과개념 인식을 위한 스위치 장난감이나 환경제어 활동은 독립된 연습시간을 갖기보다 학교와 가정생활 속에서 자연스럽게 기회가 제공되는 것이 좋다. 예를 들어, 유치원에서 스위치 장난감을 사용하여 또래와 함께 경기를 한다거나, 요리 수업시간에 스위치를 이용하여 믹서를 돌려 밀가루를 반죽하고, 음악시간에 스위치를 이용하여 북을 치면서 또래들과 음악 활동에 참여할 수 있다. 가정에서는 더운 여름에 스위치로 선풍기를 켜고, 커피 머신에 스위치를 연결하여 매일 아빠와 엄마의 커피를 내려 주는 역할을 부여할 수도 있다. 이러한 활동을 매일 지속적으로 하는 것이 중요하다. 환경제어를 위해 스위치를 사용하려면 스위치와 선풍기 등의 기구를 연결해 주는 인터페이스로 파워링크(www.ablenetinc.com)라는 도구가 필요하다.

### (2) 개념 발달 중재

초보 의사소통자들의 개념 형성 지도는 어휘 및 언어발달과 연결되어 있다. 초보 의사소통자들의 개념 발달을 위한 목표 어휘는 동기유발적이며, 기능적이고, 명확하면서 맥락에 두루 적용할 수 있는 것이어야 한다. 학습 맥락 역시 동기유발적이고, 놀이 중심이면서 반복적인 기회를 통해 새로운 개념을 환경에 적용할 수 있도록 해야 한다. 초기에는 의사소통을 위해 실제 사물 위주로 사용하지만 비상징적인 단계에서 상징적인 단계로 넘어갈 수 있도록 점차 로우테크 의사소통판, 하이테크 SGD로 넓혀 나간다. 상징적인 단계로 넘어간다고 하여 비상징적인 수단으로 소통하는 것을 무시해서는 안 된다. AAC 중재는 항상 다중양식 체계를 사용하면서 기능적인 의사소통에 중점을 두는 것을 잊지 않아야 한다. 이러한 모든 것을 가정과 함께 연계해서 중재할 때 더 효과적인 것은 두말할 나위 없다.

#### ① 초보 의사소통자의 개념 발달 지도를 위한 어휘 선택

보통 아동은 12~24개월 사이에 상징적 의사소통이 발달하기 시작하고 보통 아이들 표현의 80%가 핵심어휘 표현이라고 한다. 일반적으로 아동들이 주로 표현하는 초기 어휘들은 자신들이 관심 있고, 자신들의 추억이 담긴 특정 아이템, 사람, 사건에 대한 것들이지 교과서에 있는 단어가 아니다(Lauscher & Light, 2018). AAC 중재에서는 핵심어휘를 넣고, 문법 순서대로 상징을 배치하고 학생이 표현할 어휘를 늘려 나가면 된다고 생각할 수 있지만 이러한 방식이 초보 의사소통자에게는 적절하지 않을 수 있다.

이제 처음 의사소통 의도가 무엇인지 배우고 비상징에서 상징으로 의사소통 양식의 전환이 필요한 초보 의사소통자에게는 핵심어휘보다는 부수어휘를 중심으로 상호작용과 말차례 주고받기 순서를 많이 이끌어 낼 수 있도록 해야 한다. 자신에게 직접적으로 관련되어 표현하였을 때 바로 자신의 환경에 영향을 미칠 수 있는 부수어휘를 이용하여 개념 지식을 가르치고, 언어학적 지식도 가르쳐야 한다. 김영태(2014)도 아동에게 가르치는 초기 낱말은 아동의 환경에서 많이 사용되는 어휘들로 직접 만지거나 조작해 볼 수 있는 사물의 이름, 가족의 호칭, 일상생활에서 많이 접하는 어휘 등을 먼저 가르치는 것이 좋다고 하였다. 그렇다고 핵심어휘를 무시하고 부수어휘만을 사용해야 한다는 것을 의미하지는 않는다.

일반적으로 아동들이 초기에 표현하는 단어들은 다양한 의미론적 기능을 나타내는 것으로 인사하기, 명명하기, 반복 요청하기(예: 더), 거부하기와 없다는 것 표현(예: 없어, 가 버렸어), 속성과 소유(예: 내 것)를 나타내는 단어들이다. 그런데 초보 의사소통자의 의사소통판이나 음성 녹음형 하이테크 도구에 있는 메시지들 대부분이 행동조절(요구하기, 거부하기)의 단일한 기능을 표현하는 것에 제한되어 있고, 코멘트하기, 속성 표현하기, 소유격 기능과 같은 보다 진전된 관계를 전달하는 어휘들이 부족하다(Cress & Marvin, 2003). 따라서 초보 의사소통자의 개념 발달을 위해서는 단순히 요구하기와 거부하기 기능만을 표현하는 어휘에 만족해서는 안 된다.

[그림 6-13]에 미국 브릿지스쿨과 아발론 아카데미 특수학교에서 초보 의사소통자 학생의 SGD에 구성된 어휘를 제시하였다. SGD 화면의 어휘 구성을 볼 때 핵심어휘뿐만 아니라 자신의 신체 부위, 자신의 생각을 표현하는 어휘로 구성되어 있다. 상징은 학생의 특성에 따라 실제 사진을 사용하기도 하고, 상품화된 그래픽 상징을 사용하기도 한다.

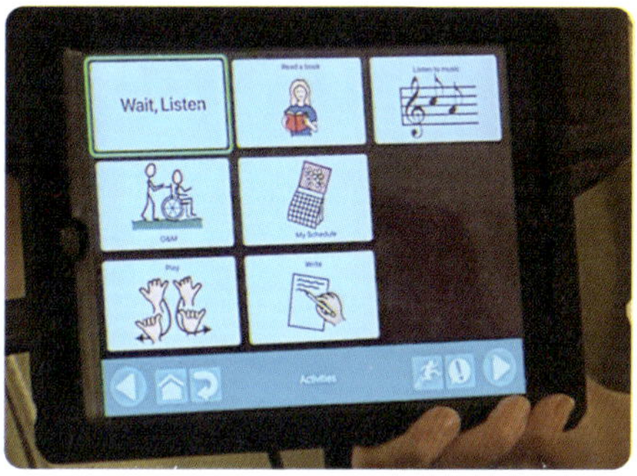


아발론 아카데미 특수학교

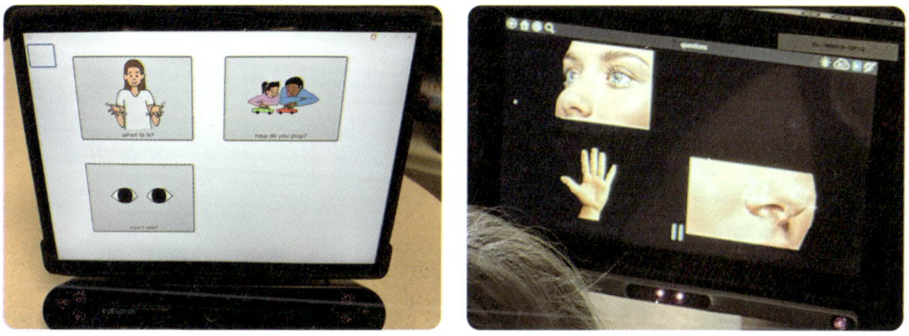

브릿지스쿨

[그림 6-13] 초보 의사소통자의 AAC 상징 어휘 구성

### ② 환경 구성을 통한 개념 발달 지도

부수어휘를 사용하는 것뿐만 아니라 익숙한 하루 루틴에서 개념을 익히고 언어를 표현하도록 환경을 구성할 필요가 있다. 예를 들어, 교실 문에 단일 메시지 녹음형 AAC 도구를 부착해

놓고 학생이 나가려고 할 때마다 AAC 도구를 눌러 '문 열어요', '나가요'를 표현하게 하는 것이다. 단일 메시지 녹음형 AAC 도구에 '밥 먹어요', '맛있게 먹어요' 또는 '급식실 가요' 표현을 녹음해서 급식실 문 앞에 붙여 두어 AAC 도구를 눌러 표현한 뒤 급식실에 들어가게 하는 것도 좋은 방법이다.

이러한 활동으로 초보 의사소통자인 학생의 신체적, 감각적 경험과 연결되어 누르는 행동으로 문이 열리고, 밖으로 나가게 됨을 확실하게 익히고, 어휘의 개념도 습득하게 되는 것이다. 만약 녹음형 AAC를 구할 수 없다면 '나가다', '열다'의 상징을 아동 눈높이로 교실 문에 붙여 두고 나갈 때마다 수용어휘로 알려 주고, 아동이 점차 스스로 지적하거나 웅얼거리면서 '나가다'와 '열다'의 개념을 익히도록 할 수 있다. [그림 6-14]에 사례를 제시하였다.

[그림 6-14] 환경 구성에 의한 AAC 상징 개념 발달 지도 예시

상징에 대한 인식을 시작한 초보 의사소통자인 학생과의 원활한 의사소통을 위해 학생의 책상에 상징을 붙여 두고 의사소통 기회를 늘려 나가는 방법도 있다. 책상에 상징을 붙여 두는 방법은 자신이 원하는 것은 상징을 지적하여 요구하여야만 얻을 수 있으며, 자신의 감정을 상징을 통해 표현할 수 있음을 익히는 초기 과정에 유용하다. 책상 전체를 상징 의사소통판으로 만드는 것은 오히려 학생의 주의집중을 방해할 수 있다. 학생이 표현하는 상징이 점차 많아지면 의사소통판, 의사소통책, 음성녹음형 하이테크 의사소통 도구로 전환하면서 맥락의존 의사소통자로 나아갈 수 있도록 해 주어야 한다.

책상이나 교실 문뿐만 아니라 사물함 등에도 상징을 부착하여 AAC 상징에 대한 개념 발달을 지도하는 것도 좋은 방법이다. [그림 6-15]는 책상과 사물함에 상징을 사용하는 예시이다.

○○특수학교 교실

사람과소통 언어치료 AAC 센터

[그림 6-15] 책상과 사물함에 AAC 상징을 이용한 예시

### ③ 가상놀이와 스크립트를 활용한 개념 발달 지도

어휘를 늘려 나가고 개념 발달을 촉진하기 위해 가상놀이 활동 속에 삽입교수로 AAC 중재를 적용하는 것 또한 좋은 방법이다. 일반적으로 아동 발달기에서 전환기적 상징놀이 후기인 약 14~15개월경 초보적인 말이 나타나기 시작하고, 가상놀이를 할 수 있는 상징놀이 단계에서 한 낱말 단어가 늘어나고 2~3낱말씩 연결하여 말하게 된다(김영태, 2014). 이렇다 보니 놀이발달 결함은 언어발달의 결함으로 이어진다.

놀이는 언어 학습과 언어 지도를 위해 가장 중요하고 자연스러운 맥락으로서 아이들의 즐거움의 원천이 될 뿐만 아니라 새로운 행동을 배우고 학습하기에 좋은 방법이다(McCormick, Loeb, & Schiefelbusch, 2003). 이뿐만 아니라 아이들은 놀이를 통해 삶을 경험하고, 사물과 사건에 대해 이해하며 맥락에 따라 대화하는 방법을 배운다. 따라서 일반적으로 아동들이 놀이를 통해 언어를 발달시켜 나가듯 AAC를 이용하는 초보 의사소통자들의 개념 발달을 위해 놀이를 이용하는 것이다.

가상놀이에서 AAC를 중재할 때는 놀이 시나리오를 계획하고, 아동의 관심사와 아동이 주의를 기울이는 것을 조심스럽게 따라가면서 아동이 주도적으로 놀이에 참여하도록 해야 한다. 초보 의사소통자에게 가상놀이를 통해 AAC 중재를 할 때 스크립트를 활용하면 매우 효과적이다. 스크립트는 익숙하고 일상화된 문맥 속에서 언어와 상황 간의 관계를 인지적으로 연결시킴으로써 상황에 적합한 언어를 학습하게 하는 것이다(김영태, 2014). 의사소통 스크립트를 사용하려면 특별한 상호작용, 맥락이나 활동을 위해 순서대로 표현할 메시지를 정하고 다음과 같은 교사나 촉진자의 지원이 필요하다(Moynihan, 2019).

1. 의사소통 상호작용에 함께 참여하기
2. 학생의 표현 방향, 주의 집중, 참여를 도와주기
3. 의사소통 상대자의 상호작용을 안내해 주기(상대자가 표현할 스크립트 안내)
4. 의사소통 기능의 범위를 점차 다양화하기
5. 표현할 기회를 제공하여 언어적으로 성장하도록 도와주기

〈표 6-8〉은 우편배달부 가상놀이 상호작용에서 필요한 표현의 스크립트 예시이다. 우편배달부 역할 아동이 표현할 말을 음성녹음형 하이테크 도구인 스텝바이스텝에 순서대로 녹음하여 누르면 차례대로 표현되도록 한다.

〈표 6-8〉 우편배달부 가상놀이 시 필요한 표현 스크립트 예

| 우편배달부 역할 | 우편을 받는 사람 역할 |
|---|---|
| 안녕하세요? | 안녕하세요? |
| 우편이 왔어요. | |
| 특별한 등기우편이에요. | 무엇인가요? |
| 여기 있어요. | |
| 여기 서명해 주세요. | (서명) |
| 안녕히 계세요. | 감사합니다. |

주제중심수업을 통해 적어도 한 달여간 진행되는 한 가지 주제에 맞게 가상놀이를 매일 실행하면서 루틴으로 스크립트의 내용을 표현할 기회를 제공하는 것이 중요하다. 또래들이 서로 역할을 바꾸어 가며 할 수도 있고, 우편배달부 역할을 아동이 하고, 상대자 역할을 교사나 다른 성인이 해 주는 방법도 좋다. 이러한 가상놀이를 할 때 실제와 유사하게 만든 우체부 가방과 모자를 착용하고, 손 사용이 자유로운 워커를 이용해 스스로 움직여서 직접 우편물을 배달하는 놀이를 하면 아동의 참여 동기를 훨씬 더 높일 수 있다.

브릿지스쿨(https://communication.bridgeschool.org/)에서는 가상놀이를 적용할 때 아동 중심의 주제중심 놀이이면서, 이 책의 제3장에 제시한 AAC 사용자의 의사소통 능력인 조작적 능력, 전략적 능력, 사회적 능력, 언어적 능력을 증진시킬 수 있도록 활동을 기획한다. 각 능력을 고려한 활동 예시를 〈표 6-9〉에 제시하였다.

〈표 6-9〉 AAC 사용자의 의사소통 능력 향상을 위한 가상놀이 예시

| 조작적 능력 | 전략적 능력 | 사회적 능력 | 언어적 능력 |
| --- | --- | --- | --- |
| • 스위치 조작을 통해 장난감 조작, 컴퓨터에 스위치를 연결하여 음악 틀기/끄기<br>• 스위치 조작을 통해 믹서, 선풍기 등 기기 작동이나 멈춤<br>• 교통기관 주제의 수업에서 SGD의 자동차 정비 화면에서 타이어 선택하기 | • 손 사용이 자유로운 워커를 이용해 장난감 소방차 쪽으로 스스로 이동하여 놀이할 준비가 되었음을 알리기<br>• '베이커리' 주제 활동 시간에 집에서 만든 것을 재연할 때 의사소통책에서 '컵케이크 만들다'를 지적하여 표현하기 | • 또래 의사소통 상대자에게 사회적 관심과 주의를 기울이고 있음을 보여 주는 자연스러운 행동이나 제스처 사용하기<br>• 교사는 또래와의 활동에서 아동의 의사소통 신호를 유도하고 강화해 줌 | • 주제중심 상징 배열의 학생 맞춤형 의사소통판을 사용하여 필요한 언어능력을 증진하도록 하기<br>• 녹음형 하이테크 의사소통 도구에 녹음된 표현을 이용하여 교통기관 주제에 관한 언어발달을 도모하기 |

가상놀이에서 중요한 것 중 하나가 독립적인 이동이다. 놀이에 능동적으로 참여하려면 이동이 가능해야 한다. 왜냐하면 자신이 주도하여 이동하는 것이 가능해야 주변 환경의 사물이나 사람을 탐색하고, 발견하고, 상호작용할 기회를 끊임없이 가지며 놀이를 이끌어 나갈 수 있기 때문이다.

초보 의사소통자 수준의 복합의사소통장애 아동 중에는 중증의 뇌성마비로 인해 스스로 움직임 조절이 어려운 경우가 많다. 이러한 경우에도 독립적인 이동이 가능하도록 해 주는 것이 손 사용이 자유로운 워커이다. 이것은 걷기 치료용으로 사용되는 워커가 아니라 자기주도적인 활동을 도와주기 위한 보조공학 기기이다. Wright-Ott(2010)에 의하면 손사용이 자유로운 워커는 양손으로 잡고 있어야 하는 치료용 워커와 달리 두 손을 자유롭게 사용할 수 있으며 바퀴가 커서 표면이 평탄하지 않은 숲이나 운동장에서도 사용이 가능하다.

[그림 6-16]에 제시한 바와 같이 처음에 손 사용이 자유로운 워커를 사용할 때는 아동의 고관절, 체간, 머리 지지대를 사용하여 신체 전반에 대한 지지가 필요할 수 있다. 그렇게 사용하다가 점차 머리 조절이 가능해지면 머리 지지대를 제거하고, 상지 조절이나 균형이 나아지면 체간 지지대를 낮추어 준다. 점차 워커 사용에 익숙해지면 일부 아동은 상지 체간 지지대 없이 몸을 숙여 무엇인가 잡을 수 있게 된다.

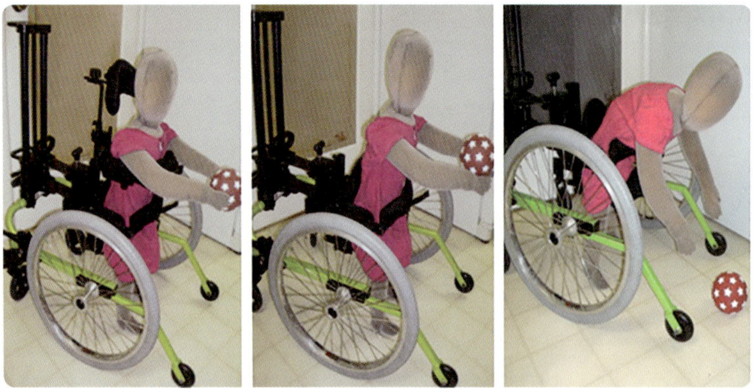

[그림 6-16] 손 사용이 자유로운 워커의 기능적인 조절

출처: Wright-Ott (2017).

브릿지스쿨에서는 손 사용이 자유로운 워커로 KidWalk를 사용한다. KidWalk를 적용할 때는 학생의 개별 특성을 고려하여 전방형과 후방형을 다르게 하며, 머리 지지대의 넓이나 안장의 길이 등도 맞춤형으로 적용하여 학생의 하지가동성의 기능을 높이는 데 중점을 둔다(한경임, 2010). 미국에서 KidWalk의 사용은 브릿지스쿨뿐만 아니라 일반 초등학교 특수학급(한경임, 2018a, b)과 대부분의 특수교육 기관에서 사용되고 있다.

KidWalk를 사용하여 또래와 놀이하거나 다른 사람과 상호작용하면서 의사소통 기회도 많아지고, 상지 기능과 소근육 운동 발달뿐만 아니라 걷는 동안 다리의 위치에 대해 긍정적인 인식을 갖게 되어 환경에서 자기 효율성을 증진시키게 된다(Wright-Ott, 2010). [그림 6-17]은 KidWalk(www.Primeengineering.com)를 사용하는 뇌성마비 학생의 모습이다.

후방형 KidWalk　　전방형 KidWalk

[그림 6-17] KidWalk 사용 모습(브릿지스쿨)

가상놀이를 할 때는 교실 환경을 가상놀이 공간으로 구성하는 것 또한 매우 중요하다. 예를 들어, 소방관 놀이를 위해서는 소방관이 입는 옷과 모자, 소방차로 구성된 소방서를 교실 한 켠에 만들고, 병원놀이를 위해서는 교실 한 공간을 가상의 병원 공간으로 구성한다. 그리고 병원놀이에 필요한 의사소통 표현을 미리 AAC 도구에 저장하고 스크립트에 따라 병원놀이 상황에서 표현하도록 기회를 주는 것이다. 이러한 활동을 이벤트처럼 일회성으로 하는 것이 아니라 주제중심 수업으로 최소한 1개월 정도 계속 활동하면서 표현 기회를 주어야 한다. [그림 6-18]은 가상놀이 공간 구성과 AAC 도구 예시이다.

[그림 6-18] 가상놀이 공간 구성 예시와 로우테크 AAC(브릿지스쿨)

### ④ 가정과 연계한 개념 발달 지도

브릿지스쿨에서는 가정과 연계한 개념 발달 지도 방법으로 홈뉴스(home news) 중재 프로그램을 운영한다. 학생과 가족은 집에서 있었던 어떤 일(예: 생일 파티 선물)에 대한 메시지를 함께 구성하고 음성녹음형 AAC 도구(예: 스텝바이스텝)에 메시지를 녹음한다. 매일 학생의 가방에 가정에서의 소식을 녹음한 스텝바이스텝을 넣어서 학교에 보내면 집에서 있었던 일을 학교에서 친구들과 함께 공유할 수 있다. 또한, 학교에서 그날 학생이 즐거워했거나 특별하게 느끼는 활동에 대해 학생과 함께 내용을 구성하여 녹음하고 집으로 보내면 집에서도 학교 소식을 들을 수 있고, 이 소식을 주제로 아동과 대화를 나눌 수도 있다. 이러한 홈뉴스 중재 사례에 대해서는 한경임(2014)의 연구에서도 보고된 바 있다.

가정과 연계한 활동 중 하나는 '나 그것 알아요' 코너를 운영하는 것이다. 칠판에 교사가 '나 그것 알아요'라고 쓰고, 또래들과 대화를 이어 나가는 것이다. 이때 부모에게서 미리 얻은 학생의 배경지식을 알고 있으면 도움이 된다. 예를 들어, 지역사회 도우미를 주제로 '나 그것 알아요' 이야기를 나누는 시간에 교사가 먼저 "나는 우체부를 알아요."라고 말하고 각 학생들이 자신의 AAC 도구에서 어휘를 선택하여 "나는 소방관 알아요.", "나는 의사 알아요."라고 돌아가며 말하는 것이다. 교사가 "우체부는 편지를 배달해요."라고 하면 학생이 "소방관은 불을 꺼요."라는 형식으로 차례대로 서로 말하며 개념 지식을 넓혀 나가게 된다.

가정과 연계한 활동에서도 AAC 사용자의 의사소통 능력인 조작적 능력, 전략적 능력, 사회적 능력, 언어적 능력을 증진시키는 활동을 기획할 수 있다. 〈표 6-10〉에 예를 제시하였다.

〈표 6-10〉 AAC 사용자의 의사소통 능력 향상을 위한 가정연계 활동 예시

| 조작적 능력 | 전략적 능력 | 사회적 능력 | 언어적 능력 |
|---|---|---|---|
| • 단일 메시지 녹음형 AAC 도구를 눌러 또래 간 서로 말차례 교환하기<br>아동 A: 무슨 일 있었는지 추측해 봐.<br>아동 B: 무슨 일이야?<br>아동 A: 토요일에 사촌 집에 갔어. | • 하이테크나 로우테크 AAC 도구에 학생의 경험과 관련된 새로운 어휘 첨가하기<br>• '나 그것 알아요' 코너 활동을 하며 학생마다 표현한 것을 포스터에 적어 교실에 붙여 두기 | • 자신의 홈뉴스를 친구들과 함께 공유하기<br>• 친구의 홈뉴스에 코멘트 표현(예: 와! 멋진데, 좋겠다)하는 방법 배우기 | • 홈뉴스에서 선호하는 주제를 선정하고, 학생의 언어능력 발달을 위한 메시지를 표현하도록 중재하기<br>• 홈뉴스에서 표현된 어휘들을 다른 의사소통 주제에서도 표현하도록 독려하기 |

### (3) 지원적인 상대자 중재

AAC 체계로 의사소통하는 것은 일반적인 말로 의사소통하는 것과 다르며 특히 비상징적 의사소통 단계의 초보 의사소통자에게는 상대자가 얼마나 상호작용에서 지원 역할을 잘해 주느냐에 따라 근접발달영역을 넘어 발달해 가는 속도가 달라진다. 이러한 면에서 AAC 중재는 AAC 사용 당사자만이 아니라 의사소통 상대자에 대한 중재 또한 매우 중요하다. AAC 사용자의 의사소통 상대자는 교사와 같은 중재자일 수도 있지만 부모, 형제, 또래, 친척 누구든 될 수 있다.

AAC 사용자 주변에 누가 의사소통 상대자이며 현재 어떻게 상호작용하고 있는지 소셜네트워크(Blackstone & Hunt-Berg, 2003)를 통해 사정할 수 있으며, 사람중심 계획(O'Brien & Lyle O'Brien, 2002)을 적용하여 사정하고 중재 계획을 세울 수도 있다. AAC 중재에서 의사소통 상대자로서 어머니(김정연, 박은혜, 2003), 형제(한경임, 임민숙, 2006), 학급 또래(한경임, 최소연, 2007)에게 AAC 도구 사용을 모델링해 주기, AAC 사용자의 메시지를 확인해 주기, 잠깐 멈추고 기다리기 중재를 통해 AAC 사용자의 의사소통 역할이 주도적으로 변하고, 의사소통 기능이 다양해지고, 의사소통 성과도 높아진다는 연구결과를 볼 때 AAC 사용자에 대한 상대자의 역할이 얼마나 중요한지 알 수 있다.

AAC 사용자에게 반응적인 상대자가 되기 위해 필요한 사항을 선행연구(김정연, 박은혜, 2003; 한경임, 1998; 한경임, 임민숙, 2006; Downing et al., 2015)를 바탕으로 다음과 같이 제시하

였다. 반응적이고 지원적인 상대자가 되는 것은 초보 의사소통자뿐만 아니라 모든 AAC 사용자에게 필요하다.

1. 학생에게로 가까이 움직여 물리적인 접근성을 높이기
2. 눈 맞춤을 확립하거나 가벼운 신체적 접촉을 사용하기
3. 학생의 반응을 기대하며 바라보고 반응할 시간을 제공하고 기다리기
4. 학생의 현재 의사소통 수단을 수용하고 반응해 주기
5. 비상징적 의사소통의 가치 인정하기
6. 지시적으로 접근하지 않기
7. 학생의 의사소통 양식을 보완 · 확장해 주기
8. 학생의 메시지 확인하고 AAC 도구 사용 보완적 의사소통 입력

### ① 물리적인 접근성 높이기

상대자의 관심을 얻고 상호작용할 의도가 있음을 전달하기 위한 일반적인 방법은 그 사람에게 가까이 가는 것이다. 특히, AAC 도구에서 산출되는 소리를 들어야 하거나 의사소통판에서 지적하는 상징을 보아야 한다면 더욱 그러하다. CVI를 가지고 있거나 시각장애를 중복으로 가지고 있는 초보 의사소통자라면 상호작용을 기대하고 의도한다는 것을 보여 주기 위해 더욱 가까이 가야 한다. 학생에게 가까이 가서는 옆에 서 있기만 하는 것이 아니라 옆이나 학생의 눈높이에 맞추어 앉아서 상호작용을 시도한다.

통합학급에서 일반 학생들과의 상호작용을 도와줄 때도 성인은 초보 의사소통자의 옆에 앉아서 학생의 의사소통 의미를 이해하고 일반 학생들에게 전달하는 역할을 해 주어야 한다. 때로 성인이 계속 AAC 사용자의 옆에 머물러 있으면 또래들 간의 상호작용을 방해할 수도 있다(Feldman & Matos, 2013)는 점을 고려하여 유연하게 거리를 조절해야 한다.

맥락의존 의사소통 수준의 학생이라면 처음에 또래들과의 상호작용을 시작하도록 유도할 때는 학생 옆에 있다가 잠시 거리를 두어 또래들 간의 자연스러운 상호작용을 지켜보고 필요하다고 생각될 때 개입하는 것이 좋을 수도 있다. 이때 AAC 사용 학생과 또래들만 놔두고 다른 곳으로 떠나 있어서는 안 된다.

### ② 눈 맞춤을 확립하거나 가벼운 신체적 접촉 사용하기

눈 맞춤은 상대자의 관심을 얻고 대화를 유지하는 관습적인 방식이다. 휠체어를 사용하는 학생의 대화 상대자는 학생과의 눈 맞춤을 유지하기 위해 학생의 눈높이까지 자세를 낮추어

낮은 의자나, 무릎 앉기로 또는 바닥에 앉아야 한다. 만약 통합학급에서 학생들이 바닥에 앉아서 활동한다면 휠체어를 사용하는 AAC 사용 학생도 바닥에 보조공학기기를 활용하여 앉아서 활동하도록 할 필요가 있다. 또래들과의 눈 맞춤을 유지하도록 도와주어야 하는 것이다.

눈 맞춤이 의사소통을 촉진하고 유지하는 데 도움이 되기는 하지만 억지로 AAC 사용 학생에게 눈 맞춤을 요구해서는 안 된다. 눈 맞춤은 상호작용의 목적이나 대화의 주제에 따라 달라질 수 있으며, 특히 가정의 문화에 따라 다를 수 있다. 일부 문화에서는 눈을 바라보는 것이 무례한 것으로 간주되기 때문이다(Lynch & Hanson, 2011). 특히, 자폐성향의 AAC 사용자는 눈을 직접 마주치기보다 주변시를 이용해 슬쩍 보며 대화에 참여하기도 한다(Kirchner, Hatri, Heekeren, & Dziobek, 2011). 눈 맞춤과 함께 대화에 필요한 상징이나 사물, 사람을 함께 바라보는 것도 매우 중요하다. 시각장애를 중복으로 가지고 있는 AAC 사용자의 경우 눈 맞춤 대신에 팔이나 어깨를 살짝 건드리는 신체적 접촉으로 대화의 시작이나 유지를 알릴 수도 있다.

### ③ 기대를 갖고 바라보고 반응할 시간을 위해 기다리기

학생과의 의사소통을 간절히 기다리는 얼굴 표정으로 학생이 질문에 반응하거나 대화를 시작하기를 기대하며 바라보는 것은 학생이 무엇인가 하도록 하는 강력한 단서가 된다. 중도중복장애를 가지고 있는 초보 의사소통자는 정보 처리와 반응을 표현하는 데 더 많은 시간을 필요로 한다(Johnson & Parker, 2013). 만약 학생이 CVI나 시각장애를 수반하고 있다면 가능한 학생 가까이로 이동하여 상호작용을 시작하기를 간절히 기대하고 기다라고 있다는 것을 학생이 알게 해 주어야 한다.

학생으로 하여금 원하는 반응을 이끌어 내는 데 가장 효과적인 전략 중 하나는 학생이 반응할 시간을 제공하고 기다리는 것이다. 이때 상대자가 기다리는 반응은 자연스러운 중재 후 학생이 보여야 하는 행동 레퍼토리 안에 있는 것이어야 한다. 실제 기다리는 시간은 학생의 신체적, 감각적, 지적 능력에 따라 다를 수 있다. 학생마다 반응이 나타날 때까지 얼마나 기다려야 하는지는 보통 자극이 주어진 후 학생이 반응을 보이는 데 걸리는 평균 시간에 따라 다르다(Johnson & Parker, 2013). 학생이 동기화되었을 때 이 반응 시간은 생각보다 오래 걸리지 않는다. 학생이 선호하는 것을 이용하여 의사소통 의도를 갖게 만드는 것이 중요하다. 보조원이 없는 통합학급에서 교사와 학생의 사례를 보자. 우리도 이렇게 하고 있지는 않은지.

교사: 현수야! 오늘 그룹 활동해야 하는데 누구랑 짝 할 거니? (앞자리에 앉은 은호를 보며)
네가 은호와 함께 활동하고 싶으면 은호를 쳐다 봐. 알았지? 은호를 봐!

현수: (휠체어에 앉아 있는 상태에서 고개를 들려고 시도함)

교사: (현수가 아닌 은호를 보며) 은호야. 현수 휠체어 밀어서 너희 그룹으로 가.
그리고 현수에게 원하는 물감이 무엇인지 물어. '이것 좋아? 저것 좋아? 그렇게 물어서 물감 고르면 돼.' 만약 쳐다보지 않으면 다시 반복해서 물어보면 돼.

현수: (고개를 들어올리기 시작함)

교사: 나는 다른 팀에 가 봐야 해. (현수 쪽을 본 다음)
은호가 현수 데리고 가서 같이 활동하면 돼. (다른 팀으로 이동함)

### ④ 현재의 의사소통 수단을 수용하고 반응해 주기

학생의 현재 의사소통 방식을 인식하고, 수용하고, 반응해 주는 것 또한 의사소통 상대자의 주요 역할이다. 관습적이지 않은 방식을 사용해서 자신의 요구를 의사소통하는 것에 성공한 경험이 있는데 그 행동을 무시하고, 하지 못하게 막으려 하면 학생은 어려운 상황에 놓이게 된다. 이 경우 오히려 학생이 자신의 요구를 얻기 위해 바람직하지 않은 행동을 증가시키는 결과를 가져온다(Dunlap & Fox, 2011). 비록 학생의 의사소통 시도가 비관습적이거나 바람직하지 않은 행동을 보이는 것이라 하더라도 일단 그 행동이 인식되어 의사소통이 계속 이루어지면서 적절한 의사소통 방식으로 대체될 수 있도록 중재가 이루어져야 한다.

중증의 장애로 인해 자세 조절이 어려운 초보 의사소통자의 경우 비관습적 의사소통 양식이 지속되는 이유 중 하나로 자세와 자료에 대한 접근성의 문제(Reichle et al., 2002)가 언급된다. 자세가 좋지 않으면 손과 머리의 조절이 원활하지 않아 자료에 접근하기 어렵고, 의사소통 행동을 보이기도 어렵다는 것이다. 따라서 의사소통을 위한 안정된 자세를 갖추도록 보조기기만이 아니라 쿠션을 받쳐 고개를 들 수 있게 해 주는 등의 지원이 필요할 수 있다. 의사소통 지원을 위해 사용할 수 있는 여러 가지 보조공학 기기에 대해 한경임(2020)의 연구에서 상세히 소개한 바 있다.

또 하나 중요한 것은 AAC 도구는 단어를 찾기 위한 도구가 아니라는 것이다. AAC 도구는 의사소통을 위한 것이다. 스위치를 눌러 AAC 도구에서 단어를 찾아 표현하였으면 스위치를 잘 눌렀다고 칭찬해 주는 것이 아니라 표출된 단어의 의미에 맞게 의사소통으로 반응해 주어야 한다. 이를 통해 스위치 자체를 누르는 것이 아닌 표현이 중요한 것임을 학생으로 하여금 알게 하는 것이다. 학생의 표현이 불완전하여 다른 표현을 요구할 때도 "스위치를 눌러 봐!"라고 이야기하는 것이 아니라 "더 이야기해 줄래?", "다음 화면으로 넘겨 볼까?", "네가 원하는 단어가 다음 화면에 있을까?"라며 스위치의 작동은 표현을 찾기 위한 것임을 인식하도록 해야 한다.

### ⑤ 비상징적 의사소통의 가치를 인정하기

비의사소통적인 행동을 보이거나 비상징적 의사소통 양식을 사용하는 초보 의사소통자의 부모나 교사들은 상징체계로의 전환에 대한 압박감을 가지고 있는 경우가 많다. 그러나 일반적인 사람들의 의사소통 상호작용에서도 많은 메시지가 얼굴 표정이나 손짓 등 비상징적인 표현으로 이루어진다는(Knapp & Hall, 2010) 점에서 현재 학생이 보내는 의사소통 양식에 대한 가치를 인정하고 이것을 의사소통의 기초로 삼아 의사소통 능력을 차곡차곡 쌓아 간다는 생각을 가질 필요가 있다. 아직 그래픽 상징에 대한 인식이 부족한 초보 의사소통자가 실제 사물이나 제스처, 얼굴 표정, 발성을 사용하는 것을 무시하고 너무 지나치게 상징 사용에만 중점을 둔다면 학생을 위축하게 만들고, 의사소통을 더 어렵게 만들 수 있다.

Guess 등(1990)에 의하면 활동 시간의 75% 이상을 깨어 있는 상태로 활동하는 일반 아동에 비해 매우 장애가 심하여 비의사소통적인 행동을 보이는 아동들은 활동 시간의 58% 이하로 깨어 있는 반응을 보인다. 뇌전증약 복용 등 약물 부작용에 의한 경우도 있지만 이렇게 깨어 있는 시간의 낮은 비율은 그만큼 반응하는 비율도 제한적일 수밖에 없는 결과를 가져온다. 매우 중증의 초보 의사소통자가 깨어 있는 시간에 보내는 의사소통 신호에 상대자가 민감해야 하며 깨어 있는 시간이 늘어나도록 할 필요가 있다.

초보 의사소통자의 깨어 있는 시간은 안정적인 자세, 활동의 형태, 자료에 대한 접근성, 사회적 친밀감을 가진 사람과의 접촉, 즉흥적인 환경에서 이루어지는 활동 수준 등의 영향을 받는다(Guess, Roberts, & Guy, 1999). 즉, 깨어 있지 않다고 그냥 내버려 두는 것이 아니라 활동의 기회를 주고, 자료에 접근해서 만지고 탐색하게 해 주고, 사람과의 접촉을 통해 사회적 관계를 계속 넓혀 나가도록 해 주어야 깨어 있는 시간과 반응이 늘어날 수 있다.

### ⑥ 지시적으로 접근하지 않기

학생에게 계속 "이것 해야지.", "저것 해야지."라고 말하고, "이것이 무엇이야?", "저것이 무엇이야?"라며 계속 요구하는 것은 바람직하지 않은 상호작용 패턴을 만들게 된다. 이러한 계속적인 요구와 지시는 상호작용할 때 성인에게 너무 의존하게 하여, 스스로 대화를 먼저 시작하고 상호작용을 이끌어 가는 주도성을 키우지 못한다. 다음 두 시나리오를 보고 우리는 어떤 모습인지 생각해 보자.

교육실습생: 영주야! 가서 미술 재료 가져오세요.

영주: (2초 정도 반응이 없음)

교육실습생: 영주야 네가 필요한 재료가 무엇이지?

영주: (2초 정도 반응이 없음)

교육실습생: (사물함을 손으로 가리키며) 사물함으로 가서 미술 재료 가져오세요.

영주: (고개를 들어 사물함 쪽을 보지만 색연필을 가져오는 친구인 정우를 보고 있음)

교육실습생: 아니야. 어디로 가야 하지? (영주와 정우 사이로 들어가 사물함을 가리킴)

영주: (휠체어를 밀고 가 사물함에 손을 대지만 문이 열리지 않음)

교육실습생: 문을 여세요.

영주: (교육실습생을 바라봄)

교육실습생: (사물함을 탁탁 치며) 문을 열어야지.

미술 교사: (영주에게로 움직이면서 모든 학생에게)
이제 모두 사물함으로 가서 자신이 오늘 할 미술 재료를 가져오세요.

영주: (움직이지 않고 친구들이 이동하는 것을 보고 있음)

교육실습생: (3초 기다린 후 영주에게로 가서 친구들을 가리키며) 모두 어디로 가고 있지?

영주: (친구들이 이동하는 것을 보지만 따라서 움직이지는 않음)

교육실습생: (물감을 가지고 오는 정우에게 영주가 무엇을 할지 말해 주도록 함)

정우: (자신의 색연필을 보여 주며) 영주야, 너도 너의 준비물 가져와야 해.
저기 민호 보이지? 민호에게 가 봐.

영주: (천천히 사물함 쪽으로 휠체어를 움직여 가서 민호의 물감을 가지려 함)

민호: (웃으며) 이건 내 거야. 네 것은 여기 너의 사물함에 있어.

교육실습생: (영주 가까이 가서 영주의 사물함을 가리키고)
영주야, 너도 다른 애들처럼 너의 준비물을 가져올까?

영주: (사물함을 바라보며 기다림)

교육실습생: 민호야, 나는 영주가 무엇을 가져가야 하는지 모르는데 네가 도와줄래?

영주: (민호를 바라봄)

민호: 네. (영주의 사물함에서 색종이를 꺼내고) 영주야, 이것이 너의 준비물이야.
(영주가 색종이를 잡도록 기다려 줌)

첫 번째 사례에서는 2번의 질문과 4번의 지시로 초보 의사소통자인 영주는 철저하게 반응자의 역할만 요구받았고, 학급 또래와의 상호작용 기회도 무시되었다. 두 번째 사례에서는 성인 상대자가 덜 지시적이면서 또래와의 상호작용을 유도한다. 성인이 준비물을 대신 가져다주는 것이 아니라 학생이 스스로 할 수 있도록 비상징적인 양식의 표현에 반응해 주고, 또래들도 복합의사소통장애 학생과 상호작용하도록 하고 있다.

### ⑦ 의사소통 양식 보완하고 확장하기

AAC 사용자들은 항상 다양한 상황과 활동에서 자신의 요구를 충족시키기 위해 여러 의사소통 양식을 사용한다. AAC 사용자와의 상호작용에서 중요한 것은 표현 수단으로서 AAC도 필요하지만 수용언어로서의 AAC도 필요하다는 것이다(Snell et al., 2010). 예를 들어, AAC 사용 학생에게 무슨 색깔을 좋아하는지 물을 때 AAC 도구도 없고 색깔을 보여 주는 색연필이나 색인표도 없으면 광고 종이를 보여 주면서 색을 선택하도록 할 수 있다. 의사소통 도구가 단순할수록 매일의 상황에서 만나는 다양한 의사소통 요구를 모두 충족시키기 어렵기 때문에 의사소통 상대자는 수용과 표현 의사소통을 위해 주어진 환경의 자료를 적극 활용할 필요가 있다.

학생의 하이테크 의사소통 도구나 의사소통책이 너무 무겁거나 활동하는 데 불편하다는 이유로 체육 시간이나 급식 시간에 휴대하지 않고 가는 경우도 있다. 체육 시간이나 급식 시간, 현장학습 활동 시간에도 학생은 항상 의사소통의 기회를 갖게 되는데 의사소통 도구가 없다면 참여모델에서 의미하는 실제적 장벽에 부딪힌다. 이러한 경우 최소한의 의사소통 지원을 위해 체육 활동이나 급식 시간에 필요한 상징만 모아서 의사소통 팔찌나 의사소통 목걸이를 사용하거나 의사소통 상대자가 앞치마에 필요한 상징을 붙여 학생이 의사소통할 수 있도록 도와주는 방법이 있다. [그림 6-19]에 AAC 팔찌, 목걸이와 앞치마 예를 제시하였다.

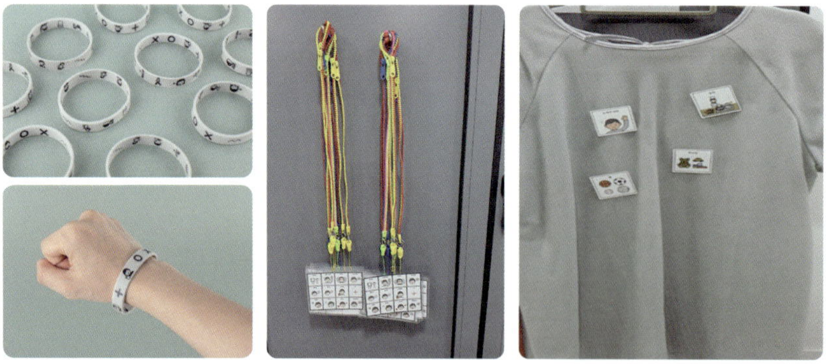

[그림 6-19] AAC 팔찌, 목걸이, 앞치마 예시

출처: 사람과 소통 언어치료 AAC 센터.

#### ⑧ 학생의 메시지 확인과 AAC 도구 보완적 의사소통 입력

AAC 사용 학생의 메시지를 확인한다는 것은 상대자가 학생이 표현한 것을 잘 이해했다는 것을 알리는 의미이다. 특히, 뇌성마비로 인해 손가락으로 직접 선택하여 상징을 지적할 때 잘못 누르는 경우도 있고, 아이트래킹을 사용할 때 정확한 위치에 눈동자를 멈추어 있기가 어려운 경우 원치 않는 상징을 지적할 수도 있다. 따라서 AAC 사용자가 표현한 메시지가 정확한 것인지 확인해 주어야 한다. 이때 AAC 사용자는 자신의 표현이 잘못 전달된 것을 알고 다시 회복 전략을 사용하여 상징을 정확하게 지적하려고 하는 시도를 보이게 될 것이다.

AAC 도구를 사용한 보완적 의사소통 입력은 의사소통 상대자도 AAC 사용자와 대화할 때 의사소통 도구의 상징을 짚으면서 말을 함으로써 AAC 도구를 사용하여 언어입력을 해 주는 것을 의미한다. 이 책의 제7장에서 메시지 확인하기와 보완적 의사소통 입력에 대해 상세히 기술하였다.

### 4) 초보 의사소통자를 위한 보완대체의사소통 중재의 목적

초보 의사소통자를 위한 중재 목적으로 Soto(2011, 2017), Soto와 Zangari(2009), Reichle 등(2002)을 참고하여 [그림 6-20]과 같이 다섯 가지를 단계적으로 설정하였다. 먼저, 공동관심 형성과 상호작용적인 말차례 주고받기를 중재하고 그다음 차례로 의도적인 의사소통 기능 중재, 어휘 및 의미 확대, 언어구조 확립, 발생적 문해력과 음운인식 중재를 하는 것이다. 그런데 상호작용적 말차례 주고받기의 경우 초보 의사소통자의 발달 정도에 따라 비의무적 말차례 주고받기 기술이나 상대자 중심 질문하기 기술을 먼저 배운 뒤 의사소통 기능을 다양하게 표현하도록 지도하는 것은 아니기 때문에 초보 의사소통자의 특성을 고려하여 융통성 있게 적용한다.

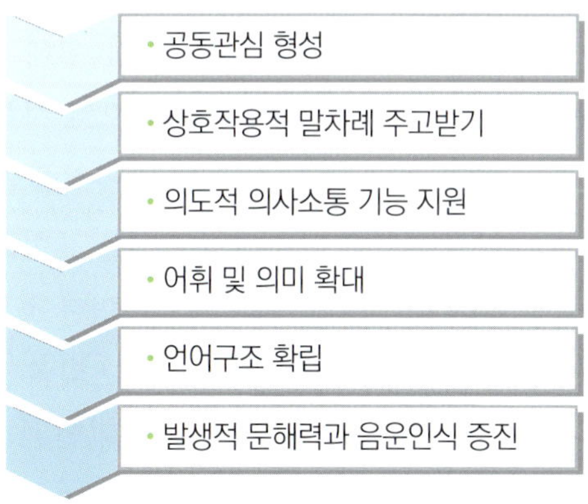


[그림 6-20] 초보 의사소통자 중재 목적

### (1) 공동관심 형성

공동관심은 두 사람이 동시에 같은 대상에 집중하고 관심을 기울이는 것이다. 보통 9~15개월 사이에 발달하는데 중증 장애로 인해 9개월의 기능도 보이지 않는 학생의 경우 공동관심 능력을 확립하는 데 어려움을 가진다. 영아 발달 과정에서 엄마 말을 많이 하는 것은 아동의 공동관심 확립과 연관된다. 아동과 보호자 간에 공동관심이 확립되면 더 빈번하게, 더 오랫동안 대화에 참여하게 된다.

한 대상에 대해 공동관심이 형성되면 학생과 성인 사이에 의도가 공유된다. 의도가 공유된다는 것은 상대의 마음을 알게 된다는 것이다. 이렇게 의도가 공유되면 의도적인 의사소통으로 옮겨 가게 되며 이를 통해 말차례 주고받기에 의한 사회적 상호작용이 이루어진다. 대부분의 자폐성장애 학생의 경우 공동관심을 표현하는 제스처의 사용에 어려움이 있거나 발달이 지연되는 것을 볼 수 있다. Sevcik과 Romski(2016)에 의하면 자폐성장애 학생들은 요구하기 기술보다 공동관심 기술이 더 많이 손상되어 있음을 보여 준다. 또한, 공동관심은 아동의 이후 언어 기술을 예측할 수 있는 주요 인자가 된다. 앞에서도 언급하였듯이 공동관심은 상대의 마음을 알게 되는 것인데 이에 대한 부족은 상대의 마음을 읽지 못하는 자폐성장애의 특성과도 연관된다.

어머니와 영아의 상호작용을 관찰한 연구(Reichle et al., 1991)에 의하면 처음에 어머니는 영아와 공동관심을 갖기 위해 얼굴을 마주 보며 부드러운 목소리와 미소로 상호작용을 시작한다. 영아가 1~2개월령이 되면 영아의 시야에 사물을 가지고 와서 보여 주거나 영아의 눈길이 닿는 사물을 좇아 그것에 함께 주목한다. 이러한 과정 속에서 영아의 관심을 증진시키기 위해 사물을 흔들어 주기도 하고, 주의를 지속시키기 위해 사물을 움직여 영아 시선의 움직임을 유도하기도 한다.

영아의 발달과정에서 어머니와의 공동관심을 통해 상호작용이 시작되는 것과 같이 이러한 방식으로 AAC를 사용하는 초보 의사소통자와의 상호작용을 위해 공동관심을 먼저 형성하는 것이 중요하다. 공동관심을 갖고 있음을 입증하기 위해 손으로 사물을 지적하며 바라보거나, 사물에 대한 호기심을 표현하는 얼굴 표정, 소리 등 비도구 양식을 사용하는 모습을 보여 주어 모델을 제공하면 점차 아동이 성인의 모델을 따라 공동관심을 표현하는 방법을 알게 된다.

공동관심을 촉진하는 방법 중 하나는 [그림 6-11]에 제시하였던 스위치를 이용한 장난감을 사용하는 것이다. 아직 인과개념이 형성되지 않은 학생에게 스위치를 눌러 장난감이 움직이는 것을 보여 줌으로써 학생의 관심을 끌어 함께 바라본다. 점차 학생이 스스로 스위치를 누르게 되면 상대자가 장난감을 함께 보며 장난감이 움직이는 소리를 흉내 내거나 움직임을 표현하는 소리를 내며 의사소통을 시도한다.

공동관심을 촉진하는 또 다른 방법은 초보 의사소통자인 아동이 자신이 갖고 있는 물건을 상대자에게 전달해 주도록 하는 것이다. 이 활동 과정에서 물건을 받은 상대자는 받은 물건을 신기한 듯 바라보고 "이것이 무엇이지?"라며 정보를 요구하는 표현을 하면서 함께 물건에 대해 관심을 갖고 의사소통하는 시간을 갖는다. 이때 억지로 아동에게 물건이 무엇인지 설명이나 묘사를 하게끔 강요해서는 안 된다.

[그림 6-3]에 제시했던 언어발달 단계 중 의도적 행동 단계와 의도적 의사소통 단계에 있는 AAC 사용자는 아직 사물과 의사소통 상대자를 번갈아 보는 것을 자발적으로 하지 못한다(Bartels, Cress, & Marvin, 2001). 특히, 지체장애로 인해 고개를 잘 들지 못하거나 CVI로 인해 사물 응시가 힘들다면 공동관심 형성이 더욱 어려울 수 있다. 이러한 경우 주의를 집중해야 할 사물이나 상징에 불빛이나 반짝이는 지시봉을 이용하여 응시하도록 한다. [그림 6-21]에 브릿지스쿨에서 CVI 학생이 상징에 주의를 집중할 수 있도록 손전등을 이용한 지시봉, 반짝이 지시봉 사용 모습과 사물 안에 전등을 넣어 사물에 공동관심을 갖도록 하는 모습을 제시하였다.

[그림 6-21] CVI 학생을 위한 공동관심 유도(브릿지스쿨)

공동관심의 이용은 아동에게 새로운 상징을 지도할 때도 적용된다. 즉, 상호작용 맥락 밖에서 낱말 카드를 익히듯이 새로운 상징에 대해 의미를 설명하며 교사 주도적으로 지도하는 것이 아니라 초보 의사소통자의 관심을 끄는 자연스러운 상호작용 속에서 새로운 신호나 상징을 도입하여 자연스럽게 AAC를 사용할 수 있도록 하는 것이다. 예를 들어, 다음 예시와 같이 초보 의사소통자인 아동과 서로 차례를 교환하며 블록 옮기기 놀이를 하는 상황에서 블록 상자가 비었는데 손을 뻗쳐 블록을 더 요구하는 행동을 보인다면 이 자연스러운 상황을 '더'라는 AAC 상징을 지도하는 기회로 활용하는 것이다.

아동과 함께 번갈아 가며 블록을 옮겨 성 만들기 놀이에서 붉은색 블록을 모두 옮겨 상자가 비어 있는 상황

아동: (빈 상자로 손을 뻗쳐 블록을 가져오려 함)
교사: (다른 상자에서 가져온 붉은색 블록을 들어 아동에게 보여 주며 아동의 반응을 보고 기다림)
아동: (손을 뻗쳐 가지려 함)
교사: (AAC 도구에서 '더' 상징을 짚으며) 더 주세요.
(아동이 '더' 상징을 짚지 않고 손을 뻗침)
('더' 상징을 짚으며) 더 주세요. (말하고 아동에게 블록을 건네줌)

이 사례는 의사소통 상대자인 교사가 '더' 상징을 짚으며 "더 주세요."라고 말하고 아동의 의사소통 시도를 격려하면서 새로운 상징으로 표현을 확장하도록 해 주는 모습이다. 이때 처음부터 아동에게 상징을 짚지 않으면 붉은색 블록을 주지 않는 형식으로 지도해서는 안 된다. 자연스러운 상호작용 기회를 자주 만들어 교사가 공동관심을 유도하면서 '더' 상징을 짚으며 표현하는 모델을 보여 주는 것이다. 점차 아동은 교사가 기다려 주면 스스로 '더' 상징을 짚어 표현하게 된다. 이러한 기회들이 계속 주어지면서 아동은 '더' 상징에 대해 인식하게 된다.

이것은 '더' 상징을 가르치기 위해 개별 지도 시간에 상징을 보여 주며 "이것은 더 갖고 싶을 때 짚는 거야. 더 갖고 싶을 때 무엇을 짚으라고 했지?"라는 형식으로 가르치는 것이 아님을 의미한다.

다음 예시(Weitzman & Greenberg, 2002)는 아직 공동관심을 보이지 않는 발달장애 유아와 교사가 공동관심을 형성하는 과정을 보여 준다. 이 발달장애 유아는 교사가 비눗방울을 불어 주면 비눗방울을 잡으려고 손을 뻗지만 비눗방울이 사라지면 가만히 있고, 교사를 쳐다보거나 요구하는 행위도 보이지 않는 비상징적 의사소통 단계에 있다.

- 교사는 자신을 바라보기 쉽게 아동과 마주 앉는다.
- 비눗방울을 불어 주고 잠시 기다리면서 아동에게 반응의 기회를 준다.
- 아동이 반응이 없더라도 아동의 시선을 따라 보다가 순간적으로 아동과 눈이 마주치자마자 "비눗방울 더?"라고 말하며 비눗방울을 더 불어 준다.

- 아동의 관심을 따라 아동이 잡으려고 하는 비눗방울을 지적하면서 활기차게 "여기 있네!"라고 말하며 아동과 눈을 마주칠 수 있도록 충분히 가까운 거리를 유지한다.
- 특별한 비눗방울(예: 바닥으로 떨어지는 동그란 비눗방울)을 지적하며 아동의 관심을 유도한다.
- 아동의 행동과 소리를 모방해서 아동이 눈을 마주치려는 동기를 유발하도록 한다.
- 기대하며 기다려 주기를 계속하면서 아동이 더 많은 차례를 가지도록 격려한다.

이 사례에서 교사는 아동과 눈이 마주치자마자 "비눗방울 더?"라고 물어봄으로써 아동이 교사를 바라보기를 기대하며 기다리는 것으로 공동관심을 발달시킬 수 있도록 도와준다. 그러고 나서 아동이 교사를 바라보는 것을 요구하기로 해석해 주면서 요구하기 기능으로 발전되도록 해 준다.

아직 공동관심에 대한 확립이 어렵다면 공동관심의 발달을 지원하는 방향으로 상호작용을 계속해야 한다. 아동의 관심을 끌기 위해 재미있게, 활동적인 대화를 끌어가는 어려운 일을 해야만 한다. 낯선 대화 게임에 아동을 참여시키는 것이 어려울 수 있지만 그 효과는 매우 놀라울 수 있다. 아동이 공동관심을 형성하고 적극적인 대화 상대자가 되면 비로소 사회적 상호작용의 힘과 즐거움을 경험하게 될 것이다.

### (2) 상호작용적 말차례 주고받기 중재

#### ① 말차례 주고받기의 중요성

의사소통은 혼자 하는 것이 아니다. 상대자와 서로 말차례를 주고받으면서 이루어진다. 보통 태어난 지 10개월이 되면 공동관심이 발달하고 공유하는 주제에 대해 말차례 주고받기도 가능해진다. 말차례는 상대자가 말을 시작하기 전까지 화자가 주제에 대해 말하는 발화로 정의된다(김영태, 2014). 이것을 AAC 사용자에게 적용한다면 말차례 주고받기(turn-taking)란 화자와 청자가 일련의 규칙을 바탕으로 교대로 말 또는 상징으로 표현을 차례로 주고받는 것이라고 할 수 있다(최다영, 한경임, 2021).

AAC 사용자와 의사소통 상대자의 상호작용을 보면 의사소통 상대자가 대화를 주도하고 AAC 사용자에게는 말차례가 거의 주어지지 않는다(한경임, 1998; Smith, 1994). 또한, AAC 사용자는 말차례가 주어진다고 해도 상대자의 질문에 대답하기만 하는 의무적인 말차례 주고받기가 많고, 상대자의 설명이나 진술 뒤에 대응하는 비의무적인 말차례에 대한 기회는 거의 없는 것으로 보고되었다(한경임, 2006; Light et al., 1996). 이러한 말차례 주고받기의 불균형은 AAC

사용자의 의사소통 시도가 부족한 데서 비롯된다. AAC 사용자의 의사소통 시도는 외적으로는 의사소통할 수 있는 기회와 지원을 얼마나 많이 해 주는가와 관련되어 있으며, 내적으로는 메시지를 전달하려는 개인의 동기와 기술에 따라 달라진다(Cress & Marvin, 2003).

### ② 말차례 주고받기를 위한 의사소통 시도 중재

초보 의사소통자가 내적인 의사소통 동기를 갖도록 하기 위해서는 앞 절에서 언급했던 스위치를 이용한 장난감 조작이나 환경제어 활동이 매우 유익하다. 이를 통해 스위치 조작에 대한 개념을 얻고 음성이 산출되는 SGD를 스위치로 조작하도록 중재하는 것이다. 그런데 의사소통 동기는 AAC 사용자 개인의 문제라기보다 의사소통 상대자와 맥락에 더 좌우된다(Kent-Walsh, 2003). 단순히 수용어휘를 많이 알게 하고, 상징을 많이 분별하도록 하는 것만으로는 AAC 사용자의 의사소통을 촉진하지 못한다. 그리고 상대자가 AAC 사용자의 반응을 이끌어 내려고 계속 주도적인 역할을 하면 반응적인 상태로만 머물게 된다.

AAC 사용자의 의사소통 시도를 높여 주기 위해서는 대화 상황에서 화용론적 맥락을 파악하는 방법을 중재해야 하고(Buzolich & Lunger, 1995), 의사소통이 좌절되었을 때 이를 복구하는 방법, 자신의 의사소통 목적을 위해 메시지를 수정하는 방법 등에 대한 중재(Brady & Halle, 2002)가 필요하다.

대화 상황에서 화용론적 맥락을 파악하는 방법의 예를 들자면, 상대자의 표정을 보고 슬픈 상황인지 기쁜 상황인지 알고 적절하게 표현하도록 하는 것이다. 의사소통이 좌절되었을 때 복구하는 방법으로는 '다시 말할게요' 상징을 눌러 의사소통 기회를 다시 얻도록 하는 것이다. 메시지를 수정하는 방법으로는 AAC 사용자가 처음 표현한 메시지를 교사가 확장하면서 올바른 표현에 대해 모델을 제공해 주는 것이다.

AAC 사용자의 의사소통 시도를 촉진하기 위해서는 사용자의 내적인 동기보다 상대자의 역할이 더 중요하다(Cress & Marvin, 2003). 일단 초보 의사소통자가 의사소통 시도를 보이기 시작하면 부모나 교사는 상호작용을 주도하려고 했었던 모든 행동을 줄이고 초보 의사소통자가 더 많은 시도 기회를 갖도록 기다리고 촉구해 주어야 한다. 기다리고 촉구한다는 것은 너무 많은 질문으로 AAC 사용자가 계속 답변만 하게 하는 것을 의미하지 않는다.

의사소통 시도를 높이기 위해서는 자연스러운 환경에서 자주 기회가 주어져야 한다는 점에서 전언어학적 의사소통 단계에 있는 학생에게 삽입교수를 계획하여 학교생활 중에 반복적으로 기회를 제공하는 것도 좋다. 최다영과 한경임(2021)의 연구에서는 인지 및 언어발달의 퇴행을 보이는 헌터증후군 중학생에게 삽입교수를 적용하여 일과 속에서 반복적으로 시행한 AAC 중재 결과 단일 메시지 음성산출 도구를 사용하여 말차례 주고받기의 비율이 증가하였을 뿐만 아니라 자발적 발성이 증가하여 의사소통 시도가 많아진 것을 보고한 바 있다.

학생이 말차례 주고받기를 할 수 있도록 루틴(활동의 정해진 순서)을 이용하거나 놀이 속에서 기회를 주고 말차례에 대한 단서를 주는 방법(Weitzman & Greenberg, 2002)은 다음과 같다.

- 학생이 취해야 할 말차례를 정하고 기회 주기
- 학생의 말차례인 것에 대한 단서 주기
- 학생의 흥미가 감소하기 전에 활동의 루틴이나 단어에 변화를 주기
- 학생의 흥미를 바탕으로 새로운 루틴 만들기
- 학생이 루틴을 시작하도록 학생의 시도를 지지해 주기

### 학생이 취해야 할 말차례를 정하고 기회 주기

루틴이나 활동 속에서 학생이 취해야 할 말차례가 무엇인지 생각하고, 학생에게 말차례의 기회를 만들어 준다. 특히, 아직 공동관심이 부족하고 말차례에 대한 개념 형성이 되지 않은 경우 학생이 좋아하는 재미있는 활동 중심의 놀이 속에서 학생에게 차례의 기회를 만들어 준다. 예를 들어, 쿠션에 아이를 태우고 흔들며 상어가족 노래를 부르는 것이다. "아기 상어 뚜루룻뚜루"라고 교사가 먼저 부른 뒤 멈추고 기다려 아이가 다음 가사 "엄마 상어 뚜루룻뚜루"라고 말하도록 기회를 주는 것이다. 이때 음성녹음형 하이테크 SGD에 아동이 표현할 후렴구 또는 가사를 녹음해 놓고 아동의 차례에 누르게 하면서 말차례를 인식하고 표현하도록 한다.

이러한 활동은 책을 읽어 주면서도 적용할 수 있다. 교사가 책의 문장을 읽어 주고 반복되는 문장을 학생이 표현하도록 단일 메시지 녹음형 SGD에 녹음하고 말차례의 기회를 제공하는 것이다. 예를 들어, 같은 문구가 반복되는 '엄마랑 뽀뽀'(김동수, 2008) 동화책을 읽어 주며 '엄마랑 뽀뽀'를 아동이 SGD로 표현하도록 하는 것이다.

### 학생의 말차례인 것에 대한 단서 주기

놀이를 하며 학생에게 말차례의 기회를 주는 것만으로 스스로 무엇을 해야 하는지 초보 의사소통자들은 아직 인식하지 못할 수 있다. 그럴 때에 '내가 너의 차례를 기다리고 있다'를 알리는 단서를 주어야 한다. 앞에서 예를 들었던 상어가족 노래를 부르며 이어지는 다음 가사를 아동이 부르도록 기회를 주었을 때 학생이 자신의 차례임을 인식하고 음성녹음형 SGD를 누르거나 또는 말을 하게끔 하려면 '너의 차례야'라는 단서를 주어야 한다. 그러한 단서는 다음과 같은 것이다.

- 학생 가까이로 몸을 움직인다.
- 몸을 앞으로 숙여 학생의 눈을 직접 바라본다.
- 활기찬 모습으로 기대감을 갖고 바라본다.

#### 학생의 흥미가 감소하기 전에 활동의 루틴이나 단어에 변화를 주기

일단 학생이 활동의 루틴에 대해 알게 되면 정해진 순서를 약간 변화시켜 다른 상황에서도 말차례 주고받기를 시도한다. 예를 들어, 이미 알고 있는 노래에 학생의 이름을 붙여 부르거나, 학생이 하고 있는 활동을 반영하여 노래의 가사를 개사하고 함께 부르기를 하면서 말차례 주고받기 기회를 주는 것이다.

#### 학생의 흥미를 바탕으로 새로운 루틴 만들기

의사소통 흥미를 높여 주는 새로운 활동 순서를 만드는 것도 좋은 방법이다. 예를 들어, 학생이 곰 인형에게 모자를 씌워 주고 있으면 그 사이에 교사가 머리를 학생 앞에 내밀며 '내 차례'라고 말하고, 학생이 교사의 머리 위에 모자를 씌워 주면, 교사가 학생의 모자를 들고 기대에 찬 눈으로 학생을 바라보는 것이다. 학생이 '내 차례'라고 녹음형 SGD로 표현하도록 기다린다.

#### 학생이 루틴을 시작하도록 학생의 시도를 지지해 주기

몇몇의 반복되는 루틴의 순서에서 학생이 자신의 차례에 대한 인식이 생기기 시작하면 활동의 순서를 바꾸어 본다. 이 경우 학생이 먼저 활동을 시작하도록 필요한 교구와 음성녹음형 SGD를 학생 가까이 두고 기다린다. 예를 들어, 상어가족 노래를 하기 전에 학생을 태운 쿠션을 앞뒤로 흔들고 학생 손 가까이에 SGD를 두고 학생이 노래를 먼저 부르게 하는 것이다. 학생의 노래 다음에 교사가 차례를 이어서 부른다.

#### 확대 해석, 신체적 모델링, 모방, 반복 사용하기

초보 의사소통자의 행동에 대해서 확대 해석, 신체적 모델링, 모방, 반복의 방법을 사용하여 중재한다. 확대 해석이란 초보 의사소통자가 불확실한 신호를 보낸 것에 대해 해석을 확대하여 의미를 확립시켜 주는 것이다. 예를 들어, 아빠가 출근하려고 집을 나갈 때 아이가 손을 조금 들다가 말면 무시하지 않고 "와! ○○이가 빠이빠이 했구나. 아빠 안녕! 빠이빠이!" 하면서 동작을 크게 하여 아이의 행동에 의미를 부여하고 확실히 해 주는 것이다.

#### 공동관심 기회 제공하기

초보 의사소통자에게 사회적 상호작용과 공동관심 경험의 기회를 제공하고, 이러한 경험이 초보 의사소통자의 의사소통 행동의 결과로 작용하도록 해야 한다. 예를 들어, 자동차를 굴리며 아이의 관심을 끌고, 그 경험 속에서 '자동차', '빵빵' 등을 발성이든, AAC 도구로든 표현하도록 하는 것이다.

### (3) 의도적 의사소통 기능 중재

일반적으로 비상징적 의사소통 단계의 영유아들은 의사소통 초기에는 주로 사물이나 행동을 요구하거나 거부하는 것과 같은 행동조절 기능을 먼저 발달시키며, 다른 사람의 관심을 자신이나 다른 사람에게 유도하는 사회적 상호작용 기능을 표현한다(이윤경, 이효주, 2015, 2016). 아직 상징에 대한 이해가 없어 비상징적인 수단으로 의사소통을 하는 초보 의사소통자들도 말이나 상징이 아닌 제스처, 발성, 손짓 등을 이용해 상대자로 하여금 무언가 하게 하거나 멈추게 하는 행동조절 기능과 자신에게 관심을 끄는 사회적 상호작용 기능을 보인다(Snell & Brown, 2006). 국내에서 중도 뇌성마비 아동들의 비상징적 의사소통 표현 양식과 기능을 분석한 연구(김민주, 한경임, 2014)에서는 감정 표현 기능이 가장 많았고, 그다음으로 행동조절 기능, 사회적 상호작용 기능이 많이 나타났다. 따라서 비상징적 의사소통 단계 학생의 중재에서 초기에 지도할 것은 행동조절 기능, 사회적 상호작용 기능임을 알 수 있다.

행동조절 기능을 중재하기 위해서는 초보 의사소통자의 현재 의사소통 기능과 양식, 선호-비선호 체크리스트 등에 대한 사정 후 개별 특성에 맞게 적용해야 한다. 비상징적 의사소통 단계의 초보 의사소통자에게 행동조절 기능을 중재할 경우 실제 사물을 사용하여 원하는 활동이나 음식, 노래를 선택할 기회를 제공하여 지도한다. 실제 사물을 이용하다 점차 그래픽 상징으로 넘어가는 것이다. 실제 사물 다음에 실사 사진을 사용할 수도 있지만 반드시 그렇게 해야만 하는 것은 아니다. 상징의 도상성은 제3장에서도 언급하였듯이 AAC 사용자 개인의 특성에 따라 다르기 때문이다.

실제 사물을 이용한 행동조절 기능에 대한 인식이 생기기 시작하면 실제 사물과 함께 사진이나 그래픽 상징을 적용하면서 점차 상징을 이용한 의사소통 기능 중재로 확대해 간다. 이 과정에서 실제 사물이나 사진, 상징을 단일 메시지 녹음형 SGD에 부착하여 도구를 눌러 소리가 나면 이에 해당하는 사물을 주어 행동조절 기능 중재를 지속한다.

AAC 중재 경험이 전혀 없었던 17세의 중도중복장애 학생에게 실제 사물과 상징을 부착한 단일 메시지 음성산출 도구를 적용하여 행동조절 기능의 변화를 보고한 연구(고찬영, 한경임, 2017)를 볼 때 중재 초기에는 실제 사물을 이용한 표현이 많았지만 중재 후반기로 가면서 음성

산출도구의 사용이 많아지는 것을 볼 수 있었다. 이는 비상징적 의사소통 단계의 초보 의사소통자가 실제 사물에서 상징을 사용하는 의사소통 도구 사용으로의 전환이 자연스럽게 이루어짐을 보여 준다. 실제 사물과 단일 메시지 음성산출도구의 예를 제3장([그림 3-1], [그림 3-12])에 제시하였다.

비상징적 의사소통 단계에 있는 어린 중도중복장애 아동에게 AAC를 적용한 행동조절 기능 중재를 위해서는 피아제의 발달단계에서 감각-운동기 아동의 특성을 고려하여 아동들이 선호하는 신체활동 놀이(몸 흔들어 주기, 스트레칭 해 주기), 독특한 소리 들려주기(마라카스 흔들어 주기, 악기 소리 들려주기), 신체적 접촉(안아 주기)을 이용하면 매우 효과적이다. 김별님과 한경임(2019)의 연구에서는 2~3개월 수준의 언어능력을 보이는 3세와 6세의 전상징적 의사소통 단계의 초보 의사소통자에게 단일 메시지 녹음형 SGD를 이용해 자신이 선호하는 놀이를 요구하고 선호하지 않는 놀이는 거절하는 AAC 중재를 통해 행동조절 기능이 효과적으로 많아졌음을 보고한 바 있다.

이 두 연구를 비교할 때 같은 전상징적 단계에 있고 AAC 중재를 처음으로 적용한다 하더라도 17세와 3세의 중재 과정과 결과는 다름을 볼 수 있다. 17세 학생의 경우 AAC 경험은 없지만 많은 어휘를 들어 본 경험이 있기 때문에 모든 것을 처음 배워 나가야 하는 3세와는 다른 것이다. 따라서 가능한 조기에 AAC 중재를 시작해야 하며, 나이가 많아도 표현할 수 없다고 포기하는 것이 아니라 오히려 살아온 기간 동안 듣고 배운 것을 바탕으로 AAC 중재의 효과를 얻을 수 있음을 놓치지 말아야 한다.

### (4) 어휘 및 의미 확대

#### ① 초보 의사소통자에 대한 어휘 지도

핵심어휘는 대화나 상황, 환경에서 사용되는 고빈도 단어임을 제4장에서 언급한 바 있다. 대명사, 동사, 형용사, 부사 등 핵심어휘는 좀 더 세밀한 표현을 위해 여러 단어를 연결하는 역할도 한다. 보통 아이들은 주변에서 사용되고 있는 단어들을 반복해서 듣다가 그 단어를 사용하기 시작하고, 이 단어들을 사용하면서 단어의 의미에 대해 확고하게 인식하게 된다. 따라서 단어의 의미를 더 강하고 기억하기 쉽게 하려면 의사소통 상대자의 반응이 매우 중요하다.

아동의 발달과정에서 한 낱말로 말하기 시작할 때 그 단어는 하나의 언어학적 단위로서만이 아니라 전체적인 목적 지향적 행동을 전달하기 위한 것이다. 이것은 한 단어가 여러 단어의 말을 포함하는 것으로 발전하는 기반이 된다. 한 번 내뱉은 말에서 한 낱말 단어가 중요한 역할을 하면서 의미와 의도가 전달되는 것이다. 예를 들어, 아이가 '가다'라고 말하면 그것은 '가다'

라는 단어 그 자체가 아니라 "가자.", "갔어.", "갈게.", "갈 거야.", "아빠 갔어." 등 다양한 의미를 가진다.

아직 한 낱말 단어 표현도 어려운 아동에게 여러 단어를 한꺼번에 말하도록 지도하기보다는 핵심어휘를 중심으로 표현하도록 반복 지도하는 것이 훨씬 중요하다. 예를 들어, 장난감 자동차를 굴리며 아이에게 "간다, 간다."라고 말해 주면 아이는 자동차를 굴릴 때마다 "간다, 간다." 말하면서 의미를 이해하게 되고 점차 "가요.", "빵빵 가요."의 형태로 수정이나 첨가가 이루어진다.

2세 영아의 동사 발달을 관찰한 결과(Tomasello, 1992)에 의하면 영아는 주어진 동사의 새로운 사용은 항상 이전 사용을 반복하는 것이며, 이때 작은 첨가나 수정이 있을 수 있다. 즉, 같은 날 다른 동사를 사용하는 것이 아니라 이전 날에 사용했던 같은 동사를 사용했다는 것이다. 이것을 AAC가 필요한 초보 의사소통자의 어휘와 의미 확대 지도에 반영하자면 한 환경에서 여러 동사를 사용하도록 가르치는 것이 아니라 다양한 환경에서 같은 핵심어휘를 반복해서 사용하도록 기회를 주는 것이 중요함을 의미한다. 이것은 한 단어만 선택해서 매일 반복해서 지도하는 것을 의미하지 않는다. 오늘도, 내일도 반복되는 걸어가는 상황에서 '가다(가요)' 단어, 먹는 상황에서 '먹다(먹어요)' 단어, 잠자는 상황에서 '잠자다(잠자요)' 단어를 반복해서 들려주고 사용할 기회를 주어야 한다는 뜻이다.

### ② 초보 의사소통자들에게 지도할 핵심어휘

아동이 의사소통 의도를 인식하게 되면 언어학적 능력을 향해 첫발을 내딛게 된다. 아동은 동사와 명사를 사용할 때 듣는 상대자로 하여금 특정 의사소통 맥락에서 특별한 방법으로 무엇인가를 해석하도록 한다. 이것은 AAC를 사용하여 표현하는 단어 그 자체의 의미가 아닌 아동의 의도를 파악해야 한다는 것이다.

표현언어발달의 가장 초기 단계에서 아이들은 매일의 생활에서 관찰 가능한 측면과 자신에게 중요한 것에 대해서 주로 이야기한다. Tomasello(1992)에 의하면 전형적으로 초보 언어학습자에게 삶의 중요한 측면은 세 가지 범주(사람, 사물, 사건)로 나눌 수 있다. 초보 의사소통자들은 사람, 장소, 사물의 이름을 사용하는 것을 좋아하고 사물의 이동과 사물들 간의 유사성을 표현하는 단어 사용을 좋아한다.

#### 사건

사건에 대해 말하는 것이 중요한 이유는 초보 언어학습자들이 자기 자신과 다른 사람을 구별하는 것을 도와주기 때문이다. 사건에 대해 이야기하는 것은 사건의 관찰 가능한 측면에 대해 언급하는 것이므로 다른 사람이나 사물도 포함하게 된다.

AAC 사용자의 움직임을 포함하는 사건에 대해 이야기하는 것은 AAC 사용자가 내적으로 느끼는 것, 움직임의 내적 상태의 변화에 대해 이야기하는 것을 의미한다. 다른 사람이나 사물 중 하나의 움직임으로 시작하여 두 사람의 움직임이나 사물을 갖고 있는 한 사람의 움직임으로 진행해 가면서 아이는 더 복잡한 인지적 놀이에 참여하게 된다. 이러한 보다 복잡한 인지적 놀이를 통해 초보 언어학습자는 핵심어휘를 사용하여 인과관계에 대해 말하게 된다.

### 사물

일반적으로 발달 과정에서 유아들은 사례마다 보이는 외적인 모양에서 유사성을 기반으로 사물을 범주화하는 것에 대해 알고 말하게 된다. 개체의 모양은 개체를 나타내는 단어를 익히는 데 중요하기 때문에 개체의 모습을 묘사하는 핵심어휘를 알아야 한다. '큰', '작은' 같은 단어들이나 '빨간색' 같은 색깔을 묘사하는 단어들은 개체를 범주화하는 단어의 기본이 된다. 개체의 모습을 표현하는 단어들 다음에 '차가운', '젖은'과 같은 개체의 상태를 나타내는 다른 묘사적인 단어들을 배우게 된다. 다음 단계에서 '예쁜', '나쁜' 같이 개체에 대해 주관적인 생각을 표현하는 묘사적인 어휘들은 개체의 객관적인 모습을 표현하는 것과 또 다른 인지적 부하와 함께 어휘 발달을 이끈다.

### 사람

아동이 발달과정에서 사용하는 가장 초기 단어 중 일부는 사람을 명명하는 단어들이다. 이 단어들은 그 사람이 현재 눈앞에 있거나 없을 때 명명하기 위해 또는 무엇인가 요구하기 위해 사용한다. Smiley와 Huttenlocher(1995)의 연구에 의하면 유아들은 사건이나 사물 단어보다 사람 단어를 이용해 요구하는 비율이 훨씬 높았다. 예를 들어, '엄마', '아빠', '누나', '할머니'라는 단어를 사용할 때 그것은 단순한 명명보다는 관심을 끌기 위해 또는 부르기 위해 사용하는 것이다. 사건이나 사물 또는 개체에 대해 명명하기로 단어를 사용하는 것은 행위나 실체를 인정하기 위해 사용하는 것이다.

브릿지스쿨에서는 초보 의사소통자의 의사소통 도구에 사람, 사건, 사물 중심으로 어휘를 구성하고 점점 늘려 나간다. [그림 6-22]에서 의사소통 도구의 메인 화면을 '사람', '활동', '묘사', '감정'으로 구성하고, 각 범주에서 하위 어휘들을 배열하고 있는 것을 볼 수 있다.

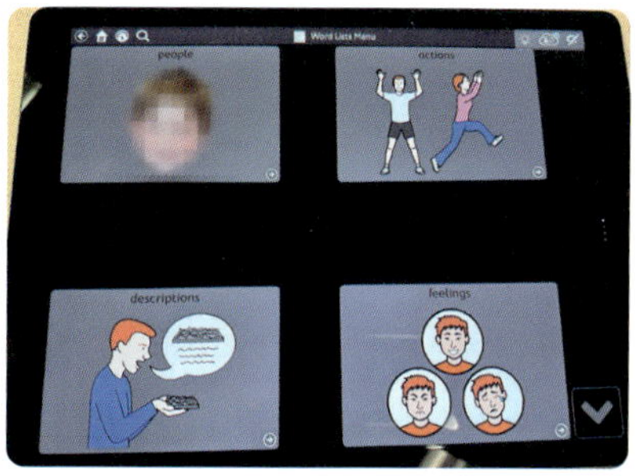


메인 화면

묘사 어휘　　　　　　　　　　　　활동 어휘

[그림 6-22] 초보 의사소통자의 핵심어휘 구성(브릿지스쿨)

AAC 도구에 핵심어휘를 구성하려고 할 때 고려해야 할 점은 대부분의 핵심어휘가 그림 상징으로 표현하기 어려운 것이 많다는 것이다. 이러한 경우 실제 사진이나 글자를 AAC 도구의 화면에 배열하여 구성할 수도 있다. [그림 6-23]은 브릿지스쿨에서 사용하는 사진이나 글자를 배열한 AAC 도구 화면의 예시이다.

[그림 6-23] 사진이나 글자 활용 핵심어휘 구성(브릿지스쿨)

### ③ 초보 의사소통자에 대한 어휘 중재의 관점

핵심어휘를 지도할 때는 아동과 마주 앉아 그림 카드를 들고 가르치는 것이 아니라 매일매일의 일상생활 속에서 지도해야 한다. 우리 모두 매일의 일상생활 속에서 기술을 학습하고, 지식을 습득하는 활동을 하며 살아간다. 이러한 활동으로부터 얻은 지식과 기술은 실제 생활 속에서 발생하는 과제와 문제 해결에 유용하며 필수적이다.

한 연구(Cameron-Faulkner, Leven, & Tomasello, 2003)에 의하면 영아들이 하루에 5,000~7,000번의 엄마 말을 듣는데 이 말들의 약 45%가 17개 어휘소들 중 하나로 시작했다. 이것은 몇 개의 기본형 중심으로 반복해서 말을 한다는 것이다. 예를 들어, '가다'라는 어휘소를 중심으로 '가니', '갔어', '가고', '가서', '갔구나' 식으로 말을 한다. 이를 통해 아이들은 부모와 보호자로부터 반복적으로 들은 단어들을 말하기 시작함을 알 수 있다. 즉, 아이들은 들은 단어를 사용한다. 이것은 실생활 속에서 자연스럽게 자주 들려주고, 반복해서 말할 기회를 주어야 한다는 것을 의미한다.

부모(보호자)는 일상 맥락 속에서, 교사는 학교에서 가르치는 맥락 속에서 핵심어휘를 말할 기회를 제공해야 한다. 교사나 보호자가 단어를 가르치려고 말을 많이 하지 말고 아동에게 표현할 기회를 주어야 한다. 초보 의사소통자의 표현 의사소통 기술을 높이기 위해 교사 또는 촉진자는 다음과 같이(Soto, 2011, 2017) 해 주어야 한다.

- 초보 의사소통자와 상호작용하면서 항상 AAC 도구를 사용하여 모델링해 주기
- 기대 시간 지연(expectant time delay) 사용하기
- 초보 의사소통자의 표현을 이끌어 내기 위해 개방형 질문 사용하기
- 초보 의사소통자의 모든 표현에 반응해 주기

### ④ 활동중심 의사소통판을 사용한 어휘 중재

활동중심 의사소통판의 상징 배열에 대해 제5장에서 이미 언급한 바 있지만 초보 의사소통자의 어휘 확대를 위해 루틴 속에서 유용하게 사용할 수 있다. 활동중심 의사소통판을 이용할 때는 다음과 같은 점에 유념한다.

1. 가정이나 학교에서 루틴으로 이루어지는 각 활동에 따라 활동중심 의사소통판을 구성한다.
2. 초보 의사소통자가 선호하는 활동에서 필요로 하는 의사소통을 기반으로 어휘를 선택한다.
3. 사용자가 최소한의 시간과 노력으로 많은 양의 내용을 표현할 수 있도록 어휘가 구성되어야 한다.

④ 각 활동마다 의사소통판을 모아 아동별 포트폴리오를 만들어 둔다.
⑤ 최소-최대 촉진체계를 이용하여 활동 내에서 의사소통판을 사용하여 표현하도록 지도한다.
⑥ 활동중심 의사소통판은 핵심어휘를 포함하면서 명사로만 구성하지 않는 것이 중요하다.
⑦ 각 활동에 대한 과제분석의 단계별로 필요한 어휘와 기술을 결정한다.
⑧ 메시지 선택 방법과 상징 배열 방법에 대해 결정한다.
⑨ 활동 시간을 정하고 어떠한 촉구를 사용할지 결정한다.

### ⑤ 시각장면 디스플레이를 활용한 어휘 확대

시각장면 디스플레이(Visual Scene Displays)는 개인적인 경험 또는 일상적인 장면을 나타내는 사진을 AAC 도구의 메인 화면으로 구성하고, 이를 통해 의사소통하는(한경근, 박찬우, 2016) AAC 체계 중 하나이다. 이것은 장면을 보여 줌으로써 어휘를 떠올려야 하는 인지적인 부담을 덜어 주어 쉽게 어휘를 익힐 수 있으며 사회적 상호작용을 유도할 수 있다는 장점이 있다. 전형적인 발달을 보이는 아동들에게 격자무늬 형식의 일반적인 AAC 상징 배열보다 시각장면 디스플레이에 언어 개념을 제시했을 때 훨씬 더 쉽게 인식하는 것으로 나타났다(Drager et al., 2004; Light, 2010). 자폐성장애 학생의 경우 전통적인 AAC 형식보다 시각장면 디스플레이를 통해 수용과 표현언어가 더 좋아졌다는 보고도 있다(Shane, 2006).

국내에서도 뇌성마비 유아 3명에게 증강현실 앱을 이용해 개발한 시각장면 디스플레이와 격자 디스플레이를 비교 연구하여 시각장면 디스플레이로 더 많은 의사소통 행동이 나타났음이 보고되었다(박찬우, 2016). 시각장면 디스플레이로 개발한 AAC 앱인 '똑똑 Tallk'의 사용이 중도중복장애 학생의 의사소통 기능과 역할, 발성모방에 효과적임이 보고되기도 하였다(백경란, 한경임, 2016). 시각장면 디스플레이의 장점을 제시하면 다음과 같다(Blackstone, 2004; Light, 2010; TalkLink Trust, 2023).

- 초보 의사소통자들에게 특히 시각적으로 관심을 끌어 유용하다.
- 사용자의 개인적인 맥락을 상대자와 공유할 수 있다.
- 시각적으로 맥락적인 정보를 제공하여 사용자를 쉽게 대화 주제로 이끌 수 있다.
- 에피소드에 대한 맥락적 기억을 활용하여 언어를 제공할 수 있다.
- 의사소통 상대자가 시각장면을 지적하며 상호작용을 하면 사용자의 수용언어 증진에도 도움이 된다(예: 시각장면 디스플레이에서 놀이터를 지적하면서 "우리 놀이터 갈까?"라고 말한다).
- 단순히 바람과 요구를 표현하는 것에서부터 개인적인 이야기에 대한 정보와 아이디어를

서로 교환하게 되어 사회적 상호작용으로 AAC의 관점을 전환시킨다.

- 전형적인 AAC 체계에서와 같이 어휘를 찾기 위해 필요한 인지적 요구가 많지 않다.
- 동기유발적이며 재미있는 맥락을 사용한다.
- 하이테크 도구나 로우테크 도구 어디에서든 사용 가능하다.

시각장면 디스플레이를 디자인하려면

- 발달적으로 적절하고 동기유발적인 장면을 사용한다.
- 장면을 선택할 때 가능한 사용자와 함께 결정한다.
- 익숙한 사회적 상호작용을 표현할 수 있는 장면을 사용한다.
- 사람이 포함된 장면이 좋다.

시각장면 디스플레이를 처음 도입할 때는

- 다른 방해 자극 없이 AAC 사용 아동 자신의 장면 하나만 사용한다.
- 약간의 어휘 개념만 포함한다.
- 핫스팟의 크기를 크게 하여 보여 준다.

시각장면 디스플레이에 점차 익숙해지면

- 다른 사물이나 장난감 등과 함께 사용한다.
- 어휘개념의 수와 범위를 점차 증가시킨다.
- 핫스팟의 수를 점차 증가시킨다.
- 핫스팟의 크기를 점차 줄여 나간다.

최근에는 비디오 시각장면 디스플레이(Light, 2022)를 초보 의사소통자의 언어 지도에 활용하고 있다. 시각장면에 동영상 기능을 더하여 제시함으로써 자신이 경험한 활동을 보며 유의미한 맥락 속에서 언어를 자연스럽게 배우도록 하는 것이다. 특히, 개념 습득이 필요한 초기 언어발달 단계의 아동들이 생활 속에서 처음 배워야 할 사람, 사물, 행동에 대한 개념들을 시각장면 디스플레이에서 제시하는 사진과 영상을 보면서 기능적인 관계와 공간적인 관계성을 익히는 것과 함께 다양한 표현을 익힐 수 있는 좋은 방법이다. [그림 6-24]에 브릿지스쿨에서 학생 지도에 사용하는 시각장면 디스플레이의 예를 제시하였다.

[그림 6-24] 시각장면 디스플레이 예시

### (5) 언어구조 확립

대부분의 AAC 체계는 우리가 일반적으로 사용하는 말과는 매우 다르다. 대부분의 도구가 단일 메시지를 표현하는 형식을 갖는다. 단어를 조합하여 문장을 만들어도 단문 중심이며, 초보 의사소통자들이 사용하는 도구에는 상징 하나에 문장 한 개가 저장되어 있기도 하다. 이러한 특성으로 인해 그래픽 상징을 사용하는 AAC 체계의 구문론적 특성은 사람들이 일반적으로 사용하는 말과는 같을 수가 없다. 예를 들어, 한국어처럼 형태소와 어미변화가 많은 언어의 특성을 아직은 AAC 도구에 반영하지 못하고 있는 것이 사실이다. 다음 사례는 AAC를 사용하는 아동이 음성녹음형 SGD로 자신의 생일에 대해 표현한 것이다.

노래, 기타, 친구, 8, 예쁜, 하얀색, 1, 파란색, 사진, 꽃, 인형, 책

이 사례에서 알 수 있듯이 동사 표현이나 문법적 요소가 전혀 없다. 그러다 보니 단어만 나열하게 되는 것이다. 물론 단어조차 표현하지 않을 때는 핵심어휘 표현부터 중점을 두고 점차 어휘를 늘려 나가야 하지만 AAC를 사용한 의사소통이 한 낱말 단어 표현에만 머물러 있도록 해서는 안 된다. AAC를 이용해 점차 단어를 조합하고 문법에 맞게 문장으로 표현할 수 있어야 자신이 속한 사회문화 속에서 다른 사람들과 교류하며 살아갈 수 있다. 초보 의사소통자부터 문법적 요소를 고려한 표현을 하도록 중재해야 맥락의존 의사소통자로 전환하면서 언어구조를 확립해 나갈 수 있다.

#### ① 구의 사용 시범 보이기

활동에서 익숙한 사물의 사진과 함께 명사나 동사의 기본형이 아닌 구(phrases)를 표현하는 모델을 제공한다. 예를 들어, '주세요'로만 표현하는 것이 아니라 '내가 원하는 것은'을 표현하

고 사물을 지적하거나 사물 명칭의 명사를 표현하도록 시범을 보여 주는 것이다. [그림 6-25]에 구 표현을 보여 주는 SGD의 예를 제시하였다.

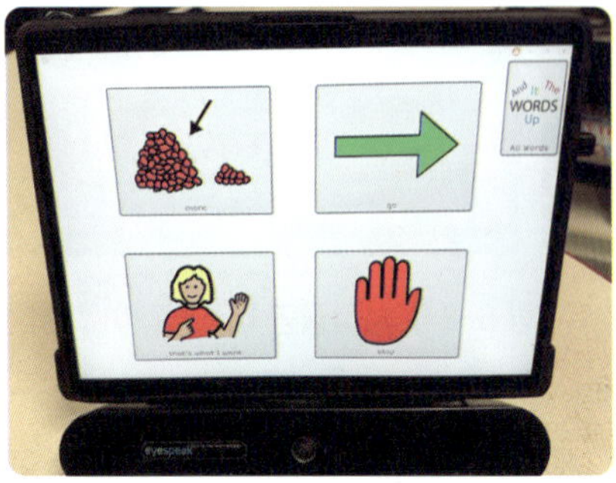


브릿지스쿨

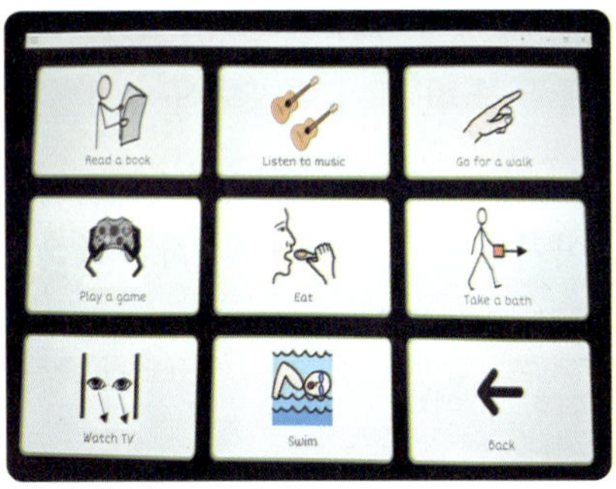


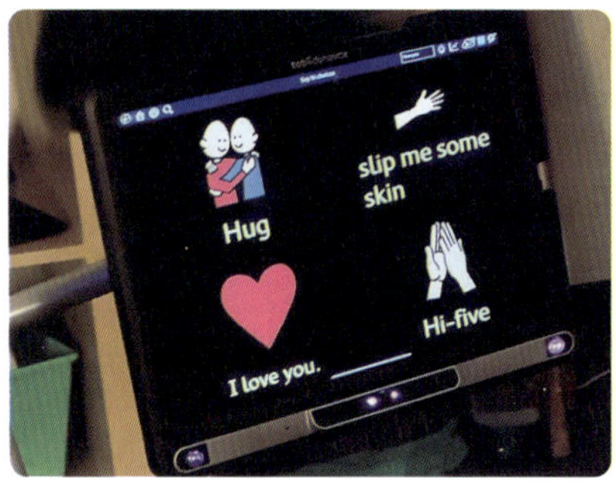


아발론 아카데미 특수학교

[그림 6-25] 구 표현을 적용한 SGD의 예시

### ② 스토리맵을 사용한 언어구조 확립 중재

초보 의사소통자를 위한 언어구조 확립 중재에 스토리맵(story map)을 활용할 수 있다. AAC 사용자를 위한 스토리맵은 의문사 질문을 이용하여 구성하고 언어구조를 익히면서 동시에 이야기의 시작과 중간, 끝을 이해하고 설명하는 데 사용하는 것으로 미국의 T.A.C.L.E. 프로그램 운영 특수학급 연구에서 보고되었다(한경임, 2018a, b).

어휘 표현이 많아지면서 맥락의존 의사소통자로의 전환기에 들어서는 학생에게는 2어문, 3어문의 문장으로 구문에 맞게 표현할 수 있도록 지도할 필요가 있다. 이때 스토리맵 또는 구문스토리맵(story-grammar map)을 구문이나 의미 관계 지도에도 활용할 수 있다. Taymuree(2016a, b)는 구문 스토리맵을 이용하여 초보 의사소통자들에게 영어의 기본적인 문장 구조에 대해 시각적으로 제시함으로써 학생들의 언어구조 확립을 높여 줄 수 있다고 하였다. 최다영과 한경임(2023)의 연구에서는 스토리맵을 활용하여 복합의사소통장애 중학생의 행위자-대상-행위, 행위자-배경-행위, 경험자-배경-서술의 의미관계 표현이 증가하고, 다른 낱말 수(NDW)와 전체 낱말 수(NTW)가 많아졌음을 보여 주었다. [그림 6-26]에 스토리맵의 예시를 제시하였다.

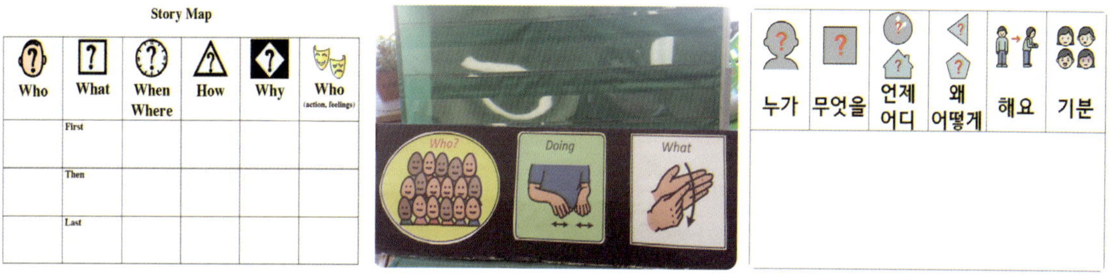


T.A.C.L.E. 프로그램 특수학급 최다영, 한경임(2023)

[그림 6-26] AAC 중재를 위한 스토리맵 예시

### (6) 발생적 문해력 중재

문해력(literacy)이란 의미를 전달하기 위한 읽기와 쓰기로 정의할 수 있다. 예를 들어, 신문 읽기, 친구에게 편지 쓰기뿐만 아니라 대면 의사소통에서 말로 의사소통하기 어려워 알파벳 첫 글자를 단서로 사용하는 것도 문해력이다(Soto & Zangari, 2009). 문해력은 태어나는 순간부터 발달하기 시작한다. 성장 과정에서 자연스럽게 나타나는 읽기와 쓰기를 발생적(emergent) 문해력이라고 한다. 즉, 학교에서 관습적인 읽기와 쓰기를 시작하기 전에 태어날 때부터 유아기 초기에 읽기, 쓰기와 관련해서 발달하는 지식, 기술, 태도를 포함하는 것이다.

발생적 문해력에는 말하기와 듣기와 같은 구어 언어(oral language), 의미를 표현하는 인쇄물에 대한 이해뿐만 아니라 기본적인 글자 지식과 초기 음운인식 같은 측면이 포함된다. AAC를 활용한 문해력 지도에 대해서는 제8장에서 다루어지므로 여기서는 간단하게 언급한다.

발생적 문해력이 성장 과정에서 자연스럽게 나타나는 것이라고 하지만 장애를 가진 아동은 성장 과정에서 발생적 문해력이 제대로 발달하지 않고 이로 인해 이후 문해력을 학습하지 못한 채로 성인이 되는 경우가 많다. 발생적 문해력의 문제는 특정 연령이나 인지 또는 언어학적 기술 수준과 상관없이 어느 연령대에서나 볼 수 있다(Soto & Zangari, 2009). 특히, AAC를 필요로 하는 복합의사소통장애를 가진 사람들의 경우 발생적 문해력이 자연스럽게 나타나도록 기다릴 수가 없기 때문에 중재가 필요하다.

발생적 문해력 중재의 가장 좋은 방법이 책 읽기 활동이다. 책 읽기는 맥락 속에서 어휘 증가 등 많은 것을 얻을 수 있는 장점이 있다. 일반 유아들을 위한 동화책은 주로 스토리 기반의 책이 많기 때문에 처음 읽기에 접하는 초보 의사소통자에게는 어려울 수 있다. 따라서 초보 의사소통자의 경우 핵심어휘에 중점을 두고 읽기에 접할 수 있도록 하는 것이 중요하다. 이를 위한 방법을 몇 가지 제시하면 다음과 같다.

- 단일 메시지 녹음형 SGD에 책의 내용 중 반복되는 어휘나 의성어, 의태어 등을 녹음하여 초보 의사소통자가 도구를 작동하여 표현하고 읽기 활동에 참여하도록 한다.
- 음성녹음형 SGD에 동물 소리를 녹음해서 동물 관련 책을 읽을 때 동물 이름 어휘도 익히면서 동물 소리를 낼 때는 음성녹음형 SGD를 눌러 표현한다.
- 수정된 책(adapted book: 수정책)을 활용해 그림에 해당하는 상징을 찾아 책에 붙이며 활동한다. 그림 짝짓기가 가능해지면 점차 개방형 질문을 통해 표현 의사소통을 증진시키는 상호작용으로 전환해 간다.

## 5 맥락의존 의사소통자를 위한 보완대체의사소통 중재

### 1) 맥락의존 의사소통자의 특성

맥락의존 의사소통자는 어느 연령대에서든 '신뢰할 만한 상징적인 의사소통'이 가능하지만 활용할 수 있는 어휘와 이해할 수 있는 '상대자가 제한되어' 있는 경우이다. 이때, '상징적 의사소통'이란 반드시 시각적 상징만을 의미하지 않는다. 그것은 개념이나 의미를 포함하는 것이면 어떤 수단(예: 단어, 수어, 그림 등)으로든 의사소통하는 것을 의미한다. 예를 들어, 말은 소리 상징이며, 글을 쓴 것에서는 글자와 단어, AAC 도구에서 사용하는 상징들을 이용한 의사소통 모두가 이에 해당한다. 상징적 의사소통을 사용하면 '지금 현재' 보이는 것을 넘어서 또 다른 시간과 장소에 대해 대화 나누기가 가능해진다.

'신뢰할 만한'이란 우연히 버튼을 눌러서 또는 자신이 의도하지 않았던 메시지를 전달하는 것이 아니라 자신의 의도를 일관되게 의사소통할 수 있음을 의미한다.

'제한된 맥락'이란 특정 주제나 상황, 활동(예: 간식 시간, 아침 모임 시간, 치료 시간 등)에서만 표현하고 말할 수 있는 것을 의미한다.

'제한된 상대자'란 일상생활에서 만나는 몇몇 사람(예: 엄마, 담임교사)과만 의사소통할 수 있다는 것을 의미한다.

Dowden(1999a, b), Dowden과 Blackstone(1999), Beukelman과 Mirenda(2005)를 참고하여 맥락의존 의사소통자의 특성을 제시하면 다음과 같다.

- 의사소통 의도를 갖고 있음을 확실히 보여 준다.
- 상징이나 단어가 나열된 의사소통판이나 의사소통책 또는 SGD를 사용할 수 있다.
- 일상의 루틴과 일정에 대해 인식이 가능하다.
- 심하게 불명료한 구어 또는 상대자가 배워야 하는 전략들(예: 눈응시, 상대자 지원 스캐닝)을 사용하여 친숙한 상대자와 익숙한 맥락에서 의사소통할 수 있다.
- 상징을 이용한 표현언어에 대한 지식과 광범위한 사용 경험이 있다.
- 글자에 대한 이해 능력이 제한되어 있을 수 있다.
- 표현하는 어휘들이 특정 맥락에 대한 것으로 제한되어 있다.
- 자연스러운 맥락에서 의사소통을 실천할 기회가 제한되어 있다.
- 청각이나 시각 손상이 숨겨져 있을 수도 있다.
- 운동 제어능력에 맞지 않는 의사소통 도구를 사용하고 있을 수 있다.
- 다른 사람의 기대가 낮고, 의사소통의 기회가 부족하다.
- 의사소통 맥락과 상대자의 확대가 필요하다.

## 2) 맥락의존 의사소통자 보완대체의사소통 중재를 위한 사정

### (1) 맥락의존 의사소통자의 의사소통 기능 사정

맥락의존 의사소통자는 상징을 이용해 친숙한 사람과 의사소통을 시작하고 있으므로 현재 의사소통 기능에 대해 사정하고 의사소통 기능을 더 확대하는 데 중재의 중점을 둔다. 제4장과 [부록 1]에 제시한 '의사소통 형식과 기능 워크시트'를 사용해서 사정할 수 있다. 이 외 초보 의사소통자의 사정에도 사용하는 '매우 좋아하는 것-좋아하는 것-싫어하는 것 목록 조사' 양식을 사용하여 중재에 활용한다.

### (2) 맥락의존 의사소통자의 대화 스타일 사정

맥락의존 의사소통자는 자신을 알고 있는 친숙한 상대자에게 지나치게 의존한다. 이들은 심지어 의사소통 도구 사용에 익숙함에도 불구하고 대화를 먼저 시도하지 않으며, 수동적인 의사소통 역할에 머물러 있으므로 여러 맥락에서 다양한 대화 패턴을 이끌어 내야 한다(von Tetzchner & Martinsen, 2000). 학생의 대화 스타일을 다음 네 가지(사회적인 스타일, 주저하는 스타일, 자기 이야기만 하는 스타일, 수동적인 스타일)로 분류할 수 있다(Weitzman & Greenberg, 2002).

사회적인 스타일은 의사소통을 자주 시도하고, 상대자의 의사소통 시도에도 자주 반응한다.

주저하는 스타일은 의사소통 시도는 거의 하지 않지만 상대자의 시도에 자주 반응하는 편이다. 자기 이야기만 하는 스타일은 의사소통 시도는 있지만 상대자의 시도에 거의 반응하지 않는다. 수동적인 스타일은 의사소통 시도나 상대자에 대한 반응을 거의 하지 않는다.

얼마나 자주 학생이 의사소통을 시도하고, 다양한 맥락에서 다른 사람에게 반응하는지 살펴보면 학생이 선호하는 대화 스타일을 알 수 있게 되고, 그것을 바탕으로 학생이 보다 적극적인 대화 시도자가 되도록 중재를 계획할 수 있다. [그림 6-27]에 대화 스타일을 제시하고, 조사 양식을 [부록 16]에 제시하였다.

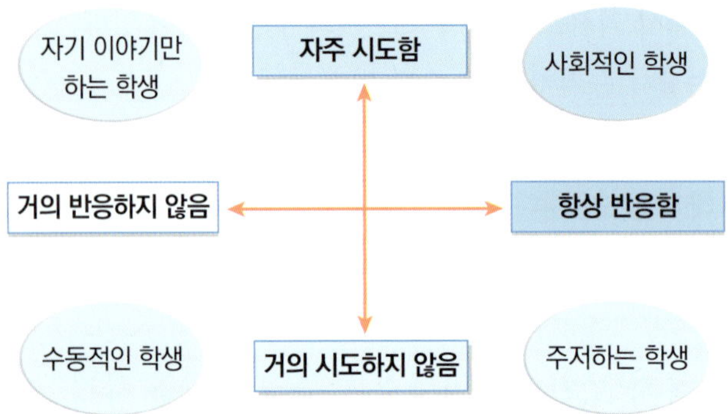


[그림 6-27] 학생의 대화 스타일

## 3) 맥락의존 의사소통자를 위한 보완대체의사소통 중재

맥락의존 의사소통자를 위한 중재는 의사소통 기능의 확대, 어휘 증대, 문해력 기술의 확립, 다양한 상대자와 여러 맥락에서 의사소통하는 능력을 높이는 데 중점을 두게 된다. 또한, 효과적인 의사소통 전략으로 모든 가능한 의사소통 양식을 통합하여 활용하는 능력을 키우는 데도 중점을 두어야 한다.

### (1) 맥락의존 의사소통자 중재 원리

맥락의존 의사소통자의 제한점 중 하나가 특정 상대자와 특정 환경에서, 특정 주제에 대해서만 AAC를 사용하여 의사소통한다는 것이다. 브릿지스쿨에서는 이러한 제한점을 넘어서기 위한 중재 원리로 친숙함을 기반으로 의사소통 상대자와 환경의 범위를 확대해 나가고, 그에 맞게 AAC 체계를 적용시켜 나가는 것을 제안하고 있다.

### ① 친숙함을 기반으로 확대

더 많은 어휘를 지도하고 다양한 AAC 도구와 사용 전략들을 적용하기 시작하는 기점으로 친숙한 맥락을 이용할 수 있다. 이것은 다른 맥락적 지원은 유지하면서 한 번에 새로운 요소 한 가지만 첨가하여 변화시키는 것이다. 예를 들어, 학생이 매일의 간식 시간의 루틴 중에는 자신의 SGD를 유능하게 사용하여 의사소통을 하고 있다면, 간식 시간에 다음과 같은 내용을 포함하여 더 성장할 수 있는 기회를 주는 것이다.

- 루틴과 관련된 더 많은 어휘 첨가
- 간식 시간에 SGD를 이용하여 다른 상대자와 의사소통하기
- 다른 도구 또는 더 효율적인 도구를 이용해 같은 정보에 대해 의사소통하기
- 새로운 환경에서 간식 루틴을 수행해 보기

[그림 6-28]은 간식 시간에 학생이 먹는 간식 관련 어휘를 점차 늘려 나가는 예시이다. 간식 시간과 점심시간에 학생이 AAC 도구를 통해 자신이 원하는 음식을 요구해야만 음식을 제공함으로써 자기결정력, 선택하기 등을 자연스럽게 익히도록 한다.

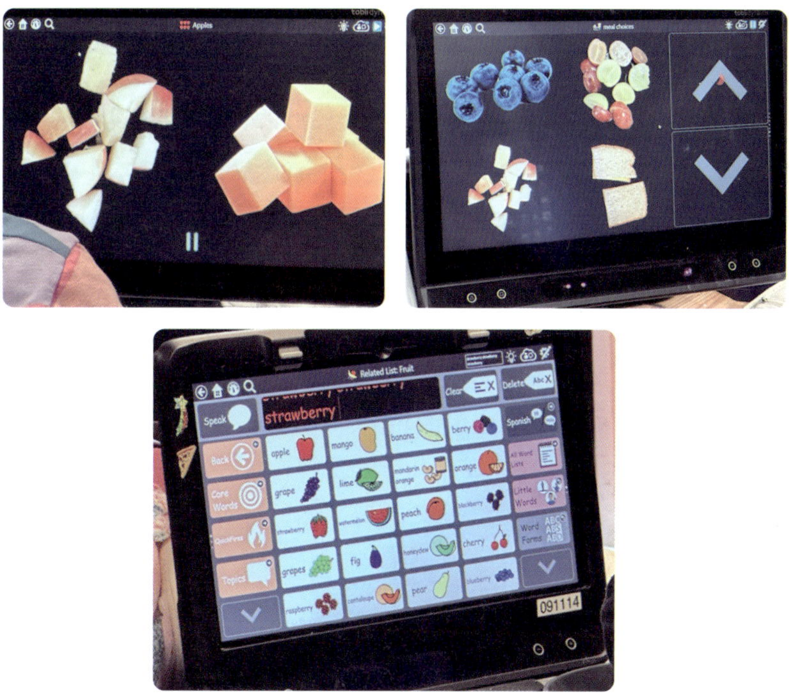


[그림 6-28] 간식 시간의 루틴을 이용한 어휘 확대 예시(브릿지스쿨)

#### ② 의사소통 상대자의 확대

맥락의존 의사소통자들은 새로운 상대자와 의사소통을 하는 데 어려움을 가질 수 있다. 왜냐하면 친숙한 상대자에게는 제스처나 발성 같은 것을 사용해서 의사소통이 가능한데 낯선 상대자에게는 더 명확하게 의사소통 도구를 사용할 것이 요구되어 어려움을 느낄 수 있기 때문이다. 이러한 어려움을 덜어 줄 수 있는 좋은 방법은 다양한 시나리오로 가상놀이를 하는 것이다. 이때 낯선 상대자에게는 AAC 의사소통 상대자로서의 교육이 필요하며, 낯선 사람과의 의사소통에서 상호작용을 이어 나갈 수 있도록 맥락의존 의사소통자를 지원해 줄 촉진자도 필요할 것이다.

#### ③ AAC 체계로 맥락적 지원 결합

맥락의존 의사소통자의 현재 의사소통 기술을 지원해 주는 맥락적 단서와 이 단서들을 AAC 체계로 표현하고 따라 할 수 있는 가능성이 있는지 판별한다. 예를 들어, 친숙한 환경에서는 눈응시나 지적하기로 상징 선택이 가능한 학생이라면 그 상징과 의미가 같은 사진을 SGD나 시각장면 디스플레이에서 찾는 것이 가능할 수도 있다.

### (2) 의사소통 기능의 확대

맥락의존 의사소통자의 의사소통 기능 중재는 초보 의사소통자에게 중점을 두는 행동조절 기능에 대한 중재를 넘어 사회적 코멘트나 에티켓(감사합니다, 부탁합니다 등), 주관적 진술, 물건이나 사람이 사라진 것에 대해 코멘트하기 등 다양한 의사소통 기능을 표현하는 것으로 확대해 나간다. 행동조절 기능만이 아니라 객관적 언급(코멘트하기)이나 주관적 진술, 사회적 에티켓 등 다양한 의사소통 기능 확대를 위해 비의무적 말차례 주고받기 중재나 상대자 중심 질문하기 중재를 적용할 수 있다.

#### ① 비의무적 말차례 주고받기 중재에 의한 의사소통 기능 확대

AAC 사용자로 하여금 능동적이고 자발적인 의사소통자가 되도록 하는 방법으로 비의무적 말차례 주고받기 기술 중재가 권유된다(Soto & Zangari, 2009). 말차례 주고받기에는 의무적 말차례 주고받기와 비의무적 말차례 주고받기가 있다. 의무적 말차례 주고받기란 상대자가 대답을 요구하기 때문에 상호작용을 위해 의무적으로 대답하지 않을 수 없는 경우인 반면 비의무적 말차례 주고받기는 대답을 해야 할 말차례 순서가 되더라도 반드시 의무적으로 대답하지 않아도 되는 경우이다(Light & Binger, 1998).

예를 들어, "누가 빵을 먹었지?"라는 질문에는 반드시 누가 먹었는지에 대한 답변을 해야 한다. 이러한 경우 의무적 말차례 주고받기가 이루어지게 되지만 "어제 축구 경기에서 손흥민이 골 넣었어."라고 말한 것에 대해 반드시 의무적으로 대답을 해야 하는 것은 아니다. 이와 같이 비의무적 말차례 주고받기 기술은 의사소통 상대자의 코멘트나 주관적 진술 또는 청유형 표현에 대한 말차례에서 동의, 동의하지 않음의 표현이나 열광, 싫어함, 놀라움 등을 나타내는 감탄사를 상황에 맞게 AAC 도구 또는 발성이나 말로 적절하게 표현하는 것이다(김종연, 한경임, 2014).

국외 연구를 볼 때, 두 명의 청소년 AAC 사용자들이 직접적인 질문에는 대답을 곧잘 했지만 상대자의 객관적 언급 표현(예: "나는 쇼핑 좋아해.")에는 전혀 말차례를 갖지 못했었는데 비의무적 말차례 주고받기 기술 중재 후 상호작용적 말차례가 많아졌음이 보고되었다(Davis, Reichle, & Southard, 1998). Light와 Binger(1998)의 연구에서는 AAC 사용 학생이 비의무적 말차례 주고받기 중재 후 다양한 상황에서 통합학급 또래들뿐만 아니라 교사와도 말차례 주고받기가 증가하여 일반 또래들과 AAC 사용 학생 간 말차례 주고받기의 균형을 이루게 되었음을 보고하였다. 국내에서도 AAC 사용 중복장애 학생 세 명에 대해 환경중심 언어 중재 전략을 이용해 비의무적 말차례 주고받기 기술을 지도한 결과 말차례 교환에서 시도자 역할이 많아지고, 의사소통 기능의 다양성과 표현어휘 수 증가가 보고(김종연, 한경임, 2014)되었다.

비의무적 말차례 주고받기가 이루어지려면 상대자가 예/아니요 답변만을 요구하는 질문을 계속하거나 의문사 질문을 지양하고 코멘트나 주관적 진술 등의 표현을 해 주어야 한다. 따라서 의사소통 상대자에 대한 교육이 필요할 수 있다. 비의무적 말차례 주고받기 중재 단계를 제시하면 다음과 같다(Light & Binger, 1998).

1. 기초선: 비의무적 말차례 주고받기를 중재할 적절한 상황 정하고 기초선 관찰하기
2. 말차례를 촉진하는 어휘 선택하기
3. 의사소통 상대자 교육하기
4. AAC 사용자에게 비의무적 말차례 주고받기 중재하기
5. 일반화 검토하기
6. 성과 측정하기
7. 유지 측정하기

〈표 6-11〉에 Light와 Binger(1998)의 비의무적 말차례 주고받기 중재 단계에 따라 김종연과 한경임(2014)의 연구에서 적용한 예를 제시하였다. 교육현장에서 맥락의존 의사소통자의 비의무적 말차례 주고받기 중재에 활용할 수 있을 것이다.

〈표 6-11〉 비의무적 말차례 주고받기 중재 단계와 예시

| 단계 | 적용 예시 |
|---|---|
| • 말차례 주고받기 중재 상황 결정 | • 어머니와 자유놀이 상황 |
| • 말차례 촉진 어휘 선택 | • 동의, 동의하지 않음, 열광, 싫어함, 놀라움을 나타내는 감탄사(맞아요, 우아!, 글쎄요, 아니, 아닌 것 같은데, 절대 아니에요, 웩!, 으아!, 정말?) |
| • 의사소통 상대자 교육하기 | • 상대자인 어머니에게 잠깐 멈추고 기다리기, 메시지 확인하기, 설명·진술하기에 대해 교육 |
| • AAC 사용자 중재하기<br>- 자연적 단서<br>- 기대 시간 지연<br>- AAC 체계 지적하기<br>- 시범 보이기 | • AAC 사용자 중재 전략<br>- 스크립트<br>- 환경중심 언어 중재(기대 시간 지연, 구어 촉구, 시범 보이기) |
| • 일반화 검토 | • 대상 일반화 |
| • 성과 측정 | • 의사소통 기능, 의사소통 역할, 비의무적 말차례 주고받기 기술 변화, 표현어휘 수 변화 측정 |
| • 유지 측정 | • 성과 유지 측정 |

#### ② 상대자 중심 질문하기 중재를 통한 의사소통 기능 확대

비의무적 말차례 주고받기 기술과 같이 상호작용적 말차례 주고받기를 증가시키는 것이 상대자 중심 질문하기(partner-focused question) 기술을 AAC 사용자에게 중재하는 것이다. 상대자 중심 질문하기는 의사소통 상대자에게 그들의 생각이나 느낌은 어떠한지, 경험한 것은 무엇인지 묻는 것이다. AAC 사용자는 의사소통 상호작용의 기회가 적고 어휘가 제한되어 있을 뿐 아니라 어떻게 상호작용을 시작해야 하는지 몰라 상대자에 대한 관심을 표현하는 데 한계가 있다. 또한, 의사소통 상호작용은 자기중심적인 표현보다 상대자에 대한 관심을 표현해 줄 때 상대자로서는 배려받는다는 생각을 갖게 되므로 상대자 중심 질문을 사용하였을 때 의사소통 상호작용이 원활하게 이루어질 수 있다. 상대자 중심 질문의 예시로 "무슨 일 있어?", "이번 주에 뭐 할 거야?"와 같은 질문을 AAC 도구에 저장해 두고 친구를 만날 때 질문하면 자연스럽게 상호작용이 이루어질 수 있다(Soto & Zangari, 2009). 국내의 한 연구(김경미, 한경임, 2017)에서는 AAC 사용 아동이 상대자 중심 질문을 사용할 수 있도록 의사소통 상대자 훈련도 실시하였다.

아직 AAC를 이용한 상호작용에 익숙하지 않은 우리나라에서는 의사소통 상대자가 AAC 사용자의 질문에 답변만 하고 상호작용이 끝나 버리는 경우가 많다. 따라서 AAC 사용자가 상대자 중심 질문을 계속할 수 있도록 유도질문을 하거나, AAC 사용자가 표현한 메시지를 확인

해 주고, 의사소통판으로 메시지를 찾아 짚을 수 있도록 기다려 주는 훈련을 실시한다. 이것은 AAC를 사용한 의사소통 상호작용 중재는 AAC 사용자만이 아니라 의사소통 상대자에 대한 교육도 필요함을 의미한다. 상대자 중심 질문의 예시(김경미, 한경임, 2017)를 〈표 6-12〉에 제시하였다.

〈표 6-12〉 상대자 중심 질문하기 예시

| 가정 | 어린이집 | 지역사회 카페 |
|---|---|---|
| • 무슨 일이야? | • 무슨 일이야? | • 무슨 일이에요? |
| • 뭐하고 있어? | • 그것 좋아해? | • 괜찮아요? |
| • 맛이 어때? | • 느낌이 어때? | • 느낌이 어때요? |
| • 그것 먹고 싶어? | • 아프니? | • 맛이 어때요? |
| • ______에 가 봤어? | • 무서워? | • 문제가 있나요? |
| • 괜찮아? | • 슬프니? | |
| • 왜? | | |

### (3) 의사소통 실패에 대응하기

AAC 도구가 의사소통판이든 SGD이든 이를 통해 의사소통하는 것은 일반적으로 사용되는 말로 의사소통하는 것과는 다르다. 음성합성형 SGD의 경우 원하는 상징을 찾아 몇 번의 검색 작업을 거쳐야 할 수도 있고, 그러한 과정을 거쳐서도 원하는 상징을 찾지 못할 수도 있다. 때로는 의사소통판에 배열된 어휘들 중에는 원하는 상징이 없어 비슷하다고 생각하는 상징을 지적하지만 상대자가 이해하지 못하고 자꾸 무엇을 원하는지 되물을 수도 있다.

이러한 의사소통 실패에 대응하고 다시 상호작용을 지속하면서 자신의 의도를 전달하도록 의사소통 실패에 대응하는 방법을 지도할 필요가 있다. 만약 의사소통 상대자가 AAC 체계로 표현하는 것을 이해하지 못한다면 다음과 같이 하도록 지도한다.

- 메시지를 그대로 반복 재생하거나, 다시 메시지를 구성한다.
- 메시지에서 정보의 양을 줄인다.
- 시각적 지원을 사용한다.
- 자신을 잘 알고 있는 의사소통 상대자의 도움을 구한다.

만약 AAC 사용자가 의사소통 상대자의 말을 이해하지 못했다면 다음과 같이 하도록 지도한다.

- 이해하지 못했다고 말한다.
- 상대자에게 다시 말해 달라고 요청한다.
- 상대자에게 다른 방식으로 말해 달라고 요청한다.
- 상대자가 사용하는 말이 아닌 다른 의사소통 양식(예: 얼굴 표정, 미소, 찌푸림 등)을 체크한다.

AAC 사용자의 의사소통 실패를 줄이기 위해서는 의사소통 상대자 또한 다음과 같이 하도록 안내한다.

- 명확하고 간단한 단어를 사용하고, 비속어는 사용하지 않는다.
- 메시지를 짧게 줄여서 말한다.
- 메시지를 다른 방식으로 말한다.

### 4) 언어능력 확대

맥락의존 의사소통자의 언어능력 중재는 더 긴 문장을 표현하기 위해 상징을 결합하여 의미관계를 구성하고, 수식어 사용, 소유격, 조사, 과거시제, 미래시제, 현재시제, 어미 등 형태소를 사용하는 데 중점을 둔다. 그리고 '언제', '어디서', '어떻게', '무엇을', '누가'에 대한 질문에 답변하고, '왜'를 사용하여 질문하는 것도 지도해야 한다.

또한, 사물 특성에 대한 질문을 받을 때 '예/아니요'를 사용하도록 지도할 수 있다. '예/아니요' 사용 표현은 아직 상징 이해가 어려운 초보 의사소통자에게는 먼저 지도하지 않는다. '예/아니요' 개념은 사물 분별 개념이 확립되어야 표현할 수 있는 것이므로 어느 정도 상징을 이해하고 상황을 이해하는 것이 가능해야 배울 수 있는 것이다. 따라서 종종 교사들이 AAC 중재를 처음 시작할 때 '예/아니요'를 표현하도록 가르치는 데 중점을 두는 오류를 피해야 한다.

#### (1) 맥락의존 의사소통자의 의미관계 확대 중재

##### ① 보완대체의사소통 사용자에 대한 의미관계 지도의 중요성

복합의사소통장애 학생들 대부분이 한 낱말 단어로 표현하고 두 낱말을 사용하더라도 의미관계의 순서가 명확하지 않아 의미론적 능력에서 지체를 보인다(Faillon, Light, & Achenbach, 2003). AAC 체계를 사용하는 경우에도 의사소통에 중점을 두다 보면 한 개의 상징으로 여러 의미관계의 요소가 동시에 표현될 수 있다. 이로 인해 상징 표현이 점점 많아지면서 AAC 사용자는 의미적 혼란을 겪게 되고, 이는 어휘발달에도 영향을 미치게 된다(Smith, 2005). 언어장애의 원인이 무엇이든 상관없이 문자 사용 이전의 학생에게는 사진이나 선화와 같은 그래픽 상징의 사용이 언어발달을 지원하는 데 필수적일 수밖에 없다(Binger, Kent-Walsh, King, & Mansfield, 2017).

이러한 이유로 몇몇 연구에서 AAC 체계를 이용한 의미론 중재를 시도하였다. 심한 지적장애와 언어장애를 중복으로 가지고 있어 수용언어가 2세 정도인 7~13세 아동이 그래픽 상징을 사용한 중재를 통해 2어문 의미관계 표현이 가능해졌고(Nigam, Schlosser, & Lloyd, 2006), 수용언어능력이 2세 미만인 6~10세의 AAC 사용 아동들이 최소-최대 촉진체계를 적용한 중재를 통해 행위자-행위, 소유자-소유, 체언 수식-실체의 2어문 표현이 가능해졌다(Tönsing, Dada, & Alant, 2014). AAC 도구 모델링을 이용한 중재를 통해 4~6세 아동 3명에 대한 행위자-행위-대상의 3어문 의미관계 표현이 증가하였음(Kent-Walsh, Binger, & Buchanan, 2015)이 보고되기도 하였다. AAC를 사용하는 3~4세의 어린 아동이 AAC 앱 프로그램인 Proloque2Go를 이용하여 체언 수식-실체, 실체-장소, 소유자-실체의 세 가지 2어문 의미관계 표현이 증가하였음(Binger, Kent-Walsh, King, Mansfield, 2017)도 보고되었다.

이들 선행연구에서 수용언어능력이 2세 6개월 미만인 아동은 2어문 상징 표현이 개선되었으며, 수용언어능력이 2세 6개월 이상인 경우 3어문 상징 결합이 가능함을 보여 주었다. Binger, Kent-Walsh, King, Webb과 Buenviaje(2017)의 연구에서는 또래들과 같은 범위의 수용언어능력을 보이는 AAC 사용 5세 아동은 더 이상 직접교수가 필요 없이 의미론-구문론 표현이 가능하였음을 보고하기도 하였다.

국내에서는 수정된 그림책 읽기를 이용한 AAC 중재를 통해 수용언어능력이 2세 6개월과 3세 6개월인 초등학교 1학년 중복장애 학생 2명이 행위자-행위, 대상-행위, 실체-서술의 이어문 의미관계 표현이 가능해졌다(김수미, 한경임, 2022). 또한, 시각적 사고 전략(Visual Thinking Strategies: VTS)과 스토리맵을 활용한 AAC 중재를 통해 복합의사소통장애 중학생의 행위자-대상-행위, 행위자-배경-행위, 경험자-배경-서술의 3어문 의미관계 표현이 가능해지고 어휘다양도도 높아졌음이 보고(최다영, 한경임, 2023)되기도 하였다.

#### ② 의미관계 표현을 위한 단어 결합 지도

의미관계 확대를 위해서는 단어를 결합하여 표현하는 것부터 지도해야 한다. 단어를 결합할 때는 학생의 개념적 발달에 대한 고려도 필요하다(Boruta & Bidstrup, 2012). 예를 들어, 영어에서 소유의 개념(mine)은 '내가 가진다(I have)'의 의미이기 때문에 'I have'의 단어 결합을 먼저 가르치고 소유격의 단어 결합을 가르친다.

단어의 개념 지도는 여러 상황에서, 다양한 맥락에 걸쳐 반복 지도되어야 한다. 한 표현에 대해 최소 70번 이상은 지도되어야 한다(Boruta, 2017). 예를 들어, '나는______을 가지고 있다'의 표현은 다양한 수업 시간에서 표현할 기회가 있다. 가족에 대한 이야기를 나누는 시간에는 '나는 인형을 가지고 있어, 나는 강아지를 가지고 있어, 나는 내 방을 가지고 있어', 과학 시간에는 '나는 비커를 가지고 있어', 미술 시간에는 '나는 가위를 가지고 있어, 나는 풀을 가지고 있어'를 표현할 기회가 있다. 이런 기회를 통해 3어문 의미관계를 자연스럽게 배우는 것이다. 소유-대상의 의미관계도 여러 맥락에 걸쳐 배울 수 있다. 예를 들면, '나의 학교, 나의 책, 나의 옷, 엄마의 양말, 언니의 신발'과 같다. [그림 6-29]에 단어 결합 지도의 예를 제시하였다.

[그림 6-29] 단어 결합 지도 예시(T.A.C.L.E. 프로그램 특수학급)

어휘 지도를 할 때는 명시적이고 명확한 의미를 먼저 지도하고 추상적인 어휘는 그다음에 지도한다. 반대 개념을 동시에 익히는 것은 혼동을 가져오고 어렵기 때문에 '반대/아니다' 개념을 통해서 지도한 다음 반대 의미의 어휘를 지도한다. 예를 들어, '크다/작다'를 동시에 지도하기보다 '크다'의 개념을 지도하고 '크다'에 대한 인식이 있을 때 '크다 반대(안 크다)'의 개념을 지도하여 학습상황이나 생활 속에서 사용하면서 '안 크다'의 개념을 '작다'로 표현하는 것임을 가르치는 것이다(Lahey & Bloom, 1977). [그림 6-30]에 AAC 상징을 이용한 추상적인 단어 지도와 반대 개념 단어 지도의 예를 제시하였다.

아이들은 주로 '예'보다는 '아니요/싫어요'라고 표현하는 경우가 더 많다. '예/아니요' 표현은 언어지도라기보다 선택 활동에 해당한다. 따라서 '예/아니요' 표현은 평소 다양한 활동 속에서 선택 기회를 제공하여 '예/아니요' 표현의 개념을 명확히 하는 것이 좋다. 35개 단어 이하의 표현을 하고 아직 구문에 대한 지식이 없는 경우 '예/아니요'의 개념 지도는 어렵다(Lahey & Bloom, 1977). 왜냐하면 '예'의 경우 상대자가 앞에서 표현한 말을 언어학적으로 이해해야만 답이 가능하기 때문이다. 예를 들어, "이것은 사과야."라는 '실체-서술' 개념에 대한 지식이 있어야 "이것은 사과니?"라는 질문에 '예/아니요'로 답변할 수 있다는 것이다.

- 명확한 개념의 단어 지도 후 추상적인 개념 단어 지도

- 반대 개념 지도 후 반대 의미의 단어 지도

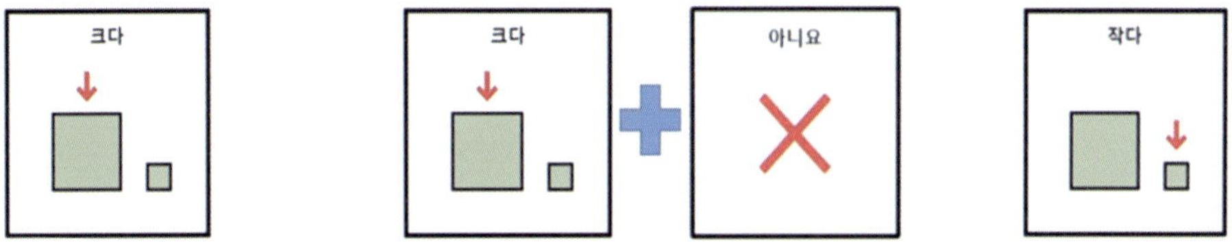


[그림 6-30] 추상적 개념과 반대 개념 단어 지도 예시

상징 출처: 한스피크 상징(http://aacexchange.net/)

따라서 초기 언어학습 단계에서 학생에게 '예'의 개념을 직접적으로 가르치는 목록에 포함시키지 않는다. 그리고 '이것, 저것, 그 사람' 등 대명사는 평균형태소길이(MLU-m)가 적어도 2.0 가까이 되어야 배울 수 있어 초기 언어학습을 위한 단어에 포함시키지 않으며, 색깔 이름 또한 두 사물 간의 차이점을 인식할 수 있어야만 가능하기 때문에 초기 학습 단어에 포함시키지 않는다. 〈표 6-13〉에 언어발달 초기 학습 단어 목록(Lahey & Bloom, 1977)을 제시하였다.

〈표 6-13〉 언어발달 초기 학습 단어 목록 예시

| 범주 | 단어 |
|---|---|
| 거절 | 아니요 |
| 없다 또는 사라짐 | 없다, 갔어 |
| 행위의 중단 | 그만, 안 해 |
| 행위의 금지 | 그만, 멈춰 |
| 대상 또는 대상에 대한 행위의 반복 | 더, 다시 |
| 대상에 대한 분별이나 존재에 주목함 | 이것, 저기, 저것 |
| 대상에 대한 행위 | 주다, 하다, 만들다, 얻다, 던지다, 먹다, 씻다, 뽀뽀하다, 놓다, 위로, 아래로 |
| 대상이나 자신의 위치 | 앉다, 떨어지다, 가다 |
| 수식어 | 큰, 뜨거운, 더러운 |
| 사물에 대한 묘사 | 무거운 |
| 관련된 사람들 | 사람 이름 |
| 소유하고 있는 사물의 명칭 | 사물 명칭 |

### (2) 맥락의존 의사소통자의 구문론 중재

AAC 중재 초기에 형태소와 구문지도는 주요한 관심사가 아니었다. 이보다는 상징 선택, 도구에 대한 접근, 의사소통 기회 등이 주요 관심사였다. 그리고 AAC 사용자의 의사소통 상대자는 주로 부모나 교사 등 친숙한 사람들이기 때문에 불완전한 문장이나 심지어 문법 순서가 뒤바뀐 표현이어도 의미를 추정해서 의사소통하는 데 어려움이 없다고 생각하였다(Sutton et al., 2002). AAC가 널리 적용되고 있지 않은 국내에서도 여전히 AAC 체계를 단순히 의사소통을 위한 보조수단으로 생각하여 의미론뿐만 아니라 구문론 중재에까지는 관심을 갖지 않는 경향이 있다. 그러나 적절한 형태소와 구문 습득이 없으면, 친숙하지 않은 사람과 의사소통할 때 더 복잡한 메시지, 더 미묘한 표현을 세밀하게 표현하기가 어렵다. 이로 인해 의미 전달에 대해 오해가 생기고, 의사소통의 실패가 많아지게 된다.

AAC 사용자가 의사소통에만 중점을 두고 의미론이나 구문론과 같은 언어 습득을 소홀히 하면 뇌 발달에도 영향을 미칠 수 있다. 적절한 언어 학습 시기를 놓치면 언어 습득을 위한 뇌 메커니즘이 효율적이지 않게 되며 이후 학습은 어떤 방식으로든(예: 습득의 완성 정도나 속도, 요구되는 노력 또는 사용되는 전략 면에서) 어려움을 갖게 된다(Elman et al., 1996). 따라서 AAC를 필요로 하는 사람들에게 매일의 루틴 속에서 의사소통뿐만 아니라 의미론과 문법적 형태소와 구문발달에 중점을 둔 중재가 필요하다(Sutton et al., 2002).

보통 형태소를 갖춘 문장 표현이 가능하려면 36개월령 이상의 언어능력을 갖추고 있어야 한다. 구문 표현이 가능한 학생은 복수형, 현재진행형 시제, 불규칙적인 동사 시제, 전치사, 소유격, 접속사, 의문사 사용이 가능해진다(Soto & Zangari, 2009). 복합의사소통장애 학생의 구문능력 발달을 위해서는 적합한 문법형태소를 나타내는 상징체계를 제공하고, 통사론과 형태소 사용을 위해 AAC 중재가 필요하다(Binger & Light, 2008; Hetzroni, 2004). 국내에서는 자폐성장애, 지적장애, 중복장애 아동 세 명 모두 마이토키 AAC모바일 앱을 이용한 중재를 통해 평균낱말길이(MLU-w)가 길어졌으며(강현희, 박현주, 2016), PECS를 이용한 AAC 중재를 통해 자폐성장애아동 세 명의 MLU-w가 길어졌음이 보고되었다(문혜숙, 김계진, 2008).

복수형 어미를 지도할 때, 처음에는 '없다'는 개념을 여러 맥락에 걸쳐 지도한다. 그다음 단수 명사, 복수형 어미 순서로 지도한 후 '-와(and)'를 사용하여 명사를 연결하는 것을 지도한다(Boruta, 2017). [그림 6-31]은 복수형 어미를 지도하는 예시이다.

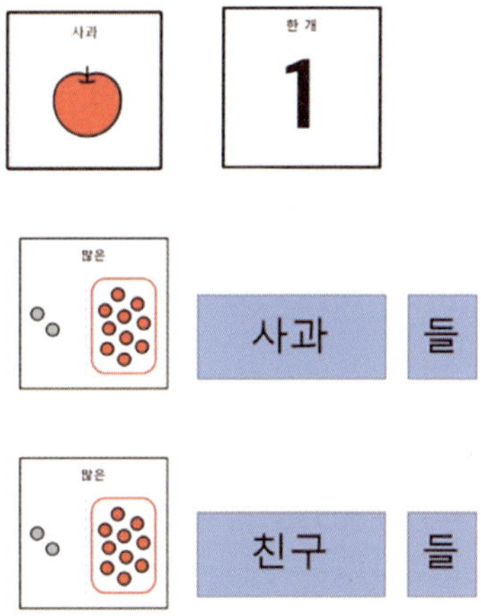


[그림 6-31] 복수형 어미 지도 예시

상징 출처: 한스피크 상징(http://aacexchange.net/)

### (3) 언어능력 중재를 위한 AAC 도구

언어와 담화 능력은 학교에서 생활하기 위해 중요한 기술이다. 일반적으로 아동들은 연간 1,000시간 이상을 학교에서 보낸다. 학교는 교사의 말을 들어야 하고, 질문에 대답하고, 질문하기도 하고, 또래들과 협력활동을 하며 말을 해야 하고, 토론 활동에 참여하며, 책을 읽기도 하고, 작문활동도 하는 언어가 매우 풍부한 환경이다. 학교에서 대부분의 학습은 교사와 학생이 서로 말을 하면서, 학생들끼리 서로 말을 하면서 이루어진다. 이렇기 때문에 보통 학생들은 학교에 입학하기 전에 교실에서 언어를 효과적으로 사용할 수 있게끔 언어가 숙달된 상태에서 학교에 입학하게 된다. 그러나 복합의사소통장애 아동들은 이러한 능력이 충족되지 못한 상태에서 학교에 입학하게 된다(Soto & Zangari, 2009).

따라서 AAC 사용자는 학교에서 AAC 도구의 사용 방법도 익히면서 동시에 언어능력도 발달시켜야 하는 이중의 과업을 가지게 된다. AAC 사용자의 언어능력을 발달시키기 위해서는 의사소통에만 중점을 두는 AAC 도구의 사용으로는 한계가 있다. 즉, AAC 체계를 사용하여 구문론 표현이 가능하려면 AAC 체계 내에 형태소와 같은 문법적 요소를 갖추고 있어야 단어 조합과 새로운 메시지 형성이 가능하다. 이것은 반드시 하이테크 SGD를 사용해야 함을 의미하는 것은 아니다. 의사소통판이나 의사소통책을 구성할 때도 언어능력 발달을 고려한 어휘 배열이 필요하다는 것이다. 이러한 점을 반영하여 한 연구(권상희, 한경임, 2023)에서는 피츠제럴드키를 적용한 의사소통판을 제작하고, 구문스토리맵과 확장하기, 대조하여 고쳐 말하기, 시범 보이기 전략을 사용하여 말로 의사소통하기 어려운 자폐성장애 학생들에게 격조사 중재를 실시하였다. 이를 통해 평균낱말길이(MLU-w)뿐만 아니라 평균형태소길이(MLU-m), 평균어절길이(MLU-c)가 길어지고, 어휘다양도도 증가하였음을 보여 주었다. [그림 6-32]에 구문론 중재에 사용한 피츠제럴드키와 플립형 의사소통판의 예를 제시하였다.

의사소통판(책)에서는 제한된 공간 안에서 어떻게 하면 더 많은 단어를 포함하고 문법적 표현이 가능할 수 있을지 고민해야 한다. 이것은 SGD의 개발에서도 마찬가지이다. 아직까지 국내에서 개발된 대부분의 SGD는 구미에서 개발된 하이테크 도구와는 달리 의사소통 중심으로 어휘들이 배열되어 있다 보니 언어능력을 발달시키는 데 제한점이 있는 것이 사실이다.

의사소통판(책)이든 SGD이든 어휘다양도를 높이고 구문론적 표현이 가능하도록 하려면, 여러 화면에 걸쳐 어휘를 구성하여 역동적으로 어휘 검색 작업이 필요한 다중 연속 상징 배열 방식(multiple sequential display)(Porter, 2000)이나 고정된 상징 배열 방식이 있고 그 위에 소형의 상징 배열 방식을 플립 형식으로 제시하여 형태소나 어미, 파생어 등을 배열하는 다중 동시 상징 배열 방식이 필요하다(Soto & Zangari, 2009). 의미론-구문론 중심의 어휘 배열에 대하여 제5장에서 언급하고 예를 제시하였다.

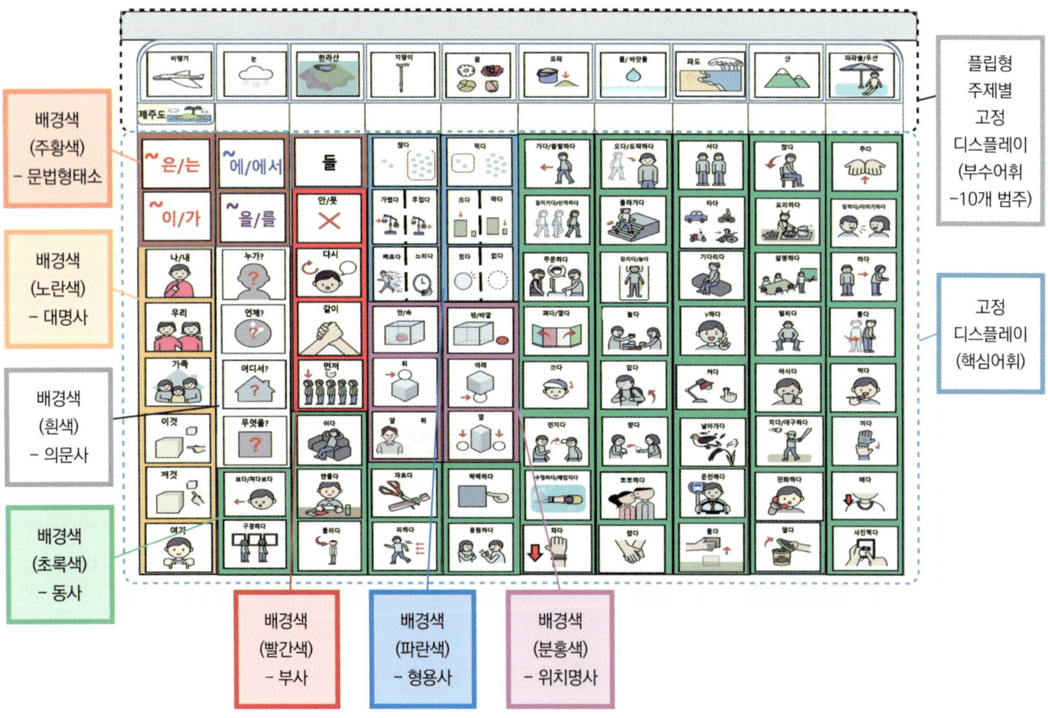


[그림 6-32] 피츠제럴드키와 플립형 의사소통판 예시

출처: 권상희, 한경임(2023).

## 5) 내러티브 중재

내러티브는 다른 사람과 공유할 수 있는 형태로 자신의 경험을 재구조화하는 것이다. 내러티브는 과거의 경험을 이야기하는 개인적 내러티브와 가상적인 이야기를 꾸미는 가상적 내러티브로 구분된다. 내러티브를 산출할 때는 그 유형과 상관없이 일어난 사건의 순서 또는 이야기의 주제에 적절하도록 여러 문장을 논리적으로 조직할 것이 요구(이영자, 이지현, Schickedanz, 2006)된다. 또한, 내러티브는 현재 눈앞에서 벌어지고 있는 사건을 이야기하는 것이 아니라 과거에 자신이 경험했던 기억이나 가상적인 사건을 상상해서 말하는 것이므로 탈맥락적인 언어를 사용할 수 있어야 한다. 따라서 내러티브 산출 기술은 성공적인 학업성취와 문해력 획득을 위해 중요한 요소로 인식된다. 내러티브 발달이 중요한 이유를 제시하면 다음과 같다(Nippold et al., 2014; Ochs & Capps, 2002; Soto & Hartmann, 2006; Taymuree, 2016b; Uccelli & Páez, 2007).

- 내러티브는 학교 문해력에 대한 성공적인 적응을 예측할 수 있다.
- 내러티브는 개인적, 사회문화적 정체성을 발달시키는 핵심이다.
- 자기 자신, 자신이 속한 문화, 그리고 그것의 가치를 반영한다.
- 내러티브를 통해 표현되는 자아개념, 자전적 기억, 사회-정서적 인지와 문해력 간의 관련성이 높다.
- 내러티브는 경험을 통해 나타나며, 내러티브가 또한 경험을 형성한다.
- 경험의 표현은 경험의 기억에 영향을 미친다. 개인적인 경험에 대해 말하는 능력과 그 사건을 기억하는 능력 간에 상관관계가 있다. 말이나 글로 반복되지 않은 사건은 곧 잊어버리게 된다.
- 청소년기 사회적 상호작용, 우정의 발달에 중대한 영향을 미친다.
- 상대자와 함께 구성해 가는 내러티브를 통해 듣는 사람으로서의 역할에 대한 능력을 발전시킨다.
- 내러티브는 구문과 어휘발달, 관습적 글쓰기, 사회적 능력을 위한 플랫폼이다.

이와 같이 내러티브는 문해력과 정서 발달 등에 영향을 미침에도 불구하고 AAC 사용자의 경우 의사소통에서 수동적이고 반응적인 역할만 요구되고 내러티브에 참여하여 언어를 발달시킬 기회가 제한되어 있다. AAC 사용자에 대한 내러티브 중재 방법으로 개인 사진에 대해 설명하기, 친숙한 책을 읽고 이야기 이해하기, 개방형 질문을 통해 이야기나 자신의 경험에 대해 말하기, 글자 없는 그림책을 사용하여 이야기 만들기 등의 방법(Soto, Hartmann, & Wilkins, 2006)이 제안된다. 하다은과 한경임(2019)의 연구에서는 이야기책을 활용한 스토리텔링 중재를 통해 AAC가 필요한 지적장애 성인들의 내러티브 기술이 변화되었음을 보고하였다.

규칙적으로 이루어지는 루틴도 언어 습득의 기반이 되며, 어떻게 세상의 일들이 이루어지는지 도식을 얻을 수 있는 장점이 있다. 그와 달리 이야기는 기대하지 않았던 특별한 사건을 통해 만들어진다. 기대하지 않았던 사건은 그 경험에 정서가 수반될 때 하나의 이야기가 된다. 예를 들어, 시골 할머니 댁에 가서 닭장의 닭을 보고 놀랐다거나, 처음으로 물에 들어가 수영을 해 보았다거나 정서적으로 강렬한 경험을 하게 되면 이야깃거리가 되는 것이다. 이렇게 어떤 사건이 이야기가 되면 말하고 싶은 흥미를 유발하고, 상대자의 관심을 받을 수 있으며, 이어지는 이야기로 상호작용이 유지되어 사회정서적인 측면과 의사소통, 언어 모든 면에서 다양한 효과를 얻을 수 있다. 따라서 학교생활 속에서 기억에 남을 경험을 많이 하고 사진으로 남겨 두어 내러티브 중재에 활용하면 매우 좋다.

효과적인 내러티브 중재가 되려면 AAC 사용자와 함께 이야기를 구성하고, 그 이야기를 다시 말해 본다. 이야기를 놀이 속에 삽입하여 이야기만 하는 것이 아니라 흉내도 내어 보고, 손짓, 몸짓으로 표현도 해 보고, 여기에 정서를 연결한다. 이러한 내러티브 활동 속에서 초점을 두어야 하는 것은 주제연계성, 사건나열성, 명확성, 지시성, 결속성, 유창성의 내러티브 차원을 놓치지 않는 것이다. 내러티브 중재 방법(Soto, Yu, & Henneberry, 2007)을 제시하면 다음과 같다.

① 기억할 만한 경험에 대한 개인 사진 준비
- 모든 사진이 내러티브를 끌어내는 것은 아니므로 적절한 시기의 사진, 맥락적으로 기억할 만한 사진, 정서적으로 강렬한 사진

② 사건을 묘사하고 정서 연결하기
- 사진에서 기억나는 사건이 무엇인지, 그때 감정이 어땠는지 질문하기
- 정서에 대한 구별이 어려운 경우 정서 자신을 보며 묘사하기 활동
  - 사진 속의 사람이 느끼는 감정은 어떤 것인지, 왜 그렇게 느끼는지 표현하기
  - 개방형 질문, 스토리맵, 기타 언어반응촉진 전략을 사용하여 사진 속 사람과 같은 감정을 언제 느꼈는지 표현하기
- 스토리맵을 이용하여 사진에 대해 개방형 질문하기
  - 누구와 함께 갔지?
  - 어디에서 일어났는지 말해 줄래?

- 다음에 무슨 일이 일어났지?
- 너의 느낌은 어땠어?

- 기타 언어반응을 촉진하는 전략을 사용하여 표현 이끌어 내기
  - 학생이 사진에 대한 묘사를 끝마쳤다고 표시할 때까지 '더 말해 줄래?'라고 촉진하며 사진에 대해 이야기하도록 요구하기
  - 에둘러 말하기(예: 게는 물고기일 수 있어. 게는 기어갈 수 있어. 게는 꼬집을 수 있어)를 이용하여 표현 이끌어 내기
  - 단어를 시작하는 소리 사용하기, '~글자로 시작하는 단어' 단서를 주어 AAC 체계에서 상징 또는 단어 찾아 표현하도록 하기
  - 같은 소리의 단어 사용하기(예: '~와 같은 소리가 나는 단어'로 말해 볼까?)
  - 손짓기호 단서 사용하기
  - 그림 의사소통판(책)에서 상징 위치 지적하기
- 맥락과 관련된 정서를 보여 주는 사진에 대해 묘사하도록 하기
  - 사진 속의 사람이 느끼는 감정이 어떤 것인지, 왜 그렇게 생각하는지 묻기
  - 개방형 질문, 스토리맵을 사용하여 언제 그와 같은 감정을 느꼈는지 묻기

③ 스토리맵을 이용하여 정교화하기

- 학생이 사진에 대해 표현한 모든 것을 스토리맵을 이용하여 적기
- 학생이 사진에 대한 이야기를 끝낸 뒤 학생이 말한 것에 대해 정교화하기
  - 문장 구조, 문법 규칙, 더 이야기하고 싶은 것 첨가하기

④ AAC 체계에 저장하고 학교생활에서 다른 사람에게 여러 번 자신의 이야기를 공유할 수 있도록 기회를 제공하기

- SGD에 '대화 시작' 상징을 누르면 "있잖아…….", "이야기하고 싶은 것이 있어요.", "나에게 무슨 일 있었는지 알아?" 표현이 산출되도록 프로그램하기
- 교사나 또래와 대화를 시작하기 위해 개인적인 내러티브 사용하기
- 다른 사람들(예: 통합학급 교사, 또래 등)과 자신의 내러티브를 공유하며 내러티브를 연습할 기회 제공하기

[그림 6-33]은 학급에서 내러티브 중재에 사용하는 스토리맵과 이를 이용한 문장 정교화 예시이다.

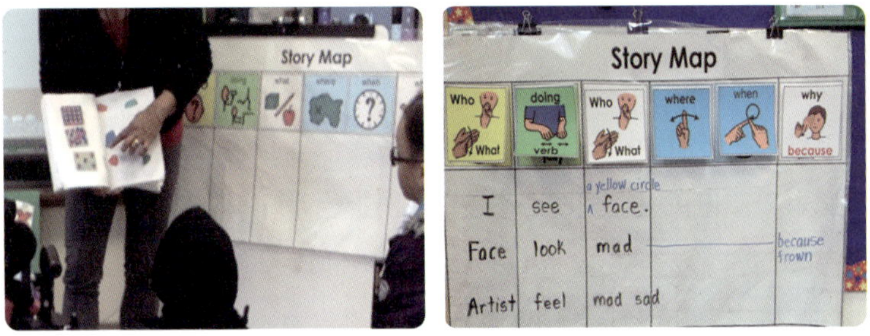


T.A.C.L.E. 프로그램 특수학급

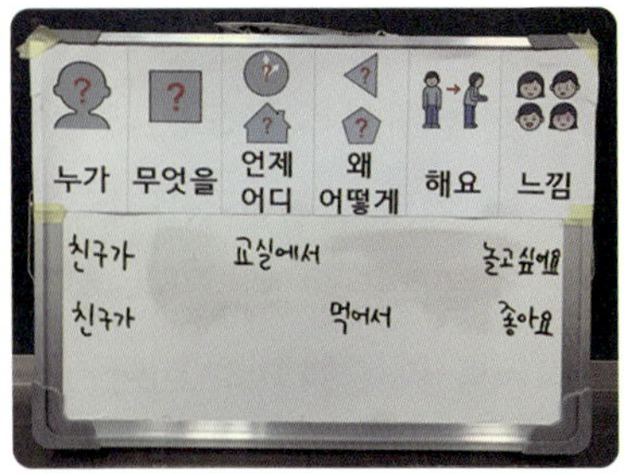


최다영, 한경임(2023)

[그림 6-33] 스토리맵을 이용한 정교화 예시

## 6) 문해력 증진

보통 AAC 사용자들에게 문해력 학습이라고 하면 일견단어(sight word)를 외우게 하고 이것을 통해 읽기를 가르치는 것으로 착각할 수 있다. 그러나 읽기와 쓰기는 일견단어를 외우는 것만으로 이루어질 수가 없다. 맥락의존 의사소통자에게 지도해야 할 문해력 기술에는 인쇄물에 대한 개념(예: b는 글자이고, 2는 숫자), 인쇄물의 관습적 사용(예: 한글 인쇄물은 왼쪽에서 오른쪽으로, 위에서 아래로 읽는다는 것), 책의 관습적 사용(예: 책의 제목, 책의 앞과 뒤 구별), 음소인식(단어에서 소리를 구별하고 조정하는 능력), 글자-소리 대응(글자와 소리를 서로 연결하는 능력), 해독(decoding: 각각의 글자나 글자 결합에 대한 소리를 말하고 전체 단어를 구별하기 위해 소리를 혼합하는 능력)(Johnston, O'Keeffe, & Stokes, 2018)이 포함된다. 복합의사소통장애 학생을 위한 문해력 교수 방법으로 여러 연구에서 다음과 같은 방법을 제시하였다.

- 음소를 말하면 제시한 글자 중에서 해당 음소의 글자 찾기(Benedek-Wood, McNaughton, & Light, 2016)
- 말로 명명하면서 제시하는 글자/음절 찾기(Ahlgrim-Delzell, Browder, & Wood, 2014)
- 글자나 말로 제시하는 그림 찾기(Light, McNaughton, Weyer, & Karg, 2008)
- 말로 제시하는 단어에서 해당 글자 찾기(Sandberg, Smith, & Larsson, 2010)
- 교사가 글자 이름/음소를 말하면 학생이 해당하는 그림 찾기, 배열된 각 그림의 명칭 말하기, 글자 명칭/음소로 시작하는 그림 찾기(Truxler & O'Keefe, 2007)
- 말한 단어에서 첫소리 시작 글자 찾기(Browder, Ahlgrim-Delzell, Flowers, & Baker, 2012)
- 말로 선택지를 제시하면 소리/단어를 비구어적인 방법으로 선택하기(Heller, Fredrick, Tumlin, & Brineman, 2002)

맥락의존 의사소통자의 문해력과 언어 중재를 위해 사용할 수 있는 좋은 방법이 이야기책 읽기이다. 처음에 이야기책 읽기를 시작할 때는 한 페이지에 3~4단어로 구성된 책이 좋으며 계속 반복되는 문구가 있는 간단한 책으로 시작한다.

책은 문해력의 기초가 되면서 기능적인 활동 내용(예: 요리 활동)이 있으면 학생들의 동기 유발에 좋다. 이러한 책으로 3~4주에 걸쳐 계속 반복하여 읽기 기회를 제공한다. 각 학생의 문해력과 언어능력 향상에 대한 목표를 설정하고 그에 맞게 책의 내용과 어휘를 읽기 활동에 이용한다. 예를 들어, 라임(rhyme)이 반복되거나, 반복되는 어구와 예측 가능한 음운 패턴이 강조되는 책을 함께 읽으면서 음운인식에 대한 문해력 교육이 가능하다. 음절 수준에서 차이를 인식하게 되면 더 작은 소리 단위인 음소인식을 위해 각 음절이 음소로 분절되고, 음소가 섞여서 단어가 된다는 것을 책 읽기를 통해 자연스럽게 익히도록 하는 것이다.

## 6 독립적 의사소통자를 위한 보완대체의사소통 중재

### 1) 독립적 의사소통자의 특성

독립적 의사소통자는 누구와 말하든 자신의 AAC 체계를 이용하여 자유롭게 표현하는 데 제한을 받지 않는 사람이다. 만약 자신의 AAC 체계에 미리 프로그램된 어휘가 없으면 알파벳 글자를 타이핑해서 자신이 원하는 것을 표현할 수 있다. 즉, 독립성이란 어느 맥락이든, 어느 누구와도, 어떠한 주제이든 상관없이 의사소통하는 능력을 갖고 있음을 의미한다. 예를 들어, 다음과 같은 사례들은 독립적 의사소통자에 해당한다. B 씨는 정부 기관에서 SGD를 사용해 정책 입안에 대해 설명한다. P 양은 SGD를 이용해 도서 대출 업무와 도서 정비가 가능하여 도서관 사서로 일한다. T 씨는 AAC 사용자를 위한 뉴스레터를 만들고 기사를 써서 인터넷에 올린다. R 씨는 알코올 중독자 치료 프로그램에서 SGD를 이용해 강의한다.

### 2) 독립적 의사소통자의 중재

#### (1) 독립적 의사소통자 중재 원리

독립적 의사소통자는 AAC 체계를 이용해 원하는 활동에 참여할 수 있도록 이상적으로 설계되어야 하고, 관습적 문해력 교육에 중점을 두어야 한다. AAC 체계 사용의 효율성을 증가시키는 것 또한 독립적 의사소통자를 위한 중재 원리 중 하나이다.

### ① 모든 것에 독립적으로 접근할 수 있는 AAC 체계

독립적 의사소통자는 AAC 체계에서 다음과 같은 측면의 거의 모든 것에 대해 독립적으로 선택하고 의사결정할 수 있도록 디자인되어야 한다: 색깔, 레이아웃, 상징의 위치, 개별적인 단어/개념의 배치, 축약 문구, 구 표현, 화면의 주된 색깔, 글씨 크기와 형태, 제작된 의사소통책에 사용되는 자료들, 상징 세트, 상징 크기, 개별적인 상징 등.

[그림 6-34]는 브릿지스쿨 졸업생이면서 버클리 대학교를 졸업하고 인권 활동을 하고 있는 독립적 의사소통자 A 씨가 자신의 AAC 도구를 다양한 형식으로 구성하고, 스스로 AAC 도구의 기능을 조절하기 위해 아이트래커를 이용하는 모습을 보여 준다.

[그림 6-34] AAC 도구의 독립적인 기능 조절과 구성 예시

### ② 관습적 문해력 강조

독립적 의사소통자는 관습적 문해력을 익혀야 하고 활동해야 한다. 따라서 그래픽 상징에 대한 의존을 감소시키고 단어와 메시지를 타이핑하는 옵션과 같이 문해력 지원이 가능하도록 AAC 체계를 고안해야 한다. 자신의 AAC 도구 화면에서 자신이 알고 있는 일견단어를 사용한다거나 알파벳 글자판에 현재 배우고 있는 글자의 라임과 혼합된 글자를 배열하는 것과 같이 의사소통 도구에 학생이 이미 숙달한 지식을 결합하는 것으로 급속히 발전하는 문해력 기술을 지원하도록 AAC 체계를 고안해야 한다. 또한, 워드 프로세서나 인터넷 검색 등을 위해 온 스크린(on-screen) 키보드 접근도 가능해야 한다.

[그림 6-35]는 브릿지스쿨 졸업생인 A 씨가 자신이 표현할 내용을 미리 타이핑하여 저장해 두고 선택할 수 있도록 한 후 아이트래커를 적용하는 SGD와 온 스크린 키보드를 사용하는 모습, 아이트래커를 이용하여 글자를 선택하고 문장을 작성하는 예시를 보여 준다.

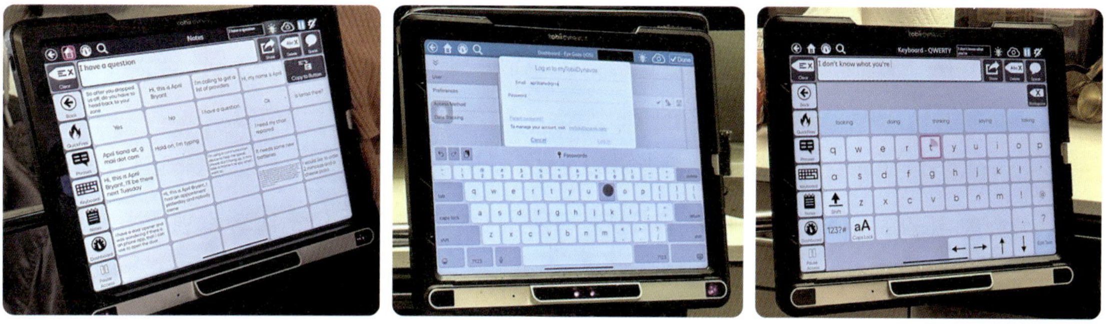


[그림 6-35] 독립적 의사소통자를 위한 AAC 도구의 문해력 기술 지원 예시

### ③ 효율성 증가

독립적 의사소통자의 의사소통 효율성을 높이기 위해 AAC 체계에 속도 향상 기능이나 메시지 형성 속도를 더 빠르게 하는 전략(예: 아이콘 부호화, 축약, 확장, 단어와 문구 예측)이 포함되어야 한다. 독립적 의사소통자의 AAC 체계에 잡담하기(small talk)를 위한 구를 포함하면 의사소통의 효율성을 증가시킬 수 있고, 면대면 사회적 대화 상황에 참여하기가 용이하다. 이뿐만 아니라 다른 사람들과 효율적으로 의사소통할 수 있도록 AAC 체계를 배치하는 것도 필요하며, 혼자 생활하는 독립적 의사소통자의 경우 필요한 의사소통을 즉각적으로 할 수 있도록 침대 옆에도 배치해 둘 필요가 있다. 공학적인 측면에서는 맞은편에 있는 의사소통 상대자에게 자신의 표현을 보여 주는 화면 구성도 필요하다.

[그림 6-36]에서는 브릿지스쿨 졸업생인 독립적 의사소통자 A 씨가 Covid-19로 인하여 외부 활동을 하지 못해 화상 통화나 실시간 토론 활동에 참여하기 위해 아이트래커를 사용하는 SGD와 태블릿, 휴대폰을 동시에 연결하여 설치한 모습, 침대 옆에 AAC 도구를 설치한 모습, 의사소통 상대자가 AAC 사용자의 표현을 이해하기 쉽게 도구 뒷면에 스크린이 설치되어 있는 모습을 보여 준다.

[그림 6-36] AAC 도구의 효율적인 사용을 위한 배치 예시

### (2) 독립적 의사소통자 중재 방법

#### ① 독립적 의사소통자의 어휘 확대 중재

일반적으로 유치원부터 고등학교까지 매년 아이들은 의미론이 명확하지 않더라도 평균 3,000개의 새로운 단어를 배우게 되는데 교실에서 수업을 통해 직접적으로 배우는 단어는 단지 300~400개 정도이다(Botting & Adams, 2005; Stahl, 1999). AAC 사용 학생들은 의미론과 구문론에 대한 명시적 교수를 필요로 한다. AAC 사용 학생들의 적절한 어휘 교수를 위해 AAC 사용 학생이 알고 있는 단어와 사용하는 단어를 확대해 주는 것이 필요하다(Zangari & Van Tatenhove, 2009). 효과적으로 어휘를 확대해 줄 수 있는 간접적인 방법으로 교사나 부모가 크게 읽어 주는 책 내용을 듣는 것, 혼자 책 읽기 하는 것 모두 도움이 된다.

[그림 6-37]과 같이 세 개의 단계로 어휘를 나누어 직접 지도할 필요가 있다(Beck, McKeown, & Kucan, 2002). 이 모델의 의미는 AAC 사용자에게 핵심어휘만 지도해서는 안 된다는 것이다. 독립적인 의사소통자로 전환되면서는 3단계의 어휘들을 더 많이 알게 될 것이다. 2단계의 어휘 지도는 장기적이고 기능적인 단어 사용 패턴을 제공해 줄 수 있다.

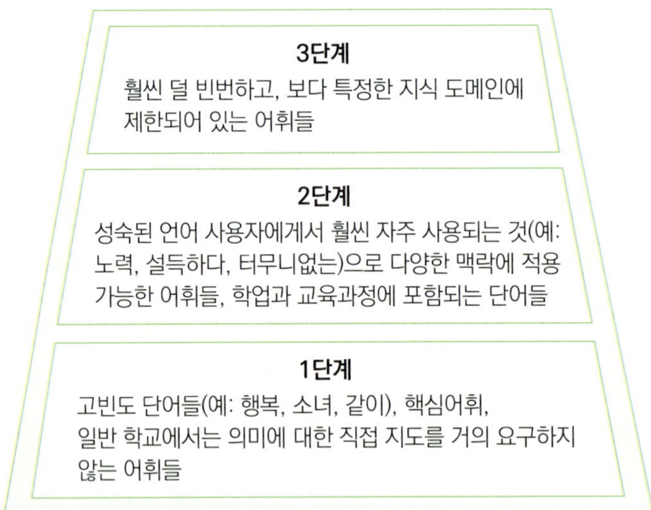


[그림 6-37] 어휘 선택에 대한 3단계 모델

어휘 학습을 위한 명시적 교수에는 학생이 이미 알고 있는 단어를 사용하여 단어의 의미를 명확히 설명하는 학생 친화적인 정의를 해 주고, 자연스러운 구어나 AAC 양식으로 그 단어를 말해 보도록 하는 것이 필요하다. 어휘 지도에서 또 다른 중요한 단계는 다양한 예시를 통해 단어의 의미를 명확히 해 주는 것이다(예: "의무라는 단어에 대해 생각해 보자. 의무는 선택하는 것이 아니다. 반드시 해야만 하는 것이다. 시험을 치는 것은 의무이다. 우리가 반드시 해야만 하는 것, 즉 의무인 것은 또 어떤 것이 있을까?"). 어휘 지도에서 그래픽 조직자를 사용하는 것도 유용한 방법이다. 또한, 어휘에 대한 의미론적 개념을 얼마나 잘 이해하고 있는지 체크하는 것도 중요하다(예: "다음 중 의무에 해당하는 것이 무엇인지 엄지손가락을 들어 보자. 수영하러 가는 것, 투표하기, 학교 가는 것"). 이를 통해 향후 지도할 어휘에 대해 판별할 수 있다.

어휘 지도는 학생들이 자신의 배경지식에 새로운 단어를 연결하고, 단어의 의미에 대해 깊이 이해하도록 하여 상호작용 활동에 참여할 수 있게 해 주어야 한다. 이를 위해 기존 지식에 새로운 단어의 통합을 촉진하고, 충분한 연습과 반복 기회를 제공하고, 전형적인 읽기, 쓰기, 듣기, 말하기 과제에서 사용하도록 지원해 주어야 한다. 그리고 새로운 단어에 대한 집중적인 연습을 위해 다양한 맥락에서 사용할 수 있도록 기회를 계획하는 것 또한 중요하다.

복합의사소통장애 학생들 중에는 표현을 자유롭게 하는 듯 보이지만 몇 개의 단어만을 지나치게 많이 사용하는 경우가 있다. 이것은 일반 학생들에게도 나타나는 것으로, 특히 글을 쓸 때 몇 개의 단어만으로 단순하게 반복적인 글을 쓰는 경향이 있을 수 있다. 따라서 어휘다양도를 높이는 지도가 필요하다. AAC 도구에 내장되어 있는 어휘가 많음에도 불구하고 이를 다양하게 활용하지 못할 수도 있다. 이러한 경우 학생이 새로운 단어들을 사용할 수 있게끔 교사가 모델을 보여 주고, 새로운 단어를 사용할 때마다 게시판에 붙여 준다거나 칭찬 배지를 붙이는 등의 전략을 사용한다.

### ② 독립적 의사소통자의 문법과 구문론 중재

AAC 사용 학생들이 구문론 습득에 어려움을 겪는 이유 중 하나가 AAC 체계가 이러한 표현을 할 수 있게 설계되어 있지 않기 때문이다. 특히, 우리말은 문법 특성상 단순히 어휘의 나열만으로는 의미 전달에 한계가 있으며, 상황에 적절한 표현과 언어의 의미관계 이해를 위해서는 조사와 어미와 같은 문법형태소 사용이 반드시 필요하다(이익섭, 2005; 정경희, 배소영, 2010)는 점에서 구문론 표현이 매우 중요하지만 아직까지 AAC 도구 개발에는 반영이 미비한 실정이다.

독립적 의사소통자 수준에 이르면 명사와 동사로 이루어진 구를 명확하게 표현하는 것뿐만 아니라 다양한 문장 형식을 사용할 수 있도록 지도해야 한다. Paul(2007)은 '주어+목적+서술어'의 비교적 단순한 문장에만 의존하던 AAC 사용자들이 체계적 교수를 통해 보다 복잡한 문장 형식의 표현이 가능함을 입증하였다.

그래픽 상징을 사용하는 AAC 체계로 형태소와 구문 습득이 어려운 것이 사실이다. 개별적인 그래픽 상징에는 그 상징을 명명하는 정보가 아닌 다른 정보들도 포함하는 경우가 많기 때문이다(Sutton et al., 2002). 예를 들어, [그림 6-38]에서와 같이 '앉다'라는 상징에는 의자 위에 앉은 사람의 모습이기 때문에 행위자와 행위의 의미가 이미 포함되어 있다. '밀다'와 '당기다'의 상징도 마찬가지이다. 이와 같이 그래픽 상징 그 자체가 문법적 범주의 경계가 모호한 특성을 갖는다.

[그림 6-38] 그래픽 상징 예시

상징 출처: 한스피크 상징(https://aacexchange.net/).

이러한 그래픽 상징의 특성을 오히려 구문론 지도에 쉽게 활용할 수도 있다. 이미 상징에 묘사된 그림을 이용하여 주어+서술어의 형태를 지도할 수 있는 것이다. 구문론 순서에 맞게 그래픽 상징을 이용하여 표현하도록 지도할 때 점차 늘어나는 형태소 표현을 첨가하기 쉽도록 하기 위해 의사소통판이나 SGD의 상징 배열판에 공간을 비워 두어 형태소를 첨가해 가는 방법이 제안되기도 한다(Sutton et al., 2002). 특히, 독립적 의사소통자에 이르면 글자 해독이 가능할 수 있으므로 의사소통의 속도를 높이면서도 문법적 규칙에 따라 표현하도록 형태소를 늘려 나가면서 지도해야 한다.

### ③ 독립적 의사소통자의 내러티브 중재

내러티브는 내용의 함축적 의미와 인과관계의 확립에 대해 이해하며, 행동을 기대하고 계획하는 능력을 발달시키고 개인과 집단 간의 관계 이해도 가능하게 한다. 이러한 능력을 가질수록 내러티브를 더 잘하게 될 것이고, 내러티브를 통해 이러한 능력이 발달하는 것이기도 하다. AAC 사용자의 경우 경험도 제한되어 있고, 의사소통 상대자와 함께 내러티브를 이야기할 기회가 제한되어 있다. 앞에서도 언급하였듯이 내러티브는 정서발달, 문해력 발달에도 매우 중요하다. 의사소통 상대자의 확대와 함께 내러티브 기회가 많아지도록 해야 독립적 의사소통자로 나아갈 수 있다. 국내에서 AAC를 사용한 내러티브 중재 연구(하다은, 한경임, 2019)가 매우 제한되어 있어 독립적 의사소통자에 대한 연구의 확대가 필요하다.

내러티브를 자극하는 활동으로는 다음과 같은 중재 활동이 가능하다(Soto, 2017). 중재 초기에는 의사소통 상대자와 함께 공동으로 내러티브를 만들어 나간다.

- 오늘 하루에 대해 말하기: 의사소통 도구의 화면에 '오늘 우리-' 상징 배치
- 자기 자신에 대해 말하기: '나에 대한 이야기' 범주를 구성하고 관련 어휘 배치
- 개인 사진에 대해 묘사하기
- 그림책 이야기에 대해 다시 말하기
- 동영상, 애니메이션, 영화 클립 등의 이야기 다시 말하기
- 글자 없는 그림책에 대해 이야기 말하기

독립적 의사소통자에게 필요한 내러티브 중재에 대해 다음과 같이 제시할 수 있다(Cannizzaro & Coelho, 2002; Davis, Shanks, & Davis, 2004; Zangari & Van Tatenhove, 2009).

- 보다 진전된 언어학적 기술을 가지고 있으면서 AAC 체계를 사용하는 모든 학생은 지식이 풍부한 중재자로부터 명시적인 내러티브 중재를 받아야 한다. 대부분의 경우 학생들은 교육과정적인 수업을 보완하는 개별화된 내러티브 중재를 필요로 할 것이다.
- 내러티브 교수는 다양한 장르를 포함하고, 내러티브에서 구조와 응집성을 모두 제시할 수 있도록 지도해야 한다.
- AAC 도구에는 내러티브와 관련된 메시지와 어휘를 포함하여 상징이 배열되어야 한다.
- 효과적인 내러티브 중재를 위해서는 상대자의 지원이 중요하다. 상대자는 개방형 질문하기, 다시 말해 주기, 격려하기와 기타 비계(scaffolding)를 세우고 점차 소거하는 방법을 사용한다.
- 자신의 AAC 도구에 어휘가 제한되어 있는 학생에게 그래픽, 스토리맵과 같은 부가적인 지원이 필요할 수도 있다.
- AAC 도구에는 내러티브 발달을 지원하는 어휘(무슨 일?, 어디, 왜, 누가, 어떻게)와 메시지가 포함되어야 한다.

#### ④ 독립적 의사소통자를 위한 대화중심 중재

독립적인 의사소통자 수준에 이르러서도 AAC 사용자는 아는 사람과 친구가 거의 없고, 상호작용 기회가 제한되어 있는 경우가 많다. 한 연구(Chung, Carter, & Sisco, 2012)에 의하면 일반학급에 재학하는 AAC를 사용하는 청소년들은 일반 학급의 교사나 보조원과 같은 성인과 주로 상호작용하고 가까운 또래와는 거의 대화를 하지 않았다. 이러한 문제를 보완하고자 Soto와

Clarke(2017)는 8~13세의 SGD를 사용하는 8명의 학생에게 대화중심 중재(conversation-based intervention)를 시도하여 보다 복잡하고 문법적으로 정확한 말을 하게 됨으로써 대화를 주도하고 상호작용을 더 잘하게 되었음을 보고하였다.

대화중심 중재란 교사가 학생 중심의 대화를 하면서 구어로 비계를 설정(예: 추가하기, 재구성하기, 명시적으로 교정해 주기)해 주는 것으로 학생의 불완전하고, 미숙하거나 문법적으로 틀린 말을 하는 것에 잇따라 바로 암시적으로나 명시적으로 교정적 피드백을 해 주는 것을 의미한다(Eisenberg, 2013, 2014). 이때 교사는 학생의 동기를 유발할 수 있는 개인적인 대화 속에서 대화의 흐름을 거의 방해하지 않으면서 학생이 말하고 싶은 특정 순간에 언어학적인 목표를 보다 핵심적으로 확실히 하기 위해 구어적인 비계를 사용한다. 이렇게 하면 학생은 목표 형식이 유의미하게 사용되는 방식을 들을 기회가 있으며, 자신의 말과 보다 복잡하고 문법적으로 정확한 말을 비교해 볼 수 있는 기회를 얻게 된다(Soto & Clarke, 2018). 학생과의 대화에서 비계 설정 모습을 다음 예시에서 볼 수 있다.

교사: 은호야, 너의 팔에 타투 스티커가 있네? 어디서 얻은 것이니?
은호: 파티.
교사: 파티에 갔니?
은호: 예.
교사: 오! 누구 파티에 간 거니?
은호: 민수.
교사: 너는 민수 생일 파티에 갔어. 민수 생일 파티 맞니?
은호: 예.
교사: 너는 파티를 위해 특별한 장소에 갔니?
은호: 집.
교사: 민수의 집에서 파티를 했니?
은호: 예.
교사: 민수의 생일파티였고, 집에서 파티 했어. 그리고 너는 그곳에서 타투 스티커를 얻었어.
은호: 예.

대화중심 중재는 단순언어 장애와 언어발달지체 학생의 언어 중재에 효과적임이 보고되었고(Camarata & Nelson, 2006; Ruston & Schwanenflugel, 2010), Soto와 Clarke(2017, 2018)는 AAC

사용 초등학생과 뇌성마비 청소년에게도 효과적이라고 보고하였다. 대화중심 중재를 적용하는 이유는 다음과 같다(Soto, 2017).

- 화제를 시작하고 유지하기 위해
- 의사소통 상대자의 관심을 유지하는 전략을 사용하기 위해
- 자신의 이야기에 대한 상대자의 영향력을 조절하는 전략을 사용하기 위해
- '다시 한번 시도'해 보는 것과 같은 조절 전략을 사용하기 위해
- 표현을 바꾸는 것에 영향을 미치는 전략을 사용하기 위해
- 다양한 상대자에게 다양한 언어표현을 사용하기 위해

대화중심 중재를 위해 활용할 수 있는 방법의 예를 제시하면 다음과 같다.

- 대화중심 책 사용하기
- 역할놀이 하기
- 과제를 완성하기 위해 교수법을 전달하기
- 대화 게임(예: 누가 누구?)하기
- 상대자 중심 질문하기
- 자기 소개하기(예: 카드 한 개, 사진 한 장, 휠체어 책상 트레이 위에 노트)

## 7 의사소통 능력 모델에 의한 보완대체의사소통 중재

의사소통 능력 모델에서 제시하는 각 능력의 영역에 따라 AAC 사용자 유형을 고려하여 중재해야 할 기술과 지식에 대해 Light와 Binger(1998), Light와 McNaughton(2014, 2015), 브릿지스쿨 자료를 참고하여 다음에 제시하였다.

### 1) 조작적 능력 중재

조작적 능력은 하이테크 도구에서 스캐닝을 이용하여 상징의 위치를 찾고 표현하거나, 인쇄기능을 활용하여 자신의 표현을 인쇄해 주는 기술만을 의미하지 않는다. 로우테크 눈응시판에서 원하는 상징의 위치를 찾는 능력, 수어나 제스처를 학습하여 일관되게 표현하는 능력도 조

작적 능력에 해당된다. 예를 들어, 상호작용 동안 자신의 AAC 도구에서 원하는 상징을 찾기 위해 화면을 검색하는 기술이나 스위치를 바르게 조작하여 스캐닝하는 기술, 스텝바이스텝과 같은 단일 메시지 녹음형 도구의 사용 기술도 포함된다. 조작적 능력만 기르기 위해 개별적인 시간을 갖고 연습하거나 훈련하는 시간을 가져야 하는 것은 아니다. AAC 체계를 적용하여 의사소통이 반복되는 과정 속에서 자연스럽게 조작적 능력을 익혀 나가도록 해야 한다.

다음에 제시하는 조작적 기술은 초보 의사소통자, 맥락의존 의사소통자, 독립적 의사소통자 모두에게 해당하는 기술이다. 이 모든 기술을 다 갖추어야 하는 것은 아니다. AAC 사용자의 신체적 특성, 현재의 의사소통 능력 상황에 따라 어떠한 기술은 갖추지 못할 수도 있다. 따라서 AAC 사용자의 개별 특성에 따라 의사소통 목적을 달성하기 위해 하나 또는 그 이상의 기술을 갖추도록 하는 데 목표를 두고 중재한다.

- 의도적이고 자발적인 움직임의 횟수 증가
- 다양한 의사소통적인 제스처와 손짓기호 사용
- 의사소통 체계의 부호로서 몸의 움직임이나 발성을 계획하고 표출하기(예: '예'를 표현하기 위한 모스 부호, 눈 깜빡이기 등)
- 원하는 것을 표현하고 의사소통 상대자를 지적하기 위해 사물, 장소, 사람이 있는 쪽으로 방향을 틀기
- 정규적인 매일의 상호작용 속에서 상대자가 인식할 수 있는 제스처를 표출하여 기능적인 의사소통(예: 요구하기, 상대자 지적하기, 차례 요구하기, 예/아니요 표시, 개념 표현)하기
- 다음과 같은 스위치 작동을 위해 자발적인 조절 능력을 지속적으로 보여 주기
  - 단일 스위치 작동하기
  - 같은 반응을 표현하기 위해 두 개 또는 그 이상의 스위치 중 한 개의 스위치를 분리하여 작동하기
  - 두 가지 다른 기능을 위해 두 개의 스위치를 작동하기(한 스위치는 스캐닝을 위해, 다른 한 스위치는 상징 선택을 위해 사용)
- 다음을 위해 스위치 작동하기
  - 장난감이나 음악 틀기, 그 외 인과관계 활동을 위해 무선 스위치 작동하기
  - 관심 끌기 위해 스위치 장난감 작동하기
  - 소그룹 활동에서 자신의 차례를 취하기 위해 단일 메시지 녹음형 AAC 도구에 연결된 스위치 작동하기
  - 연령에 적절한 간단한 대화에서 말차례를 취하기 위해 AAC 도구에 연결된 스위치 작

동하기

- 사물이나 활동을 요구하기 위해 직접 선택 기술(지적하기, 손 뻗기, 특정 위치 바라보기) 발달시키기
- 시간을 알리는 도구/응급 상황을 알리는 AAC 도구 사용하기
- 스캐닝을 사용하여 원하는 의사소통 메시지를 선택하기 위해 적절한 타이밍과 운동 조절을 입증하기
  - 상대자에 의해 정확하게 해석되는 신호를 사용한 생생한 목소리의 상대자 지원 스캐닝(시각적 지원이 있을 수도 있고 없을 수도 있음)
  - SGD나 컴퓨터에서 사용되는 자동적 스캐닝
  - SGD나 컴퓨터에서 사용되는 단계적 스캐닝
- 로우테크 의사소통책을 조작하기
  - 의사소통책 요구하기, 자신의 의사소통책 구별하기
  - 의사소통책 펴기
  - 의사소통책의 페이지 검색(상대자 지원 검색으로 목록표 사용, 페이지 넘기기)
  - 정확도와 속도를 높여 원하는 상징 지적하기
- 활동에서 요구하는 의사소통에 적절한 특정 페이지/어휘 검색하기
- 의사소통 도구의 유지와 보호를 위해 직접 또는 상대자에게 요청함으로써 SGD와 관련 액세서리들(케이스, 연결 선, 마운트, SGD 고정 나사 등)의 보호와 AAC 도구 프로그래밍, 문제 해결, 유지에 대한 독립성과 자기옹호 능력을 보여 주기
  - 도구를 켜기/끄기
  - 도구 충전하기
  - 도구 깨끗이 하기
  - 소프트웨어 업그레이드하기
  - 이동하기 위해 도구와 액세서리들 안전하게 챙기기
  - 도구를 안전하게 설치하기
  - 인터넷 연결 점검하기
- 다음과 같이 시스템 기능을 사용할 수 있음을 보여 주기
  - 도구를 켜기/끄기
  - 소리를 켜기/끄기
  - AAC 도구 화면을 깨끗이 하기
  - AAC 도구 화면의 단계를 올리기/되돌아가기

- 볼륨 높이기/줄이기

- SGD나 다른 도구에 내장되어 있는 mp3플레이어 조절하기(작동, 노래, 멈춤, 잠깐 멈춤을 찾아 사용하기)
- 대체 키보드를 활성화하여 단어와 구 예측 사용하기
- 구어 보완용 음성합성 산출 소프트웨어를 활용하기 위해 적응 키보드 사용하기
- 외부 기기 접근을 위한 툴(tool) 조작하기(환경 조절): 전화, 전등, 선풍기, mp3 플레이어, 장난감 등
- 온라인 이메일 브라우저 검색하고 조작하기
- 워드 프로세서 조작하기: 인쇄하기, 저장하기, 문서 열기/닫기
- 소셜미디어 플랫폼 선택하는 기술 숙달하기(자신과 다른 사람의 프로파일 검색하기, 내용 첨부, 내용에 대한 코멘트, 웹주소 링크 첨부하기, 링크 검색 첨부하기, 사진과 동영상 캡처하고 업로드하기)
- 사진이나 동영상 촬영을 위해 보조공학 도구 사용하기, 선택한 플랫폼에 미디어 보내기나 첨부하기
- 모바일 기기 조작하기: 문자 메시지와 그림 문자 메시지 보내고 수신하기
- 앱, 의사소통/기타 소프트웨어와 환경조절 검색하기

[그림 6-39]에 조작적 능력을 지도하는 예시로 손짓기호 사용 방법을 알려 주는 것과 스위치를 사용하여 컴퓨터를 조정하고, 아이트래커를 사용하여 SGD를 조작하도록 지도하는 모습을 제시하였다.

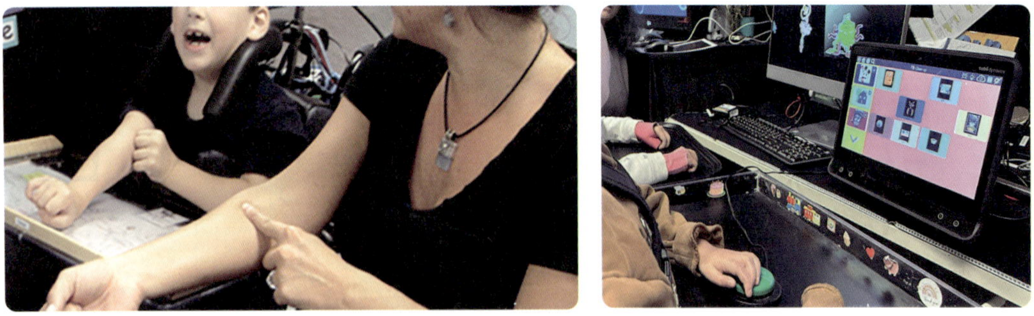

[그림 6-39] 조작적 능력 지도 예시(브릿지스쿨)

## 2) 전략적 능력 중재

전략적 능력에 대한 지도는 상호작용 과정에서 AAC 도구가 내재하고 있는 제한점이나 자신이 부딪히게 되는 장벽을 넘어서기 위한 전략을 가르치는 것이다. 이 장벽이나 제한점은 일시적일 수도 있고 장기적일 수도 있다. 예를 들어, 친숙하지 않은 사람과 상호작용 과정에서 어려움에 부딪히는 것은 일시적인 것일 수 있다. 일시적이든 장기적이든 부딪힐 수 있는 의사소통 제한점을 극복하기 위한 전략을 고민하여 의사소통 도구에 반영하고 학생이 유용하게 사용하도록 지도할 필요가 있다.

다음에 전략적 능력의 기술들을 제시하였다. 이 기술 목록은 앞서 제시하였던 조작적 능력 기술들과 마찬가지로 모든 의사소통자에게 관련되지만 모두가 반드시 갖추어야 함을 의미하지는 않는다. 학생의 개별 특성을 고려하여 중재 목표를 선택한다.

- 의사소통 상대자의 해석에 믿음이 갈 만큼 유의미하게 주의를 끄는 신호(예: 손 뻗기, 발성, 여러 가지 결합하여) 사용하기
- 의사소통 상대자의 해석에 믿음이 갈 만큼 유의미하게 수용과 거부를 표현하는 신호 사용하기
- 선호하는 사물과 활동을 향하여 몸을 돌리기, 이동하기
- 기능적인 의사소통 요구를 충족하기 위해 수정된 신호와 제스처를 사용하고, 상대자가 자신을 이해했는지 점검하기
- 의사소통 실패가 발생하면 상대자에게 명확하게 신호 보내기
- 적절할 때 자신을 소개하기
- 낯선 상대자에게 소개 전략 사용하기
- 전화할 때 특별한 소개 전략 사용하기
- 다양한 맥락, 목적, 상대자에 따라 여러 가지 적절한 의사소통 양식 사용하기
- 어휘의 제한을 보완하고, 상호작용의 주제를 유지하기 위해 기념품이나 물건의 조각 사용하기
- 실제 학습 상황이나 사회적 상황에서 메시지를 찾고 표현하기 위해 효과적인 검색과 재생 전략 사용하기
- 버티고 있기보다 다른 방법(예: 의사소통 시도에 상대자가 적절하게 반응하지 않으면 메시지를 명확하게 하려고 메시지를 반복하는 것)을 사용하여 의사소통 좌절을 복구하기
- 주제가 바뀌는 것에 대해 적절하게 신호 보내기

- 대화를 적절하게 유지하고, 조절하거나 코멘트하기 위해 짧고, 빠르고, 여러 가지 기능을 갖는 메시지(예: TDsnap 앱의 QuickFires 메시지)를 사용하여 비의무적 말차례 주고받기
- 의사소통 툴/액세서리, 개인적인 물건, 학교 지원을 얻기 위해 상대자에게 다음과 같은 방법으로 지시하기
  - 상대자가 항목을 배치하도록 안내하고 지적하기 위해 눈/손 사용하기
  - 휠체어나 책상의 트레이에 배치된 상징 사용하기
  - SGD에 미리 프로그램된 메시지 사용하기
- AAC 체계/툴을 설치하도록 상대자에게 지시하기(트레이 요구하기, 자세 조정 요구하기 등)
- 의사소통 실패에 대한 신호를 보내기 위해 적절한 메시지/전략을 선택하기
  - 메시지 전부 또는 일부를 반복하기
  - 메시지를 재구성하기
  - 다른 표현 양식을 선택하기
  - 철자 쓰기로 말하는 것을 보완하기
  - 의도했던 메시지를 확장하기
  - 상대자의 의사소통 행동을 지시하기
- 복구하려는 시도를 너무 많이 하여 처음 의도했던 메시지를 잃게 되었을 때 적절하게 '다시 시작하기' 전략을 사용하기
- 명료도를 높이기 위해 메시지를 작은 단위로 나누기
- 하이테크 또는 로우테크 AAC 체계에 새로운 어휘를 첨가하도록 지원 요청하기
- 현재 가지고 있는 도구에 없는 새로운 단어나 개념을 표현하기 위해 기존의 어휘를 사용하기
- AAC 도구 안에 선택된 위치에 빠뜨린 개념을 첨가하도록 상대자를 유도하기
- 원하는 메시지 쪽으로 상대자를 유도하기 위해 도구 내에 활용 가능한 단어/메시지와 함께 '-처럼 들리는' 또는 '-와 같은'을 나타내는 상징을 결합하여 표현하고, 선택된 위치에 현재 어휘에 대한 항목을 첨가하도록 상대자를 유도하기
- 하이테크와 로우테크 AAC 도구에서 적절한 속도 증진 전략(예: 전보문식 메시지, 축약어, 단어 예측, 상대자 예측 등) 사용하기
- 학습이나 사회적 루틴에서 상대자에게 명확히 해 주거나 반복해 줄 것을 요청하기
- 메시지 함께 구성하기(어휘나 시간 제약을 뛰어넘기 위해 상대자에게 '추측해 보기'를 사용하기)
- 적절한 때에 필요한 시간에 앞서 메시지를 준비하기, 나중에 사용할 메시지를 구성하고 저장해 두기

- 정기적으로 소셜미디어를 통해 사회적 관계망 늘려 나가기

[그림 6-40]에 전략적 능력으로서 대화를 적절하게 유지, 조절하거나 비의무적 말차례 주고받기에 사용하기 좋은 TDsnap 앱의 QuickFires 화면 예를 제시하였다.

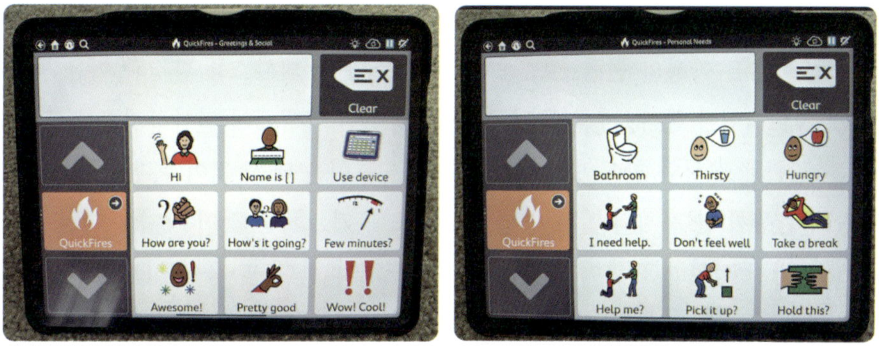


[그림 6-40] TDSnap QuickFires 화면 예시

[그림 6-41]에 브릿지스쿨에서 사용하는 전략적 능력 지도의 예를 제시하였다. 첫 번째 사례는 학생 자신의 입장에서 보이는 알파벳 글자는 검은색으로, 상대자의 입장에서 보이는 글자는 흰색으로 색깔을 달리하여 글자판을 구성함으로써 의사소통 상호작용이 원활하게 이루어지도록 하는 것이다. 두 번째 사례는 학생의 휠체어 트레이 위에 붙여 놓은 작은 의사소통판으로 자신이 필요한 의사소통 도구를 상대자에게 직접 요구하기 위한 것이다. 예를 들어, 의사소통판으로 자신의 의도 전달에 실패했을 때 스텝바이스텝을 요구하면 촉진자가 필요한 표현을 녹음해서 준다.

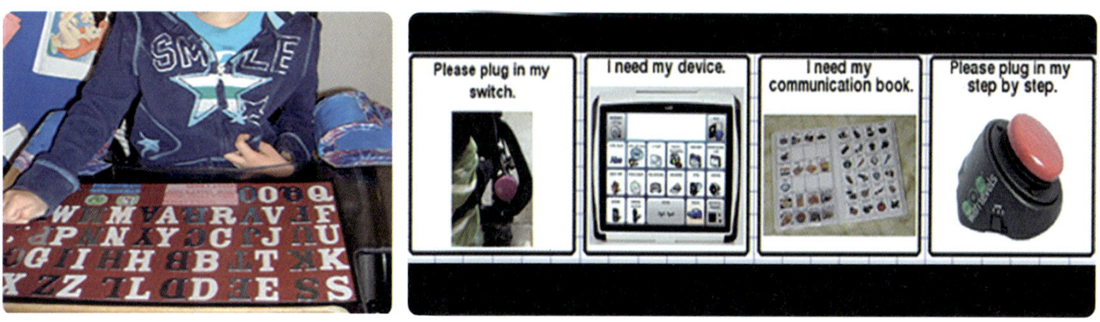


[그림 6-41] 전략적 능력 지도 예시(브릿지스쿨)

### 3) 사회적 능력 중재

사회적 능력은 대면 상황만이 아닌 다양한 상호작용 맥락 속에서 친구 사귀기, 긍정적인 자아 이미지 표현하기, 다른 사람들 속에서 관계 이끌어 나가기 등의 기술을 의미한다. 여기에는 대화에서 말차례 주고받기, 대화 주제 유지하기, 다양한 의사소통 기능 표현하기, 친구 사귀기와 같은 대인관계 기술, 긍정적인 자기 이미지 표현하기와 같은 대화 기술이 포함된다.

사회적 능력 기술은 학생의 연령, 성별, 개인적인 스타일, 의사소통 환경과 이유 등을 고려하여 적절하게 지도되어야 한다. 예를 들어, 10대의 청소년 학생에게 인사하기를 지도할 때 친구와 인사하는 표현과 교사나 할아버지에게 인사하는 표현은 다를 것이다. 따라서 교사는 복합의사소통장애 학생이 한 가지의 인사 방법만 익히도록 가르치는 것이 아니라 다양한 상호작용 맥락에서 요구되는 적절한 표현이 가능하도록 지도해야 한다. 다음에 사회적 능력의 예시를 제시하였다. 이 능력들 역시 모든 의사소통자에게 필요하지만 모든 것을 갖추어야 하는 것을 의미하지는 않는다. AAC 사용 의사소통자의 특성을 고려하여 목표 설정에 활용할 수 있다.

- 눈 맞춤, 사회적 응시 패턴(상대 쪽으로 눈동자를 돌리거나 상대의 얼굴을 두리번거리며 보거나), 신체적으로 가까이 가기 등을 사용하여 또래를 포함한 의사소통 상대자에 대해 언급하기
- 친숙한 의사소통 상대자를 향해 사회적 의도를 가진 행동(예: 관심 끌기, 도움 구하기, 애정 구하기, 상호작용 요구하기) 보이기
- 상대자에게 가까이 가기, 앞에서 멈추기, 상대자 바라보기, SGD(또는 SGD가 없으면 발성으로)에서 적절한 인사 메시지 선택하기 등으로 상대자의 관심 얻기
- 또래 의사소통자에게 사회적 관심과 흥미가 있음을 표현하기 위해 자연스러운 행동이나 제스처 사용하기
- 믿을 만한 반응 방식(예: 바라보기, 터치하기, SGD나 말로 단어 말하기)을 사용하여 원하는 것을 의사소통하는 것으로 또래들과 간단한 게임에 참여하기
- 만남이나 작별 인사하기(예: 몸짓 제스처, SGD에 미리 저장된 메시지)
- 상호작용에 적극적으로 참여하기
- 사회적 상호작용, 사회적 게임, 노래 부르기 등을 하는 동안 차례 주고받기를 보이기
  - 몸짓이나 움직임, 제스처 사용하기
  - 간단한 음성녹음형 SGD 사용하기
  - 복잡한 음성합성형 SGD 사용하기
- 우정을 쌓는 기술 보이기

- 또래에게 요청하여 가상놀이에 참여하기
- 친구가 다치거나 힘들어할 때 도와주거나, 관심을 보이거나 위로하기
- 다른 아동을 친구로 대하고 정기적으로 놀이에 참여를 요청하기
- 공동의 아이디어나 목적을 포함하는 협동 놀이에 또래들과 함께 참여하기

- 또래들과 우정을 쌓는 메시지 표현하기(예: 칭찬해 주기, 상대자 중심의 코멘트해 주기, 격려해 주기, 농담하기 등)
- 인사하기와 농담하기 메시지 표현하기
- SGD에 미리 저장된 메시지(예: 노래와 함께, 음향 효과, 연령에 적합한 언어 표현)를 사용하여 독특한 개성과 긍정적인 자기 이미지 보여 주기
- 적절하게 의무적인 대화 차례 갖기
- 다중 의사소통 양식을 사용하여 대화를 유지하기 위해 유관 반응 표현하기
- SGD에 미리 저장된 메시지를 사용하여 대화를 시작하고 끝내기
- 적절한 상대자 중심 질문하기
- 적절한 예의바른 사회적 표현 형식 사용하기
- 자신이 원하는 것, 협상, 자기 옹호, 문제 해결을 제안하는 것을 표현하는 도구로 언어를 사용하여 적절하게 주장하기
- 자신이 선택한 화제를 소개하기
- 대화 중간에 적절하게 끼어들기
- 또래와 성인들과의 사회적 맥락에서 다양한 형태의 화제를 소개하고 그러한 화제에 반응하기
  - 다른 사람중심의 화제(지난 주말에 무엇을 했어요?)
  - 개방형 질문(어떠한 것을 하고 싶어?)
  - 미래와 연관된 화제(이번 주말에 무엇을 할 것인가요?)
  - 판타지와 연관된 화제(네가 어른이 되면 무슨 일 하고 싶어?)
- 충분한 정보와 적절한 길이를 가진 메시지를 모아 일관되게 대화를 유지하기
- 충분한 범위의 의사소통 기능을 갖고 의사소통하기
- 코멘트하기, 설명하기, 동의하지 않기
- 정보 교환하기
- 예측하기
- 정보, 사물, 행동 요구하기
- 계획하기
- 과거 경험에 대해 이야기하기

- 이유를 말하고 설명하기
- 상상하기

사회적 능력은 일반 학생들과의 활동, 지역사회 활동에서 AAC를 사용하면서 확대될 수 있다. [그림 6-42]에서 왼쪽 사진은 브릿지스쿨에 재학하는 복합의사소통장애 학생이 일반 학교 학생들과의 통합교육 프로그램에 참여하여 또래들과 함께 활동하며 사회적 능력을 기르는 모습이다. 같은 그룹에 속한 일반 학생 또래가 크롬북으로 작업하면서 질문하고, AAC 사용 학생이 자신의 하이테크 AAC 도구로 답변하며 상호작용하고 있다. 오른쪽 사진은 과학관으로 현장학습을 갔을 때 카페테리아에서 음식을 주문하고 기다리는 활동에서 AAC를 사용하도록 지도하고 있는 모습이다.

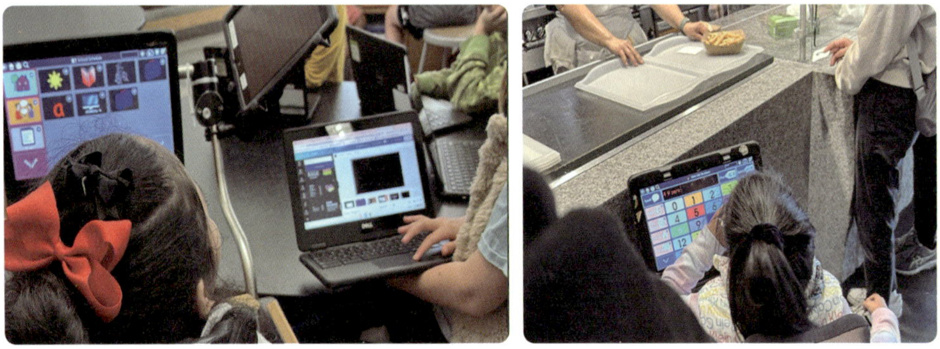

[그림 6-42] 사회적 능력 지도 예시(브릿지스쿨)

## 4) 언어적 능력 중재

언어적 능력은 개인이 가족과 지역사회에서 자신의 언어로 판단하고 말하는 기술이며, 알고 있는 지식을 의미한다. 언어적 능력은 말로 표현하는 것과 글로 쓰는 언어 모두를 의미한다. AAC 사용자는 다양한 AAC 체계의 언어적 코드와 표현 전략들을 이해하고 사용할 수 있어야 할 뿐만 아니라 교육과정의 내용과 관련된 특정 언어학적 정보도 배워야 한다.

다음에 AAC 사용자가 갖추어야 할 언어적 능력에 대해 제시하였다. 이 역시 모든 의사소통자가 철저하게 갖추어야 하는 것을 의미하지 않으며 각 의사소통자의 특성을 고려하여 중재 목표로 설정할 수 있다.

- 친숙한 루틴과 학습 상황 내에서 사용하는 어휘 이해하기

- 상징에 대해 이해하기(예: 실제 사물, 실사 사진, 그림 상징, 추상 상징 또는 아이콘, 글자로 쓰인 단어 등)
- 표상 전략들을 사용하여 개념 표현하기
- 보다 복잡한 메시지를 표현하기 위해 유의미하게 AAC 상징을 결합하기
- 주로 사용하는 언어와 제2외국어 사이에 코드 변환하기
- 보다 복잡하게 언어 사용을 늘리면서 관심 있는 주제와 관련된 한 낱말 단어뿐만 아니라 구나 간단한 문장을 이용해 메시지를 만들어 자신을 표현하기
- 자신의 연령에 적합한 질문을 하기 위해 생활연령을 고려한 언어표현을 배우고 사용하기
- 친숙한 매일의 루틴 속에서 개념 지식을 확대하기
- 친숙하고 동기가 유발되는 학교 루틴에 참여하는 동안 성인의 관심을 얻기 위해 관습적인 제스처, 사물 사용하기(주기, 보여 주기, 지적하기)
- 학습적인 주제와 활동 속에서 개념을 표현하기 위해 언어를 이해하고 사용하기
- 대화를 적절하게 유지하고, 조절하거나 코멘트하기 위해 짧고, 빠르고, 여러 가지 기능을 갖는 메시지(예: TDsnap 앱의 QuickFires 메시지)를 사용하여 비의무적 말차례 주고받기
- 문장을 말하기 위해 적절한 단어 순서 사용하기
- 연령과 학년에 적합한 개념적 지식을 확대하고, 실제 학업과 사회적 상황에서 메시지를 찾고 재생하기
- 학습 지도와 사회적 일과 동안 적극적인 참여를 유지하기 위해 독립적으로 SGD를 사용하여 언급하기, 질문하기, 아이디어에 기여하기
- 현재 도구에 가지고 있는 어휘를 사용하여 도구에 배열되어 있지 않은 새로운 단어나 개념을 묘사하기
- 이메일과 문자 메시지에서 관습적으로 사용하는 축약형, 첫 글자 단어, 이모티콘 사용하기
- 단어 예측이 있거나 없거나 연령 수준에 적합한 독립적인 철자 쓰기 기술 보이기
- 공식적인 상황과 비공식적인 상황에서 말할 때 적절한 코드 변환 기술을 사용하기
- 내러티브(사실적 이야기와 소설)를 쓰거나 다시 말할 때 이야기 구조의 복잡성을 증가시키기
- 다음을 포함하여 자기 옹호 어휘를 독립적으로 적절하게 사용하기: 일상생활 기술에 필요할 때 다른 사람에게 도움을 얻기 위한 메시지, 의사소통 실패를 복구하기 위한 메시지, 여가활동에 접근하기 위한 옹호를 요청하는 메시지
- AAC 체계를 사용하여 '문해력'적인 언어로 길이와 복잡성이 증가한 메시지 표현하기

AAC 사용자가 언어적 능력을 갖추도록 지도하는 과정에서 발생할 수 있는 오류를 다음과 같이 생각해 볼 수 있다.

- 이중언어 문화에 속한 학생에게 가정에서 사용하는 모국어는 무시하고 주요 언어만 사용하도록 AAC 체계의 언어를 구성하는 것
- 구 중심의 메시지(phrase-based message)로 얻을 수 있는 명확성과 효율성, 속도를 무시하고 핵심어휘와 부수어휘 단어만 강조하는 것
- 학생의 시각적, 인지적 및 언어적 기술과 의사소통 체계에서 사용하는 상징체계가 서로 맞지 않는 경우
- 수용언어발달을 무시하는 것

이중언어가 의사소통장애 아동의 언어학습능력에 혼동을 주거나 부담을 크게 준다는 것을 입증하는 연구는 거의 없다. 이는 이중언어가 언어 습득에 문제가 되지 않는다는 것이다(Soto & Yu, 2014). 자폐 아동의 이중언어 사용 부모 면담 연구(Yu, 2013)에 의하면 자녀와 영어로만 말하려고 해 왔던 많은 부모가 결국은 이중언어나 또는 주 언어인 모국어를 말하는 쪽으로 되돌아왔다. 영어 사용만 선호했던 부모들은 그 언어 하나만으로는 적절하게 자녀와 의사소통할 수 없었다는 것을 보고하였다.

AAC 사용자의 외국어 학습 역시 모국어 사용을 못하게 해서 얻어지는 것이 아니라 모국어와 문화의 견고한 기반 위에 이루어질 수 있다(Thordardottir, 2010). 이러한 경향성에 따라 미국에서는 AAC 체계에 구성하는 언어도 영어만이 아니라 사용자의 모국어 버전을 함께 사용하도록 구성하고 지도하는 것을 볼 수 있다.

[그림 6-43]에 Tobiidynavox의 TDSnap 제품에서 제공하는 영어 버전과 스페인어 버전의 화면을 제시하였다. 또한, 브릿지스쿨과 T.A.C.L.E. 프로그램 특수학급에서 사용하는 초보 의사소통자의 언어적 특성에 맞게 그림과 사진을 이용한 의사소통판, 맥락의존 의사소통자가 수업 시간에 자신의 가족, 이야기의 캐릭터에 대해 표현할 수 있도록 구성한 SGD의 화면을 제시하였다.

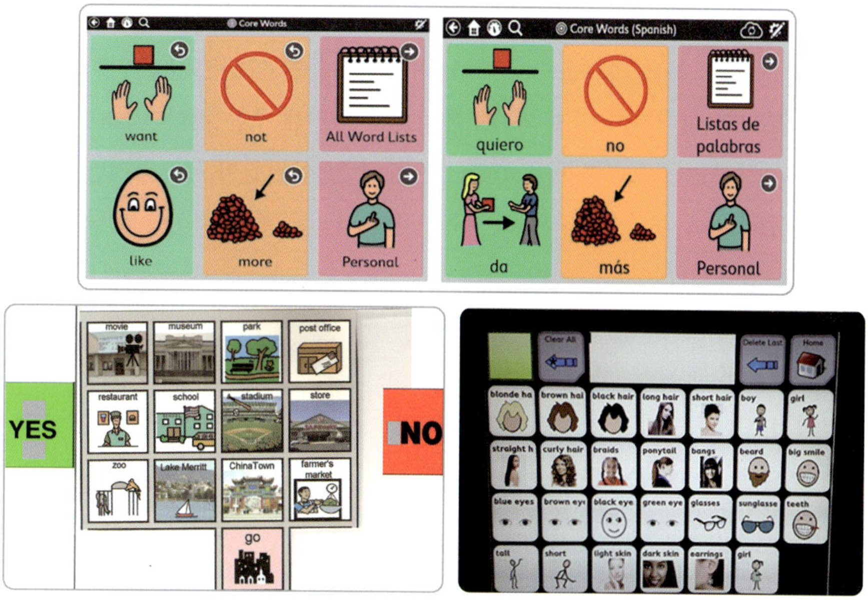


[그림 6-43] 언어적 능력 지도를 위한 AAC 도구 화면의 예시

## 8 보완대체의사소통 사용자 유형에 따른 촉진자의 역할

AAC 중재에서 촉진자(facilitator)라는 용어가 종종 사용된다. 촉진자는 AAC 사용자가 의사소통할 수 있도록 격려하고 도움을 주는 부모나 교사 또는 AAC 체계에 대해 지식을 갖고 있는 전문가 등이 될 수 있다. Dowden과 Blackstone(1999), Soto(2011, 2017)를 참고하여 AAC 사용자 각 유형에 따라 촉진자가 어떤 역할을 해야 할지 다음과 같이 제시하였다.

### 1) 보완대체의사소통 사용자 유형에 따른 촉진자의 역할

#### (1) 초보 의사소통자에 대한 촉진자의 역할

초보 의사소통자는 숙련된 촉진자로부터 최대한 지원을 받을 필요가 있다. 촉진자는 상호작용을 촉진하고, 초보 의사소통자의 특이한 행동을 이해하고 해석할 수 있어야 한다. 그리고 상호작용 동안 초보 의사소통자뿐만 아니라 의사소통 상대자 또한 지원해야 한다. 촉진자는 초보 의사소통자가 보다 관습적인 표현 양식을 사용할 수 있도록 촉진해야 하며, 초보 의사소통자가 의도를 표현할 수 있도록 지원하기 위해 제스처, 수어, 그래픽 상징, 글자, 말 또는 신체적 촉구 등을 이용할 필요가 있다. AAC 체계 사용 기법 자체가 의사소통을 의미하는 것은 아니다. 문제는 메시지이다.

촉진자는 모든 의사소통 상대자를 지원해야 하지만 그들의 역할은 상호작용 그 자체가 아니라 초보 의사소통자와 상대자가 직접 의사소통하도록 지원해 주는 것이다. 초보 의사소통자가 친숙하지 않은 사람과는 상호작용하지 못하는 경향이 있어 지원이 필요하지만 친숙한 사람과의 상호작용에서도 초보 의사소통자와 의사소통 상대자 모두를 위해서는 상당한 지원이 필요하다.

#### (2) 맥락의존 의사소통자에 대한 촉진자의 역할

맥락의존 의사소통자는 관습적인 언어학적 양식과 비언어학적 양식을 동시에 사용한다. 촉진자의 주요 역할은 맥락의존 의사소통자가 필요로 하는 어휘를 제공하고, 의사소통 상대자가 메시지를 이해하지 못할 때 그 메시지를 해석해 주거나 그대로 전달해 주는 것이다. 예를 들어, 맥락의존 의사소통자가 상대자 지원 스캐닝이나 눈응시 체계, 글자판을 사용한다면 의사소통 상대자가 그러한 기법들을 이해하고 메시지가 어떻게 만들어지는 것인지 알도록 할 필요가 있는 것이다. 촉진자는 또한 맥락의존 의사소통자의 의사소통 도구의 배터리를 충분히 충전하고, 새로운 어휘를 프로그램하며 의사소통을 위해 휠체어나 책상 등에 장착하는 것도 책임 의식을 갖고 수행해야 한다.

이상적으로는 맥락의존 의사소통자가 도움을 요청할 때까지는 기다리고, 의사소통 실패가 발생했을 때 맥락의존 의사소통자가 사용하는 기법에 대해 상대자가 이해할 수 있도록 재교육할 필요가 있다. 맥락의존 의사소통자가 친숙하지 않은 상대자와 상호작용할 때는 촉진자가 항상 필요하다. 이때 촉진자는 메시지 해석자나 전달자 역할을 하게 된다.

#### (3) 독립적 의사소통자에 대한 촉진자의 역할

독립적 의사소통자는 촉진자를 아주 드문 경우에만 필요로 한다. 왜냐하면 독립적 의사소통자는 문해력을 갖추고 있고, 다른 사람이 이해하기 쉽게 AAC 기법을 사용하여 의사를 전달할 수 있기 때문이다. 따라서 이 경우 촉진자의 역할은 AAC 도구를 설치해 주고 도구가 잘 작동하도록 도와주기만 하면 된다. 그러나 SGD의 소리가 불명확하거나 말을 불명확하게 하는 경우 독립적 의사소통자가 표현한 의사를 대신 전달해 주는 역할을 해야 할 때도 있다.

### 2) 의사소통 능력 모델을 적용한 촉진자의 역할

AAC 사용자의 의사소통 능력을 길러 주기 위한 교사나 부모, 임상가와 같은 의사소통 촉진자의 역할(Soto, 2011)을 〈표 6-14〉에 제시하였다.

〈표 6-14〉 AAC 사용자의 의사소통 능력을 높이기 위한 촉진자의 역할

| 언어적 능력 | 전략적 능력 | 사회적 능력 | 조작적 능력 |
|---|---|---|---|
| • 자연스러운 환경에서 AAC 사용자가 연습할 기회 보장하기 | • AAC 사용자의 상호작용 시도를 강화하기 | • AAC 사용자의 눈높이에 앉아 눈 맞춤을 확립하기 | • AAC 도구의 조작에 능숙해지기 |
| • 실제 상호작용에서 AAC 사용에 대한 모델(보완적인 의사소통 입력) 제공하기 | • 촉진자와 AAC 사용자가 같은 내용에 대해 대화하고 있음을 확실히 하기 | • AAC 사용자를 격려하고 반응 기다리기 | • AAC 사용자가 사용하는 모든 의사소통 양식에 익숙해지기 |
| • 일상의 자연스러운 장면에서 구어와 AAC에 대해 이해하고 사용하도록 지원하기 | • 혼돈을 피하기 위해 AAC 사용자가 말한 것을 다시 말해 주기 | • 기다리기, 열까지 세기, AAC 사용자가 대화나 화제를 시작할 시간을 주기 | • AAC 사용자가 사용하는 상징을 기록하기 |
| • AAC 사용자에게 간단한 메시지 전달하기: 예/아니요 질문, 선택 옵션 | • AAC 사용자의 메시지를 확인하기만 하는 것이 아니라 정교하게 말해 주기 | • 침묵의 순간 배려하고 기다리기 | • AAC 사용자가 사용하는 상징을 다시 사용하는 모습 보여 주기 |
| • AAC 사용자에게 복잡한 메시지 전달하기: 개방형 질문 | • 촉진자가 "무슨 말인지 모르겠어."라고 말할 타이밍 판별하기 | • 필요할 때만 촉구 사용하기 | • 필요할 때마다 어휘를 업데이트하기 |
| • 끊임없이 너무 많이 말하지 말기 | • 제스처나 그림 그리기, 단어 쓰기와 같은 시각적 단서 제공하기 | • 형식이 아닌 메시지의 내용에 반응하기 | |

## 요약

AAC 체계는 의사소통만이 아니라 언어발달을 위해 사용될 수 있도록 중재가 이루어져야 한다. AAC 사용자의 유형은 초보 의사소통자, 맥락의존 의사소통자, 독립적 의사소통자로 분류된다. AAC 중재 모델은 최소위험가설, 삼각초점 중재 모델, 의사소통 능력 모델, 역동적 AAC 목표 설정 모델, 참여-개념 발달-지원적 상대자 모델을 적용할 수 있다.

삼각초점 중재 모델에 의하면 의사소통은 학습자, 상대자, 환경 맥락이 서로 상호작용하며 영향을 미치는 것이므로 이 세 가지 면에서 모두 중재가 이루어져야 한다. 참여-개념 발달-지원적 상대자 모델에서 참여를 위한 AAC 중재 목표는 신호 형성, 의도성 확립, 의사소통 기능 증진에 둔다. 개념 발달 중재를 위해서는 적절한 어휘 선택과 환경 구성, 가상놀이와 스크립트를 활용한다. 지원적 상대자 중재는 물리적 접근성 높이기, 눈 맞춤 확립하기, 반응할 시간 위해 기다리기, 현재의 의사소통 수단을 수용하고 반응해 주기, 비상징적 의사소통의 가치 인정하기, 메시지 확인하고 AAC 도구 사용 모델링하기 등에 중점을 둔다.

초보 의사소통자의 중재 목적은 공동관심 형성, 상호작용적 말차례 주고받기, 의도적 의사소통 기능 지원, 어휘 및 의미 확대, 언어구조 확립, 발생적 문해력과 음운인식 증진에 둔다. 맥락의존 의사소통자의 중재는 의사소통 기능의 확대, 의미론과 구문론 및 내러티브를 포함한 언어능력과 관습적 문해력 확대에 중점을 둔다. 독립적 의사소통자의 중재는 모든 것에 독립적으로 접근할 수 있는 AAC 체계를 갖도록 하고, 관습적 문해력을 강조하고 의사소통의 효율성을 증가시키는 데 중점을 둔다. 독립적 의사소통자의 중재 방법은 어휘 확대를 위한 명시적 교수, 문법과 구문론적 능력 확대를 위한 대화중심 중재 및 내러티브 중재의 확장이 필요하며, 보다 진전된 문해력 중재가 필요하다.

의사소통 능력 모델에 따라 초보 의사소통자, 맥락의존 의사소통자, 독립적 의사소통자 모두 조작적 능력, 사회적 능력, 전략적 능력, 언어적 능력을 향상시키기 위한 중재가 필요하며, 각 의사소통 능력을 높이기 위한 촉진자의 역할도 중요하다.

제 7 장

# 보완대체의사소통 중재 전략

1. 보완대체의사소통 중재의 기본적인 관점 | 2. 언어발달 모델을 적용한 보완대체의사소통 중재 |
3. 보완대체의사소통 사용자와의 상호작용 전략 | 4. 보완대체의사소통을 활용한 어휘와 구문 중재 |
5. 장애 유형에 따른 보완대체의사소통 중재 전략 | 6. 체계적 교수 | 7. 직접교수 | 8. 명시적 교수 |
9. 강화된 환경교수 | 10. 시각적 사고 전략과 화제생성 체계 |
11. 의사소통 능력 모델에 따른 보완대체의사소통 중재 전략 |
12. 기능적 의사소통 훈련을 적용한 보완대체의사소통 중재 |

**개요**

이 장에서는 보완대체의사소통 중재를 위한 기본적인 관점과 언어발달 모델을 적용한 보완대체의사소통 중재 및 의사소통과 언어능력, 구문능력 증진을 위해 사용되는 다양한 보완대체의사소통 중재 전략에 대해 알아볼 것이다.

# 1 보완대체의사소통 중재의 기본적인 관점

## 1) 보완대체의사소통 중재를 위한 최선의 실제

AAC 체계를 평생 사용하고 살았던 Williams(2000)는 다음과 같이 의사소통의 중요성을 말한 바 있다.

> "침묵은 금이 아니다. 우리는 모두 서로 의사소통하며 관계 맺기를 요구한다. — 일방통행적인 소통이 아니라 가능한 여러 가지 형태로. 의사소통은 인간의 기본적인 욕구이며, 기본적인 인간의 권리이다. 이것을 넘어 의사소통은 인간이 가진 기본적인 힘이다."

Williams의 말에서도 알 수 있듯이 말을 하는 것이 인간의 기본 권리이고 힘인 것처럼 AAC 체계의 사용을 통한 의사소통 역시 AAC 사용자에게는 인간으로서의 기본 욕구이자 권리이다. 이는 말을 하는 것이 우리의 삶 그 자체이듯, AAC를 사용하여 말하는 것 역시 삶 그 자체로서 인정되고 매일의 일상생활 속에서 말이 필요한 순간 즉각적으로 AAC 체계가 사용될 수 있어야 한다는 것이다. 따라서 AAC 중재는 일대일 치료실에서 고립되어 치료의 관점에서 이루어지는 것이 아니라 일상의 삶 속에서 AAC 사용자의 기능적이고 실질적인 삶의 결과에 초점을 두고 이루어져야 한다. 우리는 AAC 중재를 위한 최선의 실제로서 다음과 같은 관점을 가져야 한다(Binger & Kent-Walsh, 2010).

① AAC 중재는 생활연령에 적합해야 한다. 만약, 지적장애가 있으면서 제한된 문해력 기술을 가진 나이가 많은 학생을 중재해야 한다면 아동용 책이나 교구를 사용해서는 안 된다. 대신에 그 학생의 관심사인 주제와 관련된 잡지 등을 이용하여 그래픽적인 요소를 보완

하는 방식으로 연령에 적합한 자료를 활용한다.

② 가능한 많은 중재가 학교나 지역사회 생활 속 개인의 자연스러운 상황에서 이루어져야 한다. 만약 이러한 자연스러운 상황이 여의치 않다면 역할놀이를 많이 이용한다. 역할놀이를 통해 새로운 기술을 익히면 이것을 실제 상황에서 일반화하도록 중재하는 것이다. 예를 들어, 자폐성장애 청소년이 교사와 역할놀이를 통해 SGD로 자신을 소개하는 전략(예: "안녕하세요? 저는 이 도구로 말을 해요. 만약 제 말을 이해하지 못하면 나에게 다시 반복해 달라고 해 주세요.")을 배운 후 실제 상황에서 이 전략을 사용하도록 하는 것이다.

③ 의사소통은 삽입교수를 통해 지도되어야 한다. 앞서 예를 든 자폐성장애 청소년이 처음 가 본 음식점에서 자신을 소개하는 전략을 사용했을 때 점원이 그 내용을 무시하고 무엇을 주문할지 함께 온 다른 친구에게 물을 수도 있다. 이런 때에 음식 범주에서 음식을 주문할 수 있도록 의사소통 도구의 화면을 찾도록 하거나, 음식 상징들을 보여 주며 어떤 것을 주문할지 가르칠 수 있다. 실제 생활 속에서 의사소통하면서 기술을 익히도록 하는 것이다.

④ AAC를 이용한 의사소통 중재에서 놓치지 말아야 할 중요한 것 중 하나가 의사소통 상대자에 대한 중재이다. 많은 연구에서 AAC 사용자와 의사소통할 때 상대자가 주로 '예/아니요' 질문으로 상호작용을 주도하고, 말차례 주고받기 기회를 더 많이 가지며, AAC 사용자의 의사소통 시도를 자주 방해하는 것(Kent-Walsh & McNaughton, 2005)으로 보고되었다. AAC 사용자에 대한 직접 중재 없이 가족이나 교사, 또래에게 AAC 도구 사용 모델링과 의사소통 기회를 제공하도록 알려 주는 것만으로도 AAC 사용자의 의사소통을 늘릴 수 있다.

⑤ AAC 서비스는 팀 협력이 필요하다. SGD 사용을 위해 휠체어에 마운트를 설치해야 하거나, 자세 조정이 필요할 수 있으며, 스위치 이용이 가능한 소근육의 움직임을 체크해야 할 수도 있다. 어떠한 의사소통 도구가 사용자에게 가장 적합한지 결정하고 SGD의 구입에 대해 여러 절차를 거쳐야 할 수도 있다. 이를 위해 보조공학사, 물리치료사, 작업치료사, 언어재활사, 통합학급 교사, 부모와의 협력이 필요하다.

⑥ AAC 서비스는 통합적 접근이 필요하다. 이것은 학교에서는 학교 환경과 학생의 교육과정 속에 AAC 중재가 통합되어 있어야 하고, 학교 이외 다른 상황에서는 학생의 기능적인 일상생활 활동 속에 AAC 중재가 통합되어 있어야 함을 의미한다. 즉, 학교에서만이 아니라 집에서도, 병원에서도, 쇼핑할 때도, 여가를 위해 볼링을 치러 갈 때도, 종교 활동을 위해 교회에 갈 때도 AAC 사용자가 가는 곳 어디에서든 AAC 체계를 사용할 수 있도록 되어야 한다는 것이다.

## 2) 복합의사소통장애 학생에 대한 보완대체의사소통 중재의 효과

전형적인 발달을 보이는 대부분의 아동은 별다른 노력 없이도 말하는 것과 언어를 급속도로 발달시키는 것 같아 보인다. 태어나서는 말을 이해하지도 말하지도 못하던 아이들이 4~5세가 되면 수천 개의 단어를 습득하고, 다른 사람과의 상호작용에 적극적으로 참여하며, 자신의 생각을 복잡한 문장으로 표현하는 것을 배우고, 문해력에 필요한 음소인식과 소리-글자 대응 기술도 발달한다. 복합의사소통장애 학생들도 AAC 중재를 통해 이러한 기술들을 충분히 발달시킬 수 있다. 선행연구들을 통해 밝혀진 AAC 중재의 효과를 보면 복합의사소통장애 학생들을 위한 중재의 중점에 대해 생각해 볼 수 있다. 발달영역에서 AAC 중재를 통해 얻을 수 있는 효과(Drager et al., 2010)를 〈표 7-1〉에 제시하였다.

〈표 7-1〉 발달영역에서 AAC 중재의 효과

| 발달영역 | AAC 중재의 효과 |
|---|---|
| 기능적인 의사소통 기술 | • 기능적인 의사소통의 증진<br>- 요구와 바람의 표현, 사회적 친밀감의 발달, 정보 교환, 사회적 예의에 대한 충분한 기대<br>• 발달장애 아동의 요구와 바람 표현에 대한 긍정적인 효과(예: 요구하기, 거부하기, 선택하기)<br>• 사회적으로 친밀한 상호작용과 정보 교환의 증진(예: 놀이 활동, 사회적 루틴) |
| 행동 변화 | • 기능적 의사소통 훈련(Functional Communication Training)으로 도전행동의 감소가 입증됨<br>• 시각 일정표와 AAC의 사용은 매일의 일정과 루틴에 대한 이해와 예측과 관련된 도전행동의 감소에 효과적임 |
| 표현언어 기술 | • 다음 언어 영역에서 긍정적인 효과를 보임<br>- 화용론적 언어(말차례 주고받기, 의사소통의 사회적 사용)<br>- 의미론적 언어(어휘 습득, 단어와 문장의 의미)<br>- 구문론적 언어/형태소(문장 구성을 위한 단어의 순서와 결합, 메시지의 길이와 복잡성의 증가, 복수형과 시제와 같은 단어 형식의 구성)<br>• AAC를 이용한 모델링은 여러 가지 상징을 조합한 메시지 산출에 긍정적인 효과를 보임 |
| 수용언어 기술 | • AAC를 통해 보완하여 말을 해 주면 아동의 구어 언어에 대한 이해를 증진시키고 의사소통을 개선해 줌<br>• AAC를 통해 보완하여 말을 해 주는 것은 모든 복합의사소통장애 아동에게 효과적임<br>• AAC를 통해 보완하여 말을 해 주는 것에는 다음이 포함됨<br>- AAC가 어떻게 의사소통을 위해 사용되는지 모델을 제공함<br>- 구어 언어의 이해를 촉진하기 위해 시각적 언어 지원을 제공함 |
| 구어 산출 | • AAC 중재가 복합의사소통장애 학생의 구어 산출을 방해한다는 증거는 전혀 없음<br>• 대부분의 연구에서 AAC 중재 후 구어 산출이 증가하였음을 입증함 |

〈표 7-1〉에서는 기능적인 의사소통 기술, 행동변화, 표현언어와 수용언어 기술 그리고 구어 산출에 대해서만 AAC 중재 효과를 제시하고 있다. 그러나 언어 사용을 통해 문해력이 발달하는 것(Hetzroni, 2004)이므로 AAC 중재를 통한 표현언어와 수용언어 기술의 발달로 복합의사소통장애 학생의 문해력도 발달하게 된다.

## 3) 성공적인 보완대체의사소통 중재

AAC 중재의 성공적인 성과는 적절한 AAC 양식, 선택 기법, 전략과 공학 기술을 사용하여 얼마나 상호작용에 참여할 수 있는지, 학업적 성공을 이루어 내는지, 우정을 확립하고, 자아 존중감을 높여 나가는지, 고용이 되거나, 선호하는 사회적 역할을 취하게 되는지와 같은 결과로 결정된다(Blackstone & Wilkins, 2009). 또한, 앞서도 언급하였듯이 AAC 중재는 학교의 수업 상황 속에서 지속적으로 지도되어야 하고, 가정과 지역사회의 일상생활 속에서도 지속적으로 적용되어야 한다. 특히, 학교의 수업 상황에서는 핵심적인 학업 내용을 배우면서 하루 내내 다양한 AAC 양식과 전략들을 사용하여 학습할 수 있도록 교육과정 활동 내에 스며들게 해야 한다.

브릿지스쿨에서는 성공적인 AAC 중재를 위해 모든 중재의 실천과 과정에 증거 기반의 상호작용 전략을 사용하고 있다. 교육 팀의 모든 구성원이 학생들의 의사소통 능력 기술의 발달을 위해 이 상호작용 전략들을 사용한다. 교육팀의 모든 구성원에는 교사나 언어재활사, 보조공학사뿐만 아니라 보조 교사들(instructional assistants)도 포함되며, 부모도 포함되어야 한다. 학생의 하루 일과 중에 만나는 모든 의사소통 상대자, 특히 학생과 일대일 상호작용에 대부분의 시간을 보내는 보조교사에 대한 포괄적인 상대자 훈련이 최적의 성과를 이끌어 낸다는 연구가 많다(Binger, Kent-Walsh, & Ewing, 2010; Kent-Walsh & McNaughton, 2005). 따라서 AAC 중재에는 AAC 사용자만이 아니라 의사소통 상대자에 대한 중재가 함께 이루어져야 한다.

## 2 언어발달 모델을 적용한 보완대체의사소통 중재

### 1) 언어발달 모델

제1장에서 전형적으로 발달하는 아동의 의사소통 발달과 언어발달에 대해 진술하였으며, 제5장에서도 AAC 중재에서 언어 중재의 중요성에 대해 언급하였다. 이 장에서 세부적인 중재 전략들을 알아보기 전에 우선 언어발달에 대한 전체적인 조망 아래 교사가 지도할 학생이 어떠한 언어발달 단계에 있는지 파악하는 것은 그 단계에서 발달시켜야 할 과업들을 중심으로 중재 계획을 세울 수 있다는 점에서 매우 유용하다. 이러한 언어발달의 전체적인 조망 아래 중재 계획을 세울 수 있도록 Binger(2022)는 [그림 7-1]과 같이 언어발달 모델을 제시하였다.

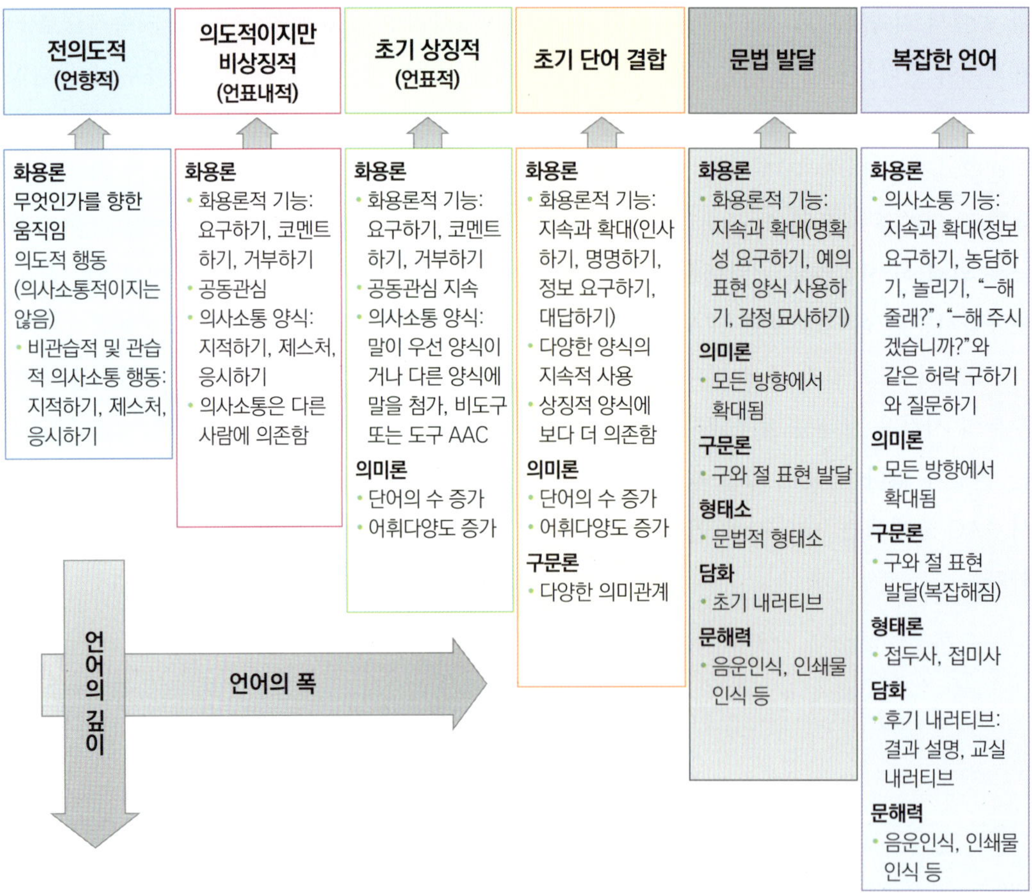


[그림 7-1] 언어발달 모델

출처: Binger (2022).

Binger(2022)의 언어발달 모델은 AAC 중재가 의사소통에만 중점을 두어서는 아동 발달을 이끄는 데 매우 제한적일 수 있음을 보여 준다. 우리나라의 특수교육 현장은 너무나 다양한 수준의 학생들이 공존하는 교실에서 교사 혼자 학생의 개별적인 특성을 고려하여 중재 계획을 세워야 하는 어려운 환경이기 때문에 이러한 전체적인 조망은 교사의 중재 계획에 매우 유용할 것이다.

[그림 7-1]은 전형적으로 발달하는 아동의 언어발달을 기반으로 한 것이다. 이 모델에서 알 수 있는 바와 같이 화용론은 태어나는 순간의 전의도적 단계에서부터 복잡한 언어를 사용하는 시기까지 지속적으로 발달하면서 확대되어 가는 것이며, 의미론은 초기 상징적 단계에서부터 시작되어 어휘의 개수와 다양도 면에서 확대되어 가는 것을 볼 수 있다. 의미론 발달이 시작되면서 초기 단어가 결합되는 시점에 이르면 구문론이 발달하기 시작하고, 문법이 발달하는 시기에 구와 절의 표현과 문법형태소 발달이 나타난다. 이 시점에 담화 능력이 발달하고 문해력 발달도 본격적으로 시작되는 것을 볼 수 있다. 복잡한 언어를 사용하는 시기에 이르면 언어의 전반적인 측면과 문해력 발달이 전체적으로 이루어지는 것이다.

이를 볼 때 알 수 있는 것은 화용론, 의미론, 구문론, 담화능력, 형태론, 문해력이 모두 서로에게 영향을 미치면서 발달한다는 것이다. 따라서 문법적 형태소가 제한되어 있거나 의미론적 능력이 제한되어 있으면 풍부하고 복잡한 구문능력도 발달시킬 수가 없다. 이것은 말로 하는 언어발달에만 적용되는 것이 아니며 AAC를 사용하는 복합의사소통장애를 가진 사람에게도 적용된다.

## 2) 언어발달 모델에 따른 중재 계획

[그림 7-1]의 언어발달 모델에 따라 AAC 사용 학생이 언향적, 언표내적 단계에 있다면 제5장에서 제시하였던 초보 의사소통자를 위한 다양한 중재 방법을 통해 의사소통에 대한 의도를 인식하게 하면서 화용론적 기능을 발달시키는 데 중점을 둘 수 있다. AAC 중재를 통해 상징에 대한 인식이 가능하게 되면 단어의 수와 어휘다양도를 증가시키면서 의미론적 측면에서의 중재를 동시에 시작한다. 이러한 방식으로 언어발달 모델을 기반으로 한 AAC 중재 목적을 설정하기 위해 Binger(2022)는 장기 목적과 단기 목표 설정을 위한 중재 프레임워크를 [그림 7-2]와 같이 제시하였다. 이 프레임워크는 AAC 중재 대상에게만이 아니라 모든 언어 중재에 적용된다.

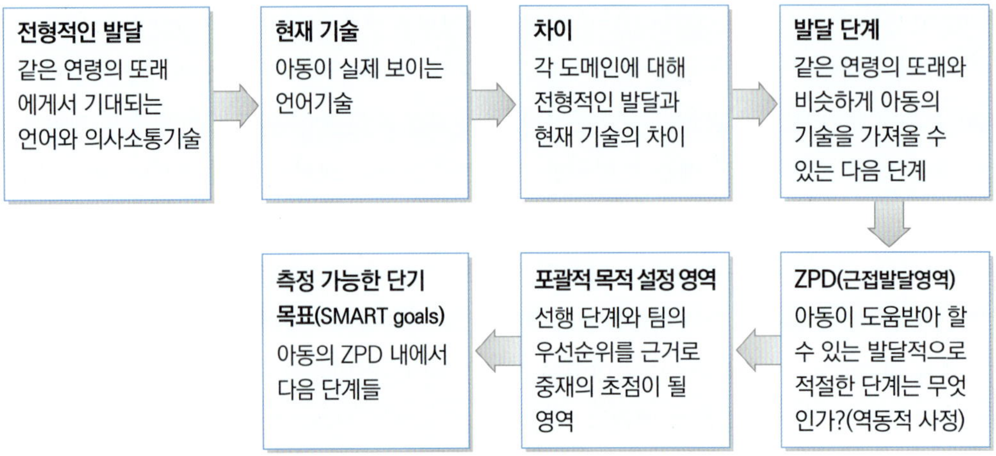


[그림 7-2] AAC 중재 목표 설정을 위한 프레임워크

출처: Binger (2022).

[그림 7-2]에서와 같이 언어발달 모델을 기반으로 복합의사소통장애 학생의 AAC 중재 목표를 설정하기 위해서는 먼저 전형적인 발달을 보이는 아동의 언어발달에 대한 조망을 갖고 AAC 체계를 필요로 하는 학생의 현재 언어 기술이 어느 단계에 속하는지 파악하고 그 차이점을 분석한다. 예를 들어, 현재 11세이지만 초기 상징적 단계에서 요구하기와 거부하기, 공동관심을 보이며 어휘를 점차 익히고 있는 중이라면 같은 연령의 또래와는 많은 차이가 난다. 이 단계를 바탕으로 도움을 주면 도약할 수 있고 또래와 조금이라도 어울릴 기회를 가질 수 있게끔 의사소통 기능을 높일 수 있는 단계로 초기 단어 결합 단계를 선택한다. 다음으로 중재의 초점이 될 영역으로 화용론에서는 인사하기 기능 표현과 의미론 영역의 어휘 수 증가를 선정한다.

이러한 선정 영역을 바탕으로 특정적인(Specific), 측정 가능하고(Measurable), 성취 가능하며(Achievable), 연관성이 높고(Relevant), 시간으로 정해진(Time-bound) 단기 목표(SMART goals)를 설정한다.

### 3) 언어발달 모델의 간과에 따른 결과

Binger(2022)는 언어발달 모델을 간과하는 두 가지 예시에 대해 제시하였다. 한 가지는 즉각적인 바람과 요구만을 충족시키는 데 AAC 중재의 초점을 두는 경우이고, 다른 하나는 핵심어휘에만 초점을 두고 중재하는 경우이다.

### (1) 즉각적인 바람과 요구 표현에만 중점을 두는 경우

AAC 중재에서 즉각적인 바람과 요구 표현에만 중점을 두게 되면 명사 어휘만을 지나치게 강조하게 되고, 언어의 전체적인 영역에 대해 간과하게 된다. 예를 들어, 명사만을 사용하게 되면 '양말', '신발'이라고 명사만 말해도 요구하기 기능이 성립되기 때문에 문장을 만드는 데는 거의 관심을 두지 않게 된다. 그리고 전체적인 언어 영역에서만이 아니라 한 영역 내에서도 발달이 제한되는 문제가 생길 수 있다. 예를 들어, 화용론 영역 내에서도 요구하기 기능은 표현하지만 코멘트하기 표현은 제한되고 이후에는 인사하기, 정보 요구하기, 묘사하기, 예의를 갖춘 표현 등의 발달이 제한될 수 있다. 뿐만 아니라 명사 어휘 수는 많아질 수 있지만 다른 어휘 수는 여전히 많지 않기 때문에 의미관계 발달에는 제한을 받을 수 있다. 이후의 문법 발달이나 구문론 발달, 문해력 발달을 이끌기도 어려워진다. 이와 같이 즉각적인 요구와 바람에만 중점을 두는 것은 AAC 사용 학생의 전체적인 언어발달과 문해력 발달을 저해할 수 있음(Binger, 2002)에 대해 [그림 7-3]에 제시하였다. [그림 7-3]에서 붉은색 표시 부분이 PECS에서와 같이 중재의 중점을 바람과 요구에만 두는 경우 발달되는 영역을 의미한다.

AAC 중재가 즉각적인 요구와 바람에 중점을 둘 때의 제한점에 대해서는 현재 국내에서 이루어지는 AAC 중재의 현황을 볼 때 시사하는 바가 크다. 그동안 국내에서 이루어진 많은 AAC 중재 연구는 대부분 의사소통 변화에 목적을 두고 이루어진 경우가 많았다. 국내에서 2008년부터 2018년까지 수행된 AAC 중재 관련 단일대상 연구 24편을 메타 분석한 결과(이예다나, 2019), 12개의 연구에서 의사소통 기능 중재를 적용하였고, 이 중 7편은 주로 요구하기와 바람을 표현하는 것에 중재 목적을 두고 있다. 이 연구에서 분석한 24편의 연구들 중 20편의 연구가 모두 의사소통 상호작용, 의사소통 행동, 의사소통 양상, 화용론의 변화에 중점을 두고 있는 것으로 나타났다.

2005년부터 2017년까지 12년간 국내에서 수행된 중도중복장애 학생을 대상으로 한 AAC 중재 연구 9편에 대한 메타 분석(배병덕, 박은영, 2018)에서도 1편을 제외한 8편이 모두 요구하기, 의사소통 기능, 의사소통 행동, 의사소통 기술에 중점을 두고 중재한 것으로 분석되었다. 이는 국내의 AAC 중재 연구가 여전히 의사소통에만 중점을 두고 있음을 알 수 있다.

이러한 국내의 AAC 중재 경향은 [그림 7-3]에서 보는 바와 같이 결국 복합의사소통장애 학생의 전체적인 언어발달을 도모하지 못한다는 점에서 AAC 중재 방향의 변화에 대한 인식 제고가 필요하다.

| 전의도적 (언향적) | 의도적이지만 비상징적 (언표내적) | 초기 상징적 (언표적) | 초기 단어 결합 | 문법 발달 | 복잡한 언어 |
|---|---|---|---|---|---|
| **화용론**<br>무엇인가를 향한 움직임<br>의도적 행동 (의사소통적이지는 않음)<br>• 비관습적 및 관습적 의사소통 행동: 지적하기, 제스처, 응시하기 | **화용론**<br>• **화용론적 기능**: **요구하기**, 코멘트하기, 거부하기<br>• **공동관심**<br>• 의사소통 양식: 지적하기, 제스처, 응시하기<br>• **의사소통은 다른 사람에 의존함** | **화용론**<br>• **화용론적 기능**: **요구하기**, 코멘트하기, 거부하기<br>• **공동관심**<br>• 의사소통 양식: 말이 우선 양식이거나 다른 양식에 말을 첨가, 비도구 또는 **도구 AAC**<br>**의미론**<br>• **단어의 수 증가 (대부분 명사)**<br>• 어휘다양도 증가 | **화용론**<br>• 화용론적 기능: 지속과 확대(인사하기, 명명하기, 정보 요구하기, 대답하기)<br>• 다양한 양식의 지속적 사용<br>• 상징적 양식에 보다 더 의존함<br>**의미론**<br>• 단어의 수 증가<br>• 어휘다양도 증가<br>**구문론**<br>• 다양한 의미관계<br>• **매우 제한된 단어 결합** | **화용론**<br>• 화용론적 기능: 지속과 확대(명확성 요구하기, 예의 표현 양식 사용하기, 감정 묘사하기)<br>**의미론**<br>• 모든 방향에서 확대됨<br>**구문론**<br>• 구와 절 표현 발달<br>**형태소**<br>• 문법적 형태소<br>**담화**<br>• 초기 내러티브<br>**문해력**<br>• 음운인식, 인쇄물 인식 등 | **화용론**<br>• 의사소통 기능: 지속과 확대(정보 요구하기, 농담하기, 놀리기, "-해 줄래?", "-해 주시겠습니까?"와 같은 허락 구하기와 질문하기<br>**의미론**<br>• 모든 방향에서 확대됨<br>**구문론**<br>• 구와 절 표현 발달(복잡해짐)<br>**형태론**<br>• 접두사, 접미사<br>**담화**<br>• 후기 내러티브: 결과 설명, 교실 내러티브<br>**문해력**<br>• 음운인식, 인쇄물 인식 등 |

[그림 7-3] 바람과 요구에만 중점을 두는 경우 언어발달

출처: Binger (2022).

### (2) 핵심어휘에만 중점을 두는 경우

제5장에서도 언급하였듯이 AAC 중재는 모든 어휘를 AAC 도구에 제시하거나 저장하기 어려운 문제와 어떠한 어휘부터 AAC 사용 학생에게 지도할지에 대한 어려움 등으로 핵심어휘가 강조된다. 그러나 핵심어휘에만 중점을 두고 중재할 경우 [그림 7-4]와 같이 어휘다양도에 문제가 생기고, 미숙한 언어 형식 등 다른 언어 영역의 발달에도 영향을 미치게 된다(Binger, 2022).

[그림 7-4]에서 파란색으로 표시된 부분과 같이 핵심어휘 중재에만 중점을 두고, 핵심어휘 표현만 잘하면 AAC 중재는 끝이라 생각하는 경우 의사소통의 화용론적 기능은 어느 정도 표현이 가능하지만 의미론적인 측면에서 어휘다양도나 어휘 수 제한으로 모든 측면에서 제한된 결과를 가져올 수 있다. 이는 이후에 구와 절 표현의 발달과 문법형태소 발달뿐만 아니라 내러티브와 문해력 발달에도 제한을 가져오게 된다.

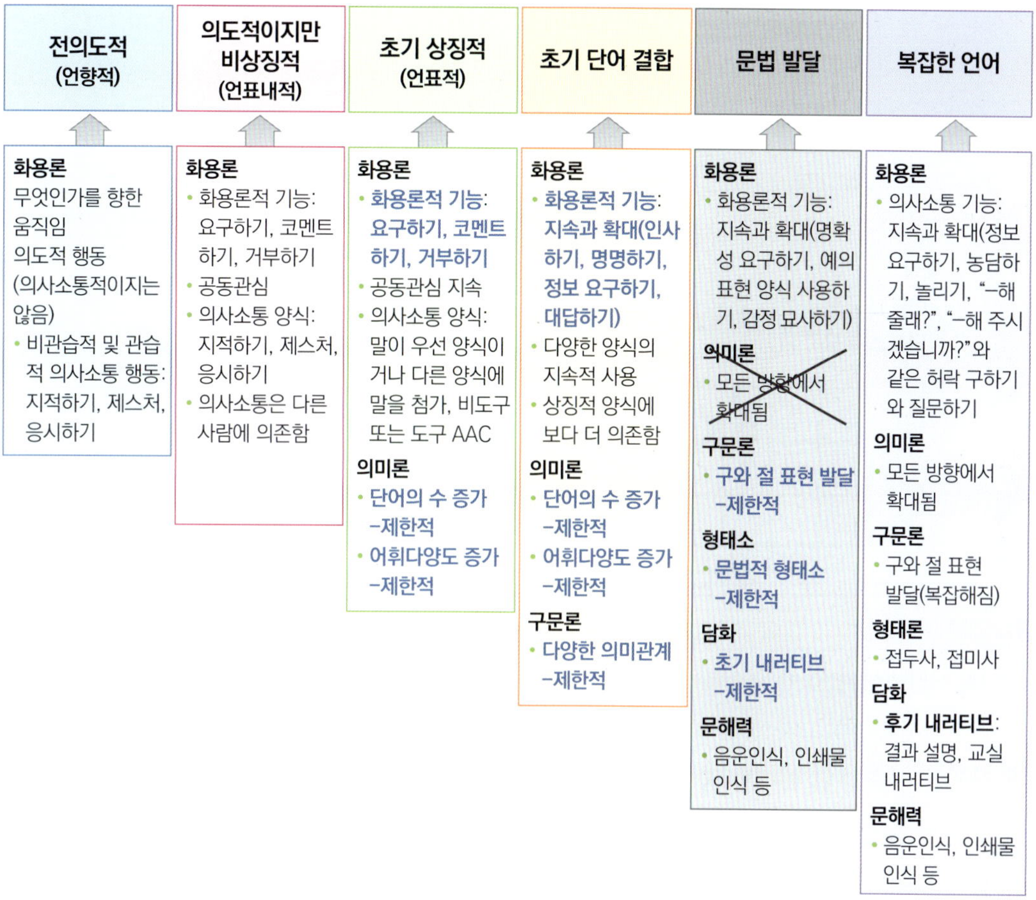


[그림 7-4] 핵심어휘 중재에만 중점을 두는 경우 언어발달

출처: Binger (2022).

## 4) 보완대체의사소통 생성 언어 중재

AAC 생성 언어 중재(AAC Generative Language Intervention)는 맥락적 요소, 공학적 요소, 교수 기법적 요소의 세 가지 구성 요소에 의해 장·단기적 관점에서 AAC 중재가 이루어져야 하며(Binger, 2022), 자세한 내용은 [그림 7-5]와 같다.

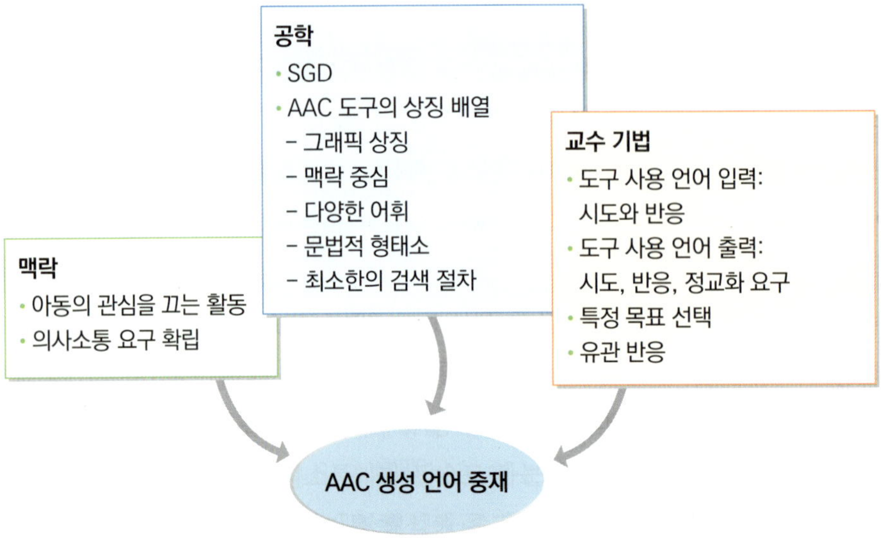


[그림 7-5] AAC를 이용한 생성 언어 중재

[그림 7-5]에서와 같이 언어발달을 위한 AAC 중재를 위해서는 먼저 아동의 관심을 끄는 맥락 속에서 의사소통하고자 하는 필요성을 느끼도록 해 주어야 한다. AAC 도구의 화면에는 그래픽 상징을 사용하면서 맥락 중심으로 다양한 어휘들과 함께, 특히 문법형태소가 배열되어 있어야 한다. 그리고 어휘나 문법형태소를 찾아 표현하는 데 너무 많은 검색 절차를 거치지 않도록 하는 것이 좋다. 이러한 맥락과 도구를 갖추고 도구를 사용한 언어 입력과 언어 산출 전략을 사용하고, 특정 목표를 선택하여 유관반응을 통해 중재한다.

AAC 생성 언어 중재에서는 단기적으로는 의사소통 동기를 갖고 가능한 빠르게 성공적인 의사소통을 경험하도록 하는 데 중점을 둔다. 이를 위해서 관련 어휘에 쉽게 접근할 수 있도록 AAC 도구에 활동중심 어휘 배열을 하고 특정 맥락 속에서 특정 목표를 성취하는 데 중점을 둔다. 장기적으로는 언어발달의 모든 측면, 즉 화용론, 의미론, 구문론 측면에서 전체적인 발달을 이룰 수 있도록 하는 데 중점을 둔다.

AAC 생성 언어 중재에서 효과적인 것으로 입증된 교수 기법으로서 다음과 같은 전략들이 제안된다(Binger, 2022).

- 도구를 사용한 모델링
- 개방형 질문
- 시간 지연
- 두 가지 중 선택하기

- 딴전 피우기
- 모든 시도에 대해 유관 반응 보이기
- 확장하기와 확대하기
- 말을 교정해 주기

# 3 보완대체의사소통 사용자와의 상호작용 전략

상호작용이란 의사소통 상대자 서로 간에 경험하는 것이며 양측 모두 서로에게 영향을 미친다(Siegel & Cress, 2002)는 점에서 AAC 사용자의 의사소통 문제는 개인의 문제가 아니라 의사소통 상대자와 함께 발생하는 문제이다. 따라서 AAC 사용자 당사자뿐만 아니라 교사, 부모, 학급 또래 등 상대자에게 AAC 사용자와 상호작용할 때 사용할 수 있는 전략을 교육해야 한다. 많은 연구(Kent-Walsh, Binger, & Hasham, 2010; Warren, Yoder, & Leew, 2002; Yoder & Warren, 2001)에서 상대자 훈련 전략들이 학교 이외에서도 긍정적인 효과가 있음을 보여 주었다.

상호작용 전략에는 의사소통 기회 만들기, 조율하기(pacing), 동등성 유지하기, 모델링, 언어 입력이 있다.

## 1) 의사소통 기회 만들기

AAC 사용자들이 의사소통 능력 기술을 확립하려면 다양한 상대자와 자연스러운 맥락에서 반복 연습이 요구된다. 교사들은 동기가 유발되는 의사소통 기회를 자주 만들어 내기 위해 다양한 실제를 계획할 수 있다.

### (1) 학생이 이끄는 대로 따라가기

학생이 이끄는 대로 따라가는 것은 의사소통 상대자(촉진자)가 학생을 관찰하여, 학생이 무엇에 주의를 기울이고 있는지, 무엇에 관심이 있는지를 파악하고 난 뒤 학생의 관심사에 따라 학생과 함께 참여하는 것이다. 이 전략의 중점은 교사(부모)가 사물이나 사건, 학생의 관심을 끄는 것에 대해 공동관심을 갖고 이야기를 나누는 것으로 학생이 상호작용을 주도하도록 하는 것이다. 다음 사례는 초보 의사소통자인 아동과 인형 놀이를 하며 아동의 의도를 파악하려고 노력하고, 아동이 이끄는 대로 상호작용을 끌어가는 교사의 모습을 보여 준다.

아동이 새 인형을 갖게 되어 인형으로 놀이 하는 상황. 장난감 침대, 장난감 우유, 이불 등 소꿉 놀이 세트를 사용하여 상호작용하는 장면

교사: (이불을 보여 주며) 침대에 자러 갈까?

아동: 아……. 아……. (소리를 내더니 울 것 같은 표정을 지음)

교사: 자는 것이 아니라고? 아기가 일어나는 것이니?

아동: 아아아……. (소리 내고 아니라는 표정을 짓고 온몸을 신전하여 거부하는 몸짓 보임)

교사: 아니라고? 그럼 다른 곳으로 데리고 갈까?

아동: (출입문 방향을 쳐다봄)

교사: 바깥으로 데리고 갈까? 밖을 보는 것 보니 아기와 산책 가고 싶은 거니?

아동: 으으응. (소리 내며 미소 지음)

교사: (아기 인형을 아동의 무릎 위에 놓고 잡도록 하고 휠체어를 밀어 교실 밖으로 나감)

### (2) 학습 환경 구성

학습 환경 구성에는 교구 및 자료의 선택과 사용, 물리적 공간의 레이아웃, 활동과 활동에 대한 일정 순서의 구조화 모두가 포함된다. 사회적, 상호작용적 놀이와 협력을 고무하는 흥미로운 자료를 제공하는 것은 의사소통 기회를 자연스럽게 만들어 낸다. 선호하는 자료와 활동을 파악하고, 그것들을 학생에게 제공함으로써 일련의 목적(예: 선호하는 장난감 요구하기)을 위해 의사소통할 이유를 만들어 내고, 참여 수준을 증가시킬 수 있다. 소그룹으로 놀이와 학습영역을 제공하면 학생들 간에 사회적 상호작용을 고무하는 환경을 만들 수 있다. 일관된 장소에서 반복되는 활동에 대해 일정한 순서를 확립하게 되면 교실에서 이루어지는 다음 활동을 예측하고 기대하는 것을 배울 수 있다.

예를 들어, 교실에서 읽기 영역, 과학 영역 등의 영역을 구분하고 시간에 맞추어 이동하면 그 영역에서 어떤 활동을 하게 될지 예측 가능하며 활동에 참여하기가 용이해진다. 또한, CVI를 가지고 있는 학생의 경우 시야의 범위에 또래나 교사가 있을 수 있도록 자리를 배치하면 친구나 교사에게 접근 가능성이 높아진다. 교실이나 정해진 영역에 들어가기 전에 단일 메시지 녹음형 SGD를 붙여 두고 사용하면 자신이 무엇을 해야 할지에 대한 방향 정위가 설정되어 학교 활동에 참여를 더 잘하게 된다.

[그림 7-6]에 교실 영역 구성과 단일 메시지 녹음형 SGD를 사용하는 모습을 제시하였다.

T.A.C.L.E. 프로그램 특수학급 읽기 영역

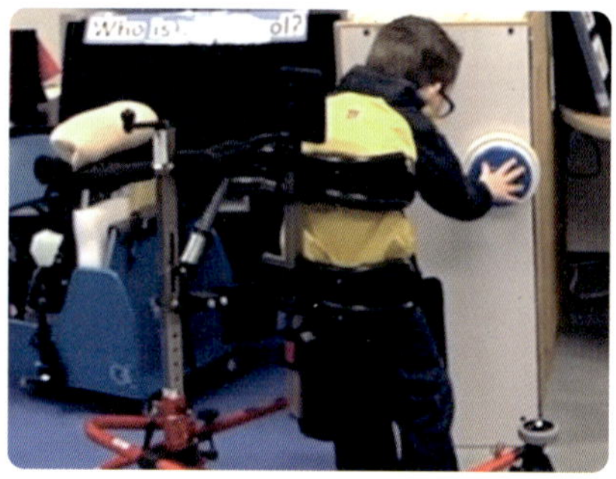

학생 자리 배치와 방향 정위

[그림 7-6] AAC 중재를 위한 학습 환경 구성의 예시

### (3) 코멘트하기와 개방형 질문하기

의사소통 상대자(촉진자)의 코멘트하기와 질문하기는 아동으로 하여금 자신의 행동에 대해 말하고, 자신의 감정과 의견을 표현하도록 독려하게 된다. 학생의 활동에 대해 코멘트해 주는 것은 학생이 현재 하고 있는 것에 상대자가 관심이 있고, 함께하고 싶다는 것을 의미하며, 학생에게도 관심이 있음을 보여 주는 것이다. 개방형 질문은 특정 답을 정해 놓지 않는 질문으로 여러 가지 답의 가능성을 열어 두는 것이다. 반면에 폐쇄형 질문이나 시험문제 내듯 하는 질문은 특정 답이나 선택 사항을 정해 두어 언어와 의사소통 발달을 지원해 주지 못한다. 의문사 질문(예: 누구? 무엇을? 어디에서? 왜?)은 특정한 질문 단어를 사용하기 때문에 질문에 맞는 답을 이끌어 낼 수 있다.

다음 사례에서는 맥락의존 의사소통자인 아동과 도서관 활동에 참여한 교사가 개방형 질문을 사용하여 아동의 반응을 이끌어 내고, 아동의 반응에 코멘트하기를 통해 또 다른 표현을 이끌어 내고 있다. 이 사례의 도서관 활동에 사용된 아동의 AAC 도구 화면의 예시를 [그림 7-7]에 제시하였다.

도서관에서 책을 빌려 함께 읽는 활동을 하려고 교사와 아동이 대화하는 장면

**교사:** 어떤 책을 읽고 싶니?

**아동:** (자신의 SGD에서 상징을 찾아 누름) 거인.

**교사:** 거인? 거인에 대한 책을 읽고 싶구나. (바로 옆의 칸을 가리키며)
여기 칸에서 찾아보자. (책을 찾을 수 없어) 책이 없는데 어떻게 하면 될까?

**아동:** (자신의 SGD 도서관 활동 화면에서 상징을 찾아 누름) 사서.

**교사:** 사서 선생님께 물어볼까? 그러면 무엇이라고 물으면 될까?

**아동:** (자신의 SGD 도서관 활동 화면에서 문장 형태로 저장된 상징 누름)
어디가 아동용 칸인가요? 책 찾는 것 도와주실래요?

**교사:** 그렇지. 그럼 사서 선생님에게 함께 가서 네가 이야기해 보기로 하자.
(아동의 휠체어를 밀어 사서에게 가서 아동을 보며) 어떻게 말하면 되지?

**아동:** (자신의 SGD에서 조금 전 표현을 찾아 누름) 사서, 책 찾는 것 도와주실래요?

**사서:** 어떤 책을 찾고 있니?

**아동:** (자신의 SGD에서 상징을 찾아) 거인.

**사서:** 거인에 대한 책을 읽고 싶구나. 여기서 검색해 보자. (컴퓨터 화면을 보여 주며 검색함)

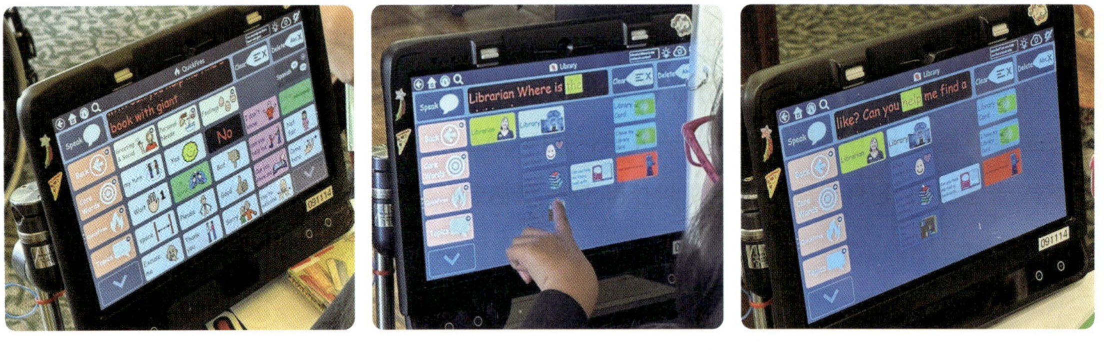


[그림 7-7] 도서관 활동에서 코멘트하기와 질문하기 전략 사용 AAC 예시(브릿지스쿨)

### (4) 행동연쇄방해 전략

학생이 지금 계속 하고 있는 활동을 방해하면 의사소통 요구의 필요성이 일어날 가능성이 있을 때 행동연쇄방해(blocked response/interrupted behavior chain) 전략을 사용한다. 행동연쇄방해는 루틴에 대한 방해를 기반으로 하는 교수 전략으로서, 예를 들어 교사가 의도적으로 루틴의 단계나 필요한 항목을 빠뜨리거나, 익숙한 루틴으로 지속하는 것을 약간 방해하는 것이다. 이것은 지금 하고 있는 활동이나 루틴을 끝내려고 하는 학생의 욕구로부터 의사소통 동기를 유발하고자 하는 것이다. 또한, 학생으로 하여금 방해받는 상황을 바꾸기 위해 요구를 하거나, 자발적으로 주장할 기회를 주기 때문에 의사소통 의도를 유발하는 좋은 방법이다. Reichle 등(2002)은 이 전략을 다음과 같이 두 가지 방법으로 분류하였다.

- 지속적으로 이루어지고 있는 활동에서 학생의 반응을 잠시 막거나 방해하는 것
- 지속적으로 이루어지고 있는 활동에서 필요한 물건이나 항목을 잠시 제거하는 것

예를 들어, 미술 시간에 핼러윈을 맞아 호박에 보라색과 주황색, 초록색으로 색칠하려고 학생이 물감을 차례대로 짜고 있는데 초록색 물감 순서에서 물감을 다른 곳으로 옮겨 놓는 것이다. 그러면 아동은 간단하게는 "주세요.", "물감 주세요.", "초록색." 등 요구하기 표현을 하게 될 것이다. 또 다른 예로, 학생이 장난감을 가지려고 손을 뻗을 때 장난감을 멀리 두어 요구하기를 표현할 필요성을 만든다. Mirenda와 Iacono(2009)는 행동연쇄방해 전략의 단계를 다음과 같이 제시하였다.

1. 학생이 즐거워하며 익숙한 활동이나 루틴을 선택한다. 이 활동을 한두 개 이상의 단계로 나눈 다음 어떤 단계를 뺐을 때 학생이 반응을 일으킬 것 같은지 판별한다. 중요한 것은 그러한 방해가 학생이 배울 수 없을 만큼 과도하게 위축되게 하는 것이어서는 안 된다.
2. 적절한 의사소통 기술을 목표로 설정한다. 종종 어떻게 표현하는지 학생이 이미 알고 있는 의사소통 기술을 선택하고 이것을 사용하도록 독려한다. 이러한 과정을 거쳐 새로운 기술을 학생에게 가르치는 것이 가능하다.
3. 이미 결정된 단계에서 활동이나 루틴에 대한 방해를 수행한다. 방해하는 방법의 예로는 필요한 물건을 제공하지 않거나(그 물건을 시야에서 없애거나 상자에 남겨 두거나 해서), 학생이 활동을 지속하는 것을 물리적으로 방해하거나 외부적으로 방해가 발생하도록 허용하는 것이다.

④ 그다음 교사(성인)는 학생이 주장하기나 요구하기를 의사소통하도록 기대를 갖고 기다린다. 만약 학생이 적절하게 반응하면 문제는 교정되고 루틴은 계속 진행될 수 있다. 만약 학생이 그렇게 하지 않으면 하나 또는 그 이상의 촉진이 사용된다. 다음과 같은 촉진을 사용할 수 있다.

- 학생에게 자연스러운 촉진
  ("무엇을 하고 싶은 거니?")
- 학생에게 요구하도록 명확하게 말해 주기
  ("손짓 신호로 말해 볼래?" 또는 "너의 도구에서 그림을 지적해 볼래?")
- 요구하기에 대한 모델링
  (교사가 학생의 AAC 도구를 사용하여 요구하는 모습 보여 주기)
- 학생이 요구하도록 신체적으로 안내하기
  (학생이 AAC 도구를 사용하여 요구하기를 표현하도록 신체적으로 도와주기)

만약 학생이 여전히 정반응을 보이지 않으면 루틴을 끝내고 새로운 활동을 시작하거나 학생이 목표 의사소통을 표현하도록 신체적으로 안내하고 루틴을 계속 이행하게 할 수 있다. 국내에서도 비구어 자폐성장애 청소년의 요리활동에서 항목 빼기, 틀린 항목 제시, 선택하기, 지연된 도움, 중단된 반응의 전략들을 사용하는 행동연쇄방해 전략을 통해 의사소통판에서 두 개 상징을 조합하여 표현하는 의사소통 수행률이 증가하였음을 보고한 연구(박은혜, 김옥경, 2003)가 있다.

### (5) 선택 기회 제공하기

최소한 두 가지 선택지 중에서 선택할 수 있는 기회를 제공하는 것은 단순히 선호하는 것을 표현할 기회뿐만 아니라 요구하기 의사소통 기능을 배울 수 있는 비교적 쉽고 효과적인 기술이다. 상호작용 동안 다양한 선택 기회를 제공받으면 활동에 대한 학생의 참여도를 확립하고 확대할 수 있으며 자기결정력(self-determination) 기술 또한 증진시킬 수 있다. 선택 기회를 제공하는 것은 두 가지 또는 그 이상의 명확한 선택지를 보여 주고 명확하게 선택 기회를 제공하면서 상대자(촉진자)가 먼저 상호작용을 시작하고(예: 무엇을 하고 싶니?, 무엇을 먹고 싶니?, 어느 책을 읽고 싶니?) 학생은 자신이 원하는 것을 지적하면서 반응하게 하는 것이다.

상징에 대한 인식이 부족한 초보 의사소통자의 경우 실제 사물을 제시할 때도 선택의 기회를 제공해야 한다. 선택 기회를 주기 위해 물건이나 사진, 상징을 제시할 때 가장 좋아하는 것과 싫어하는 것을 제시해서 좋아하는 것을 고르도록 하여 선택에 대한 개념을 알게 해야 한다는 주장(Frost & Bondy, 2002)도 있지만 오히려 처음에 두 가지 실제 사물 중 선택하도록 할 때 모두 좋아하는 것으로 제시하여 어느 것을 선택해도 자신이 원하는 것을 가질 수 있도록 해야 한다(Rowland & Schweigert, 2000)고 하며, Beukelman과 Mirenda(2005)도 이를 지지하였다.

브릿지스쿨에서는 모든 활동에서 학생들의 선택권을 매우 중요시한다(한경임, 2014). 미술 시간에 칠하고 싶은 물감을 선택하게 하고, 꾸미기 자료로 스티커를 붙일지 반짝이 재료를 뿌릴지 선택하게 한다. 책을 읽을 때도 두 가지 책을 보여 주고 선택하도록 하고, 간식을 줄 때도 음식을 그대로 주고 먹게 하는 것이 아니라 무엇을 먹고 싶은지 물어보고, AAC 도구로 선택하면 선택한 음식을 그릇에 놓아 준다. 예를 들어, 집에서 오늘의 간식으로 체리와 치즈를 준비해서 보내 주었다면 AAC 도구에서 체리와 치즈 중 선택한 것을 주는 것이다. 간식 시간 음식을 선택하는 것은 맥락의존 의사소통자에게도 적용된다. 준비해 온 간식 중에서 먹고 싶은 것을 선택하도록 기회를 주되 언어능력 향상을 고려해서 문장으로 표현하거나, 사회적 능력 향상을 고려하여 부탁하는 표현을 하며 선택하도록 한다.

수업시간 동기유발을 위한 노래를 정할 때도 교사가 임의로 노래를 틀어 주는 것이 아니라 두세 가지 선택지 중에서 선택하도록 기회를 준다. 브릿지스쿨에서는 [그림 7-8]과 같이 네 가지 노래 영상 사진을 검은색 배경판에 붙여서 학생에게 보여 주고 선택하도록 한다. 초보 의사소통자에게 동기유발을 위한 노래 선택의 기회가 주어질 때는 노래 선택지를 두 가지 또는 세 가지로 줄여서 선택하도록 한다.

두 가지 중 선택하도록 할 때 학생의 시각적 특성, 신체적 장애의 특성에 따라 선택 사항을 가로 방향으로 제시할 수도 있지만 세로 방향으로 제시하면 더 잘 선택할 수도 있으므로 학생의 개별적인 특성을 항상 고려하여야 한다. 또한, 선택 사항을 제시할 때 생활연령을 고려하는 것도 중요하다. 예를 들어, 동기유발을 위한 노래 선택에서 초등학생들에게는 동요를 선택지로 제시하지만 고등학생들에게는 자신의 연령대 학생들이 좋아하는 노래를 선택하도록 하는 것이다. [그림 7-8]은 브릿지스쿨에서 사용하는 다양한 선택 기회 제공의 예시이다. 그림에서와 같이 가장 좋아하는 것과 싫어하는 것 중에 선택하도록 하지는 않음을 알 수 있다.

이러한 선택 기회 제공은 학생의 선택 능력이 발달하면서 독립적인 요구하기 기능을 확립할 수 있다. Sigafoos와 Mirenda(2003)에 의하면 상대자에 의해 유도된 선택하기 기회는 〈표 7-2〉와 같이 점차 자기 주도적인 요구하기 기능을 표현하는 것으로 발달하게 된다. 따라서 어느 정도 요구하기 표현이 스스로 가능한 학생은 상대자의 촉구 없이 스스로 요구하도록 기다리는 것이 필요하다. 상대자가 지나치게 말로 요구하는 경향이 있을 수 있어 유의해야 한다. 맥락의존 의사소통자의 경우 언어적 표현이나 구문론적 표현을 요구하기와 함께 시도하도록 한다.

미술 시간 물감 선택하기

책 두 권 중 선택하기(가로 배열)

음식 선택하기(초보 의사소통자)

동기유발 노래 선택하기

책 두 권 중 선택하기(세로 배열)

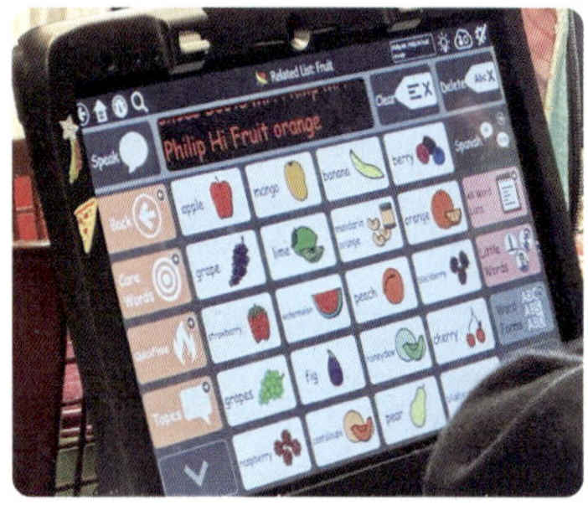


음식 선택하기(맥락의존 의사소통자)

[그림 7-8] 선택하기 기회 제공의 예시(브릿지스쿨)

〈표 7-2〉 유도된 선택하기에서 AAC 사용자 주도의 요구하기 발달 단계

| 선택/요구하기 유형 | 상대자 지원의 양 | 선택 사항 배열 |
|---|---|---|
| 유도된(제공된) 선택하기 | • 상대자가 주도하고(무엇을 하고 싶니?/무엇을 줄까?) 2개 또는 그 이상의 명확한 선택지를 제공한다. | • 2개 또는 그 이상의 명확한 선택지 배열 |
| 유도된 요구하기 | • 상대자가 주도하고(무엇을 하고 싶니?/무엇을 줄까?) AAC 사용자가 요구하기를 표현한다. | • 명확한 선택지 배열이 전혀 없음 |
| 사용자 주도 요구하기, 선택지 제공 | • AAC 사용자가 일반적인 요구하기(-하고 싶어요/주세요)로 시작하고 상대자가 2개 또는 그 이상의 명확한 선택지를 제공한다. | • 2개 또는 그 이상의 명확한 선택지 배열 |
| 사용자 주도 요구하기, 배열에서 독립적인 선택 | • 상대자 지원 없이 AAC 사용자가 선택하기를 시도한다. | • 2개 또는 그 이상의 명확한 선택지 배열 |
| 사용자 주도 요구하기 | • 상대자 지원 없이 AAC 사용자가 요구하기를 시도하고 시행한다. | • 명확한 선택지 배열이 전혀 없음 |

#### (6) 사보타주

사보타주(sabotage)는 학생이 조작하기 어려운 물건을 제공하거나, 필요한 재료의 일부분만 제공해서 필요한 항목을 요구하거나 도움을 요청할 수밖에 없는 의사소통 동기를 만들어 주는 것이다.

#### (7) 매혹적인 의사소통 상황 설정하기

매혹적인 의사소통 상황 설정이란 학생이 의사소통하고 싶은 동기가 촉발되는 상황을 만드는 것을 의미한다(Iacono, Carter, & Hook, 1998). 예를 들어, 장난감(wind-up toy)의 태엽을 감아 아동 앞에 놓아 멈출 때까지 두기, 아동에게는 아무것도 주지 않으면서 아동 앞에서 맛있는 것 먹고 기다리기, 학생이 즐거움을 표현할 때까지 친숙하거나 그렇지 않은 사회적 게임을 학생과 함께 시작한 후 게임을 멈추고 학생의 의사소통 신호를 기다리기 등이 있다.

### 2) 조율하기

조율하기(pacing)란 AAC 사용 학생들의 참여를 독려하고, 목표 기술이나 자료에의 접근을 연습하기 위해 상호작용 타이밍을 융통성 있게 변화시키는 것이다. 이것은 상호작용 동안 학생이 메시지를 구성하도록 충분한 시간을 제공하는 것과 같은 간단한 것이 될 수도 있다. AAC 도구나 기법을 사용하는 학생들은 자신의 의도를 표현하는 데 시간이 오래 걸릴 수 있다. 특히, 새로운 표현 방식을 배우고 있거나 새로운 의사소통 기능, 새로운 조작적 기술을 배우고 있는 중이라면 더욱 그렇다.

AAC 사용자와 상호작용하는 데 익숙하지 않은 사람은 자신이 언제 대화 속에 들어갈지 알기 위해 학생을 관찰하고, 자신의 대화 속도를 조절하는 방법에 대해 배울 필요가 있다(Blackstone, 2008). 상대자가 말을 한 후 최소 5초 정도는 조용히 기다리면서 학생이 반응할 기회를 주어야 한다. 적절한 속도 조절은 이제 막 자신의 행동이 다른 사람에 의해 방해받는다는 것에 대해 배우기 시작한 초보 의사소통자에게 특히 중요하다.

#### (1) 시간 지연

시간 지연(time delay)은 특정한 촉진이나 모델링을 사용한다기보다 학생이 무엇인가에 관심을 보일 때 상대자가 의도적으로 시간을 정해서 기다리는 조율 과정이다. 즉, 선호하는 항목이나 활동을 제시하고 요구하기가 발생할 때까지 접근을 지연시키는 것이다(Reichle et al., 2002). 이 경우에 학생이 의사소통하도록 하는 단서로서 자연스러운 맥락이 제공된다. 시간 지연 절차의 단계는 다음과 같다.

1. 학생이 관심 있어 하는 물건을 보여 주거나, 원하는 활동을 위해 얻을 수 있는 사진 또는 항목을 보여 주며 기대하는 얼굴 표정을 갖고 학생 바라보기
2. 학생이 의사소통을 시도하도록 특정 시간(예: 5초)을 기다리며 학생과 눈 맞춤을 확립하고 유지하기
3. 만약 학생이 정해진 시간 안에 의사소통을 시도하지 않으면 원하는 의사소통 행동에 대한 모델을 보여 주고 나서 기다리기
4. 만약 학생이 적절하게 반응하면 원하는 항목을 주면서 칭찬해 주고, 항목의 명칭을 말하고 학생의 표현을 확대해 주기
5. 만약 오반응이면 정확한 모델(예: '더'라고 말해 볼까?)을 제시하고 아동에게 항목을 주거나 활동에 접근하도록 허용하기

### (2) 기다리기

기다리기는 간단하면서도 효과적인 전략으로 대화하는 동안 학생이 표현하는 것을 상대자가 적극적으로 경청하며, 상호작용을 주도하지 않고 천천히 속도를 조절하는 것이다. 상대자는 아동이 표현하는 행동을 보기 위해 기다린 다음 반응해 준다.

기다리기는 앞에서 제시한 시간 지연과 혼동을 가져올 수도 있다. 좀 더 엄밀히 구분하자면 시간 지연은 중재를 위해 계획적으로 시간을 정하여 적용하는 것이라면 여기서 언급한 기다리기는 AAC 사용자의 말을 경청하고, 상호작용을 주도하지 않는다는 의미로 상대자의 태도와 더 관련되는 것이다.

### (3) 기대 지연

기대 지연(expectant delay)은 잠시 멈춤(pausing)이라고도 하며 상대자가 학생에게 투입하는 말의 비율을 조절하는 또 다른 기술이다. 상대자는 학생과 상호작용하는 동안 또는 언어 입력을 제공하기 전이나 중간 또는 후에 기대를 갖고 말을 잠시 멈추고 일정 시간 기다린다. 학생에게 자신의 말차례임을 알리는 미소를 지으며, 눈썹을 올리고 아동(또는 관심 있어 하는 사물)을 보면서 상대자가 말을 잠시 멈춘 후 상호작용에 적극적으로 참여하여 상호작용의 길이를 증가시킨다. 다음 사례는 기대 지연과 시간 지연을 사용한 상호작용의 조율 과정을 보여 준다.

현장학습에서 학생의 휠체어를 밀어 다른 학생들이 모여 있는 곳으로 이동해야 하는 상황

교사: (친구들이 있는 곳을 보고, 다시 학생을 바라보며 미소를 짓고 잠시 기다림)

아동: 무반응

교사: 같이(라고 말하여 단서를 주고 5초 기다림)

아동: (자신의 SGD 이용하여) 같이 가요.

교사: 같이 가요. 오! 잘 말해 주었어. 같이 가자.

## 3) 동등성 유지하기

동등성 유지(promoting parity)는 의사소통 교환에서 상대자들 간에 서로 말차례의 균형을 유지하는 것을 의미한다. 보통 AAC 사용 학생이 대화 상호작용에서 수동적 역할을 하는 경우가 많다는 것을 여러 차례에 걸쳐 언급했다.

AAC 사용 학생들의 능동적인 참여를 계속 유지하려면 상대자(교사/촉진자/보호자)는 학생을 주의 깊게 관찰하고, 상호작용의 속도를 조정할 필요가 있다. 상대자는 대화나 활동에 적극적으로 참여하면서 동시에 학생의 참여를 항상 체크해야 한다. 여기에는 "준비되었니?", "시작할까?", "어떻게 소리를 내야 하지?" 등과 같은 준비를 위한 간단한 말이나 학생의 반응을 지속적으로 모니터링하는 것이 포함된다. 학생의 반응에는 보통 몸을 빠르게 움직이거나 제스처(고개 끄덕이기, 고개 젓기, 사물 쪽으로 바라보기 등)나 발성 등이 포함된다. 이러한 방식으로 시간이 지나면서 학생은 상호작용에서 보다 능동적인 역할을 취하고, 상대자에게 자신의 참여를 보여 주는 방법에 대해 배우게 되는 것이다.

학부모 초대 수업에서 학생이 자신의 이야기를 SGD를 이용하여 발표하는 활동 중 긴장해서 이야기를 시작하지 못하고 있는 상황임

교사: (학생 옆으로 다가가 앉은 후) 자, 준비되었니? 시작할까?

학생: (고개를 저으며 교사를 바라봄)

교사: 조금 기다릴까?

학생: 아음. (소리를 내고 교사를 봄)

교사: 그래. (5초 정도 기다린 후에도 학생이 무반응)
(학생의 SGD 화면에 있는 상징을 보고) 초콜릿 우유.
학생: 언니. (자신의 SGD로 표현)
교사: 아! 언니가 초콜릿 우유를 샀어요.
(학생의 SGD 화면을 보며) 우리는 카페에 갔어요.
학생: (자신의 SGD를 이용하여) 나는 롤케이크를 샀어요.

## 4) 모델링

학생의 AAC 도구를 이용하여 모델을 보여 주는 모델링(modeling: 시범 보이기)은 효과적인 교수 전략(Binger & Light, 2007)으로서 환경중심 언어 중재에서 사용하는 중점 전략 중 하나이다. 모델링 과정에서 교사(상대자/촉진자)는 학생의 관심을 따라가면서 학생의 의사소통 행동이나 의도에 대한 반응으로 연관된 모델을 제공한다. 이것을 AAC 사용자에게 적용한다면 학생에게 목표로 하는 AAC 도구의 사용뿐만 아니라 말로서도 모델을 제공하는 것이다.

예를 들어, 초보 의사소통자인 아동이 가상놀이 영역에서 놀면서 아기 인형에 관심을 보인다면(눈으로 바라보는 것을 통해서, 또는 인형 쪽으로 몸을 기울이면서 또는 불명확한 발성 등으로) 교사는 "아가라고 말해 보자."라며 아동의 의사소통판이나 음성녹음형 SGD에서 '아기' 상징을 누르는 것을 보여 준다. 그러고 나서 교사는 아동이 교사의 모델을 따라 하도록 기대심을 갖고 기다려 준다. 아동이 교사의 모델을 따라 하면 즉각적으로 칭찬과 함께 원하는 인형을 준다.

학생이 교사가 보여 주는 AAC 사용 모델을 따라 하는 것이 가능해지면 환경중심 언어 중재에서 사용하는 요구-모델(mand-model) 기법을 사용한다. 이것은 모델을 보여 주지 않고도 학생이 목표 기술을 표현할 수 있는지 보기 위해 먼저 요구(예: "나에게 말해 줄래?", "무엇을 하고 싶니?")하고 난 다음 반응이 없으면 그때 다시 모델을 제공하는 것이다. 강화된 환경중심 언어 중재에 대해 이후에 상세히 제시할 것이다.

## 5) 언어 입력

언어 입력(language input)이란 학생의 의사소통 기술과 언어발달을 증진시키기 위해 교사(상대자/촉진자)가 언어 자극을 주는 것을 의미한다. 이 반응적 상호작용 중재의 목적은 학생의 의사소통 산출과 관련된 풍부한 언어 자극을 상대자가 제공하는 것이다(McCormick, 2003). 전의도적 의사소통 행동을 보이는 학생에게 교사가 매우 반응적인 언어 입력을 해 주면 의도적인 의사소통 행동을 배우는 데 매우 도움이 된다(Harwood, Warren, & Yoder, 2002).

### (1) 모방하기

모방하기는 행동을 강화하기 위해 학생의 의사소통적 행동을 교사(상대자/촉진자)가 단순히 모방하는 것이다. 상대자는 AAC 사용 학생이 의도를 표현하기 위해 사용하는 발성, 제스처, 신체 기반의 양식을 모방하고, 학생의 메시지를 상대자가 이해했음을 보여 주는 자연스러운 결과를 제공하는 것으로 행동의 의미를 강화한다. 아동의 소리를 모방하는 것은 의사소통 및 언어를 발달시키는 데 매우 효과적이며, 아동의 언어 모방은 옹알이 시기뿐만 아니라 음절성 발성, 몸짓, 한 낱말 단어 및 문장 수준의 표현까지 효과적이다(김영태, 2014).

AAC 중재에서는 학생이 의사소통하기 위해 SGD를 사용할 때 상대자인 성인은 학생의 메시지 산출을 말로 모방하거나 반복할 수 있다. 의사소통 상대자는 상호작용을 확장하고, 상호 간에 주의를 증진시키기 위해 학생의 행동(예: 손 흔들기, 관심 있는 물건에 손 뻗기)을 모방할 수도 있다. 초보 의사소통자의 경우 아직 자신의 AAC 도구 사용보다 발성이나 제스처 등에 의존하여 표현할 때 학생의 비도구 양식에 의한 표현을 모방하면서 AAC 도구로 표현을 확장해 나가도록 할 때 매우 유용하게 사용할 수 있다.

초보 의사소통자인 아동에게 동화책의 그림을 보여 주며 설명하고 있음

교사: (그림책의 오리를 손으로 가리키며) 이 오리는 아기 오리야. 옆에 있는 오리는 엄마야.
아동: 마마마.
교사: 마마마. 마마마. 엄마.
(아동의 SGD 화면에 있는 엄마 상징을 가리키며) 너의 도구로 말해 보자.
아동: (자신의 SGD 화면에 있는 엄마 상징을 누름) 엄마.

### (2) 메시지 확인하기

학생이 의사소통 도구뿐만 아니라 제스처나 발성 등으로 의도를 표현한 것에 대해 상대자가 이해했다는 것을 말로 반응해 주는 것이 메시지 확인하기이다. 의사소통 상대자는 학생이 사용하는 의사소통 도구의 종류에 상관없이 상호작용에서 학생의 의도를 놓쳐서는 안 된다.

AAC 도구를 사용하여 표현하는 것은 일상적으로 우리가 사용하는 말과 다르기 때문에 명확히 무엇을 표현하는 것인지 의사소통 상대자로서는 확신하기 어려울 때가 종종 있다. 왜냐하면 상대자는 대화 과정에서 상징이나 제스처로 표현된 불완전한 문장과 전보문식의 한 낱말 단어들을 토대로 AAC 사용자가 표현한 메시지의 의미를 파악하기 위해 어휘를 조합하는 메시지 형성자도 되어야 하기 때문이다(von Tetzchner, 1996). 따라서 상호작용을 지속해 나가기 위해 상대자는 AAC 사용자가 표현한 메시지를 다시 확인해 주는 것이 좋다.

초보 의사소통자인 아동과 호박의 겉모양을 살펴보고, 냄새를 맡아보고, 호박 속을 파내어 그릇에 옮겨 담아 만져 보는 활동을 하는 중

교사: 호박 속을 만져 보니 어떻지? 차가워. 끈적끈적해.

아동: (호박 속을 만져 보며) 아-아-아. (소리를 지름)

교사: 아-아-아. 좋아요. 재미있어요.

아동: (호박 속을 들고 있다 떨어뜨려 그릇이 비게 되자 손을 사방으로 휘저음)

교사: 호박 속을 만지고 싶으면 어떻게 해야 하지?

아동: (SGD의 화면에 있는 '더', '그만', '좋아요', '나' 상징들 중 아이트래커로 선택) 더.

교사: 더---, 더 주세요. (호박 속을 그릇에 더 담아 줌)

### (3) 보완적인 의사소통 입력(도구를 사용한 언어 자극)

보완적인 의사소통 입력(augmentative communication input)이란 학생이 사용하는 AAC 체계를 이용하여 모델과 입력을 제공하는 것을 의미한다. 보완적인 의사소통 입력은 도구를 사용한 언어 자극(aided language stimulation)(Sevcik & Romski, 2002)이라는 용어로 쓰이기도 한다.

도구를 사용한 언어 자극은 교사(상대자/촉진자)가 의사소통판이나 SGD를 이용하여 지적하는 것과 같이 AAC 도구를 사용하면서 동시에 말로도 언어 입력을 제공해 주는 것이다. AAC 사용 학생은 SGD, 로우테크 도구 또는 비도구 양식을 언제, 어떻게, 왜 사용하는지에 대한 능숙한 모델뿐만 아니라 풍부한 구어 언어 입력을 함께 받는 것이 중요하다(Sevcik & Romski, 2002).

이것은 앞서 언급한 환경중심 언어 중재에서 사용하는 모델링과 혼동될 수 있다. 환경중심 언어 중재에서 모델링은 특정 목표를 설정하고 그 설정한 목표에 대해서만 모델링을 명확하게 제시하여 목표 표현을 달성하도록 하는 방법이다. 이에 비해 보완적인 의사소통 입력, 즉 도구를 사용한 언어 자극은 상호작용 과정에서 항상 교사(상대자/촉진자)가 자신이 말하고자 하는 것도 AAC 도구를 사용하여 언어 입력을 해 줌으로써 AAC 도구를 사용하는 모습의 모델과 함께 말을 들려주는 것이다. 여기서 교사가 해 주는 언어 입력은 학생이 최종적으로 보여야 하는 목표 표현을 의미하지는 않는다.

국내 연구(김정연, 박은혜, 2003; 한경임, 1998; 한경임, 임민숙, 2006)에서 의사소통 상대자의 상호작용 기술의 하나로 모델링이라는 용어를 사용하였다. 이는 당시 보완적 의사소통 입력 또는 도구를 사용한 언어 자극이라는 용어의 정착이 이루어지지 않았기 때문이다. 따라서 국내 연구에서 의사소통 상대자의 상호작용기술로서 사용한 모델링이라는 용어는 명확한 의미에서는 보완적인 의사소통 입력 또는 도구를 사용한 언어 자극에 해당된다.

이상에서 살펴본 바와 같이 AAC 사용자와의 상호작용에서 의사소통 상대자가 자신의 표현도 AAC 체계를 사용하면서 언어 입력을 해 주는 것은 보완적인 의사소통 입력 또는 도구를 사용한 언어 자극을 제공하는 것이라고 할 수 있다.

수업시간 초보 의사소통자인 학생들과 알파벳 글자 C로 시작하는 단어(고양이, 사탕)를 선택하고 탐색하는 활동 중

**교사:** (고양이 동영상을 보여 주며) 고양이를 어떻게 생각해? 나는 좋아해! 아니면 나는 싫어해!
**학생:** (한 손으로 다른 손등을 치며 박수)
**교사:** 고양이를 좋아한다는 것이구나. (학생이 사용하는 SGD의 상징을 지적하며) 나는 좋아해!
(사탕을 보여 주고, 만져 보고, 사탕 비닐을 부스럭거려 보고, 뜯어서 냄새를 번갈아 맡아 본 후)
이것은 사탕이야. (학생의 SGD에 있는 사탕 상징을 누름)
**학생:** (아이트래커로 SGD에 있는 사탕을 지적함) 사탕!

이 사례에서 교사는 학생이 고양이를 좋아한다는 표현으로 박수를 친 것에 대해 의미를 해석해 주고, 보완적인 의사소통 입력으로 '나는 좋아해!'라고 학생의 SGD의 상징을 누르는 것과 동시에 말로도 입력해 준다. 이후 사탕에 대해서 교사는 자신의 말(이것은 사탕이야)을 학생의 SGD를 이용해 표현함으로써 도구를 사용한 언어 자극을 제공하고 있다.

# 4 보완대체의사소통을 활용한 어휘와 구문 중재

## 1) 어휘와 구문지도 원리

### (1) 어휘와 구문지도를 위한 메시지 공동 형성 과정

AAC 사용자의 제한된 언어능력에는 개인의 능력, AAC 체계의 차이, 의사소통 환경 등 다양한 요인이 작용하지만 매일매일 이루어지는 상호작용 속에서 대화 상대자, 촉진자(교사, 부모 등)의 기여가 매우 중요하다. Clark(2014)는 상호작용에서 아동과 언어 사용자 간의 시너지 효과는 언어학습 이론의 핵심이라고 하였다.

대화 상호작용에서 다음 화자에 의해 이루어지는 말차례의 형태는 바로 이전 화자의 말차례의 특성과 연관된다. 예를 들어, 아동이 케이크를 보며 "와! 맛있겠다."라고 말하면 그에 동의하는("그래. 너무 멋진 생일 케이크네.") 반응과 연관될 수 있다. 이와 같이 대화는 참여자 상호 간에 영향을 미치면서 발전하게 된다. 따라서 AAC 사용자와의 상호작용에서 대화 상대자가 지나치게 대화의 말차례를 점유하고 개방형 질문보다 예/아니요 질문으로 일관하거나 AAC 사용자에게 의사소통 시도 기회를 주지 않으면 AAC 사용자의 의사소통 발달을 기대하기 어려울 것이다.

AAC 사용 학생과의 상호작용에서 보이는 보편적인 현상 중 하나가 메시지 공동 구성(message co-construction)이다. 이것은 AAC 사용 학생과 상대자 모두 메시지 형성에 기여하는 것으로 의사소통의 효율성을 높여 준다(Soto, 1999). 예를 들어, 학생이 "공원"이라고 AAC 도구로 말하면 상대자가 "공원에 가고 싶은 거니?"라고 묻게 되고, 다시 학생이 "아빠"라고 AAC 도구로 말하면 상대자는 "오, 너는 아빠랑 공원에 가고 싶구나."라고 말하는 상황을 연상할 수 있다. 이러한 메시지 공동 구성 과정을 통해 상대자가 다양한 전략을 사용하면서 AAC 사용자의 어휘와 구문을 지도할 수 있다.

### (2) AAC 사용자의 구문 중재 원리

앞서 언급한 바와 같이 AAC 사용자들도 문법과 형태론 표현 능력을 발달시킬 수 있으며, 또한 발달시킬 수 있도록 중재가 이루어져야 한다. 많은 연구에서 다양한 중재 방법으로 AAC 사용자의 구문능력이 개선되었음을 입증하였다.

AAC를 사용하는 9명의 아동에게 일주일 캠프 활동 동안 '주어+동사+목적어', '주어+is+동사ing' 구조를 모델링을 통해 지도하였을 때 구문 표현에 효과적이었으며(Bruno & Trembath, 2006), AAC 사용 학생 세 명에게 요구-모델 전략을 사용하여 주어+목적어 구조를 지도한 결과 효과적이었음(Nigam et al., 2006)이 보고되었다. Lund와 Light(2003)는 뇌성마비를 지닌 AAC 사용자인 젊은 성인 두 명이 비록 52시간의 오랜 중재 기간이 필요하였지만 형용사구에서 단어의 순서, 의문사 질문에서 조동사의 사용, 소유대명사 사용에 대해 배우고 사용할 수 있었음을 보고하였다. 어떠한 중재 방법을 사용하든 AAC 사용자에 대한 구문 중재와 관련하여 Fey(2008)는 <표 7-3>과 같이 문법 중재를 위한 다섯 가지 원리를 제안하였다.

<표 7-3> AAC 사용자를 위한 문법 중재 원리

| 원리 | 함의점 |
|---|---|
| **원리 1**<br>모든 문법 중재의 기본적인 목적은 학생의 문법 사용이 개선되도록 지원하는 것이다. 이를 통해 학생은 문서나 말을 통해 대화, 내러티브, 설명, 기타 장르에서 더 나은 의사소통자가 되는 것이다. | • 학생은 유의미하고 기능적인 맥락에서 문법 중재를 받아야 한다.<br>• 비기능적인 맥락에서 중재를 한다면 반드시 일상생활에서 일반화할 수 있는 명확한 계획을 세워야 한다. |
| **원리 2**<br>문법 중재의 특별한 목적은 학생의 기능적인 준비도와 목표로 하는 문법 형태에 대한 필요성을 근거로 설정되어야 한다. | • 문법 중재의 목적은 일반 교육과정이나 발달적 위계보다는 학생의 수용언어와 표현언어능력에 대한 진단을 통해 이루어져야 한다. |
| **원리 3**<br>목표로 하는 특별한 문법에 대한 모델을 학생에게 제공하고, 학생이 그 문법을 사용할 수 있도록 사회적, 물리적, 언어학적인 중재 맥락이 조절되어야 한다. | • 학생의 AAC 체계는 중재 목표로 하는 문법기술을 표현할 수 있도록 설계되어야 한다. 학생은 목표로 하는 문법 구조에 구어뿐만 아니라 AAC 양식으로 매우 자주 노출될 필요가 있다.<br>• 동기 유발이 잘되고, 배운 기술을 표현할 필요가 있는 상황에서 문법 기술을 배우고 연습할 기회를 자주 제공해야 한다. |
| **원리 4**<br>학생의 미성숙한 표현은 문장 재구성하기를 통해 보다 문법적으로 완성된 표현과 체계적으로 비교해 주어야 한다. | • 문장 재구성하기를 사용하여 목표로 하는 구조에 대해 문법적으로 정확하고 완성된 모델을 자주 정기적으로 제시해 주어야 한다.<br>• 가능할 때마다 적절한 AAC 양식을 사용하여 모델을 제공해야 한다. |
| **원리 5**<br>전보문식 모델이 아닌 문법적으로 완성된 구와 문장으로 대체하여 모델을 제공한다. | • 가능할 때마다 문법적으로 완성된 문장으로 의사소통하고, AAC 체계를 사용하여 모델을 제공한다. |

### (3) AAC 사용자 구문론 중재의 유의점

AAC 사용 학생에게 문법과 형태소 등 구문론 중재를 위해 유의할 점은 다음과 같다(Binger, Maguire-Marshall, & Kent-Walsh, 2011).

- AAC 사용 학생이 능숙한 문법 사용자가 될 수 있도록 도와주어야 한다.
- 중간 단계 정도의 목적을 설정한다(예: 단지 한 개의 보조동사를 목표로 하기보다 인칭에 따른 be 동사를 목표로 한다).
- 목표 구문 형식을 표현할 수 있도록 기능적인 준비도를 확실히 한다.
- 목표 표현을 사용할 수 있는 기회를 자주 만들어 낸다.
- 목표를 명확히 한다.
- 체계적인 재구성하기(recast) 전략을 사용하여 현재 사용하는 형식과 보다 성숙한 표현 형식을 대조하여 비교해 준다.

구문론 중재에서 현재 사용하는 형식과 보다 성숙한 표현 형식을 대조하여 비교해 줄 때 사용할 수 있는 방법이 스토리맵을 이용하는 것이다. 제6장에서 스토리맵은 의미관계, 내러티브 중재 등에서 다양하게 적용할 수 있음을 언급한 바 있다. 스토리맵은 시각적 정보에 강점을 보이는 자폐성장애 학생뿐만 아니라 문장의 구조를 배우는 AAC 사용 학생 모두에게 활용할 수 있다. 스토리맵을 사용하여 문법형태소인 격조사 표현을 대조하여 비교해 주는 예시를 [그림 7-9]에 제시하였다.

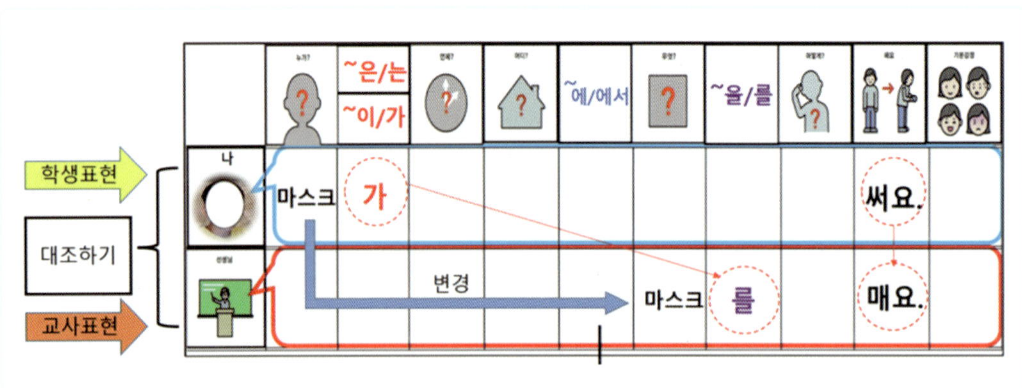


[그림 7-9] 스토리맵을 사용한 격조사 표현 대조하기의 예시

출처: 권상희, 한경임(2023).

## 2) 어휘와 구문지도 전략

AAC를 사용하는 학생과의 대화 과정에서 학생이 의도하는 의미를 명확히 하기 위해, 또는 새로운 언어학적 형식이나 기능을 제시하기 위해, 단어의 의미나 사용에 대한 정보를 제공하기 위해 의사소통 상대자이면서 촉진자인 성인(교사, 부모 등)이 학생의 언어능력에 맞추어 아동의 언어 사용에 대해 비계를 설정해 주는 것이 중요하다(Clark, 2014; Clarke, Soto & Nelson, 2017). 비계 설정은 학생이 언어표현에서 실수하면 학생의 불완전하거나 문법적으로 맞지 않는 말을 다른 말로 바꾸어 표현해 주는 것과 같은 것이다. 학생의 말이 구조화가 잘되어 있고 전달이 잘되면, 상대자이면서 촉진자인 성인의 반응은 비교정적이면서 학생의 말을 반복하거나 확장하여 새롭고 좀 더 복잡한 언어학적 단위를 표현하도록 고무하는 것이다.

학생의 현재 언어능력에 대해 비계를 설정해 주면서 어휘와 구문을 지도하는 전략으로 확장하기(expansions), 확대하기(extension), 합성(buildup)과 분리(breakdowns), 시각적/개념적 매핑(visual or concept mapping), 재구성하기(recast) 전략이 있다(Zangari & Van Tatenhove, 2009).

### (1) 확장하기와 확대하기

확장하기와 확대하기는 부가적인 정보를 첨가한다는 점에서 공통점을 가지고 있다. 교사가 확장이나 확대한 표현을 학생이 듣거나 보고 자신의 AAC 도구를 통해 다시 표현하도록 한다. 즉, 확장과 확대를 통해 AAC 사용 모델을 보여 주는 것이다.

#### ① 확장하기

확장하기(구문 확장하기)는 학생이 말한 문장을 보다 정교하게 만들기 위해 문법적 요소를 첨가하는 것이다. 구를 문장의 형태로 완성해 주는 문장 완성 방법과 문장의 형태나 기능을 바꾸어서 말해 주는 문장 변형 방법이 있다(김영태, 2014). 권상희와 한경임(2023)의 연구에서도 자폐성장애 중학생의 구문지도에서 확장하기 전략을 사용하였다. 예를 들어, 학생이 사진을 보며 의사소통판에서 '엄마, 수영'이라고 말하면 교사가 "엄마가 수영해요."라고 확장해서 말해 주고 이를 따라 학생이 의사소통판에서 '엄마', '가', '수영하다'를 짚어 표현하는 것이다.

#### ② 확대하기

확대하기는 부가적인 정보를 첨가하여 새로운 개념을 설명하는 것이다. 예를 들어, 목표 단어가 '최고'라고 한다면 교사가 "손흥민 선수는 최고야. 손흥민 선수는 축구를 아주 잘해. 손흥민 선수는 훌륭해."라고 말하며 '최고'라는 개념은 아주 잘하는 것, 훌륭한 것을 의미한다고 설명해 주는 것이다. 이러한 의미에서 김영태(2014)는 확대를 어휘 확대라는 용어로 한정하였다.

### (2) 분리와 합성

분리하기와 합성하기는 학생이 표현한 단어를 구문의 작은 단위들로 쪼개서 말했다가 다시 합쳐서 들려주는 것이다(김영태, 2014). 합성하기는 목표 단어/문장 구조에 새로운 정보를 첨가하여 목표 표현을 강조하는 것이다. 예를 들어, 목표 구문 표현이 '~후에'라면 "우리, 책을 다 읽어야 해. 종이 울린 후에."라고 말한 다음 "우리는 종이 울린 후에 책을 다 읽어야 해."라고 말해 준다.

분리하기는 긴 문장을 작게 나누어 목표 구조에 대한 주의 집중을 유도하는 것이다. 예를 들어, 목표 구문 표현이 '~후에'일 때 "우리는 종이 울린 후에 책을 다 읽어야 해. 우리는 책을 읽어야 해. 종이 울린 후에"라고 말해 주어 의미를 명확히 표현하도록 해 주는 것이다.

### (3) 시각적/개념적 매핑

시각적/개념적 매핑은 의미론적 그물망(semantic webbing)이라고도 하며, 새로운 단어나 개념 지도, 이미 알고 있는 단어에 대한 이해 증진을 위해 그래픽 조직자를 사용하는 것이다. 이것은 상호작용적 활동을 통해 완성되는 것으로 단어들 간의 결합, 관계를 명확히 하는 데 매우 효과적이며, 시각적 학습을 선호하는 학생에게 유용하다(Zangari & Van Tatenhove, 2009).

### (4) 재구성하기

#### ① 재구성하기의 의미

재구성하기는 아동이 말을 배울 때 새로운 단어와 문법적 구조의 습득을 촉진하기 위해 어른들이 보이는 반응의 한 형태(Clark, 2014)로서 모국어 습득, 의사소통장애 아동의 언어 학습, 외국어 학습에 관하여 지난 20년간 60개 이상의 연구에서 광범위하게 효과가 입증(Mackey & Goo, 2007; Nelson, 2000)되었다. 국내에서는 문장 재구성(recast sentences)(김영태, 2014), 고쳐 말하기(권상희, 한경임, 2023)라는 용어를 같은 의미로 사용하였다.

재구성하기 전략을 통해 60명의 심한 운동구어장애 아동의 동사, 대명사, 동사변형에 대한 복구 비율이 높아졌음(Soto et al., 2020)을 볼 때 재구성하기는 문장 표현에만 적용되지 않고, 단어, 구 차원에서도 적용됨을 알 수 있다. 재구성하기는 학생이 의도한 의미는 유지하지만 문법적 정보를 더해 주고, 의사소통의 흐름은 방해하지 않는다(Baunce, 2008). 재구성하기의 특징은 다음과 같다.

- 아동의 말에 바로 이어서 즉각적으로 표현된다.
- 아동의 말에 이미 내재되어 있는 요소들을 포함한다.
- 아동이 말한 기본 의미는 유지하면서 하나 또는 그 이상의 문장 요소들을 변화시켜 그 말의 확장된 또는 비교되는 문장 형태를 제공한다.

재구성하기는 아동의 잘못된 또는 부족한 표현을 직접적으로 교정해 주는 것이 아니라 아동이 말한 문장이나 표현에 대해 구조적인 비교를 제공하여 언어습득의 촉매제 역할을 한다. 때로는 재구성의 형태로서 아동의 말을 확장하거나 아동이 표현한 요소를 포함하면서 교정 문장을 제시할 수도 있다(Clarke et al., 2017).

**구조적인 비교를 제시하는 예시**

동전을 하수구 아래로 떨어뜨린 상황

아동: 하수구 아래로 도망갈 거야. 교사: 하수구 아래로 잃어버렸어.

**확장 문장을 제시하는 예시**

아동: 그것은 큰 말이야. 교사: 그래. 그것은 검은 점이 많은 큰 말이야.

**확장과 구조적인 비교를 동시에 제시하는 예시**

아동: 왜 그 사람이 그렇게 그것. 교사: 나는 왜 그 사람이 그렇게 했는지 몰라요.

### ② 재구성하기의 이론적 근거

#### 교정적 입력 대조 이론

교정적 입력 대조 이론(contrast theory of corrective input)에 의하면 재구성하기는 다음과 같은 두 가지 특징이 있어 아동의 언어발달을 촉진하는 잠재력이 있다(Chouinard & Clark, 2003).

1. 재구성하기를 사용한다는 것은 아동이 자신의 의도하는 의미를 올바른 형태로 표현하지 못하고 있다는 신호이며, 이러한 아동의 실수를 대신할 모델이 된다.
2. 이러한 모델의 제시는 자연스러운 대화 상호작용의 맥락에서 발생한다.

이상에서 볼 때 자연스러운 상호작용 맥락에서 성인이 아동의 실수를 바꾸기 위한 교정의 형태로 재구성하기를 사용하고 대체 형식을 제시함으로써 자연스럽게 아동의 언어발달을 촉진할 수 있음을 알 수 있다.

### 직접적인 비교가설 이론

직접적인 비교가설(direct contrast hypothesis) 이론은 아동의 잘못된 미숙한 말에 성인의 교정적 모델이 즉각적으로 제시됨으로써 자신의 잘못된 표현과 관습적으로 바르게 사용되는 표현을 비교하기가 쉽다는 것이다. 이렇게 즉각적인 비교가 가능하기 때문에 재구성하기는 언어발달의 촉진력이 강하다.

Bohannon, Padgett, Nelson과 Mark(1996)의 연구에서 성인이 대조는 제공하지만 오류에 대해서는 어떠한 교정도 제시하지 않는 재구성하기를 통해 아동이 더 복잡한 새로운 구문 구조를 습득할 수 있었음이 입증된 바 있다. 재구성하기가 지속적인 대화 흐름을 유지하면서 아동의 언어발달을 촉진시키는 이유(Saxton, 2005)는 다음과 같다.

1. 아동의 말에 연관되어 있기 때문
2. 아동에게 흥미로운 화제를 계속 유지할 수 있기 때문
3. 아동이 원래 한 말의 맥락적 항목들을 포함하므로 아동이 이해가 더 잘되도록 하기 때문

### 사회적 상호작용 이론

재구성하기는 사회적 상호작용(social-interaction) 이론을 기반으로 한다. 사회적 상호작용 이론의 기본 전제는 아동이 이끄는 대로(즉, 아동의 관심과 시도를 따라) 따르면서 성인이 적절한 모델을 제공하고, 아동의 행동에 바로 이어서 성인이 대화 교환에 참여할 때 가장 잘 배울 수 있다는 것이다. 이것은 사회적 상호작용 맥락에서 적절한 성인의 비계 설정을 제공하는 대화중심 중재 프로그램의 개발을 주도하였다. 재구성하기 전략은 다른 접근법(예: 모방하기)과 달리 대화 과정에서 언어학적 목표의 자발적 사용과 일반화를 위해 훈련을 많이 요구하지 않는다(Clarke et al., 2017).

## ③ 재구성하기의 형태와 설계

재구성하기의 형태(Clarke et al., 2017)는 다음과 같이 분류된다.

- 길이(length): 일부분만 재구성 또는 문장 길이를 확대하여 재구성
- 양식(mode): 질문 형식으로 재구성 또는 서술 형식으로 재구성
- 변화의 개수(number of change): 변화가 단순한 재구성 또는 복잡한 재구성
- 언어학적 초점(linguistic focus): 형태론적 재구성 또는 구문론적 재구성
- 대조(contrast): 암시적으로 대조하여 재구성 또는 명시적으로 대조하여 재구성

재구성하기의 정도(Sheen, 2006)는 연속체의 개념으로 설명할 수 있다. 이것은 언어 입력을 받을 때 아동이 언어학적 특징에 주목할 수 있는 정도를 의미하는 것으로 성인이 매우 명확하게 재구성을 제시하느냐 그렇지 않으면 어느 정도 암시적으로 제시하느냐에 따라 달라지는 것이다. 보다 명시적으로 재구성을 해 주면 성인이 제시하는 언어 입력에 아동은 바로 주목하게 될 것이다. 예를 들어, 재구성을 명확하게 교정적으로 제시해 주려면 아동의 말에 실수가 있다는 신호를 보내면서 언어학적인 변화에 주의를 기울이도록 하는 것이다.

재구성이 자연스럽고 명시적으로 되려면 재구성의 문장이 서술문 형식이면서 짧고, 아동의 오류를 대체해 주는 형식이 필요하다. 명시적인 재구성을 위해서 억양의 조절이나 운율적 강조(Amma & Spada, 2006)가 필요할 수도 있다. 또한, 언어학적으로 덜 발달된 학습자일수록 보다 명시적인 재구성이 필요하며, 발달적으로 적절하고 짧게, 학습자가 원래 했던 말과 유사하도록 재구성해 주어야 한다(Miller & Pan, 2012).

### ④ AAC 사용 학생을 위한 재구성하기 전략

#### 보완대체의사소통 체계의 형태에 대한 고려

모델링과 재구성하기를 적용하여 AAC 사용 학생에게 문법형태소 지도가 가능했던 것(Binger et al., 2011)은 학생의 AAC 체계인 SGD에 문법형태소가 제시되어 있었기 때문이었다. 학생의 잘못된 표현에 대해 SGD를 통해 재구성한 표현을 모델링으로 보여 줄 수 있었기에 가능했다는 것이다. 따라서 재구성하기가 적절하게 적용되기 위해서는 AAC 체계에 학생이 바르게 표현할 수 있는 어휘, 문법형태소가 외부적으로 제시되어 있어야 한다.

국내에서는 현재 문법형태소를 다양하게 표현할 수 있는 SGD의 개발이 미비하기 때문에 의사소통판에 문법형태소인 격조사를 배치하고 피츠제럴드키를 적용하여 핵심어휘와 부수어휘를 배열하여 제작한 후 중재(권상희, 한경임, 2023)하는 방법이 있다.

## 보완대체의사소통 중재에 재구성하기 적용 형태

AAC 사용 학생에게 재구성하기는 학생의 잘못되거나 미숙한 표현을 교정하려는 것이라기보다 학생이 자신의 표현에서 언어 규칙을 추론하여 내면화할 수 있도록 언어 촉진을 제공하는 것이다. 선행연구(권상희, 한경임, 2023; Clarke et al., 2017)와 브릿지스쿨 사례를 참고하여 강조하기와 대조하기를 통한 재구성, 지연된 재구성, 구문 확장과 함께 재구성하기에 대해 AAC 중재에 적용하는 예시를 다음과 같이 제시하였다.

### ▸ 강조하기를 통한 재구성하기

강조 형식으로 목표 요소를 제시하는 재구성하기는 학생이 자신의 표현을 즉각적으로 수정하고 복구하도록 할 수 있다. 다음 사례에서 교사는 AAC 사용 학생에게 강조하기를 통한 재구성을 이용해 지시대명사와 복수형 어미를 지도하고 있다.

교사: 이제 이 이야기에서 어떤 일이 일어날까?

학생: 아이. (SGD에서 상징 지적)

교사: 그 아이들. (SGD에서 상징 지적하며 말하기)

학생: 그 아이들. (SGD에서 상징 지적)

### ▸ 대조하기를 통한 재구성하기

학생의 말과 성인(교사/촉진자)의 말을 대조해서 보여 주면 학생 자신이 이전의 말차례에서 보인 표현을 어떻게 수정해야 하는지 명시적으로 알게 된다. 대조하기는 AAC 체계를 사용해서 대조해 줄 수도 있으나 스스로 AAC 체계를 사용하여 자신의 표현을 수정할 수 있도록 스토리맵에서 표현을 대조하여 재구성해 주는 전략(권상희, 한경임, 2023)을 사용할 수도 있다.

교사: 이 사진은 어떤 사진이지?

학생: 엄마를 수영해. (의사소통판을 짚으며)

교사: '엄마를 수영해', '엄마가 수영해' 어느 것이지? (스토리맵을 사용하여 대조하기)

학생: 엄마가 수영해. (의사소통판을 짚으며)

▸ 지연된 재구성하기

지연된 재구성은 학생의 표현 뒤에 바로 이어서 재구성을 해 주는 것이 아니라 먼저 AAC 사용 학생이 표현하는 의미에 대한 확인 과정을 거친 후 재구성해 주는 것이다. 다음 예시에서 교사는 학생의 '썰매'라는 말 뒤에 바로 재구성하기를 적용하지 않고 학생의 표현에 대한 확인 후 그다음 말차례에서 서술문 형식으로 재구성하기를 적용하는 것을 볼 수 있다.

학생: 썰매. (의사소통판을 짚으며)
교사: 그것을 네가 한다는 것이니?
학생: (고개 끄덕임)
교사: 나는 썰매 타요.
학생: (고개 끄덕이고 의사소통판을 짚으며) 나 + 는 + 썰매 + 타요.

▸ 구문 확장과 함께 재구성하기

구문 확장과 함께 재구성하기는 학생이 표현한 단어를 사용하면서도 표현하고자 하는 의미를 문법적 요소를 갖춘 문장으로 확장하여 재구성해 주는 것이다. 다음 예시에서 학생은 '워커'라는 한 단어만을 표현하였지만 교사는 '워커' 단어를 이용하면서 문장을 확장하여 재구성해 주고 있다.

학생: 워커. (쉬는 시간을 알리는 종이 울리자 자신의 SGD에서 상징 지적)
교사: 그래. 이번 시간은 워커를 이용해서 밖으로 나갈 시간이야.
"나는 워커가 필요해요. 쉬는 시간이에요."
학생: (SGD에서 상징 지적) 워커가 필요해요. 쉬는 시간

## 5 장애 유형에 따른 보완대체의사소통 중재 전략

AAC 체계를 사용하는 복합의사소통장애를 지닌 사람은 제2장에서도 언급하였듯이 뇌성마비나 외상성 뇌손상 등으로 인한 지체장애, 지적장애, 자폐스펙트럼장애, 뇌졸중 등 다양한 유

형이 있다. 이 절에서 제시하는 다양한 중재 전략에 대해 학생의 개별 특성이나 지도 상황 등을 고려하여 적용할 수 있으나 기본적인 장애 유형의 특성을 고려하는 것도 중요하다. 예를 들어, 지체장애와 감각 손상을 가지면서 의사소통장애를 갖고 있는 학생과 심한 지적장애와 의사소통장애를 갖고 있는 학생의 AAC 중재에 대한 요구가 다르다는 것이다. 〈표 7-4〉에 장애 유형별 AAC 중재 전략(Reichle et al., 2002)을 제시하였다.

〈표 7-4〉 장애 유형별 의사소통 증진 전략

| 유형 전략 | 신체적인 손상 | 인지와 언어손상 | 감각 손상 | 사회적/행동적 문제 |
|---|---|---|---|---|
| 장애로 인해 영향받는 영역 | • 자료와 장난감에 접근하기<br>• 환경 제어<br>• 표현 의사소통 방법과 경험<br>• 활동 중 독립성과 탐구<br>• 소리 산출 능력과 음운 기술 배우기 | • 느린 정보처리 시간<br>• 단기 기억<br>• 상황에 대한 일반화<br>• 복잡한 자극에 대한 정보처리와 반응의 적절성<br>• 환경에 대해 기대되는 반응 | • 시각적/청각적 양식(예: 비구어적 양식, 글자)을 이용한 정보 접근으로부터 얻는 혜택<br>• 다양한 양식으로 제시되는 사회적 단서를 인식하고 사용하는 것<br>• 다양한 의사소통 양식에 대한 유의미한 반응 | • 사회적 환경적 단서에 적절하게 참여하고 반응하는 것<br>• 사회적 활동에서 역할들에 대한 정보처리와 구별<br>• 책임감을 공유하고, 의사소통 상호작용을 조절하는 것 |
| 의사소통 증진을 위한 전략 | • 아동이 시도하는 루틴에서 말차례 주고받기 기회 제공<br>• 소리 내기 격려하기<br>• 인과개념 학습과 결과에 대한 인식<br>• 음운정보처리를 격려하고 소리로 놀이하기 | • 인과관계와 수단목적 개념을 포함한 언어의 인지적 기초 학습<br>• 상징으로 표현되는 참조 항목 늘리기<br>• 특정 상황에 의사소통 전략 적용하기 | • 일찍부터 발성과 소리-글자 대응 놀이<br>• 차례 주고받기와 상호작용 루틴<br>• 부모의 의사소통과 환경에 반응하기 | • 차례 주고받기<br>• 공동관심, 사회적 참조 상호작용 전략<br>• 상호작용적 루틴 |

# 6 체계적 교수

## 1) 체계적 촉진 제공의 의미

체계적 교수(systematic instruction)란 체계적으로 단서를 주고, 촉진 또는 촉구(prompt)와 강화를 제공하여 목표로 하는 기술을 습득하는 데 중점을 두는 교수법이다(곽승철 외, 2019). 체계적 교수는 학생이 새로운 기술을 습득하도록 교수 단서나 촉진을 감소나 증가시키는 방법으로 체계적인 계획을 세워 적용하는 것이다.

촉진은 반응을 시작하도록 하고 오류를 예방하는 중요한 선행사건 전략으로서 제공되는 보조의 양, 요구되는 학생 기술, 개입 정도 면에서 다양하다(박은혜, 한경근, 2018). 촉진은 단일하게 또는 혼합하여 사용할 수 있으며 때로는 위계적으로 사용할 수도 있다. 촉진은 막연하게 계속 사용하는 것이 아니라 체계적으로 줄여 나가면서 자연적 단서에 반응하도록 하는 것이 좋다.

## 2) 체계적 촉진의 요소

촉진을 체계적으로 적용할 때 고려해야 할 세 가지 요소는 촉진, 기다리는 시간, 교사의 언어이다.

### (1) 촉진

- 어떠한 촉진으로, 몇 단계의 위계로 촉진을 제공할지는 학생의 다양한 학습 특성과 장애 정도 등을 고려하여 정한다.
- 가능한 최소한의 도움으로 시작하는 것이 학생의 독립성을 증가시킨다.
- 신체적인 촉진은 반드시 필요할 때만 적용하고 가능한 사용하지 않는다.
- 촉진 없는 독립적인 반응을 매우 긍정적으로 강화해 준다.
- 새로운 기술이 습득됨에 따라 촉진은 용암시킨다.

### (2) 기다리는 시간

촉진/단서와 학습자의 반응 사이에 기다리는 시간이 필요하다. 다양한 요구를 지닌 학생과 상호작용할 때 기다리는 것은 필수 요소이다. 학생은 촉진/질문/요구하기 과정에서 독립적으로 반응하기 위해 가능한 충분한 시간이 허용되어야 한다.

- 정해진 위계에 따라 촉진을 제공한다.
- 촉진 후 학생의 반응을 기다린다(예: 5~10초).
- 만약 무반응이거나 오반응을 보이면 다른 촉진의 사용으로 넘어간다.
- 어떤 학생은 정보 처리와 반응을 보이는 과정에 더 많은 기다리는 시간이 필요할 수 있다.

#### (3) 교사의 언어

학생과 의사소통할 때 촉진/질문/요구하기의 내용은 간단하고, 명확하고, 학생이 이해할 수 있는 언어로 제공되어야 한다. 일부 전략은 교사의 언어 수정과 관련된다.

- 말을 많이 하지 않고 가능한 간단한 구어를 사용한다.
- 학생이 이해하기 쉬운 표현으로 교사가 사용하는 어휘를 변경한다.
- 요구하기는 명확하고 간결해야 한다.
- 가능하면 언어와 시각적 도움을 짝지어 제공한다.
- 구어 촉진은 부드러운 표현으로 해 준다.

### 3) 체계적 촉진의 방법

#### (1) 최소-최대 촉진체계와 최대-최소 촉진체계

체계적 교수에 대해서 AAC 중재에 많이 적용되는 방법인 최대-최소 촉진체계(most to least prompt hierarchy)는 새로운 기술을 가르칠 때 높은 수준의 촉진을 제공하고, 학습자가 그 기술을 습득할 때까지 촉진의 수준을 낮은 수준으로 체계적으로 감소시키는 방법이다. 반면, 최소-최대 촉진체계(least to most prompt hierarchy)는 학습자가 기술을 습득하도록 하기 위해 도움의 양을 가장 낮은 수준에서 높은 수준으로 체계적으로 높여 나가는 것이다(Alberto & Troutman, 2003; Nevada Dual Sensory Impairment Project, 2023; Marshall, 2020; Murray-Bain, 2021). 최대-최소 촉진체계와 최대-최소 촉진체계는 [그림 7-10]과 같으며, 각 촉진에 대한 구체적인 내용을 〈표 7-5〉에 제시하였다.

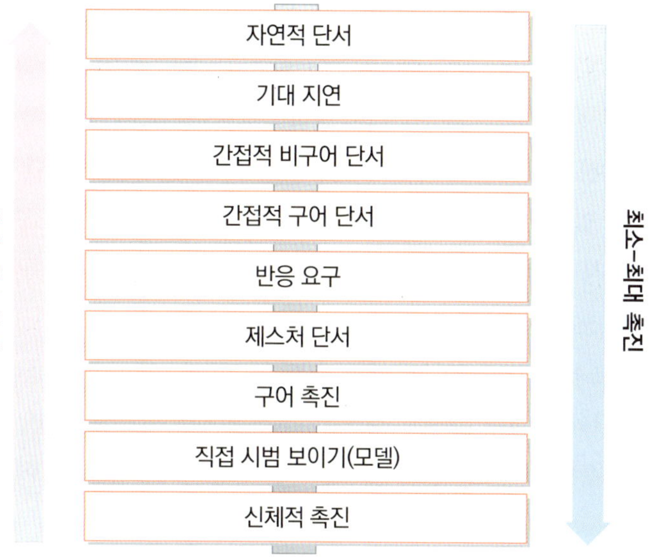


[그림 7-10] 최대-최소 촉진체계와 최소-최대 촉진체계의 위계

〈표 7-5〉 촉진의 내용

| 촉진 유형 | | 내용 |
|---|---|---|
| 자연적 단서 | | • 자연스러운 환경에서 발생하는 것<br>(예: 수업 시작을 알리는 학교 종소리, 책 페이지의 마지막, 시계의 시간 표시) |
| 기대 지연 | | • 반응을 기대하는 모습의 자세를 취하고 기다리기 |
| 간접적 비구어 단서 | | • 얼굴 표정, 손짓, 어깨를 으쓱하는 모습 등으로 반응을 요구하기 |
| 간접적 구어 단서 | | • "다음은 무엇이지?", "이제 어떻게 하지?"와 같은 간접적인 질문으로 무엇인가 기대되고 있음을 알리기 |
| 반응 요구하기 | | • "너의 SGD로 말해 볼까?", "무엇을 먹고 싶은지 말해 볼까?" 등 반응을 요구하는 말하기 |
| 제스처 단서 | | • 제스처를 사용하거나 AAC 도구를 손으로 지적하기 |
| 구어 촉진 | 부분적 구어 촉진 | • 학생에게 자신의 도구에서 무엇을 지적해야 하는지 일부를 말해 주기<br>(예: SGD의 화면을 보며 "사과를 선택하려면 어느 범주에서 찾아야 하지?") |
| | 직접적 구어 촉진 | • 학생이 지적할 상징을 직접 말해 주며 선택하도록 하기<br>(예: 첫 화면을 보고 "음식을 눌러 보자.", 다음 음식 화면이 열리면 "과일을 찾아보자.", 다음 과일 화면이 열리면 "여기서 사과를 찾아 눌러 보자.") |
| 직접적 시범 보이기(모델) | | • 학생이 자신의 도구를 사용하여 표현해야 하는 것을 교사가 직접 시범 보여 주기 |
| 신체적 촉진 | 부분적 신체적 촉진 | • 학생의 손등이나 팔꿈치, 어깨 등을 톡톡 치는 정도의 부분적인 신체적 도움 주기 |
| | 전반적 신체적 촉진 | • 학생의 손아래 교사의 손을 넣어 최대한의 신체적 도움으로 활동 수행하기 |

〈표 7-5〉에서 제시한 촉진을 제공한 후 반드시 학생의 반응을 기다려 주어야 한다. 이때 반응을 기다려 주는 시간은 고정된 것이 아니며 학생의 반응 형태에 따라 달라질 수 있다. 예를 들어, 뇌성마비로 인해 손 움직임이 어려운 학생이 AAC 도구의 상징을 지적하는 데 간접적 구어 단서에서는 10초 정도 시간을 주어서도 반응을 보이지 않아 제스처 단서를 주었는데 7초에서 반응을 보일 수도 있고, 12초에서 반응을 보일 수도 있다. 따라서 최소-최대 촉진체계나 최대-최소 촉진체계에서 학생의 반응을 기다리는 시간은 중재 전략에서 특정 시간을 정해 사용하는 시간 지연(time delay)과는 다르다.

촉진은 각 단계별로 하나의 촉진을 제공할 수도 있지만 두 개의 촉진을 함께 사용할 수도 있다. 간접적 구어 단서와 동시에 간접적 비구어 단서를 제공할 수도 있고, 부분적 구어 촉진과 함께 모델을 제공할 수도 있다. 전반적 신체적 촉진과 동시에 직접적 구어 촉진을 사용할 수도 있다(Nevada Dual Sensory Impairment Project, 2023).

이 모든 촉진을 반드시 위계적으로 모두 시행해야 하는 것은 아니다. 자연적 단서-간접적 구어 단서-제스처-시범 보이기의 단계로 시행될 수도 있고, 기대 지연-제스처 단서-직접적 시범 보이기-신체적 촉진 순으로 시행될 수도 있다. 중요한 것은 학생의 독립성에 초점을 두고 도움의 양에 따라 위계를 정하고 점차 촉진을 용암시키는 것이다. 이상에서와 같이 촉진을 체계적으로 사용하는 이유는 다음과 같다.

- 촉진의 체계적인 적용은 학생의 독립성을 증진시킨다.
- 학생의 장애 정도, 학습 스타일에 따라 다르게 적용할 수 있다.
- 촉진의 체계적인 사용은 학생의 유의미한 참여와 능동적인 학습을 도와준다.
- 촉진의 체계적인 사용은 학생에게 기대되는 것이 무엇인지 이해하기 쉽게 하며 행동의 방향성을 제시해 준다.
- 행동의 전환을 지원해 준다.

최대한의 신체적 도움을 제공하는 전반적 신체적 촉진을 교사가 학생의 손을 직접 잡고 대신해 주는 것이라고 생각해서는 안 된다. 전반적 신체적 촉진을 사용해야 할 때도 학생이 스스로 한다는 의식을 가지도록 교사가 학생의 손아래 손을 사용하여 지원해 주어야 한다. [그림 7-11]에 전반적 신체적 촉진을 사용하는 예와 AAC 도구 사용 시범을 보이는 모습의 예를 제시하였다.

[그림 7-11] 전반적 신체적 촉진과 시범 보이기 예시(브릿지스쿨)

Chen(2011)의 연구에 의하면 도전행동에 대한 감소를 목표로 하는 경우 중재자들의 반 이상이 최대-최소 촉진체계가 유용하다고 생각하였다. 이유는 촉진과 강화 사이의 시간을 최소화하고, 대체행동을 보인 후 원하는 성과를 얻기 전에 바로 다시 도전행동을 보일 가능성을 최소화할 수 있기 때문이다. 다른 연구(Braithwaite & Richdale, 2000; Johnston, Reichle, Feeley, & Jones, 2012; Reichle & McComas, 2004)에서도 촉진은 도전행동이 나타나기 전에 대체의사소통을 표현하도록 제공해야 한다고 하였다.

최대-최소 촉진체계와 최소-최대 촉진체계를 단계적으로 사용하기도 한다. 한 연구(고찬영, 한경임, 2017)에서는 AAC 사용 경험이 전혀 없는 초보 의사소통자에게 최대-최소 촉진체계를 통해 의사소통을 위해서는 무엇인가를 사용해야 한다는 개념을 지도한 후 자발적 의사소통 능력을 높이기 위해 최소-최대 촉진체계를 적용하였다.

AAC 중재에서는 가능한 학생의 AAC를 사용한 자발적 표현과 독립성을 증진시키기 위해 최소-최대 촉진체계를 사용하도록 권고된다(Murray-Bain, 2021). AAC를 사용하는 6명의 자폐성장애 학생이 최소-최대 촉진체계를 통해 여러 개의 상징을 조합하여 메시지를 전달하는 능력이 증가하였음(Finke et al., 2017)이 보고되었고, Ault와 Griffen(2013)은 학생의 변화에 지속적이면서 긍정적인 효과를 얻을 수 있는 방법으로 보고하였다. 이 외에도 중도중복장애 학생의 읽기 이해 기술 증진에도 효과적(Browder, Lee, & Mims, 2011)이었으며, 취학전 장애 아동의 가상놀이(Barton & Wolery, 2010), 자폐성장애 학생의 비디오모델링을 적용한 행동 개선(Cihak, Fahrenkrog, Ayres, & Smith, 2011), 경도와 중등도 지적장애 초등학생의 전화 통화 기술 변화(Manley, Collins, Stenhoff, & Kleinert, 2008)에도 효과적인 것으로 보고되었다. 연구뿐만 아니라 미국의 실제 특수학급 교육현장(한경임, 2018b)에서도 최소-최대 촉진체계가 적용되고 있는 것을 볼 수 있다.

국내 AAC 중재 연구에서도 최소-최대 촉진체계는 헌터 증후군 중학생의 의사소통 행동과 자발적 발성에 효과적으로 적용되었으며(최다영, 한경임, 2021), 중복장애 아동의 의미관계와 어휘습득에도 효과적인 전략으로 사용(김수미, 한경임, 2022)되었다. 또한, AAC를 사용한 초기 문해력 지도에서도 명시적 교수와 함께 사용(강명숙, 한경임, 2023)되었고, 복합의사소통장애 중학생의 의미관계와 어휘 습득에도 효과적(최다영, 한경임, 2023)인 것으로 보고되었다.

교사나 임상가만이 아니라 학교나 가정에서 실무원이나 가족이 학생의 활동을 지원해 줄 때도 학생의 손을 잡고 대신해 주지 않도록 실무원뿐만 아니라 가족들도 최소-최대 촉진체계를 사용하는 것이 중요하다. 상대자 훈련 전략으로서 학교의 실무원과 부모에게 최소-최대 촉진체계 방법을 교육하고, 항상 눈에 보이는 곳에 촉진체계의 위계에 대한 포스터를 붙여 두어 활용하는 방법(Murray-Bain, 2021)이 제안된다.

### (2) 고정 시간 지연과 점진적 시간 지연

고정 시간 지연(constant time delay)은 반응을 촉진하기 위한 시간 지연을 고정해서 촉진을 제공하는 것이다. 이때의 시간 지연은 최소-최대 촉진체계나 최대-최소 촉진체계에서 촉진을 제공한 다음 반응을 기다리는 시간과는 개념이 다르다.

고정 시간 지연은 촉진체계에서 하나의 촉진이나 두 개의 촉진이 혼합된 것만 사용한다. 이는 최소-최대 촉진체계나 최대-최소 촉진체계에서와 같이 촉진을 위계적으로 적용하지 않는다는 것을 의미한다. 반응하기 위한 초기 요구에 0초 지연 시간을 사용하고, 몇 번의 시행 후 촉진과 학생의 반응 사이에 고정 시간(예: 4초)을 정하여 학습이 일어날 때까지 촉진과 고정된 시간 지연을 반복하여 시행하는 방법이다.

점진적 시간 지연(progressive time delay)은 고정 시간 지연과 달리 반응을 촉진하기 위한 시간 지연을 점차적으로 증가시키면서 촉진을 제공하는 것이다. 이때에도 반응을 위한 초기 요구에 0초 지연 시간을 사용하고, 점차 지연 시간을 늘려 나가면서 학생의 반응을 촉진한다.

## 7 직접교수

직접교수(direct instruction)와 자연스러운 교수(naturalistic teaching)를 구성하는 요소들 사이에 큰 차이점은 없다. 환경과 활동이 학생이 하고 있는 것과 하고 있는 장소에서 벗어날수록 인위적인 촉진과 보상이 더 많이 사용되고, 직접교수를 더 많이 사용하게 된다. 자연스러운 교수가 최선의 실제로 간주되기는 하지만 다음과 같은 경우에는 적용하기 어려울 수 있다.

- 매일의 상황이나 활동 속에서 가르칠 수 없는 경우. 예를 들어, 지역사회의 이벤트나 병

원 방문과 관련된 의사소통은 그 일이 실제 일어나기 전에 가르쳐야 한다.

- 자연스럽게 의사소통 지도가 이루어질 만큼 충분히 학생이 자주 의사소통 시도를 하지 않는 경우
- 자연스러운 방법을 사용하여서는 학생이 충분히 빠른 진전을 보이지 않는 경우

직접교수는 전통적으로 교사와 학생이 일대일 상황에서 한 개의 지도 목적에 초점을 두는 방식을 의미한다. 보통 학생에게 질문이나 상황을 제시한 후 적절한 반응을 가르치고, 정확하게 반응한 것에 대해서는 보상을 해 준다. 추상적인 설명을 이해할 수 있고, 높은 동기를 가지고 있는 학생은 이러한 방식으로 학습한 기술을 실제 생활 상황에 전환하는 것도 가능하다. 이것을 일반화 기술이라고 하는데 불행히도 많은 학생이 실제 생활 상황에 기술을 항상 일반화할 수 있는 것은 아니다. 이 책에서 직접교수는 다음에 제시하는 명시적 교수(explicit instruction)와 다른 개념이다. 일대일 지도에 의한 직접교수를 통해 학습한 기술에 대한 일반화 능력을 최대로 높이기 위해서는 가능한 촉진과 자연스럽게 발생하는 많은 사건을 활용하는 것이 중요하다.

- 직접교수 상황을 가능한 자연스럽고 실생활 같은 상황으로 만든다.
- 가능한 사람들이 함께 있고, 자연스럽게 그 기술을 사용할 수 있는 장소나 상황을 사용한다.
- 직접교수를 이용하여 기술을 지도하는 것으로 시작하여 점차 자연스러운 방식을 사용하여 지도를 계속한다.
- 인위적인 강화에 더해 자연스러운 보상을 사용한다. 예를 들어, '안녕'이라는 표현을 하도록 가르칠 때 장난감이나 스티커 같은 유형의 사물과 함께 커다란 미소와 많은 관심을 기울여 주는 것은 친구에게 인사하는 자연스러운 결과를 가져온다. 시간이 지남에 따라 인위적인 강화(즉, 스티커나 장난감)는 점차 사라지고, 반면에 미소와 관심은 항상 남아 있게 된다.

## 8 명시적 교수

명시적 교수는 학생들의 학업 기술을 가르치기 위해 구조화된 체계적인 교수법이다. 분명하고 명시적인 학습 목표를 제시하며, 학습과제와 학습 내용에 초점을 맞추고, 과제 완수 또는

내용 습득을 위한 명시적인 단계들로 구성된다. 이 단계는 성취해야 할 기술에 대한 설명과 시범 보이기, 안내된 연습과 즉각적 피드백으로 구성된다(신수정, 2018). 안내된 연습 단계에서 학생의 학습을 이끌어 내기 위해 촉진체계를 적용할 수 있다. 또한, 안내된 연습 단계 후 독립적 수행 단계를 두어 중재와 동시에 성과 측정이 가능할 수 있다. 명시적 교수의 단계를 제시하면 다음과 같으며, [그림 7-12]는 AAC를 이용한 음소인식 중재에 명시적 교수를 적용한 예시이다.

1. 설명하기: 활동 목표를 제시하고, 배우고자 하는 기술에 대해 설명하기
2. 시범 보이기: 목표 기술에 대한 교사의 시범 제공
3. 안내된 교수: 비계 설정에 따른 지속적 피드백 제공, 체계적 교수 사용, 학습자의 오류 시 즉시 교정
4. 독립적 수행: 배운 전략의 적용 및 이해에 대한 확인

| 단계 | 내용 |
|---|---|
| **설명하기** | • 수업목표 제시하기<br>• 수정된 그림책과 활동 안내 |
| **시범 보이기** | • 수정된 그림책과 의사소통판을 이용하여 음소인식에 대한 시범 보이기<br>예) 의사소통판에서 'ㄱ'을 짚으며 "이 글자가 /ㄱ/입니다."라고 말하면서 첫 음소 찾기 행동에 대해 모델링 제공 |
| **안내된 교수** | • 교사의 지원과 피드백을 받으며 학생이 수정된 그림책, 의사소통판을 이용해서 음소인식에 대해 안내받으며 실행하기(최소-최대 촉진체계 사용)<br>예) "/ㄱ/는 어디 있을까요?"라고 질문한 뒤 반응에 따라 긍정적/교정적 피드백 제공 |
| **독립적 수행 및 평가** | • 수정된 그림책과 의사소통판을 이용하여 음소인식 스스로 실행하기<br>예) "/ㄱ/는 어디 있을까요?"라고 질문한 뒤 반응에 따라 평가하고 긍정적/교정적 피드백 제공 |

[그림 7-12] 명시적 교수를 적용한 음소인식 중재 예시

출처: 강명숙, 한경임(2023).

## 9 강화된 환경교수

### 1) 강화된 환경교수의 의미

AAC 중재에 많이 사용되는 방법 중 하나가 강화된 환경교수(Enhanced Milieu Teaching: EMT)

이다. EMT는 매일매일의 상호작용 속에서 기능적인 의사소통과 언어 기술을 가르치는 증거 기반의 자연적이면서 대화중심의 중재 전략(Hancock & Kaiser, 2006)이다. Kaiser와 Hampton(2017)은 EMT를 통해 얻고자 하는 목적을 다음 네 가지로 제시하였다.

- 의사소통의 빈도 증가
- 말(utterances)의 다양성 증가
- 구어(speech)의 복잡성 강화
- 맥락 속에서 독립적 사용과 일반화 개선

과거에는 환경중심언어 교수가 말을 모방할 수 있는 아동, 최소한 10개 이상의 단어를 표현하고 MLU가 1.0~3.5인 아동들의 언어 학습에 효과적(Kaiser, Yoder, & Keetz, 1992)인 것으로 보고되었다. 왜냐하면 모델링, 요구-모델, 시간 지연, 우발교수로 이루어지는 핵심적인 환경중심교수가 기능적인 맥락에서 촉진자의 모델링을 아동이 모방 연습하는 것에 중점을 두기 때문이다. 그러나 최근에 EMT는 AAC를 사용하여 20개 이하의 단어를 표현하는 자폐성장애 아동(Kasari et al., 2014), 수어를 사용하는 다운증후군 아동(Wright et al., 2013)에게도 효과적이며, 언어장애와 행동문제를 지닌 아동(Hancock, Kaiser, & Delaney, 2002)에게도 효과적임이 보고되었다.

## 2) 강화된 환경교수 기법

EMT는 환경중심교수에서 사용하는 모델링, 요구-모델, 시간 지연, 우발교수의 기법(김영태, 2014; 박은혜 외, 2018)을 적용한다. 각 기법 모두 공통적으로 우선 학생의 관심과 흥미를 바탕으로 공동관심을 형성한다. 모델링과 요구-모델 기법은 초기 의사소통 단계에서 기초적인 어휘 습득이나 기능적인 의사소통, 차례 주고받기에 적용되며, 시간 지연은 보다 자발적인 의사소통을 유도하기 위해 사용된다. 우발교수는 자연스러운 환경에서 학생의 요구가 있을 때마다 적절하게 모델링하기, 요구-모델하기, 시간 지연 기법을 적용하는 것이다.

### (1) 강화된 환경교수 기법의 유형

#### ① 모델링

모델링은 가장 기본적인 환경교수 전략으로 간주된다. 모델링 절차를 적용하고자 하면 촉진자(교사/보호자)는 먼저 학생의 관심과 흥미에 주의를 기울이고 공동관심을 형성한다. 공동관심을 형성한 후 촉진자는 학생의 관심과 관련된 언어적 모델(구어 또는 AAC 체계를 이용하여)을 제시한다. 학생이 모델을 보고 정확하게 모방하면 아동의 반응에 대한 언어적 확장과 함께 즉각 강화해 주고, 해당 자료를 제공한다. 오반응이나 무반응을 보이면 다시 공동관심을 형성하고 교정적 모델을 제공한다.

교정적 모델에 대해 정반응을 보이면 즉각 강화하면서 언어적 확장과 함께 해당 자료를 제공한다. 교정적 모델에도 오반응이나 무반응이면 자료에 대한 접근을 허용하면서 교정적 피드백을 제공한다. Kaiser와 Hampton(2017)과 Hancock과 Kaiser(2006)를 참고하여 모델링 절차의 예를 제시하면 〈표 7-6〉과 같다.

〈표 7-6〉 EMT의 모델링 절차 예시

| 단계 | 예시 |
|---|---|
| • 아동의 관심에 주의를 기울이고 공동관심을 확립함 | • 아동과 교사는 트랙을 따라 내려가는 자동차 놀이를 하고 있다. 아동은 교사가 열고 있는 자동차 상자를 바라보고 있다. |
| • 구어 모델을 제공함 | • 교사는 촉진한다. "자동차 주세요라고 말해 보자." |
| • 만약 아동이 정확하게 반응하면 언어 확장과 함께 원하는 자료를 제공해 줌 | • 아동이 "자동차 주세요."라고 말하면 교사는 확장하기를 적용하여 "나는 파란색 자동차를 갖고 싶어요."라고 말하고 아동에게 자동차를 준다. |
| • 만약 아동이 무반응이나 정확하게 모델을 반복하지 못하면 다시 모델을 제공함 | • 아동이 단지 "차"라고 말하여 일부의 반응만 보이면, 교사는 "자동차 주세요라고 말해 보자."라고 다시 촉진한다. 아동이 처음에 놓친 부분인 '주세요'를 매우 강조해서 말한다. |
| • 만약 아동이 정확하게 반응하면 언어 확장과 함께 원하는 자료를 제공함 | • 만약 아동이 "자동차 주세요."라고 말하면 교사는 "나는 경주용 자동차를 갖고 싶어요."라고 확장해 주고, 자동차를 아동에게 제공한다. |
| • 만약 아동이 무반응이나 정확하게 모델을 반복하지 못하면 정확한 반응이 무엇인지 말해 주고 아동에게 원하는 자료를 제공함 | • 아동이 반응하지 않거나 단지 일부분의 표현(예: "차")으로만 반응을 보이면 교사는 "자동차 주세요."라고 말한 후 아동에게 자동차를 제공한다. |

* 예시 부분의 촉진자(교사)가 언어 확장 과정에서 말하는 '나'는 촉진자가 아닌 아동의 입장에서 아동이 표현해야 할 말을 확장해 주는 것임

### ② 요구-모델

요구-모델 절차 역시 처음에는 학생과 공동관심을 형성하고 학생의 관심과 관련된 언어적 표현을 요구한다. 요구-모델은 질문 형식의 구어 촉진(예: "무엇을 갖고 싶니?")이나 선택 사항 제공(예: "우유와 주스가 있어. 어느 것을 먹고 싶니?") 또는 요청하기(예: "무엇을 하고 싶은지 말해

줄래?")를 포함한다는 점에서 모델링과 다르다. 그러나 학생이 요구(질문, 선택, 요청)에 대해 정반응을 보이면 언어 확장과 강화를 해 주는 것과 오반응이나 무반응을 보이면 교정적 요구하기나 교정적 모델링을 보여 준 이후의 절차는 모델링 절차와 같다(Kaiser & Hampton, 2017). 요구-모델 절차의 예를 제시하면 〈표 7-7〉과 같다.

〈표 7-7〉 EMT의 요구-모델 절차 예시

| 단계 | 예시 |
|---|---|
| • 아동의 관심에 주의를 기울이고 공동관심을 확립함 | • 아동과 교사는 Mr. Potato Head 놀이를 하고 있다. 아동은 교사가 모자와 안경을 선택하는 모습을 관찰한다. |
| • 구어적인 요구/질문을 제시함 | • 교사는 요청하기("네가 하고 싶은 것을 나에게 말해 줄래?") 또는 선택 질문("모자를 원하니, 안경을 원하니?")을 한다. |
| • 만약 아동이 정확하게 반응하면 언어 확장과 함께 원하는 자료를 제공해 줌 | • 아동이 목표 언어인 "모자 주세요."라고 말하면 교사는 "나는 야구 모자를 갖고 싶어요."라고 확장해서 말하고 아동에게 모자를 준다. |
| • 만약 아동이 무반응이나 오반응을 보이면 아동의 요구를 지원하는 수준에 맞는 또 다른 요구하기나 모델링을 제공함 | • 아동이 구어적으로 반응하는 것 없이 모자를 지적할 때 교사는 아동에게 "모자 주세요라고 말해 보자."의 구어 촉진을 제공한다. |
| • 만약 아동이 정확하게 반응하면 언어 확장과 함께 원하는 자료를 제공해 줌 | • 아동이 모델을 정확하게 반복하면 교사는 "나는 카우보이 모자를 갖고 싶어요."라고 확장해 주고, 모자를 주어 Mr. Potato Head에 씌우도록 한다. |
| • 만약 아동이 무반응이나 목표 수준에 맞는 요구하기에도 반응하지 않거나 정확하게 모델을 반복하지 못하면 정반응에 대해 설명하고 원하는 자료를 제공함 | • 만약 아동이 모델이나 요구하기에 불완전한 반응을 보이면 목표 수준에서 교사는 "모자 주세요."라고 교정해 주고 모자를 준다. |

* 예시 부분의 촉진자(교사)가 언어 확장 과정에서 말하는 '나'는 촉진자가 아닌 아동의 입장에서 아동이 표현해야 할 말을 확장해 주는 것임

### ③ 시간 지연

시간 지연 절차 역시 처음에는 학생이 자료나 도움을 요구할 것 같은 상황에서 공동관심을 형성하고 시간 지연 기법을 도입하여 반응을 촉구한다. 학생이 정반응을 보이면 즉각 강화하면서 언어적 확장을 제공하고 해당 자료를 제공한다. 오반응이나 무반응을 보이지만 학생의 관심과 흥미가 높고, 답을 알고 있는 것 같아 보일 때는 요구-모델하기를 적용하고, 학생이 관심이 없고, 답을 모르고 있는 것 같을 때는 모델링을 적용한다. EMT에서 사용하는 시간 지연 전략은 〈표 7-8〉과 같다.

〈표 7-8〉 EMT에서 사용하는 시간 지연 전략

| 전략 | 구체적인 내용 |
|---|---|
| 루틴을 잠시 멈추기 | • 2, 3개 예상되는 루틴을 반복한 후 아동이 어떠한 것이든 AAC 양식을 사용하여 표현할 때까지 기대하는 모습으로 잠시 루틴을 멈추거나 5초 정도 시간 흘려보내기 |
| 시각적 선택 제공하기 | • 아동이 원할 것 같은 두 개의 항목을 들고 보여 주며 아동이 어떠한 AAC 양식이든 사용하여 표현할 때까지 기대하는 모습으로 기다리거나 5초 정도 시간 흘려보내기 |
| 도움 제공하기 | • 아동이 조작하거나 무엇인가 얻기 위해 도움이 필요한 활동(예: 태엽 장난감, 상자 안에 든 장난감)을 제공하고, 어떠한 형태의 의사소통이든 보일 때까지 기다리거나 5초 정도 시간 흘려보내기 |
| 부적절한 부분 제공하기 | • 활동에서 필요로 하거나 원하는 만큼의 양보다 적게 제공(예: 적은 양의 플레이도우, 약간의 블록만 제공, 과자의 일부분만 제공)하고, 어떠한 형태의 의사소통이든 보일 때까지 기다리거나 5초 정도 시간 흘려보내기 |

[그림 7-13]에 브릿지스쿨에서 Mr. Potato Head 인형을 사용하여 아동이 모자나 입모양을 선택하고 꾸미도록 하는 모습을 제시하였다. 앞의 두 사진은 인형을 꺼내 놓고 시간 지연 후 시각적 선택을 제공하는 모습이다. SGD를 사용하는 모습의 사진은 인형에서 다른 부분들은 시야에 두었지만 입모양 부분을 상자에 담아 두고 꺼내지 않은 상태에서 학생이 SGD로 "빨간색 입술 주세요."를 표현하도록 유도하고 빨간색 입술을 받아 끼우는 상황이다.

[그림 7-13] Mr. Potato Head 인형을 사용한 활동 예시(브릿지스쿨)

### ④ 우발교수

우발교수는 의사소통이 요구되는 환경이 조성된 자연스러운 상황에서 학생의 요구가 있을 때마다 사용하는 것이다. 우발교수는 특정 화제에 대해 대화 기술을 개선하거나 보다 정교한 언어표현을 지도하기 위해 개발되었다. 우발교수는 학생이 먼저 요구가 있을 때 사용한다. 우발교수에서 첫 번째 단계는 아동이 자료나 도움을 요구하도록 고무하는 환경을 구성하는 것이다. 이렇게 구성된 환경에서 아동이 언어적, 비언어적으로 자료나 도움을 요청하면 공동관심을 형성한다. 이때 새로운 것이나 어려운 것을 지도하거나 이해도를 증진시키는 활동을 위해서는 모델링을 적용한다. 만약 상황이 복잡한 대화 기술을 지도해야 하는 경우라면 요구-모델하기를 적용하고, 자발적 요구를 먼저 촉진하고자 할 때는 앞에서 제시한 시간 지연 절차를 사용한다(Kaiser & Hampton, 2017). EMT에서 사용하는 우발교수 전략의 예시를 〈표 7-9〉에 제시하였다.

〈표 7-9〉 우발교수의 예시

| 단계 | 예시 |
|---|---|
| • 아동이 도움이나 자료를 요구하도록 격려하는 환경 구성하기 | • 아동과 교사는 서로 색칠 놀이를 하기로 한다. 교사는 아동에게 물감 붓과 종이를 주지만 물감은 주지 않는다. |
| • 아동이 요구하기 또는 코멘트를 시작하도록 기다림 | • 아동은 교사를 바라보고 "물감 주세요."라고 말한다. |
| • 만약 아동이 구어나 비구어적으로 요구하기를 시도하면 아동에게 필요한 지원 수준에 맞게 모델, 요구-모델, 시간 지연 절차를 사용하여 반응해 줌 | • 교사는 아동에게 웃음을 지으며 물감을 주고 "나는 물감 상자가 필요해요."라고 말한다. 만약 아동이 말은 하지 않고 물감을 손으로 지적하거나 목표 언어는 아니지만 "물감"이라고 말을 하면, 교사는 아동에게 가장 적절한 지원이라 생각되는 절차에 따라 반응해 준다. |

* 예시 부분의 촉진자(교사)가 언어 확장 과정에서 말하는 '나'는 촉진자가 아닌 아동의 입장에서 아동이 표현해야 할 말을 확장해 주는 것임

### (2) 강화된 환경교수 기법 사용의 결정

만약 아동이 시간 지연 촉진에 적절하게 반응하지 않는다면 교사는 아동이 반응할 가능성이 있는 것에 대해 단서를 주면서 아동이 모방할 모델이나 요구하기 중 하나를 제공할 수 있다. 그런 다음 아동의 반응에 대해 정확성을 확인하고, 아동이 말한 것을 확장하고, 요구했던 것은 무엇이든 학생에게 준다. 학생이 실제 흥미로워하는 항목이나 사건이기만 하면 하나의 강화인자를 지도하는 것도 가능하기 때문에 자연스러운 맥락 속에서의 에피소드가 지도하기에 간결하고 긍정적이다. [그림 7-14]에 핵심적인 환경교수 촉진과 시간 지연 패턴에 대해 제시하였

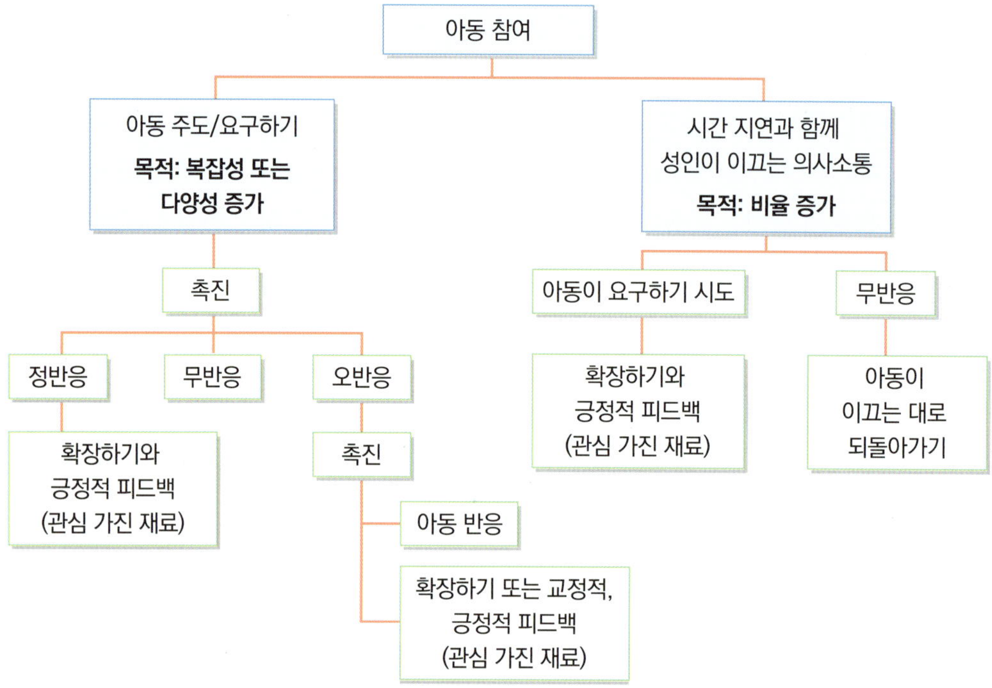


[그림 7-14] 핵심적인 환경교수 촉진과 시간 지연 패턴

고, 환경교수 기법 중 하나를 선택해야 할 때 적용하는 두 가지 가이드라인(Kaiser & Hampton, 2017; Kaiser & Wright, 2013)은 다음과 같다.

첫째는 아동과 지속적인 상호작용을 위해 가장 자연스러운 절차를 선택하는 것이다. 예를 들어, 요구-모델을 사용하여 질문하는 것은 아동의 의도나 원하는 것이 명확하지 않을 때, 또는 선택 사양을 물을 때(예: "우유 먹을 거니, 주스 먹을 거니?") 자연스럽다. 모델 절차는 아동이 적절한 반응을 알지 못할 때는 언제든 사용된다. 그러나 만약 아동이 사물의 명칭을 알지 못한다면 아동에게 모방하도록 요청하기(예: "이것은 레고 블록이야. 레고 블록이라고 말해 봐.") 전에 명칭에 대한 모델을 제공하는 것으로 시작하는 것이 좋다.

둘째는 적절한 의사소통 반응을 만들기 위해 아동이 필요로 하는 지원 수준을 제공하는 절차를 사용하는 것이다. 모델링은 아동의 반응을 이끌기 위해 최대한의 지원을 제공한다. 요구-모델 절차는 중간 정도 수준의 지원을 제공하며, 단지 질문을 하거나 그렇지 않으면 질문으로 두 가지 중 하나를 선택하도록(예: "치즈 샌드위치와 땅콩버터 샌드위치가 있어. 어느 것을 먹고 싶니?") 함으로써 아동의 기술에 맞추어 지원을 제공할 수 있다. 시간 지연은 어떠한 구어 촉진도 제공하지 않는 것이다.

우발교수는 아동이 요구할 때만 사용되어야 한다. 요구는 구어나 발성 또는 제스처 어느 것으로든 가능하다. 교사나 부모가 목표 언어를 촉진하는 방법은 아동이 정반응을 하기 위해 필요한 지원 수준에 따라 달라진다. 환경교수 촉진 과정의 모든 경우에 아동의 불완전하고 부정확한 반응은 정반응을 도출하기 위해 지원받는다(예: 아동이 요구에 반응할 수 없으면, 정반응의 모델이 제공된다). 모든 강화된 환경교수 절차의 목적은 상호작용이 가능한 의사소통적이며, 자연스럽고 긍정적이어야 한다는 것이고, 상호작용의 끝은 아동 자신이 원하는 강화인자를 받음으로써 끝나는 것이다.

## 3) 보완대체의사소통 사용자를 위한 강화된 환경교수 전략

### (1) 강화된 환경교수의 기본 가정

EMT는 의사소통 학습, 학생, 의사소통 상대자에 대해 다음 다섯 가지를 기본 가정으로 한다. 이것은 학생이 사용하는 의사소통 양식과 상관없이 모든 학생에게 적용되는 것이다. EMT의 핵심 전략은 의사소통 양식이 아닌 의사소통 맥락에서의 지도 형태, 학생의 관심과 흥미, 선호도를 중심으로 의사소통하는 것이다.

- 모든 아동은 의사소통한다.
- 의사소통은 서로의 의사소통 시도에 반응해 주는 상대자를 필요로 한다.
- 촉진자는 맥락에서 모델링을 통해 새로운 형식의 의사소통을 가르친다.
- 촉진자에 의한 의사소통 모델은 아동의 관심과 의사소통 의도와 일치할 때 가장 효과적이다.
- 촉진은 아동에게 기능적인 반응으로 작용할 때 효과적인 지도 방법이 된다.

### (2) 보완대체의사소통 사용자를 위한 강화된 환경교수 전략의 구성 요소

EMT 전략의 구성 요소와 각 구성 요소를 실행할 때 AAC 사용자에게 적용하는 방법(Kaiser & Wright, 2013)에 대해 〈표 7-10〉에 제시하였다.

〈표 7-10〉 EMT 전략의 구성 요소와 AAC 사용자에 대한 적용

| 구성 요소 | 특별한 전략 | 예시 | AAC 적용 |
|---|---|---|---|
| 놀이와 참여 | • 흥미롭고 매력적인 장난감 선택하기<br>• 아동이 선택한 장난감으로 적극적으로 놀이에 참여하기<br>• 목표 수준의 놀이 활동과 순서 가르치기 | • 촉진자는 전조작기 수준의 아동을 위해 블록을 선택한다.<br>• 촉진자는 블록을 무더기로 포개어 덤프트럭에 놓는 모델을 보여 준다.<br>• 촉진자는 아동에게 블록을 건네주고 놓도록 하여 놀이를 지속한다.<br>• 촉진자는 "트럭에 블록을 놓아. 블록 트럭"이라고 모델을 제공한다. | • 아동의 운동능력에 맞는 놀이 재료 선택하기 |
| 관찰과 반응 | • 아동과 마주 보고 앉기<br>• 아동의 주도를 따라가기<br>• 아동의 모든 의사소통에 반응하기 | • 촉진자는 아동과 마주 보고 앉아 서로 블록을 쌓는다.<br>• 아동이 블록을 자동차에 옮기면 아동을 따라 한다.<br>• 아기 인형으로 놀이를 하며 아동이 소리를 내면 촉진자는 "아가"라고 말하면서 반응해 준다.<br>• 아동이 선반 위에 장난감을 지적하면 촉진자는 "트럭"이라고 명명하며 반응해 준다. | • 아동의 AAC 양식을 사용하면서 동시에 말로도 함께 아동의 의사소통에 반응하기<br>• 아동이 AAC 체계를 즉각 사용하도록 가까이 두기<br>• 아동의 행동을 모방하고, AAC 양식으로 모델 제공하기 |
| 균형적인 말차례 주고받기 | • 아동의 말에 각각 한 번의 코멘트로 반응하여 말차례의 균형을 맞추기 | • 아동이 계속 웅얼거리면, 촉진자는 사물을 지적하며 말로 반응해 주고, 아동이 또 다른 말차례를 갖도록 기다려 준다.<br>• 아동이 "블록 더"라는 손짓을 하면 촉진자는 "나는 블록이 더 필요해."라고 확장하여 반응해 주면서 블록을 주고 아동이 또 다른 말차례를 갖도록 기다려 준다. | • 아동의 AAC 양식을 사용하면서 동시에 말로도 함께 아동의 의사소통에 반응하기<br>• 아동이 AAC 체계를 즉각 사용하도록 가까이 두기 |
| 거울 반응과 매핑하기 | • 아동의 비구어적인 행동을 모방하고(거울 반응), 이 행동에 대한 언어적 모델을 제공(매핑)하기 | • 아동이 플레이도우로 눈사람을 만들고, 촉진자 역시 플레이도우로 눈사람을 만들고 "눈사람 만들어요."라고 모델을 제공한다. | • AAC를 포함하여 거울 반응과 매핑 사용하기: 아동의 행동을 모방하고, AAC 양식과 구어로 모델 제공하기<br>• 아동이 AAC 체계를 즉각 사용하도록 가까이 두기 |

| 구성 요소 | 특별한 전략 | 예시 | AAC 적용 |
|---|---|---|---|
| 모델링과 의사소통 확장 | • 지적하기와 제스처를 모델링해 주기<br>• 목표 손짓기호나 단어를 모델링해 주기<br>• 단어나 상징을 첨가하여 아동의 의사소통을 확장하기 | • 촉진자는 사과를 지적하며 "사과"라고 말한다.<br>• 촉진자는 강아지 인형을 꺼내어 보여 주며 "강아지"라고 명명한다.<br>• 아기인형으로 놀이하는 동안 촉진자가 "아기" 단어나 손짓기호를 모델링해 준다.<br>• 아동이 "아기"라고 말하면 촉진자는 "아기 우유 먹어요."라고 손짓기호나 말로 확장해 준다. | • AAC 양식뿐만 아니라 말로도 함께 모델링하고 확장해 주기<br>• 목표 표현을 모델링하고 확장을 적용하기 위해 AAC 체계 준비하기 |
| 환경 구성 전략 | • 도움<br>• 선택<br>• 루틴과 함께 기다리기<br>• 단서를 주고 기다리기<br>• 사물의 일부분 제공 | • 촉진자는 아동에게 주스 병을 주고 도움을 요청하도록 기다린 후 뚜껑을 열면서 "주스 열어요."라는 표현을 모델링해 준다.<br>• 촉진자는 두 개의 선택지를 잡고 아동이 선택하도록 기다린 후 아동이 선택한 것에 대해 명명하고 아동에게 그것을 제공한다.<br>• 촉진자는 아동에게 적은 양의 플레이도우를 주고 아동이 더 요구하도록 기다린 후 "더"라고 말하고 아동에게 플레이도우를 준다. | • 촉진자는 재료 조절과 선택 기회를 제공하는 환경 구성 전략을 결정하고, 항상 손짓기호나 SGD를 사용할 수 있도록 손을 자유롭게 하기 |
| 환경교수 촉진 전략 | • 개방적 질문<br>• 선택하기 질문<br>• '말해 봐' 촉진<br>• 최소-최대 촉진체계<br>• 요구하기로 시작하고 확장으로 끝나는 에피소드 | • 아동이 공을 요구하면 성인은 "공이라고 말해 봐."라고 말한다.<br>• 촉진자는 주스와 우유를 양손에 들고 "주스니 우유니?"라고 말한다. | • 촉진을 도입하기 전에 AAC로 반응하는 방법 확립하기<br>• 초기 목표와 상대자에 의해 모델링된 확장 표현을 적용하기 위해 AAC 준비하기 |

### ① 전략 1: 놀이와 참여

촉진자는 아동과 놀이에 참여할 때 의사소통을 가르치는 것이 가장 쉽다. 사물 주변에서 루틴을 가지고 활동에 함께 참여하는 동안 의사소통 기회가 자주 발생한다. 이때 아동의 정면에서 눈높이에 맞추어 위치할 때 활동에 쉽게 공동 참여할 수 있다. 더욱이 아동이 좋아하는 활동일 때, 아동의 흥미와 행동이 놀이나 루틴으로 이루어지는 상호작용을 주도할 때 아동의 참여가 더 쉽게 이루어진다. 촉진자는 아동의 놀이에 물건이나 활동을 더 첨가하거나 환경을 조성하여 상호작용을 확대하고 공동 참여를 연장할 수 있다(예: 아동에게 자료를 건네주기, 더 많은 의사소통 기회를 갖도록 루틴을 확립하기). 촉진자는 직접적인 질문이나 가르치는 말로 상호작용이나 놀이를 주도해서는 안 된다. 왜냐하면 상호작용 초기에 촉진자는 가르치는 사람으로서가 아니라 상호작용 상대자로서 기능하기 때문이다.

아동이 사용하는 의사소통 양식과 상관없이 의사소통 상호작용의 선행 요건이 바로 이러한 공동 참여 방법을 개발하는 것이다. AAC 사용 아동과 놀이나 루틴과 연관된 재료들로 공동 참여 활동을 계획할 때 아동과 촉진자 모두 AAC 체계를 사용하기 쉬운 위치에 항상 두어야 한다. 만약 아동이 사용하는 AAC 체계가 수어나 손짓기호라면 서로의 의사소통을 볼 수 있도록 가능한 가까운 위치에서 서로 마주 보는 것이 중요하다. 촉진자가 아동의 AAC 체계 사용에 익숙하게 되면 성인과 아동은 더 복잡한 활동도 수행할 수 있다.

### ② 전략 2: 관찰과 반응

반응적인 상대자는 '의사소통 대화'를 아동이 주도하도록 기회를 주고 아동이 의사소통하려는 모든 시도에 반응해 주어야 한다. 아동의 의사소통 시도에 대한 반응으로 촉진자는 아동이 의사소통을 시도하도록 강화하고, 의사소통을 지속하도록 고무한다. 초보 의사소통자들은 자신의 관심과 요구, 바람에 대한 신호에 말을 첨가하는 형식을 사용한다. 예를 들어, 아동이 무엇인가 가지려고 손을 뻗치거나 지적하기, 보여 주기, 잡기, 발성, 간단한 손짓기호("더", "다 했어")는 의사소통 시도를 나타내는 최소한의 언어학적 형식이다. 이때, 의사소통 상대자인 촉진자는 아동의 의사소통 의도를 설명하기 위해 보다 표준화된 형식을 사용하여 반응해 주는 것이 좋다.

수어나 그림 의사소통판과 같은 로우테크 AAC를 사용할 때 의사소통에 주목하려면 의사소통 상대자의 입장에서 더 많은 정보가 필요하다. 게다가 아동이 표현하는 손짓기호가 표준화된 형식과 다르거나, 촉진자가 알지 못하는 그림을 지적하기도 한다. 이런 상황에서 촉진자는 아동의 의사소통 의도에 주목해야 하고, 이 의도가 무엇인지를 결정하기 위해 맥락(아동 행동의 다른 측면이나 아동이 주의집중하는 것)을 사용해야 한다. 이러한 것이 가능하려면 촉진자(교사/부모)가 아동의 반응에 대해 민감성을 가져야 한다.

민감성은 의사소통 상대자인 부모 또는 교사가 아동이 표현하는 모든 의사소통 형태, 즉 제스처, 발성, 단어 비슷한 것, 말하는 것에 주의를 기울이고, 아동의 모든 의사소통에 반응을 해 주고 말차례 주고받기 기회를 만들어 내면서 대화를 확립해 나가는 것이다. 예를 들어, 아동이 장난감 자동차를 밀고 있으면 성인(부모/교사)이 나란히 옆에 앉아서 "자동차 운전해요."라고 말한다. 이렇게 일단 의사소통 반응성을 확립하고 난 뒤 다음 단계의 목표 언어 사용을 중재하는 것이다.

의사소통 상대자가 될 촉진자는 상호작용의 기본 원리(민감한 반응, 아동의 주도를 따르기, 차례 주고받기를 촉진하기, 아동의 화제를 연장하기)와 기본적인 언어 시범 보이기(모델링) 전략(아동의 언어 수준 일치시키기, 아동의 행동이나 말을 모방하기, 아동의 말을 확장하기, 설명적인 말하기)을 먼저 사용해야 한다(Kaiser & Hampton, 2017). 어느 정도 이러한 전략들을 환경 구성과 함께 사용하면서 아동의 언어 학습 환경을 더욱 풍부하게 하고, 대화 상호작용을 위한 기초를 제공하는 방식으로 적용해 나가는 것이다.

비록 성인이 매 순간 아동의 의도를 정확하게 읽지 못해도 아동의 의사소통 시도를 증가시키는 것이 제일 먼저 할 일이다. 만약 아동이 의사소통하려는데 그 의미가 불명확하면 성인은 아동이 의사소통할 때 보인 행동을 기반으로 언어적인 모델링을 제공해 주는 것으로 반응해 주어야 한다. 그리고 이 모델링은 말로서뿐만 아니라 아동의 AAC 양식을 사용하여 제공해야 한다. AAC 사용자에게 주목하고 반응하려면 다음과 같은 점을 고려해야 한다.

- 아동이 사용하는 AAC 양식의 독특한 의사소통 형태 인식하기
- 구어적인 언어와 아동의 AAC 양식을 사용하여 반응해 주기
- 아동이 AAC 양식을 사용하여 반응한 것을 아동과의 놀이를 지속하는 데 통합하기

### ③ 전략 3: 균형적인 말차례 주고받기

말차례 주고받기는 사회적 의사소통의 기본이다. 상호작용에서 균형적인 말차례 주고받기는 아동이 대화를 조직하고 사회적 의사소통 교환을 확장해 나가도록 이끌게 된다. 상호작용에서 유관된 차례 주고받기를 해 주는 것은 아동의 의사소통 시도를 강화해 주고, 시간이 지남에 따라 차례 주고받기의 빈도와 사회적 의사소통 교환의 길이를 증가시킨다. 성인이 아동의 의사소통에 대해 반응해 주고 난 다음 아동이 다시 자신의 차례를 가질 수 있도록 기다려 주어야 한다. 이러한 과정을 통해 아동이 대화 주고받기의 규칙을 배우는 것이다. 아동의 말차례가 비도구 양식인 제스처, 발성, 물건을 건네주는 것 등으로 시작되었지만 촉진자의 유관된 반응(말이나 AAC 체계 사용을 모델링해 주는 것)은 아동으로 하여금 촉진자의 반응을 모방할 기회를 주게 되고, 아동은 다음 자신의 말차례에서 보다 진전된 의사소통 양식(단어, 상징, 손짓기호 또는 SGD)을 사용하게 된다.

말차례 주고받기가 느리고, 아동이 다시 차례 주고받기를 시작하지 않으면 촉진자가 상호작용을 지속하기 위해 한두 개의 차례를 더 가질 수 있다. 그러나 전체적인 목적은 함께 참여하

는 대화 속에서 서로 비슷한 차례 주고받기의 균형을 맞추는 것이다. 이때 아동과 촉진자가 같은 의사소통 체계를 사용하는 것이 중요하다. 즉, 촉진자도 AAC 체계와 동시에 구어를 사용하면서 자신의 말차례를 가지면 아동이 AAC 체계의 사용과 말하는 것을 관찰할 수 있다. 아동과 촉진자 사이에 AAC 체계와 재료들을 두고, 아동이 다른 장소로 이동하면 AAC 체계도 함께 가지고 가야 한다.

#### ④ 전략 4: 거울 반응과 매핑하기

아동의 의사소통에 반응하는 것은 아동이 이미 표현한 것을 강화하고 새로운 언어 양식을 제공하는 것이 된다. 거울 반응과 매핑하기(mapping) 전략은 의사소통하지는 않지만 재료를 가지고 공동 활동에 참여하는 아동에게 촉진자가 반응적인 의사소통 상대자가 되는 것이다. 거울 반응과 매핑하기 전략에서 촉진자는 아동의 행동을 그대로 모방하고 이어서 공동 활동에 대해 말을 덧붙여 모델을 제공한다.

예를 들어, 아동이 모양 맞추기 장난감에 블록을 끼워 넣고 있다면 의사소통 상대자인 촉진자도 이 행동을 그대로 모방하여 아동이 한 것처럼 모양 맞추기 장난감에 블록을 끼워 넣는다(상호작용에서 비구어적인 차례 주고받기 확립). 그런 다음, "안에"라고 말하면서 공동 활동(모방한 활동)을 계속 만들어 나간다. 아동과 함께 활동에 참여함으로써 촉진자는 아동의 참여에 대한 동기를 유발하고 새로운 의사소통 양식을 배우는 맥락을 만들어 낸다. 처음에는 아동의 행동을 모방하고 그다음 이 행동을 언어로 만들어 나감으로써 모델은 아동에게 더 중요한 것이 된다.

AAC 체계를 사용해서도 이 과정을 수행할 수 있다. 먼저, 아동이 말을 하지 않고 보이는 차례(예: 블록을 안으로 넣는 것)를 촉진자가 모방한 후 손짓기호나 SGD를 사용하여 의사소통 형태("안에")를 모델링해 주어 공동 활동을 만들어 나가는 것이다.

#### ⑤ 전략 5: 모델링과 의사소통 확장

EMT에서 언어를 모델링하는 것은 아동의 의사소통 시도에 주로 반응할 때 이루어진다. 의사소통 차례 주고받기의 균형을 이루고, 상호작용에서 아동의 주도를 따르는 것이 EMT의 주요 관점이다. 따라서 아동이 촉진자와 함께 활동에 참여하고, 의사소통에 관심을 보이고, 모델링해 준 의사소통 형태에 주목하고 반응할 것이 예측될 때 새로운 형태에 대한 모델링이 이루어진다. AAC 체계와 함께 말로도 모델을 제공하는 것 역시 차례 주고받기 상호작용 동안에, 그리고 거울 반응과 매핑하기 활동 동안에 이루어진다.

아동의 의사소통을 확장해 주는 것은 아동이 표현한 것을 정확히 포함하면서 새로운 단어를 넣어 성인이 표현해 주는 것이다. 확장하기는 발성, 제스처, 단어를 포함한 모든 의사소통 형식으로 해 준다. 아동이 발성을 하면 촉진자는 아동의 발성을 다시 반복해 주고, 아동이 말하고자 하는 내용의 단어를 말해 준다. 아동이 물건에 손을 대거나 제스처로 표현하면 이 행동을 그대로 모방한 후 해당하는 단어를 말과 AAC 체계로 확장해 준다. 예를 들어, 아동이 퍼즐을 지적하면 촉진자도 퍼즐을 지적하고 "퍼즐"이라고 말하면서 SGD로 퍼즐 상징을 눌러 표현하는 것이다. 확장하기는 아동이 단어를 표현하기 시작했을 때도 적용한다. 만약 아동이 "운전"이라고 말하면, 촉진자는 "자동차 운전해요." 또는 "나는 운전해요.", "나는 빨리 운전해요." 등으로 확장해 줄 수 있다.

확장하기를 통해 가르치고자 하는 목표 단어와 구는 아동의 수용언어와 표현언어 수준, 아동의 흥미와 활동에 따라 선택해야 한다. 요구하기 형식은 비교적 쉽게 배울 수 있기 때문에 EMT에서는 코멘트하기, 정보 공유하기를 위한 의사소통 기능에 중점을 둔다. 한 낱말 단어를 사용하는 아동의 경우 목표 단어는 특정 명사(장난감 이름, 사람 이름, 재료나 장소 명칭), 동사, 형용사에 중점을 둔다. 그리고 의미를 알기 위해서는 맥락에 의존해야 하는 불특정 명사(예: 이것, 저것, 그것, 여기, 저기 등)보다는 내용어를 중심으로 중재한다. 두세 단어를 표현하는 아동의 경우 초기 의미관계(행위자+행위, 대상+행위, 행위자+대상+행위)를 기반으로 목표 단어를 선택한다.

〈표 7-11〉에 현재 아동의 자발적 단어 표현 수준이 어느 정도인지에 따라 목표 언어 수준을 결정(Kaiser & Hampton, 2017)하는 것에 대해 제시하였다. 여기에서 현재 자발적인 표현 단어 수준은 반드시 말로 표현하는 것만이 아니라 AAC 체계를 이용해서 표현하는 것도 포함된다.

〈표 7-11〉 목표 수준의 언어 결정

| 현재 자발적인 성취 수준 | 목표 수준 |
|---|---|
| 0~50단어 | • 한 낱말 단어 말, 명사에 동사 원형을 첨가하여 말하기에 강조<br>(예: 아기 먹다, 아기 자다) |
| 50~100단어 | • 두 낱말의 말, 풍부한 어휘 조합 강조<br>(예: 행위자-행위, 대상-행위, 수식-실체) |
| 자발적인 두 단어 구 표현 | • 세 낱말의 말, 구문론적 조합 강조<br>(예: 행위자-대상-행위, 대상-배경-행위, 수식-대상-행위) |

〈표 7-12〉는 EMT에서 부모나 교사인 촉진자의 언어 확장 반응 예시이다. 의미관계 표현에 목표를 두고 확장하기를 적용하고자 하는데 AAC 체계의 한 화면에 원하는 상징이 없어 몇 번의 검색 과정을 거쳐야 하는 경우 의미관계 표현이 명확하게 전달되지 않을 수도 있다. 이런 경우에는 의사소통판이나 다른 하이테크 AAC 도구를 하나 더 사용하여 쉽게 상징을 연결하여 표현하도록 할 수 있다. 의사소통판에서는 플립 형태의 상징 배열을 사용하는 것도 좋은 방법이다.

〈표 7-12〉 EMT에서 확장하기 예시

| 아동의 말차례 | 성인의 확장 반응 |
|---|---|
| (공을 지적하기) | • (보여 주기) "공" |
| (비슷한 소리) "그" | • (재구성하기) "공" |
| "공" | • (대상-행위) "공 굴려요" 또는 (수식-실체) "빨간 공" |
| "빨간 공" | • (수식어-대상-행위) "빨간 공 굴려요." |

### ⑥ 전략 6: 환경 구성 전략

EMT 상호작용 동안 성인은 아동의 의사소통을 독려하기 위한 비구어적 단서들을 배치하는 환경을 구성한다. 이것은 시간적, 공간적으로 환경을 구조화하고, 학생으로 하여금 일관성 있고 예측 가능한 상호작용을 반복적으로 경험하게 하여 상호작용의 형태를 내면화함으로써 더 적극적인 의사소통을 할 수 있게 한다(박은혜 외, 2018). 환경구성을 통해 학생은 촉진자(교사/부모)와 더 빈번한 의사소통 기회를 갖게 되며, 적절한 언어 형식의 모델을 제공받고, 구어적 · 비구어적 의사소통 시도에 유관된 반응을 얻는다. 초보 의사소통자를 위해서는 환경 구성을 통해 비구어적인 요구하기를 증가시키는 데 목적을 둔다. 처음에 촉진자는 아동이 원하는 사물이나 행동 요구에 대한 의사소통 시도에 반응하고 그림 상징이나 SGD와 함께 말을 하면서 명명해 준다. 그다음 최소-최대 촉진체계의 위계에 따라 정반응을 촉진한다. 환경 구성의 예시(Kaiser & Hampton, 2017)를 참조하여 〈표 7-13〉에 제시하였다.

〈표 7-13〉 환경 구성 전략

| 재료 선택 |
|---|
| ① 학생의 선호도와 관심도가 높은 장난감/재료 선택하기 |
| ② 여러 가지 부분으로 구성된 장난감(Magna-tiles, Mr. Potato Head)이나 블록 놀이 세트 선택하기 |
| ③ 뚜껑을 열거나(예: 플레이도우) 서로 끼우려면(열차 선로 끼우기) 도움이 필요한 장난감 선택하기 |
| ④ 아동과 차례를 주고받으며 할 수 있는 장난감 선택하기 |
| ⑤ 아동의 놀이 수준에 적절한 장난감 선택하기. 아동이 가지고 놀고 싶어 하고, 잘 가지고 놀 것 같은 장난감의 특성을 고려하고, 그것과 비슷한 다른 장난감(인과관계 인식, 쌓기, 단순한 또는 복잡한 가상놀이) 선택하기 |
| **재료 배치** |
| ① 어수선하지 않은 환경에서 많은 기본적인 재료들에 접근할 수 있도록 허용하기(2~3개의 장난감 세트, 두 개의 간식 선택권 주고 선택하기, 2~3개의 미술 재료) |
| ② 시야에는 있지만 손이 닿지 않는 거리(또는 선반)에 장난감을 추가하고 첨가하기 |
| ③ 뚜껑 열기에 도움이 필요한 상자에 장난감을 넣어 두기 |
| **재료 관리** |
| ① 문지기 되기; 재료의 일부분과 아동 사이에 상대자(부모/교사)가 위치하여 요구·촉진하기 |
| ② 아동이 흥미를 잃으면 놀이를 계속할 수 있도록 재료 첨가하기; 일반적으로 함께 사용하지 않은 장난감과 재료들을 뒤섞어서 즐겁게 하고 창의적인 상황 만들기(예: 기차 세트에 농장 동물들 태우기) |
| ③ 차례 주고받기를 할 수 있는 재료를 아동과 상대자가 가지고 차례 주고받기 기회 촉진하기(예: 차례 주고받으며 블록을 더해 탑 쌓기, 침대에 인형을 차례 주고받으며 각각 놓기) |
| ④ 쉽게 반복할 수 있는 활동 속에서 루틴 촉진하기(예: 탑 쌓기, 무너뜨리기, 다시 쌓기; 인형에게 음식 먹이고, 목욕하고, 침대에 누이기) |

### ⑦ 전략 7: 환경교수 촉진 전략

환경교수 촉진은 아동에게서 목표 수준의 의사소통 반응을 이끌어 내기 위해 촉진자(교사/부모)가 단계적으로 수행하는 것이다. 촉진은 아동이 구어로든 비구어로든 요구가 있을 때 해 준다. 촉진의 위계는 아동에게 자신이 요구하는 물건이나 상대의 행위를 얻는 결과를 가져올 수 있는 특정 구어 반응을 가르치기 위해 설계된 것이다. [그림 7-15]에 EMT에서 사용하는 환경교수 촉진의 위계를 제시하였다.

촉진자는 대화를 지속하면서 아동의 요구에 대한 반응으로 항상 촉진을 자연스럽게 사용해야 한다. 아동이 무엇인가 요구하도록 하기 위해서는 촉진에 의한 아동의 반응 뒤에는 기능적인 결과(아동에게 특정한 강화 인자)가 반드시 있음을 강조해 준다. [그림 7-15]에서와 같이 촉진자는 아동의 반응을 지원하기 위해 최소-최대 촉진의 위계를 계획한다. 예를 들어, 아동이 손을 뻗거나 발성으로 요구하면 촉진자는 개방적 질문(예: "무엇을 하고 싶니?")을 한다. 아동이 이 질문에 반응을 보이지 않으면 촉진자는 이어서 선택 질문을 한다(예: "찰흙 놀이 할까, 자동차 놀이 할까?"). 아동이 선택은 하지만 의사소통 반응(손짓기호, 구어 또는 AAC 반응)을 보이지 않으면 아동이 모방하도록 요구하는 직접적인 촉진("자동차라고 말해 봐.")을 사용한다.

**환경교수 촉진**

- 항상 아동의 요구로 시작한다.
- 아동의 요구에 특정 형식의 구어 촉진으로 반응한다.
- 개방형 질문, 선택 질문, 모방하도록 촉진하기를 최소-최대 촉진 순서에 따라 제공한다.
- 아동이 오반응이나 목표 반응이 아닌 행동을 보이면 아동의 정반응을 이끌어 내기 위해 더 지원적인 촉진을 부가하여 제공한다.
- 정반응 후에 아동은 요구된 사물이나 상대자의 행위를 얻게 되고, 아동의 요구에 대한 확장 표현이 뒤따르게 된다.
- 촉진은 자연스럽고, 간단하고, 상호작용과 대화의 흐름에 녹아들어야 한다.

[그림 7-15] 환경교수 촉진의 위계

## 10 시각적 사고 전략과 화제생성 체계

AAC 사용자의 내러티브, 어휘다양도, 의미론, 구문론 등 언어능력뿐만 아니라 글쓰기 향상을 위한 중재 방법으로 시각적 사고 전략과 화제생성 체계를 소개한다.

### 1) 시각적 사고 전략

#### (1) 시각적 사고 전략의 의미

시각적 사고 전략(Visual Thinking Strategies: VTS)은 미술교육 지도 방법 중 하나이다. 하버드 대학교의 인지심리학자인 Abigail Housen과 뉴욕 MOMA의 전 교육장 Philp Yenawine의 협력으로 개발된 것으로 미술 작품에만 적용되는 것이 아니라 학문적인 교육과정의 모든 영역에 적용할 수 있다. VTS는 학생들에게 다음과 같은 이점이 있다(Taymuree, 2016a).

- VTS를 통해 학생들은 훌륭한 관찰자의 능력을 갖출 수 있다.
- VTS를 통해 학생들은 비판적이고 분석적인 사고능력을 갖출 수 있다.
- VTS를 통해 학생들은 교사의 주의 깊은 촉진과 함께 복잡한 생각과 감정들을 의사소통하기 위해 필요한 언어를 찾게 된다. 이 과정에서 각각 다른 관찰자의 생각을 기반으로 표현하는 것을 배운다. 학생들은 예의를 갖추어 논쟁하는 것에 대해 배우고, 다른 사람의 경험으로부터 새로운 것들을 배운다.
- VTS를 통해 학생들은 주의 깊게 분석적으로 경청하는 기술을 배운다.

영아들은 출생 후 얼마 안 되어 자신의 눈을 사용하여 주변을 관찰하기 시작하다가 점차 자신이 본 것을 인식하게 된다. 신생아의 시각 체계가 발달하는 데는 시간이 걸린다. 생후 첫 주에 영아들은 세밀한 것을 보지 못한다. 그들이 처음 보는 세상은 흐릿하고 회색조이다. 며칠 후 영아들은 자신의 엄마 얼굴을 보고 인식하게 되며, 다른 사람의 얼굴보다 엄마 얼굴을 보고 더 좋아한다. 다음 몇 주 동안 컬러 이미지를 보는 능력이 발달한다. 2~3개월경 영아는 두 눈을 함께 잘 움직이게 되고, 이제 한 사물에서 다른 사물로 응시를 이동할 수 있다. 7~12개월경 영아는 거리 판단에 능숙해지고, 자신을 둘러싼 시각적 세상을 해석하는 데 능숙하게 된다.

VTS는 학생들이 자신이 본 것을 더 깊이 지각하기 위해 이러한 타고난 시각적 기술을 적용하도록 요구한다. 처음에 학생이 미술 작품의 이미지를 볼 때 관찰 기술은 매우 제한되어 있다. 아마도 학생은 단지 주요 사물과 색깔만 볼 것이다. 그러나 반복된 연습 및 숙련된 촉진과 함께 학생은 점차 더 많이 관찰하기 시작한다. 시간이 지나면서 학생은 이야기, 예술가의 세밀한 기술, 역사적 맥락 등 더 폭넓은 시야에서 미술 작품을 관찰할 수 있다. 이러한 관찰 기술은 미술 작품에만 적용되는 것이 아니라 시와 문학, 과학적 연구, 수학적 문제 해결, 철학적 개념에 대한 심층적인 관찰에도 적용된다. 이러한 것들은 고등교육을 위한 선수 관찰 기술이기도 하다. 따라서 관찰 기술을 키우는 것은 모든 다른 학습에도 유용하다.

VTS는 의사소통 기술을 가르치고 증진시키기 위해서도 사용된다. 복합의사소통장애 학생들의 교사가 겪는 어려움은 의사소통 기술을 가르치는 것과 자신의 생각을 표현하는 수단을 학생이 갖도록 하는 것이다. Taymuree(2016a)는 자신이 가르치는 실제 수업에서 VTS를 병합했더니 학생들이 사물에 집중하고, 관찰하고, 생각하고, 더 긴 표현으로 의사소통하는 능력이 증가하였다고 하였다. 또한, 일반 학급에서 또래들과 함께 미술 작품을 경험할 기회를 갖게 되었을 때 자신들이 경험한 작품에 대해 토론하는 데 참여함으로써 VTS가 인지 성장의 원동력이 되는 것을 느꼈다고 하였다.

### (2) 시각적 사고 전략의 방법

#### ① 시각적 사고 전략의 절차

VTS는 그림에 대한 학생들의 대화에 중점을 두는 교육방법으로서 먼저 미술 작품을 선정하고 그 작품에 대해 감상하는 시간을 가진 뒤 학생들이 모두 참여하여 미술 작품에 대하여 대화를 나누는 시간을 가진다. 일반 학급의 경우 토론을 위한 적절한 인원으로 15~18명을 이야기하지만 복합의사소통장애 학생이 속한 학급에서는 학생의 특성을 고려하여 적용해야 한다. VTS를 적용한 수업은 일반적으로 다음과 같은 순서로 이루어진다(Yenawine, 2013).

1. 그룹 선정: 발달 수준이 비슷하면서 다채로운 의견이 나올 수 있도록 모둠원을 구성한다.
2. 토론 주제 및 작품 선정: 학습자의 발달 수준에 맞는 주제, 실생활에 도움이 될 수 있는 주제 등 다양한 주제에 맞추어 호기심을 유발하고 다양한 표현이 가능한 작품을 선정한다.
3. 토의 전 관찰을 통해 조용히 감상하기: 작품을 충분히 감상할 수 있는 시간을 가진 뒤 작품에 대해 토의를 시작한다.
4. 질문하기: 정교하게 구성된 질문을 통해 학생들의 탐구를 활성화시킨다.
5. 토의 촉진하기: 교사는 학생들의 표현에 대해 바꾸어 말하기, 연결하기 역할을 하며 토의를 촉진한다.
6. 마무리 및 수업 정리하기: 이 활동에서 토의란 옳고 그름을 도출하는 것이 아니라 생각하는 방법을 학습하는 것임을 학생들에게 안내한다.

#### ② 시각적 사고 전략에서 사용하는 질문

VTS의 이러한 절차에서 중요한 단계가 질문하기이다. Yenawine(2013)은 다음 순서로 개방형 질문을 사용하도록 제안하였다.

1. 이 그림에서 무엇을 하고 있지요?(무슨 일이 일어나고 있지요?)
2. 무엇을 보고 그렇게 말한 것인가요?
3. 우리가 더 찾을 수 있는 것은 무엇인가요?

교사는 질문과 토의 촉진 단계에서 "이 그림에서 무슨 일이 일어나고 있지요?"라는 질문과 함께 토론을 시작한다. 이 질문을 통해 학생들이 이야기와 내러티브를 발견하도록 독려하면서 동시에 학생들이 말하는 어떠한 종류의 코멘트도 허용한다.

복합의사소통장애 학생의 경우 질문을 단순하게 변형하여 "이 그림에서 여러분이 보고 있는 것은 무엇이지요?"라는 질문으로 시작한다. 만약 반응이 단순히 사물의 이름을 말하는 정도라면 주제나 상황에 대해 더 말해 보도록 학생들을 독려한다. 두 번째 질문에서 "무엇을 보고 그렇게 말한 것인가요?"라는 질문과 함께 학생들의 생각과 유추한 것을 입증해 나가기 시작한다. 이렇게 해서 일단 특징에 대해 충분한 의견이 나왔다면 세 번째 질문으로 "우리가 더 찾을 수 있는 것은 무엇인가요?"로 토론을 바꾼다.

복합의사소통장애 학생에게 VTS를 적용할 때 학생의 특성을 고려하여 질문을 수정할 수도 있다. 예를 들어, 중증의 복합의사소통장애 학생의 경우(최다영, 한경임, 2023) '왜?'의 의미 이해가 어려워 두 번째 질문을 하지 않고, 학생의 반응을 이끌어 내기 위해 조금 더 구체적인 추가 질문으로 "이 그림의 이야기를 말해 줄 수 있나요?", "그림 속 인물의 기분은 어떻게 보이나요?", "그림의 어떤 부분이 재미있었나요?", "그림을 보고 어떤 생각이나 느낌이 들었나요?"를 사용하였다.

#### ③ 시각적 사고 전략에서 학생들의 표현에 대한 반응

학생들이 대답한 의견에 대해 반응해 줄 때 교사로서 지켜야 할 기본 요소를 Yenawine(2013)은 다음과 같이 제시하였다.

- 중립성 유지하기: 토론에 학생들을 모두 참여시키고, 각 학생들의 의견에는 옳고 그름이 없다는 것을 알게 하는 것이다. 자신의 답에 옳고 그름이 있다는 관점을 버리게 되면서 학생들은 더욱 자발적으로 참여하게 된다
- 지적하기와 바꾸어 말하기: 학생들의 표현에 대해 새로운 어휘로 바꾸어 말해 준다.
- 연결하기: 학생들이 단어로 표현한 것을 연결하여 문법에 맞게 문장을 고쳐 준다.

이 과정에서 학생들의 표현에 대해 새로운 어휘로 바꾸어 말하거나 단어를 연결하여 문장을 고쳐 주면서 재구성하기가 이루어질 수 있으며 이때 제6장에서 제시하였던 스토리맵을 활용하면 매우 효과적이다.

### (3) 시각적 사고 전략에서 사용하는 작품

VTS는 예술 작품을 사용하는 것으로 일반 사진이나 교과서의 삽화 또는 애니메이션 같은 그림을 사용하는 것이 아니다. 그림 작품을 선정하는 기준(최다영, 한경임, 2023; Yenawine, 2013)은 다음과 같고, 작품 예시를 [그림 7-16]에 제시하였다.

- 학생의 연령, 성별, 지역을 고려한 그림(흥미성)
- 학생의 주의를 끌 수 있는 그림(흥미성)
- 학생에게 친숙한 주제나 상황을 다룬 그림(친밀성)
- 해석의 여지가 열려 있어 이야깃거리가 풍부한 그림(화제성)
- 학생의 발달단계에 적합한 그림(적절성)
- 소재가 적절한 그림(적절성)
- 내용의 다양성을 고려한 그림(다양성)
- 형태의 다양성을 고려한 그림(다양성)
- 의미관계를 명확하게 표현할 수 있는 그림(명확성)
- 추상적이지 않고 학생이 알아볼 수 있는 그림(명확성)

David P. Bradley의 〈Chippewa family〉

Lee-Smith의 〈Boy with tire〉

Henry Jules Jean Geoffroy의 〈The children's class〉

김홍도의 〈서당〉

[그림 7-16] VTS에 사용하는 그림 작품 예시

### (4) 시각적 사고 전략을 사용한 수업

T.A.C.L.E. 프로그램 특수학급에서 VTS를 활용한 수업 예시(Taymuree, 2016a)를 다음에 제시하였다.

#### ① 학생들의 의사소통 기능 점검

VTS 적용 수업에서 미술 작품에 대한 토론 과정에 필요한 표현을 위해 개별 학생들의 의사소통 기능과 수용어휘와 표현어휘 능력에 대해 점검한다. 필요하다면 각 학생의 AAC 도구에 관련된 어휘를 첨가한다.

#### ② 그림 작품 감상

VTS에서 강조하는 것은 학생들이 토론하기 전에 생각하고, 분석하고, 반성하기 위해 조용히 관찰할 시간을 허용하는 것이다. 학생들에게 약 1분 정도의 관찰 시간을 준다. 처음 30초 정도 "여기 보자!"라고 말하며 그림에 집중시키고 이미지의 여러 가지 특징을 지적하면서 학생들의 관찰을 안내한다. 그런 다음 30초 동안 교사는 한 발 물러서서 학생들 스스로 관찰할 시간을 허용한다. 학생들이 주의집중을 지속하고 있는지 알기 위해 눈을 본다. 그리고 학생들의 관찰 기술에 대해 즉각적인 피드백을 해 준다(예: "나는 네가 그림을 두루 살펴보는 방식이 참 좋단다.", "그림을 계속 봐야지!").

#### ③ 질문하기와 토의 촉진하기

첫 번째 질문은 항상 "이 그림에서 무엇을 하고 있을까?"이다. 학생으로 하여금 이야기(내러티브)를 끌어내기 위해 이런 방식으로 질문하는 것이다. 그러나 어린 아동이나 초보 의사소통자에게는 "이 그림에서 무엇이 보이지?"라고 질문한다. 질문할 때 "나는 ~을 보았어요."라는 문장으로 말할 수 있도록 학생들에게 상기시킨다. 질문할 때 학생 모두가 질문의 내용을 볼 수 있도록 의사소통판이나 눈응시판을 사용하는 것도 좋은 방법이다.

학생들의 반응이 한 낱말 반응이라면 "좀 더 말해 줄래?"라고 요구한다. 이때 의사소통판의 다른 표현("무슨 일이 일어났지?", "그림에 대해 묘사하고 싶어요.", "나와 연결해서 말하고 싶어요.")을 짚으면서 학생들의 반응을 확장시키도록 한다.

만약 같은 특징에 대해 여러 번 반복하고 있다면 그때 세 번째 질문으로 "우리가 더 찾을 수 있는 것은 무엇일까?"라고 질문한다. 이 질문은 학생들로 하여금 그 이미지에서 두드러지지는 않지만 또 다른 특징에 집중하도록 도와준다.

[그림 7-17]은 작품을 감상하며 이미지를 소개하는 장면, 눈응시판을 사용하여 질문하고 토론

하는 수업 장면의 예시이다.

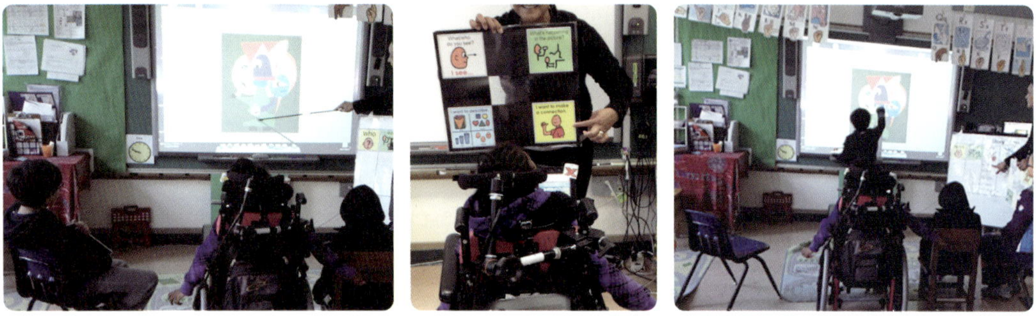

[그림 7-17] VTS 적용 수업에서 질문하기와 토의 촉진하기 예시(T.A.C.L.E. 프로그램 특수학급)

### ④ 다른 말로 바꾸어 말해 주기와 연결하기

토론 과정에서 교사는 학생들의 반응을 스토리맵의 한쪽 면에 써서 학생들에게 영어의 기본적인 문장 구조에 대해 시각적으로 예를 제시한다. 이미지에 대한 토론을 마친 후 교사는 이후에 문법 지도를 정교하게 하기 위해 사용할 2~3개 문장을 선택한다. 예를 들어, 스토리맵의 검은색 단어들은 학생들이 토론 과정에서 말했던 것들이다. 파란색 단어들은 교사가 "더 말해 줄래?"라고 물었을 때 답한 추가적인 코멘트들이다. 이후에 정교화 과정을 통해 문장에서 빠뜨린 요소들에 대해 논의한다. 이러한 과정에서 수정된 것들은 빨간색으로 쓴다. [그림 7-18]에 VTS를 활용한 수업에서 스토리맵을 사용한 정교화 과정과 학생의 의사소통판 예시를 제시하였다.

[그림 7-18] VTS 활용 수업에서 스토리맵과 의사소통판 예시(T.A.C.L.E. 프로그램 특수학급)

### 2) 화제생성 체계

화제생성 체계(Topic Generation System)는 AAC 사용자의 내러티브를 증진시키는 방법 중 하나로, 개인 사진이나 그림 자료들을 활용하는 것이다. 학교 현장학습, 가족 여행 등과 관련된 사진이나 그림 자료들을 모아 화제생성 체계(Taymuree, 2016b)를 만들어 내러티브 중재뿐만 아니라 다양한 의사소통 상호작용에 활용할 수 있다. 화제생성 체계를 보며 대화 주제를 선택하고, 선택한 주제를 바탕으로 교사와 학생 간 일대일 대화만이 아니라 학급 친구들과 함께 상호작용하며 서로 이야기를 나누는 활동을 할 수 있다.

화제생성 체계는 단순히 개인 사진만 바인더에 저장해 두는 것이 아니라 가능한 정서적으로 강렬한 사진에 기억을 상기시킬 만한 아이콘, 대화 시작의 아이디어를 얻기 위한 AAC 상징 등으로 콜라주를 만들어 상호작용에 활용한다. [그림 7-19]에 T.A.C.L.E. 프로그램 특수학급에서 사용하는 화제생성 체계의 예를 제시하였다.

[그림 7-19] 화제생성 체계 예시

## 11 의사소통 능력 모델에 따른 보완대체의사소통 중재 전략

의사소통 능력 모델은 AAC를 사용하는 학생의 현재 상태를 사정하고 개별화교육계획(Individualized Education Plan: IEP) 목표를 설정하는 데 활용되므로 각 능력별로 사용될 수 있는 중재 전략과 함께 IEP 목표 예(Light & McNaughton, 2014; Marshall, 2020)를 제시하였다.

### 1) 언어적 능력 중재

언어적 능력은 개인이 가족과 지역사회에서 자신의 언어로 판단하고 말하는 기술이며, 알고 있는 지식을 의미한다. 언어적 능력은 의미론, 구문론의 측면에서 말이나 글로 표현하는 것과 관련된다.

### (1) 의미론 중재

의미론적 능력은 단어들을 이해하고 각 단어들이 서로 어떻게 관련되는지 아는 것이다. 따라서 필수적인 메시지 전달과 언어 기술 발달에 필요한 어휘들(핵심어휘, 부수어휘)을 선택한다. 중재 전략의 예시로는 AAC 도구를 사용한 언어 자극, 즉 학생의 AAC 도구를 이용하여 어휘를 모델링해 주는 것이다. AAC 도구를 사용한 언어 자극은 어휘 습득만이 아니라 다른 AAC 능력 향상에도 효과적이다. 의미론적 능력의 IEP 목표 작성 예시는 다음과 같다.

> 학생은 6개월간 최소 세 가지 상황에서 목표 단어를 기능적으로 사용하여 최소 15개 핵심어휘를 포함하여 표현어휘를 확대할 것이다.

### (2) 형태소 중재

형태소 중재에서 지도할 내용은 문법, 즉 단어 순서를 가르치는 것이다. 형태소 중재에서 고려할 점은 문법형태소 표현에 접근이 쉬워야 하고, AAC 사용자가 교사의 모델링을 따라 문법형태소를 모방하는 것만이 아니라 일반화하여 다양하게 표현할 수 있도록 하는 것이다.

중재 전략으로는 재구성을 통해 대조하여 비교해 주는 것(예: 같은 회기에 2개의 형태소를 목표로 하여 비교하면서 중재)과 독립된 연습 기회를 주는 것이다. 형태소 중재 관련 IEP 목표 예시는 다음과 같다.

> 학생은 최소한의 구어적/시각적 단서가 주어지면, 40분 교육 시간 동안 최소 3회 자신의 AAC 도구에 있는 '단어 형식'의 범주에서 복수형과 현재 진행형 표현을 할 수 있다.

### (3) 구문론 중재

구문론은 단어와 구의 배열을 배우는 것이다. 구문론 중재 전략으로는 확장과 확대를 적용할 수 있다. 아동의 말을 반복해 주는데 정확한 구문과 문법을 적용하고 추가적인 정보를 더해서 확장이나 확대해 주는 것이다. 예를 들어, 학생이 "켜+음악"이라고 말하면 교사는 "그래. 음악+을+같이+켜자."라고 확장해 준다. 구문론 중재 IEP 목표 예시는 다음과 같다.

학생은 40분 교육 시간 동안 최소한의 단서가 제공되면, 최소 5회 적어도 3개 상징을 조합하여 자신의 구문론 능력을 확대할 것이다.

#### (4) 언어적 능력 중재 대화 예시

다음의 예시는 핵심어휘에 중점을 두면서 언어적 능력과 구문론(문장의 어순)을 강조하는 모습을 보여 주며, 확장을 모델링해 주기 위해 AAC 도구를 사용한 언어 자극 전략을 사용하고 있다. 대화의 속도가 느리지만 그만큼 기다림이 필요하다.

교사: 너와 엄마와 동생이 놀이공원에 갈 예정이야. 놀이공원 가면 나는 롤러코스터에 가는 것을 좋아해. 나는 빨리 가는 것을 좋아해(학생의 SGD 사용해서 '너-엄마-동생-놀이공원-가다, 나-놀이공원-가다-좋아해, 나-빨리-가다-좋아해' 누름). 너는 어때?

학생: (웃으며 고개를 숙임)

교사: 음. 나는 네가 빨리 가는 것을 좋아하는지(학생의 SGD 사용해서 '너-빨리-가다-좋아해' 누름) 아니면 빨리 가는 것을 싫어하는지('빨리-가다-싫어해' 누름) 궁금해.

학생: 빨리 가요. (자신의 SGD로 '빨리-가다' 누름)

교사: 아하! 알겠어. 너는 빨리 간다. (동시에 학생의 SGD 사용하면서) 동생은 어떻지?

학생: (고개 숙임)

교사: (잠시 멈추고 기대 지연을 갖고 기다림)

학생: 아니요. (자신의 SGD로 '아니요' 누름)

교사: 아니요? (잠시 멈추고 기대 지연을 갖고 기다림)

학생: 아니요 가다 빨리. (자신의 SGD로 '아니요-가다-빨리' 누름)

교사: 아! 동생은 빨리 가는 것 싫어요. (학생의 SGD 사용해서 '동생-빨리-가다-싫어요' 누름)

### 2) 사회적 능력 중재

사회적 능력은 다른 사람들과의 관계 맺기와 관련된 것이다. 다른 사람들과의 관계 맺기 역시 의사소통을 통해 이루어진다. Marshall(2020)은 사회적 능력을 키우기 위해 화용론, 차례 주고받기, 참여에 중점을 두어 중재할 것을 제안하였다.

### (1) 화용론 중재

화용론 중재에서는 인사하기, 질문하기와 질문에 대답하기, 코멘트하기, 이야기 말하기, 선택하기, 요구하기, 감정 표현하기 등에 대한 지도를 통해 광범위한 메시지 전달에 중점을 둔다. 중재 전략으로는 의사소통 기회 제공하기, 개방형 질문 강조하기, 모델링 등이 사용될 수 있다. 화용론 중재 IEP 목표 예시는 다음과 같다.

> 학생은 구어적/시각적 단서가 주어지면, 40분 교육 시간 동안 최소 5회 의사소통 기능을 표현하는 것으로 사회적 의사소통을 증진시킬 것이다.

### (2) 말차례 주고받기 중재

말차례 주고받기는 상호호혜적인 대화 과정에 참여하는 것이다. 중재 전략으로는 그래픽 상징을 사용한 시각적 지원과 함께 모든 의사소통 시도에 대해 인식하고 대응해 주는 것이다. 말차례 주고받기 중재의 IEP 목표 예시는 다음과 같다.

> 학생은 대화 참여 유지를 위한 최소한의 단서가 주어지면, 단일 주제로 4~5분 동안 최소 네 가지 관련된 내용을 표현하여 대화에 참여할 수 있다.

### (3) 참여 중재

사회적 능력에서 참여 중재란 가능한 효과적이면서 효율적으로 의사소통하도록 중재하는 것을 의미한다. 중재 전략으로는 AAC 도구에 미리 저장된 구(phrase) 표현을 활용하여 화제와 관련된 이야기를 조직화하는 것이다. 아동의 의사소통 도구로 활용할 수 있지만 다른 의사소통 체계로도 표현할 수 있도록 중재한다. 참여 중재의 IEP 목표 예시는 다음과 같다.

> 학생은 최소한의 단서가 주어지면, 주 5회 중 4회 조회 시간에 미리 저장해 둔 구 표현을 사용하여 자신의 주말 활동에 대해 친구들과 공유할 수 있다.

### (4) 사회적 능력 중재 대화 예시

다음 중재 예시는 상호호혜적인 사회적 상호작용을 목표로 효율적인 말차례 주고받기 기술과 함께 사회적 능력과 전략적 능력을 지원하는 대화 내용이다. 이 중재의 대화 내용에서는 언어적 능력에 대한 중재는 고려하지 않고 있으며, 한 낱말 단어만 요구하는 질문을 하고 있는 것이 제한점으로 지적될 수 있다.

> **교사:** 방학 때 즐거운 계획이 있니?
> **학생:** (웃으며 불명확하지만 소리를 냄) 놀이공원.
> **교사:** 와! 놀이공원 갈 거니? 너무 좋겠다. 누구랑 갈 거니?
> **학생:** 엄마. 누.
> **교사:** 누? 누나? 누나도 함께 갈 거니?
> **학생:** (고개 숙임)

## 3) 조작적 능력 중재

조작적 능력은 의사소통 체계의 공학기술적인 측면을 활용하고 유지하기 위해 필요한 기술이다. 예를 들어, 도구에서 원하는 상징을 찾아 검색하는 것, 도구의 전원을 켜고 끄는 것, 도구의 소리를 조절하는 것, 충전하는 것, 상징을 첨가하는 것에 참여하는 것, 도구를 휴대하는 것 등이다. 이러한 능력을 갖추게 하는 지도 전략으로는 책무성 체크리스트를 만들어 전원 on/off, 소리 조절, 충전 등을 학생이 하였는지 점검하는 것이다. 예를 들어, 학교 일과를 끝내고 집으로 가기 전에 가방을 싸면서 교사는 체크리스트를 이용하여 학생이 자신의 도구를 관리하도록 할 수 있다. 조작적 능력 중재의 IEP 목표 예시는 다음과 같다.

> 학생은 최소한의 단서를 주면 40분 교육 시간 동안 최소 3회 자신의 도구에서 검색 툴바를 사용하여 핵심어휘, Quick Fires 어휘, 토픽 어휘의 위치를 찾을 수 있다.

## 4) 전략적 능력 중재

전략적 능력은 상호작용 과정에서 의사소통의 속도를 높이거나 상대자와 의사소통의 효율성을 높이기 위해 자신의 의사소통 도구를 어떻게 활용하는가와 관련이 있다. 전략적 능력 중재의 예로 백업 체계, 대화 복구, 행동 대신에 AAC 도구 사용하기(Marshall, 2020)로 나누어 제시하면 다음과 같다.

### (1) 백업체계 사용

백업체계(backup system) 사용은 자신이 사용하는 주요 의사소통 도구를 활용할 수 없을 때 다른 체계(하이테크, 로우테크 체계 어느 것이든)를 사용할 수 있도록 하는 것이다. 이것은 자신의 전용 도구가 있지만 전용 도구에서 사용하는 AAC 프로그램을 태블릿에서도 다운받을 수 있는 경우 태블릿을 함께 사용하는 것이다. 예를 들어, Tobiidynavox의 TDsnap 프로그램은 전용 도구에서 사용할 수 있으며 아이패드로도 사용할 수 있다. 전용 도구에서는 아이트래커 사용이 가능하지만 아이패드에서는 아이트래커 사용이 불가능하기 때문에 아이패드의 상징을 사용할 때는 상대자 지원 스캐닝을 사용하여 상징을 선택하도록 한다. 또 다른 방법은 아동의 실제 전용 도구 화면을 출력해서 사용하는 것이다. 이 외에 항상 의사소통판을 함께 사용하는 방법도 있다. 중재 전략으로는 AAC 사용 학생이 자신의 전용 도구를 사용할 때 다른 AAC 양식을 백업체계로 역할하도록 기회를 주는 것이다.

[그림 7-20]에 백업체계의 예시로 의사소통 앱 프로그램인 Tochchat을 아이패드로 거의 항상 사용하지만 이 상징들을 출력하여 의사소통판으로 사용하는 모습을 제시하였다. 여기서 의사소통판은 학생의 전용 SGD를 사용할 수 없을 때 백업체계로도 사용이 가능하며, 교사가 보완적인 의사소통 입력 전략을 적용하기 위해 사용할 수도 있다. 세 번째 사진은 아이패드에서 사용하는 GoTalkNow 프로그램을 화면 그대로 출력해서 백업체계인 의사소통판으로 사용하는 예시이다.

[그림 7-20] 백업체계의 예시(미국 아발론 특수학교)

백업체계 중재의 IEP 목표 예시는 다음과 같다.

> 학생은 자신의 하이테크 SGD를 사용하지 못하거나 상대자가 보완적인 언어입력을 통해 상징에 대한 노출 기회를 높이고자 할 때 30분 대화 과정에서 자신의 SGD 상징이나 레이아웃에 기반하여 구성된 로우테크 도구를 최소 3회 사용할 것이다.

#### (2) 대화 복구 전략

대화 복구 전략은 말이나 손짓기호, 제스처 등으로 표현된 의미를 상대자가 이해하지 못할 때 메시지를 명확히 하기 위해 의사소통 도구를 사용하는 것이다. 중재 전략으로 사보타주를 사용한다. 사보타주는 의사소통 기회를 만들어 주기 위해 사용하는 방법이기도 하다. 의사소통 좌절이 발생했을 때 사보타주를 적용하여 의사소통 과정을 방해하고 의사소통이 좌절되었음을 감추는 듯하면서(예: “아! 다시 말할게요.”) 곧바로 의사소통 과정을 회복하여 참여하도록 하는 것이다. 대화복구 전략 사용에 대한 IEP 목표의 예시는 다음과 같다.

> 학생은 “너의 AAC 도구로 말해 줄래?”라는 최소한의 구어 촉진과 자신의 도구를 검색해 보도록 최소한의 시각적 촉진이 주어지면, 40분 수업 시간 동안 최소 1회 대화 실패를 복구할 수 있다.

#### (3) 행동 대신에 보완대체의사소통 도구 사용하기

학생들이 보이는 도전행동의 대부분이 의사소통 기능을 갖고 있는 경우가 많다. 자리이탈, 공격성, 자해와 같은 비언어학적인 의사소통 형식을 AAC 체계를 통해 기능적인 의사소통 형식으로 대체하도록 하는 것이 또 하나의 전략적 능력 중재 방법이라 할 수 있다. 이때 사용하는 전략이 기능적 의사소통 훈련(Functional Communication Training: FCT)이다. FCT에 대한 IEP 목표의 예시는 다음과 같다.

> 학생은 신체적 단서와 환경 구성을 통해 이전 상황으로 되돌려 놓아 달라는 요구를 하면 그 상황 중 60%에서 발로 차거나 소리 지르는 비언어적인 행동 대신에 자신의 AAC 도구를 사용하여 의사소통할 것이다.

## 12 기능적 의사소통 훈련을 적용한 보완대체의사소통 중재

### 1) 기능적 의사소통 훈련의 개념

FCT는 보다 적절한 의사소통 양식을 가르쳐서 도전행동을 감소시키려는 목적을 가진 접근법이다. 이 접근법의 이론적 근거는 도전행동들이 종종 사회적으로 조정된 어떤 형태의 결과

(즉, 관심 끌기, 선호하는 물건 얻기, 싫어하는 활동으로부터 회피)로 유지되는 것을 보여 주기 때문(Sigafoos, Arthur-Kelly, & Butterfield, 2006)이다. 논리적으로 만약 도전행동이 이러한 형태의 사회적으로 조정된 형태의 결과로 유지되는 것이라면 같은 결과를 얻을 수 있는 대체의사소통 수단을 보강하는 것으로 해결되어야 한다(Mirenda & Iacono, 2009). 만약 비구어 자폐성장애 아동이 배가 고플 때 성질부리는 것에 대해 음식을 얻는 것으로 강화를 받아 왔다면 FCT 접근에서는 손짓기호나 그림 교환을 통해 먹고 싶은 음식을 요구하도록 하여 성질부리는 행동이 감소되도록 하려는 것이다.

FCT의 첫 번째 단계는 도전행동의 의사소통 기능을 확인하는 것이다. 행동의 기능에 대한 사정의 목적은 도전행동을 통제하는 변인들을 찾는 것이다. 이러한 변인들에는 행동을 일으킨 선행 요인과 그 행동을 지속시키는 강화 요인이 있다(Alakhzami & Chitiyo, 2022). 예를 들어, 성질부리기 행동의 선행 요인은 원하는 사물을 얻지 못한 것이 될 수 있으며, 강화 요인은 원하는 사물을 얻는 것이 될 수 있다. 이러한 과정을 도전행동의 기능적 분석(Functional Behavioral Assessment: FBA)이라고 하며 이것을 A-B-C(Antecedent-Behaviour-Consequence) 분석(O'Neill, Albin, Storey, Horner, & Sprague, 2015)이라고도 한다.

## 2) 도전행동의 기능적 분석

### (1) 도전행동의 기능적 분석의 의미

도전행동의 기능적 분석은 '언제', '왜' 도전행동이 나타나는지 알고자 하는 것이다. '언제'는 선행사건(antecedent)을 의미하며, '왜'는 도전행동의 기능(function)이나 목적을 의미한다.

#### ① 선행사건

선행사건이란 행동 이전에 발생하는 사건이다. 이 사건은 사람마다 다르다. 예를 들어, 문제행동을 일으키는 이유가 어떤 학생은 과제가 너무 어려워서, 다른 학생은 과제가 너무 쉬워서, 어떤 학생은 모둠 활동 작업하는 것이 싫어서, 다른 학생은 오히려 개인이 혼자 하는 작업이 싫어서일 수 있다. 또 다른 도전행동을 유발하는 선행사건으로는 장난감이나 물건 공유, 좋아하는 활동을 끝내는 것, 루틴이 바뀌는 것이 있으며 선택 기회를 너무 적게 주었을 때 등 너무 다양하다. 중요한 것은 선행사건이 도전행동만이 아니라 원하는 행동과도 연관되어 있어야 한다는 것이다.

예를 들어, 은호는 유치원에서 자유놀이 시간에 나무 블록이나 장난감 자동차를 친구와 공유하는 것을 싫어하여 블록이나 장난감 자동차를 옆에 있던 또래가 가지려 하면 공격적인 행동이 나타나고, 혼자서 자동차를 굴리거나 블록을 가지런히 배열하면서 논다. 그리고 하던 놀이를 끝내고 수업 활동에 참여하도록 장난감을 정리하라고 하거나 전체 그룹 활동에 참여하도록 하면 소리 지르며 교사를 발로 차고 울거나, 밖으로 뛰쳐나가는 행동을 한다. 이 경우 장난감이나 재료를 또래와 공유하는 것, 놀이 활동에서 수업활동으로의 전환, 장난감 정리, 좋아하는 활동 끝내기, 전체 활동에 참여하기가 은호의 도전행동을 유발하는 선행사건이 될 수 있다.

지체장애와 지적장애를 가지면서 도전행동을 보이는 미나는 오히려 혼자 있는 시간에 소리를 지르며 성질부리는 행동이 나타나며, 친구들과 함께 컴퓨터 수업 시간에 적응 마우스로 인터넷 검색을 하거나 태블릿으로 화면을 터치하는 활동에서는 도전행동을 보이지 않는다. 특히 컴퓨터로 인과관계 개념 활동 게임을 할 때 매우 즐거워하고, 친구인 보라와 활동할 때는 도전행동이 거의 나타나지 않는다. 미나의 도전행동을 일으키는 선행사건은 혼자 활동하게 하는 것, 컴퓨터 활동 기회가 없는 것, 태블릿을 사용할 수 없는 것 등이다. 어떤 학생은 교정적 피드백을 받거나 실수를 교정하도록 요구받을 때 도전행동이 나타나기도 한다. Downing 등(2015)에 의하면 도움이 많이 필요하지 않고 친숙한 활동에서는 도전행동이 덜 발생하는 것 같다.

### ② 기능

행동의 이유는 의사소통 기능 또는 행동의 목적이 된다. 도전행동의 기능은 정적 강화(positive reinforcement), 부적 강화(negative reinforcement), 감각적 강화/통제(sensory reinforcement/regulation)의 세 가지로 분류된다(Chandler & Dahlquist, 2015).

정적 강화는 행동을 증가시키거나 유지하게 하는 정적 자극을 제시하는 것을 의미한다. 예를 들어, 도전행동을 보였을 때 자신이 좋아하는 사물(예: 태블릿, 장난감 자동차)을 얻을 수 있거나, 성인이나 또래의 관심을 얻는 결과를 가져오게 되는 경우이다. 부적 강화는 행동의 증가나 유지를 가져오는 혐오자극을 제거하는 것을 의미한다. 정적 강화든 부적 강화든 모두 바람직한 행동이나 도전행동을 증가시키는 원인이 된다. 사람은 부적 강화로 인한 불편한 상황을 피하고 싶어 한다. 예를 들어, 어려운 수학 과제를 피하기 위해 수학 노트를 찢어 버리는 것, 모둠 활동 동안 자리에 앉지 않으려고 15분 이상 소리 지르는 것 등이 부적 강화에 해당한다.

정적 강화는 원하는 항목이나 상황을 얻는 것인 반면 부적 강화의 목적은 원하지 않는 어떤 것으로부터 도망가는 것이다. 정적 강화와 부적 강화 모두 사회적 맥락 속에서 발생하며 다른 사람이 관여된다. 그러나 감각적 강화/통제는 자기 자신 내에서 발생하는 것이다. 즉, 사회적 강화가 아닌 내적 강화를 얻는 것이다. 이것은 내적 자극을 증가시키거나 혹은 감소시키려는 행동을 의미한다(Piazza, Adelinis, Hanley, Han-Leong, & Delia, 2000). 예를 들어, 농맹 중복장애 학생이 자신의 몸을 앞뒤로 흔들며 자극을 얻고자 하는 것, 자폐성장애 학생이 옷의 느낌이 싫어서 옷을 자꾸 벗으려는 것이 이에 해당된다.

### (2) 도전행동의 기능적 분석 방법

#### ① A-B-C 분석

도전행동의 기능적 분석을 위한 직접 관찰 방법인 A-B-C 분석은 도전행동이 일어난 선행사건, 관찰된 도전행동, 도전행동 이후 발생한 결과를 기록하는 것이다. 보통 관찰 시간(예: 30~60분)을 미리 정하고 하루 중 여러 시간대에 다양한 활동 속에서 행동을 기록한다. 도전행동이 가장 많은 때와 가장 적은 때를 기록하여 비교하는 것도 중요하다(Downing et al., 2015). 〈표 7-14〉와 〈표 7-15〉에 서술과 체크리스트 형식의 분석 예시를 제시하였다(Furniss, 2009).

〈표 7-14〉 서술 형식의 A-B-C 분석 예시

| 일시 | 선행사건 | 행동 | 후속 결과 |
|---|---|---|---|
| | 행동 직전에 무슨 일이 있었는지 진술하라. 무엇이 학생의 행동을 유발하였는가?<br>누가 함께 있었는가?<br>그들은 무엇을 하고 있었는가?<br>그 외 어떤 일이 발생하였는가? | 학생은 무슨 행동을 정확하게 하였는가?<br>가능한 구체적으로 진술하라. | 행동에 이어서 바로 즉각적으로 무슨 일이 발생하였는가?<br>당신은 어떻게 하였는가?<br>학생은 무엇을 했는가?<br>다른 사람들은 무엇을 했는가?<br>그 외 어떤 일이 발생하였는가? |
| 3/15 12:20pm | 학생 K는 실무원과 함께 학교 급식실 안으로 막 들어왔다. 학생 K는 주문 카운터에서 줄을 서서 기다렸다. 카운터에 도착했을 때 급식실 직원이 그에게 소시지가 든 접시, 으깬 감자 샐러드가 든 접시를 보여 주면서 무엇을 원하는지 물었다. 학생 K가 접시에 손을 뻗었다. 직원이 접시를 주지 않고 들고 있으면서 "무엇을 원하는지 말해 줘."라고 말했다. | 학생 K는 소리 지르며 급식실 직원의 손에서 접시를 빼앗고 소시지가 든 접시를 식당 안에서 멀리 던져 버렸다. 학생 K는 감자 샐러드 접시를 갖고 급식실 구석으로 가서 샐러드를 먹기 시작했다. | 실무원이 학생 K를 뒤따라갔다. 학생 K에게 앉아서 음식을 먹으라고 요청하자 학생 K는 그렇게 하였다.<br>학생 K가 접시를 던졌을 때 다른 학생 P가 울기 시작했다. |

〈표 7-15〉 A-B-C 분석 체크리스트 예시

학생 이름:　　　　　　교사:　　　　　　날짜:　　　　　　시간:

| 행동 전에 무슨 일이 있었는가? | 행동 | 행동 이후 무슨 일이 발생했는가? |
|---|---|---|
| 특별한 사람이 방에 있거나 들어옴 | 자해 행동 | 음식/음료를 받음 |
| 신체적으로 불편함/고통 | 다른 사람을 향한 공격성 | 더 많은 사회적인 접촉/관심 받음 |
| 발작 | 물건 부수기 | 덜 사회적인 접촉/관심을 받음 |
| 시끄러운/활동에 지장을 주는 환경 | 소리 지르기/비명 지르기 | 조용한 곳/사람이 별로 없는 곳으로 감 |
| 1분 이상 어떠한 사회적 접촉이나 관심이 없음 | 협박하기 | 과제/활동을 받음 |
| 1분 이상 과제/활동에 참여하지 않음 | 욕하기 | 현재 활동을 다시 지시받음 |
| 기다리기 | 음식/음료 거부하기 | 다른 활동을 지시받음 |
| 활동/장소 변경 | 이식증 | 새로운 감각자극을 받음 |
| 작업 교대 | 반추하기/구토하기 | 요구나 요청이 제거 또는 감소됨 |
| 음식이나 음료 제시하거나 또는 미리 준비되어 있음 | 불순응 | 과제/활동 완성을 위해 더 많은 도움을 받음 |
| 무엇을 할 것인지 질문 받음 | 다른 사람 괴롭히고 약 올림 | 데리고 나감 |
| 과제/활동이 막 시작되었음 | 부적절한 성적 행위 | 행동에 대해 조언 받음/바로잡도록 들음 |
| 과제/활동이 막 끝났음 | 멀리 달아나기 | |
| 활동을 멈추도록 요청받음 | 침 뱉기 | 감각적 투입이 감소됨 |
| 가질 수 없는 어떤 것을 말함 | 소변 실수 | 다른 학생들이 나가 버림 |
| 방해가 되는 부적절한 행동 | 배변 실수 | |
| 원하는 항목을 얻을 수 없음 | 배변 흘림 | 실내에서 다른 학생들로부터 분리되어 멀리 있도록 함 |
| 교정적 피드백을 받음 | 코 흘리기 | |
| 괴롭힘이나 언어 학대의 표적이 됨 | 앉아 있기/움직이기 거부 | 신체적 중재 |
| 논쟁에 휘말림 | 사회적으로 부적절한 행동 | 사건 기록 양식 완성 |
| 기타 | 기타 | 기타 |

### ② 행동의 기능과 가설적 진술

기능 분석 후 가설적 진술을 개발한다. 가설적 진술에는 다음 세 가지 요소 ① 언제/-동안,

② 학생은 -할 것이다, ③ -하기 위해서(O'Neill et al., 2015)가 포함된다. 가설적 진술의 예시는 〈표 7-16〉과 같다.

〈표 7-16〉 도전행동 기능 분석 후 가설적 진술의 예시

| 학생 | 가설적 진술 | 기능 |
|---|---|---|
| 미나 | 어려운 학습과제를 완성하도록 요구받을 때, 특히 개별 과제활동 시간에 미나는 과제를 회피하려고 울고, 소리 지르고, 책상에서 과제를 치워버릴 것이다. | 부적 강화<br>어려운 과제에서 회피 |
| 은호 | 자유놀이 시간 동안 장난감을 공유하도록 요구받을 때 은호는 또래에게서 장난감을 빼앗거나 장난감을 가지려고 또래를 때릴 것이다.<br>놀이 시간이 끝나고 정리를 요구받을 때 은호는 장난감을 잡고 책상 아래에 숨고, 장난감을 달라고 요구받으면 울거나 걷어찰 것이다. | 정적 강화<br>선호하는 항목(장난감) 획득 |

### (3) 대체의사소통 행동 선정

도전행동이 요구하기나 거부하기 등 의사소통 기능을 갖는 것으로 해석되면 이 행동을 대체할 수 있는 적절한 방법을 찾아야 한다. 물론 단순히 모든 행동이 의사소통적이라고 해석하는 것은 충분하지 않다. 도전행동에 대한 의사소통적 해석보다 더 중요한 것은 도전행동을 조절하는 선행요인 및 후속결과와 관련된 중재를 위해 대체의사소통이 선택되어야 한다는 것이다(Mirenda & Iacono, 2009).

도전행동과 동일한 의사소통 기능을 가지는 대체의사소통을 선정하는 기준으로는 '기능의 동등성', '반응의 효율성', '반응 수용성', '반응 인식성'을 고려해야 한다(김보람, 김은경, 2022). 기능의 동등성이란 대체의사소통이 이전의 도전행동의 결과로 얻을 수 있는 강화와 같은 것을 얻을 수 있어야 한다는 것이다. 반응의 효율성이란 대체의사소통을 통해 얻을 수 있는 것이 최소의 신체적·인지적 노력을 요구해야 한다는 것이다(Bopp, Brown, & Mirenda, 2004).

대체의사소통 행동의 예시를 〈표 7-17〉에 제시하였다.

〈표 7-17〉 대체의사소통 행동 예시

| 학생 | 도전행동의 기능 | 대체의사소통 행동 |
|---|---|---|
| 미나 | 부적 강화<br>어려운 과제나 실패에 관련된 위축의 회피 | "도와주세요.", "보라와 같이 할래요."(친구 보라가 있는 경우)를 말하도록 음성녹음형 SGD에 녹음하여 표현 |
| 은호 | 정적 강화<br>선호하는 항목(장난감)을 얻으려는 것 | "더" 또는 "더 하고 싶어요."를 녹음한 단일 메시지 녹음형 SGD를 사용하거나 손짓기호를 사용하여 표현 |

## 3) 대체의사소통 행동 중재

### (1) 도전행동 중재의 원리

FCT에 의한 체계적인 교수를 위해서는 다음과 같은 다섯 가지 원리(Martin, Drasgow, Halle, & Brucker, 2005)를 고려해야 한다.

- 도전행동을 일으킨 동일 조건에서 교수가 이루어진다.
- 새로운 대체의사소통은 도전행동을 얻는 것만큼 촉진되고 강화된다.
- 학생이 보다 독립적으로 새로운 의사소통 반응을 사용하게 되면 촉진은 용암된다.
- 새로운 의사소통 반응은 그것이 발생할 때마다 빠르게, 지속적으로 강화받는다.
- 오래된 도전행동이 된 거부하기는 더 이상 강화받지 못한다는 것으로 인해 덜 효율적이 된다.

### (2) 기능적 의사소통 기술

도전행동을 보이는 학생이 대체의사소통으로서 SGD를 기능적으로 사용하도록 하려면 현재 도전행동이 나타나는 상황과 같은 조건에서 교수가 이루어져야 하고, 결국에는 어떠한 촉구도 없이 SGD의 사용이 자신이 원하는 후속결과를 얻는 기능적인 상태가 되도록 해야 한다. 도전행동을 보이는 학생에게 가르칠 기능적 의사소통 기술의 예시(Sigafoos, Schlosser, O'Reilly, & Lancioni, 2009)를 〈표 7-18〉에 제시하였다.

〈표 7-18〉 도전행동을 보이는 학생에게 가르칠 기능적 의사소통 기술

| 조작적 분류 | 예시 |
|---|---|
| 요구하기 | • 사물 요구하기(예: 음식, 음료, 장난감)<br>• 빠뜨렸지만 필요한 항목 요구하기(먹기 위해 필요한 스푼)<br>• 한 항목을 더 요구하기<br>• 한 활동을 더 요구하기<br>• 활동 요구하기(텔레비전, 음악, 그네 타기)<br>• 성인으로부터 관심 요구하기<br>• 어려운 과제에 대해 도움 요구하기<br>• 정보 요구하기(예: "어디에 있어?")<br>• 과제로부터 휴식 요구하기 |
| 거부하기/저항하기 | • 선호하지 않는 물건의 제공을 거부하기<br>• 선호하지 않는 활동에 참여를 거부하기 |

| 조작적 분류 | 예시 |
|---|---|
| 거부하기/<br>저항하기 | • 잘못된 항목을 제공받은 것에 대해 거부하기<br>• 선호하지 않는 항목을 제거하도록 요구하기<br>• 활동이나 자극의 중지를 요구하기 |
| 명명하기/<br>코멘트하기 | • 사물과 행동을 명명하기<br>• 사물의 성질을 명명하기(큰, 작은, 빨간, 파란)<br>• 사물의 위치 명명하기(위에, 아래, 옆에)<br>• 이전에 관찰한 사물이나 사건 묘사하기 |
| 모방하기 | • 말을 따라 하기<br>• 손짓기호 따라 하기<br>• 인사에 반응하기(안녕 → 안녕하세요) |
| 대답하기/<br>분류하기,<br>대화하기 | • 대화 유지(예: "지난주 무슨 영화 봤어?" → "지난주 내가 본 영화는~")<br>• 범주에서 항목 명명하기(예: "어떤 종류의 색깔이?")<br>• 질문에 대답하기(예: "너의 이름은 무엇이니?")<br>• 대화 유지(예: "오늘 날씨 좋은데." → "그래. 나 산책 갈 것 같아.") |

### (3) 대체의사소통 중재 방법

대체의사소통 중재에 주로 사용되는 방법은 모델링, 촉진체계 사용, 강화(Westling, Fox, & Carter, 2015) 제공 방법이다. 모델링은 학생이 자신에게 기대되는 반응과 결과 사이의 관계를 이해하도록 하기 위해 기대되는 행동에 대해 설명하고 시범을 보여 주는 것이다. 촉진은 학생이 정반응을 보이도록 도와주기 위해 사용하는 단서들, 즉 제스처, 구어 촉진, 시각적 촉진 또는 신체적 촉진이다. 촉진은 이 장의 체계적 교수 부분에서도 언급하였듯이 다양한 촉진체계가 적용될 수 있다. 김보람과 김은경(2022)의 연구에서는 과제 회피를 위해 소리 지르기와 자리이탈, 원하는 것을 얻기 위해 혼잣말하기 행동을 보이는 자폐성장애 유아에게 최대 촉진으로 시작하여 촉진을 점차 용암시키는 방법을 적용하여 대체행동으로 '하고 싶어요', '도와줘' 표현을 하도록 지도하였다. 강화는 학생의 정반응에 뒤따르는 자연스러운 결과이다. 예를 들어, 학생이 SGD를 사용하여 '더'라고 표현하면 그에 따른 결과로 원하는 것을 얻는 것이 강화인 것이다. 대체의사소통 행동을 중재할 때 제2장에서 소개하였던 상황예측 맵(contingency map)([그림 2-9] 참조)을 적용하는 것도 좋은 방법이다. 상황예측 맵을 활용하여 AAC 도구를 사용해야 함을 설명하면 시각적 정보 습득에 장점이 있는 학생에게는 매우 유용할 것이다.

일단 대체의사소통 행동이 습득되고 도전행동의 비율이 감소되기 시작하면 강화를 줄여 나간다. 이것을 지연에 대한 인내심을 지도하는 것이라고도 한다. 즉, 학생의 대체의사소통에 의한 요구와 강화 사이에 지연 시간을 두는 것이다. 중재 초기에는 대체의사소통을 표현한 후 즉시 강화를 제공하지만 점차 지연 시간을 두어 학생으로 하여금 강화를 얻기 위해 기다리도록 한다. 지연에 대한 인내심을 지도할 때는 다음과 같은 단계를 거친다(Downing et al., 2015).

1. 지연 시간을 둘 때 초기에는 지연된다는 것을 충분히 인지할 만하기는 하지만 다시 도전 행동을 유발하지 않을 만큼 지연 시간이 짧아야 한다. 지연 시간에 대한 정확한 공식이 있는 것은 아니다. 학생의 특성을 알고 있는 교사나 부모가 적절하게 판단해야 한다.
2. 기다리는 동안 학생에게 무엇인가 다른 것을 준다. 일반적으로 우리도 어딘가에서 기다려야 하는 동안 휴대폰을 보거나 잠시 껌을 찾는다거나 할 일을 점검하기도 한다. 기다리는 것을 배우는 것은 기다리는 동안 무엇을 할지 고민하고 찾는다는 것을 의미한다. 이것은 인내심 그 이상일 뿐만 아니라 기다리는 시간을 조율하고 계획하는 것을 배우게 되는 것이다.
3. 강화에 대한 지연과 관련하여 합리적인 장기 목적을 갖는 것이 중요하다. 어떤 학생도 단순히 기다리는 연습만을 위해서 오랫동안 기다리도록 강요해서는 안 된다. 예를 들어, 60~90초 기다리면서 자연스럽게 교실 정리, 물건 정리를 함께할 수도 있다. 이러한 방식으로 점차 기다리는 시간을 늘려 나가고, 도전행동의 비율은 줄이도록 계획한다.

## 요약

AAC를 사용하여 말하는 것은 매일의 일상생활 속에서 언제든 즉각적으로 가능해야 한다. 따라서 AAC 중재는 자연스러운 일상의 삶 속에서 AAC 사용자의 기능적이고 실질적인 삶의 결과에 초점을 두고 이루어져야 한다.

언어발달 모델에 기반한 AAC 중재는 전체적인 언어발달에 대한 조망을 갖고 AAC 체계를 필요로 하는 학생의 현재 언어발달 정도가 어느 단계에 속하는지 파악하고, 차이점을 분석한 뒤 근접발달영역을 설정하여 지도하는 것을 의미한다. 언어발달모델을 간과하고 즉각적인 바람과 요구 표현에만 중점을 두거나 핵심어휘 표현에만 중재의 중점을 두는 경우 언어의 전반적인 발달을 저해하는 문제가 발생한다. AAC 중재는 맥락적 요소, 공학적 요소, 교수 기법적 요소를 모두 반영하여 AAC 생성언어 중재 방법으로 이루어져야 한다.

AAC 사용자와의 상호작용 전략에는 의사소통 기회 만들기, 조율하기, 동등성 유지하기, 모델링, 언어 입력 전략이 있다. 어휘와 구문지도 전략에는 확장하기와 확대하기, 분리와 합성, 시각적/개념적 매핑, 재구성하기가 있다. AAC 중재를 위한 체계적 교수 방법으로 최소-최대 촉진체계가 많이 활용된다. 강화된 환경교수는 매일매일의 상호작용 속에서 기능적인 의사소통과 언어 기술을 가르치는 증거기반의 자연적이며 대화중심의 AAC 중재 전략이다. 강화된 환경교수 기법에는 모델링, 요구-모델, 시간 지연, 우발교수가 사용된다.

AAC 사용자의 내러티브, 의미론, 구문론 등 언어능력의 향상을 위한 중재 방법으로 시각적 사고 전략과 화제생성 체계를 적용할 수 있다. 의사소통자 능력 모델에 따른 AAC 중재를 보면 언어적 능력 중재를 위해 의미론 중재, 형태소 중재, 구문론 중재가 필요하며, 사회적 능력 중재를 위해 화용론 중재, 차례 주고받기 중재, 참여 중재가 필요하다. 조작적 능력 중재를 위해 책무성 체크리스트를 활용하고, 전략적 능력 중재를 위해 백업체계 사용, 대화 복구 전략 사용, 도전행동 대신에 AAC 도구를 사용하도록 기능적 의사소통 훈련(FCT)이 적용되기도 한다.

CCN & AAC Intervention

제 8 장

# 학교에서 보완대체의사소통 중재

**개요**

이 장에서는 교과 수업 맥락 및 학교생활 속에서 언어능력, 문해력 지도를 위한 보완대체의사소통 중재 계획과 방법에 대해 알아볼 것이다.

# 1 학교에서 보완대체의사소통 중재 계획

## 1) 학교에서 보완대체의사소통 중재 계획 시 고려할 사항

AAC 중재는 특수교사만이 아니라 언어재활사, 보조공학사, 작업치료사, 부모, 학생과의 협력적 접근에 의해 이루어져야 한다. 브릿지스쿨에서는 학교에서 협력적 팀 접근에 의한 AAC 중재를 위해 학생 측면, 교사 측면, 환경적 측면에서 중재에 고려해야 할 사항들을 다음과 같이 제시하고 있다.

### (1) 학생 측면에서 고려할 사항: 학생의 내적 요인

- 학습과 참여에 영향을 미치는 건강이나 의료적 문제가 있는가?
- 학생은 감각적 요구가 있는가?(시각 또는 청각 손상, 촉각 방어 등). 학생의 감각적 요구를 보완하기 위해 어떠한 보조공학적 전략이나 지원이 필요한가?
- 학생의 현재 신체적인 기능은 어떠한가?(손 사용, 제스처 산출 능력, 독립적인 움직임 등)
- 학생의 현재 언어능력 수준은 어떠하며, 어떠한 전략이 학생의 이해를 도와줄 수 있는가?
- 학생은 하루 중 수업에 집중하는가? 학생의 집중을 위해 어떠한 종류의 지원이 필요한가?
- 학생은 어떠한 활동, 어느 상대자, 어떠한 자료에 동기가 유발되는가?
- 학생의 현재 의사소통 기술과 능력, 참여 수준은 어떠한가?
- 학생의 IEP 장기 목적과 현재 목적은 무엇인가? 가족이 바라는 교육 목적은 무엇인가?
- 학생은 자신의 교육 목적이 무엇인지 인식하는가?

### (2) 교사 측면에서 고려할 사항: 교수-학습적 요인

- 학생은 어떠한 내용에 대해 배울 필요가 있는가?
- 교사는 어떠한 수준/형태의 촉진을 사용해야 하는가?

- 교사는 학생에게 어떠한 종류의 언어 입력을 사용해야 하는가?
- 어느 정도 규모의 그룹 활동이 이 학생에게 최적인가?
- 이 학생의 학습과 참여를 위해 지원할 최상의 전략은 무엇인가?
- 학생은 친숙한 상대자와 친숙하지 않은 상대자에게 어떻게 반응하는가?
- 학생을 위해 교사의 행동 조정(목소리 크기와 어조, 옷차림, 자료 제시 방법 등)이 필요한가?
- 학생의 참여를 위해 어떠한 종류의 조율이 필요한가?
- 다양한 맥락(소그룹, 야외 활동, 일반 또래와의 활동, 친숙하지 않은 상대자와 활동 등)에서 학생의 참여를 최적화하기 위해 어떠한 전략을 사용할 필요가 있는가?

#### (3) 환경 측면에서 고려할 사항: 학생의 내적 요인

- 다양한 환경과 활동에 참여하기 위해 학생이 필요로 하는 환경적 수정(조명, 배경음 등)은 어떠한 것이 있는가?
- 다양한 환경에서 학생의 참여 능력이나 특별한 기술을 입증하는 능력을 어떻게 변화시킬 것인가?
- 낯선 상황에 학생이 적응하도록 도울 수 있는 전략은 어떤 것이 있는가?

### 2) 교과 수업과 보완대체의사소통 중재

#### (1) 학교에서 보완대체의사소통 중재의 목적

학생들이 대부분의 시간을 보내는 곳은 학교이며, AAC 중재는 모든 학교 활동 속에서 자연스럽게 이루어져야 한다. 단순히 AAC 체계를 제공하는 것만으로는 학생의 의사소통과 언어발달을 조장하지 못하며 이는 학교에서 이루어지는 모든 교과학습에도 영향을 미치게 된다. 따라서 학교에서 AAC 중재의 목적은 [그림 8-1]과 같이 ① 또래와의 학업적, 사회적 공동체 활동에 참여하기 위해 일관되고 믿을 만한 의사소통 체계를 확립하는 것과 ② 높은 수준의 언어, 문해력, 학업 성취의 기초로서 AAC를 이용하여 학생의 언어와 문해력 기술을 발달시키는 것 모두를 포함한다.

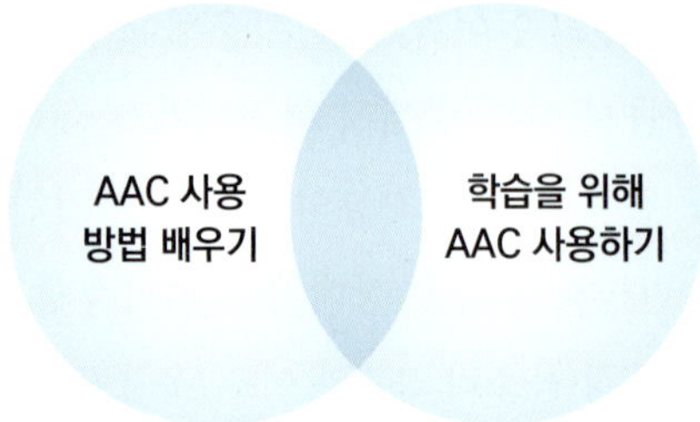


[그림 8-1] 학교에서 AAC 중재의 목적

출처: Robinson & Soto (2013).

교과수업뿐만 아니라 학교생활의 모든 루틴에 학생이 참여하는 것이 중요하다. 왜냐하면 학교에서는 교사 및 다른 학생들과 상호작용하며 인지적, 의사소통적, 사회적, 학업적 기술을 배우고 연습할 수 있는 다양한 기회가 있기 때문이다. 이와 같이 학교의 다양한 기회 속에서 AAC 중재가 이루어지려면 학교에서 교육과정 기반 AAC 중재(curriculum-based AAC intervention)가 이루어져야 한다(Robinson & Soto, 2013).

### (2) 교육과정 기반 보완대체의사소통 중재의 장점

교육과정 기반 AAC 중재에서는 AAC 사용 학생이 학교에서 다른 사람들과 상호작용할 수 있도록 교사가 체계적으로 기회를 만들고 학생이 참여하도록 도와주어야 하며, 언어가 풍부한 교실 환경을 조성해야 한다. 언어가 풍부한 교실이란 언어학적 표현과 사회적 상호작용에 우선순위를 두는 것으로 AAC 사용 학생의 적극적인 학습과 참여를 강조한다. 이것은 학생이 단지 교사의 지시를 따르고 수동적인 반응만을 하도록 요구하는 환경이 되어서는 안 됨을 의미한다. 교육과정 기반 AAC 중재의 장점은 다음과 같다.

- 국가수준의 교육과정에 지속적으로 참여가 가능하다.
- 자연스럽게 연습하고 반복할 기회를 여러 번 제공할 수 있다.
- 유의미한 사회적 맥락 속에서 사회적으로 유용한 언어의 사용과 풍부한 사회적 상호작용을 위한 기회를 제공한다.
- 새로 학습한 의사소통 기술을 학교에서 이루어지는 모든 활동, 맥락, 상대자에 걸쳐 적용해 보고 일반화할 수 있도록 촉진한다.

교육과정 기반 AAC 중재에서 강조하는 언어학적 기반의 AAC 체계(Zangari & Van Tatenhove, 2009)는 언어 기술을 확대하기 위한 것으로 다음과 같은 특성을 갖출 것이 요구된다.

- 구나 문장 중심의 표현보다 단어를 조합하여 표현할 수 있도록 어휘 배열
- 형태론적 요소(규칙적인 과거 시제, 불규칙적인 과거 시제, 현재진행형 시제 등)와 구어의 다양한 부분 포함
- 복합적인 의사소통 목적의 지원
- 문해력 발달을 위해 알파벳 문자 사용 가능

이상에서 볼 때 언어학적 기반의 AAC 체계는 활동 중심의 명사나 동사만으로 구성되는 것이 아니라 새로운 메시지 형성을 위해 단어와 단어의 조합, 문법 표현이 가능한 것이어야 함을 의미한다. 안정되고 잘 조직화된 언어학적 기반의 AAC 체계는 언어의 형식과 사용 기능뿐만 아니라 지식을 확립하고 효과적으로 의사소통하는 능력을 확장하도록 해 준다. 그리고 어휘와 문법 기술은 학업, 사회적 참여와 이후 직업 참여와 밀접한 관계가 있기 때문에 모든 AAC 중재에서 중요한 구성요소이다(Boruta & Bidstrup, 2012).

교육과정 기반 AAC 중재의 초점은 AAC 사용 학생들이 또래와 함께 같은 학업적, 사회적 기회에 참여하는 것이다. 이를 위해서 교사는 학생의 AAC 체계에 활동중심 어휘를 배열하여 사용할 수 있는데 이 경우 구문론, 형태론, 음운인식, 화용론 지도를 놓칠 수 있다. 이러한 문제점을 보완하기 위해 핵심어휘를 우선순위로 하면서 교육과정에서 사용되는 고빈도 단어 목록, 단어 벽, 매주 일견단어(sight word) 익히기를 계획하여 지도할 것(Witkowski & Baker, 2012)이 제안된다. 핵심어휘 중재에만 중점을 두는 경우 학생의 언어발달의 전체적인 측면에서의 발달을 저해할 수 있다는 점에 대해 제6장에서도 지적한 바 있다.

### (3) 교육과정 기반 보완대체의사소통 중재 절차

미국의 경우 2012년 5월부터 45개 주에서 언어(영어)와 수학에 대해서 공통핵심기준(Common Core State Standards: CCSS)을 적용하여 장애 유무와 상관없이 모든 학생에게 이 기준의 범위(scope)와 순서(sequence)를 반영하도록 하고 있다. CCSS는 다른 교과를 학습하기 위해 필요한 기초 기술인 언어와 수학을 주요 과목으로 정하고 유치원부터 연계성을 가지고 학습할 수 있도록 성취기준을 제시하고 있다.

CCSS에서 언어와 문해력(Language arts & Literacy) 교육은 학습자가 듣고 말하고 읽고 쓰는 언어능력 발달을 통해 기초 지식을 습득하고, 앞으로의 인생에서 필요한 비판적 사고, 문제해결, 분석적 기술을 준비하기 위한 필수 영역으로 강조되고 있다(한경임, 강명숙, 2022). CCSS에서 수학은 수학적 내용 규준과 수학적 실천 규준으로 구성되어 있다. 수학적 내용 규준은 유치원부터 12학년까지 학년별 목표와 지도 내용, 성취기준으로 구성되어 있으며, 유치원부터 8학

년까지 해당 학년에서 학습해야 할 수학적 개념이나 영역에 대하여 몇 가지 핵심내용과 세부 규준들로 구성되어 있고, 기본적으로 무엇을 언제 배워야 하는지를 설명하는 내용 규준을 학년별로 제공하고 있다(장혜원, 2012). 수학적 실천 규준은 수학적 내용 규준과 연결하여 수학적으로 유능한 학생을 기르는 데 초점을 두어 모든 학년에 제시하고 있다(이대현, 2019).

CCSS는 유치원부터 12학년까지 모든 학생이 성취해야 할 핵심적인 기준을 제시하는 가이드라인일 뿐 교육과정 그 자체가 아니며 개별화교육계획(IEP)을 위한 적합한 목적을 그대로 제시하는 것도 아니다. 따라서 특수교육대상 학생을 위해서는 규준의 조정과 보편적 학습설계, 긍정적 행동지원을 반영하면서 자기결정력과 학생 주도 학습에 중점을 두고 일반 교육과정에 접근할 수 있도록 효과적인 지도방법을 고안할 것이 요구된다(한경임, 최다영, 2022). 학교에 AAC 사용 학생이 있다면 CCSS를 반영하면서 각 학생의 특성을 고려하여 AAC 중재 목적을 설정해야 한다. 우리나라에서도 학생들의 IEP 목표를 설정할 때 특수교육 교육과정의 성취기준을 반영하도록 하고 있기 때문에 미국에서 CCSS를 반영하여 중재 목적을 설정하는 것에 대해 알아보는 것은 학교에서 AAC 중재에 대한 많은 정보가 없는 우리나라의 실정에 도움이 될 것으로 사료된다. CCSS를 반영하여 교육과정 기반의 AAC 중재 목적을 설정하는 절차는 다음과 같다(Boruta & Bidstrup, 2012).

### ① 학생의 특성 파악하기

여러 가지 사정 과정을 통해 AAC 사용 학생의 언어적 요구와 학습적 요구가 무엇인지 파악한다. 일반적으로 AAC 사용 학생은 또래들보다 덜 발달된 문법 구조, 적은 어휘목록, 의사소통 상대자의 기술에 의존하는 의사소통 레퍼토리를 가지고 있다. 따라서 AAC 사용 학생의 수용언어 기술과 표현언어 기술, 언어능력에 대한 명확한 사정이 필요하다. 구체적인 사정 방법에 대해 이 책의 제4장에 제시한 바 있다. 언어발달 수준뿐만 아니라 AAC 사용자의 의사소통능력에 대한 사정도 필요하다.

### ② CCSS의 기준 찾기

학생에 대한 사정 후 다음 단계는 CCSS에서 학년 수준의 기준을 찾는 것이다. CCSS의 기준은 각 학습의 마지막에 학생이 할 수 있어야 하는 것이 무엇인지 제시하고 있다. 우리나라에서는 특수교육 교육과정의 성취기준에서 학생의 특성과 관련된 부분을 찾을 수 있을 것이다.

### ③ CCSS의 기준을 학생 중심의 언어로 바꾸기

다음 단계는 CCSS의 기준을 학생 중심의 언어로 바꾸는 것이다. 예를 들어, '학생은 간단한 문장을 읽기 위해 글자, 단어, 소리에 대한 지식을 적용한다.'라는 기준은 '○○(이)는 소리들 간의 차이를 안다.', '○○(이)는 한 단어에서 한 개의 소리를 바꾸어 다른 단어를 말할 수 있다.', '○○(이)는 소리를 혼합하여 단어를 만들 수 있다.', '○○(이)는 단어에서 첫소리와 끝소리를 안다.', '○○(이)는 문장에서 단어들 소리를 셀 수 있다.', '○○(이)는 음절 수를 셀 수 있다.' 로 바꾸어 쓰는 것이다.

또 다른 예로, AAC 관련 목적이 '학생은 자신의 SGD를 사용하여 문법적으로 정확한 문장으로 이메일을 작성할 것이다.'이고 이것을 학생 중심의 언어로 바꾸면 '○○(이)는 토커(의사소통 도구)를 사용하여 완전한 문장으로 이메일을 작성할 수 있다.'가 된다. 이렇게 학생에게 우호적인 언어로 수정한 기준으로 목적을 설정하는 과정에 부모와 학생이 참여한다.

### ④ AAC 중재 목적 선택하기

다음 단계에서는 학생의 요구와 능력을 반영하면서 CCSS의 기준에 맞는 AAC 관련 목적을 설정한다. AAC의 목적은 의사소통 능력 모델(언어적 능력, 조작적 능력, 사회적 능력, 전략적 능력)을 아우를 수 있어야 한다.

또 다른 예로, 4학년 CCSS 기준이 '학생은 주제에 대한 정보를 제공하거나 설명하기 위해 정확한 언어 및 주제 영역과 관련된 특정 어휘를 사용할 것이다.'라면 특정 성취 결과로 나누어 제시할 수도 있다. 예를 들어, '학생은 자신의 SGD에서 핵심어휘를 사용하여 학년 수준의 학업적 어휘에 대해 정의할 수 있다.'(Henneberry, Kelso, & Soto, 2012)로 목적을 수정하는 것이다.

### ⑤ 중재 목표에 따른 수업 계획하기

마지막 단계는 AAC 중재를 적용하기 위한 수업 계획을 작성하는 것이다. AAC 중재와 수업은 학교의 교육과정 활동 속에서 이루어지도록 해야 한다. AAC 중재는 교사 혼자 하는 것이 아니다. 앞에서도 여러 번 언급하였듯이 의사소통 상대자로서 누구든 상호작용 전략을 적용해야 하며, 학교에서의 수업은 여러 교과에서 다양한 교사가 참여하기 때문에 AAC 중재를 위한 수업 계획은 교과 수업 담당 교사들 및 학교 언어재활사, 재활공학사, 작업치료사 등과 함께 협력적으로 이루어져야 한다.

또한, 주제중심 수업을 운영하면서 같은 주제에 대한 어휘를 각 교과에서 반복하여 사용함으로써 AAC를 사용한 언어능력을 높여 가도록 해야 한다. 주제중심 수업은 학생들의 사전 지식과 경험을 기반으로 다양한 요소 간의 관계 맺기를 통해 학생들의 수업 참여를 최대한 이끌어 내는 장점(Casella, 2016)이 있어 미국의 브릿지스쿨이나 특수학급(한경임, 2014, 2018a, b)에서 사용되고 있으며, 국내에서도 주제중심 수업을 적용한 AAC 중재는 중도중복장애 초등학생의 의사소통 능력과 사회적 기술 향상에 효과적임(신수정, 한경임, 2017)이 보고되기도 하였다.

각 교과별 수업을 진행하면서 구체적인 중재 전략은 제7장에서 제시한 다양한 전략을 상황에 맞게 적용한다. 예를 들어, 하이테크 SGD를 사용하는 초등학생의 경우 모델링, 재구성하기 전략을 사용해서 또래들과 이야기 나누기 시간에 자신의 생일 파티에 대한 이야기를 하도록 하면서 AAC를 사용한 내러티브 중재, 의미관계 중재 등이 가능하다.

### (4) 교육과정 성취기준에 따른 보완대체의사소통 중재 목표 설정

미국에서 CCSS 기준을 이용해 개별 학생의 AAC를 사용한 IEP 목적이나 단기목표를 설정할 때 하나의 CCSS 기준이 하나의 IEP 목적이나 단기목표가 되는 것은 아니다. 앞에서도 언급하였듯이 CCSS 기준은 교육과정이 아니기 때문에 학생의 특성에 맞게 기준에서 필요한 요소를 추출하여 목표를 설정할 수도 있고, 기준의 요소들을 나누어 과제분석을 통해 여러 개의 또는 단계적인 목표를 설정할 수도 있다. 즉, IEP 목적이나 단기목표 설정을 위해 CCSS에 대한 적응(adaption)이 필요한 것이다.

CCSS 기준의 적응은 조정(accommodation)이나 수정(modification)으로 나눌 수 있다. 조정은 기준의 내용에는 변화가 없으면서 기대되는 성취에 대해 조정하여 IEP 목표 설정에 반영하는 것이며, 수정은 기준의 내용이나 성취 순서 등을 수정하여 목표 설정에 반영하는 것이다. 예를 들어, CCSS의 언어와 문해력 기준이 '토론에서 합의된 규칙을 따라 할당된 역할을 수행할 수 있다(CCSS. ELA-Literacy. SL. 4.1.B.).'일 때 '토론에 참여하기', '합의된 규칙 따르기', '할당된 역할 수행'의 요소들을 중심으로 학생의 특성에 따라 목표를 다르게 설정하는 것은 CCSS를 수정하여 목표에 반영하는 것에 해당한다.

이러한 CCSS 기준의 조정이나 수정이 필요한 이유는 대부분의 CCSS는 학문적인 것에 중점을 두고 있어, 복합의사소통장애 학생의 경우 같은 학년의 읽기와 수학의 기준을 그대로 적용하기가 어렵기 때문이다. 또한, 대부분의 CCSS는 장애 학생에게 적합하게 개발된 것이 아니라 장애 유무를 떠나 모든 학생에게 적용되는 기준이며, 모든 학생이 같은 기준을 성취하기를 요구하기 때문이다.

우리나라에서도 특수교육대상 학생들에게 특수교육 기본교육과정의 성취기준을 적용하도록 하고 있지만 개별 학생들의 특성에 맞추려면 그대로 적용하기 어려워 성취기준만이 아니라 교육과정에 대한 조정이나 수정의 교육과정 재구성 능력을 교사들이 갖추어야 한다(김영미, 김혜리, 한경화, 김정미, 김아영, 2018). 따라서 학교에서 AAC 중재에 관련된 IEP 목표를 설정할 때 특수교육 기본교육과정의 성취기준이나 교육과정에 대한 적응이 필요하다.

## ① CCSS 기준의 조정과 수정

### 1 CCSS 기준의 조정

CCSS 기준의 조정은 내용이나 교육과정의 개념적 어려움에 대한 변화는 없이 학생이 수행하는 방법, 교수 전달 방법을 바꾸는 것이다. 조정의 예시는 다음과 같다.

- 구두시험을 SGD로 바꾸어 시행하거나 적응 키보드를 이용하여 시행한다.
- 교재를 확대하여 대형으로 인쇄하여 사용하거나 e-book 형태의 책을 사용한다.
- 과제를 완성하거나 시험을 칠 때 추가 시간을 준다.
- 또래가 노트 필기를 지원해 준다.
- 선택적 강조를 활용한 연습용 과제를 시행한다.
- 수학 문제를 모눈종이에 제시하여 조직화하여 준다.
- 강의를 녹음한다.
- 글쓰기를 위해 컴퓨터를 사용하고, 말하기를 위해 SGD를 사용한다.

### 2 CCSS 기준의 수정

성취기준의 수정은 기준의 내용이나 난이도를 변화시키는 것으로 기준의 수정 단계는 다음과 같다.

1. 복잡성에서의 변화: 한 수업에 5개의 새로운 어휘를 사용하여 구성한다면 복합의사소통장애 학생은 5개 중 3개를 선택할 수도 있게 한다.
2. 수정이 필요한 경우 같은 영역 내에서 다른 기준을 적용한다.
3. 동 학년보다 낮은 능력의 수준을 보인다면 같은 영역 내에서 저학년의 CCSS 기준을 적용한다.

CCSS 기준의 수정 예시는 다음과 같다.

- 프로젝트에서 에세이 대신 요약문을 제출한다.
- 시험에서 그림 의사소통 상징을 선택하여 답한다.
- 동일한 주제나 화제에 대해 수정된 책이나 적응 도구를 사용한다.
- 컴퓨터 철자 쓰기 프로그램을 이용하여 글을 쓴다.

- 수학 시험에서 계산기를 사용한다.
- 텍스트 대신에 비디오나 영화를 본다.
- 하이라이트로 강조된 중요한 단어나 구를 사용한다.
- 간단한 언어를 사용한 단어 재구성을 통해 다시 질문한다.

## 3 CCSS 기준의 조정이나 수정에서 고려할 사항

개별 학생에 맞게 CCSS 기준의 조정이나 수정을 하려면 다음 사항을 고려한다.

### ▸ 수업에 참여하기 위해 필요한 요구

- 인지적 능력: 수업에 참여하기 위해서는 자료를 어느 정도 이해하는 능력이 있어야 한다. 이해하는 능력이 없으면 이를 위해 자료 수정이 필요하다.
- 언어학적 능력: 수업에 참여하기 위해 화용론, 어휘 및 의미론, 구문론, 문법적 지식 등에 대한 능력이 요구된다. 학생의 능력에 따라 CCSS 기준의 수정이나 조정이 필요하다.
- 감각/정보처리 능력: 시각, 청각, 시지각, 청지각의 문제와 함께 이동성의 문제 또한 CCSS 기준의 수정과 조정에 반영되어야 한다.
- 반응 능력: 수업 활동에 반응하는 방식으로 글쓰기나 말로 대답하기에 어려움이 있으면 적응 키보드를 사용하거나 AAC 도구를 사용하여 반응할 수 있도록 CCSS 기준의 조정이나 수정이 필요하다.

### ▸ 개별 학생의 현재 수준

- 학생이 현재 5학년이지만 3학년 수준의 능력을 보인다면 수준을 낮추어 CCSS 기준을 반영할 필요가 있다.

### ▸ CCSS 기준의 주요 요소

- CCSS 기준의 목표를 성취할 수 있는 기술이 없는 학생은 CCSS 기준의 주요 요소를 달성할 수 있도록 CCSS 기준의 수정이 필요하다. 예를 들어, CCSS 기준이 '시를 쓸 수 있다'라면 여기서 주요 요소는 '쓰기'이다. AAC 사용 학생이 이 주요 요소인 '쓰기'를 어떻게 하도록 할 것인가 고민하고 수정하는 것이다.

### 4 학생의 상징 사용 수준에 따른 CCSS 기준의 조정과 수정

복합의사소통장애 학생의 상징 사용 수준이 전 상징기, 초기 상징기, 상징기 중 어디에 해당하는지에 따라 CCSS 기준의 조정이나 수정이 달라질 수 있다(Soto, 2011). 전상징기 학생은 아직 그림이나 다른 상징 또는 수학 기호 간의 차이를 구별하지 못한다. 따라서 수학 시간에는 실물을 이용해 학습을 시작하거나 익숙한 루틴에서 차례대로 숫자 세기 등을 하며 수학 학습에 참여할 수 있다. 초기 상징기 학생은 그림, 실제 사물, 약간의 일견단어, 숫자와 같은 상징을 어느 정도 사용할 수 있다. 상징기 학생은 몇 가지 일견단어와 숫자를 사용하고 화장실 기호를 찾고, 물건을 구입하는 것과 같은 기능적인 학업 기술을 가질 수도 있다. 이해를 묻는 질문에 그림을 사용하여 답하고, 간단한 비용의 물건을 사고 계산할 수 있고, 이야기를 완성할 수 있다.

이러한 상징기 수준에 따라 언어와 문해력, 수학에 대한 CCSS 기준의 조정과 수정의 예시를 〈표 8-1〉과 〈표 8-2〉에 제시하였다.

〈표 8-1〉 상징기 수준에 따른 CCSS 언어와 문해력 기준의 조정과 수정

CCSS 핵심 요소: 학습자는 의사소통 전략을 개발할 것이다.

교육과정 내용: 단어 해독 학습과 읽기 유창성 학습, 초기 문해력 기술의 학습

| 전상징기 | 초기 상징기 | 상징기 |
|---|---|---|
| • 책 읽기를 위해 스위치를 눌러 단일 메시지 녹음형 도구 사용하기<br>• 읽기 준비를 위해 실제 사물 상징들을 손으로 만져 스캐닝하기 | • 지역사회 건물 명칭 말하기<br>• 자신의 이름에서 첫 글자를 스스로 찾아 지적하기<br>• 화장실 상징 판별하기 | • 제시한 단어와 관련된 날씨 판별하기<br>• 이야기 속에 들어 있는 일견단어 읽기 |

〈표 8-2〉 상징기 수준에 따른 CCSS 수학 기준의 조정과 수정

CCSS 핵심 요소: 학습자는 사물의 형태와 위치를 인식하고 사용할 수 있다.

교육과정 내용: 형태와 위치(안, 밖) 인식

| 전상징기 | 초기 상징기 | 상징기 |
|---|---|---|
| • 휠체어 '안'에 옮겨질 준비가 되었다는 것을 지적하기<br>• 교실 환경에서 스위치를 눌러 원 모양 물건의 위치 알리기 | • 교실 환경에서 같은 모양의 형태 찾기<br>• 물건을 주면 바스켓 안에 넣기 | • 여러 가지 형태에서 원 모양 물건 찾아 AAC로 말하기<br>• 단어로 단서 카드를 보여 주면 관련된 사물 놓기 |

### ② 교육과정 조정과 수정

학교 수업에서 AAC 중재를 적용하고자 할 때 CCSS 기준의 조정이나 수정만이 아니라 교육과정에 대한 조정과 수정이 필요할 수도 있다. Wright(2005)는 교육과정의 조정과 수정 형태를 〈표 8-3〉과 같이 아홉 가지로 구분하였다. 조정의 주요 개념은 학생이 궁극적으로 같은 내용을

〈표 8-3〉 교육과정 조정과 수정의 형태

| 양 ※● | 시간 ※ | 지원 수준 ※ |
|---|---|---|
| 학습자가 학습하기를 기대하는 항목의 개수 또는 학생의 성취 결과 평가에 앞서 완성해야 할 활동의 개수를 변경한다. | 학습, 과제 수행 또는 시험을 위해 할당된 시간을 조정한다. | 학생이 과제를 수행하는 데 필요한 개인적인 도움의 양이나 특정 기술의 사용을 촉진하는 지원의 양을 늘린다; 교사-학생 관계를 강화한다; 물리적 공간과 환경 구조의 변화를 활용한다. |
| 예) 학생이 한 번에 학습해야 하는 사회교과 용어의 개수를 줄인다. 보다 실질적인 활동이나 연습을 하도록 계획한다. | 예) 과제 완성을 위해 개별화된 타임라인을 정한다. 일부 학습자들을 위해 학습 속도를 다르게 한다. | 예) 또래 친구 시스템, 또래 교수, 연령대 간 또래 교수, 학습 보조원을 배정한다. 어떻게 학생과 상호작용하고, 환경을 조직하는지 방법을 명시한다. |
| **교수 방법 ※** | **어려움의 정도 ※●** | **성과 ※** |
| 학습자에게 전달하는 교수 방법을 변경한다. | 기술의 수준, 문제 형태, 학습자가 과제에 접근하는 규칙을 변경한다. | 학생이 교수에게 반응하는 방법을 변경한다. |
| 예) 다양한 시각적 지원, 자료 확대, 더 명확한 예시, 실제 연습해보는 활동, 협력 그룹에 학생 배치하기, 수업 전에 주요 개념이나 용어에 대해 사전 지도하기를 적용한다. | 예) 수학 문제 계산을 위해 계산기 사용을 허용하거나, 과제의 지시를 단순화하고, 학습자의 요구를 조정하기 위해 규칙을 변경한다. | 예) 글을 써서 질문에 대답하는 것 대신에 구어 반응 또는 의사소통책, AAC 도구로 반응하거나 손으로 자료를 잡아서 알고 있음을 보여 주도록 한다. |
| **참여 ※** | **대안적인 목적 ●** | **대안 (기능적) 교육과정 ●** |
| 학습자가 능동적으로 과제에 포함되는 정도를 변경한다. | 다른 학생들과 동일한 자료를 사용하면서 기대되는 목적이나 성과를 수정한다. 루틴으로 활용될 때 이것은 단지 중도장애 학생에게만 적합하다. | 학습자의 개별화된 목적을 달성하기 위해 다양한 교수법과 자료를 제공한다. 루틴으로 활용될 때 이것은 단지 중도장애 학생에게만 적합하다. |
| 예) 지리 시간에 학생이 지구본을 잡고 다른 학생들은 위치를 지적하도록 한다. 학생에게 그룹의 리더가 되도록 요청한다. 함께 책을 읽으면서 학생이 책장을 넘기도록 한다. | 예) 사회과 수업에서 다른 학생들은 각 주의 명칭과 수도를 배우는 동안 한 학생은 지도에서 각 주의 위치에 색을 칠하는 것으로 목적을 변경한다. | 예) 국어 수업 동안 학생은 실무원과 화장실 사용 방법을 배운다. |

※ 조정을 의미함 ● 수정을 의미함

습득하지만 대안적인 방법이나 지원으로 습득하게 되는 것을 의미한다. 만약 기준의 내용이 근본적으로 바뀌지 않는다면 이것은 학습이나 성취에 대한 조정이라고 할 수 있다. 수정은 개별 학생에 대한 목적과 교육과정 내용이 변경되는 것이다.

### ③ CCSS 기준에 따른 AAC 중재 목표

CCSS 기준을 찾고, AAC를 적용하여 교육목표를 제시하는 예시가 있다면 학교에서 교육과정 기반 AAC 중재에 대한 명확한 지침이 없는 우리나라 교육 현장에 도움이 될 것이다. 이를 위해 유치원, 초등 1학년, 초등 5학년을 대상으로 미국 CCSS의 기준에 따라 AAC를 적용한 IEP 목표를 설정한 예시(Robinson & Soto, 2013)를 〈표 8-4〉, 〈표 8-5〉, 〈표 8-6〉에 제시하였다. 미국 CCSS의 언어와 문해력에서 말하기와 듣기는 '이해와 조화,' '지식과 개념의 전달' 두 부분으로 구성되어 있다(한경임, 강명숙, 2022).

〈표 8-4〉 유치원 아동의 말하기와 듣기 CCSS 기준과 AAC 적용 목표 설정 예시

영역: 말하기와 듣기-이해와 조화

CCSS 기준:

1. 소그룹과 대그룹에서 또래와 성인과 함께 유치원 주제와 텍스트에 대해 다양한 상대자와 협력적 대화에 참여하기
   a. 토론을 위해 의견에 동의하는 규칙을 따르기(예: 다른 사람의 말을 듣고, 토론 주제와 텍스트에 대해 차례를 지켜 말하기)
   b. 여러 번의 차례 교환을 통해 대화를 지속해 나가기

교육과정 내용:

Bill Martin Jr와 John Archambault(저자), Lois Ehlert(삽화)의 『Chicka Chicka Boom Boom』을 읽고 소그룹 활동

| 기본적인 구어 언어 기술 | 접근 장벽 | AAC 해법과 적응 | IEP 단기 목표 예시 |
|---|---|---|---|
| • 또래와 인사하기<br>• '의문사' 질문에 반응하기<br>• 화제 시작하기<br>• 대화에서 차례 주고받기<br>• 수용어휘, 전치사 개념<br>• 표현어휘<br>• 코멘트하기 | • AAC 체계를 사용하는 아동에게 제한된 소리 산출<br>• 책에 있는 그림을 지적하기에 제한된 운동능력<br>• 수업 참여를 제한하는 앉기 자세 | • 소그룹 참여 아동들의 이름과 인사 표현이 미리 저장된 Go-Talk SGD나 다른 AAC 도구<br>• 책에 있는 글자와 전치사 개념이 배열된 의사소통판 | • 아동은 간접 촉진으로 5회 중 4회 80% 정확도로 자신의 AAC 도구를 사용하여 또래들에게 인사할 수 있다.<br>• 아동은 5회 중 4회 80% 정확도로 교사의 질문과 AAC 도구 사용 언어 모델에 반응하여 의사소통판에 있는 전치사를 지적할 수 있다. |

〈표 8-5〉 초등 1학년 아동의 말하기와 듣기 CCSS 기준과 AAC 목표 설정 예시

영역: 말하기와 듣기-이해와 조화

CCSS 기준:

2. 텍스트를 큰 소리로 읽고 주요 요소에 대해 또는 구어나 다른 양식을 통해 제시한 정보에 대해 질문하고, 질문에 답하기

교육과정 내용:

Kevin Henkes가 쓴 『Shella Rae, the Brave』를 읽고 소그룹 활동

| 기본적인 구어 언어 기술 | 접근 장벽 | AAC 해법과 적응 | IEP 단기 목표 예시 |
|---|---|---|---|
| • '의문사' 질문에 반응하기<br>• '의문사' 질문하기<br>• 대화에서 차례 주고받기<br>• 다양한 형용사, 명사, 동사로 어휘 표현하기<br>• 코멘트하기 | • 책에서 작은 크기의 글자 크기와 그림<br>• 제한된 구어와 말하는 기술<br>• 이야기와 질의응답에 참여하기에는 제한된 어휘<br>• 책에서 작은 크기의 그림을 지적하기에는 제한된 운동 기술 | • 이야기판에 붙일 수 있는 책의 소품(책 복사본과 검은색 벨크로 이젤 판에 붙이기 위한 등장인물 컷아웃 판)<br>• 책에 나오는 사건과 등장인물로 프로그램된 SGD<br>• 책에서 묘사적인 어휘를 제시하는 의사소통판 | • 아동은 5회 중 4회 80% 정확도로 교사의 질문과 AAC 도구 사용 언어 모델에 반응하고 SGD나 소품을 사용하여 이야기의 등장인물을 지적할 수 있다.<br>• 아동은 5회 중 4회 80% 정확도로 교사의 질문과 도구 사용 언어 모델(예: 큰 개는 검은색이었니, 흰색이었니?)에 반응하여 의사소통판에서 형용사를 지적할 수 있다. |

〈표 8-6〉 초등 5학년 아동의 말하기와 듣기 CCSS 기준과 AAC 목표 설정 예시

영역: 말하기와 듣기-지식과 개념의 전달

CCSS 기준:

6. 과제와 상황에 맞게 적절한 언어 형식을 사용하여 다양한 맥락과 과제에 적합한 언어 표현하기

교육과정 내용:

적절한 언어 표현을 사용하여 학교생활 속에서 다양한 상대자와 의사소통하기

| 기본적인 구어 언어 기술 | 접근 장벽 | AAC 해법과 적응 | IEP 단기 목표 예시 |
|---|---|---|---|
| • 사회적 상호작용을 시작하고 끝내기 위해 화용론 사용<br>• 질문하고 대답하기<br>• 수용어휘<br>• 표현어휘 | • 구어 모방의 제한<br>• 또래와 성인과 인사하고 대화할 기회의 제한<br>• 학생이 성인 대상이나 또래 대상에 따라 다른 적절한 표현을 하기에는 제한된 양식 | • 다양한 의사소통 상대자와의 인사말이 미리 프로그램된 SGD<br>• 의사소통 상대자, 인사말, 대화 시작, 유지, 종결 표현을 위한 사진이나 아이콘으로 구성된 그림 의사소통 체계 | • 아동은 5회 중 4회 80% 정확도로 그림 의사소통판을 지적하거나 SGD를 작동시켜 예의 바른 형식을 사용하여 교사와 인사할 수 있다.<br>• 아동은 5회 중 4회 80% 정확도로 SGD를 사용하여 예의바른 형식으로 또래에게 인사하고, 대화를 시작하고 끝낼 수 있다. |

### (5) 중재 목표에 따른 수업 계획하기

CCSS 기준을 찾고 AAC를 적용한 IEP 목표를 설정한 뒤에는 각 교과수업과 학교활동에 AAC 중재를 어떻게 삽입하여 진행할 것인지 계획해야 한다. 이를 위해서는 학교 환경 분석을 통해 교과수업 맥락이든 비교과 활동 맥락이든 하루 중 어떠한 상황에서 학생이 AAC를 이용하여 표현할 수 있도록 할 것인지 분석하고 각 상황에서 중재를 적용하는 삽입교수(embedded instruction)를 이용한다.

〈표 8-7〉 교과 수업에서 뇌성마비 학생 AAC 중재 계획 예시

학생 이름: ○○○ 장애 유형: 뇌성마비 학교 배치: 1학년 통합학급
특성: 수동적 의사소통, 발달장애 의사소통 양식: 역동적 상징 배열 SGD, 눈응시, 제스처, 발성
주요 의사소통 상대자: 담임 교사, 실무원, 특수교사, 학급 또래

| 목표 기술 | 교과 맥락 | 목표 활동 | 보조 공학 | 어휘 선택과 구성 | 중재 전략 | 진보 측정 |
|---|---|---|---|---|---|---|
| 의사소통 말차례 주고받기 증가 | 국어 | 이야기 책 읽기 | SGD 수정된 이야기책 | • 교육과정에 제시된 어휘, 이야기책 관련 어휘 선택<br>• 이야기책에 대해 피츠제럴드키 적용 주제중심 의사소통판 개발 | • 최소-최대 촉진체계; 자연스러운 단서(예: 이야기 읽기)+AAC 도구 이용 모델링 ⇒ 개방형 질문+AAC 도구 이용 모델링 ⇒ 질문에 대답하기+AAC 도구 이용 모델링; 자연스러운 결과(비구어와 구어로) | • 정반응 비율<br>• 목표 성취 측정<br>• 언어샘플 |
| 상징 조합에 의한 메시지 산출 증가 | 과학 | 개미농장 만들기 | SGD | • 교육과정에 제시된 어휘, 활동 분석 후 어휘 선택<br>• 개미농장 만들기에 대해 피츠제럴드키 적용 주제중심 의사소통판 개발 | • 최소-최대 촉진체계; 자연스러운 단서(예: 개미농장에 대한 코멘트) ⇒ 기대 지연 ⇒ AAC 도구 지적하기 ⇒ 두 개 상징 결합 AAC 도구 사용 모델링 후 잇달아 확대, 확장 또는 모방하기 | • 정반응 비율<br>• 목표 성취 측정<br>• 언어샘플 |
| 개념 발달 증진 (색깔, 동사) | 미술 | 이야기 주인공 종이인형 | SGD 적응 풀 연필 그립 | • 이야기 주인공 종이인형 활동에 대해 피츠제럴드키 적용 주제중심 의사소통판 개발 | • AAC 도구 사용 모델링, 양자택일, 개방형 질문 후 이어지는 자연스러운 결과 | • 비율<br>• 목표 성취 측정 |

삽입교수란 학생의 발달에 적절하고 기능적인 기술을 습득하고 일반화할 수 있도록 일상생활 속에서 과제분석한 IEP 목표를 반복해서 연습하도록 짧지만 체계적인 교수 시간을 확보하는 것이다(유인영, 노진아, 2012; 최다영, 한경임, 2021; Pretti-Frontczak & Bricker, 2004). 보통 삽입교수는 장애 유아의 개별 목표 습득과 일반화에 많이 적용(이지연, 이소현, 2008; 허수연, 이소현, 이수정, 2008)되어 왔지만 학령기 장애 학생에게도 유용한 전략이 될 수 있다(Copeland & Cosbey, 2008). 특히, AAC의 사용은 학생의 삶 그 자체라고 할 수 있으므로 학교생활 속에서 지속적으로 적용되어야 한다는 점에서 삽입교수는 매우 유용한 방법이다. 각 학생별 교과수업 맥락에서 AAC를 이용하도록 삽입교수에 의한 중재 계획의 예시(Kent-Walsh & Binger, 2009)를 〈표 8-7〉, 〈표 8-8〉에 제시하였다.

〈표 8-8〉 교과 수업에서 다운증후군 학생 AAC 중재 계획 예시

학생 이름: △△△ 장애 유형: 다운증후군 학교 배치: 고등학교 자립교육 학급
특성: 심한 지적 손상, 심한 말실행증
의사소통 양식: 정적 상징 배열 Tech/Speak, 눈응시, 제스처, 발성, 손짓 신호
주요 의사소통 상대자: 담임 교사, 실무원, 학급 또래, 언어재활사

| 목표 기술 | 교과 맥락 | 목표 활동 | 보조 공학 | 어휘 선택과 구성 | 중재 전략 | 진보 측정 |
|---|---|---|---|---|---|---|
| 선택하기 | 요리 수업 | 소그룹 (한두 명 또래와) 에서 요리 | Tech/ Speak | • 요리수업 계획에 따른 어휘 선택<br>• 각 요리활동을 위한 주제중심 상징 배열 의사소통판 | • AAC 도구와 비도구 양식 사용 모델링(또래와 교사로부터), 양자택일, 개방형 질문(예: "다음에 무엇이 필요하지?") 다음에 이어지는 자연스러운 결과(구어와 비구어로) | • 정반응 비율<br>• 목표 성취 측정 |
| 정보 공유하기 | 사회 | 현재/최근 사건(예: 허리케인) | Tech/ Speak | • 수업계획에 따른 어휘 선택<br>• 허리케인 관련 어휘를 포함하는 주제중심 상징 배열 의사소통판 | • 개방형 질문, AAC 도구 지적하기 다음에 이어지는 자연스러운 결과(구어) | • 비율<br>• 목표 성취 측정 |
| 수용어휘 개선 | 미술 | 사진 | Tech/ Speak, 주요 개념 위한 시각 지원 | • 수업 계획으로부터 어휘 선택<br>• 사진 관련 어휘를 포함하는 주제중심 상징 배열 의사소통판 | • AAC 도구와 비도구 양식 사용 모델링, 개방형 질문 다음에 이어지는 자연스러운 결과(비구어와 구어적) | • 정반응 비율<br>• 목표 성취 측정 |

### (6) 백워드 설계에 따른 수업 계획과 AAC 중재

최근 특수교육현장에서는 특수교사들로 하여금 교육과정 성취기준을 분석하고 관련 단원을 선정한 후 학생 수준을 고려하여 학기/월별 교육목표를 설정해야 하는 교육과정 재구성 능력을 갖추도록 요구하고 있다. 교육과정 재구성에서 교육과정-수업-평가 일체화를 실행하기 위한 접근 방법으로 백워드 설계(Backward Design)를 활용한 수업 설계(강현석, 유제순, 2020; 박일수, 2015)를 적용한다.

백워드 설계는 기존에 수업목표-수업활동-평가의 순으로 수업을 계획하였던 것과는 거꾸로 성취수준을 중심으로 목표를 설정한 후 학생들이 핵심개념을 제대로 이해하였는지에 대한 증거가 될 수 있는 평가 과제를 포함한 계획을 수립하여 목표와 평가 과제에 적합한 학습활동과 경험을 계획하는 것이다(한경화, 한경임, 2020). 최근 국내에서도 여러 연구(강은영, 박윤정, 이은규, 2019; 김영미 외, 2018; 이은규, 노소현, 마예슬, 손지훈, 이아진, 2018; 한경화 외, 2019)를 통해 특수교육에서의 백워드 설계에 대해 보고되었지만 AAC를 적용한 연구나 보고가 없는 실정이다.

백워드 설계에 의한 수업은 다음 5단계로 이루어진다(Boruta & Bidstrup, 2012).

#### ① CCSS 기준으로 시작하기

백워드 설계의 첫 단계는 CCSS(한국의 경우 특수교육 교육과정에 제시된 성취기준)에서 적합한 기준을 찾는 것이다. 기준은 IEP 장기 목적(goal)과 단기 목표(objective) 설정의 근거가 된다. 교육과정은 IEP 목표를 지도하기 위한 맥락이 된다. IEP 목적은 학생의 교육과정이 아니라 교육과정의 맥락 속에서 지도의 목표가 되는 것이다. CCSS 기준을 찾으면 이를 바탕으로 목표 달성의 평가를 위한 준거를 도출한다.

**CCSS 기준의 예: 6학년 과학 CCSS**

학생은 지진의 진앙을 정하는 방법을 알고, 지진의 규모, 진앙으로부터의 거리, 지역 지질학과 지역 건축물의 형태에 따라 지진의 영향이 다르다는 것을 안다.

#### ② 학생 중심의 언어로 CCSS 기준을 전환하기

CCSS 기준을 바탕으로 학생 자신이 달성할 목표가 무엇인지 학생과 교사 모두 이해하기 쉽게 기준을 바꾸어 준다. 학생의 언어 수준을 알고 수업을 통해 지도할 목표로 바꾸어 주는 것이다. 다음 예시처럼 학생 중심의 언어로 과학 기준을 바꾸어 주고 표현하는 방법은 학생의 언어 수준에 따라 다르게 정할 수 있다. 예를 들어, AAC로 한 낱말 단어만 주로 표현하는 초보의 사소통자가 말해야 할 목표는 '크다', '움직이다'일 수 있다. 두세 단어를 조합해서 표현하는 경우 목표 표현은 '땅이 흔들리고 있어요', '땅이 움직이고 있어요'의 현재 진행형 문장을 표현하는 것으로 정할 수 있다.

CCSS 기준 전환의 예

○○(이)는 지진이 시작되는 장소를 찾을 수 있다.

○○(이)는 지진의 크기를 말할 수 있다.

○○(이)는 지진 때문에 집과 건물에 어떤 일이 발생하는지 말할 수 있다.

#### ③ 학습에 대한 사정 계획하기

학생의 학습에 대한 평가는 지도한 것을 학생이 얼마나 이해하는지를 알려 주고, 이는 향후 교수 계획을 결정하는 데 영향을 미친다. 앞서 제시한 지진의 예에서 학습에 대한 평가는 학생이 표현해야 할 어휘를 AAC 도구 또는 말로 표현했는지 체크리스트를 작성할 수도 있으며, 학생의 전체 어휘 표현 변화를 알기 위해 언어샘플을 수집하고, 분석하는 방법도 있다.

#### ④ 교수-학습 전략 결정하기

어떻게 하면 학생이 가장 잘 배울 수 있을지 결정하는 것이다. 일대일로 배우는 것이 효과적인지 그룹으로 친구들과 함께 배우는 것이 적절한지, 시각 촉진을 사용할지 신체적 촉진을 사용할지, 과학 실험을 한다면 어떤 재료로 실험을 할 것인지, 학생의 SGD에 어떻게 어휘를 배열할지 등에 대해 결정하고, 학생이 표현할 단어 카드 만들기 등이 이 단계에 해당한다.

#### ⑤ 수업활동 계획하기

마지막으로 목표 달성을 위한 수업 활동을 계획한다. Boruta와 Bidstrup(2012), Boruta(2023a)는 이 단계에서 I-We-You-I 교수법(Lemov, 2010)을 제안하였다. I-We-You-I 교수법의 단계를 [그림 8-2]와 같이 나타낼 수 있으며, 각 단계별 활동을 <표 8-9>에 제시하였고, <표 8-10>에 수업 계획의 예를 제시하였다. 교육 현장에서 활용할 수 있는 수업활동 계획 양식을 [부록 17]에 제시하였다.

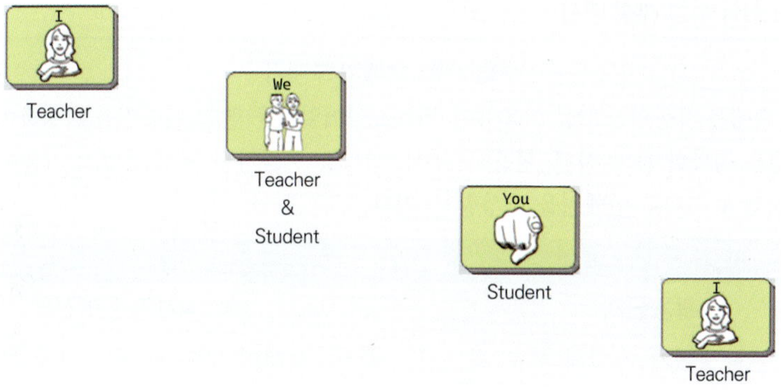


[그림 8-2] I-We-You-I 교수법

출처: Boruta (2023a).

〈표 8-9〉 I-We-You-I 교수법을 적용한 수업 계획

| 단계 | | 활동 | 유의점 |
|---|---|---|---|
| I | 직접교수 (direct instruction) | • 학습 목표 소개<br>예) 오늘 콜라에 소다를 넣어 어떤 결과가 나타나는지 알아볼 거예요.<br>• 목표 어휘 제시<br>예) 결과를 보고 AAC 도구를 이용해 코멘트해 보는 거예요. (포스터에 붙여 둔 단어 카드를 짚으며) "우아! 깜짝이야! 재미있어요, 재미없어요, 소다가 나와요 중에서 말할 수 있어요."<br>• 활동에 대한 모델 제시<br>예) AAC 도구로 모델을 보여 준다. | • 학습 목표의 일반화를 지원하는 환경을 구성한다.<br>• 학습 목표와 목표 어휘를 포스터에 붙여 제시해 둔다.<br>• 의사소통 기회를 만든다.<br>• 모델을 제시할 때 하이테크 도구 사용 학생에게는 학생의 하이테크 도구로, 상대자 지원 스캐닝 사용 학생은 이 방법으로 모델을 제공한다. |
| We | 안내된 연습 (guided practice) | • 학생이 학습 목표를 성취하도록 도와준다.<br>• 필요한 수준의 촉진과 모델을 사용한다.<br>예) 최소-최대 촉진체계, 제스처 촉진, 구어 촉진 등을 통해 거품이 병 밖으로 나올 때 학생이 코멘트를 표현하도록 지원한다. | • 목표 어휘를 표현하도록 하기 위해 계속되는 비계 설정(스캐폴딩)이 필요하다. |
| You | 독립된 연습 (independent practice) | • 다시 실험을 보여 주고, 개방형 질문 후 잠시 기다려 학생의 반응을 본다.<br>예) 거품이 쏟아졌어요. 어떤 생각이 들었나요? | • 실험했던 사진을 제시해서 순서대로 말해 보게 하고, 각 단계에 대해 코멘트해 보도록 한다. |
| I | 정리하기 (provide a wrap) | • 오늘 수업에 대해 정리하기<br>예) 오늘 수업 목표는 ~이었어요. ○○이는 -라고 말했고, △△는 -라고 말했어요. | • 교사가 수업 내용과 결과를 정리해 주고, 다시 한번 표현하게 한다.<br>• 다른 활동에 적용해서 코멘트해 보도록 확대할 수 있다. |

〈표 8-10〉 이메일 작성 수업 계획 예시

**수업 계획: 이메일 보내기**

조작적 능력 목표: 학생은 자신의 SGD를 이용하여 스스로 이메일함을 열고, 이메일을 작성하여 보낼 수 있다.
기능적 목표: 학생은 정확한 동사 시제, 형용사, 부사, 명사를 포함하는 특정 문법적 기술을 사용한 언어학적으로 복잡한 문장 4~5개로 이메일을 작성할 수 있다.

| 글쓰기 활동 | | | |
|---|---|---|---|
| 시간 | 활동 단계 | | 교사의 중재 전략 |
| 3분 | 도입 | • 학생에게 자신의 하루(최고였던 점 또는 최악이었던 점)에 대해 이야기하는 짧은 이메일 편지를 쓰는 것이 오늘의 과제임을 소개한다.<br>• 상대자가 인터넷에 접속하도록 요구하는("인터넷에 접속해 주세요.") 단계를 통해 학생이 상대자 참여를 이끌도록 촉진한다. | • 촉진: "무엇이 필요하지?"(인터넷 접속을 위해-조작적 능력)<br>• 촉진: "누구에게 메일을 쓸 예정이니?"(독립적으로 이메일을 여는 조작적 능력과 의사소통 상대자를 찾기 위한 표현언어능력 모두에 대해 학생에게 단서주기 위함) |
| 3분 | 직접교수 | • 편지 쓰기의 네 가지 구성 요소(인사말, 무엇인가에 대해 공유하기, 질문하기, 맺음말)에 대해 설명하고 검토해 보기 | • 학생에게 "인사말로 무엇이라고 말할 수 있지?", "오늘 있었던 일 중 무엇에 대해 공유하고 싶니?", "음, 네가 공유한 내용에 대해 어떤 질문을 하고 싶니?", "맺음말은 어떻게 할 생각이니?"<br>• 이 시점에서 SGD를 통해 1~2단어 표현이 사용된다.<br>• 이러한 것들은 편지 쓰기 마인드 매핑을 위해 충분한 것으로 받아들여진다. |
| 12분 | 안내된 연습 | • 더 길고 보다 복잡한 문장을 유도하면서 편지 구성을 하기 위해 그래픽 조직자를 이용한다.<br>• 보다 명확한 문장 표현을 위해 어떤 묘사 어휘가 필요한지 질문한다. | • 짧고 문맥상 연결되는 문장을 반복해서 말해 준다. "좋아. 그런데 여전히 명확하지가 않아. 더 명확하게 문장을 만들 수 있을까?"<br>• 교사는 문법적 요소를 강조하면서 보다 언어학적으로 복잡하게 문장을 재구성해 준다.<br>• 그다음 "나는 6학년 문장을 보고 싶어."라고 촉진한다.<br>• 틀린 동사 시제에 대해서는 "언제 그 일이 일어났지? 과거에 있었니?"라고 촉진한다.<br>• 편지의 각 단계에서 교사는 "이 이야기에서 무엇을 말하고 싶니?"라고 묻는다. |
| 10분 | 독립된 연습 | • 메일을 보내기 전에 메시지 전체를 큰 소리로 읽어 보도록 학생을 촉진한다. | • 명확한 문장에 대해 코멘트해 주고 칭찬해 준다.<br>• 어휘 확장을 위해 자신의 저널에서 학생이 선택한 묘사 어휘와 의미가 같은 동의어를 선택하여 더 첨 |

| 시간 | 활동 단계 | | 교사의 중재 전략 |
|---|---|---|---|
| 10분 | 독립된 연습 | • 학생에게 다른 교실의 종례 모임에서 자신의 저널/이메일을 공유하도록 촉진한다. | 가하는 방법을 통해 '공유한' 경험에 대해 코멘트하고, 재구성하여 저널에 대해 의사소통을 교환할 기회를 사용한다. |
| 5분 이상 | 일반화/활동 확장 | • 학생이 자신의 연락처 목록에 있는 친구, 교사 그리고 다른 직원들에게 더 많은 이메일을 써 보도록 독려한다. | • 교사는 학생의 과제를 상기시키는 네 부분으로 구성된 글쓰기 그래픽 조직자를 사용하여 학생의 이메일에 답변해 준다. |

출처: Robinson & Soto (2013).

### 3) 교과 수업에서 학생의 표현 향상을 위한 교사의 발문

AAC 사용 복합의사소통장애 학생의 인지능력을 발달시키기 위해서는 교사의 발문 또한 변화가 필요하다. 처음에는 기억을 요구하는 발문을 하지만 인지 단계가 올라갈수록 [그림 8-3]과 같은 Bloom의 인지과정 차원(한경임, 강명숙, 2022)에 따라 발문 수준을 다르게 하는 것이다. 학급을 구성하는 학생의 인지 특성에 따라서도 발문 수준을 다르게 계획할 필요가 있다.

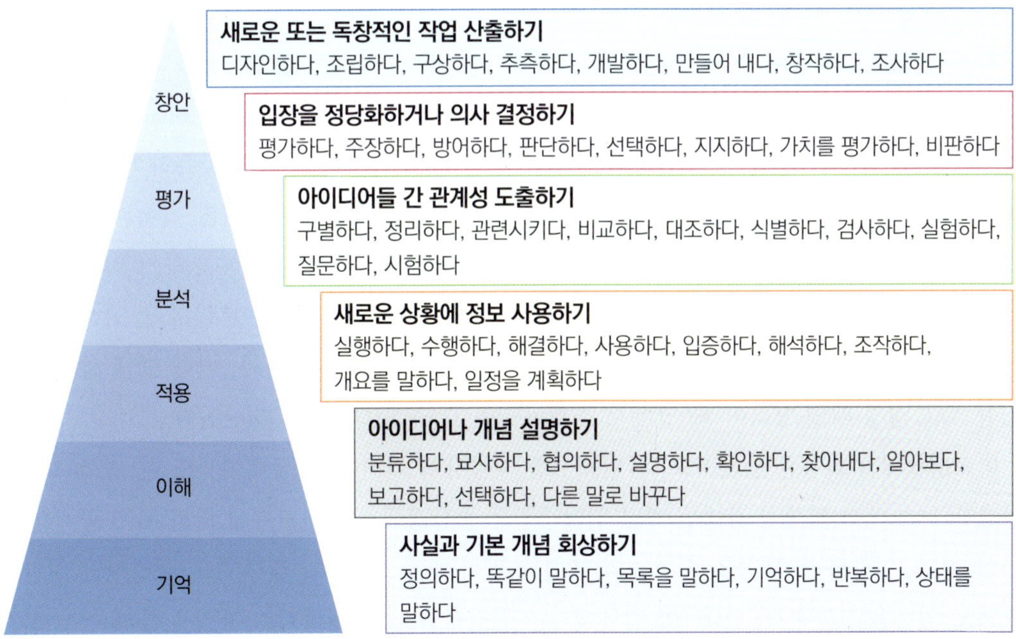


[그림 8-3] Bloom의 신교육목표 분류체계

〈표 8-11〉에 교사가 학급 학생의 특성과 Bloom의 신교육목표 분류체계를 고려한 발문 계획의 예를 제시하였다. 이 예시에서 교사는 『The wolf who ate the sky』 책을 이용하여 한 달 동안 주제중심 수업 활동을 하며 각 아동의 특성에 맞게 질문을 계획하고 적용하였다.

〈표 8-11〉 Bloom의 분류체계를 고려한 교사의 발문 예시

| 분류 체계 | 질문 |
|---|---|
| 기억 | 무슨 소동이 있었지? 용기는 무엇을 의미하지? |
| 이해 | 왜 동물들이 손전등이 필요했을까? |
| 적용 | 만약 어두워진다면 너는 어떻게 할 거니? |
| 분석 | 쥐는 어떻게 도움을 주었지? 사자는 어떻게 도움을 주었지? |
| 평가 | 소년과 동물들은 문제를 해결하기 위해서 서로 협력했어. 협력한 것은 도움이 되었을까? 왜 그렇게 생각하지? |
| 창안 | 네가 용기가 필요할 때/네가 친구와 무엇인가를 함께 협력하였을 때에 대해 너의 가족에게 이야기를 써 보자. |

## 4) 학교생활에서 언어능력 발달을 위한 보완대체의사소통 중재

### (1) 학교생활에서 화용론 발달을 위한 보완대체의사소통 중재

화용론 기술은 학생이 학교 환경에서 또래 및 성인들과 사회적 상호작용을 가능하게 해 준다. 이러한 기술에는 의사소통 상호작용을 시작하고 끝내기, 대화에서 말차례 주고받기, 주제를 개발하고 유지하며 말하기, 질문하여 정보를 찾기, 코멘트하고 의견 공유하기 등이 있다. 아울러 효과적인 화용론 기술은 언어의 내용(의미론)과 형식(구문론, 형태론, 음운론)도 발전할 수 있는 기회를 제공한다. 학교생활에서 AAC 사용자의 화용론 발달을 도모하기 위해서는 다양한 수업 상황에서 설명하기, 코멘트하기(언급하기), 질문하기, 감탄사 표현하기, 교대로 말하기 등의 방식으로 사회적 참여가 가능하도록 수업활동을 계획해야 한다. 이때 쉽게 사용할 수 있는 AAC 상징 배열 형식이 제6장에서 소개하였던 TDSnap의 QuickFires이다.

학교생활에서 화용론 중재 역시 삽입교수를 제공하여 실시한다. 국내에서도 한 연구(최다영, 한경임, 2021)에서 퇴행성 장애를 지닌 헌터증후군 중학생에게 삽입교수에 의한 AAC 중재를 실시한 결과, 인사하기, 행동조절 기능의 표현과 말차례 주고받기가 많아지고 긍정적인 일반화 효과도 있음을 보고한 바 있다. 이 연구에서는 삽입학습 활동 매트릭스 작성을 통해 어느 시간에 어떤 표현을 하도록 할지 계획한 후 최소-최대 촉진체계를 사용하여 중재하였다. 〈표 8-12〉에 학교생활에서 삽입교수를 이용한 화용론 표현을 위한 중재 계획의 예(Robinson & Soto,

2013)를 제시하였다.

〈표 8-12〉 학교생활에서 화용론 표현을 위한 중재 계획 예시

| 화용론 기술 | 학교 환경 | 활동 또는 루틴 | 전략 | 의사소통 상대자 |
|---|---|---|---|---|
| 인사하기 | 복도 | 등교 시간 | 간접 촉진: 친구가 먼저 인사 | 친구들 |
| 대화 시도하기 | 교실 | 조회 시간 | 교사의 간접 촉진: "함께 이야기 나눌 소식 갖고 있는 학생 누구인가요?" | 친구들/교사 |
| 소식/이야기 공유하기 | 교실 | 국어 시간 | 또래 촉진: "너의 이야기를 함께 나누자." | 친구들/교사 |
| 차례 주고받기 | 교실 | 국어, 과학, 수학 시간 | 또래 촉진: "네 차례야." | 친구들/교사 |
| 코멘트하기 | 교실 | 국어, 과학, 수학 시간 | 교사/또래 촉진: "너는 어떻게 생각해?" | 친구들/교사 |
| 질문하기 | 교실 | 국어, 과학, 수학 시간 | 교사의 간접 촉진: "질문 있는 학생 누가 있나요?" | 교사 |
| 대화 끝내기 | 교실 | 종례 시간 | 교사의 간접 촉진: "오늘 가장 기억에 남는 일이 무엇인지 들어 보자." | 친구들/교사 |

### (2) 학교생활에서 의미론과 어휘 발달을 위한 보완대체의사소통 중재

#### ① AAC 중재를 위한 어휘 선택

AAC 사용 학생들은 표현어휘 발달의 지체로 인해 언어학적 범주와 기능으로부터 문장을 생성하는 능력에 제한을 갖게 된다(Drager & Light, 2012). 전형적인 발달을 보이는 아동의 언어발달을 보면 핵심어휘를 중심으로 문장과 문법 발달이 확립되기 때문에 AAC 사용 학생이 효과적으로 다양한 어휘에 노출되려면 학교생활의 다양한 맥락에서 핵심어휘의 사용 기회가 많아야 한다(Adamson, Romski, Bakeman, & Sevcik, 2010). 또한, 자연스러운 언어 중재는 제7장에서도 상세히 제시한 바와 같이 학생의 언어발달 수준에 맞는 어휘와 언어를 지원해 주는 것이다. 이때 사용하는 전략 또한 제7장에서 제시하였던 확장하기, 재구성하기, 강화된 환경중심 언어 중재 등을 사용한다. 그러면서 중요한 것은 과학, 수학, 미술, 국어 등의 수업시간에도 이러한 중재 계획을 갖고 수업 시간에 필요한 의사소통이 이루어지도록 해야 한다는 것이다.

교과 시간에 자연스럽게 어휘에 대한 노출 기회를 제공하는 가장 쉬운 방법은 수업에 필요한 어휘(예: 수학 시간에 더하기, 빼기)를 의사소통판이나 SGD에 미리 구성하고 교사가 어휘를 말하면서 지적하는 것이다. 이것은 학생에게 AAC로 어휘를 표현하는 것에 대한 모델링 역할도 하게 된다. 이때 억지로 학생에게 따라 말하게 하거나 의사소통판에서 상징을 지적하도록

해서는 안 된다. 교사가 사용하는 모습을 보며 자연스럽게 어휘에 대해 이해하도록 해야 한다. 학교생활에서 AAC 중재를 위한 어휘 선택 가이드라인은 다음과 같다(Van Tatenhove, 2016).

1. 제한된 기능을 가진 AAC 도구로 처음 시작해야 한다면 의사소통판에 폭넓은 기능을 가지고 있는 단어들(사람 이름, 장소, 물건)을 배치하고 어휘를 확대시켜 나간다. 가장 많은 활동과 의사소통 상황에서 최대한 많이 사용하도록 활동을 조정하거나 조율하는 단어(예: 더, 다시, 도와주세요, 다 했어요, 달라요) 표현에 초점을 맞추어 상호작용을 시작하고, 그다음에 점차 코멘트와 관계 맺기를 위해 사용되는 단어(예: 재미있어요, 좋아요, 나빠요, 좋아해요)를 첨가한다.
2. 학생이 이미 '예', '아니요', '안녕', '잘 가'를 일관된 방식(예: 손 흔들기, 고개 숙이기)으로 표현한다면 이 단어들은 AAC 도구에 첫 단어로 선택하지 않는다.
3. 운동 계획(motor planning)과 자동성을 갖도록 의사소통판에 어휘를 구성하고 시작한다. 최소한 50개의 핵심어휘를 의사소통판에 항상 배열한다. 명사 어휘에 대해서는 어떠한 활동이든 상관없이 사용할 수 있도록 플립 형태로 구성한다.
4. 첫 50개 단어 이후 AAC 체계는 일반적인 언어발달 원리에 따라 구성하고 확대해 나간다.
   - 다양한 단어 범주에서 단어들을 계속 확대해 나간다: 대명사(나, 나를, 너, 나의 것, 그 사람), 동사(하다, 놓다, 만들다, 가지다, 두다), 부정어(안, 못), 전치사(위에, 밖에, 아래, 위로), 중요 질문 단어(무엇, 어디), 수식어(더, 모두, 다 쓴), 일반 장소(여기, 저기, 멀리)
   - 동사구의 발달은 주절의 동사, 동사 어미 사용에 따라 달라진다. 광범위한 기능을 가진 본동사(예: 하다, 놓다, 가지다, 주다, 만들다, 좋아하다)가 필요하고, 보다 특정 기능을 나타내는 동사(예: 먹다, 읽다, 마시다, 색칠하다)도 필요하다.
     - 혼자서 사용하지 못하는 보조동사는 본동사와 함께 복합용언으로 사용되기 때문에 다양한 복합용언을 지도할 필요가 있다. 우리나라 말로는, 예를 들어 '보고 싶어', '하고 싶어', '씹어 먹어', '열어 놓아' 같은 동사이다.
   - 명사구의 발달은 더 많은 사물의 명칭을 필요로 한다. 그런데 대부분의 경우 상황 맥락에서 일반적인 명사들이 더 유용하다. 이러한 단어들을 어떻게 사용할지 생각해야 한다: 이것, 저것, 그것, 이것들, 저것들, 다른 것, 더, 한 개 등
   - AAC 의사소통판이나 도구에 언어 활용을 확대할 계획을 세운다.
     - 어떻게 더 많은 대명사를 첨가할 것인가?
     - 어떻게 학생이 동사 형식을 표현하도록 할 것인가?
     - 학생이 동사 어미(예: -해야 한다, -이다, -할 수 있다)를 어떻게 표현하도록 할 것인가?

- 학생이 복수형을 표현하도록 어떻게 도와줄 것인가?
- 학생이 명사구와 동사구(예: 저 큰 강아지, 나는 빨리 가요)를 표현하고자 할 때 수식어(형용사와 부사 모두)를 사용하도록 어떻게 도와줄 것인가?
- 조사 사용을 어떻게 확대할 것인가?

⑤ 개인적인 요구를 위한 단어를 첨가한다. 이것은 핵심어휘에도 중점을 두지만 개인적인 부수어휘를 무시해서는 안 된다는 것을 의미한다.

- 학생 개인의 동기를 유발하는 물건, 활동, 사람을 표현하는 단어들은 무엇인가?
- 학생 개인의 요구, 특히 사람, 건강, 안전 관련 및 개인적인 보호와 관련된 어휘로 중요한 단어들을 의사소통판에 구성하고 있는가?

⑥ 학생과 함께 활동하는 동안 언어 모델링을 사용한다. 모델링의 이상적인 방법은 학생의 AAC 도구를 직접 사용하는 것이다. 학생이 현재 한두 개 단어를 표현한다면(예: '안에') 아동이 말한 것을 확대해 주기 위해 아동의 AAC 도구를 사용하여 아동의 말 앞이나('병 안에') 뒤에('안에 넣어') 어휘를 첨가하여 모델을 보여 주는 것이다. 이때 짧지만 완성된 문장을 말로 해 주면서 AAC 도구로 모델링해 주어야 한다. 중요한 것은 학생에게 모델링해 준 것을 반복해서 따라 하도록 요구하지 않는 것이다. 학생에게 언어를 노출하는 것일 뿐 학생에게 말할 것을 지시해서는 안 된다.

⑦ 핵심어휘의 사용을 독려하기 위해 촉진체계를 사용한다. 첫 번째 촉진으로 모델링을 사용한다. 만약 학생이 시각적 모델링에 반응하지 않으면 교사가 모델링하는 것을 바라보도록 알리는 빛이나 색, 소리 단서를 첨가한다. 학생이 목표 단어의 위치를 바라보도록 도와주는 또 다른 방법은 어휘에 표시를 하거나 강조 표식을 첨가하는 것이다. [그림 8-4]는 CVI를 가진 학생이 실제 사물을 구별하여 표현하도록 붉은색 프레임을 사용하는 모습과 교실 벽에 붙여 둔 의사소통판에 배울 어휘를 강조하는 표식의 예시이다.

⑧ 다양한 의사소통 상대자와 여러 가지 실제 활동 속에서 핵심어휘를 사용하도록 격려할 중재 계획을 세운다. 한 가지 유용한 방법은 간단한 스크립트를 사용하는 것이다.

[그림 8-4] 실제 사물과 의사소통판에 강조 표식 사용(미국 HMS school)

### ② 스크립트를 활용한 AAC 어휘 중재

스크립트는 의사소통 상대자로 하여금 의사소통 교환에서 자신의 역할에 대해 생각하게 하고, 핵심어휘의 사용과 언어 생성을 촉진하는 활동을 조직하고 강화하는 방법이다. 스크립트를 활용한 중재의 순서(Van Tatenhove, 2016)는 다음과 같다.

- 활동을 선택하고 언어학습 목표와 어휘 목록을 작성한다.
- 활동을 위한 자료를 모을 때 이 활동에 필요한 물건들에 대해 사용될 수도 있는 핵심어휘들을 결정한다.
- 활동의 흐름을 계획할 때 교사가 무엇을 말할지, 그리고 목표 어휘의 사용을 높이는 활동을 활발하게 하도록 교사가 무엇을 할지 결정한다. 예를 들어, 파이형 피자를 만든다면 학생에게 주는 재료의 양을 제한하여 학생이 '더'를 표현하도록 격려할 수 있다.
- 활동하는 동안 교사가 모델을 보여 주려는 추가 어휘의 목록을 결정한다. 이 단어들은 교사가 학생이 활동하는 동안 표현하기를 바라는 특정 목표 어휘를 의미하지 않는다. 이 단어들은 단지 학생이 경험하면 좋겠다고 생각되는 추가 단어들이다.
- 성공적인 비계(스캐폴딩)로서 어디에서 강조하기나 감추기를 사용할 것인지 적어 둔다.
- 학생이 언어 개념과 목표 어휘에 사용되는 상징을 이해하기 쉽게 도와주기 위해 사용할 추가 교구나 재료들을 목록으로 만든다.
- 활동 동안 기억할 만큼 중요하다고 생각하는 그 외의 어떤 것들에 대해 목록을 작성한다.

스크립트를 활용한 중재를 위한 활동 계획 예시를 〈표 8-13〉에 제시하였으며, 교육 현장에서 쉽게 사용할 수 있도록 양식을 [부록 18]에 제시하였다.

〈표 8-13〉 스크립트를 활용한 활동 예시

| 활동 | 스무디 만들기 | |
|---|---|---|
| 학습 목표 | 1. 의사소통 시작하기(상호작용)<br>2. 무엇인가를 반복해서 요구하기(의사소통의 이유)<br>3. 적절하게 '더' 단어 말하기(어휘)<br>4. 적절하게 '다시' 단어 말하기(어휘) | |
| 학습 목표 달성을 위해 학생이 표현할 어휘 | 더, 다시 | |
| 필요한 자료 | 재료<br>1. 아몬드 우유<br>2. 딸기<br>3. 바나나<br>4. 얼음<br>5. 믹서 | 재료와 관련된 핵심 단어<br>1. 달콤하다, 하얀색<br>2. 적은, 빨간색<br>3. 긴, 노란색<br>4. 차가운, 딱딱한<br>5. 시끄러운, 빠른 |
| 잠정적인 활동의 흐름 | 활동을 진행하는 방법<br>1. 기다리기(타이밍)<br>2. 양을 적게 주기(사보타주) | 방법을 시행하는 이유<br>1. 학생의 시도를 격려하기 위해<br>2. 학생이 '더' 또는 '다시'를 요구하도록 격려하기 위해 |
| 추가 어휘(모델을 보여 주기 위해 또는 상호작용에 영향을 줄 수 있는) | 넣다, 시작-그만, 마시다 | |
| 목표 단어를 강조/표시하는 방법 | • 핵심어휘를 제시한 교사의 화이트보드에서 단어를 강조하여 표시하기<br>• 학생의 개별 학습판에서 각 단어를 지워 감추어 놓기 | |
| 교구, 그림 | • 각 재료를 넣을 때 '더' 메모 카드를 사용하기<br>• 믹서를 계속 회전시켜 재료를 혼합하여 섞을 때 '다시' 촉진 사용하기 | |
| 기타 | • 동영상을 찍어서 집으로 보내어 부모가 보고 집에서도 반복 연습하도록 하기 | |

### (3) 학교생활에서 구문론과 문법을 위한 보완대체의사소통 중재

표현어휘에서 50단어 이상을 습득하게 되면 구와 단어 결합이 나타나기 시작한다. 그런데 복합의사소통장애 학생들은 문장과 구의 의미를 명확히 해 주는 과거 시제, 현재 진행형, 소유격, 보조동사와 같은 문법형태소 사용이 제한되어 있음이 여러 연구에서 보고되었다. AAC 도구를 사용하여 모델링, 재구성하기, 문장 형식과 형태소의 의미를 대조하여 비교해 주는 방법이 이러한 어려움을 해결하는 데 효과적이다. 앞에서 여러 번 언급한 피츠제럴드키를 적용하여 단어를 배열하는 것 역시 도움이 된다.

Fey, Long과 Finestack(2003), Miller, Kail, Leonard와 Tomblin(2001)의 연구를 바탕으로 의사소통장애 학생의 문법 지도 원리를 제시하면 다음과 같다.

1. 모든 문법 중재의 기본적인 목적은 말로 하든, 글로 쓰든 대화, 담화, 설명문과 같은 모든 텍스트의 장르에 대해 학생의 이해 능력과 구문과 형태소의 사용 능력을 성취하도록 도와주는 것이다.
2. 언어 중재 프로그램에서 목표로 하는 언어와 의사소통의 유일한 측면이 문법 형식이 되는 경우는 거의 없어야 한다. 이것은 언어와 의사소통 중재의 목적이 문법 형식에만 중점을 두어서는 안 된다는 것이다.
3. 학생에게 특정 언어 형식을 가르치려 하기보다 언어 습득 과정을 자극하는 시도로 중간 단계의 목적을 선택한다. 이것은 어느 특정 문법 형식을 정해 두고 이것만 가르치려고 하기보다 내적, 외적 중재 맥락 모두에서 보다 효과적으로 학생이 배울 수 있는 중재 목적을 정하고 현재 문법 능력을 스캐폴딩해 주면서 점차 나아가는 방식을 취하는 것이다.
4. 효과적인 문법 중재의 목적은 학생의 기능적 준비도를 바탕으로 해야 한다. 이것은 학생이 때때로 정확하지만 가끔은 오류를 보이거나 빠뜨리는 문법 형식이나 또는 학생이 결코 사용해 본 적은 없지만 학생의 발달 수준에 적합한 문법 형식을 중재 목적으로 설정해야 한다는 것이다.
5. 사회적, 물리적, 언어학적 맥락을 조정하여 문법 형식을 더 자주 사용할 수 있는 기회를 만들어야 한다. 이러한 기회를 만드는 방법으로 다음과 같이 해 준다.
   - 루틴을 깨뜨리기
   - 물건을 주지 않고 있다가 돌려주기(또는 학생으로 하여금 또 다른 행동의 필요성을 유발하기 위해 물건의 일부만 주기)
   - 사물의 기능이나 조작 방법을 틀리게 하기
   - 의도적으로 사물을 잘못된 위치에 놓기, 사물에 대한 명칭을 의도적으로 틀리게 말하거나, 사건에 대한 묘사를 틀리게 하여 목적으로 하는 문법 형식의 표현을 유도하기
6. 특별한 중재 목표를 위한 적절한 맥락을 개발하기 위해 다양한 텍스트 장르와 인쇄 양식을 사용한다. 내러티브나 글쓰기에서 특히 문법적 오류가 많기 때문에 이야기 듣기와 이야기 창작하기 시간에는 과거 시제나 소유격 표현 기회를 더 많이 제공한다.
7. 화용론적으로 자주 적절한 맥락에서 목표 문법의 특성이 가장 두드러지도록 만들기 위해 담화를 조정한다. 예를 들어, 목표로 하는 문법 형식을 강조하기 위해 그 부분에서만 큰 소리로 말하거나 억양의 변화를 주거나 길게 늘여서 말하는 것이다.

⑧ 문장 재구성을 사용하여 학생이 사용하는 문법 형식과 성인의 보다 성숙한 표현 양식을 체계적으로 비교하고 대조해 준다. 재구성하기는 학생의 의도를 방해하지 않는 자연스러운 맥락에서 사용되기 때문에 효과적일 수 있다.

⑨ 전보문식 말은 피하고 항상 잘 구성된 구와 문장으로 문법적 모델을 제공한다.

⑩ 표현하기 어려운 음운 패턴을 연습하고 보다 중요한 목표 형식을 표현하도록 하기 위해 유도된 모방을 사용한다. 유도된 모방은 재구성보다 훨씬 더 침습적인 기술로서 초기 중재 때 효과적이며 전체 프로그램에 속한 일부의 방법으로 사용한다.

## 2 학교에서 의사소통 능력 모델에 따른 보완대체의사소통 중재

### 1) 의사소통 능력 모델을 적용한 중재 목표 설정

학교생활에서 의사소통 능력 모델에 따른 AAC 중재 목표를 설정하는 방법으로 Marshall (2020)은 [그림 8-5]와 같이 의사소통 능력 중재 목표 결정을 위한 교수접근법을 제안하였다. 이 접근법에서는 세 가지 영역의 질문에 대한 답변을 함으로써 현재 중재가 필요한 영역을 결정하고, 중재 방법에 대한 계획을 비교적 쉽게 할 수 있다. [그림 8-6]과 [그림 8-7]에는 이 교수접근법의 사용 예시를 보여 준다.

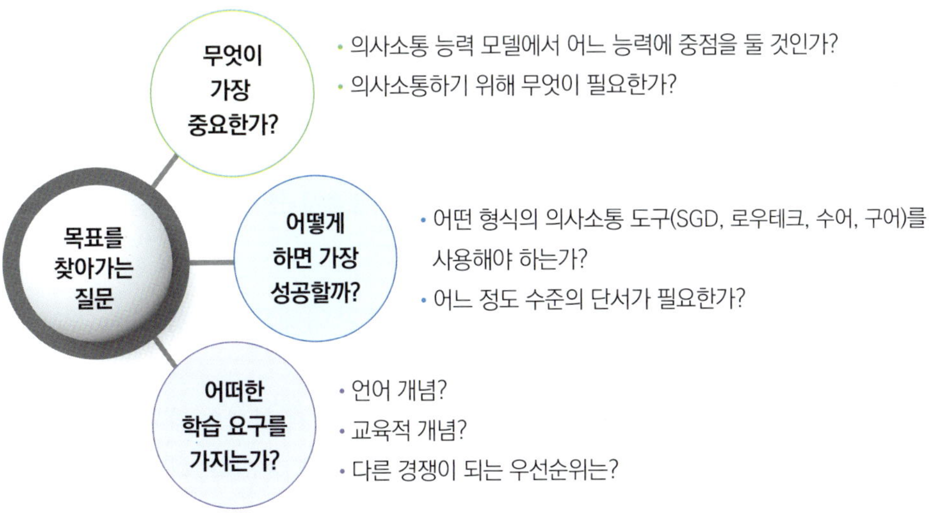


[그림 8-5] 의사소통 능력 중재 목표 결정을 위한 교수접근법

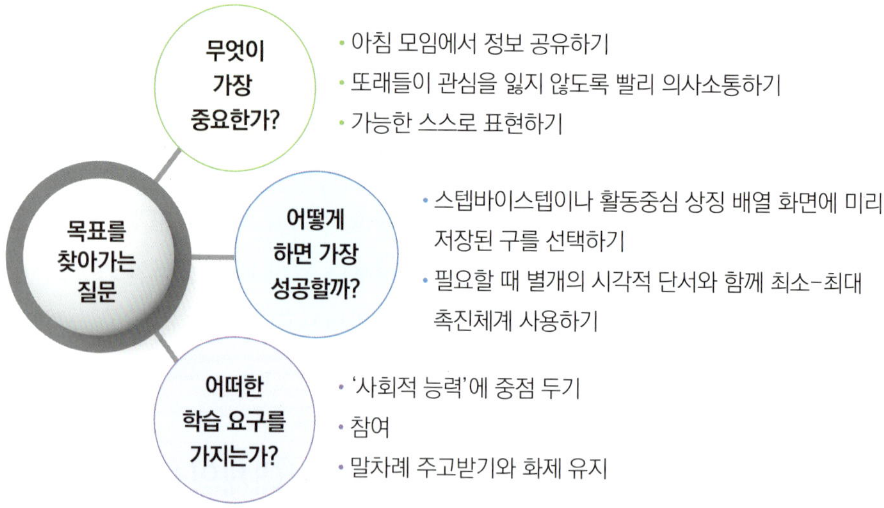


[그림 8-6] 중재 목표 결정을 위한 교수접근법 사용 예시-사회적 능력 중점

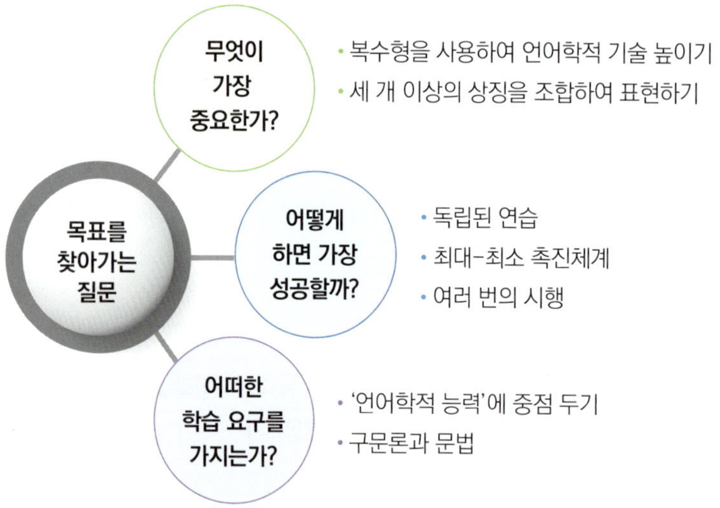


[그림 8-7] 중재 목표 결정을 위한 교수접근법 사용 예시-언어학적 능력 중점

## 2) 학교활동에서 의사소통 능력 모델을 적용한 보완대체의사소통 중재

학교생활 대부분의 교수 맥락에서 이루어지는 AAC 중재는 각 학생의 의사소통 능력인 조작적 능력, 언어적 능력, 전략적 능력, 사회적 능력 개발을 도모할 수 있다. 다음에 미국의 브릿지 스쿨과 HMS School for Children with Cerebral Palsy에서 이루어지는 의사소통 능력 모델을 적용한 예를 제시하였다.

### (1) 가상놀이 활동에서 의사소통 능력에 중점을 둔 중재

놀이는 언어학습과 언어 교수를 위해 가장 중요하면서도 자연스러운 맥락이다. 이것은 어린 아동들에게는 즐거움의 원천이 될 뿐만 아니라 새로운 행동을 배우고 연습하는 좋은 방법이다. 아이들은 놀이를 하며 삶을 경험하고, 사물과 사건에 대한 이해 능력을 갖게 되며, 그것에 대해서 어떻게 말해야 하는지를 배운다(McCormick, 2003). 특히, 가상놀이는 초보 의사소통자의 의사소통 및 언어능력 발달에 도움이 될 수 있음을 이 책의 제6장에서 언급한 바 있다. 가상놀이 동안 교사는 의사소통 능력 모델에 따라 초보 의사소통자의 조작적 능력, 전략적 능력, 사회적 능력, 언어적 능력을 발달시킬 수 있는 상호작용 전략을 생각해야 한다.

#### ① 조작적 능력

가상놀이를 하면서 조작적 능력을 발달시키는 방법은 스위치를 이용해서 장난감을 조작하거나 음악을 틀거나 또는 스위치를 이용해 다른 시행착오 없는 인과관계 개념 활동을 하는 것이다. 이 책의 제6장에서 [그림 6-11], [그림 6-12]에 제시하였던 스위치를 이용한 환경제어는 조작적 능력을 키우는 활동이 된다. 이러한 환경제어 활동과 함께 AAC 도구를 조작하여 의도를 표현하는 활동으로 이어 나가는 것이다. [그림 8-8]에 제시된 카페 가상놀이에서 스텝바이스텝을 이용해 주문을 받는 모습, 4칸 하이테크 의사소통 도구에 도넛을 붙여 주문하도록 하는 것, 의사소통판에서 뜨거운 음료를 선택할 것인지 차가운 음료를 선택할 것인지에 손을 뻗어 뜨거운 음료를 선택하는 것은 모두 조작적 능력을 길러 주는 활동이다.

[그림 8-8] 카페 가상놀이에서 AAC를 이용한 조작적 능력 적용 예시(브릿지스쿨)

### ② 전략적 능력

가상놀이에서 전략적 능력을 키워 주는 활동은 상호작용 과정에서 교사가 잠시 기다리면서 아동이 움직임이나 AAC를 이용해 스스로 먼저 무엇인가 의도를 나타내도록 하는 것이다. 예를 들어, 소방관 놀이를 할 때에 소방관 모자와 소방관 옷을 걸어 두고 기다리는 것이다. 아동이 먼저 손 사용이 자유로운 워커를 이용해 소방관 모자 쪽으로 이동하여 가만히 서 있으면 그것은 자신이 소방관 모자를 쓰고 싶다는 의도를 AAC 도구가 아닌 제스처로 나타낸 것이다. 이 책의 제6장에서 [그림 6-18]에 제시한 가상놀이 공간 구성은 아동의 전략적 능력을 유발하는 상황이 될 수 있다.

### ③ 사회적 능력

가상놀이에서 또래와 함께 게임하며 원하는 것을 어떠한 의사소통 수단(바라보기, 발성하기, SGD로 표현하기)으로든 표현하는 것은 사회적 관계를 길러 준다. 사회적 능력은 반드시 AAC 도구로만 표현되지 않는다. 또래 의사소통 상대자에 대한 사회적 관심을 보이기 위해 나타내는 자연스러운 행동이나 제스처가 사회적 능력을 입증하는 것이다. 또래와의 상호작용에서 차례 주고받기를 하며 활동하는 것 또한 사회적 능력을 길러 준다.

### ④ 언어적 능력

가상놀이에서 언어적 능력은 익숙한 활동을 통해 반복되는 표현을 하면서 어휘를 늘려 나가고, 상황에 적절한 표현을 익혀 나가면서 발달하게 된다. [그림 8-9]에 휠체어를 이용하는 인형의 옷을 고르고 가상놀이 하는 장면에서 SGD로 자신의 의견을 표현하는 모습을 제시하였다.

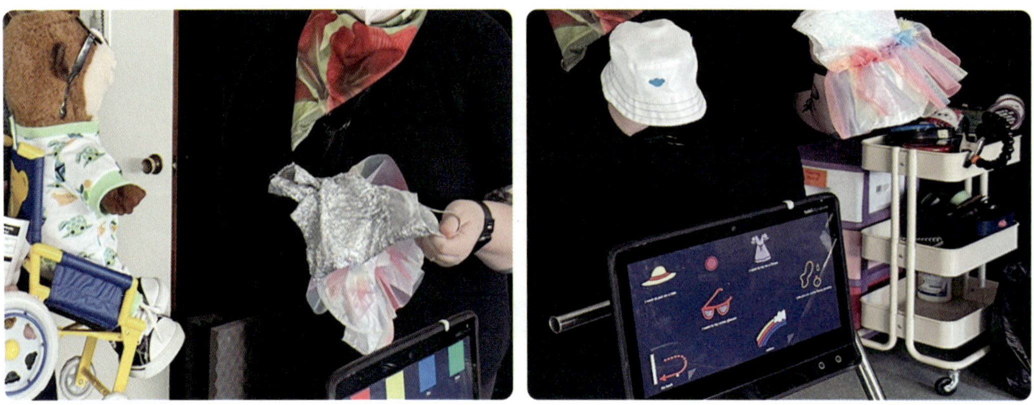

[그림 8-9] 가상놀이에서 언어적 능력 적용 예시(미국 HMS school)

### (2) 글쓰기 활동에서 의사소통 능력에 중점을 둔 중재

학교 수업의 기본적인 활동 중 하나가 글을 읽고 쓰는 것이다. 다음 절에서도 언급할 문해력 교육으로서 AAC 중재를 적용하는 미국의 많은 특수학교에서 글쓰기 교육이 이루어지고 있다. AAC를 적용한 글쓰기 활동을 통해 문해력뿐만 아니라 의사소통 능력 모델에서 제시하는 조작적 능력, 사회적 능력, 언어적 능력, 전략적 능력을 함께 개발할 수 있다. 브릿지스쿨에서는 AAC를 이용한 글쓰기 활동을 풍부한 글쓰기 워크숍(Enriched Writer's Workshop)이라 하고, 교사 주도 미니 레슨, 교사와 글쓰기 연습 과정을 거쳐 또래들과 교사와 함께 자신이 쓴 것을 발표하고, 자신의 글에 대해 또래들의 코멘트를 듣는 순서로 루틴을 갖고 진행한다. 풍부한 글쓰기 워크숍의 핵심 활동은 의사소통 능력의 주요 요소들로 이루어진 이상적인 교수 맥락을 루틴으로 제공한다는 것이다.

#### ① 조작적 능력

풍부한 글쓰기 워크숍에서 학생들은 자신의 AAC 도구와 연결해서 사용할 수 있는 변형 워드프로세스 프로그램을 이용해 글을 작성하면서 인쇄하기, 저장하기, 서류 열기, 서류 닫기, 읽기, 읽기 멈추기의 툴들에 대해서 배우게 된다. 이러한 툴을 사용할 때 스위치를 이용하여 워드프로세스를 조작하도록 배운다. [그림 8-10]은 글쓰기 활동 동안 워드프로세스 프로그램으로 쓴 글을 인쇄하는 명령을 하여 조작적 능력을 사용하는 모습을 보여 준다.

#### ② 전략적 능력

학급 친구들과 함께 글쓰기 내용에 대해 공유하려고 할 때 다른 쪽을 보고 있는 친구에게 자신을 알리기 위해 손짓을 하고 자신에게 관심을 기울이도록 하는 것은 전략적 능력의 하나라고 할 수 있다. [그림 8-10]의 오른쪽 사진에서 자신의 글에 대해 친구들의 관심을 끌기 위해 친

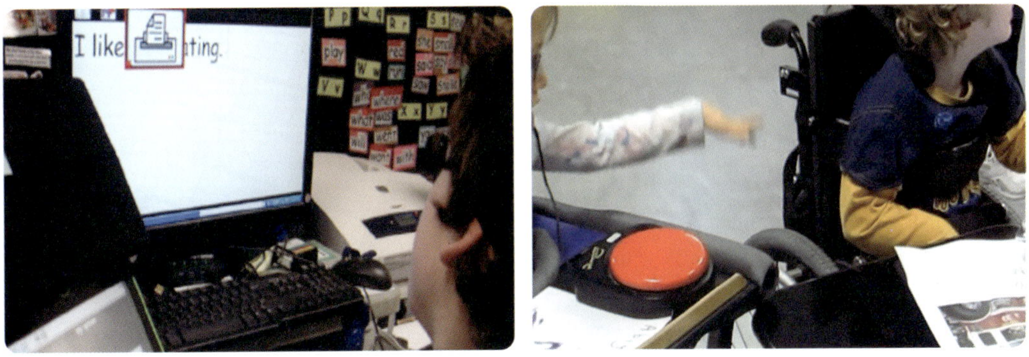


[그림 8-10] 글쓰기 워크숍에서 조작적 능력과 전략적 능력(브릿지스쿨)

구에게 손을 뻗어 친구의 관심을 돌린 뒤 단일 메시지 녹음형 의사소통 도구로 "내 이야기 들어 봐."라고 말하는 전략적 능력을 사용하는 모습을 보여 준다.

#### ③ 사회적 능력

풍부한 글쓰기 워크숍에서 자신의 글을 친구들과 공유할 때 친구가 쓴 내용을 듣고 그에 대해 자신의 느낌이나 생각을 코멘트해 주도록 지도하는 것은 사회적 능력을 키우는 한 방법이다. 이때 의사소통자의 유형에 따라 코멘트에 사용할 어휘 배열이 다를 수 있다.

#### ④ 언어적 능력

풍부한 글쓰기 워크숍에서 상징을 조합하여 보다 복잡한 메시지를 형성하기도 하고, 문장으로 작성한 내용을 자신의 SGD에 저장하여 친구들 앞에서 발표하고 내용을 공유하도록 할 수 있다. [그림 8-11]에 사회적 능력을 위해 초보 의사소통자와 맥락의존 의사소통자의 감정 표현에 대한 AAC 상징 배열 화면 구성의 예, 언어적 능력과 관련하여 자신이 쓴 내용을 미리 SGD에 저장하고 발표하는 예를 제시하였다.

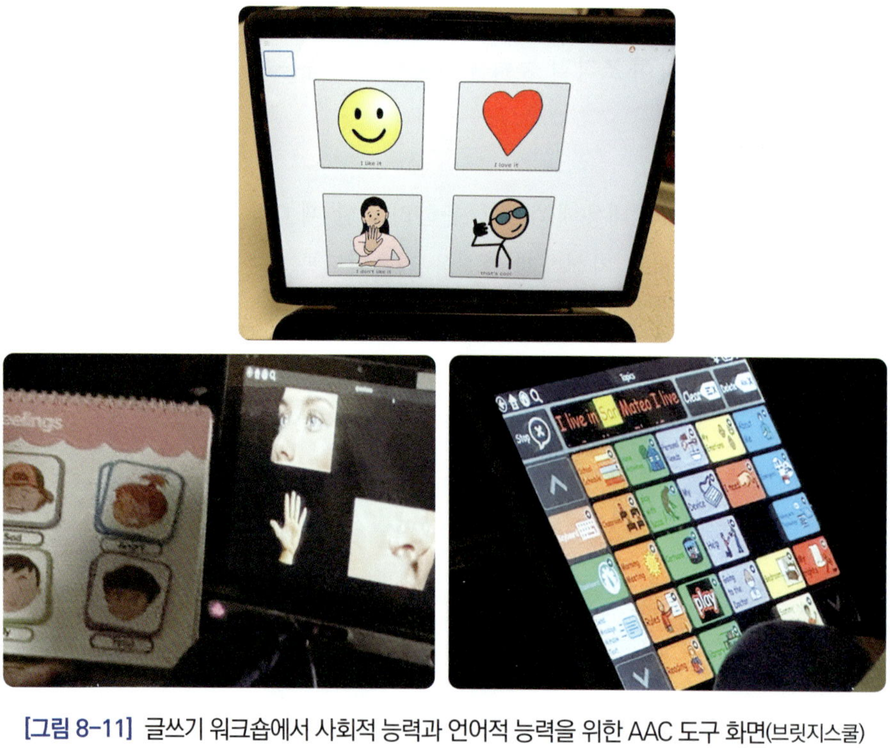

[그림 8-11] 글쓰기 워크숍에서 사회적 능력과 언어적 능력을 위한 AAC 도구 화면(브릿지스쿨)

### 3) 수학 수업에서 보완대체의사소통 중재

수학은 일상생활에서 가장 자주 사용되는 지식과 기술 중의 하나이다. 수학은 물건을 살 때, 돈 계산을 할 때, 시간을 지키고 시간에 대해 말할 때, 조리법의 순서를 따를 때, 높이나 길이, 무게를 측정할 때, 거리를 결정할 때 등 다양한 상황에서 사용된다. 수학 교수 방법에 대한 특별한 교수적 수정이 없으면 복합의사소통장애 학생은 다양한 수학 관련 개념과 기술을 습득하고 사용하는 데 어려움을 갖게 된다. 특히, 지체장애가 있는 복합의사소통장애 학생들은 물건을 조작하거나 세어 보는 경험, 양의 변화에 따라 숫자를 나열해 보는 경험, 수나 수세기와 관련된 단어(많다, 적다, 처음, 나중, 조금 등)를 이해하거나 써 보는 경험이 부족하다. 이와 같이 수학은 단지 숫자만 알고 세는 것이 아니라 개념을 이해하고 실제에 적용하기 위해서는 언어가 필요하기 때문에 복합의사소통장애 학생에게는 AAC를 적용해야 하는 것이다.

브릿지스쿨에서는 다음과 같이 수학 수업에서 포괄적인 목적을 설정하고 이러한 목적을 달성하기 위해 AAC를 적용하여 수업을 이끌어 나간다.

- 기본적인 계산 기술의 유창성 발달
- 수학적 개념에 대한 이해력 발달
- 루틴에서 일어나는 문제를 인식하고 쉽게 해결할 수 있으며, 루틴의 경로가 끊어진 상황에서 해결에 도달하는 방법을 찾을 수 있는 수학적 문제 해결자 되기
- 손짓 신호, 상징, 모형, 그래프, 수학적 용어를 사용하여 양에 대한 표현, 논리적 관계, 측정할 수 없는 가치에 대해 정확하게 의사소통하기
- 자료를 모으고, 증거를 분석하고, 가설을 지지하거나 분석하는 논쟁을 확립하는 것을 통해 수학적으로 사고하기
- 수학적 아이디어 사이에 관계를 설정하고 수학과 다른 학문 영역 간의 관계 설정하기

일대일 대응 관계를 배우거나 사물을 구분하고 유사한 범주로 모으기, 양을 비교하고, 순서대로 배열하기 등의 수학 학습은 수학 교과목 시간에만 해야 하는 것은 아니다. 매일 루틴으로 진행되는 조회 시간에 캘린더에 대해 이야기하며 오늘의 날짜를 말하고, 어제, 오늘, 내일의 개념을 익히고, 몇 월인지 이야기하며 수 개념을 익히고 숫자 세기도 할 수 있다. 미국의 T.A.C.L.E. 프로그램을 운영하는 특수학급과 브릿지스쿨(한경임, 2014, 2018a)에서 매일 진행하는 아침 모임 시간에 날짜와 시간을 말하고, 수를 세고, 숫자의 명칭을 말하고, 자릿수의 개념을 익히면서 AAC 도구를 이용해 표현하도록 지도하는 사례를 볼 수 있다.

조회 시간 이외에도 다른 교과 활동에 삽입하여 수학 지도가 가능하다. 예를 들어, 현장학습을 지역사회 도서관으로 나갈 때 한 학생당 한 개의 도서대출 카드를 주고 일대일 매칭의 개념을 익힐 수 있다. 미술 수업에서 그날의 활동에 적합한 툴(예: 붓, 물감, 색연필)을 선택하고, 색깔, 크기, 형태를 구분하여 재료를 분류하는 것도 수학적 개념과 관련 있는 것이다.

이 모든 분류 과정에서 AAC를 사용하여 표현할 기회를 제공하는 것이 중요하다. 이러한 삽입교수만이 아니라 수학 교과 시간에 교육과정상의 수학 수업을 진행할 때도 AAC 체계가 사용되는 것은 당연하다. 단순 수계산만이 아니라 이야기 속에서 덧셈, 뺄셈을 배울 때 AAC 체계는 학생의 답변과 교사의 지도에 유용하게 사용된다. [그림 8-12]에 수학 시간에 AAC를 적용하는 모습의 예를 제시하였다.

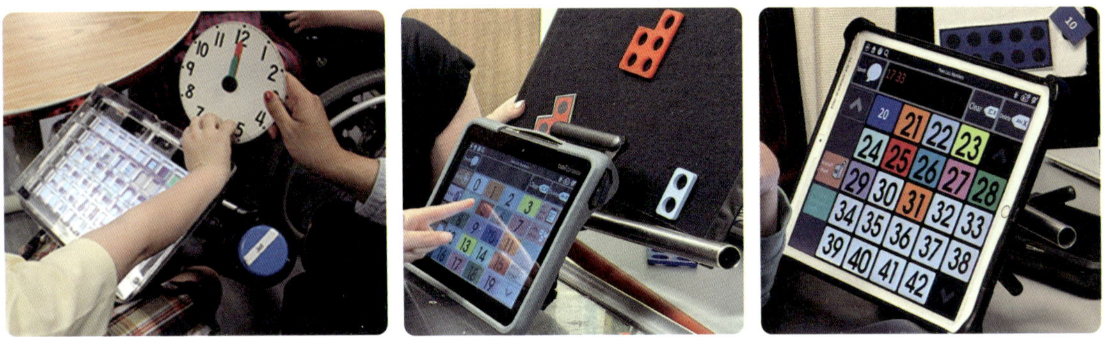

[그림 8-12] 수학 시간 AAC 사용 예시(브릿지스쿨)

## 4) 과학 수업에서 보완대체의사소통 중재

과학은 세상에 대한 현재의 이해를 반영하는 단순한 지식 체계만을 의미하지 않는다. 그것은 해당 지식을 확립하고, 확장하고, 개선하는 데 사용되는 일련의 실제적인 활동이기도 하다. 과학에 있어 지식과 실제 두 요소는 모두 필수적인 것이다. 과학 수업에서 학생들이 주로 직면하는 과학적 탐구 요소는 다음과 같다.

- 과학에 대한 질문하기와 엔지니어링을 위해 문제 정의하기
- 모형을 개발하고 사용하기
- 조사 방법을 계획하고 시행하기
- 자료를 분석하고 해석하기

- 수학과 컴퓨팅 사고력 활용하기
- 해결책을 고안하고 답을 제시하기
- 증거를 가지고 논쟁에 참여하기
- 정보와 결과를 얻고, 평가하고, 의사소통하기

과학 수업은 다른 교과 영역의 내용을 보완하는 기회를 제공할 수 있다. 예를 들어, 양의 측정이나 비교와 같은 수학과도 연결될 수 있으며, 탐구 순서나 간단한 정보를 구성하는 텍스트를 읽는 것은 국어과와도 연결된다. 그리고 기본적으로 과학은 또래들과의 협력을 통해 과학적 지식을 적용하는 활동이 가능하다는 점에서 사회적 활동이다. 또한, 과학교과 수업에서만이 아니라 현장학습, 쉬는 시간 놀이터에서 떨어지는 나뭇잎을 보고, 기어가는 벌레를 보며 과학적 탐구를 하고 AAC로 표현하는 활동을 통해 삽입교수가 가능하다.

AAC를 사용하는 학생은 과학 활동에 참여하면서 질문하고, 관찰한 것을 말하고, 토론에 참여할 수 있다. 과학 활동에 참여한 사진을 블로그나 자신의 SNS에 올려서 느낌을 말하고, 자신의 생각을 다른 사람과 공유하는 것에 AAC를 활용하여 표현하도록 지도할 수 있다. 특히, 과학 교과는 직접 실험해 보는 것이 지식의 습득과 활용에 유용하므로 손 사용이 자유로운 워커를 이용해 직접 돌아다니고 움직이면서 탐색하고 조사하는 활동을 하는 것이 다양한 표현을 유발하는 데도 도움이 된다.

브릿지스쿨에서 실험과 활동 중심의 과학 수업에 AAC를 적용하는 사례(한경임, 2014)와 T.A.C.L.E. 프로그램을 운영하는 특수학급에서 우주선 모형을 만들고 직접 우주비행사가 되어 보는 활동을 하며 AAC를 적용하는 수업 사례(한경임, 2018a)가 보고된 바 있다. [그림 8-13]은 T.A.C.L.E. 프로그램을 운영하는 특수학급에서 우주선 모형을 만들고 상대자 지원 스캐닝이나 음성녹음형 AAC 도구로 우주비행사가 착용할 것을 선택한 뒤 우주선을 작동해 보는 수업 모습을 제시하였다.

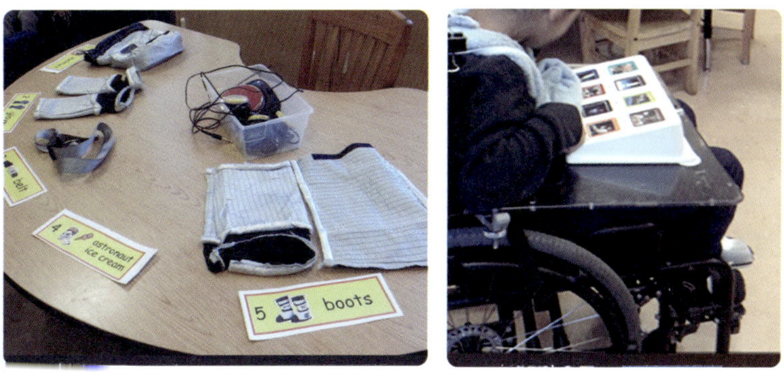

[그림 8-13] 과학 시간 AAC 사용 예시(T.A.C.L.E. 프로그램 특수학급)

### 5) 음악과 미술 수업에서 보완대체의사소통 중재

음악과 미술 활동에 참여하면서 학생들은 자신의 생각, 감정을 의사소통하고 자신을 둘러싼 세상에 대한 이해를 표현하는 능력을 개발할 수 있다. 또한, 음악에 따라 율동하기, 음악 듣기, 예술 작품 보기 등을 통해 평생 동안 가지게 될 예술 작품에 대한 감상 능력과 창의적 표현 능력도 개발할 수 있다. 예술 작품을 만드는 경험을 통해 학생들은 자기표현의 다양한 방법과 함께 청중이 되는 것에 대해서도 배우게 된다. 지체장애가 있는 복합의사소통장애 학생의 경우 보조공학이나 적응 도구(adapted tools)를 통해 음악과 미술 활동에 참여할 수 있도록 해야 하며, AAC 체계를 통해 자신의 정서와 창의적인 아이디어를 표현할 기회를 주어야 한다.

주제중심 수업을 통해 이야기 읽기 시간에 들었던 책의 캐릭터를 그려 보거나, 사회 수업 시간에 수업했던 지역사회에서 도움을 주는 사람들을 만들어 보거나 역사적 인물 그려 보기 등의 활동을 하면서 AAC 체계를 이용하여 색을 선택하고, 모양을 결정하고, 다른 친구가 만든 것에 대해 코멘트하는 것도 배울 수 있다. [그림 8-14]에 미술 시간에 적응 도구와 AAC 체계를 적용하는 예를 제시하였다.

[그림 8-14] 음악, 미술 시간 AAC 사용 예시(브릿지스쿨)

## 3 보완대체의사소통과 문해력 중재

### 1) 문해력 권리 헌장

학교에서 주로 이루어지는 모든 교과 학습과 활동은 글자를 익히고, 글을 읽고 해석하며 글을 삶에서 활용하는 능력을 키우고 교육하는 데 중점을 둔다. 삶의 시간 중 가장 중요한 시기가 학교에서 보내는 시간이며, 이 시기에 글을 읽고 쓰는 능력인 문해력을 제대로 키우지 못한다면 이후의 삶에 큰 영향을 미치게 된다. 이것은 개인의 삶에만 영향을 미치는 것이 아니라 개인들이 모여 이루는 사회, 결국은 국가의 미래 삶에도 영향을 미치게 된다.

또한, 문해력 발달은 학생이 읽거나 쓴 텍스트의 다양한 인쇄된 문맥을 통해 언어발달을 계속 이끌어 내기 때문에 문해력은 언어와 함께 학생이 독립된 성인으로 성장하기 위한 중요한 능력이라 할 수 있다. 그렇다 보니 언어능력이 발달되지 못한 복합의사소통장애 학생은 문해력을 발달시키지 못할 것이라 생각하기 쉽다. 이것은 한 연구(King-DeBaun, 2002)에서 교육자의 78%가 복합의사소통장애 학생이 문해력 교육에 참여하기에는 인지적으로 너무 미숙하다고 생각하기 때문에 문해력 중심의 수업을 하지 않는다고 한 것에서도 알 수 있다. 사실상 복합의사소통장애 학생들은 문해력의 주요 영역인 읽기 학습에 상당한 어려움을 가지고 있기도 하다(Vandervelden & Siegel, 2001). 그러나 어려움을 가지고 있다는 것이 학습이 불가능함을 의미하지는 않는다.

장애의 유형이나 정도와 상관없이 모든 사람은 인쇄물을 사용할 기본적인 권리가 있다. 이것은 AAC를 필요로 하는 복합의사소통장애를 가진 사람을 비롯한 모든 사람에게 글을 읽고 쓰는 것을 배울 권리가 있음을 의미하는 것이다. 이러한 기본적인 권리를 모든 사람을 위한 문해력 권리 헌장(Yoder, Erickson, & Koppenhaver, 1997)이라 하며 〈표 8-14〉와 같다.

〈표 8-14〉 문해력 권리 헌장

모든 사람은 다음과 같은 문해력에 대한 기본적인 권리를 가지고 있다.

1. 읽기와 쓰기를 배울 기회를 가질 권리: 기회란 성공할 가능성이 높은 과제에 능동적으로 참여할 것을 보장하는 것을 의미한다.
2. 명확하고, 의미 있고, 문화적으로나 언어학적으로 적절한 텍스트에 항상 접근 가능할 권리: 텍스트란 그림책, 신문, 소설, 과자 봉지, 전자 문서까지 폭넓은 범위로 정의된다.
3. 텍스트에 대해 읽고, 쓰고, 듣는 동안 다른 사람과 상호작용할 권리: 상호작용은 텍스트와 관련된 질문, 코멘트, 논의, 기타 의사소통을 모두 포함한다.
4. 읽기와 쓰기 능력을 통해 활용할 수 있는 삶을 선택할 권리: 삶의 선택에는 취업, 취업 변화, 독립, 지역사회 참여, 자기 옹호를 포함하지만 이것에 제한되는 것만은 아니다.
5. 문해 교수법과 사용에 대한 평생 교육 기회의 권리: 문해 교육 기회는 시기와 상관없이 언제든 반드시 제공받아야 한다.
6. 문해 교수 방법과 원칙에 대한 지식을 갖고 있는 교사와 다른 서비스 제공자를 만날 권리: 방법은 교수법이나 진단에만 제한되는 것이 아니라 장애를 가진 사람들이 문해력에 접근하기 위해 요구되는 공학도 포함한다. 원칙은 문해력이 장소와 시간에 상관없이 학습되어야 한다는 신념만으로 제한되는 것이 아니라 문해 학습 기회로부터 혜택을 받지 못할 만큼 장애를 가진 사람은 아무도 없다는 신념을 가지는 것을 의미한다.
7. 인쇄물 사용에 대한 다양한 모델이 제공되는 환경에서 생활하고 학습할 권리: 모델이란 조리법을 읽고, 계산서를 지불하고, 농담을 주고받고, 편지를 쓰는 것과 같은 유목적적으로 글을 사용하는 것을 의미한다.
8. 모든 사람이 문해를 학습할 수 있다는 기대와 태도를 가진 환경에서 생활하고 학습할 권리

## 2) 복합의사소통장애 학생 문해력 교육의 장벽

복합의사소통장애 학생이 문해력 기술을 습득하지 못하는 데에는 여러 가지 장벽(Downing, 2005)이 있다. 여기에는 태도 장벽, 낮은 기대, 제한된 기회, 제한된 문해력 접근 수단, 제한된 시간, 연령 요인이 있다.

### (1) 태도 장벽

복합의사소통장애 학생들이 문해력 교육을 받지 못하는 가장 큰 장벽은 문해력 교육으로 이득을 보기에는 장애가 너무 심하다고 생각하는 태도이다. 이러한 태도는 장애 학생을 지도하는 사람들의 책임을 상쇄시키며, 학생으로 하여금 문해력 교육을 받을 만큼 능력이 있음을 입증하도록 강요한다(Fossett, Smith, & Mirenda, 2003). 복합의사소통장애 학생이 문해력을 배

울 수 없고, 배워서 이득을 얻는 게 없다고 생각하는 대신 우리는 그 반대의 태도를 견지하고, 어떻게 하면 이것을 가능하게 할 수 있을까를 생각해야 한다. 촉진된 의사소통(Facilitated Communication: FC)으로 알려진 체계적인 촉진 전략을 통해 기대하지 않았던 복합의사소통장애 학생의 문해력 기술 발달이 입증된 연구 결과(Kliewer & Biklen, 2001)는 복합의사소통장애 학생의 불능에 대한 가정이 얼마나 위험한 것인지 보여 준다.

FC는 손, 손목, 전박, 팔꿈치, 상박, 어깨로 이어지는 신체적 촉진과 학생의 시도를 격려하는 정서적 지원, 학생이 의사소통 도구를 사용하여 의사소통할 것이라는 기대로 구성되어 있다. 경련, 손 흔들림, 글자나 단어에 대한 집착과 같은 잘못된 움직임을 조절하도록 교사가 신체적으로 지원해 주면 학생이 글자, 단어, 그림을 지적하여 메시지를 작성할 수 있도록 하는 것이다.

### (2) 낮은 기대

복합의사소통장애 학생들은 읽기와 쓰기에 대한 기대를 받지 못하다 보니 이러한 형태의 교육 목적이 교육 계획에 드러나지 않는다. 특히, 중증 장애가 있는 복합의사소통장애 학생의 경우 교육의 중점은 건강관리, 섭식, 자세 조정, 안전과 청결에만 두는 경우가 많다. 이러한 경향에 대해 미국에서도 낙오방지법 등 법적 요구에서 복합의사소통장애 학생들을 예외로 두는 문제가 지적되었다(Downing, 2005).

학생에게 적합한 지원을 해 주면 학생들은 우리의 기대를 성취할 수 있다. 그렇기 때문에 모든 학생에게 기대를 갖고, 학생이 지속적으로 학습하도록 독려해야 한다. 우리가 어떠한 기대도 하지 않고 학습할 기회도 주지 않는다면 학생은 어떠한 문해력 기술도 얻지 못할 것이다.

### (3) 제한된 기회

문해력은 우리 삶의 경험을 확립하는 바탕이 된다. 이것이 학습을 지원하는 다양한 문해력 경험을 학생들에게 반드시 제공해야 하는 이유이다. 특히, 지체장애, 감각장애, 지적장애를 중복으로 갖고 있는 학생들은 걷거나 이동하며 자신의 환경을 스스로 신체적으로 탐구하는 것이 어렵기 때문에 경험 학습의 기회가 부족하다. 이런 경우 지속적으로 다양한 경험을 하도록 지원하기보다 오히려 아무것도 할 수 없기 때문에 집에 머물러 더 안락하고 편안하게 해 주어야 한다고 생각하기 쉽다.

불행히도 이러한 결정은 학생의 장애를 더 악화시키고, 기본 개념을 이해하고 습득하는 것을 더 어렵게 만든다. 물론 집에서 책을 읽어 줄 수도 있겠지만 이미 여러 연구(Light & Kelford Smith, 1993; Marvin, 1994)에서 그것조차 비장애 아동의 부모가 아동에게 책을 읽어 주고, 문해력 활동을 위해 보내는 시간에 비해 상당히 훨씬 적은 시간임을 보고한 바 있다. 그리고 학교에서 교사들조차 중복장애를 가지고 있는 학생들이 문해력 교육을 통해 충분한 이익을 얻을 수는 없다고 생각한다(Katims, 2001; Kliewer & Biklen, 2001).

### (4) 제한된 문해력 접근 수단

복합의사소통장애 학생에게 문해력 경험에 접할 기회가 주어진다 하더라도 이러한 경험 동안 상호작용할 적절한 수단이 없으면 학생들이 알고 있는 것을 입증할 방법이 없다. AAC를 사용하는 아동의 부모들은 실제 문해력을 습득한 아이에게조차 낮은 기대를 갖고 있어 (Downing, 2003) 적절한 문해력 접근 수단을 제공하려는 시도가 없는 경우가 많다. 복합의사소통장애 학생이 문해력 활동에 능동적으로 참여할 수 있도록 대안적인 전략과 수정된 자료들이 적용될 필요가 있다.

자료 수정은 다음 세 가지 이슈를 설명할 수 있어야 한다. ① 구어로 반응하거나 손으로 글을 써서 반응해야 할 필요성을 없애고, 보다 효과적이고 덜 모호하게 수업에 참여하도록 촉진할 필요가 있다. ② 추가적인 지도를 필요로 할지도 모르는 학생에게 어려운 영역에 대한 통찰을 제공한다. ③ 학생의 부족한 구어 표현을 보완해 준다(Light & McNaughton, 2009).

### (5) 제한된 시간

복합의사소통장애 학생이 문해력 학습에서 갖는 실질적인 장벽 중 하나가 학생에게 적용할 수정 자료를 설계하고 제작하는 데 시간이 제한되어 있다는 것이다. 일반 학생들이 사용하는 교재나 교구로는 문해력 학습이 어렵다면 교사는 개별화된 맞춤형 학습 자료를 개발해야만 한다. 교사는 연습 활동지, 책의 내용, 책에 쓰인 글의 형식, 소식지 등을 수정해야 하고, 학생의 정보 이해를 개선하기 위해 사용될 것이라면 무엇이든 수정하고, 이것을 이해하고 있음을 입증할 만한 적절한 수단도 제공해야 한다. 그러나 현실적으로 교사들은 이러한 모든 것을 고민하고 계획하기에 시간이 너무 부족하다. 게다가 문해력 학습을 위해서는 교육과정 재구성도 필요하기 때문에 교사에게 시간적 부담이 클 수밖에 없다.

### (6) 연령 요인

문해력 학습이 가능한 특정 연령이 있는 것이 아닌데도 불구하고, 너무 어려서 또는 너무 나이가 많아서 문해력 학습 기회를 주지 않는 것 또한 잘못된 장벽이다. Gordon Pershey와 Gilbert(2002)는 35세 중도중복장애 여성의 문해력 학습 성과를 보고한 바 있으며, 국내에서도 강명숙과 한경임(2003)의 연구에서 한 번도 AAC를 경험한 적이 없는 14~17세의 중학생이 AAC 중재를 통해 문해력이 개선되었음을 보고한 바 있다.

## 3) 복합의사소통장애 학생 문해력 교육의 의미

문해력은 자아 존중감, 자기결정력, 독립성, 정보 수집, 조직화 능력, 학습 능력, 즐거움과 같은 삶의 질에 중대한 영향을 미친다. 이러한 삶의 질은 비장애인에게서와 같이 복합의사소통장애인에게도 똑같은 크기로 중요하다.

### (1) 자아 존중감

문해력을 갖고 있는 것으로 자각되면 긍정적인 자아 이미지를 갖게 된다. 인쇄 자료에서 정보를 얻고, 다른 사람에게 메시지를 쓸 수 있음을 보여 주면 유능한 사람으로서의 인상을 주게 된다. 어린아이들은 관습적인 문해력 기술을 습득하기 훨씬 전부터 책을 갖고 노는 것을 즐기고, 책을 읽는 흉내를 내기도 한다. 복합의사소통장애 학생도 마찬가지이다. 복합의사소통장애 학생들은 자신보다 유능한 것처럼 보이는 또래를 모방하려고 애쓴다. 문해력 활동에 참여하는 것은 성숙되고 긍정적인 자아개념을 함축하고 있다(Gordon Pershey & Gilbert, 2002). 학생의 자아 존중감 발달은 문해력 학습의 중요한 영향 중의 하나이다.

### (2) 자기결정력

아이들은 비교적 매우 어릴 때부터 좋아하는 음식, 장난감 또는 활동을 요구하고, 부모에 의한 결정을 격렬하게 거부하며 상황을 통제하려고 한다. 무엇인가를 선택하고, 다른 사람이 그 선택을 이해하도록 하는 것은 자기결정력 학습에 매우 중요한 요소이다. 복합의사소통장애 학생은 불행히도 자신이 선호하는 것이 무엇인지를 인식하는 데 어려운 시간을 보낸다(Turnbull & Turnbull, 2001). 게다가 인쇄된 자료에서 정보를 얻지 못하고, 정보에 대해 다른 사람에게 의존하게 된다. 상징(글로 작성된 텍스트, 그림, 사물)에 대한 인식을 학습하면 가능한 것이 무엇인지 분별하게 되며, 자신이 선호하는 것에 대한 의사결정을 할 수 있다. 듣기, 의사소통하기, 읽기와 쓰기를 포함하는 문해력 기술은 복합의사소통장애 학생의 자기결정력 발달에 필수적이다.

### (3) 독립성

듣고, 이해하고, 효과적으로 의사소통하고, 읽고 쓰는 능력은 이러한 기술이 없으면 할 수 없는 것에 대해 어느 정도 독립적인 성취를 가능하게 한다. 언어가 이해되면(어떠한 형식이든) 제공된 정보에 맞추어 움직이는 것이 가능해진다. 다른 사람에게 지나치게 의존하려는 것을 피해야 한다. 복합의사소통장애 학생 교육 목적 중 하나는 읽기와 지시에 대한 이해 능력을 가르치는 것으로 독립성을 증가시키는 것이다(Agran, King-Sears, Wehmeyer, & Copeland, 2003). 문해력을 통한 독립은 관습적 문해 기술을 가지고 있는 사람뿐만 아니라 모두를 위한 목적이다.

### (4) 정보 수집

정보를 수집하는 가장 쉽고 편리한 방법이 읽는 것이다. 정보에 접근하고 다른 사람에게 정보를 주는 것은 매일매일 거의 지속적으로 발생하는 것이다. 어린아이는 자신이 좋아하는 가게의 광고 사인을 아주 빠르게 인지한다. 동물원에서 그림 지도를 읽을 수 있고, 부모에게 특별한 장소로 가자고 조를 수도 있다. 문해력 교육을 통해 모든 학생이 자신의 환경 주변에 있는 많은 정보를 인지하고, 그것에 따라 행동하는 방법을 가르치게 되면 성인으로서의 삶에서 자신을 도와줄 중요한 생활 기술을 갖게 된다.

### (5) 조직화

문해력 기술은 자신의 생활을 조직하는 능력을 지원해 준다. 같은 아이템끼리 모아 정리하고, 파일에 제목을 붙여 분류해 놓고, 하루 일정을 계획하고 메모하는 것, 필요한 물품이 무엇인지 쓰고, 완료된 것은 무엇인지 체크하고, 남은 것을 이행하기 위해 순서를 계획하고, 가족과 가까운 친구들의 전화번호 목록을 정리해 두고, 이런 모든 것이 문해력 기술을 사용하여 우리의 생활을 좀 더 편리하고 관리하기 쉽게 해 주는 예시들이다. 이러한 예시들은 복합의사소통장애 학생에게도 자신의 현재 세상을 잘 이해하고 앞으로의 삶을 위해 필요한 매우 중요한 기술들이다. 따라서 복합의사소통장애 학생들이라고 문해력 교육의 예외 대상이 되어서는 안 된다.

### (6) 학습 능력

학습은 모든 연령에서 모든 주제에 대해 평생 다른 사람과의 상호작용을 통해 발생한다. 문해력이 학습에 영향을 미치는 것은 분명하다. 어떻게 읽는지 배우는 것은 관심의 대상이 되는 모든 문제에 대해 문을 열어 두게 되는 것이다. 우리는 그림이 있는 관습적인 텍스트를 읽고, 다른 사람이 읽는 것을 들으며 학습한다. 장애 유무와 상관없이 모든 학생은 학습할 권리가 있다.

### (7) 즐거움

문해력을 갖고 있으면 다른 사람과 상호작용을 하며 매우 창의적인 방법으로 자신을 표현하고 즐거움을 공유할 수 있다. 우리는 책을 읽고, 낱말 퍼즐을 맞추기도 하고, 인터넷에 접속하여 이메일 메시지를 주고받으며 많은 시간을 보낸다. 친구와 가족에게 축하 카드를 보내고, 사진을 찍고, 기억하고 저장하기 위해 앨범에 정리하는 시간을 통해 즐거움을 느낀다. 이렇게 문해력 자료를 이용하는 것은 우리의 삶을 즐겁고 풍요롭게 해 준다.

## 4) 발생적 문해력과 관습적 문해력

### (1) 발생적 문해력과 관습적 문해력의 의미

발생적 문해력(emergent literacy)은 관습적으로 읽기와 쓰기를 하기 전에 읽고 쓰는 모든 행위를 의미한다. 이것은 태어나면서부터 어린 시기 동안 관습적인 읽기와 쓰기 학습을 시작하기 전(보통 학교에 들어가기 전)에 읽기와 쓰기와 관련해서 발달하는 지식, 기술, 태도를 포함한다. 발생적 문해력은 아직은 비관습적인 방법으로 텍스트를 적용하고 이해하며, 맥락(시간, 장소, 최신성)에 의존적이며, 형식과 관습에 대해 불완전하게 이해하고 있음을 반영한다(Erickson & Geist, 2023).

이에 비해 관습적 문해력(conventional literacy)은 관습적으로 사용되는 글자를 통해 의미를 의사소통하는 것으로서 의미를 이해하는 읽기와 의미를 구성하는 쓰기로 분류된다. 또한, 관습적 문해력은 맥락에서 독립하여 내용을 이해하고 쓸 수 있는 것이며, 불완전하기는 하지만 의사소통 지원은 충분히 가능한 관습적 형태를 보이는 것이다(Erickson & Koppenhaver, 2020).

발생적 문해력은 아동이 주도하면서 성인과 유의미하게 인쇄물과의 활동에 참여하는 기회와 경험의 결과 발달하는 것이라면, 관습적 문해력은 교사 주도의 교수 활동뿐만 아니라 텍스트를 중심으로 다른 사람들과 함께 읽기와 쓰기, 상호작용에 유의미하고 성공적으로 참여할 기회가 빈번해지면서 발달하는 것이다.

발생적 문해력과 관습적 문해력은 [그림 8-15]와 같이 발달의 연속체적 관점(Save the Children, 2023)에서 이해할 수 있다.

**[그림 8-15]** 문해력 발달의 연속체

그림에서도 알 수 있는 바와 같이 문해력 발달은 거의 태어나면서부터 시작된다. 영아는 이후에 읽기와 쓰기를 배울 수 있는 능력을 증진시키는 언어와 인쇄물에 노출된다. 보호자가 읽어 주는 책에 노출되는 것을 통해 듣기와 이야기 이해, 정서 표현을 배우게 되고, 자라면서 성인들의 문해력 활동을 관찰하게 된다. 점차 책을 잡고, 텍스트를 따라가고, 그림을 보고, 성인이 말해 주는 말에 그림과 텍스트를 연관 짓는 것을 배운다. Hetzroni(2004)에 의하면 여기서 더 나아가 아이들은 또래들과 함께 책 읽기 시간에 참여하는 것을 좋아하고, 자신의 주변에서 볼 수 있는 글자 자료들을 분별하고, 그러한 자료들과 자신을 둘러싼 개념을 연결 짓는 것을 배우게 된다.

발생적 문해력은 이렇게 태어나면서부터 자연스럽게 발생하는 것이기 때문에 보호자의 문해력, 인쇄물에 대한 경험의 자연스러움, 빈도, 접근성, 해석 능력에 따라 달라진다. 이러한 이유 때문에 나이 든 복합의사소통장애 청년이나 성인 중에는 삶의 초기에 경험해야 할 문해력 경험의 제한으로 인해 발생적 문해력조차 얻지 못하고 있는 경우가 많다(Erickson, Koppenhaver, & Yoder, 2002). 발생적 문해력을 통해 발달하는 것을 제시하면 다음과 같다(Erickson & Geist, 2023).

- 인쇄물의 기능에 대한 지식을 갖게 된다.
- 학습자로서 자신에 대한 지각을 갖게 된다.
- 글자, 소리, 단어에 관련된 절차적 지식을 갖게 된다.
- 구어 언어에 대한 이해와 사용이 가능하게 된다.
- 음운인식, 구문론적 인식과 관련된 메타언어학적 기술을 갖게 된다.

### (2) 문해력 발달 이정표

일반적으로 발생적 문해력에서 관습적 문해력으로 어떻게 발달하는지 연령별 세부적인 특성을 알 수 있으면 현재 학생의 수준을 알고 중재 프로그램을 계획하는 데 도움이 될 것이다. 〈표 8-15〉에 문해력 발달 이정표(Roth, 2011)를 제시하였다.

〈표 8-15〉 문해력 발달 이정표

<table>
<tr><th>연령</th><th>읽기 발달</th><th>쓰기 발달</th></tr>
<tr><td>8개월 ~ 1세</td><td>• 보호자가 책을 보고 명칭을 말하면 잠시 책에 있는 그림을 바라봄<br>• 보호자가 말하고 책을 읽어 주면 듣는 것을 좋아함</td><td rowspan="2">• 마커나 크레용 잡기<br>• 보호자가 쓸 때 옆에서 같이 낙서하기</td></tr>
<tr><td>1~ 2세</td><td>• 책에 있는 그림을 보면서 소리를 만들어 냄<br>• 라임과 노래를 따라 소리를 만들거나 노래 부르기<br>• 보호자가 명칭을 말하면 책에서 그림을 지적하거나 짚기<br>• 책 페이지 넘기기, 한 번에 한 페이지가 아닌 여러 페이지 넘기기<br>• 짧은 시간에 간단한 이야기 듣기<br>• 책에서 형형색색의 그림을 명명하기 시작함</td></tr>
<tr><td>2~ 3세</td><td>• 단어들이 의미를 가지고 있고, 다양한 이유로 사용된다는 것을 알게 됨<br>• 흑백 사진(그림)을 명명하기 시작함<br>• 책에 있는 많은 보편적인 사진(그림)을 지적하고 명명하기<br>• 라임 즐기기(예: 개나리, 미나리, 보따리-)<br>• 좋아하는 책이 생기고, 읽고 또 읽고 반복해서 읽는 것을 좋아함<br>• 단어와 구가 반복되는 책 읽어 주면 듣는 것을 좋아함<br>• 혼자 앉아서 책 보기 시작함<br>• 한 번에 한 페이지 넘기기가 가능함<br>• 책이 앞뒤가 있다는 것을 인식함<br>• 책을 펼치고 잡는 방법을 인식함<br>• 책에서 글자의 방향(왼쪽-오른쪽)을 인식함<br>• 5~15분 동안 보호자가 읽어 주면 듣고 즐김</td><td>• 그림 그리고 낙서하는 것으로 쓰기 활동을 함<br>• 물결 모양의 선과 동그라미를 그리며 낙서함</td></tr>
<tr><td>3~ 4세</td><td>• 식당 사인, 과자 봉지에 적힌 이름, 거리 사인 같은 친숙한 단어들을 인식하고 말하기 시작함<br>• 책 읽는 흉내: 책을 잡고 있기, 페이지 넘기기, 몇 가지 단어 말하기<br>• 이야기나 책에서 몇 가지 단어 말하기<br>• 라임이 있는 단어를 인식하고 말하기 시작하고, 같은 소리로 시작되는 단어들을 말하기 시작함</td><td rowspan="2">• 글자, 숫자, 글자 비슷한 것, 물결 모양의 선들, 구불구불한 선으로 낙서하기 시작함<br>• 글자 따라 쓰기(대문자 따라 쓰기)가 나타남<br>• 그리는 것과 쓰는 것이 다르다는 것을 알기 시작함<br>• 단순한 선, 형태(네모, 세모) 또는 교차(십자 모양) 모양 따라 그리기<br>• 사람들이 쓰기를 하는 이유를 인식함<br>• 전체 문장이나 아이디어를 의미하기 위해 한 글자나 단어를 쓰기 시작함<br>• 이름 쓰기, 알파벳과 숫자들 중 글자 쓰기<br>• 단어의 순서와 상관없이 글자들 쓰기</td></tr>
<tr><td>4~ 5세</td><td>• 라임이 같은 단어들, 같은 소리로 시작하는 단어들을 스스로 만들어 말하기 시작함<br>• 성인이 읽고 있는 단어를 이해하고 책에서 그림에 대해서만 말하는 것이 아니라는 것을 인식함</td></tr>
</table>

| 연령 | 읽기 발달 | 쓰기 발달 |
|---|---|---|
| 5~6세 | • 단어들이 작은 부분들로 분절된다는 것을 인식(아-기, 엄-마)하고, 단어에서 음절 세기가 가능함<br>• 알파벳 글자의 이름을 말하고, 1~10까지 숫자 말하기<br>• 글자들이 소리를 가지고 있다는 것 인식하고, 어떤 글자가 어떤 소리를 내는지 인식하기 시작(/b/ 소리는 'ㅂ' 글자, /s/ 소리는 'ㅅ' 글자)함<br>• 구어 단어에서 첫소리를 말함('버스'는 'ㅂ'으로 시작)<br>• 한 페이지에서 특정한 글자를 지적하기 시작함<br>• 일부 친숙하지 않은 단어들을 읽기 시작함 | • 단어를 쓰기 위해 1~3개 글자 사용('기차'-'ㄱ', '멍멍'-'머')<br>• 소리 나는 대로 글자 쓰기('높다'-'놉다', '낮다'-'났다') |

〈표 8-15〉에 제시한 쓰기 발달과 관련하여 3세 아동이 마커를 잡고 낙서하는 모습, 4세 아동이 단순한 선이 아닌 형태를 그리는 모습, 7세 아동이 글자를 쓴 예를 [그림 8-16]에 제시하였다.

[그림 8-16] 쓰기 발달 과정 예시

### (3) 발생적 문해력 발달을 위한 환경 조성

발생적 문해력은 성장 과정에서 자연스럽게 발달하지만 그것은 인쇄물에 대한 노출, 보호자의 문해력 등 다양한 요소에 의해 달라진다. 각 연령대별로 발생적 문해력 발달을 조장하기 위한 조언(Roth, 2011)을 제시하자면 다음과 같다.

#### ① 영아기 읽기 발달을 위한 조언

아이에게 방이나 거실에 있는 물건이나 사람, 무엇을 하고 있는지에 대해 자주 이야기해 주는 것이 좋다. 말을 하는 것은 아이가 읽고 쓰기를 할 준비를 하게 한다. 또한, 아이가 만들어 내는 옹알이 소리를 따라 말해 준다. 이때 더 많은 소리와 단어를 첨가하면서 말해 준다. 예를 들어, 아이가 음식을 보며 "다다"라고 말하면 보호자는 "다다 빠빠, 다다 맘마"와 같이 소리나 단어를 첨가해서 말해 주는 것이다.

아이에게 이야기를 들려주는 것도 아주 좋다. 예를 들어, "옛날에, 옛날에~"라며 이야기를 들려주면 이야기에 귀를 기울이고 듣는 능력이 발달한다. 과자 봉지의 글자, 음식 상자의 글자와 그림을 보여 주고, 잡지책의 음식 사진 등을 보여 주며 말해 주고 읽어 준다. 아이에게 따라 말하게 하는 것이 아니다. 보여 주고, 말해 주기만 해도 그 기회가 계속 쌓여 상징에 대한 인식 경험이 늘어나는 것이다.

할 수 있을 때마다 가능한 아이에게 책을 많이 읽어 준다. 소리와 라임이 있는 그림책을 읽어 주면 이 시기 아이들은 매우 좋아한다. 아이가 좋아하는 것에 대한 의도를 스스로 알도록 책을 선택할 기회를 주고, 아이가 좋아하는 책을 반복해서 읽어 준다.

### ② 유아기 읽기 발달을 위한 조언

도서관에 가서 아이가 책을 선택하도록 도와준다. 그리고 아이가 볼 수 있는 곳에 글자들을 매달아 두거나 붙여 두어서 글자 이름을 말할 수 있는 환경을 조성한다. 글자가 많아지면서도 라임이 있는 책을 읽고 함께 노래 부르기 등을 하며 책을 보고 읽는 것이 흥미로운 활동임을 느끼게 한다.

보호자가 읽고 있는 책이나 잡지에 대해 말해 주고 보여 주는 것도 좋다. 영수증을 보여 주기도 하고, 문자 메시지를 읽어 주면서 말해 준다. 보드게임 규칙을 읽어 주면서 간단한 보드게임을 자주 하는 것도 좋다.

### ③ 아동과 책을 읽을 때의 조언

아이와 함께 책을 읽을 때는 단어를 손가락으로 짚어 가면서 읽는다. 때로는 "이 단어는 /ㅂ/로 시작해.", "이 단어는 /ㅗ/로 끝나네."와 같이 인쇄된 단어에 대해 말해 준다. 책을 읽으면서 아이에게 어느 캐릭터가 나왔는지, 무슨 일이 일어났는지, 다음에 무슨 일이 일어날 것 같은지 질문하고 상호작용하는 것이 좋다.

동화와 동요, 그림책, 글자 책, 동시 등 다양한 책을 읽어 준다. 단어와 구가 반복되는 책을 읽어 주면 흥미를 이끌 뿐만 아니라 음운인식 등 관습적 문해력의 요소들이 발달하는 데 도움이 된다. 그리고 소리나 단어로 추측하기 게임도 좋다. 예를 들어, "나는 지금 /ㅂ/로 시작하는 단어를 생각하고 있어. 한 가지 말해 볼래?"와 같은 식으로 시작해서 번갈아 가며 단어를 말하는 게임, 스무고개 게임을 하며 어휘력을 늘려 나가는 것도 문해력 발달에 도움이 된다.

#### ④ 유아기 쓰기 발달을 위한 조언

[그림 8-17]과 같이 연필, 크레용, 마커, 물감, 분필, 종이, 자석 글자, 글자 나무 블록, 종이를 쉽게 가지고 와서 놀 수 있도록 아동의 동선 가까이에 두고, 벽면이나 바닥에 큰 칠판이나 종이를 붙여 두어 매일 언제나 스스로 그리고, 낙서할 수 있도록 해 준다. 일반 유아들에게 이러한 기회를 주는 것처럼 복합의사소통장애 아동에게도 이러한 기회를 주는 것이 중요하다.

칠판에 아이의 이름을 써 주기도 하고, 메모하는 모습을 보여 주고, 문자 메시지 보내는 모습을 보여 주기도 한다. 시장에 가기 전에 식료품 목록을 쓰는 모습도 보여 주고, 계산서 쓰는 모습도 보여 준다. 향후 쓰기에 필요한 기술을 가지도록 퍼즐, 구슬 끼우기 등을 통해 협응 능력 발달의 기회를 제공한다. 사진이나 그림에 아이의 이름을 써 주고 큰 소리로 말해 주며, 글자에 대한 노출 기회를 많이 주는 것이 좋다.

아이가 그린 것에 대해 이야기해 달라고 요청한다. 글자에 대해 관심을 가지기 시작하면 글자로 써 보라고 요청한다. 이때 철자에 대해 강요하거나 억지로 글자를 가르치려 해서는 안 된다.

[그림 8-17] 쓰기 발달을 위한 환경 조성

### (4) 문해력 교수 출발점의 결정

문해력 발달의 연속체 개념에서 언급한 바와 같이 사람은 태어나면서부터 자연스럽게 발생적 문해력이 발달하면서 점차 관습적 문해력을 갖추어 가게 된다. 발생적 문해력이 자연스럽게 발달하는 것이기는 하지만 이것은 인쇄물에 대한 노출과 접근이 풍부한 환경이었는지, 그러한 경험을 받아들이고 인식하는 정보처리 능력이 어느 정도인지 등에 따라 매우 달라진다. 특히, 많은 복합의사소통장애 학생 중에는 발생적 문해력을 발달시키지 못한 상태에서 청년이 되고 성인이 되어 여전히 문해력을 갖추지 못한 경우가 많다. 이유는 일반 또래들과 달리 문해력을 배울 기회가 거의 없었다는 것(Kent-Walsh & Light, 2003)이고, '읽기 준비도'가 갖추어져 있지 않다는 생각으로 낮은 기대감을 갖고 있어 중재를 시도하지 않았기 때문(Zascavage & Keefe, 2004)이다. 따라서 관습적 문해력만이 학교 교육의 대상이고 발생적 문해력은 교육의 대상이 아니라고 생각해서는 안 된다. 문해력 발달은 연속체의 개념이므로 아직 발생적 문해력조차 갖추고 있지 못한 학생이라면 이에 대한 지도를 통해 관습적 문해력을 갖추는 것으로 나아갈 수 있도록 해야 한다.

학생이 발생적 문해력 지도 대상인지 관습적 문해력 지도 대상인지 결정하려면 학습자에 대해 다음과 같은 질문을 해 본다(Erickson, Koppenhaver, & Cunningham, 2017).

1. 대부분의 글자에 대해 거의 매번 알고 있는가?
2. 함께 읽는 동안 적극적으로 참여하는가?
3. 의사소통과 상호작용을 위해 상징적 수단을 가지고 있는가?
4. 글자와 단어를 포함하여 인쇄물의 의미를 이해하는가?

네 가지 질문 중에 하나 또는 그 이상에 대해 '아니요' 답을 하는 학생이라면 발생적 문해력 중재가 필요하며, 앞의 모든 질문에 '예'라고 답을 하는 학생에 대해서는 관습적 문해력 중재가 필요할 것이다.

### (5) 발생적 문해력과 관습적 문해력의 영역

발생적 문해력과 관습적 문해력의 영역(Erickson & Geist, 2023; Save the Children, 2023)을 〈표 8-16〉에 제시하였고, 각 영역에 대한 용어 정의를 Erickson과 Koppenhaver(2020)를 바탕으로 〈표 8-17〉에 제시하였다.

〈표 8-16〉 발생적 문해력과 관습적 문해력의 영역

| 발생적 문해력의 지식 영역 | 관습적 문해력의 영역 |
|---|---|
| • 구어 언어 | • 음운인식 |
| • 인쇄물 인식 | • 파닉스, 해독(철자 쓰기) 기술 |
| • 책에 대한 지식 | • 구어 언어 기술: 어휘, 언어구조 |
| • 알파벳 지식 | • 읽기 유창성 |
| • 음운인식 | • 읽기 이해 |
| | • 쓰기(작문하기) |

〈표 8-17〉 문해력 관련 주요 용어 정의

| 용어 | 정의 |
|---|---|
| • 구어 언어(Oral language) | 듣기, 말하기를 통해 단어, 구, 문장, 담화를 처리하고 이해하는 능력 |
| • 인쇄물 인식(Print awareness) | 인쇄된 상징(글자, 단어, 그림) 및 인쇄된 텍스트에 대한 기능과 그것이 어떻게 의미와 연결되는지에 대해 이해하는 능력 |
| • 책에 대한 지식(Book knowledge) | 책이 무엇이고, 어떻게 사용되며, 책을 어떻게 읽는지(책과 인쇄자료가 풍부한 환경과 관련됨)에 대해 이해하는 능력 |
| • 알파벳 지식(Alphabet knowledge) | 각 알파벳 글자의 형태, 소리를 구분하고, 산출하고, 명칭을 말하는 능력 |
| • 음운인식(Phonological awareness) | 단어, 음절, 첫소리, 라임과 같은 구어 언어의 단위를 인식하고 인지적으로 조작하는 것을 포함하는 일련의 기술. 인쇄물 인식에 포함되지 않음 |
| • 음소인식(Phonemic awareness) | 단어를 듣고 개별 소리를 인식하고 인지적으로 조작하는 능력, 음소는 말소리에서 가능한 최소한의 단위 |
| • 파닉스(Phonics) | 단어의 발음을 이해하기 위해 글자-소리 대응 관계 사용의 지도에 중점을 두는 교수 방법 |
| • 읽기 이해(Reading comprehension) | 텍스트의 정보를 처리하고 그것의 의미를 이해하는 능력 |
| • 구문론적 인식(Syntactic awareness) | 문장에서 단어 순서를 평가하고 조작하는 능력 |
| • 단어 지식(Word knowledge) | 어휘라고도 하며, 한 사람이 알고 있고 사용하는 단어로 정의됨 |
| • 메타언어학적 인식(Metalinguistic awareness) | 대상(즉, 전체로서 단어나 문장에 대해 말하는 것)으로서 언어에 대해 생각하고 논의하거나 하나의 체계(즉, 단어 순서를 바꾸면 의미가 달라진다는 것을 이해하는 것)로서 언어에 대해 논의하는 것 |
| • 대안 연필(Alternate pencils) | 연필을 잡지 못하거나 키보드를 칠 수 없을 때 학생에게 글자를 쓸 수 있도록 제공하는 비관습적인 방법 |
| • 상대자 지원 연필(Partner-assisted pencils) | 심한 지체장애로 연필을 잡지 못하거나 키보드를 칠 수 없는 학생이 글자에 접근할 수 있도록 로우테크 해결책으로 설계된 쓰기 도구나 기술(즉, 대안 연필)의 모음. 상대자가 한 번에 한 개의 글자를 학습자에게 제시하고, 학생이 원하는 것을 지적하면 상대자가 학습자가 선택한 것을 노트나 종이에 또는 칠판에 써 주는 것 |

### (6) 생활연령의 고려

앞에서도 언급하였듯이 복합의사소통장애를 가진 사람들 중에는 문해력 발달을 위한 경험이 거의 없어 청년이나 성인이 되어서도 여전히 초보 의사소통자이면서 발생적 문해력 발달 상태에 머물러 있는 경우가 많다. 나이가 많음에도 불구하고 발생적 문해력 지도를 해야 할 때 중요한 것이 생활연령을 고려하는 것이다.

생활연령에 적절한 책, 읽기와 쓰기 자료를 사용하고 대화 주제 또한 생활연령을 고려해야 한다. 생활연령에 적합한 활동에 참여하는 것은 삶의 질을 개선하고 자기결정력을 높이는 기능적이고 유의미한 경험을 제공한다.

발생적 문해력을 중재해야 하는 경우에도 청년이나 성인이라면 그 사람의 생활연령에 적합한 예의 바른 언어를 사용하여야 한다. 책이나 자료를 고를 때는 자료 노출 시간을 충분히 제공하여 가능한 선택권을 주어야 한다. 심지어 여전히 유아기에 좋아하는 특정 아이템을 선호한다 하더라도 선택권을 주는 것이 중요하다.

## 5) 보완대체의사소통을 적용한 발생적 문해력 중재

### (1) 포괄적인 발생적 문해력 교수

포괄적인 발생적 문해력 교수(Comprehensive emergent literacy instruction)란 읽기와 쓰기 자료와 텍스트를 이용하여 유의미하게 다양한 상호작용을 하면서 인쇄물에 대한 지식이 발달하도록 하는 방법이다(Erickson & Koppenhaver, 2020). 이것은 의사소통과 문해력 활동이 통합되어 있으며, 읽기와 쓰기 도구와 자료들을 탐색하고 경험해 보는 활동들로 구성된다.

보통 아이들은 학교에 들어가기 전에 1,000시간 이상 읽고 쓰면서 보낸다. 음운인식도 이야기 읽기, 노래 부르기, 시 낭송하기 또는 운율이 있는 동요 부르기, 단어 게임 등 여러 가지 활동을 통해서 발달된다. 그리고 문해력 활동에 참여하는 다른 아이들을 관찰하고, 종종 읽기와 쓰기 자료를 가지고 상호작용하며 지낸다. 이뿐 아니라 성인과 함께 큰 소리로 읽고, 책의 내용에 대해 이야기하고, 자신의 경험과 책의 아이디어가 어떻게 연관되는지 이야기해 본다.

포괄적인 발생적 문해력 교수를 통해 초보 의사소통자들은 인쇄 개념, 글자 지식, 음운인식, 언어이해에 대해 배우며, 궁극적으로는 관습적 문해력 경험과 교수로 나아갈 수 있게 된다. 포괄적인 발생적 문해력 교수의 목적은 글을 읽고 쓸 수 있는 사람으로서의 정체성 발달, 상징적 의사소통과 문해력의 개인적인 가치와 파워를 이해하도록 하는 것, 그리고 다양한 읽기와 쓰기의 목적을 인식하고 그것이 지속적인 학습의 동기가 되도록 하는 것이다.

### (2) 함께 읽기 중재

#### ① 함께 읽기의 개념과 목적

함께 읽기(shared reading)는 성인과 학생이 함께 책을 보고, 읽는 과정에서 일어나는 상호작용으로서 책의 단어, 그림과 이야기에 중점을 둔 상호작용에 성인과 학생이 능동적으로 참여하는 것이다(Ezell & Justice, 2005). 함께 읽기에서 촉진자(교사, 보호자)의 효과적인 언어 반응은 학생의 상호작용 참여와 언어 모방을 높여 줄 수 있다. 교사는 읽기 자료를 만져 보고, 조작해 보도록 하여 학생의 참여를 이끌어 내고, 혼자 읽기의 시도나 이야기에 대한 코멘트와 같은 모든 상호작용 시도를 수용하고 격려해 주어야 한다.

함께 읽기는 학생의 언어발달과 배경지식 확립을 도와주며, 인쇄물에 대한 개념을 지원하고, 인쇄물로부터 어떻게 의미를 만들어 가는지 배우게 한다. 또한, 시간이 지남에 따라 읽기에 독립성을 많이 갖도록 도와준다(Musselwhite, Hanser, & Sheldon, 2017). 국내에서 함께 읽기를 적용한 연구(김수미, 한경임, 2022; 양성빈, 한경임, 2019)에서도 학생들은 중재 말기에는 혼자 책을 찾아 읽는 빈도가 많아지는 것을 알 수 있다.

함께 읽기는 자연스러운 상황에서 자주 일어나도록 하는 것이 좋고, 그 과정은 역동적이고 유연하고 상호작용적이어야 한다. 언어를 제시할 때는 말로서뿐만 아니라 글자로도 동시에 제공하는 것이 좋다. 인쇄물 개념 습득과 구어 언어 기술 습득을 동시에 지원해 주는 것이다. 텍스트는 충분히 크고, 명확해서 읽기에 함께 참여하고 있다는 것을 분명히 해 주는 것이 좋다. 학생의 입장에서 함께 읽기의 목적(Downing et al., 2015)을 제시하면 다음과 같다.

- 이야기의 익숙한 패턴을 인식하는 것(예: 반복되는 구)
- 라임이 반복되는 단어 찾기
- 예측하기
- 일견단어 변별하기(자동적 단어 인식)
- 이야기에 대한 새로운 아이디어나 감정 표현하기
- 텍스트를 읽을 때 왼쪽에서 오른쪽으로 글자를 짚어 가면서 읽어 주는 교사의 모델을 보며 인쇄물 개념 알기
- 이야기 이해 능력 높이기
- 듣기를 통한 텍스트 내용 이해 기술 발달
- 어휘 발달 증진
- 내러티브 기술 증진
- 글자 인식과 음운인식 자극하기
- 개념 발달 지원하기

함께 읽기의 목적은 매 페이지마다 상호작용과 설명을 촉진하는 것이다. '나도 하고(I Do)'는 교사가 목적을 설정하고 목적을 따르는 방법에 대해 모델링해 주어야 함을 의미한다. '함께한

다(We do)'의 의미는 정반응이 목적이 아니라 학생이 참여하고 기여하도록 유도하는 것으로서 목적은 절차에 대해 생각하는 것이다. 함께 읽기는 상호작용적이며 학생 주도적인 상태로 이루어진다.

### ② 함께 읽기와 안내된 읽기의 비교

함께 읽기가 '나도 하고, 함께한다(I Do-We Do)'의 개념이라면 안내된 읽기(Guided reading)는 '네가 한다(You Do)'의 개념이다(Hanser & Musselwhite, 2023). 함께 읽기는 책을 읽는 과정을 함께하고, 언어와 배경지식을 확립하며, 인쇄물에 대한 개념을 지원하고 여러 페이지에서 많은 토론을 갖는다. 반면에 안내된 읽기는 언어와 배경지식에 여전히 중점을 두지만 전체 맥락에 대한 학생의 이해를 안내하고, 텍스트를 이해하는 전략을 가르치는 것이다. 따라서 책을 읽는 동안 토론은 거의 없다.

함께 읽기는 발생적 문해력을 가진 사람, 자신들의 읽기 수준을 넘어서는 초보 읽기 단계에 있는 사람, 어휘와 배경지식에 어려움을 겪는 사람에게 유용하다. 반면에 안내된 읽기는 초기 관습적 읽기 수준의 사람에게 유용하며, 텍스트 이해에 어려움이 있는 사람에게 활용된다. 중요한 것은 함께 읽기는 책 내용을 읽고, 의문사 질문으로 계속 질문하고 답을 요구하는 활동이 아니라는 것을 명심해야 한다.

### ③ 명시적 교수를 적용한 함께 읽기 활동

Musselwhite 등(2017)은 AAC를 적용한 함께 읽기 활동에서 교사 활동-교사와 학생 공동 활동-학생 활동(I Do-We Do-You Do)으로 진행되는 명시적 교수접근법을 제안하였다. 교사 활동(I Do) 과정에서 교사는 어떻게 목표를 설정하는지, 그리고 그 목적을 가지고 어떻게 생각을 따라가는지 모델을 보여 준다. 교사와 학생의 공동 활동 과정(We Do)에서는 학생이 활동에 기여하도록 초대한다.

이때 중요한 것은 학생으로 하여금 정답을 말하도록 하는 것이 목적이 아니라는 것이다. 함께 읽기 활동의 목적은 생각을 이어 나가는 과정이다. 즉, 함께 읽기는 상호작용적이면서도 학생 주도적일 필요가 있다. 교사 활동 과정에서 교사가 발문을 할 때 학생의 반응을 유도하고 계속 참여할 수 있도록 하는 방법과 예시를 〈표 8-18〉에 제시하였다.

〈표 8-18〉 함께 읽기 활동에서 학생 참여 유도를 위한 교사의 발문

| 학생 참여 유도 발문 | | 교사의 발문 예시 |
|---|---|---|
| 대화 | 이것저것 계속 질문하는 것이 아니라 대화하기 | "큰 그릇에 그림들이 있어. 아! 그림들이 이야기를 하네." |
| 초대 | 학생이 반응하도록 초대하기 | |
| 기대 지연 | 5까지 또는 25까지 마음속으로 숫자 세기 | 눈을 동그랗게 뜨고, 학생에게 고개를 돌리거나 학생 쪽으로 머리를 기울이며, 학생의 반응을 기대하고 있다는 정서적 표현을 보여 주며 기다린다. |
| 허용 | 모든 다중양식적인 반응을 허용하기 | "네가 내 이야기를 들었다는 것을 내가 어떻게 알지?"<br>"그래, 네가 그림을 보고 있구나." 또는 "네가 그림을 보고 웃고 있구나." 또는 "그렇지. 네가 소리를 냈구나." |
| 반영 | 학생의 반응을 AAC에 반영하기 | "네가 무엇을 의미하는지 의사소통판에 있는 그림으로 짚어 줄래?", 또는 "너의 도구로 말해 볼까?" |

### ④ 함께 읽기 활동 지침

함께 읽기 활동에서 적절한 책을 선정하고, 환경을 구조화하고 책을 함께 읽으며 지켜야 할 지침에 대해 선행 연구(김수미, 한경임, 2022; 정예설, 한경임, 2021; Hanser & Musselwhite, 2023; Rush, 2011)를 참고하여 다음과 같이 제시하였다.

#### 1 함께 읽기 활동을 통해 성취하고자 하는 목표 설정하기

- 책을 통해 새로운 개념이나 주제 소개하기
- 개념이나 주제 개발하기
- 언어 도메인 중 하나를 학습하고, 연습하거나 사용하기

#### 2 적절한 책 선정하기

- 중재 목표를 지원하는 책
- 흥미와 선호도를 반영하는 책
- 학생의 발달과 이해 수준 및 생활연령을 고려한 책
- 언어표현이 반복적이며 리듬감 있게 이루어지는 책
- 그림이 간결하고 매력적이며 내용과 어울리는 책
- 이야기 구조가 짜임새 있게 전개되는 책

- 도전할 수 있는 책
- 책을 이용하여 무엇을 가르칠 것인지 명확히 할 수 있는 책

## 3 환경 구성하기

### ▸ 물리적 환경 구성하기

- 누구나 책이나 읽기 자료에 접근을 보장하기
- 삽화와 텍스트를 볼 수 있을 뿐만 아니라 책에 접촉과 상호작용 보장하기
- 학생을 함께 책 읽는 사람의 무릎에 앉히거나(어린 아동의 경우) 옆에 앉히기
- 두 학생 사이에 교사가 앉기
- 학생이 여러 명 참여하면 교사 주위로 학생들이 둘러앉아 빅북(big book)과 같은 자료를 사용하고, 학생들이 책에 접근할 수 있는 방법을 명확히 하기
- 휠체어나 앉은 좌석이 편안함을 확인하기
- 집중을 방해하는 것으로부터 자유로운 조용한 영역 구성하기
- 읽기 영역 구성을 고려하기

### ▸ 교사의 시작할 부분 설정하기

새로운 책으로 시작할 때 겉표지와 다음과 같은 것들에 대해 말하면서 시작하기

- 책 제목
- 저자
- 삽화가
- 앞표지 그림
- 뒤표지 그림
- 예측되는 주제
- 문해력 관련 새로운 어휘(페이지, 표지, 제목, 문장) 도입

문해력 관련 새로운 어휘는 학생의 표현을 유도하기보다 수용어휘로 사용한다. 중요한 것은 함께 읽기에 참여를 독려하는 것이다.

## 4 책 읽기

- 첫 읽기 동안 활기 넘치게 읽기
- 참여를 독려하되 스토리 라인을 유지하도록 노력하기
- 표정을 담아 읽기
- 텍스트를 기반으로 읽기 스타일을 바꾸기
- 말의 높낮이와 발성의 특성을 다양하게 하기
- 볼륨을 조정하기
- 속도에 변화를 주기
- 정서를 공유하기(웃기 등)
- 적절한 때에 단어 강조와 억양 사용하기

## 5 다시, 다시, 다시 반복해서 읽기

- 열정을 갖고 각 읽기 세션에 접근하기
- 긍정적인, 흔쾌히 수용할 만한 경험 만들기
- 다양한 읽기 표현을 지속하기
- 학생이 능동적으로 경험에 참여하도록 기회를 제공하기
- 책을 읽는 목적을 지원하기 위한 전략 사용하기
- 칭찬과 피드백 제공하기
- 반복하여 책 읽기를 하되 학생의 책 읽기를 방해하지 않기

## 6 상호작용적인 책 만들기

### ▸ 포함될 수 있는 활동

- 빅북을 만들거나 사용하기
- 감각적 요소(촉감, 반짝거리는 재질, 삽화)를 책에 적용하기
- 활용 가능한 소품 만들기
- 학생이 이야기를 다시 말하는 방법 제공하기
- 역할 놀이, 연극 놀이 활용하기
- 게임하기
- 미술과 공예 활동 제공하기
- 녹음한 책 내용 듣기

- 책 내용 관련 동영상 보기
- 수정된 책(수정책: adapted book) 사용하기
- 문해력 자료에 상징 활용하기
- 요리할 기회 제공하기
- 컴퓨터 활동 활용하기

‣ 상급 수준의 학생을 위한 활동

- 혼자 독립적으로 읽기
- 글쓰기
- 조사하기
- 텍스트를 새롭게 바꾸어 보기

#### 7 의사소통 반응을 위해 기회 제공하기

- 읽기 스타일을 상황에 적합하게 바꾸기
  - 묘사하는 스타일: 읽는 동안 그림 묘사에 중점을 두는 스타일
  - 이해하는 스타일: 이야기의 의미에 중점을 두고 읽는 동안 질문하는 스타일
  - 퍼포먼스 지향 스타일: 이야기가 끝나면 책을 소개하고 이야기의 의미에 대해 토론하는 스타일
- 예/아니요 반응보다 요구하는 질문하기
- 학생의 반응을 위해 항상 적절한 시간 허용하기
- 참여를 독려하기 위해 모델링과 확장하기 활용하기
- 받아들이는 태도를 갖고 소리 내어 생각하기 또는 모델링을 활용하여 교정하기
- 의사소통 도구, 의사소통판 사용을 독려하기
- 모든 시도에 대해 칭찬 제공하기

### (3) 인쇄물 인식을 위해 함께 읽기 활용

발생적 문해력의 요소 중 하나가 인쇄물 인식이다. 인쇄물 인식은 글자가 적힌 자료에 많이 노출되어야 한다는 점에서 함께 읽기 활동을 통해 유용하게 지도할 수 있다. 최근 강명숙과 한경임(2023)의 연구에서 문해력 중재 경험이 없는 중도중복장애 중학생에게 함께 읽기와 명시적 교수를 통해 인쇄물 인식이 향상되었음을 보고한 바 있다. 다음에 Ezell과 Justice(2005)를 참고로 함께 읽기에서 인쇄물 인식을 지도하는 방법을 제시하였다.

### ① 그림과 글자 구별하기

- 손가락으로 단어를 짚어 가며 왼쪽에서 오른쪽 방향으로 글자를 따라가며 책을 읽어 준다.
- 모든 삽화를 손으로 지적하고 "이 그림은 무슨 일이 일어나고 있는지 보여 주는 것이야." 라며 설명해 준다.
- 글자를 손으로 지적하고 "이것은 이야기를 말하는 단어들이야."라고 설명해 준다.
- 몇 번의 중재 회기 후 "이야기를 말해 주는 단어들을 짚어 볼래?"라고 말하여 그림과 인쇄된 글자의 차이를 아는지 판별한다.
- 정반응에는 칭찬해 주고, 만약 학생이 불확실하거나 오반응을 보이면 도움을 제공한다.

### ② 왼쪽 페이지에서 오른쪽 페이지로의 방향성 변별하기

- "나는 먼저 이쪽 페이지(왼쪽 페이지를 짚으며)를 읽고, 그다음 이 페이지(오른쪽 페이지를 짚으며)를 읽을 거야."라고 말한다.
- 1~3회기 읽기 중재 회기 후 "내가 이 페이지(왼쪽을 짚으며)와 저 페이지(오른쪽을 짚으며) 중 어느 쪽을 먼저 읽어야 하는지 보여 줄래(짚어 볼래)?"라고 말한다.
- 정반응에는 칭찬해 주고, 만약 학생이 불확실하거나 오반응을 보이면 도움을 제공한다.

### ③ 한 행의 왼쪽에서 오른쪽으로의 방향성 변별하기

- 함께 책읽기를 하는 동안 "나는 여기서(한 행의 첫 번째 단어를 짚으며) 시작해서, 이 방향으로 가는 거야(단어 아래에 둔 손가락을 왼쪽에서 오른쪽으로 이동하며)."라고 말하면서 읽기 방향에 대해 간단한 설명을 해 준다.
- 약 일주일 후 "내가 어떻게 읽어야 하는지 보여 줄래(행의 첫 단어를 짚으며)?"라고 질문하는 것으로 이 개념을 이해하는지 체크한다.
- 정반응에는 칭찬해 주고, 만약 학생이 불확실하거나 오반응을 보이면 도움을 제공한다.

### ④ 페이지의 위에서 아래로의 방향성 변별하기

- 함께 읽기 하는 동안 "나는 여기서부터(책의 첫 번째 행을 짚으며) 읽기 시작해서, 그다음 줄(두 번째 행의 왼쪽에서 오른쪽으로 손가락 움직여 훑어 주며)로 가고, 그다음에 이 페이지의 제일 아래까지(손가락을 페이지의 가장 아래 행까지 움직이며) 한 줄씩 읽을 거야. 나는 제일 위에서부터 아래쪽으로 읽는 거야."라고 말하면서 설명해 준다.
- 이러한 설명이 주어지는 몇 회의 읽기 중재 회기 후 해당 페이지의 첫 번째 행을 읽고, 훑으면서 "내가 어떤 방법으로 읽어야 하지?"라고 질문하여 이 개념을 이해하는지 체크

한다.

- 정반응(손가락을 페이지의 아래쪽으로 움직이거나 두 번째 행을 짚는 것)에는 칭찬해 주고, 불확실하거나 오반응을 보이면 도움을 제공한다.

### ⑤ 페이지의 위, 아래 구별하기

- 함께 읽기 하는 동안 한 번 또는 두 번 정도 어떻게 책 읽기가 진행되는지 간단하게 설명해 준다. 예를 들어, "나는 이 페이지의 제일 위(제일 위의 첫 행을 짚으며)에서부터 읽고, 그다음 아래 행을 읽고, 제일 아래까지 이런 방식으로 내려가며 읽을 거야(가장 아래에 도달할 때까지 손가락을 내려가며)." 만약 한 페이지에 제일 위에 단지 한 행만 있고, 제일 아래에 한 행만 있는 책이라면 적절하게 말하는 방법은 "나는 제일 위에 있는 글자들을 먼저 읽고 다음에 아래에 있는 (각각을 지적하면서) 글자들을 읽을 거야."라고 말하는 것이다.
- 약 1주일 동안 이러한 방식의 설명을 제공한 후 "이 페이지의 제일 위가 어디인지 보여 줄래?" 또는 "이 페이지의 가장 아래쪽을 보여 줄 수 있니?"라고 질문하여 이 개념을 이해하고 있는지 체크한다.
- 정반응(요구에 따라 가장 위를 지적하는 것)에는 칭찬해 주고, 불확실하거나 오반응을 보이면 도움을 제공한다.

### ⑥ 인쇄된 글자가 이야기를 말하는 것임을 알기

- 함께 읽기 하는 동안 한 번 또는 두 번 정도 인쇄된 글자를 지적하면서 학생에게 "이것들은 이 이야기를 말해 주는 단어들이야."라고 설명해 준다.
- 반복된 설명을 제공한 후 "어느 부분이 이야기를 말해 주는지 보여 줄래?"라고 말하거나 또는 "이 단어들은 무엇을 하지?"라는 질문에 대해 이해하는지 체크한다.
- 정반응에 대해 칭찬해 준다. 만약 불확실하거나 오반응을 보이면 도움을 제공하거나 설명을 더 해 준다.

### ⑦ 자신의 이름에서 첫 글자 찾기

- 자신의 이름에서 첫 글자를 찾는다. 학생 자신의 이름 첫 글자와 같은 글자로 시작하는 몇 개의 단어를 포함하는 책을 선택한다(예: 이름이 '미호'라면 첫 글자인 'ㅁ'이 들어가는 '말', '모래', '무지개' 단어가 있는 책).
- 함께 책 읽기를 시작하기 전에 어떤 단어에서 비슷하게 보이는 글자를 보게 될 것이고, 특정 글자를 찾을 것이라고 설명해 준다. 어느 글자인지 학생에게 말해 주고, 글자의 예

를 보여 준다. 이것이 학생 이름의 첫 글자인 것을 설명해 준다.

- 함께 책 읽기 하는 동안 목표 단어에 도달하면 이야기를 멈추고 "이 단어에서 글자 'ㅁ' 찾아볼까?"라고 묻는다.
- 모든 시도에 도움과 칭찬을 제공한다. 만약 무반응이거나 틀린 글자를 지적하면, 학생이 정확하게 짚을 수 있도록 도와주기 위해 학생의 손가락을 사용한다. 이것이 자신의 이름과 같은 글자임을 상기시켜 준다.
- 학생이 그 글자를 정확하게 구별할 수 있을 때까지 지속적인 연습을 제공한다.

### ⑧ 글자 중 일부 알기

- 이야기책에서 적어도 3회 정도 사용되는 한 개의 글자를 선택한다.
- 함께 읽기를 시작하기 전에 일부 단어들에서 비슷해 보이는 글자를 보게 될 것이고, 특정 글자를 찾을 것이라 설명해 준다. 그 글자가 무엇인지 말해 주고, 쓴 예시를 보여 준다.
- 함께 읽기를 하는 동안 목표 단어가 보이는 두세 번의 기회에 이야기를 멈추고, "너의 손가락으로 이 단어에서 'ㅁ' 글자를 짚어 주겠니?"라고 요구한다.
- 모든 시도와 정반응에 칭찬한다. 만약 학생이 오반응을 보이면 도움을 제공한다.
- 학생이 지속적으로 목표 글자를 구별할 수 있을 때까지 연습을 계속한다.

### ⑨ 단어는 글자들로 완성된다는 것을 이해하기

- 2~3개 글자를 포함하는(예: 발, 무, 나) 이야기책에서 두세 개 단어를 선택한다. 만약 가능하다면 최소한 학생이 이미 알고 있는 글자 한 개는 포함하는 단어를 선택한다.
- 함께 읽기를 하는 동안 이야기를 멈추고 선택된 단어 한 개를 지적하며 "이 단어에 얼마나 많은 글자가 있지?"라고 질문하고 글자를 지적하며 수를 세도록 도와준다. 학생이 글자 수 세기를 끝내면 "하나-둘. 잘했어. 이 단어에는 2개의 글자가 있어."와 같은 칭찬을 제공한다.
- 원하는 경우, "이 두 개 글자 중 어느 글자인지 말해 주겠니?"라고 질문하여 글자 변별을 시도한다. 필요하면 글자를 명명하는 것을 도와준다. 정반응과 시도를 칭찬한다.
- 만약 글자 수 세기를 혼동하면 간단하게 2~3개 글자 단어에서 보이는 글자 이름을 묻는 질문을 하고, 개수 세기는 생략한다.

#### ⑩ 두 단어 사이에 공간이 있음을 알기

- 서로 가까이 위치한 2개의 짧은 단어(각각 1~4개 글자)(예: 아기, 집)가 있는 이야기책에서 글자 3개의 위치를 찾는다.
- 함께 읽기 하는 동안 선택한 2개 단어를 지적하고 나머지 주변 단어들은 가려서 단지 선택한 2개 단어만 보이게 한다. "여기에 얼마나 많은 단어가 있어?"라고 질문한다. 학생이 각 단어를 하나씩 짚어서 2개로 개수 세는 것을 도와주고 칭찬해 준다.
- 학생에게 "이 두 단어 사이에는 이 단어들을 떨어뜨려 놓으려고 약간의 공간이 있어. 손가락으로 그 공간을 짚을 수 있겠니?"라고 말한다. 필요하다면 학생의 손가락으로 직접 단어들 사이의 공간을 지적한다.
- 만약 학생이 그 맥락에서 단어 사이의 공간이 무엇인지 설명을 요구하면 그것은 글자, 숫자, 사인 어느 것도 없는 빈 공간이며 단어를 떨어뜨려 놓기 위해 비워져 있음을 설명해 주는 것이 도움이 된다.
- 학생이 두 단어 사이에 공간을 지적할 수 있을 때까지 이 개념을 지속적으로 연습한다.

#### ⑪ 촉진자(교사/부모)가 읽어 줄 때 단어를 짚기

- 적어도 한 페이지에 한 개 또는 두 개의 행이 있는 이야기책에서 한 페이지를 선택한다.
- 학생에게 "나를 위해 무엇인가를 할 수 있니? 내가 이 페이지에서 한 개씩 읽으면 그 단어를 짚을 수 있겠니?"라고 묻는다.
- 천천히 느린 속도로 읽으면서 처음 몇 개의 단어를 학생의 손가락으로 짚을 수 있도록 안내한 다음, 개인적으로 지속적인 독립성을 갖도록 기회를 준다. 필요하다면 추가 도움을 제공한다.
- 한두 개 행을 마치면 비록 전체 과제 수행을 하는 데 도움이 필요했었다 하더라도 개인적인 성취를 칭찬해 준다.
- 개인이 어떠한 도움도 없이 또는 약간의 도움으로 지적할 수 있을 때까지 여러 날 동안 함께 책 읽기 회기당 한 번은 지속적인 연습을 수행한다.

### (4) 함께 글쓰기

〈표 8-15〉에서 제시한 바와 같이 전통적으로 사용하는 글자로 글쓰기를 하려면 그 이전에 손으로 긁적거리고, 낙서해 보는 4~5년간의 경험이 필요하고, 그 과정에서 음운인식 등 각 소리는 각각의 모양을 갖고 있으며, 각 소리가 모여 단어를 이룬다는 인식이 필요하다는 것을 알 수 있다. 그러나 많은 복합의사소통장애 학생, 특히 지체장애를 갖고 있는 학생들은 손으로 긁

적거려 보는 경험도 거의 없고, 소리를 따라 말해 보는 경험을 할 수 없어 글쓰기까지 배우는 데 많은 어려움을 갖는 것이 사실이다. 그러나 글쓰기가 반드시 손으로 글자를 긁적거리는 과정이며, 음운인식이 이루어지고 난 다음 쓰기를 배워야 하는 단계적인 과정이라고 치부해 버린다면 많은 복합의사소통장애 학생은 평생 글쓰기 경험을 하지 못할 것이다. 따라서 발생적 문해력 발달 시기 학생에게는 글자 지식과 음운인식 중재, 함께 읽기를 이용한 인쇄물 개념 중재와 동시에 글쓰기 중재도 이루어져야 한다.

지체장애가 있는 복합의사소통장애 학생의 경우 보조공학을 적용한 글쓰기 활동을 수행할 수 있다. AAC 사용 학생을 위해 보조공학을 이용한 체계적인 글쓰기 활동을 계획하는 것은 문해력 경험의 기회를 증가시키고 확대할 수 있다(Hetzroni, 2004; Hetzroni & Schanin, 2002).

[그림 8-18]은 브릿지스쿨에서 현장학습 다녀 온 내용에 대해 파워포인트를 활용하여 글쓰기 활동을 교사와 함께하는 모습의 예시이다. 지역사회 도서관이나 우체국 현장학습 활동을 다녀 온 후 활동사진 중 학생이 원하는 사진을 선택하여 파워포인트 슬라이드에 사진을 먼저 첨부한 뒤 쓰고 싶은 내용에 대해 교사가 묻고 학생이 AAC로 표현하면 교사가 글자를 써서 문장을 구성하는 것이다. 이렇게 교사와 학생이 매일 함께 글쓰기한 내용으로 만든 개별 글쓰기 책에 대해 주 1회 모든 학생이 모인 자리에서 자신의 AAC를 이용해 발표하는 시간을 갖고, 각 학생의 발표 내용에 대해 다른 학생들이 코멘트하는 시간을 갖는다.

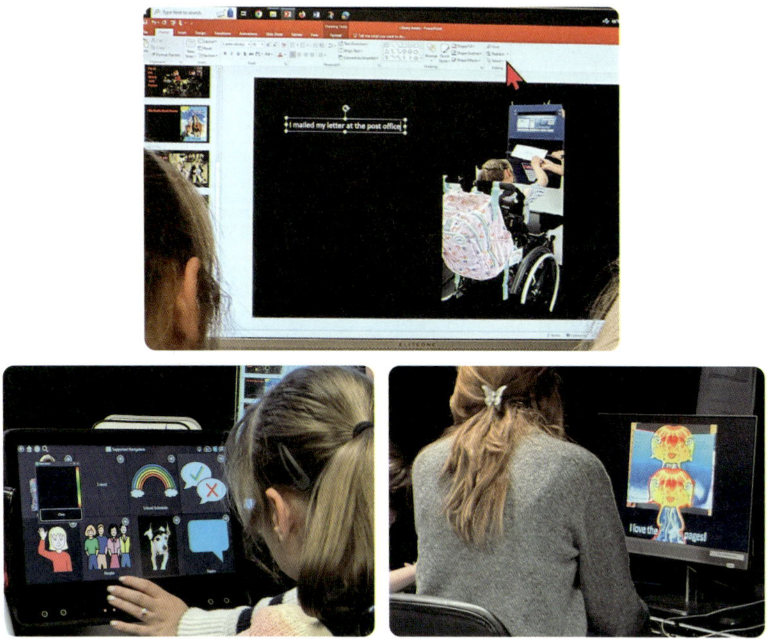


[그림 8-18] 파워포인트를 이용하여 함께 글쓰기(브릿지스쿨)

### (5) 글자 지식 중재

글자의 명칭과 소리, 그래픽적인 모양에 대한 지식은 읽기와 쓰기의 학습 맥락에서 매우 중요하다. 글자의 명칭은 인쇄물을 구어로 연결시키는 데 도움을 주며, 글자-소리 관계를 변별하기 시작하는 데 도움을 준다(Foulin, 2005). 글자 지식의 성공적인 발달과 그 지식을 이후 읽기에 적용하는 것은 장애의 중증 정도보다는 오히려 교수 기회와 관련되어 있다. 그리고 이 교수 기회는 일대일의 직접교수 기회보다는 포괄적인 중재 맥락 속에서 이루어져야 한다(Erickson & Koppenhaver, 2020).

지체장애가 있는 경우 철자를 직접 쓸 수 없다 생각하여 기회를 주지 않을 수도 있는데 보조공학을 적용하고 적응 도구를 사용하여 가능한 기회를 주는 것이 좋다. [그림 8-19]는 철자 쓰기 앱과 적응 도구를 활용하여 철자 쓰기 경험을 제공하는 예시와 글자 막대를 사용하여 철자 쓰기 하는 예시이다.

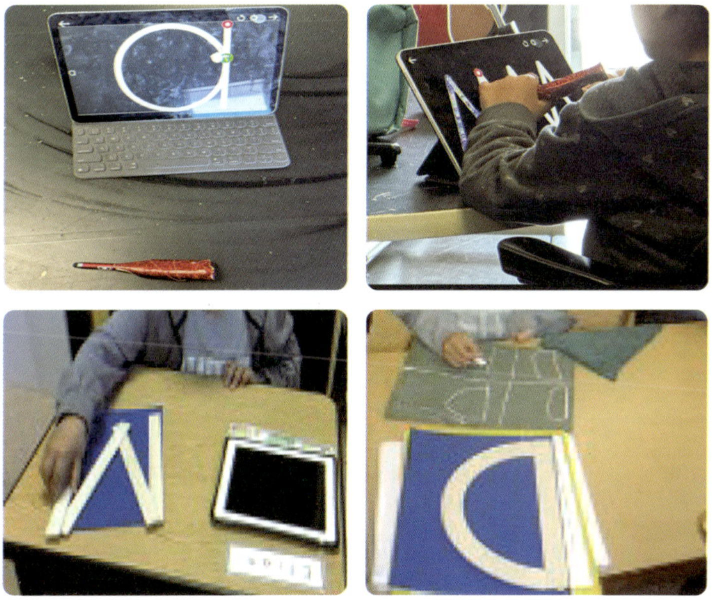

[그림 8-19] 보조공학을 활용한 철자 쓰기(브릿지스쿨, T.A.C.L.E. 프로그램 특수학급)

글자 지식은 교과 수업시간에 별개로 수업하는 방법보다 학교에서 이루어지는 다양한 활동에 삽입하는 것이 좋다. 왜냐하면 글자를 모두 익히는 데 오랜 시간이 걸리고 반복 노출과 시도가 필요하기 때문이다. 예를 들어, T.A.C.L.E. 프로그램 특수학급(한경임, 2018a, b)에서는 학교에 오면 먼저 알파벳 글자를 찾아 자신의 이름을 완성하고 제출하는 것으로 출석 체크를 한다. 학생들이 오기 전에 이름 출석 카드에 알파벳 글자들을 무작위로 붙여 두고 탁자 위에 둔다. 학생이 들어오면 자신의 출석 카드에서 글자들을 떼어 내어 순서에 맞게 글자를 붙이도록 한다. 이때 교사나 보조원이 각 글자의 소리를 들려주고 학생이 글자들 중 선택하여 아동의 이름 철자 순서에 맞게 알파벳 글자를 붙여 출석 카드를 완성하는 것이다. 학생의 지적 수준에 따라 전체 알파벳 글자를 모두 선택하도록 할 수도 있고, 처음에는 한두 개의 글자만 선택하여 이름을 완성하다가 점차 모든 글자를 선택하여 이름을 완성하는 형식으로 바꾸어 간다. 학생에 따라 눈 응시로 알파벳 글자를 선택하도록 할 수 있으며, AAC 도구에서도 자신의 이름을 알파벳 글자판에서 쓰도록 하여 AAC의 사용을 문해력에 활용한다. 또한, 교실 벽에 알파벳 글자를 붙여 두어 계속 알파벳 글자에 노출시킨다.

[그림 8-20]에 출석부에 알파벳 글자를 활용하는 예, [그림 8-21]에 알파벳 글자를 항상 노출시켜 놓은 교실 벽의 예를 제시하였다. [그림 8-21]에서 마지막 사진은 CVI를 가지고 있는 학생을 위해 검은색 배경 판에 붉은색과 노란색 등으로 글자를 만들어 붙여 놓은 것이다.

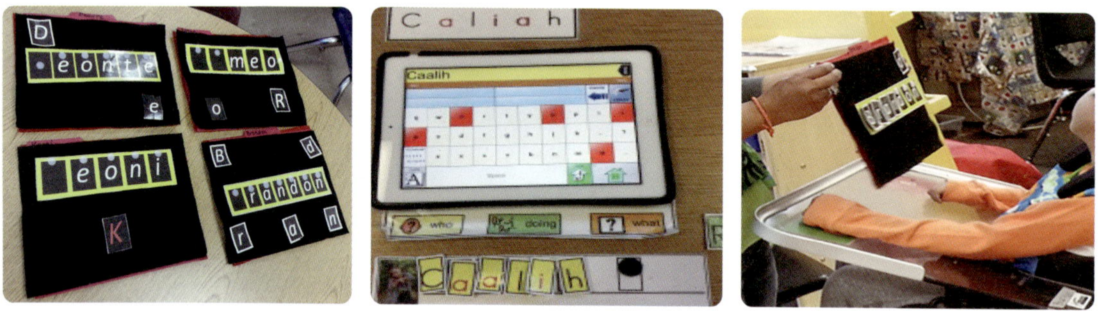


[그림 8-20] 출석을 활용한 알파벳 지식 지도 예시(T.A.C.L.E. 프로그램 특수학급)

[그림 8-21] 학급 교실 알파벳 글자 벽의 예시(T.A.C.L.E. 프로그램 특수학급, Concord 특수학급, 브릿지스쿨)

### (6) 음운인식 중재

발생적 문해력에서 음운인식 중재는 글자 지식과 함께 포괄적인 문해력 중재의 일부로 이루어진다. 음운인식은 글자 소리에 대한 지식, 첫소리 글자 변별, 파닉스 기반의 프로그램으로 명시적 교수를 실시했을 때 단어 읽기가 가능하도록 해 준다(Lemons, Mrachko, Kostewicz, & Paterra, 2012).

음운인식과 음소인식은 다르지만 서로 연관되어 있다. 음운인식은 구어 언어에서 소리를 변별하고 조작하는 능력을 의미한다. 초기에 발달하는 음운인식 기술은 문장에서 단어의 개수, 단어에서 음절의 개수를 듣는 능력이 포함된다. 후기에 발달하는 기술에는 라임(운)을 인식하고, 같은 소리로 시작하는 단어를 인식하는 능력이 포함된다. 음소인식은 후기에 발달하는 음운인식의 한 형태이다. 음소인식은 단어 안에서 최소의 소리 단위(즉, 음소)를 조작하는 능력을 의미한다(Erickson & Koppenhaver, 2020).

음운인식은 읽기 학습에만 관련되는 것이 아니라 철자 쓰기 발달과도 매우 밀접한 관계가 있다. 음운인식은 음소인식을 포함하는 광범위한 개념이며, 음소인식은 음절보다 더 작은 소리 단위를 명확하게 분절적으로 다루는 능력이다. 파닉스는 특정 글자(그리고 글자가 혼합된 형태)와 특정 소리 간의 관계를 학습하는 것이다. 알파벳 글자인 언어로 정확하게 읽고, 철자 쓰기 학습을 위해서는 좋은 파닉스 기술이 필요하다.

발생적 문해력 단계의 음운인식 중재에서는 단어를 들려주고 몇 개의 음절인지 개수를 세어 보는 활동을 할 수 있다. 예를 들어, '엄마' 단어는 두 개의 음절로 이루어져 있다. 단어를 들려주고 음절 개수만큼 손뼉 치기, 악기 두드리기, 책상 두드리기 등을 하며 단어들은 음절로 나뉠 수 있다는 인식을 갖도록 하는 것이다. 같은 음절 개수의 단어나 그림을 모아 놓는 활동을 하기도 한다.

이뿐만 아니라 어린아이들을 위해서는 동요 부르기, 좀 더 나이 든 학생을 위해서는 랩 활용하기, 성인을 위해서는 시의 운율 활용하기를 통해 음운인식 활동을 할 수 있다. 동요나 랩을 부를 때 같은 소리가 나는 단어가 반복되는 부분에서 계속 교사와 함께 따라 부르며 교사의 안내에 따라 익힌 후, 나중에는 혼자 그 부분을 부를 수 있도록 학생에게 기회를 주는 것이다. AAC를 사용해야 하는 학생은 단일 메시지 녹음형 도구로 노래의 후렴구를 표현하도록 하거나, 운율이 같지만 다른 단어를 차례대로 녹음하여 표현하도록 할 수도 있다. 예를 들어, /강/, /방/, /장/, /당/으로 일음절 단어의 끝소리 라임을 맞추는 활동을 할 수 있다.

[그림 8-22]에 T.A.C.L.E. 프로그램 특수학급에서 사용하는 모음 음소인식 학습판, 음운인식 활동으로 음절을 듣고 개수대로 모아 놓는 수업 활동 학습판, 일음절 단어에서 끝소리 라임이 같은 것을 잦는 학습판의 예를 제시하였다.

[그림 8-22] 음운인식 중재 예시

## 6) 보완대체의사소통을 적용한 관습적 문해력 중재

관습적 문해력 중재는 어휘 중재, 텍스트 이해, 음운인식(파닉스, 해독, 철자쓰기), 글자-소리 대응, 일견단어 변별, 유창성, 글쓰기로 구성된다.

### (1) 어휘 중재

장애가 없는 아동들은 초등학교 1학년이 되면 8,000~14,000개 수용어휘와 약 2,600개의 표현어휘를 갖고 있으며, 성인이 되면 자신들이 사용하는 단어의 두 배 이상의 어휘를 이해한다(Geist & Erickson, 2022). AAC 사용자의 관습적 문해력 발달을 위한 어휘 중재에 포함되는 요소는 다음과 같다.

- 새로운 단어에 대한 흥미 확립하기
- 새로운 단어와 이미 알고 있는 단어 연결하기
- 학생의 AAC에서 활용할 수 있는 단어와 가르칠 예정인 단어 연결하기
- 맥락 속에서 단어의 사용 강조하기
- 중복된 예 제시하기
- 기다리는 시간을 가지고 학생의 참여와 주도를 도모하기
- 다중양식에 의한 반응을 격려하기

어휘 중재 방법으로 Erickson과 Geist(2023)는 다음 2단계 절차와 함께 5차시에 걸친 수업 루틴을 〈표 8-19〉와 같이 제안하였다. 수업에서 학생의 반응은 AAC 도구를 사용한 표현뿐만 아

니라 몸 움직임, 쳐다보기 등 다중양식 사용을 허용하는 것이 중요하다.

〈표 8-19〉 관습적 문해력 발달을 위한 어휘 중재 루틴

| 수업 | 활동 루틴 | 교사 활동 예시(동화책 함께 읽기 활동에서) |
|---|---|---|
| 1차시<br>(도입) | • 새로운 어휘 소개 | 구겼다, 괴롭혔다, 기대다, 활기차다, 깨졌다 |
| | • 텍스트 맥락 속에서 어휘 사용 | "레온은 종이를 구겼다. 레온의 웃음소리는 라몬을 괴롭혔다." |
| | • 학생 친화적으로 어휘 정의하기 | "구겼다는 비벼서 쭈글쭈글하게 만드는 것이야." |
| | • 학생의 AAC 핵심어휘와 연결하기 | "구겼다는 '작게 만든 것', '나쁘게 만든 것'이야." |
| 2~4차시<br>(연습활동)<br>※ | • 문장 완성하기 | "레온은 옷을 ________. 어떤 단어가 빠졌지?<br>괴롭혔다, 터뜨렸다, 구겼다."<br>(단어를 말하면서 보여 주면 다중양식으로 반응하도록 요구) |
| | • 이야기 맥락으로 되돌아가기 | "이 책에서 '구겼다' 단어를 어떻게 사용했는지 생각해 봐."<br>(필요하다면 문장을 크게 읽어 주고 다시 질문함) |
| | • 적용 예시와 적용할 수 없는 예시 | "내가 '구겼다' 사용한 문장을 말할 거야. 틀리다고 생각하면 손을 들어 줘. 종이컵, 강아지, 휠체어." |
| | • 단어 연결 | 3개 단어(기대다, 활기차다, 붙잡다)를 칠판에 쓰고, "문장 한 개를 읽을 거야. 어느 단어가 이 문장과 연결되는지 말해 줘."<br>그는 기분 좋게 일어났어. |
| | • 상황, 맥락, 예시를 창의적으로 만들기 | "이 단어를 사용하는 방법을 말할 거야. '나는 옷을 구겼다.'"<br>(단어들에 대한 예를 제시한 후 학생이 예시를 만들어 보도록 하기) |
| | • 문장 만들기 | "우리가 배울 단어들을 사용하여 연습하자. 내가 먼저 문장을 만들고, 그다음 네가 문장을 만드는 거야."<br>너는 문에 기댈 수 있다. 나는 옷을 구길 거야.<br>(학생의 AAC 도구에 있는 단어를 사용하고, 연필, 키보드 등을 이용해 알파벳 글자에 접근할 수 있도록 함) |
| | • 단어들 간 관계성 | "우리가 배우는 단어들이 어떻게 연관되는지 생각해 보자. 내가 유리창에 (기대었다). 그리고 유리창이 (깨졌다)."라고 빈칸 예시를 주고 문장을 완성하도록 요구함 |
| 5차시<br>(점검) | • 이해에 대한 빠른 검토 | 학생이 중재에서 사용하는 것을 넘어 확장하는 방식으로 새로운 단어를 묘사하고 사용하도록 함. 예: "네가 기대었던 것을 말해 볼까?" |

※ 2~4차시 동안 한 가지 활동을 선택하여 매일 다른 활동으로 수업

- 1단계: 학생과 함께 읽기나 읽기 이해 교수를 위해 사용하는 책에서 2단계([그림 6-37] 참조)에 해당하는 중요한 단어들을 선정한다.
- 2단계: 학생이 다음과 같은 행동을 하도록 한다.
  - 텍스트와 맥락 속에서 단어 찾기
  - 자신의 경험을 묘사하기 위해 단어 사용하기
  - 새로운 단어를 알고 있는 단어에 연결하기
  - 지도하고 있는 화제나 주제의 일부로서 단어에 대한 깊은 지식 개발하기

### (2) 음운인식 중재

관습적 문해력 발달을 위한 음운인식 중재는 음운뿐만 아니라 음소인식에 중점을 두게 되며 파닉스를 활용하여 중재한다. Boruta(2023b), Light와 McNaughton(2009)을 참고하여 관습적 문해력 학습자에게 중재할 필요가 있는 음운인식 기술을 다음과 같이 제시하였다. 뇌성마비를 가진 복합의사소통장애 학생은 교사의 입술 움직임이나 자신의 발음을 구별하기 어렵기 때문에 입술을 움직이고 발음을 시도하는 것을 칭찬해 준다. 그러면서 교사가 서너 가지 선택지를 제공하고 그에 대한 답을 AAC 도구를 이용하여 표현하거나 눈응시나 발성, 지적하기 등 다중양식을 통해 표현하도록 지도한다.

#### ① 소리 변별(sound discrimination)

- 소리에 대한 운동감각적 인식 발달

  예) /m(음)/을 소리 내 봐. 너의 입에서 어떤 일이 생기니? 공기가 밖으로 나오니?, /b(브)/를 소리 내 봐. 어떤 차이가 있니? 발음할 때 너의 손을 목에 대어 봐. 어떤 느낌이 드니?
- 비슷한 소리를 인식하고 구별하기
- 조음점 인식하고 장모음, 단모음, 묵음 인식하고 구별하기

#### ② 소리 혼합(sound blending)

소리 혼합은 개별 음소가 모여 단어를 이룬다는 것을 인식하는 것으로 읽기에서 새로운 단어를 해독하는 과정에서 필수적이다. 단어를 혼합하는 것은 음운인식에 해당하며 각 음소를 혼합하여 음절을 만드는 것은 음소인식에 해당한다.

- 청각적 촉진과 함께 두 단어를 혼합하여 말하기

예) 이 단어들을 섞어서 한 단어로 만들어 보자.

'책'+'가방' - '책가방'

- 청각적 촉진으로 일음절 단어를 혼합하여 말하기

  예) /ㄱ-ㅏ-ㅁ/을 /감/으로 혼합하기

- 청각적 촉진으로 이음절 단어를 혼합하여 말하기

  예) /가-ㅏ-ㅁ/ㅕ/ㄴ/을 /가면/으로 혼합하기

### ③ 음소 분절(phoneme segmentation)

소리 혼합이 읽기 과정에 필수적이라면, 음소 분절은 쓰기 과정에 필수적인 요소이다. 음소 분절은 단어들을 개별 소리 단위로 나누는 능력이다. 일반적으로 음소 분절에 대한 중재에서 처음에 중점을 두는 것은 첫소리 분절이나 일음절 단어의 시작 음소를 분절하는 것이다. 학생이 첫소리 분절 능력을 갖게 되면 끝소리의 음소와 중간 소리의 음소 분절을 가르치는 것으로 나아간다. Blischak, Shah, Lombardino와 Chiarella(2004)는 최대-최소 촉진체계를 적용하여 무의미 자음-모음-자음(CVC)의 일음절 단어에서 음소를 분절하고 조정하는 기술을 지도한 결과 목표 기술을 습득하고, 무의미 CVC 단어의 음소 부호화 기술이 개선되고 훈련받지 않은 다른 단어의 부호화 기술도 개선되었음을 보고한 바 있다.

- 일음절 단어 분절

  예) /산/을 /ㅅ-ㅏ-ㄴ/으로 분절

- 일음절 단어의 첫소리 음소 변별

  예) /산/에서 첫소리는? /ㅅ/

- 첫소리 음소를 새로운 음소로 바꾸기

  예) /방/ - /강/, /당/, /상/

- 일음절의 끝소리 음소 변별

  예) /방/에서 /ㅇ/ 변별

- 일음절의 끝소리 바꾸어 새로운 단어 만들기

  예) /상/ - /산/, /삽/

- 일음절의 중간 모음 소리 변별하기

  예) /길/에서 /ㅣ/ 변별

### (3) 글자-소리 대응

음운인식 기술과 함께 관습적 읽기와 쓰기를 배우기 위해 필요한 기술이 음소 또는 말소리와 문자소 또는 글자 사이의 대응 기술이다. 글자-소리 대응(letter-sound correspondences)은 음운론적 정보처리와 글자에 대한 정보처리 모두를 요구한다. 음운인식과 글자-소리 대응은 관습적 문해력 기술을 확립하는 기본 요소이다. 글자-소리 대응에 대한 교수를 통해 학생들은 구어로 제시한 음소에 맞는 정확한 글자를 찾아낸다. 이때 학생의 장애를 고려하여 적응 키보드를 사용할 수도 있다.

Light와 McNaughton(2009)은 영어에서 글자-소리 대응을 지도하는 음소는 순서에 따라 (a-m-t-s-i-f-d-r-o-g-l-h-u-c-b-n-k-v-e-w-j-p-y-x-q-z) 지도해야 한다고 제안하였다. 이것은 다음과 같은 기준에 의한 것이다.

1. 대문자보다는 더 빈번하게 사용되는 소문자를 먼저 지도해야 한다.
2. 교수학습과정에서 더 많은 단어를 읽는 데 자주 표현되는 글자를 먼저 지도해야 한다.
3. 혼란스러움을 최소화하기 위해서 청각적으로나 시각적으로 유사한 글자들은 지도 순서에서 떨어뜨려 놓는다.
4. 단모음이 더 간단한 해독 과정을 거치기 때문에 장모음보다는 단모음을 먼저 지도한다.

글자-소리 대응 지도는 글자의 명칭을 가르치는 것이 아님을 유념해야 한다. 보통 글자-소리 대응 지도는 명시적 교수(모델링-안내된 교수-독립된 연습)를 따르고 촉진체계를 사용한다면 최대-최소 촉진체계를 적용하여 지도한다. 국내에서도 AAC를 이용하여 뇌성마비 중학생과 초등학생에게 글자-소리 대응 기술을 중재할 때 명시적 교수를 사용하여 효과적이었음이 보고된 바 있다(강명숙, 한경임, 2023; 신수정, 한경임, 2009).

### (4) 파닉스

파닉스는 소리와 글자의 관계, 구어 단어와 텍스트를 소리로 분절하고, 단어를 형성하기 위해 소리를 혼합하는 것을 명시적 · 체계적으로 가르치는 방법이다. AAC를 사용하는 학생의 경우 소리를 산출할 수 없는 경우가 많기 때문에 수정된 파닉스 교수가 필요하고, 안내된 연습을 통해 해독 과정에 내적인 구어와 신체적인 움직임을 사용하도록 학생을 격려해야 한다.

CVI를 가지고 있는 학생의 경우 사물이나 자료를 보여 줄 때 라이트박스를 사용해야 하고, 학생이 볼 수 있는 시야 영역에 글자나 그림을 배치하고, 글자나 그림을 확대하거나, 테두리를 강조하여 빛이 나게 하는 등의 수정이 필요하다. 브릿지스쿨에서는 매일 배울 글자를 월 단위로 학급 게시판에 게시하고, 매일 익혀야 할 글자를 다르게 하여 알파벳 글자를 익히면서 이때 소리를 들려주고, 소리에 해당하는 글자를 의사소통판이나 하이테크 AAC 도구에서 찾아 말하기 수업을 한다. 또한, 매일 배워야 할 글자의 소리로 시작하는 사물을 만져 보고 AAC 도구로 발음하면서 첫소리 분절에 대해서도 배운다.

[그림 8-23]에 CVI를 고려하여 라이트박스를 이용한 글자 제시, 테두리를 강조하여 글자 변별을 쉽게 하도록 수정한 자료, 월별 매일 배워야 할 글자 게시판을 제시하였고, [그림 8-24]에 교사의 소리를 듣고 의사소통판에서 첫 글자를 찾아 지적하는 모습, SGD의 상징 배열 화면을 이용하여 오늘 배워야 할 글자와 글자의 소리로 시작하는 단어를 표현하는 모습을 제시하였다.

[그림 8-23] CVI를 고려한 자료 수정과 월별 목표 알파벳 글자 예시(브릿지스쿨)

[그림 8-24] AAC 도구를 사용한 파닉스 상징 배열 화면 예시(브릿지스쿨)

파닉스를 이용한 지도 방법에는 다음이 포함된다.

- 무작위 소리(자음, 모음)를 들려주고 받아쓰기, AAC 도구에서 찾아 말하기
  예) /ㄷ/ 써 봐, /ㄷ/를 말해 봐(AAC 이용하여)
- 일음절(자음-모음-자음) 단어 소리 듣고 받아쓰기, AAC 도구에서 단어 찾기
  예) '달'… /ㄷ/-/ㅏ/-/ㄹ/ 써 보자(AAC 도구 글자 화면에서 글자 찾아 쓰기)

- 글자 혼합

  예) '사자', '시소' 단어 써 보자. /ㅅ/-/ㅏ/-/ㅈ/-/ㅏ/, /ㅅ/-/ㅣ/-/ㅅ/-/ㅗ/

### (5) 단어 변별

단지 몇 개 단어만이라도 소리의 혼합과 음소 분절에 의한 해독이 가능해지면 책을 읽을 때 이러한 기술을 적용하면서 일견단어를 익히도록 격려한다. 이러한 방법을 위해 Light와 McNaughton(2009)은 함께 읽기에서 다음과 같은 순서를 제안하였다.

- 교사는 책의 텍스트를 읽을 때 손가락으로 단어를 짚어 가며 큰 소리로 읽는다.
- 교사는 책의 문장을 읽어 나가다가 학생이 읽어야 하는 목표 일견단어가 있는 부분에서 잠시 멈추고 기다린다.
- 학생은 의사소통판이나 SGD에서 목표 일견단어를 지적하거나 수어 또는 발성으로 말한다.

일견단어를 익힐 수 있는 단계에 이르면 불규칙적인 발음으로 음소가 배열된 일견단어도 찾을 수 있도록 수업활동에 포함한다. 한경임(2018a, b)의 연구에 의하면 T.A.C.L.E. 프로그램을 운영하는 특수학급에서는 매일 국어 시간 시작 5분 동안은 일견단어 카드를 보여 주고 익히는 시간을 갖는 것을 볼 수 있다. 브릿지스쿨에서는 일견단어 카드로 구성한 수정책을 읽고 쓰는 활동을 통해 일견단어와 읽기를 함께 지도하는 것을 볼 수 있다.

[그림 8-25]는 브릿지스쿨에서 일견단어를 이용한 수정책의 예시와 수정책을 사용하여 학생의 읽기와 쓰기를 지도하는 예시이다. 일견단어를 이용한 쓰기란 교사가 말하는 일견단어를 학생이 찾아 수정책에 붙이는 것이다. 일종의 수정된 받아쓰기이다.

[그림 8-25] 일견단어를 이용한 수정책과 문해력 지도 예시(브릿지스쿨)

### (6) 읽기를 통한 텍스트 이해 중재

읽기 지도를 위해 발생적 문해력 대상이면 함께 읽기 중재를 적용하고, 관습적 문해력 대상이면 Anchor-Read-Apply 접근법을 적용한다. 또한, 관습적 문해력 대상이지만 다음 질문에 대한 답을 통해 함께 읽기 활동을 적용할 것인지 여부를 결정한 뒤 읽기 중재 방법을 선택하여 적용한다(Erickson & Geist, 2023).

1. 외적인 보상 없이도 읽기 활동에 참여하는가?
2. 책과 읽는 사람과 상호작용하는가?
3. 책에 대해 자발적으로 코멘트하는가?

세 가지 질문에 하나 또는 그 이상에 대해 '아니요'라고 답하면 함께 읽기 활동을 하며 CAR 접근법을 따른다. 세 가지 질문에 모두 '예'라고 답하면 CAR 접근법에 CROWD 전략을 사용한다.

함께 읽기 활동에 대해서는 앞에서 언급하였으므로 여기서는 Anchor-Read-Apply 접근법과 CAR 전략, CROWD 전략에 대해 소개한다.

#### ① Anchor-Read-Apply

Anchor-Read-Apply(닻 내리기-읽기-적용하기) 접근법은 학생이 가지고 있는 배경지식을 이끌어 내어 읽기에 참여를 유도하는 방법이다(Erickson & Koppenhaver, 2020; Erickson & Sachse, 2023). 이 방법은 같은 책을 계속 반복해서 읽는 것이 아니라 다양한 책을 이용하여 이야기 이해에 중점을 두는 방법이다. 〈표 8-20〉에 Anchor-Read-Apply 방법을 제시하였다.

〈표 8-20〉 Anchor-Read-Apply 방법

| 단계 | 의미 |
|---|---|
| Anchor(닻 내리기) | • 배경지식 활성화 및 확립(개인적인 연결 만들기)<br>• 읽기/듣기의 명확한 목적 설정(텍스트의 구조, 과제의 내용과 구조 반영) |
| Read(읽기) | • 할당된 시간 동안 읽기/듣기 |
| Apply(적용하기) | • 설정한 목적과 직접적으로 연관된 과제 완성하기<br>• 후속 활동과 피드백: 다음 회에 성공적일 수 있다는 인지적 명확성 개발 |

### Anchor(닻 내리기)

이것은 학생에게 처음부터 책을 읽으라고 하는 것이 아니라 학생이 가지고 있는 배경지식을 먼저 끌어내는 것이다. 이야기 전체의 흐름에 대해 요약하면서 학생의 개인적인 배경지식을 파악하고 표현할 기회를 제공한다. 학생의 보호자와 미리 접촉하여 학생에 대한 정보를 교사가 갖고 있는 것이 학생이 책에 대한 배경지식을 표현하도록 유도하는 데 도움이 된다. 배경지식을 끌어내는 활동을 한 다음 명확한 목적을 정한다. 기본적으로 읽기를 통해 학생들이 익혀야 할 다음과 같은 목적에서 선택한다.

- 제목 선택하기
- 시작 부분 찾기
- 끝부분 찾기
- 문제 발견하기
- 캐릭터의 감정 알기
- 자신과 캐릭터 비교하기
- 캐릭터들 비교하기

예를 들어, 애완동물에 대한 책을 읽을 때 닻을 내리는 활동으로, 먼저 교사는 "애완동물에 대해 우리가 알고 있는 것의 목록을 한번 만들어 보자." 하며 학생들의 배경지식을 끌어내는 것이다. 이 활동은 개별 활동, 그룹 활동 모두 가능하다. 다음 읽기 목적으로 "이 책에서 애완동물의 종류를 기억하고 그것들을 비교하기 위해 책을 읽자."라고 정할 수 있다.

### Read(읽기)

읽기 자료는 기본적인 도서 형태의 책도 가능하고 최근에 많이 활용되고 있는 디지털 북도 가능하다. 읽기 단계에서의 성공은 학생의 현재 능력에 비해 적절하게 어려운 텍스트를 선택하는 교사의 능력과 관련이 있다. 책을 선택할 때는 너무 쉽지 않으면서도 너무 어렵지 않을 만큼은 쉬운, 즉 학생이 도전할 수 있는 책을 고르는 것이다. 텍스트가 너무 어려우면 학생과 의미 있는 연결 만들기가 어렵고 독립적으로 읽기가 어려울 수 있다.

학생이 초보 읽기 학습자라면 큰 소리로 텍스트를 읽어 주고, 예측 가능한 부분이나 반복되는 부분이 있는 텍스트를 찾고, 같은 텍스트를 연속해서 읽어 내용에 친숙해지도록 할 수 있으며, 스토리맵을 이용하여 읽기를 지원해 줄 수도 있다.

여기서 읽기 과정은 교사가 책을 읽어 주고 끝내는 것이 아니라 학생이 읽고, 듣고, 내용을 이해하는 데 시간을 많이 써야 한다. 이 과정을 통해 학생은 큰 소리로 생각하기(think aloud) 능력을 기를 수 있다.

#### Apply(적용하기)

적용하기 단계에서는 닻 내리기 단계에서 설정한 목적을 달성하기 위해 학생이 읽은 것을 적용하도록 학생에게 질문한다. 예를 들어, "이 이야기에서 어떠한 종류의 애완동물이 있었지?"라고 질문하고 목록을 만든다. 목록을 만든 후에는 읽기 전에 만들었던 목록과 비교한다. 이 과정에서 학생들은 계속해서 AAC를 사용하여 자신의 생각을 표현하게 된다. 후속활동과 피드백 활동으로 책의 내용을 잘 이해했는지 책으로 되돌아가서 기억하는 모든 종류의 애완동물을 다시 체크해 본다.

### ② CROWD in the CAR 교수 전략

차 속의 대중(CROWD in the CAR) 전략은 Anchor-Read-Apply 활동에서 학생의 참여를 이끌어 내기 위한 전략으로서 단계적으로 적용하는 것이 아니라 책 읽기 활동 중에 학생의 주도적인 참여와 내용에 대한 이해를 끌어내기 위한 교사의 지도 전략이라고 할 수 있다. 그 의미는 〈표 8-21〉과 같다.

〈표 8-21〉 CAR 전략

| 전략 | 의미 |
|---|---|
| C(Comment): 코멘트하기 | • 학생이 코멘트하기 전에 멈추고 기다린다. 최소한 5초 정도 기다리고 이보다 더 기다려야 할 수도 있다.<br>• 책에 대해 질문하는 것이 아니다.<br>• 교사를 따라 읽게 하는 것이 아니다.<br>• 문법적으로 표현하도록 강요하지 않는다. |
| A(Ask or invite participation): 질문하거나 참여 유도하기 | • "생각해 봐. 이 책에 대해 어떤 생각이 들어?" 또는 "이 책에서 무슨 일이 있었지?" 등 의문사 질문으로 책에 대해 질문한다.<br>• 책 내용에 대해 코멘트해 보라고 하고 학생이 스스로 말하도록 유도한다. |
| R(Respond by repeating and add more): 반복과 첨가에 의해 반응하기 | • 책을 보여 주며 "무엇에 대한 책일까?" 정도로 말하고 기다리고, 반응이 없으면 다시 읽어 보자고 한다. |

CROWD 전략은 CAR 전략 속에서 좀 더 구체적으로 학생과의 활동을 이끌어 나가는 촉진 전략이라고 할 수 있다. 그 의미는 〈표 8-22〉와 같다.

〈표 8-22〉 CROWD 촉진 전략

| 전략 | 의미 |
|---|---|
| C(Completion): 빈칸 채우기 | • 책의 내용에서 일부를 읽지 않고 기다려 학생이 읽도록 한다. |
| R(Recall): 다시 말하기 | • 책을 읽은 후 내용을 생각하고 말해 보라고 한다. |
| O(Open-ended): 개방형 질문 | • 책의 내용에 대해 개방형 질문을 한다.<br>예: 이 내용에 대해 어떻게 생각하니? 여기서 주인공에 대해 말해 볼래? |
| W(Wh-question): 의문사 질문 | • 사실적 이해, 추론적 이해에 대해 개방형 질문을 한다.<br>예: 누가 그림을 완성했지? 언제 그 사람들이 떠났지? 왜 그랬을까? |
| D(Distancing): 거리 두기 | • 책의 내용에서 조금 거리를 두고 벗어나서 학생 개인적인 일과 연결하여 표현하도록 유도한다.<br>예: 너도 강아지가 있니? 너희는 강아지를 어디에 두지? 네가 주인공이라면? |

### ③ 스토리맵 활용 책 읽기

스토리맵은 보통 이야기 문법 요소들과 이야기 세부 요소 같은 정보를 기록함으로써 이야기 구조를 이해할 수 있도록 돕는 시각적인 중재 방법으로 학령기 아동, 지적장애 아동의 읽기 이해 기술을 향상시키거나(천선희, 김정미, 2007), 실어증 환자의 이야기 이해와 다시 말하기 능력 향상에도 효과적이다(이주현, 최상배, 2017). 또한, 자폐성장애 학생의 내용이해와 평균어절길이 변화에도 효과적인 것으로 보고되었다(홍기순, 곽승철, 2016). 이들 선행연구에서 사용하는 스토리맵은 이야기의 내용 이해에 중점을 두기 때문에 등장인물, 플롯, 장면, 문제, 해결의 다섯 가지 부분으로 구성하는 경우가 많다. 더 간단하게는 이야기의 시작, 중간, 끝으로 구성해서 이야기의 내용을 이해하도록 지도하기도 한다. 스토리맵의 활용에 대해서는 제6장과 제7장에서 기술하였다.

## (7) 관습적 글쓰기 중재

글쓰기 학습은 읽기보다 배우기가 어렵다. 글쓰기 과정은 부가적인 작동기억이 요구된다. 왜냐하면 읽기에서 고정되어 있는 일련의 글자들을 해독하는 것에 비해서 텍스트를 작성하는 동안 일련의 글자와 단어를 역동적으로 부호화해야 하는 부담을 갖기 때문이다(Ehri, 2000). 이러한 작동기억의 요구는 AAC 사용자에게도 마찬가지이다. 특히, 지체장애가 있는 AAC 사용자는 키보드에서 글자를 선택하고 치는 것이 매우 느리고 많은 노력을 필요로 한다. 기본적으로 글쓰기가 가능하려면 다음과 같은 측면에서 사전 지식을 갖고 있어야 한다(Light & McNaughton, 2009).

- 이야기를 구성하기 위한 기본적인 내러티브 구조에 대한 지식
- 이야기에 적절하게 문장을 구성하기 위해 필요한 언어 기술
- 문장에서 단어를 분할하여 개별 소리 단위로 나누는 음소 분절 기술
- 언어의 소리를 글자의 형태로 코딩하기 위한 글자-소리 대응에 대한 지식
- 원하는 글자/단어를 작성하거나 배치하기 위해 손으로 쓰기나 키보드로 쓰기 또는 다른 접근법을 사용하는 기술

학생의 내적인 측면에서 이러한 능력뿐만 아니라 AAC 사용 학생은 외적인 측면에서 다음과 같은 쓰기와 관련된 툴이 필요하다.

- 광범위한 쓰기 교구(그립과 같은 쓰기 보조를 위한 적응 도구)
- 글자-소리 대응을 강화하는 음성산출 도구로서 글자에 대한 소리를 갖추고 있는 AAC 체계에 배열된 글자판
- 쓰기에 도전이 되지만 매우 관심이 많은 단어에 대한 단어 은행 기능

효과적인 글쓰기가 가능하려면 글자-소리 대응 기술과 음소 분절 기술의 습득이 가정되어야 한다. 일단 글자-소리 대응 기술이 갖추어지면 음소 분절 기술이 최소한 80% 정확도를 가져야 단어를 해독하고, 관습적 글쓰기 지도가 가능하다.

브릿지스쿨에서 관습적 글쓰기 지도는 다음 세 가지 형태로 구성된다.

- 빈칸 채우기 형식의 글쓰기
- 핵심어휘와 일견단어를 활용한 글쓰기
- 자유로운 토픽 중심의 글쓰기

빈칸 채우기 형식의 글쓰기는 교사가 주요 표현을 먼저 제시하면 뒤에 남겨진 빈칸에 자신의 생각을 쓰는 형식이다. 예를 들어, '나는 ________을 좋아해요.'라는 문구를 제시하면 빈칸을 채워 쓰는 것이다.

핵심어휘와 일견단어를 활용한 글쓰기는 컴퓨터 글쓰기 프로그램을 이용하여 목표로 하는 일견단어와 핵심어휘 중 선택하여 자신의 생각을 쓰는 것이다. 이때 SGD와 인터페이스를 통해 연결된 컴퓨터 글쓰기 프로그램을 이용하기 때문에 학생이 자신의 SGD로 단어를 선택하면 컴퓨터 프로그램에 글이 타이핑되는 보조공학이 활용된다.

자유로운 토픽 중심의 글쓰기는 교육과정의 주제에 따라, 또는 현장학습 활동을 다녀온 후 사진을 선택하고 사진에 대한 자신의 생각을 SGD로 표현하면 교사가 파워포인트 프로그램에 사진을 첨부하고 학생이 표현한 것을 그대로 타이핑하는 상대자 지원 연필을 사용한 글쓰기이다. 특히, 자유로운 토픽 중심의 글쓰기는 4일간 매일 글쓰기 시간에 작성한 내용을 금요일 Author's chair 시간에 모든 학생 앞에서 발표하는 시간을 갖고 학생들이 서로 코멘트해 주는 시간을 가짐으로써 글쓰기와 함께 사회적 관계 기술도 학습하는 시간을 갖는다.

브릿지스쿨에서 지도하는 각 글쓰기 형태의 예를 [그림 8-26]에 제시하였다.

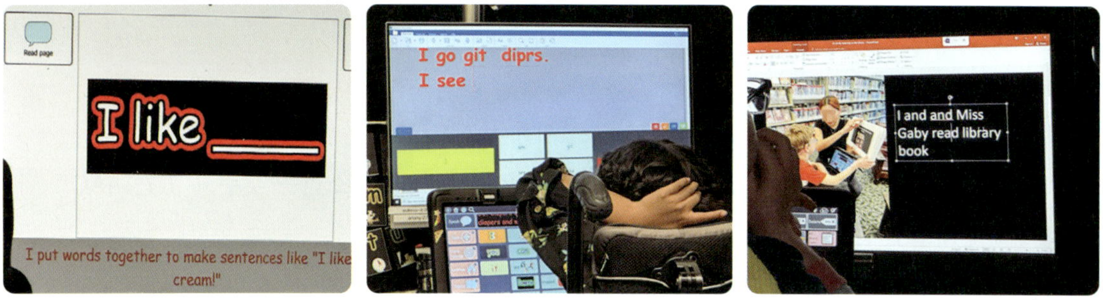


[그림 8-26] AAC 도구를 사용한 관습적 글쓰기 예시(브릿지스쿨)

## 7) 수정책의 적용

문해력 중재에서 중요한 자료는 책이다. 따라서 학생의 장애 정도, 생활연령, 문해력 수준 등을 고려하여 적절한 책을 선택하는 것이 아주 중요하다. 발생적 문해력 중재를 위해 책을 선정할 때 고려해야 할 요소는 다음과 같으며, 학생의 문해력 수준에 따라 사용할 책의 특성(Rush, 2011)을 〈표 8-23〉에 제시하였다.

- 리듬
- 반복되는 행(line)
- 의미 없는 재미있는 소리나 잡음 유사한 형태
- 라임
- 단순한 그래픽
- 상호작용적인 그래픽이나 색다른 모양
- 예측 가능성
- 출판권의 소유

- 연령에 적합한 주제
- 연령에 적합한 그래픽(삽화)
- 간단한 언어
- 교사의 열정

〈표 8-23〉 문해력 수준에 따라 사용할 책의 특성

| 문해력 수준 | 사용할 책의 특성 |
|---|---|
| 초기 발생적 문해력 수준 (early emergent level) | • 라임, 리듬, 반복<br>• 자연스러운 언어<br>• 삽화와 텍스트가 잘 어울림<br>• 페이지 안에서 텍스트 배치가 일관성이 있음<br>• 텍스트가 개인의 경험과 관련되어 있음<br>• 그림이 단어를 예측하기 위해 사용됨<br>• 삽화의 중요한 부분과 개별적인 단어와 정확히 매칭이 됨<br>• 한 단어 문장이 반복된 시퀀스로 시작됨<br>• 사건이 하나 또는 거의 없고, 하나 또는 두 개의 캐릭터가 도입됨<br>• 그림이 텍스트에서 변화를 표시함 |
| 발생적 문해력 수준 (emergent level) | • 각 시퀀스의 끝에 간단하게 한 단어만 변화시켜 반복적인 시퀀스 유지<br>• 단순한 이야기의 시작, 중간, 끝을 나타냄<br>• 삽화가 텍스트와 정확하게 잘 어울리고, 왼쪽에서 오른쪽으로 시퀀스 이동함<br>• 텍스트가 아동의 경험과 관련됨<br>• 중요 단어 캡션이 단순한 문장이 됨 |
| 초기 읽기 수준 (early reading level) | • 여전히 반복적이지만 두 개 또는 그 이상 단어의 변화<br>• 스토리가 복잡해지고 문장이 길어짐<br>• 삽화가 텍스트 지원을 해 주지만 단지 이야기 내용의 일부분일 뿐임<br>• 여러 가지 방식(예: 두꺼운 글씨체, 말풍선 등)으로 대화가 제시되어 있음<br>• 어휘가 증가됨<br>• 친숙한 경험으로 구성된 단순한 스토리 라인<br>• 텍스트와 그림이 직접적으로 관련되지 않음<br>• 텍스트 그 자체가 중요해짐 |

AAC를 사용하는 학생의 발생적 문해력 중재를 위해 수정책을 활용할 수 있다. 브릿지스쿨이나 T.A.C.L.E. 프로그램 운영 특수학급(한경임, 2014, 2018a, b)에서는 기존의 출판된 그림책을 학생의 수준을 고려하여 복잡한 그림을 단순하게 수정하기도 하고, AAC 상징을 글자와 함께 제시하여 만들거나, 수업 주제에 맞게 교사가 개별적으로 또는, 학생과 함께 공동으로 수정

책을 만들어 문해력 수업에 활용하는 것을 볼 수 있다.

국내에서도 AAC를 사용하는 초등학생(양성빈, 한경임, 2019)과 중학생(정예설, 한경임, 2021)의 읽기능력과 자발적 표현 증진을 위해 수정책을 사용하여 그 효과를 보고하였으며, 수정책은 의미관계 변화(김수미, 한경임, 2022)와 중도중복장애 중학생의 초기 문해력 향상(강명숙, 한경임, 2023)에도 효과적인 것으로 보고되었다.

의사소통 요구를 반영하기 위해 책을 수정하는 방법을 제시하면 다음과 같다.

- 학생의 언어능력을 반영하여 텍스트를 재구성한다.
- 초기 발생적 문해력 학생들을 위해 상징체계를 사용한다.
  - 반복되는 행에 같은 단일 상징을 사용한다.
  - 각 페이지마다 하나의 단일 상징을 사용한다.
  - 상징체계를 사용한 삽화북과 문해력 자료를 사용한다.
- 문해력의 언어학습을 지원하기 위해 상징체계를 사용한다.
- 가르칠 개념을 나타내기 위해 상징체계를 사용한다.

발생적 문해력 중재를 위해 책을 수정하는 방법은 다음과 같다.

- 위, 아래의 개념을 지원하기 위해 이야기책 손 인형을 사용한다.
- 매력적인 앞표지와 뒤표지가 되도록 책을 수정한다.
- 각 페이지의 왼편과 오른편에 각각 다른 촉감의 재료를 사용하여 구분해 준다.
- 위, 아래, 왼쪽, 오른쪽을 구분하기 위해 화살표 플래그 스티커를 사용한다.
- 책의 마지막에 '끝'을 나타내는 상징을 첨가한다.
- 책의 마지막에 '다시 읽기' 상징을 포함한다.
- 코멘트나 표현을 위한 그래픽으로 말풍선을 첨가한다.
- 텍스트를 강조하는 하이라이트를 사용한다.
- 왼쪽에서 오른쪽으로 페이지 넘김을 지원하기 위해 페이지 이동을 위한 목적으로 컷아웃 사진이나 상징을 사용한다.

수정책은 다양한 외양으로 만들 수 있다. 벨크로를 이용하기도 하고, 멀티미디어 형태인 파워포인트 프로그램을 활용하여 만들기도 한다. [그림 8-27]은 국내 연구(김수미, 한경임, 2022; 양성빈, 한경임, 2019; 정예설, 한경임, 2021)에서 사용한 수정책의 예시이고 [그림 8-28]은 CVI를 가진 복합의사소통장애 학생을 고려한 수정책의 예시이다. [그림 8-28]에서 보는 바와 같이 수정책은 기존의 그림책을 수정하는 방법도 있지만 학생의 문해력 수준을 반영하면서 사진이나 상징을 이용해 직접 문장을 구성하고 제작할 수도 있다. [그림 8-29]에는 CVI의 정도가 심해서 촉각 자료를 활용하여 제작한 수정책의 예를 제시하였다.

[그림 8-27] 수정책의 예시

[그림 8-28] CVI를 지닌 학생을 위한 수정책의 예시(브릿지스쿨)

[그림 8-29] 촉각 자료 활용 수정책의 예시(브릿지스쿨)

## 요약

학생들이 대부분의 시간을 보내는 곳이 학교라는 점을 생각한다면 AAC 중재는 모든 학교 활동 속에서 자연스럽게 이루어져야 한다. 학교에서 AAC 중재의 목적은 AAC 사용 방법을 배우도록 하는 것만이 아니라 학습을 위해 AAC 사용법도 배우도록 하는 것이다.

학교의 다양한 기회 속에서 AAC 중재를 적용하는 방법 중 하나는 교육과정 기반 AAC 중재이다. 교육과정 기반 AAC 중재에서는 국가수준의 교육과정 수행 활동에 지속적으로 참여하면서 자연스럽게 AAC를 사용하여 연습하고 반복할 기회가 주어진다. 교육과정 성취기준을 반영하여 AAC 중재 목표를 설정하고자 하면 교육과정 내용의 조정과 수정이 필요하며, 백워드 설계에 따라 AAC 중재 수업을 계획할 수 있다.

AAC 중재를 적용한 수업활동의 한 가지 방법으로 I-We-You-I 교수법이 있으며, 학교에서 AAC 중재는 학교의 일상생활 속에서 자연스럽게 이루어져야 한다는 점에서 삽입교수의 활용이 중요하다. 학생의 AAC를 사용한 표현을 향상시키기 위해서는 Bloom의 인지과정 차원에 따라 교사의 발문 수준을 다양하게 할 필요가 있다. 학교생활 대부분의 교수 맥락에서 AAC 중재를 통해 학생의 의사소통 능력인 조작적 능력, 언어적 능력, 전략적 능력, 사회적 능력 개발을 도모할 수 있다. 국어 교과만이 아니라 수학, 과학, 예술 교과 등 거의 모든 수업에 AAC를 적용하여 학생의 능동적인 참여를 이끌어 낼 수 있다.

학교에서 AAC 중재의 가장 중요한 것 중 하나가 AAC를 적용한 문해력 교육이다. AAC를 사용하는 복합의사소통장애 학생들이 문해력 기술을 습득하지 못한 데에는 태도 장벽, 낮은 기대, 제한된 기회, 제한된 문해력 접근 수단, 제한된 시간과 연령 요인이 있다.

문해력은 발생적 문해력과 관습적 문해력으로 분류할 수 있으며, 발생적 문해력에서 관습적 문해력으로 발달할 수 있도록 중재가 이루어져야 한다. 포괄적인 발생적 문해력 교수를 통해 인쇄 개념, 글자 지식, 음운인식, 언어이해에 대해 배우며, 궁극적으로는 모국어로 사용되는 글을 읽고 쓸 수 있는 사람으로서의 정체성 발달에 목적을 둔다. AAC를 이용한 발생적 문해력 발달을 위해 함께 읽기 중재 방법이 널리 사용된다. 관습적 문해력 중재에는 어휘, 음운인식, 글자-소리 대응, 단어 변별 중재가 필요하며, 읽기를 통한 이해 중재와 관습적 글쓰기 중재도 필요하다. 문해력 중재에 가장 많이 활용되는 것이 책이라는 점에서 학생들의 개별 특성을 반영한 수정책의 적용이 필요할 수 있다.

Appendix

# 부록

부록 1

# 의사소통 형식과 기능 워크시트

## 의사소통 형식과 기능 워크시트

학생: ________________________________

작성자: ________________________________

날짜: ________________________________

- 의사소통 형식(forms): 의사소통하기 위해 사용하는 행동('어떻게')
- 의사소통 기능(functions): 의사소통하는 이유('왜')
- 의사소통 상대자(partners): 함께 의사소통하는 사람('누구')
- 의사소통 맥락(contexts): 의사소통하는 장소('어디에서')
- 의사소통 기회(opportunities): 우리가 의사소통할 기회를 가지는 시간('언제')
- 의사소통 메시지(messages): 사람이 의사소통하고자 한 의미('무엇')

| 의사소통 기능 | 예시 | 학생이 말하거나 행동한 것: 의사소통 상대자, 형식, 맥락, 메시지, 기회를 적으시오. | 워커나 다른 자세잡기 도구에서 학생이 말하거나 행동한 것(만약 다르다면) |
|---|---|---|---|
| 주장하기 | • 활동에 참여할 필요성을 이야기함<br>• 하기를 원하지 않는 것, 항목을 제공하기를 원하지 않는 것 | | |
| 거부, 거절하기 | • 원하지 않는 것을 제공함 | | |
| 행위의 추가 요구 | • 좋아하는 게임이나 루틴 활동 또는 놀이할 때 몇 번 차례를 주고 잠시 멈춘 뒤 기대를 갖고 기다림 | | |
| 새로운 행위 요구 | • 현재 하고 있는 것이 지루하거나 피곤할 때<br>• 새로운 다른 것을 원할 때 | | |
| 사물의 추가 요구 | • 먹고 있는 음식이나 원하는 다른 사물 같은 것<br>• 현재 가지고 있는 장난감이나 또 다른 원하는 장난감 같은 것 | | |
| 2개 또는 그 이상 중에 선택하기 | • 2개 또는 그 이상의 선택지를 제공할 때 자신의 선택을 전달함 | | |

| 의사소통 기능 | 예시 | 학생이 말하거나 행동한 것: 의사소통 상대자, 형식, 맥락, 메시지, 기회를 적으시오. | 워커나 다른 자세잡기 도구에서 학생이 말하거나 행동한 것(만약 다르다면) |
|---|---|---|---|
| 새로운 사물 요구 | • 손이 닿지 않거나 시야에 없는 사물 | | |
| 없는 사물 요구 | • 다른 방에 있는 사물<br>• 시야나 들리는 범위 안에 없는 사물 | | |
| 관심 요구 | • 누군가의 관심을 얻고 싶을 때 | | |
| 애정 보이기 | • 그냥 아무 이유 없이 안기, 뽀뽀하기, 등을 토닥이기 | | |
| 사람을 환영하기 | • 친숙한 사람이 도착하거나 떠날 때 | | |
| 제안하기/공유하기 | • 좋아하는 것을 다른 사람에게 지적하기를 원함 | | |
| 주의 끌기 | • 재미있는 사람이나 사물, 활동 바라볼 때<br>• 과제에서 도움이 필요할 때 | | |
| 공손한 사회적 형식 | • 허락 요청<br>• 밖에 나가길 원할 때 | | |
| 예/아니요 질문에 대답하기 | • 좋아하는 음식을 원하는지 물어볼 때 | | |
| 질문하기 | • 새로운 사람이나 물건을 보았을 때 | | |
| 물건/사람 이름 명명 | • 사람, 사물, 장소의 이름을 말할 때 | | |
| 설명하기 (코멘트하기) | • 재미있는 사람, 사물, 행동을 보았을 때 | | |

부록 2

# 나에 대한 모든 것 조사 목록 양식

**나에 대한 모든 것**

학생: ______________________ 날짜: ______________________

작성자: ______________________

참고: 자녀에 대해 많은 것을 알 수 있도록 가능한 모든 질문에 답해 주세요.

| 나를 특별하게 만드는 것 | | | |
|---|---|---|---|
| 특별한 재능 | | | |
| 가족의 전통 | | | |
| 나에게 재미있는 것 or 사람들을 웃게 하는 방법 | | | |
| 내가 잘하는 것 | | | |
| 나에게 중요한 것 | | | |
| 나의 집/내 방 | | | |
| 내 이웃 | | | |
| 내 가족들이 좋아하는 것 | | | |
| 방학/공휴일에 하는 것 | | | |
| 내가 원하는 것/되고 싶은 것 | | | |
| 내가 말하고 싶은 것 | | | |
| | 선호하는 것 | 싫어하는 것 | 매우 좋아하는 것 |
| 사람 | | | |
| 장소 | | | |
| 음식/맛 | | | |
| 소리 | | | |
| 냄새 | | | |
| 감각/촉각 | | | |
| 내가 좋아하는 체육 활동 | | | |

| | 선호하는 것 | 싫어하는 것 | 매우 좋아하는 것 |
|---|---|---|---|
| 책 | | | |
| 게임<br>(바깥/실내) | | | |
| 음악 | | | |
| 영화/TV 쇼 | | | |
| 장난감 | | | |
| 동물 | | | |
| 색깔/패턴 | | | |
| 의류 | | | |
| 학교 바깥 활동 | | | |
| 내가 보는 사람 | | | |
| 내가 가는 장소 | | | |
| 내가 하는 것 | | | |
| 학교에 오지 않을 때 내가 하는 것 | | | |
| 나에 대한 추가 정보 | | | |
| 내가 노력하고 있는 것 | | | |
| 나를 괴롭히는 것 | | | |
| 도움을 필요로 하는 것 | | | |
| 내가 하기 어려운 것 | | | |
| 내가 화났을 때 어떻게 하는지/나를 안정시키기 위해 당신은 어떻게 하는지 | | | |
| 내가 불편할 때 어떻게 해 주는지/아플 때 어떻게 도와줄 수 있는지 | | | |
| 나를 웃게 만드는 것 | | | |

부록 3

# 어휘 샘플 기록지

## 어휘 샘플 기록

학생: ____________________

작성자: ____________________

| 날짜 | 표현 도구 | 단어 | 정의 그리고/또는 단어를 사용한 문장 |
|---|---|---|---|
| | | | |
| | | | |
| | | | |
| | | | |
| | | | |
| | | | |
| | | | |
| | | | |
| | | | |
| | | | |
| | | | |
| | | | |
| | | | |
| | | | |
| | | | |
| | | | |
| | | | |
| | | | |
| | | | |
| | | | |
| | | | |

부록 4

# 현재 의사소통 행동 목록 검사

**현재 의사소통 행동 목록(Inventory of current communication behavior)**

이름: ______________________ 관찰자: ______________________

| 의사소통 행동 | +/− | 의사소통 양식 |
|---|---|---|
| 항목 요구하기 | | |
| 도움 요구하기 | | |
| 기본적인 욕구 의사소통 | | |
| 활동 지속하기 | | |
| 활동 멈추기 | | |
| 활동 주도하기 | | |
| 감정 표현하기 | | |
| 선호도 표현하기 | | |
| 선택하기 | | |
| 사건이나 사물 묘사하기 | | |
| 지식 전달하기 | | |
| 의사소통 상호작용 시작하기 | | |
| 의사소통 상호작용 유지하기 | | |
| 의사소통 상호작용 끝내기 | | |

메모

부록 5

# 활동 기반 의사소통 목록 검사

이름: ______________________ 상대자: ______________________

날짜/시간: ______________________ 활동: ______________________

| 활동 기반 의사소통 목록 | | | | | | |
|---|---|---|---|---|---|---|
| 단계 | 반응 양식<br>(적절한 모든 것 체크) | 의사소통<br>기능 | 어휘 | | 교수 설계 정보 | |
| | | | 사용 | 필요 | 단서 | 결과 |
| | 무반응 구어<br>제스처 발성<br>수어 그래픽<br>가까이 접근<br>기타: | | | | | |
| | 무반응 구어<br>제스처 발성<br>수어 그래픽<br>가까이 접근<br>기타: | | | | | |
| | 무반응 구어<br>제스처 발성<br>수어 그래픽<br>가까이 접근<br>기타: | | | | | |
| | 무반응 구어<br>제스처 발성<br>수어 그래픽<br>가까이 접근<br>기타: | | | | | |
| | 무반응 구어<br>제스처 발성<br>수어 그래픽<br>가까이 접근<br>기타: | | | | | |

부록 6

# 활동 참여 목록 검사

## 활동 참여 목록

학생 이름: ____________________ 상대자: ____________________

날짜/시간: ____________________ 활동: ____________________

| 활동 | | 참여 수준 | | | | | | 차이 | | 기회 장벽 | | | | 접근 장벽 | | | |
|---|---|---|---|---|---|---|---|---|---|---|---|---|---|---|---|---|---|
| | | 독립적 수행 | 언어적 촉진 | 모델링 | 제스처 촉진 | 신체적 도움 | 참여하지 않음 | 예 | 아니요 | 정책 | 실제 | 태도 | 기술 | 메시지 선택 | 어휘 | 상징 | 기타 |
| Step 1 | 또래 | | | | | | | | | | | | | | | | |
| | AAC 사용 학생 | | | | | | | | | | | | | | | | |
| Step 2 | 또래 | | | | | | | | | | | | | | | | |
| | AAC 사용 학생 | | | | | | | | | | | | | | | | |
| Step 3 | 또래 | | | | | | | | | | | | | | | | |
| | AAC 사용 학생 | | | | | | | | | | | | | | | | |
| Step 4 | 또래 | | | | | | | | | | | | | | | | |
| | AAC 사용 학생 | | | | | | | | | | | | | | | | |
| Step 5 | 또래 | | | | | | | | | | | | | | | | |
| | AAC 사용 학생 | | | | | | | | | | | | | | | | |
| Step 6 | 또래 | | | | | | | | | | | | | | | | |
| | AAC 사용 학생 | | | | | | | | | | | | | | | | |

부록 7

# 선호-비선호 체크리스트

## 선호-비선호 체크리스트

* 이 체크리스트는 초보 의사소통자의 선호하는 것과 선호하지 않는 것을 찾는 데 도움이 됩니다. 이 체크리스트 작성을 위해서는 가족과 면담하거나 직접 시행해 볼 수도 있습니다. 선호하는 것에는 항목을 쓰고 ○ 표시, 선호하지 않는 것에는 항목을 쓰고 × 표시하고, 발견하지 못한 것은 빈칸으로 두세요.

| 항목 | 내용 | 선호 여부 |
|---|---|---|
| 청각적 | • 책을 읽거나 노래 부르는 소리 또는 애완견 짖는 소리, 환경음 등의 소리<br>• 심한 감각-운동 손상이 있는 학생의 경우 놀람반사에 유의해야 함<br>- 항목: | |
| | • 사람 소리: 형제, 부모, 친구; 말하는 것, 이야기 읽어 주는 것, 노래 불러 주는 것<br>- 항목: | |
| | • 음악: 좋아하는 노래(CD, 스마트 기기에서 나오는 노래 또는 가족이 불러 주는 노래), 좋아하는 라디오 프로, 좋아하는 악기, 싫어하는 노래와 음악 스타일<br>- 항목: | |
| | • 장난감: 좋아하는 장난감이나 싫어하는 장난감에서 나오는 소리<br>- 항목: | |
| | • 컴퓨터: 컴퓨터 게임의 효과음, 긍정적인 것과 부정적인 것<br>- 항목: | |
| | • 동물 소리: 좋아하는 애완동물, 좋아하는 농장 동물, 사람이 흉내 내는 동물<br>- 항목: | |
| | • 환경음: 자동차나 자전거의 경적 소리, 군중 소리, 아기 우는 소리, 문을 쾅 닫는 소리<br>- 항목: | |
| 시각적 | • 사물(예: 책, 장난감, TV 등) 바라보기, 재미있거나 특이한 것 하는 사람을 바라보는 것<br>• 일부 학생에게 놀람반사가 나타날 수 있으니 유의해야 함<br>-항목: | |
| | • 텔레비전: 아주 좋아하는 쇼나 캐릭터, 좋아하는 영화나 영화 캐릭터, 좋아하는 광고<br>- 항목: | |
| | • 영화: 아주 좋아하는 쇼나 좋아하는 캐릭터 보기, 영화를 위한 특이한 광고 보기<br>- 항목: | |
| | • 컴퓨터 화면: 색깔과 형태의 움직임, 움직이는 캐릭터(소리 유무와 상관없이)<br>- 항목: | |

| 항목 | 내용 | 선호 여부 |
|---|---|---|
| 시각적 | • 불빛: 불빛을 빙글빙글 돌리거나 깜빡거리기(크리스마스 불빛, 머리 불빛 켰다 끄기)<br>- 항목: | |
| | • 거울: 거울로 자기 보기, 거울에 반영된 움직임 보기, 왜곡된 거울 보기<br>- 항목: | |
| | • 바깥으로 난 창문: 창문으로 바람에 흔들리는 나무, 동물이 움직이는 것 바라보기<br>- 항목: | |
| | • 비눗방울: 비눗방울 부는 사람을 보는 것, 비눗방울이 떨어지는 것, 비눗방울을 때리는 것<br>- 항목: | |
| | • 움직이는 장난감: 탈것(소리가 있거나 없는 것), 모빌<br>- 항목: | |
| | • 어항: 물고기가 있는 어항, 움직이는 기계가 있는 어항<br>- 항목: | |
| | • 동물: 애완동물, 농장 동물<br>- 항목: | |
| | • 얼굴: 친숙한 얼굴, 낯선 얼굴<br>- 항목: | |
| 접촉 | • 사물, 애완동물, 사람을 만져서 느끼는 것뿐만 아니라 다른 사람으로부터 촉감 자극을 받는 것(예: 머리 쓰다듬기, 발 간질이기, 등 긁어 주기)<br>- 항목: | |
| | • 온도: 피부가 덥거나 차가운 것<br>- 항목: | |
| | • 공기 불어넣기: 팬, 헤어드라이어<br>- 항목: | |
| | • 감촉: 액체, 모래, 콩, 마카로니, 건조한 오트밀, 팝콘, 쌀, 메모리 폼, 부드러운 점토, 손가락 페인팅, 기름, 로션, 거품, 젖은 오트밀, 면, 깃털, 면수건, 플란넬 옷, 털, 양가죽, 나일론 패브릭, 울, 카펫, 사포, 페인트 붓<br>- 항목: | |
| | • 휴식하는 바닥의 표면: 마루, 카펫, 타일, 침대, 매트<br>- 항목: | |
| | • 진동: 진동기, 마사지기<br>- 항목: | |
| | • 접촉: 피부를 쓰다듬거나 마사지하기, 머리 빗기, 얼굴 씻기, 간지럼 태우기, 거친 바닥<br>- 항목: | |

| 항목 | 내용 | 선호 여부 |
| --- | --- | --- |
| 맛 또는 입안의 감각 | • 여러 가지 음식을 먹거나 마시기, 먹지 않고 맛보기(예: 얼음 조각, 음식 묻힌 면봉)<br>• 일부 학생에게 제한된 음식과 금기 음식을 주의해야 함<br>- 항목: | |
| | • 온도: 뜨거운 것, 차가운 것<br>- 항목: | |
| | • 맛: 달콤한 맛, 쓴맛, 짠맛, 매운맛<br>- 항목: | |
| | • 감촉: 딱딱한 것-흐르는 것, 부드러운 것-거친 것<br>- 항목: | |
| | • 음식: 다음 카테고리에서 선호하는 것과 선호하지 않는 것<br>- 과자<br>- 채소<br>- 과일<br>- 육류<br>- 음료수<br>- 유제품 | |
| 냄새 | • 화장실 물건: 향수, 면도 로션, 면도 크림, 구강청결제, 치약<br>- 항목: | |
| | • 강한 냄새가 나는 음식: 빵, 생선, 바나나, 딸기, 커피<br>- 항목: | |
| | • 환경에서 나는 냄새: 쓰레기 냄새<br>- 항목: | |
| | • 양념: 페퍼민트, 마늘, 양파, 바닐라, 칠리, 계피, 생강, 꿀<br>- 항목: | |
| 운동 감각 | • 스스로 움직이거나 움직여지는 것을 의미함<br>- 항목: | |
| | • 춤추기:<br>- 항목: | |
| | • 그네 타기:<br>- 항목: | |
| | • 돌리기:<br>- 항목: | |
| | • 기타: | |

부록 8

# 생태학적 목록: 어휘 선정 워크시트

**생태학적 목록: 어휘 선정 워크시트**

학생: ______________________

정보: ______________________

절차:

- 학생이 관심 있는 활동이나 사건에서 비장애 또래가 참여하는 것을 관찰한다.
- 활동이 일어나는 동안 의사소통하기 위해 요구되는 언어 목록을 단계별로 제시한다.
- 언어 목록에 대해 비장애 또래와 학생과의 차이를 판별하기 위해 목표 학생을 사정한다.
- AAC 사용 학생을 위한 메시지를 선택하고, 의사소통을 확립하도록 한다.

| 환경:<br><br>구성:<br><br>활동:<br><br>날짜: | 사용된 언어<br>(비장애 또래) | 무엇에 대해 말하는가?<br>왜 말하는가? | • 목표 학생을 위한 가능한 메시지는 무엇인가?<br>• 의사소통 양식은 무엇인가?<br>- 비도구 양식<br>- 로우테크(사진, 그림 등)<br>- 하이테크 SGD |
|---|---|---|---|
| | | | |

부록 9

# 맥락에서 의사소통 관찰하기 양식

## 맥락에서 의사소통 관찰하기

이름: ______________________________

함께 이야기하는 또래: ______________________________

관찰자: ______________________________

나이: ______________________________

또래 나이: ______________________________

날짜: ______________________________

장소/장면: ______________________________

시작 시간: ______________________________

활동: ______________________________

| 또래의 자세 | 또래가 말한 것 | 누구에게 말하는지 | AAC 사용자의 위치 | AAC 사용자가 한 것 | 사용한 AAC 양식 |
|---|---|---|---|---|---|
| | | | | | |

**사용자의 의사소통과 어떻게 의사소통한 것인지 목록으로 쓰기**

의사소통의 장애와 문제에 대해 목록으로 쓰기

부록 10

# The Dynamic AAC Goals Grid-2(DAGG-2) Ability Level Continuum

이 가이드는 현재 잠재적 기술과 장점에 대한 통찰을 제공하는 데 도움이 됩니다. 개인의 의사소통 행동을 관찰하고 그 상태를 가장 잘 묘사한 진술문에 체크하세요.

## 이해

| | |
|---|---|
| 초보 의사소통자 | □ 아이디어를 표현하는 상징(예: 그림, 단어)을 전혀 이해하지 못하거나 이해가 제한되어 있다.<br>□ 그림은 이해와 표현을 증진시키는 데 도움이 될 수 있거나 되지 않을 수도 있다.<br>□ 학생이 얼마나 많은 말을 이해하는지 결정하기 어렵다. |
| 초보 전환기 의사소통자 | □ 관습적인 제스처(예: 이리 와, 저리 가, 안녕)에 반응한다.<br>□ 일반적인 사물의 사용을 이해하고 있음을 보여 준다.<br>□ 그림이 이해와 표현 모두의 증진을 도와주는 것 같다.<br>□ 익숙한 루틴과 활동 속에서 간단한 지시 사항을 따르기 시작한다. |
| 맥락의존 의사소통자 | □ 사물, 일반적인 행동(예: 달리다, 색칠하다, 먹다), 사람 또는 상황을 표현하는 사진이나 그림 상징을 이해한다.<br>□ 보다 추상적인 그림 상징(예: 생각하다, 큰, 뜨거운, 거의 없는)을 이해하기 시작한다.<br>□ 익숙하거나 익숙하지 않은 루틴에서 간단한 지시 사항을 따른다.<br>□ 일반적인 대화를 이해하고 따른다. |
| 전환기 독립적 의사소통자 | □ 동일 연령의 또래만큼 대화를 이해한다.<br>□ 말로 하는 복잡한 지시 사항을 간단하게 따라 한다. |
| 독립적 의사소통자 | □ 동일 연령의 또래와 같은 정도로 의사소통하고 지시사항을 이해한다. |

## 표현

| | |
|---|---|
| 초보 의사소통자 | □ 얼굴 표정, 몸짓, 제스처 또는 행동(사회적으로 적합하거나 또는 도전적인)으로 대부분 성공적으로 의사소통할 수 있다.<br>□ 수용(예: 미소 짓기) 또는 거절(예: 고개 돌리기)을 표현하지만 다른 '예/아니요' 질문에 대한 반응은 신뢰롭지 못하다.<br>□ 친숙하고 동기가 유발되는 활동에서 의사소통하려는 모습을 보일 수도 있다.<br>□ 성공적으로 의사소통하기 위해 의사소통 상대자의 도움을 필요로 한다(예: 선택 사항 좁히기, 제스처/몸짓/행동 해석하기).<br>□ 감각적 행동(예: 몸 흔들기, 물건 빨기)이 진정과 선호 여부를 결정하기 위해 매우 중요하다. |

| | |
|---|---|
| 초보 전환기 의사소통자 | □ 기본적이고, 일반적이면서 명확한 항목들에 대한 상징(예: 실제 사물, 그림)을 이해한다.<br>□ 좋아하는 활동이나 동기가 유발되는 상황에서 명확하고 단순한 상징(예: 실제 사물, 사진, 그림 상징 포함)을 사용하기 시작한다.<br>□ 그림 상징을 사용한다면 메시지를 의사소통하기 위해 한 번에 한 개의 그림을 사용할 것이다.<br>□ 의사소통하기 위해 제스처, 얼굴 표정, 의도적인 행동(예: 지적하기, 보여 주기, 주기)을 사용할 수도 있다. 그러나 그에 대한 신뢰성은 매일매일 또는 활동마다 다르다. |
| 맥락의존 의사소통자 | □ 메시지를 표현하기 위해 의사소통 방법을 결합하여 사용한다(예: 제스처, 지적하기, 상징, 말/발성, AAC 도구).<br>□ 기본적인 요구를 의사소통하고 다양한 요구를 위해 자발적으로 상징과 사물을 사용한다.<br>□ 도움을 받아 질문하거나 코멘트(언급)하기를 위해 상징을 사용하기 시작한다.<br>□ 친숙한 의사소통 상대자와 익숙한 주제에 대해 루틴 활동에서 의사소통을 잘한다.<br>□ 더 긴 메시지를 표현하기 위해 2개 또는 그 이상의 상징을 결합하기 시작한다. |
| 전환기 독립적 의사소통자 | □ 친숙한 의사소통 상대자와 친숙하지 않은 의사소통 상대자와 광범위한 주제에 대해 의사소통한다.<br>□ 더 길고 복잡한 그리고 다양성이 증가된 메시지를 구성하여 다양한 의사소통 기능(예: 코멘트하기, 질문하기, 정보 공유하기)을 표현하기 위해 2개 또는 그 이상의 상징을 일관성 있게 결합한다.<br>□ 자신의 의사소통 도구 내에서 광범위한 어휘와 의사소통 툴(tool)을 사용한다. |
| 독립적 의사소통자 | □ 동일 연령의 다른 사람들처럼 다양한 주제에 대해 의사소통하기 위해 한 낱말 단어들, 철자 쓰기, 구 표현을 결합하여 사용한다.<br>□ 대화에서 생각을 확장할 수 있다. |

## 사회적 상호작용

| | |
|---|---|
| 초보 의사소통자 | □ 친숙한 사람과 동기가 유발되는 활동에서만 반응한다.<br>□ 친숙하고 동기가 유발되는 일과에서 차례 교환이 나타난다[예: '하이 파이브' 또는 허그(hug)하려고 누군가 팔을 벌릴 때].<br>□ 바라보기, 웃기 또는 손 뻗기로 신체적 상호작용에 반응할 수 있다. |
| 초보 전환기 의사소통자 | □ 특정 사물, 활동, 사람에 대해 명확한 선호도를 보인다.<br>□ 특정 상황에서 사회적 상호작용에 어느 정도 관심이 있음을 보여 주기 시작한다.<br>□ 사회적으로 상호작용하기 위해 상징을 사용하지 않을지도 모른다. |
| 맥락의존 의사소통자 | □ 친숙한 의사소통 상대자와 대화와 사회적 상호작용을 시작한다.<br>□ 지원을 해 주면 대화에서 추가적인 말차례를 얻는 데 도움이 된다.<br>□ 친숙한 의사소통 상대자와 일과에서 정해진 질문에 적절하게 답변한다. |
| 전환기 독립적 의사소통자 | □ 친숙한 상대자와 사회적으로 적절하게 코멘트/질문을 사용하여 상호작용을 시작한다.<br>□ 일과에서 정해진 질문에 대해 다양한 의사소통 상대자에게 적절하게 답변한다. |
| 독립적 의사소통자 | □ 동일 연령의 다른 사람과 사회적 상호작용 기술, 환경, 활동들이 비슷하다. |

## 문해력 기술

| | |
|---|---|
| 초보 의사소통자 | □ 읽기나 책 활동에 전혀 관심이 없을 수 있다. |
| 초보 전환기 의사소통자 | □ 함께 책 읽기 활동에 참여하는 것에 관심을 가지기 시작하고/또는 보다 독립적으로 책을 보는 것에 참여하기 시작한다.<br>□ 자신의 이름을 구별할 수 있고, 약간의 다른 고빈도 단어를 구별할 수도 있다. |
| 맥락의존 의사소통자 | □ 문해력 기술은 다음을 포함하여 성장하고 있다: 알파벳의 낱글자 변별하기, 낱글자와 일치하는 소리 연결하기, 고빈도 일견단어 몇 개 읽기, 이름을 읽고 쓰기, 단어 철자 쓰기를 시작했지만 반드시 관습적인 철자 쓰기를 하는 것은 아님 |
| 전환기 독립적 의사소통자 | □ 문해력 기술이 다음을 포함하여 성장하고 있다: 글자-소리 대응 인식의 증가, 일견 단어의 증가, 간단한 단어에 대해 관습적인 철자 쓰기, 적절하게 단어 끝맺음 첨가(예: 과거 시제, 복수형, 진행형), 그리고 말하는 단어와 인쇄된 단어 간 연결에 대한 확실한 이해<br>□ 상징의 지원과 함께 단어 예측을 활용하기 시작한다.<br>□ 동일 연령 수준보다는 어느 정도 낮은 수준의 인쇄된 자료를 읽는다. |
| 독립적 의사소통자 | □ 문해력 기술이 동일 연령의 사람들 수준이다. |

## 기타

| | |
|---|---|
| 초보 의사소통자 | □ 사용하는 AAC 체계의 형식에 대해 일관성이 없을 수 있다.<br>□ 의사소통 상대자의 도움으로부터 기술이 발달하고 있는 중이다. |
| 초보 전환기 의사소통자 | □ 사용하는 AAC 체계의 형식에 대해 일관성이 없을 수 있다.<br>□ 의사소통 상대자의 도움으로부터 기술이 발달하고 있는 중이다. |
| 맥락의존 의사소통자 | □ 주제, 상대자 또는 환경이 친숙하지 않을 때 성공적으로 의사소통하기 위해 의사소통 상대자의 지속적인 도움이 필요할 수 있다.<br>□ 의사소통 상대자의 지원을 이해하지 못할 때 의사소통 복구를 위하여 간단한 전략(예: 반복해서 표현하기)을 사용할 수 있다. |
| 전환기 독립적 의사소통자 | □ 상징 찾기를 포함하는 자신의 도구에서 원하는 상징이 어디에 있는지 '인지적 매핑(mental mapping)'을 잘한다.<br>□ 이해하지 못할 때, 그리고 어떤 경우에는 의사소통 상대자의 지원으로 의사소통을 복구하기 위한 다양한 전략을 사용할 수 있다.<br>□ 원하는 것이 있을 때 또는 필요한 지원을 얻지 못했을 때 의사소통 도구에 내용을 프로그램할 수 있다(예: 음식 단어 목록 범주에 좋아하는 음식 첨가하기). |
| 독립적 의사소통자 | □ 상대자가 자신의 말을 이해하지 못했을 때 다양한 복구 전략을 사용할 수 있다.<br>□ 그렇게 하기 위해 선택하지 않을지라도 도구의 속도 증진 특성(예: 단어 예측)을 활용할 수 있다.<br>□ 도구에 원하는 내용(예: 개인적인 이야기 등)을 프로그램할 수 있다. |

참고: 강점, 장벽, 다른 의사소통 양식과 같은 각 기술 영역에서 관찰된 의사소통 특성 기록

| | |
|---|---|
| 이해 | |
| 표현 | |
| 사회적 상호작용 | |
| 문해력 기술 | |
| 기타 | (예: 환경, 선호하는 의사소통 상대자/동기가 유발되는 활동/주제, 행동 등) |

## Ability level summary

아래 차트에서 당신에게 '큰 그림'을 보여 줄 개인의 각 기술 영역에 대한 능력 수준에 표시하시오.

| 기술 | 능력 수준 | | | | | 기록 |
|---|---|---|---|---|---|---|
| | 초보 | 초보 전환기 | 맥락의존 | 전환기 독립 | 독립적 | |
| 이해 | ☐ | ☐ | ☐ | ☐ | ☐ | |
| 표현 | ☐ | ☐ | ☐ | ☐ | ☐ | |
| 사회적 상호작용 | ☐ | ☐ | ☐ | ☐ | ☐ | |
| 문해력 기술 | ☐ | ☐ | ☐ | ☐ | ☐ | |
| 기타 | ☐ | ☐ | ☐ | ☐ | ☐ | |

## Linguistic Competency(언어적 능력)

**촉진체계의 단서 계열**
GM(Goal Met: 자연적인 단서) – IC(Indirect Cue: 간접적인 단서) – DVC(Direct Verbal Cue: 직접적인 구어 단서) – DPC(Direct Pointer Cue: 직접적인 지적하기 단서) – PA(Physical Assistance: 신체적인 도움)

| 능력 수준 | | | 목표 | 촉진 단서 | | | |
|---|---|---|---|---|---|---|---|
| 초보 의사소통 | ○ | GM □ | 요구하기/반응하기/코멘트하기와 사회적 상호작용을 위해 행동으로(예: 눈응시, 지적하기, 상대자를 끌어당기기) 의사소통한다. | IC ○ | DVC ○ | DPC ○ | PA ○ |
| | ○ | GM □ | 원하지 않는 의제나 항목을 행동으로[예: 간단하게 흘낏 보기, 고개 끄덕이기, 눈 맞춤, 웃기 또는 터치(접촉)하기] 거절한다. | IC ○ | DVC ○ | DPC ○ | PA ○ |
| | ○ | GM □ | 의제, 활동, 제공된 항목에 대해 행동으로 수용한다. | IC ○ | DVC ○ | DPC ○ | PA ○ |
| | ○ | GM □ | 루틴으로 이루어지는 공동관심 활동에서 단일 버튼 메시지를 선택하는 것(예: 이야기 한 줄 반복하기, 선호하는 활동을 반복해서 요구하기)으로 상대자와 의사소통하려는 의도를 입증한다. | IC ○ | DVC ○ | DPC ○ | PA ○ |
| | ○ | GM □ | 원하는 것에 대해 신호를 보낸다(예: 제스처, 도구, 구어). | IC ○ | DVC ○ | DPC ○ | PA ○ |
| | ○ | GM □ | 한 번의 의사소통 교환에서 말차례 주고받기에 참여한다(제스처, 지적하기, 얼굴 표정, 눈 움직임). | IC ○ | DVC ○ | DPC ○ | PA ○ |
| | ○ | GM □ | 상대자의 사물을 향해 공동관심을 보인다. | IC ○ | DVC ○ | DPC ○ | PA ○ |
| 초보 전환기 의사소통 | ○ | GM □ | 즉각적인 환경 조절을 위해(예: 더, 다 했어요, 그만!) 적어도 3개의 믿을 만한 신호(예: 수어, 손짓기호 비슷한 것, 실제 사물/그림 상징, 구어/구어 비슷한 것)를 사용한다. | IC ○ | DVC ○ | DPC ○ | PA ○ |
| | ○ | GM □ | 루틴으로 이루어지는 친숙한 맥락에서 2개 또는 그 이상의 상징을 배열한 화면을 보고 한 낱말 명사 상징으로 유관 사물을 요구하기/코멘트하기/명명하기로 표현한다. | IC ○ | DVC ○ | DPC ○ | PA ○ |
| | ○ | GM □ | 루틴으로 이루어지는 친숙한 맥락에서 2개 또는 그 이상의 상징을 배열한 화면을 보고 한 낱말 동사 상징으로 명확한 행동을 요구하기/코멘트하기/명명하기로 표현한다. | IC ○ | DVC ○ | DPC ○ | PA ○ |
| | ○ | GM □ | 친숙한 맥락에서 상호작용 참여 또는 지속을 위해 단일 버튼 메시지를 선택한다. | IC ○ | DVC ○ | DPC ○ | PA ○ |

| 능력 수준 | 목표 | | | 촉진 단서 | | | |
|---|---|---|---|---|---|---|---|
| 맥락의존 의사소통 | ○ | GM □ | 각 범주에 다섯 가지 예시를 가지고 있는 7개 범주에서 다양한 명사를 사용한다. | IC ○ | DVC ○ | DPC ○ | PA ○ |
| | ○ | GM □ | 추상적인 묘사 개념: 양적/질적/공간적(최소한 각 범주에서 2개) 개념을 사용한다. | IC ○ | DVC ○ | DPC ○ | PA ○ |
| | ○ | GM □ | 구조화된 또는 루틴 활동에서 2개 이상의 단어로 이루어진 구(예: 나는 ______하고 싶어요, 나는 ______를 본다, 나는 ______을 가지고 있다)를 표현하기 위해 학습한 문장 구조(매개구: carrier phrases)를 사용한다. | IC ○ | DVC ○ | DPC ○ | PA ○ |
| | ○ | GM □ | 행동 개념(적어도 상황에 걸쳐 10개 동사)을 사용한다. | IC ○ | DVC ○ | DPC ○ | PA ○ |
| | ○ | GM □ | 새로운 또는 2개 이상의 단어로 이루어진 문장을 따라 쓰거나 창작한다. | IC ○ | DVC ○ | DPC ○ | PA ○ |
| | ○ | GM □ | 하나 이상을 표현하기 위해 복수형을 사용한다. | IC ○ | DVC ○ | DPC ○ | PA ○ |
| | ○ | GM □ | 글자/소리 결합을 인지한다. | IC ○ | DVC ○ | DPC ○ | PA ○ |
| | ○ | GM □ | 글자 조합(예: 첫소리 인식, 철자 만들어 내기)의 조기 사용을 입증한다. | IC ○ | DVC ○ | DPC ○ | PA ○ |
| | ○ | GM □ | 현재와 과거 시제를 사용하여 간단한 문법적 문장을 형성한다. | IC ○ | DVC ○ | DPC ○ | PA ○ |
| 전환기 독립적 의사소통 | ○ | GM □ | 이야기(내러티브)를 말하거나 다시 말하기 위해 논리적 방법으로 정보를 연결한다. | IC ○ | DVC ○ | DPC ○ | PA ○ |
| | ○ | GM □ | 미리 저장된 다양한 질문 형식으로 질문하고 답변한다. | IC ○ | DVC ○ | DPC ○ | PA ○ |
| | ○ | GM □ | 새로운 활동에서 개별 단어/구/철자를 결합하여 메시지(최소 3개 단어)를 만들어 표현한다. | IC ○ | DVC ○ | DPC ○ | PA ○ |
| | ○ | GM □ | 추상적인 묘사 개념을 사용한다: 양적/질적/공간적(최소한 각 범주에서 6개). | IC ○ | DVC ○ | DPC ○ | PA ○ |
| | ○ | GM □ | 활용할 수 있는 단어/메시지를 사용하여 새로운 의미를 전달하고, 사용하지 않는 단어/개념을 대체한다(예: 에둘러 말하기). | IC ○ | DVC ○ | DPC ○ | PA ○ |
| | ○ | GM □ | 고빈도의 첫소리 같은 글자, 끝소리 같은 글자, 철자가 친숙한 단어를 인식하고 사용한다. | IC ○ | DVC ○ | DPC ○ | PA ○ |

| 능력 수준 | | 목표 | | 촉진 단서 | | | |
|---|---|---|---|---|---|---|---|
| 독립적 의사소통 | ○ | GM ☐ | 3개 이상의 개별 단어/구/철자 쓰기로 창의적인 메시지를 형성한다. | IC ○ | DVC ○ | DPC ○ | PA ○ |
| | ○ | GM ☐ | 도구에 없는 새로운 단어/개념을 묘사하기 위해 현재 어휘를 창의적으로 결합하여 표현한다(예: 유연한 어휘 사용). | IC ○ | DVC ○ | DPC ○ | PA ○ |
| | ○ | GM ☐ | 복잡하고 복문인 문장을 구성한다(예: '왜냐하면', '그리고' 또는 관계대명사 사용). | IC ○ | DVC ○ | DPC ○ | PA ○ |
| | ○ | GM ☐ | 일상 대화에서 쓰이는 반전 질문을 사용한다(예: "내가 할까요?", "네가 했어?", "그들이 있었어?"). | IC ○ | DVC ○ | DPC ○ | PA ○ |
| | ○ | GM ☐ | 단어/상징 예측이 있거나 없이 연령 수준에 맞는 독립적인 철자 쓰기를 입증한다. | IC ○ | DVC ○ | DPC ○ | PA ○ |
| | ○ | GM ☐ | 동사를 나타내는 형태소 어미를 이해하고 사용한다(예: -다, -요). | IC ○ | DVC ○ | DPC ○ | PA ○ |

## Operational Competency(조작적 능력)

**촉진체계의 단서 계열**
GM(Goal Met: 자연적인 단서) – IC(Indirect Cue: 간접적인 단서) – DVC(Direct Verbal Cue: 직접적인 구어 단서) – DPC(Direct Pointer Cue: 직접적인 지적하기 단서) – PA(Physical Assistance: 신체적인 도움)

| 능력 수준 | | 목표 | | 촉진 단서 | | | |
|---|---|---|---|---|---|---|---|
| 초보 의사소통 | ○ | GM ☐ | 조용히 하거나, 방향을 바꾸거나 움직이는 행동으로 AAC 체계에 대해 시각적, 청각적 또는 신체적 집중을 보인다. | IC ○ | DVC ○ | DPC ○ | PA ○ |
| | ○ | GM ☐ | 반드시 의도를 갖고 있지는 않더라도 AAC 체계에 능동적인 참여(예: 탐색하기, 화면을 건드려 보기, 스위치를 눌러 보기 등)를 입증한다. | IC ○ | DVC ○ | DPC ○ | PA ○ |
| 초보 전환기 의사소통 | ○ | GM ☐ | 필요하다면 상대자의 일깨움으로 루틴이나 친숙한 활동에서 AAC 체계를 이동시킨다. | IC ○ | DVC ○ | DPC ○ | PA ○ |
| | ○ | GM ☐ | 필요하다면 상대자의 일깨움으로 AAC 체계를 사용하려고 자세를 잡는다. | IC ○ | DVC ○ | DPC ○ | PA ○ |
| | ○ | GM ☐ | 루틴이나 친숙한 활동에서 고빈도 어휘나 매우 흥미를 가지고 있는 어휘들의 위치를 찾는다(예: 매우 동기가 높은 사물/활동을 요구하기, 감정 표현하기, 인사하기와 같은 기초적인 기능적 범주들). | IC ○ | DVC ○ | DPC ○ | PA ○ |

| 능력 수준 | 목표 | | | 촉진 단서 | | | |
|---|---|---|---|---|---|---|---|
| 초보 전환기 의사소통 | ○ | GM □ | '다음 페이지'나 '되돌림' 검색을 포함하는 초기에 발달하는 검색 기술을 입증한다. | IC ○ | DVC ○ | DPC ○ | PA ○ |
| | ○ | GM □ | 바라보기, 조용히 하기 또는 몸을 움직이는 것으로 AAC 체계의 조정이 필요하다는 것(예: 볼륨 조절 또는 체계의 오작동)을 인지하고 있음을 입증한다. | IC ○ | DVC ○ | DPC ○ | PA ○ |
| | ○ | GM □ | 적정한 때 시스템의 온/오프(또는 물어보기)를 켜는 능력을 입증한다. | IC ○ | DVC ○ | DPC ○ | PA ○ |
| 맥락의존 의사소통 | ○ | GM □ | 만약 기기의 조정이 필요하다면 도움을 요청한다. | IC ○ | DVC ○ | DPC ○ | PA ○ |
| | ○ | GM □ | 환경에 적절하게 볼륨을 조정한다. | IC ○ | DVC ○ | DPC ○ | PA ○ |
| | ○ | GM □ | 도구를 충전하고 보호하는 능력을 입증한다(또는 요청할 수 있다). | IC ○ | DVC ○ | DPC ○ | PA ○ |
| | ○ | GM □ | AAC 체계를 최상으로 보기 쉽고 접근하기 쉽도록 화면이나 자세를 조정한다(또는 요청한다). | IC ○ | DVC ○ | DPC ○ | PA ○ |
| | ○ | GM □ | 친숙한 화제나 맥락에 맞게 논리적으로 페이지/메시지/어휘를 검색한다. | IC ○ | DVC ○ | DPC ○ | PA ○ |
| | ○ | GM □ | 명사 범주를 검색한다. | IC ○ | DVC ○ | DPC ○ | PA ○ |
| | ○ | GM □ | 간단한 메시지 창(예: 지우기, 삭제하기)을 조작하는 능력을 입증한다. | IC ○ | DVC ○ | DPC ○ | PA ○ |
| | ○ | GM □ | 상징이나 상징의 위치를 선택하거나 제공된 메시지 옵션에서 선택하는 것으로 어휘를 첨가하는 활동에 참여한다. | IC ○ | DVC ○ | DPC ○ | PA ○ |
| | ○ | GM □ | 상대자로부터 도움을 요청받거나 몸을 움직이는 것으로 한 활동/환경에서 또 다른 활동/환경으로 AAC 체계를 이동할 필요성을 인지한다. | IC ○ | DVC ○ | DPC ○ | PA ○ |
| 전환기 독립적 의사소통 | ○ | GM □ | 자신의 체계에 주제나 어휘를 첨가할 필요성을 인지하고 프로그래밍이나 프로그래밍 과정(예: 편집 기능/수정 버튼 선택)에 능동적으로 참여하기 시작한다. | IC ○ | DVC ○ | DPC ○ | PA ○ |
| | ○ | GM □ | 환경에 적절한 볼륨 조정과 말투 조정(속도/소리)이 가능하다. | IC ○ | DVC ○ | DPC ○ | PA ○ |
| | ○ | GM □ | 새로운 주제와 상대자에 맞게 논리적으로 페이지/메시지/어휘를 검색한다. | IC ○ | DVC ○ | DPC ○ | PA ○ |

| 능력 수준 | | 목표 | | 촉진 단서 | | | |
|---|---|---|---|---|---|---|---|
| 전환기 독립적 의사소통 | ○ | GM □ | 다양한 메시지 형태나 툴(예: 미리 프로그램된 메시지, 단단어, 키보드)을 이용해 검색한다. | IC ○ | DVC ○ | DPC ○ | PA ○ |
| | ○ | GM □ | 문법적인 범주에 따라 검색한다. | IC ○ | DVC ○ | DPC ○ | PA ○ |
| 독립적 의사소통 | ○ | GM □ | 체계 내에서 다양한 메시지 형태나 툴(예: 미리 프로그램된/메시지 생성/단어/구/철자하기)을 창의적으로 결합해서 의사소통 요구를 충족시킨다. | IC ○ | DVC ○ | DPC ○ | PA ○ |
| | ○ | GM □ | 기기를 업그레이드하고, 문제를 해결하고, 복구 절차를 시도한다. | IC ○ | DVC ○ | DPC ○ | PA ○ |
| | ○ | GM □ | 체계의 구조에 맞게 특별한 어휘를 독립적으로 첨가한다. | IC ○ | DVC ○ | DPC ○ | PA ○ |
| | ○ | GM □ | 기기 외적인 것(예: 전화, 이메일, 인쇄 자료, 컴퓨터)에 독립적으로 접근하는 능력을 입증한다. | IC ○ | DVC ○ | DPC ○ | PA ○ |
| | ○ | GM □ | 독립적으로 파일을 저장하고, 메시지와 순서를 개별 맞춤형으로 정리한다. | IC ○ | DVC ○ | DPC ○ | PA ○ |
| | ○ | GM □ | 기기의 소프트웨어 특성(예: 단어 예측, 발음 규칙을 따르지 않는 예외 발음, 편집 특성)의 조작을 이해하고 있음을 입증한다. | IC ○ | DVC ○ | DPC ○ | PA ○ |

## Social Competency(사회적 능력)

**촉진체계의 단서 계열**

GM(Goal Met: 자연적인 단서) – IC(Indirect Cue: 간접적인 단서) – DVC(Direct Verbal Cue: 직접적인 구어 단서) – DPC(Direct Pointer Cue: 직접적인 지적하기 단서) – PA(Physical Assistance: 신체적인 도움)

| 능력 수준 | | 목표 | | 촉진 단서 | | | |
|---|---|---|---|---|---|---|---|
| 초보 의사소통 | ○ | GM □ | 미소짓기, 사물 기반의 차례 주고받기, 손 흔들기와 같은 사회적으로 통용되는 행동으로 상호작용한다(사회적 단서와 효과성에 대해 기본적인 이해를 입증하는 것). | IC ○ | DVC ○ | DPC ○ | PA ○ |
| | ○ | GM □ | 얼굴 표정, 제스처, 조용히 하기, 몸을 움직이기 등으로 의사소통에 반응한다. | IC ○ | DVC ○ | DPC ○ | PA ○ |
| | ○ | GM □ | 상호작용 동안 간헐적으로 흘깃 보기, 고개 끄덕이기, 눈맞춤, 가까이 가기 또는 접촉하기(공동관심)로 의사소통 상대자에게 표현한다. | IC ○ | DVC ○ | DPC ○ | PA ○ |

| 능력 수준 | 목표 | | | 촉진 단서 | | | |
|---|---|---|---|---|---|---|---|
| 초보 전환기 의사소통 | ○ | GM ☐ | 필요하다면 상대자의 일깨움과 함께 도전 행동을 대신할 간단한 의사소통(예: '더', '다 했어')을 사용한다. | IC ○ | DVC ○ | DPC ○ | PA ○ |
| | ○ | GM ☐ | 친숙한 상호작용/활동에서 대화적인 차례 주고받기를 입증한다. | IC ○ | DVC ○ | DPC ○ | PA ○ |
| | ○ | GM ☐ | "안녕!", "잘 가!"와 같은 단일 단어 메시지를 이용하여 상호작용을 시작하거나 끝내기 위해 반응한다. | IC ○ | DVC ○ | DPC ○ | PA ○ |
| | ○ | GM ☐ | 대화에서 상대자에게 주의를 집중하고 유지한다(예: 눈맞춤, 방향 정위). | IC ○ | DVC ○ | DPC ○ | PA ○ |
| 맥락의존 의사소통 | ○ | GM ☐ | 필요하다면 검색 지원을 받아 활동에 참여할 때 적절하게 코멘트(언급)한다. | IC ○ | DVC ○ | DPC ○ | PA ○ |
| | ○ | GM ☐ | 겸손한 사회적 표현 형식(예: '제발' 또는 '고마워')을 사용한다. | IC ○ | DVC ○ | DPC ○ | PA ○ |
| | ○ | GM ☐ | 두 개 이상의 대화 차례를 주고받기 위해 스크립트나 미리 프로그램된 메시지를 사용하여 대화를 시작하거나 끝낸다. | IC ○ | DVC ○ | DPC ○ | PA ○ |
| | ○ | GM ☐ | 필요하다면 상대자의 일깨움이나 검색 도움을 받아서 미리 프로그램된 '소식'/정보 몇 가지를 공유한다. | IC ○ | DVC ○ | DPC ○ | PA ○ |
| | ○ | GM ☐ | 두 번의 차례 이상 대화적인 차례 주고받기(사회적/활동기반)를 입증한다. | IC ○ | DVC ○ | DPC ○ | PA ○ |
| | ○ | GM ☐ | 유머를 사용한다. | IC ○ | DVC ○ | DPC ○ | PA ○ |
| | ○ | GM ☐ | 코멘트나 일반적인 질문을 선택하여 대화를 유지하는 능력을 입증한다. | IC ○ | DVC ○ | DPC ○ | PA ○ |
| | ○ | GM ☐ | 다양한 행동(예: "페이지 넘겨 주세요." 또는 "저를 위해 _______을 해 주세요.")을 요구한다. | IC ○ | DVC ○ | DPC ○ | PA ○ |
| 전환기 독립적 의사소통 | ○ | GM ☐ | 비의무적 말차례 주고받기(예: "멋진데!", "우웩!", "나도 그래.")로 대화 주제를 유지한다. | IC ○ | DVC ○ | DPC ○ | PA ○ |
| | ○ | GM ☐ | 구, 단어 목록, 핵심어휘 단어와 키보드를 사용하여 의미 있는 새로운 정보를 개인적으로 공유한다. | IC ○ | DVC ○ | DPC ○ | PA ○ |
| | ○ | GM ☐ | 제안하는 것(예: "나 너에게 할 말 있어.", "무엇인지 추측해 볼래?"와 같이 부드러운 대화를 유도하기 위해 흔하게 사용되는 표현)으로 부드럽게 대화 주제를 전환한다. | IC ○ | DVC ○ | DPC ○ | PA ○ |
| | ○ | GM ☐ | 자신과 의사소통 상대자 서로에게 흥미로운 주제를 선택한다. | IC ○ | DVC ○ | DPC ○ | PA ○ |

| 능력 수준 | | | 목표 | 촉진 단서 | | | |
|---|---|---|---|---|---|---|---|
| 전환기 독립적 의사소통 | ○ | GM □ | 상대자와 상황 중심으로 의사소통 스타일을 전환한다. | IC ○ | DVC ○ | DPC ○ | PA ○ |
| | ○ | GM □ | 언제 상호작용에 끼어들어야 하는지 때와 방법을 안다. | IC ○ | DVC ○ | DPC ○ | PA ○ |
| | ○ | GM □ | 정보를 요구한다(예: '언제?', '어디에서?'). | IC ○ | DVC ○ | DPC ○ | PA ○ |
| | ○ | GM □ | 대화에서 특정한 상대자 중심 질문을 사용한다. | IC ○ | DVC ○ | DPC ○ | PA ○ |
| 독립적 의사소통 | ○ | GM □ | 명확성을 요구한다. | IC ○ | DVC ○ | DPC ○ | PA ○ |
| | ○ | GM □ | 비의무적인 코멘트하기/대화 주제에 관련된 질문하기를 사용한다. | IC ○ | DVC ○ | DPC ○ | PA ○ |
| | ○ | GM □ | 미리 프로그램된 메시지 또는 메시지 생성의 다양한 방법들을 사용하여 대화를 시작하고 끝낸다. | IC ○ | DVC ○ | DPC ○ | PA ○ |
| | ○ | GM □ | 특정 주제와 관련된 어휘로 대화를 지속하기 위해 상대자 중심 질문을 사용한다. | IC ○ | DVC ○ | DPC ○ | PA ○ |
| | ○ | GM □ | 적절하게 대화를 시작하고, 유지하고, 확장하고, 끝내는 능력을 입증한다. | IC ○ | DVC ○ | DPC ○ | PA ○ |

## Strategic Competency(전략적 능력)

**촉진체계의 단서 계열**
GM(Goal Met: 자연적인 단서) – IC(Indirect Cue: 간접적인 단서) – DVC(Direct Verbal Cue: 직접적인 구어 단서) – DPC(Direct Pointer Cue: 직접적인 지적하기 단서) – PA(Physical Assistance: 신체적인 도움)

| 능력 수준 | | | 목표 | 촉진 단서 | | | |
|---|---|---|---|---|---|---|---|
| 초보 의사소통 | ○ | GM □ | 자신의 의사소통(양식과 상관없이)이 환경이나 의사소통 상대자에게 영향을 미친다는 것을 이해한다. | IC ○ | DVC ○ | DPC ○ | PA ○ |
| | ○ | GM □ | 현재 갖고 있는 비의사소통적인 행동으로는 의도하는 메시지를 전달할 수 없다는 것을 인식한다. | IC ○ | DVC ○ | DPC ○ | PA ○ |
| 초보 전환기 의사소통 | ○ | GM □ | 메시지를 시작하기 전에 의사소통 상대자의 주의를 얻을 필요가 있음을 인식한다. | IC ○ | DVC ○ | DPC ○ | PA ○ |
| | ○ | GM □ | 의도한 메시지가 이해되지 않거나, 무시되거나 또는 기기가 작동하지 않거나/소리가 나지 않거나 하면 메시지를 반복할 필요가 있다는 것을 인식한다. | IC ○ | DVC ○ | DPC ○ | PA ○ |

| 능력 수준 | 목표 | | | 촉진 단서 | | | |
|---|---|---|---|---|---|---|---|
| 초보 전환기 의사소통 | ○ | GM ☐ | 오해받은 메시지에 대해 다른 의사소통 양식(예: 제스처, 발성, 행동)을 사용하여 복구하려고 시도한다. | IC ○ | DVC ○ | DPC ○ | PA ○ |
| | ○ | GM ☐ | 적절한 때에 의사소통 체계를 요구하거나 얻는다. | IC ○ | DVC ○ | DPC ○ | PA ○ |
| 맥락의존 의사소통 | ○ | GM ☐ | 낯선 의사소통 상대자에게 소개 전략(예: "나는 말하기 위해 이 도구를 사용해요." 또는 의사소통하기 위해 도구를 사용한다는 것을 보여 주기 위해 도구를 손으로 지적하기)을 사용한다. | IC ○ | DVC ○ | DPC ○ | PA ○ |
| | ○ | GM ☐ | 상호작용 동안 의사소통 상대자에게 적극적으로 참여하여 의사소통 상대자의 주의집중과 이해 정도를 모니터한다. | IC ○ | DVC ○ | DPC ○ | PA ○ |
| | ○ | GM ☐ | 의사소통 실패에 대해 복구 전략(예: 반복하기, 바꾸어 말하기, 추가적인 중요 단어나 정보 제공하기, 메시지 창으로 주의 끌기, 비구어적인 단서, 제스처/몸짓 또는 얼굴 표정, 첫 글자 단서 사용하기)을 사용한다. | IC ○ | DVC ○ | DPC ○ | PA ○ |
| | ○ | GM ☐ | 간단한 속도 증진 전략(예: 전보문식 전략) 사용의 시작을 입증한다. | IC ○ | DVC ○ | DPC ○ | PA ○ |
| | ○ | GM ☐ | 의도한 메시지가 이해되지 않거나, 무시되거나 또는 기기가 작동하지 않거나/소리가 나지 않을 때 계속해서 메시지를 반복한다. | IC ○ | DVC ○ | DPC ○ | PA ○ |
| 전환기 독립적 의사소통 | ○ | GM ☐ | 낯선 상대자에게 소개 전략을 독립적으로 사용한다(예: 자신과 최상으로 의사소통하는 방법에 대해 설명하고 가르쳐 준다). | IC ○ | DVC ○ | DPC ○ | PA ○ |
| | ○ | GM ☐ | 대화에 기여하기 위해 의도를 갖고 의사소통한다(예: "저 질문 있어요."). | IC ○ | DVC ○ | DPC ○ | PA ○ |
| | ○ | GM ☐ | 의도한 메시지가 이해되지 않았음을 인식하고, 그것을 알리는 메시지("다른 방식으로 말하도록 해 주세요.", "잘못되었어요. 다시 할게요.", "기다려 주세요.")를 사용한다. | IC ○ | DVC ○ | DPC ○ | PA ○ |
| | ○ | GM ☐ | 주도적으로 상호작용을 관리한다(예: 표현할 메시지를 검색하면서 '잠깐!' 또는 '기다려 봐!'를 사용하여 대화에 끼어들기, 또는 자신이 참여하고 있음을 알리기 위해 '예, 예'라고 표현하기). | IC ○ | DVC ○ | DPC ○ | PA ○ |
| | ○ | GM ☐ | 적절한 메시지로 주제가 바뀐 것에 대해 신호를 보낸다. | IC ○ | DVC ○ | DPC ○ | PA ○ |

| 능력 수준 | 목표 | | | 촉진 단서 | | | |
|---|---|---|---|---|---|---|---|
| 독립적 의사소통 | ○ | GM □ | 의사소통 실패를 막거나 복구하기 위해 독립적으로 몇 가지 전략을 활용한다. | IC ○ | DVC ○ | DPC ○ | PA ○ |
| | ○ | GM □ | 향후 대화에 효과적으로 기여할 수 있는 방법을 계획한다(예: 의사와 진료 예약을 위해 미리 메시지를 구성하고 저장하기). | IC ○ | DVC ○ | DPC ○ | PA ○ |
| | ○ | GM □ | 다양한 상황과 상대자에게 적절한 의사소통 양식을 선택한다. | IC ○ | DVC ○ | DPC ○ | PA ○ |
| | ○ | GM □ | 효과적이고 효율적으로 의사소통하기 위해 자신의 AAC 체계의 특성을 창의적으로 활용한다. | IC ○ | DVC ○ | DPC ○ | PA ○ |
| | ○ | GM □ | 의사소통 상호작용에서 실수를 독립적으로 분석하고 그것을 보완할 전략을 고안한다. | IC ○ | DVC ○ | DPC ○ | PA ○ |

부록 11

# 의도적인 의사소통 행동 관찰 기록

## The Bridge School Log of Intentional Communicative Behaviors Observed

학생 이름: ______________________________

관찰 기간: ______________________________

| 지표 | 날짜/맥락/상대자 | 어떻게/양식 | 왜/기능 |
|---|---|---|---|
| 사물과 상대자를 서로 번갈아 보며 눈맞춤을 하는가? | | | |
| 의사소통 상대자에게 직접 향하는 신호(의사소통 행동)를 나타내는 신체적인 방향 정위가 있는가? | | | |
| 신호(의사소통 행동)를 표출한 뒤 의사소통 상대자로부터 반응을 기다리고 있다는 것을 나타내기 위해 잠시 기다린 후 신호를 반복하는가? | | | |
| 신호(의사소통 행동)를 표출한 후, 상대자가 반응을 하면 신호를 멈추는가? | | | |
| 신호(의사소통 행동)를 표출하고 상대자가 반응을 하면 학생은 신호를 반복하거나 다른 신호로 바꾸는 것을 계속하는가? | | | |
| 신호(의사소통 행동)를 표출하고 상대자가 반응을 하지 않으면 학생은 계속해서 그 신호를 반복하거나 다른 신호로 바꾸는가? | | | |
| 일관된 신호(의례적인 의사소통 행동, 예: 매일 같은 시간 보이는 행동)나 관습적인 양식(지적하기, 고개 흔들기)이 있는가? | | | |

부록 12

# 브릿지스쿨 선호 목록 조사 양식

## 매우 좋아하는 것-좋아하는 것-싫어하는 것 목록

학생 이름: ______________________________

날짜/시간: ______________________________

| * 좋아하는 사람, 활동, 노래, 사물, 시간 등 목록 작성 | |
|---|---|
| 음악 | |
| 영화(동영상) | |
| 책 | |
| 사람 | |
| 장소 | |
| 음식 | |
| 게임 | |
| 동물/애완동물 | |
| 스포츠 | |
| 물건 | |
| 활동 | |
| 웹사이트 | |
| 취미 | |
| 매일의 일과 | 식사 시간:<br>잠자려고 준비하는 시간;<br>옷을 고르는 시간: |
| 바깥 활동 | 식료품점:<br>쇼핑:<br>친척이나 친구 방문:<br>드라이브 가기:<br>산책 가기: |

부록 13

# 의사소통 신호 목록

## 의사소통 신호 목록

학생 이름: ______________________________

날짜/시간: ______________________________

작성자: ______________________________

| 신호 | 의미 | 상대자의 반응(말한 것) |
|---|---|---|
| 의사소통자는 무엇을 하는가? | 상대자는 그 신호의 의미를 무엇이라 생각하는가? | 상대자는 어떻게 일관성 있게 반응하는가? |
| | | |

부록 14

# 하루 동안 학생의 주의집중 패턴

## 하루 동안 학생의 주의집중 패턴

학생 이름: ______________________________

날짜/시간: ______________________________

작성자: ______________________________

학생의 주의집중을 관찰할 때 하루 중 교수하기에 최적의 시간(집중, 유지, 선택적 부분 집중, 분할 집중)인지 또는 가장 좋지 않은 시간(주의가 매우 산만함)인지, 괜찮은 정도(중간 정도)인지 판별하시오. 관찰 표기를 위해 하루 일정표를 사용하시오.

| 시간 | 교육과정 활동 | 이 시간에 가장 좋은가, 가장 나쁜가, 괜찮은가? 관찰 의견 |
|---|---|---|
| 8:00~9:00 | | |
| 9:00~10:00 | | |
| 10:00~11:00 | | |
| 11:00~12:00 | | |
| 12:00~1:00 | | |
| 1:00~2:00 | | |
| 2:00~3:00 | | |

수업 활동에서 학생의 주의집중을 최적의 수준으로 지원하기 위해 상대자, 활동, 자료, 루틴, 환경/장소 등을 판별하시오.

| | |
|---|---|
| 상대자 | |
| 활동 | |
| 자료 | |
| 루틴 | |
| 환경/장소 | |

부록 15

# 최근 경험 기록

## 최근 경험 기록

학생 이름: ______________________________

날짜/시간: ______________________________

작성자: ______________________________

| | |
|---|---|
| 1. 특별한 이벤트, 여행 | • <br> • <br> • <br> • |
| 2. 영화, TV 쇼, 음악 | • <br> • <br> • <br> • |
| 3. 책 읽기 (혼자, 상대자와 함께, 또는 읽어 준 책) | • <br> • <br> • <br> • |
| 4. 여름 동안 있었던 특별한 관심 활동, 취미 | • <br> • <br> • <br> • |
| 5. 나를 보기 위해 찾아 온 특별한 방문객 | • <br> • <br> • <br> • |
| 6. 새로운 장난감, 옷 등 | • <br> • <br> • <br> • |

부록 16

# 관찰 가이드: 대화 스타일

학생 이름: ________________ 날짜/시간: ________________

학생이 다양한 의사소통 상대자와 상호작용하는 모습을 관찰하기 위해 며칠에 걸쳐 몇 분씩 관찰한다.

1. 당신이 관찰할 수 있는 활동과 대화 상대자(교사, 또래, 부모, 보호자, 낯선 사람)를 목록화하시오.

| 활동 | 대화 |
|---|---|
| | |

2. 대화 상대자 칸에서 활동 옆에 a+가 있으면 학생이 최선의 의사소통을 했음을 의미한다.

3. 당신이 관찰했을 때 학생의 대화 스타일은 어떠한가?

사회적 스타일 ____ 주저하는 스타일 ____ 자기 이야기만 하는 스타일 ____ 수동적 스타일 ____

- 사회적인 학생: 자주 의사소통을 시도하고, 상대자의 시도에 자주 반응한다.
- 주저하는 학생: 의사소통 시도는 거의 없지만 상대자의 시도에 자주 반응한다.
- 자기 이야기만 하는 학생: 의사소통 시도를 할 수도 있지만 상대자의 시도에 거의 반응하지 않는다.
- 수동적 학생: 의사소통 시도가 거의 없고, 상대자의 시도에도 거의 반응하지 않는다.

4. 당신이 학생을 관찰하는 동안 대화 스타일에 영향을 미치는 다른 요인들이 있다고 생각되면 그것에 대해 기록하시오.

부록 17

# 학교에서 AAC 중재를 위한 계획 양식

학급/학교: ____________________ 학년: ____________________ 학생: ____________________

간단한 학생 특성: ______________________________________________________________

__________________________________________________________________________

## AAC 중재 목적과 관련된 학생의 언어 프로파일

예: 수용 어휘, 표현 어휘, 구(phrase) 표현 발달, 형태소, 구문론, 화용론, 음운인식, AAC 체계(도구와 비도구)

## 언어/AAC 목적

학생이 활동을 통해 성취해야 하는 주요 언어기술/AAC 기술

## 목표 어휘

어휘를 선택한 이유/어휘를 선택한 방법

## 상징 세트/체계

왜 이 상징 세트/체계를 선택하였는가?

## 상징 배열

왜 이 상징 배열 방법을 선택하였는가?

## 수업 활동 구성

| 시간 | 활동 소개 | 중재 전략 |
|---|---|---|
| | | |

| 시간 | 직접교수 | 중재 전략 |
|---|---|---|
| | | |

| 시간 | 안내된 연습 활동 | 중재 전략 |
|---|---|---|
| | | |

| 시간 | 독립된 연습 활동 | 중재 전략 |
|---|---|---|
| | | |

| 시간 | 평가 활동 | 중재 전략 |
|---|---|---|
| | | |

| 시간 | 일반화/확장 활동 | 중재 전략 |
|---|---|---|
| | | |

## 재료/교구

활동에 필요한 설비/재료

## 반성

### 인상

a. 오늘/이번 주 수업이 진행되는 동안 나의 첫 느낌, 인상, 반응은 어떠했는가?

b. 오늘/이번 주 수업에서 나의 수행에 영향을 주었을지도 모르는 가능한 예측, 가치 또는 편견은 무엇이었는가?

### 지식과 기술

a. 중재 회기에 내가 적용할 수 있었던 이미 알고 있는 지식은 무엇인가?

b. 이번 경험을 통해 얻은 새로운 학습 이슈는 무엇인가?

### 도전

a. 이번 경험 동안 내가 겪었던 가장 큰 도전은 무엇이었는가?

b. 나는 이 도전에 어떻게 반응하였는가?

### 평가

a. 반응을 위한 대안적인 방법이 있었는가? 나는 어떻게 대안적인 방법을 수행하였는가?

b. 이번 경험을 바탕으로 나는 어떻게 변했는가?

부록 18

## AAC 중재를 위한 스크립트 활동 계획 양식

<table>
<tr><td>활동</td><td colspan="2"></td></tr>
<tr><td>학습 목표</td><td colspan="2"></td></tr>
<tr><td>학습 목표 달성을 위해<br>학생이 표현할 어휘</td><td colspan="2"></td></tr>
<tr><td>필요한 자료</td><td>재료</td><td>재료와 관련된 핵심 단어</td></tr>
<tr><td>잠정적인 활동의 흐름</td><td>활동을 진행하는 방법</td><td>방법을 시행하는 이유</td></tr>
<tr><td>추가 어휘(모델을 보여 주기 위해<br>또는 상호작용에 영향을 줄 수 있는)</td><td colspan="2"></td></tr>
<tr><td>목표 단어를<br>강조/표시하는 방법</td><td colspan="2"></td></tr>
<tr><td>교구, 그림</td><td colspan="2"></td></tr>
<tr><td>기타</td><td colspan="2"></td></tr>
</table>

# 참고문헌


강명숙, 한경임(2023). 수정된 그림책과 명시적 교수법을 활용한 보완대체의사소통 중재가 중도중복장애중학생의 초기 문해력에 미치는 효과. 특수교육학연구, 58(1), 115-144.

강우정, 한경임(2010). 지역사회 상황에서 중도 뇌성마비 학생의 PDA 활용 보완대체의사소통 중재의 효과. 중복지체부자유아연구, 53(2), 213-231.

강은영, 박윤정(2016). 백워드 설계(Backward Design)를 활용한 초등특수학급 교육과정 개발과 IEP와의 연계 방안 탐색. 특수교육저널: 이론과 실천, 17(3), 359-388.

강은영, 박윤정, 이은규(2019). 기본 교육과정 초등 사회과의 배움 중심 수업 구현을 위한 백워드 설계의 활용 가능성 탐색. 지체중복건강장애연구, 62(1), 49-72.

강현석, 유제순(2010). Backward Design을 통한 교육과정 설계: 교과의 진정한 이해를 위한 구상. 교육철학, 40, 1-37.

강현희, 박현주(2016). 하이테크놀로지를 이용한 보완대체의사소통(AAC) 중재가 발달장애아동의 의사소통능력에 미치는 효과. 특수교육학연구, 51(3), 65-92.

고윤혜, 한경임(2019). 보완대체의사소통 사용 지적장애인에 대한 일반 고등학생의 태도. 특수아동교육연구, 21(3), 111-140.

고정은, 신상은(2020). E-Tran 보드에서의 한국어 모음 선택에 관한 연구. *Communication Science & Disorders, 25*(2), 343-351.

고찬영, 한경임(2017). 비상징기 중도 뇌성마비 청소년을 위한 실제 사물과 음성산출도구의 효과성 비교. 보완대체의사소통연구, 5(1), 1-24.

곽승철, 김영한, 박영근, 박재국, 이미숙, 정진자, 조홍중, 한경임, 홍재영(역)(2019). 중도중복장애학생 교육. 경기: 교육과학사. Orelove, F. P., Sobsey, D., & Gilles, D. L. (2017). *Educating students with severe and multiple disabilities: A collaborative approach* (5th ed.). MD: Paul H. Brookes Publishing Co.

곽승철, 김은화, 박계신, 변찬석, 임경원, 편도원(역)(2009). 자폐스펙트럼 장애아동 교육: 이론과 실제. 서울: 학지사. Hall. L. J. (2009). *Autism spectrum disorders: From theory to practice*. NJ: Prentice Hall.

구영아, 최동석, 최석주, 오수영, 장윤실, 박원순, 김현숙, 노정래, 김종화(2006). 조산 또는 만삭 분만 후 진단된 뇌성마비의 임상적 양상. 대한산부인과학회지, 49(12), 2544-2550.

국립특수교육원(2021). 2021년 특수교육통계. 충남: 국립특수교육원.

권상희, 한경임(2023). 언어반응촉진 전략을 사용한 보완대체의사소통 중재가 자폐성장애 중학생의 구문능력과 어휘다양도에 미치는 효과. 특수교육학연구, 58(2), 117-147.

김경미, 한경임(2017). 보완대체 의사소통 활용 상대방 중심 질문하기 중재가 중도 뇌성마비 아동의 의사소통 상호작용에 미치는 효과. 지체중복건강장애연구, 60(2), 195-217.

김경양(2016). Eye tracking 기법을 적용한 AAC 중재가 지체중복 장애학생에게 미치는 효과. 지체중복건강장애연구, 59(4), 181-211.

김경양, 김성현(2020). AAC를 중심으로 특화된 의사소통 프로그램이 발달장애 성인의 의사소통 능력에 미치는 효과. 자폐성장애연구, 20(1), 103-128.

김동수(2008). 엄마랑 뽀뽀. 경기: 보림출판사.

김동일(2008). BASA: R. 기초학습기능 수행평가체제: 읽기. 서울: 인싸이트.

김동일(2011). 기초학습기능수행평가체제: 초기문해(BASA: EL). 서울: 인싸이트.

김민주, 한경임(2014). 중도 뇌성마비 아동의 비상징적 의사소통 표현 양식과 기능 분석. 지체중복건강장애연구, 57(3), 251-275.

김별님, 한경임(2019). 보완대체의사소통 중재가 비상장징적 수단으로 의사소통하는 중도중복장애 유아의 의사소통 기능에 미치는 효과. 지체중복건강장애연구, 62(1), 119-146.

김보람, 김은경(2022). 기능적 의사소통중재(FCT)가 자폐성 장애 유아의 대체 의사소통 행동과 문제행동에 미치는 영향. 증거기반교육, 3(1), 31-58.

김수미, 한경임(2022). 수정된 그림책 읽기와 보완대체의사소통 중재가 중복장애 아동의 의미관계 및 어휘 습득에 미치는 효과. 특수아동교육연구, 24(1), 135-158.

김영미, 김혜리, 한경화, 김정미, 김아영(2018). 특수교육 교육과정 재구성. 경기: 교육과학사.

김영태(2014). 아동 언어장애의 진단 및 치료. 서울: 학지사.

김영태, 김경희, 윤혜련, 김화수(2003). 영 · 유아언어발달검사. 서울: 도서출판특수교육.

김영태, 박은혜, 한선경, 구정아(2016). 언어치료사 및 특수교사를 위한 한국보완대체의사소통 평가 및 중재 프로그램. 서울: 학지사.

김영태, 박현주, 민홍기(2003). 보완대체 의사소통도구 개발을 위한 학령기 아동 및 성인의 핵심어휘 조사. 언어청각장애연구, 8(2), 93-110.

김영태, 성태제, 이윤경(2003). 취학전아동의 수용언어 및 표현언어발달척도(PRES). 서울: 서울장애인종합복지관.

김영태, 홍경훈, 김경희, 장혜성, 이주연(2012). 수용표현 어휘력 검사(REVT). 서울: 서울장애인종합복지관.

김윤옥(2017). 수준별 교육을 위한 RDA 읽기 진단평가. 서울: 인싸이트.

김은숙, 황보명(2011). 이야기문법 중심 언어중재가 지적장애 아동의 이야기 글 읽기 이해능력에 미치는 효과. 언어치료연구, 20(3), 89-104.

김정연, 박은혜(2003). 중도 뇌성마비 아동의 의사소통 기술 증진을 위한 AAC 대화 상대자 훈련. 특수교육연구, 2(1), 37-58.

김정연, 박은혜(2006). 손짓기호 체계와 그림의사소통판을 이용한 의사소통 중재가 중도뇌성마비 학생의 의사소통 능력에 미치는 효과. 중복지체부자유아교육, 47, 265-289.

김정연, 박은혜, 표윤희(2008). 보완 · 대체 의사소통체계(AAC) 사용자의 문해력 중재에 대한 연구문헌 분석. 언어청각장애연구, 13(2), 308-327.

김정연, 표윤희, 김시원(2018). 통합학급에서의 AAC 앱을 사용하는 장애학생에 대한 비장애학생의 태도. 특수교육, 17(1), 97-117.

김종연, 한경임(2014). 비의무적 말차례 주고받기 기술 중재가 중복장애학생의 의사소통에 미치는 효과. 지체중복건강장애연구, 57(4), 229-251.

김종인(2012). 보완대체의사소통 도구 개발을 위한 일반유아와 장애유아의 핵심어휘 연구. 창원대학교 대학원 석사학위논문.

김종인, 한경임(2016). 보완대체의사소통 중재를 위한 일반유아와 장애유아의 핵심어휘 연구. 특수아동교육연구, 18(3), 185-213.

김화수(2010). 언어장애와 의사소통장애: 학령기 아동 가르치기. 서울: 시그마프레스.

김화수, 엄윤지, 이근용(2017). 화행으로 살펴본 경도 지적장애 학생의 의사소통 특성 연구. 지적장애연구, 19(2), 99-119.

김화수, 이숙, 이연경, 박아름(2017). 경도지적장애 성인의 직유 및 은유 이해 특성. 교육치료연구, 9(1), 91-107.

김화수, 최예슬, 이근용(2015). 경도 지적장애 청소년의 의사소통에 나타난 주제 운용 능력. 지적장애연구, 17(2), 415-432.

나지영, 이수향, 오경아, 박형용(2019). 아이트래킹 분석을 통한 마이토키와 PCS 감정 상징 인식 연구. 보완대체의사소통연구, 7(1), 131-152.

문수백(2021). K-DTVP-3. 한국판 아동 시지각발달검사. 서울: 인싸이트.

문현미, 손영미, 문혜숙, 신윤희, 강경희, 김정

일, 서경희, 이상목(2006). 자폐성유아의 자발적 요구증진을 위한 그림교환의사소통체계(PECS)와 수화(Sign language) 훈련의 비교. 정서행동장애연구, 22(4), 315-342.

문현미, 권명옥, 김정일, 이근용, 손영미(2007). 보완적 의사소통 체계의 사용이 자폐성 유아의 자발적 구어 촉진에 미치는 효과 비교-그림교환의사소통 체계와 수화체계를 중심으로-. 정서행동장애연구, 23(3), 509-533.

문현미, 한경임(2009). 뇌성마비 유아의 요구하기와 자발화 변화에 대한 사진의사소통과 손짓기호 체계의 비교. 중복지체부자유아연구, 52(4), 321-348.

문혜숙, 김계진(2008). 보완대체의사소통 중재가 자폐성 아동의 자발어에 미치는 효과. 특수교육재활과학연구, 47(1), 147-166.

박은혜(1996). 보완 · 대체 의사소통체계를 위한 기초어휘 조사: 뇌성마비 초등 저학년 학생을 중심으로. 특수교육논총, 13(1), 91-115.

박은혜(2003). 지체 및 중도장애학생들을 위한 보완 · 대체 의사소통 활용. 국립특수교육원 제10회 국제세미나, 장애학생을 위한 보완 · 대체 의사소통의 실제와 전망, 195-225.

박은혜, 김영태(2003). 보완대체 의사수통판에서의 핵심어휘와 상황어휘 적정 비율에 관한 연구. 언어청각장애연구, 8(2), 111-126.

박은혜, 김영태, 김정연(2008). 파라다이스 보완 · 대체 의사소통 기초능력평가. 서울: 파라다이스복지재단.

박은혜, 김정연, 김은숙, 표윤희(2007). 중도 지체장애 학생을 위한 국어과 교수-학습전략 개발 연구. 경기: 국립특수교육원.

박은혜, 김정연, 주혜선, 이현주, 황정현, 구정아(2017). 중도중복장애학생 의사소통 몸짓언어 개발 기초 연구. 충남: 국립특수교육원.

박은혜, 김정연, 주혜선, 이현주, 황정현, 구정아(2018). 중도중복장애학생 의사소통 몸짓상징 및 교수 · 학습자료집 개발 연구. 충남: 국립특수교육원.

박은혜, 김정연, 표윤희(2018). 함께 생각하는 지체장애학생교육. 서울: 학지사.

박은혜, 김옥경(2003). 행동연쇄 방해전략이 비구어 자폐 청소년의 보완대체의사소통 체계 사용 기술에 미치는 효과. 정서행동장애연구, 19(2), 263-286.

박은혜, 한경근(2009). 중도장애학생의 교육. 서울: 시그마프레스. Snell, M. E., & Brown, F. (2006). *Instruction of students with severe disabilities*. NJ: Pearson Merrill Prentice Hall.

박일수(2015). 이해중심 교육과정과 수업설계 전문성 신장을 위한 교사교육 프로그램 개발: 백워드 설계 모형을 중심으로. 통합교육과정연구, 9(4), 23-89.

박재국, 박순길, 이미숙, 임혜경, 한경임, 노선옥(역)(2018). 지체중복장애 및 건강장애 학생 교육. 서울: 학지사. Best, S. J., Heller, K. W., & Bigge, J. L. (2010). *Teaching individuals with physical or multiple disabilities* (6th ed.). NJ: Pearson Education Inc.

박지혜, 김화수, 이근용(2014). 지적장애 아동의 화용언어 특성. 지적장애연구, 16(2), 153-175.

박찬우(2016). 시각장면 디스플레이 기반 AAC 중재가 중도 뇌성마비 유아의 어휘 습득과 의사소통행동에 미치는 효과. 단국대학교 대학원 석사학위논문.

박철현, 최진혁(2019). 시각적 스케줄 활용이 자폐성장애 초등학생의 수업참여행동에 미치는 효과. 특수아동교육연구, 21(2), 193-215.

박현주 역(2017). 보완대체의사소통. 서울: 학지사. Beukelman, D. R., & Mirenda, P. (2013). *Augmentative and alternative communication: Supporting children and adults with complex communication needs* (4th ed.). MD: Paul H. Brookes Publishing Co.

박혜경, 조선하(2003). 유아 내러티브 발달에 대한 연구. 생활과학연구, 8, 162-172.

박혜연, 김영태(2015). 그룹홈 거주 지적장애 성인의 핵심어휘 및 부수어휘 분석을 통한 의미적 언어사용 연구. 특수교육, 14(2), 81-103.

배병덕, 박은영(2018). 중도중복장애학생을 위한 의사소통 중재 효과에 대한 메타분석: 단일대상연구를 중심으로. 보완대체의사소통연구, 6(1), 41-77.

배소영(1995). 우리나라 아동의 언어발달: 언어발달 진단의 일차적 자료. 한국언어병리학회, 1(2), 18-35.

배소영(1997). 한국 아동의 문법형태소 습득에 관한 연구: 조사 "가, 이, 는, 도, 를". 말-언어장애연구, 2, 27-42.

배소영, 곽금주(2011). 한국판 맥아더-베이츠 의사소통발달 평가 기록지. 서울: 마인드프레스.

백경란(2012). 보완대체의사소통 앱을 이용한 중재가 중도중복장애 아동의 의사소통능력에 미치는 효과. 창원대학교 대학원 석사학위논문.

백경란, 한경임(2016). 상황중심 보완대체의사소통 앱 사용이 중도중복장애 아동의 의사소통 능력에 미치는 효과. 지체중복건강장애연구, 59(1), 155-182.

서경희, 김중선(1997). 외상성 뇌손상아의 사정과 교육적 중재. 특수교육학회지, 18(3), 227-244.

송재남(2008). 그림교환 의사소통 체계를 이용한 자폐 범주성 장애 아동의 의사소통 중재에 관한 고찰. 특수교육, 7(1), 173-194.

송준만, 강경숙, 김미선, 김은주, 김정효, 김현진, 이경순, 이금진, 이정은, 정귀순(2022). 지적장애학생교육(3판). 서울: 학지사.

송유하, 박지연(2008). 행동도표를 활용한 긍정적 행동지원이 자폐 유아의 문제행동과 활동참여 행동에 미치는 영향. 정서행동장애연구, 24(2), 1-25.

송혜정, 송양민, 박현주(2015). 학령전기 아동의 내러티브 과제에서 나타나는 어휘 사용 특성: AAC 적용을 위한 기초 연구. 언어청각장애연구, 20(3), 386-399.

신수정(2018). 명시적 교수에 기반한 통합파닉스 훈련이 난독증위험 학생의 단어재인, 읽기유창성, 철자쓰기에 미치는 효과. 서울교육대학교 교육전문대학원 미간행 박사학위논문.

신수정, 한경임(2009). 쓰기 중재 프로그램이 뇌성마비 아동의 초기 쓰기 기술에 미치는 효과. 지체중복건강장애연구, 52(3), 209-229.

신수정, 한경임(2017). 주제중심수업에서 보완대체의사소통 중재가 중도중복장애학생의 의사소통 능력 및 사회적 기술에 미치는 효과. 지체중복건강장애연구, 60(3), 137-162.

신수진, 박은숙, 이기학, 배소영(2007). 초등 저학년 아동의 학년에 따른 이야기 산출 능력. 언어청각장애연구, 12(1), 16-31.

신영희(2003). 한국 미숙아 관리의 현황과 전망. 아동간호학회지, 9(1), 96-106.

신정미, 이수향(2016). 보완대체의사소통(AAC)에 대한 중도장애학생 부모의 인식 조사. 보완대체의사소통연구, 4(2), 1-18.

신혜선(2007). 기호학적 접근에 기초한 유아그림책의 의미 분석. 중앙대학교 대학원 박사학위논문.

양성빈, 한경임(2019). 직접교수법과 반복 읽기에 의한 보완대체의사소통 활용 수정된 그림책 읽기 중재가 중등도 지적장애 학생의 읽기 능력에 미치는 효과. 특수아동교육연구, 21(2), 73-102.

양혜란, 문현미(2016). 손짓기호를 활용한 언어중재가 언어발달지체 유아의 발화에 미치는 효과. 유아특수교육연구, 16(3), 117-138.

유인영, 노진아(2012). 삽입교수가 통합된 발달지체유아의 의사소통 기술에 미치는 영향. 특수아동교육연구, 14(2), 167-186.

윤형준(2022). 일상생활환경에서 몸짓상징 중재가 비구어 자폐성장애 학생의 의사소통 행동에 미치는 영향. 발달장애연구, 26(1), 77-95.

원혜미, 황민아(2005). 3-5세 아동의 시제 어미 이해와 산출의 정확성. 음성과학, 12(4), 183-195.

이대현(2019). CCSSM-CA와 미국 교과서에 제시된 분수의 연산 내용 분석. 한국초등수학교육학회지, 22(2), 129-147.

이미란, 문현미(2022). 행동유관도식을 활용한 사회적 도해 중재가 ADHD 위험군 유아의 사회적 의사소통 행동에 미치는 영향. 행동분석지원연구, 9(3), 1-18.

이소현(2007). 자폐 범주성 장애: 중재와 치료. 서울:

시그마프레스.

이수진, 김화수(2016). 설명담화에 나타난 경계선 지능 언어장애 아동의 화용 특성. 지적장애연구, 18(2), 49-68.

이승희(2015). 특수교육평가(2판). 서울: 학지사.

이연경(2009). 초미숙아의 신경 발달에 대한 예후. *Hanyang Medical Reviews, 29*(4), 379-385.

이영미, 김영태, 박은혜(2005). 학령기 아동의 학교상황 어휘 연구: AAC 적용을 위한 기초 연구. 언어청각장애연구, 10(1), 134-152.

이영자, 이지현(2005). 유아의 내러티브 발달을 위한 교사 교육이 유아의 개인적 내러티브에 미치는 효과. 열린유아교육연구, 14(4), 349-375.

이영자, 이지현(2009). 유아의 개인적 내러티브와 가상적 내러티브의 구조발달 양상 및 구성요소에 관한 연구. 유아교육연구, 25(5), 173-206.

이영자, 이지현, Schickedanz, J. A. (2006). 한국과 미국 유아들의 개인적 · 가상적 내러티브 구조 발달 양상 및 논리적 응집장치 사용의 비교. 열린유아교육연구, 11(2), 361-389.

이예다나(2019). 보완대체의사소통 중재 효과성에 관한 단일대상연구 메타분석. 특수교육교과교육연구, 12(1), 173-196.

이윤경, 이효주(2015). 언어발달 지체 영아의 의사소통적 제스처 특성과 언어발달과의 관계. 언어청각장애연구, 20(2), 255-265.

이윤경, 이효주(2016). 12-30개월 영유아의 의도적 의사소통 행동 발달. 언어청각장애연구, 21(4), 553-566.

이은규, 노소현, 마예슬, 손지훈, 이아진(2018). 거꾸로 디자인하는 특수교육 탐구서. 서울: 좋은 교사.

이익섭(2005). 한국어 문법. 서울: 서울대학교출판문화원.

이정은, 박은혜(2000). 보완 · 대체 의사소통 체계 적용을 위한 상황 중심 핵심어휘 개발 연구. 재활복지, 4(1), 96-122.

이조은(2012). 유아의 그림책 속 인물 이해 탐색: 글 없는 그림책을 중심으로. 부산대학교 대학원 석사학위논문.

이주현, 최상배(2017). 스토리맵 중재가 실어증 환자의 이야기 이해와 이야기 다시말하기 능력 향상에 미치는 효과. 한국청각언어장애교육연구, 8(2), 133-150.

이지연, 이소현(2008). 자연적 중재를 이용한 활동 중심 삽입교수가 통합된 장애 유아의 기능적 의사소통 발화에 미치는 영향. 유아특수교육연구, 8(1), 189-211.

이현주, 박은혜, 김정연, 주혜선, 황정현, 구정아, 이설희(2019). 중도중복장애학생을 위한 몸짓상징 체계 개발 연구. 특수교육, 18(1), 197-224.

이혜림, 한경임(2009). 경직형 뇌성마비 아동의 운동발달 지연 특성. 중복지체부자유아교육연구, 52(2), 101-125.

이희란, 장유경, 최유리, 이승복(2008). 부모보고를 통해 종단관찰한 한국 아동의 초기문법형태소 습득. 언어청각장애연구, 13, 159-173.

이희연, 홍기형(2013). 애니메이션이 지적장애아동의 AAC 상징 인식에 미치는 효과. 특수교육, 12(2), 185-202.

임성희, 박은혜, 김영태, 편성범(2013). 말실행증을 동반한 브로카 실어증 환자의 AAC 적용 사례 연구. 보완대체의사소통연구, 1(1), 55-73.

장지혜, 성지은(2020). 시선추적을 활용한 청년층 및 노년층의 누구(who) 의문사 처리 연구. *Communication Sciences and Disorders, 25*(2), 382-398.

장혜원(2012). 미국의 수학교육과정 규준 CCSSM의 수학적 실천에 대한 고찰. 수학교육연구, 22(4), 557-580.

전헌선, 한경임, 노선옥(2008). 뇌성마비아 언어치료교육. 경북: 대구대학교출판부.

정경희, 배소영(2010). 담화유형에 따른 단순언어장애 아동의 문법형태소 사용 특성. 언어치료연구, 19(4), 161-176.

정동훈, 채희태, 김희규(2016). 지체장애학생의 이해와 교육. 서울: ㈜시그마프레스.

정명철, 한경임(2016). 모바일 AAC 앱 토크프렌드를 이용한 중재가 지역사회 상황에서 자폐성 장애 고등학생의 자기결정력에 미치는 효과. 정서 · 행동장애연구, 28(4), 447-471.

정예설, 한경임(2021). 멀티미디어 활용 수정된 그림책 읽기 중재가 보완대체의사소통 사용 중증 지적장애 중학생의 읽기 능력과 자발적 표현에 미치는 효과. 특수아동교육연구, 23(2), 49-75.

조용태(2011). K-DTVP-A. 한국판 시지각발달검사 청소년용. 서울: 인싸이트.

조혁진, 이숙정(2015). 심리운동적 언어중재가 경도지적장애 중학생의 의미론적 언어능력에 미치는 효과. 심리운동연구, 1(2), 77-101.

조희수, 한경임(2015). 보완대체의사소통 사용 자폐성장애 학생에 대한 일반 중학생의 이해 및 수용. 정서 · 행동장애연구, 31(2), 1-23.

주영희(2010). 유아언어발달과 교육. 서울: 교문사.

지정희(2013). 몸짓(gesture)이 말 늦은 유아(late talker)의 빠른 의미 연결(fast mapping)에 미치는 효과. 이화여자대학교 대학원 미간행 석사학위논문.

천선희, 김정미(2007). 스토리맵 중심 언어중재가 정신지체아동의 이야기 이해와 산출에 미치는 효과. 언어청각장애연구, 12(3), 429-446.

채수정(2014). 지적장애 아동과 특수교사의 AAC 상징 인식 비교 연구: 감정을 나타내는 상징 중심으로. 특수교육, 13(2), 215-237.

채수정, 박경옥(2019). 비구어 발달장애 성인의 의사소통 지원에 대한 평생교육기관 교강사의 인식. 보완대체의사소통연구, 7(2), 51-73.

최다영(2019). 삽입교수를 활용한 보완 · 대체 의사소통 중재가 헌터증후군 중학생의 의사소통 기능과 자발적 발성에 미치는 효과. 창원대학교 대학원 미간행 석사학위논문.

최다영, 한경임(2021). 삽입교수를 활용한 AAC 중재가 헌터증후군 중학생의 의사소통 행동과 자발적 발성에 미치는 효과. 지체중복건강장애연구, 64(1), 155-184.

최다영, 한경임(2023). 시각적 사고전략과 스토리맵을 활용한 보완대체의사소통 중재가 복합의사소통장애 중학생의 의미관계와 어휘습득에 미치는 효과. 특수아동교육연구, 25(2), 27-60.

최정은, 한경임(2015). 그림 상징체계에 대한 유아들의 도상성 인식 조사. 지체중복건강장애연구, 58(4), 217-247.

최재연, 박은혜(2021). 몸짓 상징「손담」교수가 발달장애 청소년의 의사소통 행동에 미치는 영향. 보완대체의사소통연구, 9(1), 59-88.

표윤희, 김정연, 김시원(2017). AAC앱을 활용한 중재가 언어발달지체유아의 의사소통 능력에 미치는 효과. 특수교육, 16(2), 57-80.

하다은, 한경임(2019). 보완대체의사소통 활용 스토리텔링 중재에 의한 지적장애성인의 내러티브 기술 변화. 특수아동교육연구, 21(1), 151-181.

한경근, 박찬우(2016). 의사소통장애 아동을 위한 AAC 중재에 시각장면 디스플레이(Visual Scene Display) 적용을 위한 탐색. 지체중복건강장애연구, 59(4), 213-234.

한경임(1993). 블리스심볼의 사용이 중증 뇌성마비 아동의 의사소통에 미치는 효과. 대구대학교 대학원 미간행 석사학위논문.

한경임(1998). 중증 뇌성마비 아동의 보완대체 의사소통 중재 효과. 특수교육학연구, 33(1), 169-190.

한경임(2000). 외상성 뇌손상 아동의 보완대체의사소통 중재. 난청과 언어장애연구, 23(1), 247-265.

한경임(2006). 유아특수교육에 있어서의 AAC 적용의 실제 I : 지체 및 중복장애를 중심으로. 한국유아특수교육학회 추계 학술대회, 37-57.

한경임(2007). 보완대체 의사소통 조기 중재의 가능성 탐색과 중재 시 고려 사항에 관한 고찰. 특수교육, 6(1), 5-26.

한경임(2014). 브릿지스쿨(Bridge school) 초등학급의 보완 · 대체 의사소통 중재 현황에 대한 질적 연구. 지체중복건강장애연구, 57(2), 113-138.

한경임(2018a). T.A.C.L.E. 프로그램 운영 미국 초등학교 특수학급 보완대체 의사소통 중재 사례 연구. 지체중복건강장애연구, 61(4), 19-47.

한경임(2018b). 복합의사소통장애 초등학생을 위한 미국의 특수학급 운영 사례 연구. 특수아동교육연구, 20(4), 25-56.

한경임(2019a). 중도중복장애학생 특수교육의 질적 향상 방안. 2019 한국특수아동학회 동계학술대회 발표 자료집.

한경임(2019b). 중도중복장애학생의 정의와 교수 원리. 국립특수교육원 원격교육 중도중복장애학생 교수·학습지도 역량 강화. 충남: 국립특수교육원.

한경임(2020). 미국 브릿지스쿨의 학생 맞춤형 보조공학 서비스 사례 연구. 지체중복건강장애연구, 63(3), 1-33.

한경임(2024a). 브릿지스쿨의 중도중복장애학생 보완대체의사소통 전환 중재 현황 연구. 특수아동교육연구, 26(3), 33-70.

한경임(2024b). 미국 브릿지스쿨 취학전 학급 보완대체의사소통, 보조공학, 대뇌피질성시각장애 중재 현황 연구. 교육공동체 연구와 실천, 6(3), 95-126.

한경임, 강명숙(2022). 미국 공통핵심기준 비교에 의한 2015 특수교육기본교육과정 국어과 읽기 성취기준 개선 연구. 교육혁신연구, 32(1), 1-30.

한경임, 김은량(2019). 특수교육 현장에서 중도뇌성마비 학생 자세조절에 대한 특수교사의 인식. 지체중복건강장애연구, 62(4), 151-179.

한경임, 서경희(1999). 저출생체중 미숙아를 위한 신생아집중치료실에서의 조기중재. 중복지체부자유아교육, 33, 121-136.

한경임, 서경희(2000). 저출생체중 미숙아의 퇴원 후 조기중재. 중복지체부자유아교육, 36, 197-215.

한경임, 안병즙(1994). 블리스심볼의 사용이 중증뇌성마비 아동의 의사소통에 미치는 효과. 재활과학연구, 12(1), 73-99.

한경임, 이주미(2012). 보완대체의사소통 사용 뇌성마비 아동에 대한 유아 및 초등 저학년 아동의 태도. 지체중복건강장애연구, 55(2), 187-204.

한경임, 임민숙(2006). 형제에 대한 상호작용 기술 훈련이 뇌성마비 아동의 의사소통 향상에 미치는 효과. 특수아동교육연구, 8(1), 271-289.

한경임, 전지형(2005). 보완 · 대체 의사소통 상징체계 선정을 위한 문헌 고찰. 중복지체부자유아교육, 46, 143-162.

한경임, 최다영(2022). 미국 캘리포니아 공통핵심기준 '수와 연산' 영역 비교에 의한 2015 특수교육 기본교육과정 수학과 성취기준 개선 연구, 교육공동체 연구와 실천, 4(1), 149-180.

한경임, 최소연(2007). 또래 참여 보완 · 대체 의사소통 중재가 중복장애학생의 의사소통 능력 변화에 미치는 효과. 언어치료연구, 16(1), 109-130.

한경임, 최정은(2016). 3세와 5세 유아의 보완대체의사소통 그림 상징체계에 대한 도상성 인식 차이. 지체중복건강장애연구, 59(3), 79-107.

한경임, 한경화(2019). 교육과정 재구성과 학생 수행평가에 대한 특수교사의 인식과 실태 및 지원 요구. 교육혁신연구, 29(2), 271-295.

한경화, 김새봄, 정명철, 정혜원, 김영미, 김혜리(2019). IEP-교육과정-수업-평가 일체화를 위한 특수교육 과정중심평가. 경기: 교육과학사.

한경화, 한경임(2020). 특수교육 교육과정-수업-평가 일체화를 위한 웹기반 백워드 수업 설계 프로그램 개발 연구. 교육혁신연구, 30(2), 313-347.

한태륜, 방문석(2008). 재활의학. 서울: 현문사.

한현진, 한경임(2013). 특수학교 보완대체의사소통 체계 사용 실태. 특수교육학연구, 48(2), 125-144.

허수연, 이소현, 이수정(2008). 사회적 기술 습득을 위한 활동중심 삽입교수가 장애유아의 사회적 상호작용에 미치는 영향. 유아특수교육연구, 8(2), 151-172.

홍기순, 곽승철(2016). 스토리맵 작성이 자폐성장애 학생의 내용이해와 평균어절길이에 미치는 효과. 특수교육저널: 이론과 실천, 17(4), 323-346.

Adamson, L., Romski, M. A., Bakeman, R., & Sevcik, R. (2010). Augmented language intervention and the emergence of symbol-infused joint engagement. *Journal of Speech, Language and Hearing Research, 53*, 1769-1773.

Agran, M., King-Sears, M. E., Wehmeyer, M. L., & Copeland, S. R. (2003). *Student-directed learning*. Baltimore, MD: Paul H. Brookes.

Ahlgrim-Delzell, L. Browder, D. M., & Wood, A. L. (2014). Effects of systematic instruction and an augmentative communication device on phonics skills acquisition for students with moderate intellectual disability who are nonverbal. *Education and Training in Autism and Developmental Disabilities, 49*, 517-534.

Alakhzmi, M., & Chitiyo, M. (2022). Using functional communication training to reduce self-injurious behavior for individuals with autism spectrum disorders. *Journal of Autism and Developmental Disorders, 52*, 3586-3597.

Alant, E., & Lloyd, L. L. (2005). *Augmentative and alternative communication and severe disability: Beyond poverty*. London: Whurr Publishers.

Alberto, A. A., & Troutman, A. C. (2003). *Applied behavior analysis for teacher* (6th ed.). Upper Saddle River, NJ: Merrill Prentice Hall.

Als, H. (1999). Reading the premature infant. In E. Goldson (Ed.), *Nurturing the premature infant* (pp. 3-85). New York: Oxford University Press.

American Association on Intellectual and Developmental Disabilities (AAIDD). (2021). *Intellectual disability: Definition, classification, and system of support* (12th ed.). Washington, DC: Author.

American Speech-Language_Hearing Association (2005). Roles and responsibilities of speech-language pathologists with respect to augmentative and alternative communication: Position statement. *ASHA Supplement, 24*, 1-17.

American Speech-Language_Hearing Association (2018). Schools survey: SLP caseload and workload characteristics. https://www.asha.org/research/memberadat/ schools-survey/ 2022. 7. 5. 인출

American Psychiatric Association (2000). *Diagnostic and statistical manual of mental disorders* (4th ed., text rev.). Washington, DC: Author.

Ammar, A., & Spada, N. (2006). One size fits all? Recasts, prompts and L2 learning. *Studies in Second Language Acquisition, 28*, 543-574.

Anderson, A. (2001). Augmentative communication and autism: A comparison of sigh language and the picture exchange communication system. Unpublished Doctoral Dissertation, University of California, San Diego, USA.

Anglin, J. M. (1993). Knowing versus learning words. *Monographs of the Society for Research in Child Development, 58*(10). 186-202.

Arntzen, E., Gilde, K., & Pedersen, E. (1998). Generalized schedule following in a youth with autism. *Scandinavian Journal of Behavior Therapy, 27*, 135-141.

Ashcraft, M. (1994). *Human memory and cognition* (2nd ed.). NY: HarperCollins.

Ault, M. J., & Griffen, A. K. (2013). Teaching with the system of least prompts: An easy method for monitoring progress. *Teaching Exceptional Children, 45*, 46-53.

Banajee, M., DiCarlo, C., & Buras-Stricklin, S. (2003). Core vocabulary determination for toddlers. *Augmentative and Alternative Communication, 2*, 67-73.

Bartels, K., Cress, C. J., & Marvin, C. A. (2001). *Gaze-shift patterns of pre-intentional children with physical impairments and children with typical development*. Manuscript submitted for publication.

Barton, E. E., & Wolery M. (2010). Training teachers to promote pretend play in young children whit disabilities. *Exceptional Children, 77*, 85-100.

Baunce, B. H. (2008). *Early literacy in action: The language-focused curriculum for preschool*. Baltimore: Paul H. Brookes Publishing Co.

Beck, A. R., Bock, S. Thompson, J. R., &

Kosuwan, K. (2002). Influence of communicative competence and augmentative and alternative communication technique on children's attitudes toward a peer who uses AAC. *Augmentative and Alternative Communication, 18*(4), 217-227.

Beck, A. R., & Dennis, M. (1996). Attitudes of children toward a similar-aged child who uses augmentative and alternative communication. *Augmentative and Alternative Communication, 12*, 78-87.

Beck, A. R., Fritz, H., Keller, A., & Dennis, M. (2000). Attitudes of school-aged child who uses augmentative communication. *Augmentative and Alternative Communication, 16*, 13-26.

Beck, A. R., Kingsbury, K., Neff, A., & Dennis, M. (2000). Influence of length of augmented message on children's attitudes toward who use augmentative and alternative communication. *Augmentative and Alternative Communication, 16*, 239-249.

Beck, I. L., McKeown, M. G., & Kucan, L. (2002). *Bringing words to life: Robust vocabulary development*. New York: Guilford Press.

Benedek-Wood, E., McNaugthon, D., & Light, J. (2016). Instruction in letter-sound correspondences for children with autism and limited speech. *Topics in Early Childhood Special Education, 36*, 43-54.

Best, S. J., Heller, K. W., & Bigge, J. L. (2010). *Teaching individuals with physical or multiple disabilities* (6th ed.). NJ: Pearson Education Inc.

Beukelman, D. R., & Garrett, K. (1988). Augmentative and alternative communication for adults with acquired severe communication disorders. *Augmentative and Alternative Communication, 4*, 104-121.

Beukelman, D. R., Hux, K., Dietz, A., McKelvey, M., & Weissling, K. (2015). Using visual scene display as communication support options for people with chronic, sever aphasia: A summary of AAC research and future research directions. *Augmentative and Alternative Communication, 31*, 234-245.

Beukelman, D. R., Jones, R., & Rowan, M. (1989). Frequency of word usage by nondisabled peers in integrated preschool classrooms. *Augmentative and Alternative Communication, 5*, 243-248.

Beukelman, D. R., & Mirenda, P. (1988). Communication options for persons who cannot speak: Assessment and evaluation. In C. A. Coston (Ed.), *Proceedings of the National Planners Conference of Assistive Device Service Delivery* (pp. 151-165). Washington, DC: Association for the Advancement of Rehabilitation Technology.

Beukelman, D. R., & Mirenda, P. (2005). *Augmentative and alternative communication: Supporting children and adults with complex communication needs* (3rd ed.). Baltimore, MD: Paul H. Brookes Publishing Co.

Beukelman, D. R., & Mirenda, P. (2013). *Augmentative and alternative communication: Supporting children and adults with complex communication needs* (4th ed.). Baltimore, MD: Paul H. Brookes Publishing Co.

Beukelman, D. R., & Light, J. C. (2020). *Augmentative and alternative communication: Supporting children and adults with complex communication needs, 4th Edition*. Baltimore, MD: Paul H. Brookes Publishing Co.

Beukelman, D., R., Yorkston, K., Poblete, M., & Naranjo, C. (1984). Frequency of word occurrence in communication samples produced by adult communication users. *Journal of Speech and Hearing Disorders, 49*, 360-367.

Biddle, K., McCabe, A., & Bliss, L. S.(1996). Narrative skills following traumatic brain injury in children and adults. *Journal of*

*Communication Disorders, 29*, 447-469.

Bigg, J. L., Best, S. J., & Heller, K. W. (2001). *Teaching individuals with physical, health, or multiple disabilities*. Upper Saddle River, NJ: Merrill Prentice Hall.

Binger, C. (2022). *Language development and AAC intervention*. 2022 Spring Webinar presented for Project ECHO, Waisman Center, University of Wisconsin.

Binger, C., & Light, J. (2007). The effect of aided AAC modelling on the expression of multi-symbol messages by preschoolers who use AAC. *Augmentative and Alternative Communication, 23*, 30-43.

Binger, C., & Lighr, J. (2008). The morphology and syntax of individuals who use AAC: Research review and implications for effective practice. *Augmentative and Alternative Communication, 24*(2), 123-138.

Binger, C., & Kent-Walsh, J. (2010). *What every speech-language pathologist/audiologist should know about augmentative and alternative communication*. Boston, MA: Person Education, Inc.

Binger, C., Kent-Walsh, J., King, M., & Mansfield, S. (2017). Early sentence productions of 3-and 4-year-old children who use augmentative and alternative communication. *Journal of Speech, Language, and Hearing Research, 60*, 1930-1940.

Binger, C., Kent-Walsh, J., King, M., Webb, E., & Buenviaje, E. (2017). Early sentence productions of 5-year-old children who use augmentative and alternative communication. *Communication Disorders Quarterly, 38*, 131-142.

Binger, C., & Kent-Walsh, J., & Ewing, C. (2010). Teaching educational assistants to facilitate the multisymbol message productions of young students who require augmentative and alternative communication. *American Journal of Speech-Language Pathology, 19*, 108-120.

Binger, C., Maguire-Marshall, M., & Kent-Walsh, J. (2011). Using aided AAC models, recasts, and contrastive targets to teach grammatical morphemes to children who use AAC. *Journal of Speech, Language, and Hearing Research, 54*, 160-176.

Binnike, D. R., Douglas, K. H., &Stoner, J. B. (2018). Social positioning: Increasing the nonsymbolic and symbolic communication of students with complex communication needs. *International Journal of Special Education, 33*, 152-170.

Bishop, D. (1993). Language development in children with abnormal structure or function of the speech apparatus. In D. Bishop & K. Mogford (Eds.), *Language development in exceptional circumstances* (pp. 220-238). East Sussex, UK: Lawrence Erlbaum Associates, Pulishers.

Blackstone, S. W. (1999). Circles Communication partners. *Augmentative Communication News, 12*, 1-2.

Blackstone, S. W. (2004). Visual scene displays. *Augmentative Communication News, 16*(2), 1-6.

Blackstone, S. W. (2008). Principle for classrooms with students who use AAC. *Augmentative Communication News, 20*(4).

Blackstone, S. W. (2011). *AAC curriculum ideas*. in The Bridge School Boot camp.

Blackstone, S. W., & Hunt-Berg, M. (2003). *Social network*. Monterey, CA: Augmentative Communication, Inc.

Blackstone, S. W., Luo, F., Canchola, J., Wilkinson, K. M., & Roman-Lantzy, C.(2020). Children with cortical visual impairment and complex communication needs: Identifying gaps between needs and current practice, *Language, Speech, and Hearing Services in Schools, 52*, 612-629.

Blackstone, S. W., Williams, M. B., & Wilkins, D. P. (2007). Key principles underlying research and practice in AAC. *Augmentative and Alternative Communication, 23*, 191-203.

Blackstone, S. W., & Wilkins, D. P. (2009). Exploring the importance of emotional competence in children with complex communication needs. *Perspectives on Augmentative and Alternative Communication, 18*, 78-87.

Blischak, D. M., Shah, S. D., Lombardino, L. J., & Chiarella, K. (2004). Effects of phonemic awareness instruction on the encoding skills of children with severe speech impairment. *Disability and Rehabilitation, 26*, 1295-1304.

Blickstein, I. (2002). Cerebral palsy in multifoetal pregnancies. *Developmental Medicine and Child Neurology, 44*, 352-355.

Blischak, D. M., Lloyd, L. L., & Fuller, D. R. (1997). Terminology issues. In L. L. Lloyd, D. R. Fuller, & H. H. Arvidson (Eds.), *Augmentative and alternative communication: A handbook of principles and practices* (pp. 38-42). Boston: Allyn & Bacon.

Bliss, L., McCabe, A., & Miranda, A. E. (1998). Narrative assessment profile: Discourse analysis for school-age children. *Journal of Communication Disorders, 31*, 347-363.

Blockberger, S. (1995). AAC intervention and early conceptual and lexical development. *Journal of Speech-Language Pathology and Audiology, 19*, 221-232.

Bloomberg, K., Karlan, G., & Lloyd, L. (1990). The comparative translucency of initial lexical items represented by five graphic symbol systems and sets. *Journal of Speech and Hearing Research, 33*, 717-725.

Boenisch, J., & Soto, G. (2015). The oral core vocabulary of typically developing English-speaking school. *Augmentative and Alternative Communication, 31*(1), 77-84.

Bohannon, J. N., Padgett, R. J., Nelson, K. E., & Mark, M. (1996). Useful evidence on negative evidence. *Development Psychology, 32*, 551-555.

Bondy, A. S., & Frost, L. A. (1994). The picture exchange communication system. *Focus on Autism Behavior, 9*(3), 1-19.

Bopp, K. D., Brown, K. E., & Mirenda, P. (2004). Speech-language pathologists' roles in the delivery of positive behavior support for individuals with developmental disabilities. *American Journal of Speech-Language Pathology, 13*, 5-19.

Boruta, M. C. (2017). *More advanced communicators*. 2017 SPED 743 class, San Francisco State university.

Boruta, M. C. (2023a). *Backwards planning-Teaching language from Core standards*. 2023 SPED 743 class, San Francisco State university.

Boruta, M. C. (2023b). *Literacy in AAC*. 2023 SPED 743 class, San Francisco State university.

Boruta, M. C., & Bidstrup, K. (2012). Making it a reality: Using standards-based general education science and math curriculum to teach vocabulary and language structures to students who use AAC. *Perspectives on Augmentative and Alternative Communication, 21*, 99-104.

Botting, N., & Adams, C. (2005). Semantic and inferencing abilities in children with communication disorders. *International Journal of Language and Communication Disorders, 40*, 49-66.

Bowen, C. (1998). Brown's stage of syntactic and morphological development. Retrieved from www.sppech-language-therapy.com/

index.php?option=com_content& view=article&id=33. 2022. 5. 6. 인출

Brady, N. C. (2000). Improved comprehension of object names following voice output communication aid use: Two case studies. *Augmentative and Alternative Communication, 16*, 197-204.

Brady, N. C., & Bashinski, A. M. (2008). Increasing communication in children with concurrent vision and hearing loss. *Research and Practice for Persons with Severe Disabilities, 33*, 59-70.

Brady, M. C., & Halle, J. W. (2002). Breakdowns and repairs in conversation between beginning AAC users and their partners. In J. Reichle, D. Beukelman, & J. Light (Eds.), *Implementing an augmentative communication system: Exemplary strategies for beginning communicators* (pp. 219-272). Baltimore: Paul H. Brookes.

Brady, N. C., & McLean, L. (2000). Emergent symbolic relations in speakers and nonspeakers. *Research in Developmental Disabilities, 21*, 197-214.

Brady, N. Marquis, J., Fleming, K., & McLean, L. (2004). Pre-linguistic predictors of language growth in children with developmental disabilities. *Journal of Speech, Language, and Hearing Research, 47*, 663-677.

Brady, N. C., McLean, J. E., McLean, L. k., & Johnston, S.(1995). Initiation and repair of intentional communication acts by adults with severe to profound cognitive disabilities. *Journal of Speech and Hearing Research, 38*, 1334-1348.

Braithwaite, K. I., & Reichdale, A. I. (2000). Functional communication training to replace challenging behaviors across two behavioral outcomes. *Behavioral Interventions, 15*, 21-36.

Browder, D., Ahlgrim-Delzell, L., Flowers, C., & Baker, J. N. (2012). An evaluation of a multicomponent early literacy program for students with severe developmental disabilities. *Remedial and Special Education, 33*, 237-246.

Browder, D. M., Lee, A., Mims, P. (2011). Using shared stories and individual response modes to promote comprehension and engagement in literacy for students with multiple, severe disabilities. *Education and Training in Autism and Developmental Disabilities, 46*, 339-351.

Brown, R. (1973). *A first language: The early stages*. Cambridge, MA: Harvard University Press.

Brown, K. E. (2004). Effectiveness of functional equivalence training plus contingency mapping with a child with autism. Unpublished master's thesis. University of British Colombia, Vancouver.

Brown, K. E., & Mirenda, P. (2006). Contingency mapping: A novel visual support strategy as an adjunct to function equivalence training. *Journal of Positive Behavior Interventions, 8*, 155-164.

Bruno, J., & Trembath, D. (2006). Use of aided language stimulation to improve syntactic performance during a weeklong intervention program. *Augmentative and Alternative Communication, 22*, 300-313.

Buzolich, M. J., & Lunger, J. (1995). Empowering system users in peer training. *Augmentative and Alternative Communication, 11*, 37-48.

Calandrella, A. M., & Wilcox, M. J. (2000). Predicting language outcomes for young prelinguistic children with developmental delay. *Journal of Speech, Language, and Hearing Research, 43*, 1061-1071.

Camarata, S., & Nelson, K. E. (2006). Conversational recast intervention with preschool and older children. In R. McCauley & M. Fey (Eds). *Treatment of language disorders in children,* (pp. 237-264). Baltimore, MD: Maryland.

Cameron-Faulkner, T., Lieven, E., & Tomasello, M. (2003). A construction based analysis of child directed speech. *Cognitive Science, 27*(6), 843-873.

Cannizzaro, M. S., & Coelho, C. A. (2002). Treatment of story grammar following traumatic brain injury: A pilot study. *Brain Injury, 16*, 1065-1073.

Carbone, V. J., Sweeney-Kerwin, E. J., Attanasio, V., & Kasper, T. (2010). Increasing the vocal responses of children with autism and developmental disabilities using manual sign mand training and prompt delay. *Journal of Applied Behavior Analysis, 43*(4), 705-709.

Casella, V. (2016). *Achieving educational curriculum and communication goals using thematic units in the classroom*. 2016 Gyeongnam Special Education Center Teacher-Training Workshop. Gyongnam: Gyeongnam Special Education Center.

Centers for Disease Control and Prevention (2007). Prevalence of autism spectrum disorders: Autism and developmental disabilities monitoring network-Fourteen sites, United States, 2002. Surveillance Summaries, February 9, 2007. *Morbidity and Mortality Weekly Report, 56*, SS-1.

Cerebral palsy guide (2022). *The report found that of people with cerebral palsy. Cerebral Palsy Guide*. https://www.cerebralpalsyguide.com/cerebral-palsy/ 2022. 8. 7. 인출

Chandler, L. K., & Dahlquist, C. M. (2015). *Functional assessment: Strategies to prevent and remediate challenging behaviors in school settings* (4th ed.). Upper Saddle River, NJ: Pearson.

Chen, M. (2011). Functional communication training for challenging behavior in school setting: A review. Unpublished manuscript, Department of Educational Psychology, University of Minnesota, Minneapolis.

Chouinard, M. M., & Clark, E. V. (2003). Adult reformulations of child errors as negative evidence. *Journal of Child Language, 30*, 637-669.

Chung, Y. C., Carter, E. W., & Sisco, L. G. (2012). Social interactions of students with disabilities who use augmentative and alternative communication in inclusive classrooms. *American Journal on Intellectual and Developmental Disabilities, 117*, 349-367.

Cihak, D., Fahrenkrog, C., Ayres, K. M., & Smith, C. (2010). The use of video modeling via a video iPod and system of least prompts to improve transitional behaviors for students with autism spectrum disorders in the general education class. *Journal of Positive Behavior Interventions, 12*, 103-115.

Clark, E. V. (2014). Pragmatics in acquisition. *Journal of Child Language, 41*, 105-116.

Clark, C., & McDonnell, A. P. (2008). Teaching choice making to children with visual impairments and multiple disabilities in preschool and kindergarten classrooms. *Journal of Visual Impairments and Blindness, 102*, 397-409.

Clarke, M. T., Soto, G., & Nelson, K. (2017). Language learning, recasts, and interaction involving AAC: Background potential for intervention. *Augmentative and Alternative Communication, 33*(1), 42-50.

Copeland, S. R., & Cosbey, J. (2008). Making progress in the general curriculum: Rethinking effective instructional practices. *Research and Practive for Persons with Severe Disabilities, 33*(4), 214-227.

Copeland, S. R., & Hughes, C. (2000). Acquisition of a picture prompt strategy to increase independent performance. *Education and Training in Mental Retardation and Developmental Disabilities, 35*, 294-305.

Craig, H. K., & Telfer, A. S. (2005). Hyperlexia and autism spectrum disorder: A case study of scaffolding language growth over time. *Topics in Language Disorders, 25*(4), 364-374.

Cress, C. J., & Ball, L. (1998). Strategies for promoting vocal development in young children relying on AAC: Three case illustrations. *Proceedings of the 21st Annual RESNA Conference*. Minneapolis, MN.

Cress, C. J., & Marvin, C. A. (2003). Common questions about AAC services in early intervention. *Augmentative and Alternative Communication, 19*, 254-272.

Cumley, G. (1997). Introduction of an augmentative and alternative modality: Effects on the quality and quantity of communication interactions of children with severe phonological disorders. Unpublished doctoral dissertation, University of Nebraska, Lincoln.

Curenton, S. M., & Lucas, T. D. (2007). Assessing young children's oral narrative skills: The story pyramid framework. In K. L. Pence (Ed.), *Assessment in emergent literacy* (pp. 377-432). San Diego, CA: Plural Publishing.

Davis, C. A., Reichle, J., & Southard, K. (1998). Teaching children with severe disabilities to utilize nonobligatory conversational opportunities: An application of high-probability requests. *Journal of The Association for Persons with Severe Handicaps, 23*, 57-68.

Davis, P., Shanks, B., & Davis, K. (2004). Improving narrative skills in young children with delayed language development. *Educational Review, 56*, 271-286.

Dennison, E. M. (2003). *Eye conditions in infant and young children that result in visual impairment and syndromes and other conditions that may accompany visual disorder*. Logan, Utah: SKI-HI Institute.

Doelling, J. E., & Bryde, S. (1995). School reentry and educational planning for the individual with traumatic brain injury. *Intervention in School and Clinic, 31*(2), 101-107.

Dormans, J. P., & Pellegrino, L.(2000). *Caring for children with cerebral palsy*. Baltimore, MD: Paul H. Brookes Publishing Co.

Dowden, P. A. (1999a). Augmentative and alternative communication for children with motor speech disorders. In A. Caruso, & Strand, E. A. (Ed.), *Clinical management of motor speech disorders of children* (pp. 345-384). NY: Thieme Medical Publishers, Inc.

Dowden, P. A. (1999b). *Lesson 2C: The impact of current communication skills on intervention*. In P. A. Dowden & K. Yorkston (Eds.), SPHSC 453: *Communication augmentation for non-speaking individuals*. Seattle, WA: University of Washington Educational Outreach.

Dowden, P. A. (2002). *Likes and Dislikes Checklist*. Seattle: UW Speech & Hearing Sciences.

Dowden, P. A. (2004). *Continuum of communication independence*. in AAC PATH PAGES. https://www.aaccessible.org/ 2023. 9. 인출

Dowden, P. A., & Blackstone, S. W. (1999). For consumers. *Augmentative Communication News, 12*(1 & 2), 7-9.

Dowden, P. A., & Cook, A. M. (2002). Selection techniques for individuals with motor impairments. In J. Reichle, D. Beukelman, & J. Light (Eds.), *Implementing an augmentative communication system: Exemplary strategies for beginning communicators* (pp. 395-432).

Baltimore, MD: Paul H. Brookes Publishing Co.

Dowden, P. A., & Marriner, N. A. (1995). Augmentative and alternative communication: Treatment principles and strategies. *Seminal in Speech and Language, 16*, 140-158.

Downing, J. E. (2003). *Teaching communication skills to students with severe disabilities*. Baltimore, MD: Paul H. Brookes Publishing Co.

Downing, J. E. (2005). *Teaching literacy to students with significant disabilities strategies for the K-12 inclusive classroom*. Thousand Oaks, CA: Crown Press.

Downing, J. E., Hanreddy, A., & Peckham-Hardin, K. D. (2015). *Teaching communication skills to students with severe disabilities* (3rd ed.). Baltimore, MD: Paul H. Brookes Publishing Co.

Drager, K. D. R., & Light, J. C. (2012). *Effects of early AAC intervention on the communication skills of children with Down syndrome*. Presentation at the 15th biennial conference of the International Society for Augmentative and Alternative Communication (ISAAC), Pittsburgh, PA.

Drager, K. D. R., Light, J. C., Carlson, R., D'Silva, K., Larsson, B., Pitkin, L., & Stopper, G. (2004). Learning of dynamic display AAC technologies by typically developing 3-year-olds: effect of different layouts and menu approaches. *Journal of Speech, Language and Hearing Research, 47*, 1133-1148.

Drager, K., Light, J., & McNaughton, D. (2010). Effects of AAC interventions on communication and language for young children with complex communication needs. *Journal of Pediatric Rehabilitation Medicine: An Interdisciplinary Approach, 3*, 303-310.

Drew, A., Baird, G., Taylor, E., Milne, E., & Charman,T. (2007). The social communication for toddlers with autism(SCATA): An instrument to measure the frequency, form, and function of communication in toddlers with autism spectrum disorder. *Journal of Autism and Developmental Disorders, 37*, 648-666.

Dunlap, G., & Fox, L. (2011). Function-based interventions for children with challenging behavior. *Journal of Early Intervention, 33*, 333-343.

Dutton, G. N. (2001). Cerebral visual impairment in children. *Semin Neonatal, (6)*, 477-485.

Ehri, I. C. (2000). Learning to read and learning to spell: Two sides of a coin. *Topics in Language Disorders, 20*, 19-36.

Eisenberg, S. L. (2013). Grammar intervention: Content and procedures for facilitating children's language development. *Topics in Language Disorders, 33*, 165-178.

Eisenberg, S. L. (2014). What works in therapy: Further thoughts on improving clinical practice for children with language disorders. *Language, Speech, and Hearing Services in Schools, 45*, 117-126.

Elman, J., Bates, E., Johnson, M., Karmiloff-Smith, A., Parisi, D., & Plunkett, K. (1996). *Rethinking innateness: A connectionist perspective on development*. Cambridge, MA: MIT Press.

Erickson, K. A., & Geist, L. (2023). *Comprehensive conventional literacy instruction in AAC*. Pre-Conference Workshops in the 19th biennial conference of the International Society for Augmentative and Alternative Communication (ISAAC), Mexico, Cancun.

Erickson, K. A., & Koppenhaver, D. A. (2020). *Comprehensive literacy for all teaching students with significant disabilities to read and write*. Baltimore, MD: Paul H. Brookes Publishing Co.

Erickson, K. A., Koppenhaver, D. A., &

Cunningham, J. W. (2017). Comprehensive reading intervention in augmentative communication. In R. J. McCauley, M. E. Fey, & R. B. Gillam (Eds.), *Treatment of language disorders in children* (2nd ed., pp. 275-308). Baltimore, MD: Paul H. Brookes Publishing Co.

Erickson, K. A., Koppenhaver, D. A., & Yoder, D. E. (2002). *Waves of words: Augmented communicators read and write*. Toronto, Ontario, Canada: ISAAC Press.

Erickson, K. A., & Sachse, S. K. (2023). *Reading instruction in language with transparent and deep orthographies*. Presentation at the 19th biennial conference of the International Society for Augmentative and Alternative Communication (ISAAC), Mexico, Cancun.

Ezell, H. K., & Justice, L. M. (2005). *Shared storybook reading: Building young children's language and emergent literacy skills*. Baltimore, MD: Paul H. Brookes Publishing Co.

Faillon, K., Light, J., & Achenbach, A. (2003). The semantic organization patterns of young children: Implications for augmentative and alternative communication. *Augmentative and Alternative Communication, 19*(2), 74-85.

Feldman, E. K., & Matos, R. (2013). Training paraprofessionals to facilitate social interactions between children with autism and their typically developing peers. *Journal of Positive Behavior Interventions, 15*, 169-179.

Fenson, L., Marchman, V., Thai, D., Dale, P. S., Reznick, J. S., & Bates, E. (2006). *The MacArthur-Bates communicative development inventories user's guide and technical manual* (2nd ed.). Baltimore, MD: Paul H. Brookes Publishing Co.

Fey, M. E. (2008). Thoughts on grammar intervention in AAC. *Perspectives on Augmentative and Alternative Communication, 17*(2), 43-49.

Fey, M. E., Catts, H. W., Proctor-Williams, K., Tomblin, j. B., & Zhang, X. (2004). Oral and written story composition skills of children with language impairment. *Journal of Speech, Language, and Hearing Research, 47*, 1301-1318.

Fey, M., & Finestack, L. (2003). Ten principles of grammar facilitation for children with specific language impairments. *Journal of Speech-Language pathology, 12*(1), 3-15.

Fey, M. E., Long, S. H., & Finestack, L. H. (2003). Ten principles of grammar facilitation for children with specific language impairments. *American Journal of Speech-Language Pathology, 12*(1), 3-15.

Finke, E. H., Davis, J. M., Benedict, M., Goga, L., Kelly, J., Palumbo, L., Peart, T., & Waters, S. (2017). Effects of a least-to-most prompting procedure on multisymbol message production in children with autism spectrum disorder who use augmentative and alternative communication. *American Journal of Speech-Language Pathology, 26*(1), 81-98.

Flannery, K. B., & Horner, R. H. (1994). The relationship between predictability and problem behavior for students with severe disabilities. *Journal of Behavior Education, 4*, 157-176.

Flannery, K. B., & O'Neill, R. E. (1995). Including predictability in functional assessment and individual program development. *Education and Treatment of Children, 18*, 499-502.

Fossett, B., Smith, V., & Mirenda, P. (2003). facilitating oral language and literacy development during general education activities. In D. L. Ryndak & S. Alper (Eds.),

*Curriculum and instruction for students with significant disabilities in inclusive settings* (pp. 173-205). Boston: Allyn & Bacon.

Foulin, J. N. (2005). Why is letter-name knowledge such a good predictor of learning to read?, *Reading and Writing Quarterly, 18*, 129-155.

Fried-Oken, M., & More, L. (1992). An initial vocabulary for nonspeaking preschool children based on developmental and environmental language sources. *Augmentative and Alternative Communication, 8*(1), 41-54.

Frost, L., & Bondy, A. (2002). *Picture exchange communication system training manual* (2nd ed.). Newark, DE: Pyramid Education Products.

Fuller, D. R., Lloyd, L. L., & Stratton, M. M. (1997). Aided AAC symbols. In L. L. Lloyd, D. R. Fuler, & H. H. Arvidson (Eds.), *Augmentative and Alternative Communication. A handbook of principles and practices* (pp. 48-79). Boston, MA: Allyn and Bacon.

Furniss, F. (2009). Assessment methods. In J. L. Matson (Ed.), *Applied behavior analysis for children with autism spectrum disorders*. Hanover, PN: Springer Publishing Co.

Ganz, J. B., Earles-Vollrath, T. L., Heath, A. K., Parker, R. I. Rispoli, M. J., & Duran, J. B. (2012). A meta-analysis of single case research studies on aided augmentative and alternative communication systems with individuals with autism spectrum disorders. *Journal of Autism and Developmental Disorders, 42*, 60-74.

Geist, L., & Erickson, K. (2022). Robust receptive vocabulary instruction for students with significant cognitive disabilities who use AAC. *Teaching Exceptional Children, 54*, 296-304.

Geralis, E. (1998). *Children with cerebral palsy. A parent's guide*. Baltimore, MD: Woodbine House.

Gillette, Y. (2003). *Achieving communication independence: A comprehensive guide to assessment and intervention*. Eau Claire, WI: Thinking Publishing.

Gordon Pershey, M., & Gilbert, T. W. (2002). Christine: A case study of literacy acquisition by an adult with development disability. *Mental Retardation, 40*, 219-234.

Gorenflo, C. W., & Gorenflo, D, W. (1991). The effects of information and augmentative communication teaching on attitudes toward nonspeaking individuals. *Journal of Speech and Hearing Research, 34*(1), 19-26.

Gorenflo, C. W., & Gorenflo, D. W. (1997). Effects of synthetic speech, gender, and perceived similarity on attitudes toward the augmented communicator. *Augmentative and Alternative Communication, 13*, 87-91.

Good, W. V., Jan, J. E., Burden, S. K., Skoczenski, A., & Candy, R. (2001). Recent advances in cortical visual impairment. *Developmental Medicine and Child Neurology, 43*(1), 56-60.

Goossens', C., Crain, S., & Elder, P. (1994). *Communication displays for engineered preschool environments: Books 1 and 2*. Solana Beach, CA: Mayer-Johnson Inc.

Gordon Pershey, M., & Gilbert, T. W. (2002). Christine: A case study of literacy acquisition by an adult with development disability. *Mental Retardation, 40*, 219-234.

Grandin, T. (1995). The learning style of people with autism: An autobiography. In K. A. Quill (Ed.), *Teaching children with autism: Strategies to enhance communication and socialization* (pp. 33-52). NY: Delmar.

Graumann, C. F., & Kallmeyer, W. (2002). Perspective and perspectivation in discourse:

An introduction. In C. F. Graumann & W. Kallmeyer (Eds.), *Perspective and perspectivation in Discourse* (pp. 1-11). Amsterdam: John Benjamins.

Gross, D., Soken, N., Rosengren, K., Pick, A., Pillow, B., & Melendez, P. (1991). Children's understanding of action lines and the static representation of speed of locomotion. *Child Development, 62*, 1124-1141.

Grove, N. (2003). *Using storytelling to support children and adults with special needs*. NY: Routledge.

Grove, N., & Walker, M. (1990). The Makaton vocabulary: Using manual sign and graphic symbols to develop interpersonal communication. *Augmentative and Alternative Communication, 6*, 15-28.

Guess, D., Roberts, S., & Guy, B. (1999). Implications of behavior state for the assessment and education of students with profound disabilities. In A. Repp & R. Horner (Eds.), *Functional analysis of problem behavior: From effective assessment to effective support* (pp. 338-394). Belmont, CA: Wadsworth Publishing Co.

Guess, D., Siegel-Causey, E., Roberts, S., Rues, J., Thompson, B., & Siegel-Causey, D. (1990). Assessment and analysis of behavior state and related variables among students with profoundly handicapping conditions. *The Journal of The Association for Persons with Severe Handicaps, 15*(4), 211-230.

Hancock, T. B., Kaiser, A. P., & Delaney, E. M. (2002). Teaching parents of preschoolers at high-risk strategies to support language and positive behavior. *Topics in Early Childhood Special Education, 22*(4), 191-212.

Hancock, T. B., & Kaiser, A. P. (2006). Enhanced milieu teaching. In R. J. McCauley & M. E. Fey (Eds.), *Treatment of language disorders in children* (pp. 203-236). Baltimore, MD: Paul H. Brookes Publishing.

Hanser, G., & Musselwhite, C. (2023). *Emergent literacy instruction for students with complex communication needs, including CVI: Purposed shared reading*. Presentation at the 19th biennial conference of the International Society for Augmentative and Alternative Communication (ISAAC), Mexico, Cancun.

Hanzlik, J. R. (1990). Nonverbal interaction patterns of mothers and their infants with cerebral palsy. *Education Training in Mental Retardation*, December, 333-343.

Happ, M. B., Garrett, K. L., Tate, J. A., DiVirgilio, D., Houze, M. P., Demirci, J. R., & Sereika, M. A. (2014). Effect of a multi-level intervention on nurse-patient communication in the intensive care unit: Results of the SPEACS trial. *Heart & Lung: The Journal of Acute and Critical Care, 43*, 89-98.

Harwood, K., Warren, S. F., & Yoder, P. (2002). The importance of responsivity in developing contingent exchange with beginning communicators. In J. Reichle, D. R. Beukelman, & J. C. Light (Eds.), *Exemplary practices for beginning communicators implications for AAC* (pp. 59-95). Baltimore, MD: Paul H. Brookes Publishing.

Helling, C. (2011). *AAC evaluation and evidence based feature methods*. North Carolina Augmentative Communication Program.

Hemphill, L., & Siperstein, G. (1990). Conversational competence and peer response to mildly retarded children. *Journal of Educational Psychology, 82*, 128-134.

Henneberry, S., Kelso, J., & Soto, G. (2012). Using standards-based instruction to teach language to children who use AAC. *Perspectives on Augmentative and Alternative*

*Communication, 21*, 92-98.

Hetzroni, O. E. (2004). AAC and literacy. *Disability and Rehabilitation, 26*(21-22), 1305-1312.

Hetzroni, O. E., & Schanin, M. (2002). Emergent literacy in children with severe disabilities using multimedia interactive stories. *Journal of Developmental and Physical Disabilities, 14*, 173-190.

Hill, J. L. (1999). *Meeting the needs of students with special physical and health care needs*. Columbus, Ohio: Prentice-Hall, Inc.

Hirsh-Pasek, K., & Golinkoff, R. M. (1997). *The origins of grammar*. MA: The MIT Press.

Hodgdon, L. A. (1995). *Visual strategies for improving communication*. Troy, MI: QuirkRoberts Publishing.

Hodgdon, L. A. (1999). *Solving behavior problems in autism: Improving communication with visual strategies*. Troy, MI: QuirkRoberts Publishing.

Hoff, E. (2001). *Language development*. Belmont, CA: Wadsworth.

Hollich, G. J., Hirsh-Pasek, K., & Golinkoff, R. M. (2000). Breaking the language barrier: An emergentist coalition model of word learning. *Monographs of the Society for Research in Child Development, 65*(3), 1-16.

Hourcade, J., Pilotte, T., West, E., & Parette, P. (2004). A history of augmentative and alternative communication for individuals with severe and profound disabilities. *Focus and Autism and Other Developmental Disabilities, 19*(4), 235-244.

Hoyt, C. (2003). Visual function in the brain-damaged child. *Eye, 17*, 369-384.

Hoyt, C. (2019, July). *5th Annual Perkins CVI Symposium, Wayland*, MA. https://www.perkinselearning.org/cvi/educators/symposium/2019.

Huo, R., Burden, S., Hoyt, C., & Good, W. (1999). Chronic cortical visual impairment in children: Aetiology, prognosis, and associated neurological deficits. *British Journal of Ophthalmology, 83*, 670-675.

Huer, M. B. (2000). Examining perceptions of graphic symbols across cultures: Preliminary study of the impact of culture/ethnicity. *Augmentative and Alternative Communication, 16*(3), 180-185.

Iacono, T., Carter, M., & Hook, J. (1998). Identification of intentional communication in students with severe and multiple disabilities. *Augmentative and Alternative Communication, 12*, 102-114.

Iacono, T., Trembath, D., & Erickson, S. (2016). The role of augmentative and alternative communication for children with autism: Current status and future trends. *Neuropsychiatric Disease and Treatment*, 2349-2361.

Jan, J. E., & Groenveld, M. (1993). Visual behaviors and adaptations associated with cortical and ocular impairment in children. *Journal of Visual Impairment & Blindness, 87*, 101-105.

Jagaroo, V., & Wilkinson, K. (2008). Further considerations of visual cognitive neuroscience in sided AAC: The potential role of motion perception systems in maximizing design display. *Augmentative and Alternative Communication, 24*(1), 29-42.

Jang, B. R., Han, K. I., & Soto, G. (2024). Attitudes of Korean elementary school students without disabilities toward a child who use Augmentative and Alternative Communication. *The Journal of Special Children Education, 26*(4), 97-122.

Johnson, C. J., Paivio, A., & Clark, J. M.(1996). Cognitive components of picture naming.

*Psychology Bulletin, 120*, 113-139.

Johnson, N., & Parker, A. T. (2013). Effects of wait time when communicating with children who have sensory and additional disabilities. *Journal of Visual Impairments and Blindness, 107*, 364-374.

Johnston, S. S., O'Keeffe, B. V., Stokes, K. (2018). Early literacy support for students with physical disabilities and complex communication needs. *Teaching Exceptional Children, 51*(2), 91-99.

Johnston, S. S., Reichle, J., Feeley, K. M., & Jones, E. A. (2012). *AAC strategies for individuals with moderate to severe disabilities*. Baltimore, MD: Paul H. Brookes Publishing.

Kaiser, A. P., & Hampton, L. H. (2017). Enhanced milieu teaching, R. J. McCauley, M. E. Fey, & R. Gillam (Eds.), *Treatment language disorders in children* (2nd ed., pp. 87-119). Baltimore, MD: Paul H. Brookes Publishing.

Kaiser, A. P., & Wright, D. (2013). Enhanced milieu teaching: Incorporating AAC into naturalistic teaching with young children and their partners. *Perspectives on Augmentative and Alternative Communication, 22*(1), 37-50.

Kaiser, A. P., Yoder, P. J., Keetz, A. (1992). Evaluating milieu teaching. In S. F. Warren & J. Reichle (Series & Vol. Eds.), *Communication and language intervention series: Vol. 1. Causes and effects in communication and language intervention* (pp. 9-47). Baltimore, MD: Paul H. Brookes Publishing.

Kamio, Y., & Toichi, M. (2000). Dual access to semantics in autism: Is pictorial access superior to verbal access? *Journal of Child Psychology and Psychiatry, 41*, 859-867.

Kangas, K. A., & Lloyd, L. (1988). Early cognitive skills as prerequisites to augmentative and alternative communication use: What are we waiting for? *Augmentative and Alternative Communication, 4*, 211-221.

Kasari, C., Kaiser, A., Goods, K., Nietfeld, J., Mathy, P., Landa, R., Murphy, S., & Almirall, D. (2014). Communication interventions for minimally verbal children with autism: A sequential multiple assignment randomized trial. *Journal of the American Academy of Child and Adolescent Psychiatry, 53*(6), 635-646.

Katims, D. S. (2001). Literacy assessment of students with mental retardation: An exploratory investigation. *Education and Training in Mental Retardation and Developmental Disabilities, 36*, 363-372.

Kent-Walsh, J. (2003). The effects of an educational assistant instructional program on the communicative turns of students who use augmentative and alternative communication during book-reading activities. Unpublished doctoral dissertation, Penn State University, University Park, PA.

Kent-Walsh, J., & Binger, C. (2009). Addressing the communication demands of the classroom for beginning communicators and early language users. In G. Soto, & C. Zangari (Ed.), *Practically speaking: Language, literacy, & academic development for students with AAC needs* (pp. 143-172). Baltimore, MD: Paul H. Brookes Publishing Co.

Kent-Walsh, J., Binger, C., & Buchanan, C. (2015). Teaching children who use augmentative and alternative communication to ask inverted yes-no questions using aided modelling. *American Journal of Speech-Language Pathology, 24*, 222-236.

Kent-Walsh, J., Binger, C., & Hasham, Z. (2010). Effects of parent instruction on the symbolic communication of children using augmentative and alternative communication during storybook reading. *American Journal of Speech-Language Pathology, 19*, 97-107.

Kent-Walsh, J., & Light, J. (2003). General education teacher's experience with inclusion in AAC: Present practices and future directions. *Augmentative and Alternative Communication, 19*, 104-124.

Kent-Walsh, J., & McNaughton, D. (2005). Communication partner instruction in AAC: Present practices and future directions. *Augmentative and Alternative Communication, 21*, 195-204.

Kim, H., Kim, Y. T., Kim J. A., & Song, S. (2018). Pragmatic language characteristics of children with mild intellectual disabilities using audio-visual discourse tasks (KOPLAC). *Communication Sciences & Disorders, 23*(2), 298-312.

King-DeBaun, P. (2002). *Autism, AAC and emergent literacy. Tools that work!* Paper presented at the 7th biennial conference of the International Society for Augmentative and Alternative Communication (ISAAC), Denmark.

Kirchner, J. C., Hatri, A., Heekeren, H. R. Dziobek, I. (2011). Autistic symptomatology, face processing abilities, and eye fixation patterns. *Journal of Autism and Developmental Disorders, 41*, 158-167.

Kliewer, C., & Biklen, D. (2001). "School's not really a place for reading": A research synthesis of the literate lives of students with severe disabilities. *Journal of the Association for Persons with Severe Handicaps, 26*, 1-12.

Knapp, M. L., & Hall, J. A. (2010). *Nonverbal communication in human interaction* (7th ed.). Belmont, CA: Wadsworth.

Konst, M. J., Matson, J. L., & Turygin, N. (2013). Comparing the rates of tantrum behavior in children with ASD and ADHD as well as children with comorbid ASD and ADHD diagnoses. *Research in Autism Spectrum Disorder, 7*(11), 1339-1345.

Koppenhaver, D. A., Foley, B., & Williams, A. R. (2009). Diagnostic reading assessment for students with AAC needs. In G. Soto & C. Zangari (Eds.), *Practically speaking: Language, literacy, and academic development for students with AAC needs*. Baltimore, MD: Paul H. Brookes Publishing Co.

Kovach, T. M. (2009). *Augmentative and alternative communication profile-A continuum of learning*. Austin, TX: Pro-ED Inc.

Kristoffersson, E., Sandberg, A. D., & Holck, P. (2020). Communication ability and communication methods in children with cerebral palsy. *Developmental Medicine & Child Neurology, 62*(8), 933-938.

Lahey, M., & Bloom, L. (1977). Planning a first lexicon: Which words to teach first. *Journal of Speech and Hearing Disorders, XLII*, 340-350.

Laubscher, E., & Light, J. (2018). *Re-examining core vocabulary for children that require AAC: A developmental perspective*. Poster Presentation at the 84th annual conference of the American Speech-Language Hearing Association. Boston. November 2018.

Lemons, C. J., Mrachko, A. A., Kostewicz, D. E., & Paterra, M. F. (2012). Effectiveness of decoding and phonological awareness interventions for children with Down syndrome. *Exceptional Children, 79*, 67-90.

Lemov, D. (2010). *Teach like a champion* (1st ed.). San Francisco, CA: Wiley & Sons.

Letto, M., Bedrosian, J. L., & Skarakis-Doyle, E. (1994). Application of Vygotskian development theory to language acquisition in a young chile with cerebral palsy. *Augmentative and Alternative Communication, 10*, 151-160.

Levelt, W. J. M. (1993). *Speaking from intention to articulation*. Cambridge: The MIT Press.

Liddle, K. (2001). Implementing the picture exchange communication system (PECS). *International Journal of Language and Communication Disorders, 36*, 391-395.

Light, J. C. (1989). Toward a definition of communicative competence for individuals using augmentative and alternative communication. *Augmentative and Alternative Communication, 5*, 137-144.

Light, J. C. (1997). "Let's go start finishing": Reflection on contexts of language learning for children who use aided AAC. *Augmentative and Alternative Communication, 13*, 158-171.

Light, J. C. (2022). *AAC intervention for children with complex communication needs*. 2022 Spring Webinar presented for Project ECHO, Waisman Center, University of Wisconsin.

Light, J. C., Beukelman, D. R., & Reichle, J. (2003). *Communicative competence for individuals who use AAC from research to effective practice*. Baltimore, MD: Paul H. Brookes Publishing Co.

Light, J. C., Binger, C., Corbett, M. B., Gullapalli, G., Lepkowski, S., & Ramsay, K. (1996). *Use of partner-focused questions to enhance communication competence*. Paper presented at the 4th biennial conference of the International Society for Augmentative and Alternative Communication (ISAAC), Vancouver, Canada.

Light, J. C., & Binger, C. (1998). *Building communicative competence with individuals who use augmentative and alternative communication*. Baltimore, MD: Paul H. Brookes Publishing Co.

Light, J. C., Dattilo, J., English, J., Gutierrez, L., & Hartz, J. (1992). Instructing facilitators to support the communication of persons using augmentative and alternative communication systems. *Journal of Speech and Hearing Research, 35*, 865-875.

Light, J. C., Drager, K., Wilkinson, K. (2010). *Designing effective visual scene displays for young children*. Presentation at the 76th annual conference of the American Speech-Language Hearing Association, Philadelphia, PA.

Light, J. C., & Kelford Smith, A. (1993). The home literacy experience of preschoolers who use augmentative and alternative communication systems and their non-disabled peers. *Augmentative and Alternative Communication, 9*, 10-25.

Light, J. C., & McNaughton, D. (2009). Addressing the literacy demands of the curriculum for conventional and more advanced readers and writers who require AAC. In G. Soto, & C. Zangari. (Ed.), *Practically speaking: Language, literacy, & academic development for students with AAC needs* (pp. 217-245). Baltimore, MD: Paul H. Brookes Publishing Co.

Light, J. C., & McNaughton, D. (2012). The changing face of augmentative and alternative communication: Past, present, and future challenges. *Augmentative and Alternative Communication, 28*(4), 197-204.

Light, J. C., & McNaughton, D. (2014). Communicative competence for individuals who require augmentative and alternative communication: A new definition for a new era of communication. *Augmentative and Alternative Communication, 30*(1), 1-18.

Light, J. C., & McNaughton, D. (2015). Designing AAC research and intervention to improve outcomes for individuals with complex communication needs. *Augmentative and Alternative Communication, 31*(2), 85-96.

Light, J. C., McNaughton, D., Weyer, M, & Karg,

L. (2008). Evidence-based literacy instruction for individuals who require augmentative and alternative communication: A case study of a student with multiple disabilities. *Seminars in Speech and Language, 29*, 120-132.

Lilinfeld, M., & Alant, E. (2002). Attitudes of children toward an unfamiliar peer using an AAC device with and without voice output. *Augmentative and Alternative Communication, 18*, 91-101.

Lloyd, L. L., Fuller, D. R., & Arvidson, H. H. (1997). *Augmentative and alternative communication: A handbook of principles and practices*. Boston: Allyn and Bacon.

Loncke, F. T., Campbell, J., England, A., & Haley, T. (2006). Multimodality: A basis for augmentative and alternative communication-psycholinguistic, cognitive, and clinical/educational aspects. *Disability and Rehabilitation, 28*, 169-174.

Lord, C., & Bailey, A. (2002). Autism spectrum disorders. In M. Rutter & E. Taylor (Eds.), *Child and adolescent psychiatry* (pp. 664-681). Oxford: Blackwell Scientific.

Lord, C., Risi, S., & Pickles, A. (2004). Trajectory of language development in autistic spectrum disorders. In M. L. Rice & S. F. Warren (Eds.), *Developmental language disorders: From phenotypes to etiologies* (pp. 7-29). Mahwah, NJ: Lawrence Erlbaum Associates.

Lund, S. K., & Light, J. (2003). The effectiveness of grammar instruction for individuals who use augmentative and alternative communication systems: A preliminary study. *Journal of Speech, Language, and Hearing Research, 46*(5), 1110-1123.

Lund, S., Millar, D., Herman, M., Hinds, A., & Light, J. (1998). *Children's representations of early emerging concepts: Implications for AAC*. Poster presented at the 64th annual conference of the American Speech-Language-Hearing Association, San Antonio, TX.

Lynch, E. W., & Hanson, M. J. (2011). *Developing cross-cultural competence: A guide for working with children and their families* (4th ed.). Baltimore, MD: Paul H. Brookes Publishing Co.

Mackey, A., & Goo, J. (2007). Interaction research in SLA: A meta-analysis and research synthesis. In A. Mackey (Ed.), *Conversational interaction in second language acquisition* (pp. 407-453). Oxford: Oxford University Press.

Manley, K., Collins, B. C., Stenhoff, D. M., & Kleinert, H. (2008). Using a system of least prompts procedure to teach telephone skills to elementary students with cognitive disabilities. *Journal of Behavioral Education*, 17(3), 221-236.

Mar, H., & Sall, N. (1999). Profiles of the expressive communication skills of children and adolescents with severe cognitive disabilities. *Evaluation and Training in Mental Retardation and Developmental Disabilities, 34*, 77-89.

Marshall, S. (2020). *Teaching language through augmentative and alternative communication (AAC) system*, 2020 Spring Webinar presented for Project ECHO, Waisman Center, University of Wisconsin.

Martin, C. A., Drasgow, E., Halle, J. W., & Brucker, J. M. (2005). Teaching a child with autism and severe language delays to reject: Direct and indirect effects of functional communication training. *Educational Psychology, 25*, 287-304.

Martinsen, H., & von Tetzchner, S. (1996). Situating alternative language intervention.

In S. von Tetzchner & M. Jensen (Eds.), *Augmentative and Alternative Communication: A European perspective*. London: Whurr.

Markova, I., & Collins, S. (2002). Perspectivity in dialogues involving people with cerebral palsy. In C. F. Graumann & W. Kallmeyer (Eds.), *Perspective and perspectivation in Discourse* (pp. 263-285). Amsterdam: John Benjamins.

Marvin, C. A. (1994). Home literacy experiences of preschool children with single and multiple disorder. *Topics in Early Childhood Special Education, 14*, 436-454.

Marvin, C. A., Beukelman, D. R., & Bilyeu, D.(1994). Vocabulary-use patterns in preschool children: Effects of context and time sampling. *Augmentative and Alternative Communication, 10*, 224-236.

McCabe, A., & Rollins, P. R. (1994). Assessment of preschool narrative skills: Prerequisite for literacy. *American Journal of Speech-Language Pathology: A Journal of Clinical Practice, 13*, 45-56.

McClannahan, L. E., & Krantz, P. J. (1999). *Activity schedules for children with autism: Teaching independent behavior*. Bethesda, MD: Woodbine House.

McCormick, L. (2003). Language intervention in the inclusive preschool. In L. McCormick, D. F. Loeb, & R. L. Schiefelbusch (Eds.), *Supporting children with communication difficulties in inclusive settings: School-based language intervention* (2nd ed.). Boston: Allyn and Bacon.

McCormick, L., Loeb, D. F., & Schiefelbusch, R. L. (Eds.) (2003). *Supporting children with communication difficulties in inclusive settings: School-based language intervention* (2nd ed.). Boston: Allyn and Bacon.

McNaughton, D., & Light, J. (2015). What we write about when we write about AAC: The pase 30 years of research and future directions. *Augmentative and Alternative Communication, 31*(4), 261-270.

Miller, C. A., Kail, R., Leonard, L. B., & Tomblin, J. B. (2001). Speed of processing in children with specific language impairment. *Journal of Speech, Language, and Hearing Research, 44*, 416-433.

Miller, D., & Chapman, R. (1980). Analyzing language and communication in the child. In R. Schiefelbusch (Ed.), *Nonspeech language, and communication: Acquisition and intervention* (pp. 159-196). Baltimore: University Park Press.

Miller, D., Light, J., & Schlosser, R. (2000). *The impact of AAC on natural speech development: A meta-analysis*. In Proceedings of the 9th biennial conference of the International Society for Augmentative and Alternative Communication (pp. 740-741). Washington, DC: ISAAC.

Miller, D., Light, J., & Schlosser, R. (2006). The impact of augmentative and alternative communication intervention on the speech production of individuals with developmental disabilities: A research review. *Journal of Speech, Language, and Hearing Research, 49*, 248-264.

Miller, F., & Bachrach, S. J. (2017). *Cerebral palsy: A complete guide for caregiving*. Baltimore, MD: The Johns Hopkins University Press.

Miller, P. C., & Pan, W. (2012). Recasts in the L2 Classroom: A meta-analytic review. *International Journal of Educational Research, 56*, 48-59.

Minnesota guide to assistive technology (2022). *Definition of assistive technology*. https://mn.gov/admin/at/services/definition/2022.

8. 30. 인출

Mineo Molica, B., Peischl, D., Pennington, C. (1998). *Animation: Does it add to the representation of action words?* Paper presented at the eightfold 8th Biennial Conference of the International Society for Augmentative and Alternative Communication (ISAAC). Washington, DC.

Mirenda, A. E. (1995). Semantic and pragmatic analyses of narrative discourse in language impaired and nonimpaired children. Unpublished doctoral dissertation, Cambridge, MA: Graduate School of Education of Harvard University.

Mirenda, P. (1997). Supporting individuals with challenging behavior through functional communication training and AAC: Research review. *Augmentative and Alternative Communication, 13*, 207-225.

Mirenda, P. (1998). *Intervention techniques for functional communication training: A research review*. Paper presented at the 8th Biennial Conference of the International Society for Augmentative and Alternative Communication, Dublin, Ireland: ISAAC.

Mirenda, P., & Iacono, T. (2009). *Autism spectrum disorders and AAC*. Baltimore, MD: Paul H. Brookes Publishing Co.

Mirenda, P., MacGregor, T., & Kelly-Keough, S. (2002). Teaching communication skills for behaviroal support in the context of family life. In J. M. Lucyshyn, G. Dunlap, & R. W. Albin (Eds.), *Families and positive behavior support: Addressing problem behavior in family contexts* (pp. 185-207). Baltimore, MD: Paul H. Brookes Publishing Co.

Mirenda, P., & Locke, P. A. (1989). A comparison of symbol transparency in nonspeaking persons with intellectual disabilities. *Journal of Speech and Hearing Disorders, 54*(1), 131-140.

Mizuko, M. (1987). Transparency and ease of learning of symbols represented by Blissymbols, PCS, and Picsyms, *Augmentative and Alternative Communication, 3*(3), 129-136.

Mooney, J. F., Koman, L. A., & Smith, B. P. (2003). Pharmacologic management of spasticity in cerebral palsy. *Journal of Pediatric Orthopaedics, 23*(5), 679-686.

Mount, B. (1992). *Person-centered planning: Finding directions for change using personal futures planning*. NY: Graphics Futures, Inc.

Moynihan, Z. (2019). *Engaging emerging communicators: Individualized assessment and intervention in communicative competence*. 2019 AAC By the Bay Conference.

Mundy, P., Kasari, C., Sigman, M., & Ruskin, E.(1995). Nonverbal communication and early language acquisition in children with Down syndrome and in normally developing children. *Journal of Speech and Hearing Research, 38*, 157-167

Murray-Bain, B. (2021). *Implementing multiple AAC systems in the school setting*. 2021 Spring Webinar presented for Project ECHO, Waisman Center, University of Wisconsin.

Musselwhite, C., Hanser, G., & Sheldon, E. (2017). *Shared reading: Share the Joy*. Presented at AAC in the Desert 2017.

Namy, L. L., Campbell, A. L., & Tomasello, M. (2001). The changing role of iconicity in non-verbal symbol learning: A U-shaped trajectory in the acquisition of arbitrary gestures. *Journal of Cognition and Development, 5*, 37-57.

Namy, L. L., Campbell, A. L., & Tomasello, M. (2004). Developmental change in the role of iconicity in symbol learning. *Journal of Cognition and Development, 5*, 37-57.

National Joint Committee for the Communication Needs of Persons with Severe Disabilities. (1992). Guidelines for meeting the communication needs of persons with severe disabilities. *Asha, 34*(7), 2-3.

National Center for Education Statistic (2020). Students with disabilities. http://nces.ed.gov

Nevada Dual Sensory Impairment Project (2023). Using the system of least to most prompts. https://www.unr.edu/ndsip/english/resources/tips/ 2023. 11. 13. 인출

Nelson, K. E. (2000). Methods for stimulating and measuring lexical and syntactic advances: Why Fiffins and lobsters can tag along with other recast friends. In L. Menn & N. B. Rather (Eds.), *Methods for studying language production* (pp. 115-148). Hillsdale, NJ: Erlbaum.

Nelson, N. (1992). Performance is the prize: Language competence and performance among AAC users. *Augmentative and Alternative Communication, 8*, 3-18.

Nielson, L. S., Skov, L., & Jensen, H. (2007). Visual dysfunctions and ocular disorders in children with developmental delay. Ⅰ. prevalence, diagnoses and aetiology of visual impairment. *Acta Ophthalmology Scandinavia, 85*(2), 149-156.

Nigam, R., Schlosser, R. W., & Lloyd, L. L. (2006). Concomitant use of the matrix strategy and the mand-model procedure in teaching graphic symbol combinations. *Augmentative and Alternative Communication, 22*, 160-177.

Nippold, M. A., Frantz-Kaspar, M. W., Cramond, O. M., Kirk, C., Hayward-Mayhew, C., & MacKinnon, M. (2014). Conversation and narrative speaking in adolescents: Examining the use of complex syntax. *Journal of Speech, Language, and Hearing Research, 57*, 876-886.

Notbohm, E. (2005). *Ten things every child with Autism wishes you knew*. Arlington, TX: Future Horizons Inc.

O'Brien, J., & Mount, B. (1991). Telling new stories: The search for capacity among people with severe handicaps. In *Critical issues in the lives of people with severe disabilities*, edited by Meyer, Peck, & Brown. Baltimore, MD: Paul H. Brookes Publishing Co.

O'Brien, J., & Lyle O'Brien, C. (2002). *Implementing person-centered planning: Voices of experience*. Toronto: Inclusion Press.

Ochs, E., & Capps, L. (2002). *Living narrative*. Boston: Harvard University Press.

O'Neill, R. E., Albin, R. W., Storey, K., Horner, R. H., & Sprague, J. R. (2015). *Functional assessment and program development for problem behavior: A practical handbook* (3rd ed.). Stanford, CT: Cengage Learning.

Owens, R. E. (2002). Mental retardation: Difference and delay. In D. K. Bernstein, & E. Tiegeman-Farber (Eds.), *Language and communication disorders in children* (pp. 436-509). Boston: Ally & Bacon.

Owens, R. E., Evanmetz, D., & Haas, A. (2000). *Introduction to communication disorders. A life span perspective*. MA: Allyn and Bacon.

Palisano, R., Rosenbaum, P., Bartlett, D., & Livingston, M. (2007). *Gross motor function classification system-expanded & revised*. CanChild Center for Childhood Disability Research Institute for Applied Health Sciences, McMaster University.

Paul, R. (2007). *Language disorders from infancy through adolescence* (3rd ed.). St. Louis: Mosby Elsevier.

Peartree, H. (2019). *Communicative competence*

*for learners with complex communication needs*, 2019 AAC By the Bay Conference.

Peterson, C., & McCabe, A. (1991). On the threshold of the story realm: Semantic versus pragmatic use of connectives in narratives. *Merrill-Palmer Quarterly, 17*, 445-464.

Piazza, C. C., Adelinis, J. D., Hanley, G. P., Han-Leong, G., & Delia, M. D. (2000). An evaluation of the effects of matched stimuli on behaviors maintained by automatic reinforcement. *Journal of Applied Behavior Analysis, 33*(1), 13-27.

Porter, G. (2000). *Low-tech dynamic display: User friendly multi-level communication books*. Presented at the 6th biennial conference of the International Society for Augmentative and Alternative Communication (ISAAC), Washington, DC.

Pretti-Frontczak, K. I., & Bricker, D. D. (2004). *An activity-based approach to early intervention* (3rd ed.). Baltimore, MD: Paul Brookes.

Quill, K. A. (1995). Visual cued instruction for children with autism and pervasive developmental disorders. *Focus on Autistic Behavior, 10*, 10-20.

Reichle, J., Beukelman, D. R. & Light, J. C. (2002). *Exemplary practices for beginning communicators implications for AAC*. Baltimore: Paul H. Brookes Publishing.

Reichle, J., Ganz, J. B., Pierson, L., & Rodriguez, D. (2021). Treatment intensity: Considering persons with autism spectrum disorder and intellectual disability who have complex communication needs. *Research and Practice for Person with Severe Disabilities, 46*(3), 146-158.

Reichle, J., & McComas, J. (2004). Conditional use of a request for assistance. *Disability and Rehabilitation, 26*, 1255-1262.

Reichle, J., Simacek, J., Wattanawongwan, S., & Ganz, J. (2019). Implementing aided augmentative communication systems with persons having complex communication needs. *Behavior Modification, 43*(6), 841-878.

Reichle, J., & Wacker, D. P. (2017). *Functional communication training for problem behavior*. NY: Guilford Publications.

Reichle, J., York, J., & Sigafoos, J. (1991). *Implementing augmentative and alternative communication: Strategies for learners with severe disabilities*. Baltimore, MD: Paul H. Brookes Publishing Co.

Rescorla, L. (1989). The Language Development Survey: a screening tool for delayed language in toddlers. *Journal of Speech and Hearing Disorders, 54*, 587-599.

Rescorla, L., Mirak, J., & Singh, L. (2000). Vocabulary growth in late talkers: lexical development from 2;0 to 3;0. *Journal of Child Language, 27*, 293-311.

Restak, R. (2003). *The new brain: How the modern age is rewiring your brain*. Emmaus, PA: Rodale Publishing.

Robinson, N. B., & Soto, G. (2013). *AAC in the schools: Best practices for intervention*. Verona, Wisconsin: Attainment Company, Inc.

Rohen, J. W., Yokochi, C., & Lütjen-Drecoll, E. (2002). *Color atlas of anatomy* (5th ed.). Baltimore: Schattauer GmbH.

Roman-Lantzy, C. (2018). *Cortical visual impairment. An approach to assessment and intervention*. NY: AFB Press.

Roman-Lantzy, C. (2019). *Cortical visual impairment: Advanced principles*. NY: AFB Press.

Romski, M. A., & Sevcik, R.A.(1989). An analysis of visual-graphic symbol meanings for two nonspeaking adults with severe mental retardation. *Augmentative and Alternative Communication, 5*, 109-114.

Romski, M. A., & Sevcik, R. A. (1996). *Breaking the speech barrier: Language development through augmented means*. Baltimore, MD: Paul H. Brookes Publishing Co.

Romski, M. A., & Sevcik, R. A. (2005). Augmentative communication and early intervention. Myths and realities. *Infants & Young Children, 18*(3), 174-185.

Romski, M. A., Sevcik, R. A., Adomson, L. B., Williams, S. Colbert, N., & Morgan, V. (2010). *Communication profiles of toddlers with severe developmental disabilities*. Poster session presentation at the 76th annual conference of the American Speech-Language Hearing Association, Washington DC.

Romski, M. A., Sevcik, R. A., & Forrest, S. (2001). Assistive technology and augmentative communication in inclusive early childhood programs. In M. J. Guralnick (Ed.), *Early childhood inclusion: Focus on change* (pp. 465-479). Baltimore: Paul H. Brookes Publishing Co.

Roth, P. (2011). *Getting your child ready for reading and writing*. Presentation at the 77th annual conference of the American Speech-Language Hearing Association, San Diego.

Rowland, C. (2004). *Communication matrix: A communication skill assessment*. Portland, OR: Oregon Health & Science University Design to Learn Projects.

Rowland, C., & Schweigert, P. D. (2000). Tangible symbols, tangible outcome. *Augmentative and alternative Communication, 16*, 61-78.

Rowland, C., & Schweigert, P. D. (2003). Cognitive skills and AAC. In J. C. Light, D. R. Beukelman, & J. Reichle (Eds.), *Communicative competence for individuals who use AAC: From research to effective practice* (pp. 241-275). Baltimore, MD: Paul H. Brookes Publishing Co.

Rush, E. S. (2011). *Shared reading: Fostering age appropriate emergent literacy and beginning communication for all ages*. Presentation at the 77th annual conference of the American Speech-Language Hearing Association, San Diego.

Russel, M. (1984). Assessment and intervention issues with the nonspeaking child. *Exceptional Children, 5*(1), 64-71.

Ruston, H. P., & Schwanenflugel, P. J. (2010). Effects of a conversation intervention on the expressive vocabulary development of prekindergarten children. *Language, Speech, and Hearing Services in Schools, 41*, 303-313.

Sandberg, A. D., & Hjelmquist, E. (1997). Language and literacy in nonvocal children with cerebral palsy. *Reading and Writing: An Interdisciplinary Journal, 9*, 107-133.

Sandberg, A. D., Smith, M., & Larsson, M. (2010). An analysis of reading and spelling abilities of children using AAC: Understanding a continuum of competence. *Augmentative and Alternative Communication, 26*, 191-202.

Save The Children US (2023). *Emergent literacy investing early for exponential outcomes*. Save the Children US, Department of Education and Child Development. https://www. savethechildren. org /us/search-results?googlecse=emergent+literacy 2023. 12. 5. 인출

Saxton, M. (2005). "Recast" in a new light: Insights for practice from typical language studies. *Child Language Teaching and Therapy, 21*, 23-38.

Schlosser, R. W., Shane, H., Sorce, J., Koul, R., & Bloomfield, E. (2011). Identifying performing and under performing graphic symbols for verbs and prepositions in animated and static formats: A research note. *Augmentative and alternative Communication, 27*(3), 205-214.

Schlosser, R. W., & Wendt, O. (2008). Augmentative and alternative communication intervention for children with autism. In J. K. Luiselli, D. C. Russo, W. P. Christian, & S. M. Wilczynski (Eds.), *Effective practices for children with autism: Educational and behavioral support interventions that work* (pp. 325-389). NY: Oxford University Press.

Schlosser, R. W., Shane, H., Sorce, J., Koul, R., & Bloomfield, E. (2011). Identifying performing and under performing graphic symbols for verbs and prepositions in animated and static formats: A research note. *Augmentative and Alternative Communication, 27*(3), 205-214.

Scott, C., & Windsor (2000). General language performance measures in spoken and written narrative and expository discourse of school-age children with language learning disabilities. *Journal of Speech, Language, and Hearing Research, 43*, 324-339.

Sedey, A., Rosin, M., & Miller, J. (1991). *The use of signs among children with Down Syndrome*. Poster session presented at the 57th annual conference of the American Speech-Language Hearing Association, Atlanta, GA.

Sevcik, R. A., & Romski, M. A. (2002). The role of language comprehension in establishing early augmented conversations. In J. Reichle, D. R. Beukelman, & J. C. Light (Eds.), *Exemplary practices for beginning communicators implications for AAC* (pp. 453-474). Baltimore: Paul H. Brookes Publishing.

Shames, G. H., & Anderson, N. B.(2002). *Human communication disorders*. MA: Allyn and Bacon.

Shane, H. C. (2006). Using visual scene display to improve communication and communication instruction in persons with autism spectrum disorders. *Perspectives in Augmentative and Alternative Communication, 15*(1), 7-13

Shane, H. C., & Bashir, A. S. (1980). Election criteria for the adoption of an augmentative and alternative communication system: Preliminary considerations. *Journal of Speech and Hearing Disorders, 45*(3), 408-414.

Sheen, Y. (2006). Exploring the relationship between characteristics of recasts and learner uptake. *Language Teaching Research, 4*, 361-392.

Siegel-Causey, E., & Bashinski, S. (1997). Enhancing initial communication and responsiveness of learners with multiple disabilities. A tri-focus framework for partners. *Focus and Autism and Other Developmental Disabilities, 12*(2), 105-120.

Siegel, E. B., & Cress, C. J. (2002). Overview of the emergence of early AAC behaviors. In J. Reichle, D. R. Beukelman, & J. C. Light (Eds), *Exemplary practices for beginning communicators: Implications for AAC*. Baltimore, MD: Paul H. Brookes Publishing Co.

Sigafoos, J., Arthur-Kelly, M., & Butterfield, N. (Eds.) (2006). *Enhancing everyday communication for children with disabilities*. Baltimore, MD: Paul H. Brookes Publishing Co.

Sigafoos, J., & Gevarter, C. (2019). Introduction to the special issue: Communication intervention for individuals with complex communication needs. *Behavior Modification, 43*(6), 767-773.

Sigafoos, J., & Mirenda. P. (2003). Strengthening communicative behaviors of gaining access to desired items and activities. In J. Rechle, D. R. Beukelman, & J. C. Light (Eds.), *Exemplary practices for beginning communicators: Implications for AAC* (pp. 123-156). Baltimore: Paul H. Brookes Publishing Co.

Sigafoos, J., Schlosser, R. W., O'Reilly, M. F., & Lancioni, G. E. (2009). Communication. In J. L. Matson (Ed.), *Applied behavior analysis for children with autism spectrum disorders*. Hanover, PN: Springer Publishing Co.

Sigafoos, J., & York, J. (1991). Using ecological inventories to promote functional communication. In J. Reichle, J. York, & J. Sigafoos (Eds.), *Implementing augmentative and alternative communication: Strategies for learners with severe disabilities* (pp. 61-70). Baltimore: Paul H. Brookes Publishing Co.

Sigafoos, J. Woodyatt, G., Tucker, M., Roberts-Pennell, D., Keen, D., Tait, K., & Pittendreigh, N. (1998). *Inventory of potential communicative arts*. Queensland, Australia: University of Queensland.

Smiley, P., & Huttenlocher, J. (1995). Conceptual development and the child's early words for events, objects, and persons. In M. Tomasello, & W. E. Merriman (Eds.), *Beyond names of things*. NY: Psychology Press.

Smith, M. M. (1994). Speech by any other name: The role of communication aid in interaction. *European Journal of Disorders of Communication, 29*, 225-240.

Smith, M. (2005). *Literacy and augmentative and alternative communication*. Burlington, MA: Elsevier Academic Press.

Snell, M. E., & Brown, F. (2006). *Instruction of students with severe disabilities*. NJ: Pearson Merrill Prentice Hall.

Snell, M. S., Brady, N., McLean, L., Ogletree, B. T., Siegel, E., Sylvester, L. M., & Sevcik, R. (2010). Twenty years of communication intervention research with individuals who have severe intellectual and developmental disabilities. *American Journal on Intellectual and Developmental Disabilities, 115*, 364-380.

Soto, G. (1999). Understanding the impact of graphic sign use on the message structure. In F. T. Loncke, J. Clibbens, H. H. Arvidson, & L. L. Lloyd (Eds.), *Augmentative and alternative communication: New directions in research and practice* (pp. 40-48). London, United Kingdom: Whurr Publishers.

Soto, G. (2011). *Issues in augmentative and alternative communication*, 2011 SPED 743 class, San Francisco State university.

Soto, G. (2017). *Language assessment for users of AAC*, 2017 SPED 743 class, San Francisco State university.

Soto, G., & Clarke, M. T. (2017). Effects of a conversation-based intervention on the linguistic skills of children with motor-speech disorders who use augmentative and alternative communication. *Journal of Speech, Language, and Hearing Research, 60*, 1980-1998.

Soto, G., & Clarke, M. T. (2018). Conversation-based intervention for adolescents using augmentative and alternative communication. *Augmentative and Alternative Communication, 34*(3), 180-193.

Soto, G., Clarke, M. T., Nelson, K., Starowicz, R., & Savaldi-Harussl, G. (2020). Recast type, repair, and acquisition in AAC mediated interaction. *Journal of Child Language, 47*(1), 250-264.

Soto, G., & Hartmann, E. (2006). Analysis of narratives produced by four children who use augmentative and alternative communication. *Journal of Communication Disorders, 39*, 456-480.

Soto, G., & Hartmann, E., & Wilkins, D. P. (2006). Exploring the elements of narrative that emerge in the interactions between an 8-year-old child who use an AAC device and her teacher. *Augmentative and Alternative Communication, 22*(4), 231-241.

Soto, G., & Olmstead, W. (1993). A semiotic perspective for AAC. *Augmentative and Alternative Communication, 9*, 134-141.

Soto, G., & Yu, B. (2014). Considerations for the provision of services to bilingual children who use augmentative and alternative communication. *Augmentative and Alternative Communication*, Early Online 1-10.

Soto, G., Yu, B., & Henneberry, S. (2007). Supporting the development of narrative skills of an eight-year-old child who use an augmentative and alternative communication device. *Child Language Teaching and Therapy, 23*(1), 27-45.

Soto, G., & Zangari, C. (2009). *Practically speaking: Language, literacy, & academic development for students with AAC needs*. Baltimore, MD: Paul H. Brookes Publishing Co.

Spooner, E., & Browder, D. M. (2006). Why teach the general curriculum? In D. M. Browder & E. Spooner (Eds.), *Teaching language arts, math, and science to students with significant cognitive disabilities* (pp. 1-14). Baltimore: Paul H. Brookes Publishing Co.

Stahl, S. A. (1999). *Vocabulary development*. Cambridge, MA: Brookline Books.

Stephenson, J. (2009). Iconicity in the development of picture skills: Typical development and implications for individuals with severe intellectual disabilities. *Augmentative and Alternative Communication, 25*(3), 187-201.

Sundberg, M. L., & Partington, J. (1998). *Teaching language to children with autism or other developmental disabilities*. Pleasant Hill, CA: Behavior Analysts.

Sutcliffe, A. G., & Derom, C. (2006). Follow-up of twins: Health, behavior, speech, language, outcomes, and implications for parents. *Early Human Development, 82*(6), 379-386.

Sutton, A. (1996). *Language acquisition theory and research: Implications for AAC*. Presentation at the Fourth ISAAC symposium on Research in Augmentative and Alternative Communication. Vancouver, Canada. August 12, 1996.

Sutton, A., Soto, G., & Blockberger, S. (2002). Grammatical issues in graphic symbol communication. *Augmentative and Alternative Communication, 18*, 192-204.

Swaminathan, M. (2011). Cortical visual impairment Ⅰ. children-A new challenge for the future? *Oman Journal of Ophthalmology, 4*(1), 1-2. https://doi.org/10.4103/0974-620X.77654.

Tager-Flusberg, H., Paul, R., & Lord, C. (2005). Language and communication in autism. In F. G. Volkmar, R. Paul, A. Klin, & D. Cohen (Eds.), *Handbook of autism and pervasive developmental disorders* (Vol. 1. pp. 335-364). Hobooken, NJ: John Wiley & Sons.

TalkLink Trust (2023). Visual scene displays: Creative ways to promote communication. https://talklink.org.nz/

Taymuree, S. (2016a). *Enhancing language development using visual thinking strategies*.

2016 Gyeongnam Special Education Center Teacher Training Workshop. Gyeongnam Special Education Center.

Taymuree, S. (2016b). *I have a story to tell. Developing personal narrative skills of children who use AAC*. 2016 Gyeongnam Special Education Center Teacher Training Workshop. Gyeongnam Special Education Center.

The State of Queensland, Department of Communities, Disability Service and Seniors (2018). *Complex communication needs*. Brisbane: Queensland Government.

Thordardottir, E. (2010). Toward evidence-based practice in language intervention for bilingual children. *Journal of Communication Disorders, 43*, 523-537.

Tincani, M. (2004). Comparing the picture exchange communication system and sign language training for children with autism. *Focus on Autism and Other Developmental Disabilities, 19*(3), 152-163.

To, C. K., Stokes, S. F., Cheung, H. T., & T'sou, B. (2010). Narrative assessment for Cantonese-speaking children. *Journal of Speech, Language, and Hearing Research, 53*, 648-669.

Tolar, T. D., Lederberg, A. R., Gokhale, S., & Tomasello, M. (2008). The development of the ability to recognize the meaning of iconic signs. *Journal of Deaf Studies and Deaf Education, 13*, 225-240.

Tomasello, M. (1992). The social bases of language acquisition. *Social Development, 1*(1), 67-87.

Tönsing, K. M. (2015). Supporting the production of graphic symbol combinations by children with limited speech: A comparison of two AAC systems. *Journal of Developmental and Physical Disabilities, 28*(1), 5-29.

Tönsing, K. M., Dada, S., & Alant, E. (2014). Teaching graphic symbol combinations to children with limited speech during shared story reading, *Augmentative and Alternative Communication, 30*(4), 279-297.

Troseth, G. L. (2003). Getting a clear picture: Young children's understanding of a televised image. *Developmental Science, 6*, 247-253.

Truxler, J. E., & O'Keefe, B. M. (2007). The effects of phonological awareness instruction on beginning word recognition and spelling. *Augmentative and Alternative Communication, 23*, 164-176.

Turnbull, A., & Turnbull, R. (2001). Self-determination for individuals with significant cognitive disabilities and their families. *Journal of the Association for Persons with Severe Handicaps, 26*, 56-62.

Turner, G. (1986). Funding VOCAs for the lower cognitive functioning. *Closing the Gap, 5*, 26.

Uccelli, P., & Páez, M. M. (2007). Narrative and vocabulary development of bilingual children from kindergarten to first grade: Developmental changes and associations among English and Spanish skills. *Language, Speech, and Hearing Services in Schools, 38*, 225-236.

Vandervelden, , M. C., & Siegel, L. S. (2001). Phonological processing in written word learning: Assessment for children who use augmentative and alternative communication. *Augmentative and Alternative Communication, 17*, 37-51.

Van Tatenhove, G. M. (2016). Normal language acquisition & children using AAC systems. Unpublished manuscript. retrieved on December 8, 2023, from www.vantatenhove.com/files/NLDAAC.

Vaughn, B., & Horner, R. H. (1995). Effects of concrete versus verbal choice systems on problem behavior. *Augmentative and Alternative Communication, 11*, 89-92.

Visser, N., Alant, E., & Harty, M. (2008). Which graphic symbols do 4-year-old children choose to represent each of the four basic emotions? *Augmentative and Alternative Communication, 24*(4), 302-312.

Von Tetzchner, S. (1997). The use of graphic language intervention among young children in Norway. *European Journal of Disorders of Communication, 32*, 217-234.

Von Tetzchner, S., & Jensen, M. H. (1996). Introduction. In S. Von Tetzchner & M. H. Jensen (Eds.), *Augmentative and alternative communication: European perspectives* (pp. 1-18). London: Whurr/Wiley.

Von Tetzchner, S., & Martinsen, H. (2000). *Augmentative and alternative communication* (2nd ed.). London: Whurr.

Von Tetzchner, S., & Oxley, J. (2013). Introduction to Blissymbol research and practice issucs. In L. L. Lloyd, L. Koehler & S. von Tetzchner (Eds.), *Augmentative and alternative communication research issues and needs*. Proceedings of the 2012 ISAAC Research Symposium. Toronto: Introduction Society for Augmentative and Alternative Communication.

Waller, A. (2006). Communication access to conversational narrative. *Topics in Language Disorders, 26*, 221-239.

Warren, S. F., Yoder, P. J., & Leew, S. V. (2002). Promoting social-communicative development in infants and toddlers. In H. Goldstein, L. A. Kaczmarek, & K. English (Eds.), *Promoting social communication: Children with developmental disabilities form birth to adolescence*. Baltimore: Paul H. Brookes Publishing Co.

Weitzman, E., & Greenberg, J. (2002). *Learning language and loving it*. Toronto: A Hanen Center Publication.

Westling, D. L., Fox, L., & Carter, E. W. (2015). *Teaching students with severe disabilities* (5th ed.). Upper Saddle River, NJ: Pearson.

Whitmore, A., Romski, M. A., & Sevcik, R. (2014). Early augmented language intervention for children with developmental delays: Potential secondary motor outcomes. *Augmentative and Alternative Communication, 30*, 200-212.

Wilcox, M. J., Bacon, C. K., & Shannon, M. S. (1995). *Prelinguistic intervention procedures for young children with disabilities*. Paper presented at the 61st annual conference of the American Speech-Language Hearing Association, San Diego, Orlando, FL.

Wilkinson, K., & Jagaroo, V. (2004). Contributions of cognitive science to AAC display design. *Augmentative and Alternative Communication, 20*, 123-136.

Williams, B. (2000). More than an exception to the rule. In M. Fried-Oken & H. Bersani (Eds.), *Speaking up and spelling it out* (pp. 245-254). Baltimore, MD: Paul H. Brookes.

Witkowski, D., & Baker, B. (2012). Addressing the content vocabulary with core: Theory and practice for nonliterate or emerging literate students. *Perspectives on Augmentative and Alternative Communication, 21*(3), 74-81.

Workinger, M. S. (2005). *Cerebral palsy resource guide for speech-language pathologists*. Marshfield, Wisconsin: Thomson Delmar Learning.

Wright, C. A., Kaiser, A. P., Reikowsky, D. I., & Roberts, M. Y. (2013). Effects of a naturalistic sign intervention on expressive language of toddlers with Down syndrome. *Journal of Speech, Language, and Hearing Research, 56*(3), 994-1008.

Wright, D. B. (2005). *Nine types of curriculum adaptations*. Teaching and learning. https://charterselpa.org/wp-content/uploads/2021/07/5.-Grid-of-Nine-. 2023. 12. 3. 인출

Wright-Ott, C. (2010). Mobility. In Case-Smith O'Brien (Ed.), *Occupational therapy for children* (6th ed.). Elsevier Mosby, Evolve.

Wright-Ott, C. (2017). *The KidWalk standing mobility system. A research and development perspective*. The Bridge School Website. (http://www.bridgeschool.org)

Yenawine, P. (2013). *Visual thinking strategies*. Cambridge, MA: Harvard Education Press.

Yoder, D. E., Erickson, K. A., & Koppenhaver, D. A. (1997). *A literacy bill of rights*. Chapel Hill: University of North Carolina at Chapel Hill, Center for Literacy and Disability Studies.

Yoder, P. J., & Warren, S. F. (2001). Relative treatment effects of two prelinguistic communication interventions on language development in toddlers with developmental delays vary by maternal characteristics. *Journal of Speech, Language, and Hearing Research, 44*(1), 224-237.

Yorkston, K., Beukelman, D., Smith, K., & Tice, P.(1990). Extended communication samples of augmentative communicators II: Analysis of multi-word sequences. *Journal of Speech and Hearing Disorders, 55*, 225-230.

Yu, B. (2013). Issues in bilingualism and heritage language maintenance: Perspectives of minority-language mothers of children with autism spectrum disorders. *American Journal of Speech-Language Pathology, 22*, 10-24.

Zangari, C., & Van Tatenhove, G. (2009). Supporting more advanced linguistic communicators in the classroom. In G. Soto, & C. Zangari (Ed.), *Practically speaking: Language, literacy, & academic development for students with AAC needs* (pp. 173-174). Baltimore, MD: Paul H. Brookes Publishing Co.

Zascavage, V., & Keefe, C. (2004). Students with severe speech and physical impairments: opportunity barriers to literacy. *Focus on Autism and Other Developmental Disabilities, 19*, 223-234.

# 찾아보기

ㅈ

ㅊ

## A



## B



## C

## 저자 소개

**한경임**(Han, Kyung Im)

부산대학교 졸업
대구대학교 대학원 졸업(문학석사, 문학박사)
현 창원대학교 특수교육과 교수

〈주요 역서〉
지체 · 중복장애 및 건강장애 학생 교육(공역, 학지사, 2018)
중도 · 중복장애학생 교육(공역, 교육과학사, 2019)

〈주요 논문〉
브릿지스쿨의 중도중복장애학생 보완대체의사소통 전환중재 현황 연구(2024)
미국 브릿지스쿨 취학전 학급 보완대체의사소통, 보조공학, 대뇌피질성 시각장애 중재 현황 연구(2024)
미국 캘리포니아 공통핵심기준 '수와 연산' 영역 비교에 의한 2015 특수교육 기본교육과정 수학과 성취기준 개선 연구(공동 연구, 2022)
미국 공통핵심기준 비교에 의한 2015 특수교육 기본교육과정 국어과 읽기 성취기준 개선 연구(공동 연구, 2022) 외 다수

**복합의사소통장애와**
**보완대체의사소통 중재**

Individuals with Complex Communication Needs &
Augmentative and Alternative Communication Intervention

2025년 4월 25일 1판 1쇄 발행
2025년 12월 15일 1판 2쇄 발행

지은이 • 한경임
펴낸이 • 김진환
펴낸곳 • ㈜학지사
04031 서울특별시 마포구 양화로 15길 20 마인드월드빌딩
대표전화 • 02-330-5114 팩스 • 02-324-2345
등록번호 • 제313-2006-000265호

홈페이지 • http://www.hakjisa.co.kr
인스타그램 • https://www.instagram.com/hakjisabook

ISBN 978-89-997-3357-4 93370

정가 32,000원